- Vor der Reise
- Land und Leute

- Reisetipps A–Z
- Delhi

- Agra

- Ost-Rajasthan

- Süd-Rajasthan

- West-Rajasthan

- Shekhawati

- Anhang

Martin und Thomas Barkemeier
Rajasthan mit Delhi und Agra

Die Leidenschaft des Reisens
ist das weiseste Laster,
welches die Erde kennt.
Bruno H. Bürgel

Impressum

Martin und Thomas Barkemeier
Rajasthan mit Delhi und Agra

erschienen im
REISE KNOW-HOW Verlag, Bielefeld
Osnabrücker Str. 79
33649 Bielefeld

© Peter Rump GmbH 1997, 1999, 2002, 2005
5., komplett aktualisierte und erweiterte Auflage Sept. 2006

Alle Rechte vorbehalten.

Gestaltung
  Umschlag: M. Schömann, P. Rump (Layout);
    Günter Pawlak (Realisierung)
  Inhalt: Günter Pawlak (Layout);
    Caroline Tiemann (Realisierung)
  Fotos: Thomas Barkemeier
  Titelfoto: Thomas Barkemeier
  Karten: Catherine Raisin, der Verlag
  Bildbearbeitung: Becker Reproservice

Lektorat (Aktualisierung): Caroline Tiemann

Druck und Bindung:
  Fuldaer Verlagsanstalt GmbH und Co. KG, Fulda

ISBN-10: 3-8317-1527-0
ISBN-13: 978-3-8317-1527-5
Printed in Germany

Dieses Buch ist erhältlich in jeder Buchhandlung
Deutschlands, der Schweiz, Österreichs, Belgiens
und der Niederlande.
Bitte informieren Sie Ihren Buchhändler
über folgende Bezugsadressen:
Deutschland
  Prolit GmbH, Postfach 9, D-35461 Fernwald (Annerod)
  sowie alle Barsortimente
Schweiz
  AVA-buch 2000
  Postfach, CH-8910 Affoltern
Österreich
  Mohr Morawa Buchvertrieb GmbH
  Sulzengasse 2, A-1230 Wien
Niederlande, Belgien
  Willems Adventure
  Postbus 403, NL-3140 AK Maassluis

Wer im Buchhandel trotzdem kein
Glück hat, bekommt unsere Bücher
auch über unseren **Büchershop**
im Internet: www.reise-know-how.de

Wir freuen uns über Kritik, Kommentare und Verbesserungsvorschläge.

Alle Informationen in diesem Buch sind von den Autoren mit größter Sorgfalt gesammelt und vom Lektorat des Verlages gewissenhaft bearbeitet und überprüft worden.

Da inhaltliche und sachliche Fehler nicht ausgeschlossen werden können, erklärt der Verlag, dass alle Angaben im Sinne der Produkthaftung ohne Garantie erfolgen und dass Verlag wie Autoren keinerlei Verantwortung und Haftung für inhaltliche und sachliche Fehler übernehmen.

Die Nennung von Firmen und ihren Produkten und ihre Reihenfolge sind als Beispiel ohne Wertung gegenüber anderen anzusehen.
Qualitäts- und Quantitätsangaben sind rein subjektive Einschätzungen der Autoren und dienen keinesfalls der Bewerbung von Firmen oder Produkten.

Martin und Thomas Barkemeier

Rajasthan

mit Delhi und Agra

REISE KNOW-HOW im Internet

Aktuelle Reisetipps und Neuigkeiten
Ergänzungen nach Redaktionsschluss
Büchershop und Sonderangebote

www.reise-know-how.de
info@reise-know-how.de

Wir freuen uns über Anregung und Kritik.

Vorwort

Mit Gold und Juwelen geschmückte Maharaja-Paläste, Kamelkarawanen vor der Silhouette der untergehenden Sonne, sich endlos bis zum Horizont ziehende Sanddünen, Frauen mit brokatüberzogenen Saris, Männer mit leuchtend bunten Turbanen, uralte Karawanenstädte, legendenumwobene Trutzburgen, einzigartige Festtagsumzüge mit geschmückten Elefanten, Gauklern und Musikern – Rajasthan, das mit 342.000 km² nach Madhya Pradesh zweitgrößte Bundesland im äußersten Nordwesten Indiens, scheint alle Bilder des Märchenlandes in sich zu vereinigen. Tatsächlich erweckt dieses ehemalige Rajputana, das Land der Königssöhne, wie kaum eine andere Region Fantasien von Tausendundeiner Nacht. In vielen historischen Reiseberichten wird immer wieder von der landschaftlichen Schönheit, dem sagenumwobenen Reichtum der Herrscherhäuser und den exotischen Farben Rajasthans geschwärmt. Und niemals fehlten die fantasievoll ausgeschmückten Geschichten, die den legendären Stolz der Bewohner hervorhoben.

Bevor man jedoch in eine allzu vorschnelle Rajasthan-Schwärmerei verfällt, sollte man sich mit jener Realität vertraut machen, die in keinem Werbeprospekt auftaucht. Bittere Armut, ausbeuterische Arbeitsverhältnisse, Kinderheiraten, die Tötung von Neugeborenen unmittelbar nach der Geburt, Umweltzerstörung und das Schicksal der ihren Ehemännern sklavisch untergebenen Frauen gehören zur alltäglichen Lebenserfahrung der 46 Millionen Rajasthanis. Ebenso wie in Indien liegen auch in Rajasthan Schönheiten und Scheußlichkeiten eng beieinander. Gerade zu Beginn der Reise tun sich an die wohlgeordnete und wohlbehütete Mittelstandsgesellschaft gewöhnte westliche Reisende bei der Verarbeitung des lebensvollen und in jeder Beziehung extremen indischen Alltagslebens oftmals schwer. Hilfreich wäre es hierbei sicherlich, vorurteilsfrei die gänzlich neuen Eindrücke auf sich wirken zu lassen, ohne die sonst übliche Gewohnheit, alles sofort etikettieren und bewerten zu müssen.

Neben der jahrhundertelangen Ausplünderung der Bevölkerung durch die verschwendungssüchtigen Maharajas ist der Grund für die Rückständigkeit der Region in den extrem ungünstigen geographischen Bedingungen zu finden. Über 50 % der Gesamtfläche Rajasthans nimmt die landwirtschaftlich nur sehr begrenzt nutzbare Wüste Thar ein. In dieser äußerst regenarmen westlichen Region Rajasthans, in der der Monsun oft jahrelang ganz ausbleibt, müssen über 50 % der Bevölkerung ihren kargen Lebensunterhalt durch Viehzucht verdienen, wobei das Kamel als Arbeitstier von unschätzbarem Wert ist.

Dabei ist es gerade die bis heute geringe industrielle Erschließung und das dadurch bedingte Überleben traditioneller Lebensformen, die die eigentliche Faszination Rajasthans ausmacht. Natürlich ist der in Indien deutlich spürbare Wandel auch am Land der Königssöhne nicht spurlos vorbeigegangen, doch noch immer bieten sich dem Besucher Bilder unvergleichlicher Schönheit. So ist Rajasthan heute zu Recht der mit Abstand meistbesuchte Bundesstaat Indiens, wobei die Zahl der zu besichtigenden Ziele schier unerschöpflich ist. Letztlich ist es fast egal, ob man sich nun in die märchenhafte Wüstenstadt Jaisalmer aufmacht, ins romantische Udaipur, zum atemberaubenden Meharangarh Fort nach Jodhpur oder in die touristisch noch relativ unentdeckte und gerade deshalb um so faszinierendere Shekhawati-Region – hier wie dort gilt, trotz aller Probleme: Rajasthan ist märchenhaft schön.

Zum Schluss möchten wir allen Lesern, die uns mit Hinweisen und Berichtigungen geholfen haben, das Buch up-to-date zu halten, herzlich danken.

Martin und Thomas Barkemeier

Inhalt

Vorwort 7
Hinweise zur Benutzung 10
Kartenverzeichnis 11

Vor der Reise
(unter Mitarbeit von E. H. M. Gilissen)

Diplomatische Vertretungen 14
Informationsstellen 14
Indien im Internet 15
Ein- und Ausreisebestimmungen 15
Anreise aus Europa 17
Anreise aus den Nachbarländern 19
Geldangelegenheiten 19
Preise und Kosten 22
Reisegepäck 24
Gesundheitsvorsorge 27
Versicherungen 28

Praktische Reisetipps A–Z

Behinderte 32
Einkaufen und Souvenirs 32
Elektrizität 36
Essen und Trinken 36
Fotografieren 46
Frauen unterwegs 49
Internet-Cafés 49
Mit Kindern reisen 50
Medizinische Versorgung 51
Nachtleben 52
Öffnungszeiten 52
Post 53
Routenvorschläge 55
Sicherheit 56
Telefonieren 62
Unterkunft 65
Verhaltenstipps 71
Verkehrsmittel 75
Zeitverschiebung 91

Land und Leute

Geographie 94
Klima und Reisezeit 96
Flora und Fauna 99
Bevölkerung 105
Sprache 111
Geschichte 113
Aktuelle Politik 130
Staat und Verwaltung 132
Presse 135
Wirtschaft 136
Tourismus 142
Religionen 145
Feste und
 Feierlichkeiten 163
Architektur 167
Film 173
Literatur 176
Malerei 177
Musik 179
Rajasthanische Volkstänze 183
Traditionelle Kleidung 184

Delhi

Überblick 190
Orientierung 191
Geschichte 192
Sehenswertes 193
Praktische Tipps 217

Agra

Überblick 250
Geschichte 250
Sehenswertes 251
Praktische Tipps 265
Umgebung von Agra 273

Ost-Rajasthan

Jaipur 📷	282
Samode 📷	306
Bharatpur	307
Alwar	313
Deeg	316
Sariska-Nationalpark	317
Ranthambore-Nationalpark 📷	319
Ajmer	323
Pushkar 📷	330
Kuchaman	341

Süd-Rajasthan

Kota	346
Bundi 📷	350
Jhalawar	357
Chittorgarh	358
Udaipur 📷	366
Kumbhalgarh	385
Ranakpur 📷	387
Dungarpur	390
Mount Abu 📷	390

West-Rajasthan

Jodhpur	402
Osian	415
Khimsar 📷	416
Jaisalmer 📷	417
Khuri	433
Bikaner	436
Nagaur	443

Shekhawati

Überblick	446
Jhunjhunu	446
Mandawa 📷	450
Bissau	452
Churu	454
Ramgarh 📷	456
Fatehpur	458
Dundlodh	459
Mukundhgarh	460
Sikar	461
Lakshmangarh	462
Nawalgarh 📷	463

Anhang

Reise-Gesundheits-Information	468
Glossar	471
Literaturtipps	474
Wichtige Bahnverbindungen	478
Register	489
Die Autoren	492

Exkurse

- Die heilige Kuh – geschlagene Heilige 102
- Mitgiftmord und andere Grausamkeiten – Frauen in Indien......108
- Brahmanen und Unberührbare – die Kasten zwischen Tradition und Auflösung 116
- Die Herkunft der Rajputen 120
- Die Probleme der rajasthanischen Landwirtschaft...140
- 330.000 Möglichkeiten – die hinduistische Götterwelt 150
- Liebe unerwünscht – Heiraten in Rajasthan...........................164
- Mythos Taj Mahal – Unbekanntes vom bekanntesten Bauwerk der Erde 256
- Akhbar der Große – der geniale Analphabet 270
- Rettung in letzter Sekunde – Project Tiger...320
- Kamelsafaris in die Wüste Thar 434
- Havelis – die Paläste der Kaufleute 447

Hinweise zur Benutzung

Preise

Mehr noch als bei anderen Ländern steht ein Reiseführer Indien in der Gefahr, dass die genannten Preise im Moment der Drucklegung schon wieder überholt sind. Unglücklicherweise gilt dies besonders für die Tourismusindustrie. Vor allem im Hotelwesen, aber auch bei öffentlichen Verkehrsmitteln ist in den nächsten Jahren mit saftigen Aufschlägen zu rechnen. Obwohl die meisten der hier genannten Preise auf dem Stand vom Sommer 2006 beruhen, liegt man sicher nicht falsch, wenn man ein paar Prozente hinzurechnet. Eintrittspreise werden nur dann aufgeführt, wenn sie mindestens 10 Rs (= ca. 0,17 €) betragen.

Begriffe und Ortsnamen

Es ist verwirrend: Selbst in Indien gibt es verschiedene Schreibungen für einen Ortsnamen in lateinischer Schrift, entweder mehr oder weniger korrekt der offiziellen Transkription oder der englischen Schreibweise folgend. Im Deutschen wird beispielsweise der *Maharadscha* immer häufiger in der englischen Weise geschrieben: *Maharaja*.

Daher wird in diesem Buch die linguistisch korrekte Transkription für Begriffe aus dem Hindi übernommen. Nur gelegentlich, vor allem bei Namen und bei bekannten Begriffen, wird die englische Schreibweise benutzt.

Häufig benutzte **Hindi-Begriffe** werden in einem Glossar im Anhang dieses Buches erklärt, **geographische Begriffe** im Kapitel „Land und Leute: Geographie".

Kartenverweise

Hinter jeder Ortsüberschrift steht ein Verweis auf das Planquadrat, in dem der Ort auf der **Karte im hinteren Umschlag** zu finden ist. Beispiel:

Jaipur ↗ C2

Der Ort Jaipur liegt im Planquadrat C2.

Abkürzungen

Abf.	Abfahrt
AC	Air Condition (Klimatisierung)
Ank.	Ankunft
ATM	Automatic Teller Machine (Geldautomat)
Av.	Avenue
Bldg.	Building (Gebäude)
Del.	Deluxe-Bus
DZ	Doppelzimmer
Exp.	Express-Zug/-Bus
EZ	Einzelzimmer
GPO	General Post Office (Hauptpost)
ISD/STD	Telefonamt
ITDC	Indische Tourismusorganisation
Rd.	Road (Straße)
Rs	Rupien
RTDC	Tourismusorganisation Rajasthan
St.	Street (Straße)

Symbole in den Kästen

 Empfehlung

 Hinweis

 Warnung

 Verbot

Kartenverzeichnis

Agra 252	Jaisalmer 422
– Taj Ganj 264	– Jaisalmer Fort 429
Ajmer 328	Jhunjhunu 449
Bharatpur 308	Jodhpur 406
Bikaner 438	Kota 346
Bissau 453	Lakshmangar 462
Bundi 351	Mandawa 452
Chittorgarh 361	Mount Abu 395
Churu 455	Nawalgarh 465
Delhi 194	Pushkar 336
– Connaught Place 218	Rajasthan ......Umschlag hinten
– New Delhi 208	– Routen und
– Old Delhi 200	Reiseziele .....Umschlag vorn
– Pahar Ganj 222	Ramgarh 457
– Qutb Minar 213	Sikar 461
Fatehpur Sikri 275	Udaipur 370
Fatehpur 458	– Altstadt 376
Jaipur 286	

Highlight:

Mit „Highlight" sind Orte und Sehenswürdigkeiten gekennzeichnet, die von besonderem touristischen Interesse sind, die kulturellen und landschaftlichen Höhepunkte Rajasthans. Aufgeführt sind die lohnendsten Ziele, die von den meisten Reisenden angesteuert werden. Bei der Planung der eigenen Reiseroute sollte man die „Highlights" auf keinen Fall auslassen.

Der besondere Tipp:

Als „besonderer Tipp" sind in den Ortsbeschreibungen jene Orte markiert, die nicht auf der üblichen Route der meisten Indienreisenden liegen. Es sind spezielle Empfehlungen der Autoren, die nicht weniger sehenswert sind als die „Highlights". Manchmal handelt es sich um Orte oder Gegenden, die wegen ihrer besonderen Atmosphäre einen Besuch lohnen.

VOR DER REISE

Vor der Reise

Ein alltägliches Bild auf den Straßen
Rajasthans: nicht nur bis unter,
sondern bis auf das Dach überfüllter Bus

Kamele – verbreitetes Transportmittel
in der Wüste Thar

Farbenfroh ist die traditionelle
Kleidung rajasthanischer Frauen

Diplomatische Vertretungen

In Deutschland

- **Indische Botschaft,** Tiergartenstraße 17, 10785 Berlin, Konsularabteilung, Tel.: 030/25795820 und 25795603, Fax: 25795620, consular@indianembassy.de, www.indianembassy.de. Zuständig für Berlin, Brandenburg, Sachsen, Sachsen-Anhalt, Thüringen und Mecklenburg-Vorpommern.
- **Indisches Generalkonsulat,** Friedrich-Ebert-Anlage 26, 60325 Frankfurt/M., Tel.: 069/15300518 und 15300543, Fax: 554125, consular@cgifrankfurt.de. Zuständig für Hessen, Rheinland-Pfalz, Saarland und Nordrhein-Westfalen.
- **Indisches Generalkonsulat,** Raboisen 6, 20095 Hamburg, Tel.: 040/338036, Fax: 323757, cgihh@aol.com. Zuständig für Hamburg, Bremen, Schleswig-Holstein und Niedersachsen.
- **Botschaftsrat,** Widenmayerstr. 15, 80538 München, Tel.: 089/21023912, Fax: 21023980, consul@cgimun.com. Zuständig für Bayern und Baden-Württemberg.

In Österreich

- **Indische Botschaft,** Konsularabteilung, Opernring 1 Stiege E, 4. Stock, 1010 Wien, Tel.: 01/5850793, Fax: 5850805, www.indianembassy.at, visapassport@indianembassy.at.

In der Schweiz

- **Indische Botschaft,** Kirchenfeldstr. 28, 3005 Bern, Tel.: 031/3511110 oder 3511046, Fax: 3511557, info@indembassybern.ch, www.indembassybern.ch. Zuständig für alle Kantone außer den Französischsprachigen.
- **Indisches Generalkonsulat,** Sonnenbergstr. 50, 8032 Zürich, Tel.: 043/3443214, Fax: 3443211. Zuständig für Zürich und Zug.
- **Indisches Generalkonsulat,** Rue du Valais 7-9, 1202 Genf, Tel.: 022/9068686 oder 9068676, Fax: 9068696. Zuständig für Genf, Neuchâtel, Valais, Vaud.

In Indien

Die Anlaufstellen und Telefonnummern für den Notfall:
- **Embassy of Germany,** 6/50G, Shanti Path, Chanakyapuri, New Delhi 110021, Tel.: 011/44199199 oder in dringenden Notfällen 9810004950, www.germanembassy-india.org.
- **Embassy of Austria,** Ep-13, Chandragupta Marg, Chanakyapuri, New Delhi 110021, Tel.: 268890-9037, -9039, -9049 oder 9050 bzw. in dringenden Notfällen 9811120358.
- **Embassy of Switzerland,** Nyaya Marg, Chanakyapuri, New Delhi 110021, Tel.: 011/26878372 oder 26878537.

Informationsstellen

- **Indisches Fremdenverkehrsamt,** Baseler Str. 46, 60329 Frankfurt/Main Tel.: 069/242949-0, Fax: 242949-77, info@india-tourism.com, www.india-tourism.com.
- **Deutsch-Indische Gesellschaft** (Bundesgeschäftsstelle), Oskar-Lapp-Str. 2, 70565 Stuttgart, Tel.: 0711/297078, Fax: 2991450, info@dig-ev.de, www.dig-ev.de. Zweigstellen gibt es in 29 deutschen Städten.
- **Indisches Kulturzentrum,** Stormstr. 10, 14050 Berlin, Tel.: 030/3062950 oder 3026505, Fax: 3066059, ikzberlin@compuserve.com, www.indianculture.de.

Informationen zur aktuellen allgemeinen Sicherheitslage und Warnungen vor besonders gefährdeten Gebieten erhält man hier:
- **Auswärtiges Amt der BRD,** Werderscher Markt 1, 10117 Berlin, Postanschrift: 11013 Berlin, Tel.: 030/5000-0, Fax: 5000-3402, www-auswaertiges-amt.de und www.diplo.de/sicherreisen (Länder- und Reiseinformationen).
- **Bundesministerium für auswärtige Angelegenheiten Österreich,** Minoritenplatz 8, 1014 Wien, Tel.: 05/01150-4411, Fax: 01159-0 (Vorwahl 05 muss auch in

Internet, Ein- und Ausreisebestimmungen

Wien gewählt werden), www.bmaa.gv.at (Bürgerservice).
●**Eidgenössisches Departement für Auswärtige Angelegenheiten,** Bundesgasse 32, 3003 Bern, Tel.: 031/3238484, www.dfae.admin.ch (Reisehinweise).

Indien im Internet

●Die offizielle Website des Indischen Fremdenverkehrsamts mit einem breiten Informationsangebot auf Deutsch, umfangreichen Reiseinformationen, Einreisebestimmungen und Gesundheitstipps, Hilfe zur Routenplanung und Stadtführer, Adressen von Hotels, Reisebüros, Fluggesellschaften u.v.m.: **www.india-tourism.com.**
●Alles rund ums Reisen innerhalb Indiens findet sich unter: **www.indiatravelite.com.**
●Auf der Seite der staatlichen Fluggesellschaft Indian Airlines finden sich das Streckennetz, Flugpläne, Preise, Informationen für Vielflieger und mehr: **http://indian-airlines.nic.in.**
●Von den in Rajasthan operierenden privaten Fluggesellschaften ist Jet Airways die empfehlenswerteste. Mit ihrer modernen Flotte und gutem Service fliegt sie 39 Ziele in Indien an. Flugpläne, Preise, Sonderangebote und Buchungshinweise unter:
http://asp1.jetairways.com.
●Auf der Homepage von Indian Railways sind die wichtigsten innerindischen Zugverbindungen einzusehen, Informationen für Touristen, das Streckennetz, ein historischer Abriss und einiges mehr:
www.indianrail.gov.in.
●Eine indische Suchmaschine mit einigen Chat-Rooms, Nachrichten, Wetterbericht u.v.m.: **www.123india.com.**
●Das National Informatics Centre (NIC) der indischen Regierung hat ein weiterverweisendes Verzeichnis staatlicher indischer Websites (Ministerien, Botschaften, Unionsstaaten, Organisationen etc.): **www.nic.in.**
●Aktuelle Nachrichten (auch nach Unionsstaaten geordnet), Archiv und mehr beim indischen Nachrichtendienst Rediff On the Net: **www.rediff.com**.

●Das deutsche Indien-Magazin berichtet informativ und kompetent über das moderne Indien – aktuelle Entwicklungen aus Politik, Wirtschaft und Gesellschaft. Filme und Bücher werden ausführlich besprochen und Restaurantkritiken und Kochtips sorgen für das leibliche Wohl. Ein Veranstaltungskalender und eine Link-Liste runden das Angebot ab: **www.indien-newsletter.de.**
●Einen guten Überblick über Rajasthan bietet die offizielle Site: **www.rajasthan.gov.in.**
●Online-Reiseagentur für Rajasthan:
www.rajasthanhub.com.
●Landeskundliche Informationen zu Rajasthan bietet: **www.rajasthanonline.net.**
●Landkarten von Indien und Rajasthan zu verschiedenen Themen sowie Stadtpläne findet man unter: **www.mapsofindia.com.**

Ein- und Ausreisebestimmungen

Die genannten Einreisebestimmungen sind Stand August 2006. Man sollte sich unbedingt vor der Reise bei der Botschaft oder beim Auswärtigen Amt erkundigen, ob sie noch gelten.

Visum

Dem Antrag müssen neben dem ausgefüllten, vorher bei der Botschaft bzw. dem Konsulat angeforderten **Antragsformular** (Rückporto beifügen) ein **Reisepass,** der ab dem Ankunftsdatum in Indien noch mindestens 6 Monate gültig ist, sowie **zwei Passbilder** neueren Datums beigefügt werden. Das Ganze wird zusammen mit der Visumgebühr bzw. dem Originaleinzahlungsbeleg in einem frankierten Rückumschlag per Einschreiben an die indische Vertretung geschickt. Als Bearbeitungszeit sollte man etwa 10 Tage rechnen. Wesentlich schneller geht es selbstverständlich, wenn man persönlich bei der Botschaft vorspricht. Hier kann das Formular vor Ort ausgefüllt werden. In den meisten Fällen kann man das Visum dann am nächsten Tag abholen, in dringlichen Fällen gelegentlich auch noch am selben Tag. Das Visumformular kann man sich auch auf der Website des Indischen Fremdenverkehrsamts im Pdf-Format herunterladen (www.india-tourism.com).

Visagebühren

- **Transit Visum,** gültig für 15 Tage (zur ein- oder zweifachen Einreise): 12 €
- **Touristenvisum,** 6 Monate gültig ab Datum der Ausstellung, berechtigt zur mehrmaligen Einreise: 55 €
- **Geschäftsvisum,** gültig bis zu 6 Monaten ab dem Datum der ersten Einreise: 50 €, gültig für ein Jahr: 80 €
- **Studentenvisum,** gültig für die Dauer des Studiums oder maximal fünf Jahre, ein Nachweis der indischen Universität ist erforderlich: 93 €
- **Visum,** gültig ein bis **fünf Jahre,** spezielles Visum für Vielfach-Indien-Besucher und Geschäftsleute, entsprechende Nachweise erforderlich**:** 160 €
- **PIO Card** (nur für Pesonen indischer Herkunft): 1176 €

Visumverlängerung

Wer sein im Ausland erhaltenes, sechsmonatiges Visum in Indien voll ausgeschöpft hat, braucht sich gar nicht erst der bürokratischen Mühe einer Visumverlängerung auszusetzen, da man als Tourist **nur 180 Tage des Jahres** in Indien verbringen darf. Erst wieder nach einem halben Jahr darf man erneut ins Land einreisen.

Ansonsten sind für Visumverlängerungen in Großstädten die so genannten **Foreigners Regional Registration Offices,** in Distrikthauptstädten die lokalen Polizeibehörden zuständig. Das Problem ist, dass dabei meist völlig unterschiedlich vorgegangen wird. Während man in einigen Städten relativ schnell und unproblematisch eine Verlängerung bekommt, erteilen andere sie gar nicht. Auch über die vorzulegenden Dokumente scheint Konfusion zu herrschen. Auf jeden Fall sollte man neben dem Pass immer die **Umtauschbescheinigungen** der Banken und mindestens **vier Passfotos** dabei haben.

Auch bei den Kosten scheint es keine klaren Richtlinien zu geben. Manche Traveller erhielten ihre Verlängerung umsonst, anderen knöpfte man 500 Rs ab.

Ein- und Ausfuhr

In Indien gelten die international üblichen **Zollbestimmungen,** d.h. man darf neben Artikeln des persönlichen Bedarfs u.a. 200 Zigaretten oder 50 Zigarren sowie Geschenke bis zu einem Wert von 800 Rs einführen.

Spezielle Beschränkungen gibt es für **elektronische Geräte** wie z.B. Kameras, Videogeräte oder Laptops. Wer mehr als eine Kamera mit zwei Objektiven und 30 Filme dabei hat, muss diese auf einem speziellen Formular offiziell deklarieren, welches bei der Ausreise wieder vorzulegen ist. Hiermit soll verhindert werden, dass man seine Reisekasse mit dem Verkauf dieser Waren aufbessert. Uns ist jedoch bisher kein einziger Fall bekannt geworden, bei dem man bei der Ausreise tatsächlich nach dem Formblatt gefragt hätte.

Es darf **keine indische Währung** ein- oder ausgeführt werden. Reisende, die mehr als 5.000 US-Dollar (bar oder Reiseschecks) einführen wollen, müssen diese auf der *Currency Declaration Form,* die sie bei der Einreise erhalten, angeben. Bei Verstößen hiergegen und gegen Zollvorschriften droht Verhaftung bei der Ausreise.

Einfuhrbestimmungen für Europa

Bei Rückeinreise in Länder der EU sollte man die Freigrenzen sowie die jeweiligen Verbote und Einschränkungen beachten, um eine böse Überraschung am Zoll zu vermeiden. Folgende folgende **Freimengen** darf man zollfrei einführen:

- **Tabakwaren** (über 17-Jährige in EU-Länder und in die Schweiz): 200 Zigaretten oder 100 Zigarillos oder 50 Zigarren oder 250 g Tabak.
- **Alkohol** (über 17-Jährige in EU-Länder): 1 l über 22 % Vol. oder 2 l bis 22 % Vol. und zusätzlich 2 l nicht-schäumende Weine; in die Schweiz: 2 l (bis 15 % Vol.) und 1 l (über 15 % Vol.)

Anreise aus Europa

- **Andere Waren für den persönlichen Gebrauch** (über 15-Jährige): nach Deutschland 500 g Kaffee, nach Österreich zusätzlich 100 g Tee. Ohne Altersbeschränkung: 50 g Parfüm und 0,25 l Eau de Toilette sowie Waren bis zu 175 €. In die Schweiz Waren bis zu einem Gesamtwert von 300 SFr pro Person.

Wird der **Warenwert von 175 € bzw. 300 SFr übersschritten**, sind Einfuhrabgaben auf den Gesamtwert der Ware zu zahlen und nicht nur auf den die Freigrenze übersteigenden Anteil. Die Berechnung erfolgt entweder pauschalisiert oder nach dem Zolltarif jeder einzelnen Ware zuzüglich sonstigen Steuern.

Einfuhrbeschränkungen bestehen in **Deutschland** für Tiere, Pflanzen, Arzneimittel, Betäubungsmittel, Feuerwerkskörper, Lebensmittel, Raubkopien, verfassungswidrige Schriften, Pornografie, Waffen und Munition; in **Österreich** für Rohgold, Tiere, Pflanzen, Lebensmittel, Arzneimittel und Waffen; in der **Schweiz** z.B. für Pflanzen (Rosen, Steinobstbäume, Apfelbäume, Birnbäume, Kartoffeln etc.!), Lebensmittel (Kaviar, Störprodukte, Schildkrötenfleisch, Fleisch von Einhufern und Klauentieren sowie Tierfutter), Waffen, Tiere, CB-Funkgeräte.

Nähere Informationen gibt es für die BRD unter www.zoll-d.de oder beim Zoll-Infocenter, Tel.: 069/469976-00, für Österreich unter www.bmf.gv.at oder beim Zollamt Villach, Tel.: 04242/33233, für die Schweiz unter www.zoll.admin.ch oder bei der Zollkreisdirektion in Basel, Tel.: 061/2871111.

Anreise aus Europa

Nonstop-Verbindungen aus dem deutschsprachigen Raum nach Nordindien bieten derzeit nur *Air India* und *Lufthansa* von Frankfurt nach Delhi, *Lufthansa* von München, *Air Canada* von Zürich und *Austrian Airlines* von Wien. Die Flugzeit beträgt etwa 7 Stunden.

Daneben gibt es **interessante Umsteigeverbindungen** von vielen Flughäfen in Deutschland, Österreich und der Schweiz mit *Aeroflot* (über Moskau), *Air France* (über Paris), *Alitalia* (über Mailand oder Rom), *British Airways* (über London), *Emirates* (über Dubai), *Etihad Airways* (über Abu Dhabi), *Gulf Air* (über Bahrain oder Muscat), *KLM* (über Amsterdam), *Kuwait Airways* (über Kuwait City), *Qatar Airways* (über Doha), *Royal Jordanian* (über Amman), *Sri Lankan Airlines* (über Colombo) und *Turkish Airlines* (über Istanbul). Ziemlich ungewöhnlich ist die Flugverbindung mit *Mahan Airways* von Düsseldorf über Teheran nach Delhi, dafür aber auch deutlich günstiger als mit allen anderen Fluggesellschaften. Die Umsteigeverbindungen können zwar billiger sein als die Nonstop-Flüge, aber man muss hier auch eine längere Flugdauer einkalkulieren.

Flugpreise

Je nach Fluggesellschaft, Jahreszeit und Aufenthaltsdauer in Indien bekommt man ein Economy-Ticket von Deutschland, Österreich und der Schweiz hin und zurück nach Delhi **ab 600 Euro** (inkl. aller Steuern, Gebühren und Entgelte). Am niedrigsten sind die Flugpreise im Zeitraum von Mitte Januar bis Mitte Juni und von Anfang September bis Ende November. Die Hauptsaison, in der die Flüge deutlich teurer sind, ist im Juli/August und Dezember/Januar.

Preiswertere Flüge sind mit **Jugend- und Studententickets** (je nach Airline bis 29 Jahre und Studenten bis 34 Jahre) möglich. Außerhalb der Hauptsaison gibt es einen Hin- und Rückflug von Frankfurt nach Delhi oder Mumbai ab etwas über 500 Euro.

Von Zeit zu Zeit offerieren die Fluggesellschaften **befristete Sonderangebote.** Dann kann man z.B. mit *Etihad Airways* für rund 500 Euro von Frankfurt und München nach Delhi und zurück fliegen. Preiswerter sind oft auch Tickets mit nur 30 oder 45 Tagen **Gültigkeitsdauer,** die sich jedoch nicht für Langzeitreisende eignen. Andere Tickets sind günstiger, weil die einmal gebuchten **Reisetermine** nicht mehr geändert werden können. Solche Tickets sollte man eher früher als später kaufen, da die billigsten Kontingente als Erstes verkauft werden.

Ob für die gewünschte Reisezeit gerade Sonderangebote für Flüge nach Delhi auf dem Markt sind, lässt sich im Internet auf der

Website von Jet-Travel (www.jet-travel.de) unter „Flüge" entnehmen, wo sie als **Schnäppchenflüge** nach Asien mit aufgeführt sind.

In Deutschland gibt es von Frankfurt aus die häufigsten Verbindungen nach Delhi. Tickets für Flüge von und nach anderen deutschen Flughäfen sind oft teurer. Da kann es für Deutsche attraktiver sein, mit einem **Rail-and-Fly-Ticket** per Bahn nach Frankfurt zu reisen (entweder bereits im Flugpreis enthalten oder nur 30 bis 60 € extra).

Man kann auch einen preiswerten **Zubringerflug** der gleichen Airline von einem kleineren Flughafen buchen. Außerdem gibt es **Fly & Drive-Angebote**, wobei eine Fahrt zum und vom Flughafen mit einem Mietwagen nur einen geringen Zuschlag kostet.

Indirekt sparen kann man als Mitglied eines **Vielflieger-Programms** wie www.star-alliance.com (Mitglieder u.a. *Air Canada, Austrian Airlines* und *Lufthansa*), www.skyteam.com (Mitglieder u.a. *Air France, Alitalia* und *KLM*) oder www.oneworld.com (Mitglied u.a. *British Airways*).

Buchung

Folgende **zuverlässigen Reisebüros** haben meistens günstigere Preise als viele andere:
- **Jet-Travel,** Buchholzstr. 35, 53127 Bonn, Tel.: 0228-284315, Fax: 284086, info@jet-travel.de, www.jet-travel.de. Auch für Jugend- und Studententickets. Sonderangebote auf der Website unter „Schnäppchenflüge".
- **Globetrotter Travel Service,** Löwenstrasse 61, 8023 Zürich, Tel.: 01-2286666, zh-loewenstrasse@globetrotter.ch, www.globetrotter.ch. Weitere Filialen gibt es in Baden, Basel, Bern, Biel, Chur, Freiburg, Luzern, Olten, St. Gallen, Thun, Winterthur und Zug.

Die vergünstigten Spezialtarife und befristeten Sonderangebote kann man nur bei wenigen Fluggesellschaften in ihren Büros oder direkt auf ihren Websites buchen; sie sind jedoch immer auch bei den oben genannten Reisebüros erhältlich.

Last-Minute-Flüge

Wer sich erst im letzten Augenblick für eine Reise nach Delhi entscheidet oder gern pokert, kann Ausschau nach Last-Minute-Flügen halten, die von einigen Airlines mit deutlicher Ermäßigung ab etwa 14 Tage vor Abflug angeboten werden, wenn noch Plätze zu füllen sind. Diese Last-Minute-Flüge lassen sich nur bei Spezialisten buchen.

- **L'Tur,** www.ltur.com, (D) Tel.: 01805/212121 (0,12 €/Min.), (A) Tel.: 0820/600800 (0,12 €/Min.), (CH) Tel.: 0848/808088 (0,12 SFr/Min.); 140 Niederlassungen europaweit.
- **Lastminute.com,** www.de.lastminute.com, (D) Tel.: 01805 777257 (0,12 €/Min.).
- **www.restplatzboerse.at:** Schnäppchenflüge für Österreich.

Kleines „Flug-Know-How"

Check-in

Nicht vergessen: Ohne **gültigen Reisepass und Visum** kommt man nicht an Bord eines Flugzeugs in Richtung Indien. Bei den meisten internationalen Flügen muss man **zwei bis drei Stunden vor Abflug** am Schalter der Airline eingecheckt haben. Viele Airlines neigen zum Überbuchen, d.h. sie buchen mehr Passagiere ein, als Sitze im Flugzeug vorhanden sind, und wer zuletzt kommt, hat dann möglicherweise das Nachsehen.

Wenn ein **vorheriges Reservieren** der Sitzplätze nicht möglich war, hat man die Chance, einen Wunsch bezüglich des Sitzplatzes zu äußern.

Das Gepäck

In der Economy-Class darf man in der Regel nur **Gepäck bis zu 20 kg pro Person** einchecken (steht auf dem Flugticket) und zusätzlich ein Handgepäck von 7 kg in die Kabine mitnehmen, welches eine Größe von 55x40x23 cm nicht überschreiten darf. In der Business Class sind es meist 30 kg pro Person und zwei Handgepäckstücke, die insgesamt nicht mehr als 12 kg wiegen dürfen. Man soll-

ANREISE NACHBARLÄNDER, GELDANGELEGENHEITEN

te sich beim Kauf des Tickets über die Bestimmungen der Airline informieren.

Aus Sicherheitsgründen **dürfen** Taschenmesser, Nagelfeilen, Nagelscheren, sonstige Scheren und Ähnliches nicht mehr im Handgepäck untergebracht werden. Diese sollte man unbedingt im aufzugebenden Gepäck verstauen, sonst werden sie bei der Sicherheitskontrolle einfach einbehalten und weggeworfen. Darüber hinaus gilt, dass Feuerwerke, leicht entzündliche Gase (in Sprühdosen, Campinggas), entflammbare Stoffe (in Benzinfeuerzeugen, Feuerzeugfüllung) etc. nichts im Passagiergepäck zu suchen haben.

Rückbestätigung

Bei den meisten Airlines ist heutzutage die **Bestätigung des Rückfluges** nicht mehr notwendig. Allerdings empfehlen alle Airlines, sich dennoch telefonisch zu erkundigen, ob sich an der Flugzeit nichts geändert hat, denn kurzfristige Änderungen der genauen Abflugurzeit kommen beim zunehmenden Luftverkehr heute immer häufiger vor.

Wenn die Airline allerdings eine Rückbestätigung *(reconfirmation)* **bis 72 oder 48 Stunden vor dem Rückflug** verlangt, sollte man auf keinen Fall versäumen, kurz anzurufen, sonst kann es passieren, dass die Buchung im Computer der Airline gestrichen wird; der Flugtermin ist dahin. Das Ticket verfällt aber nicht dadurch, es sei denn, die Gültigkeitsdauer wird überschritten. Unter Umständen ist aber in der Hochsaison nicht sofort ein Platz auf einem anderen Flieger frei.

Die **Rufnummer** kann man von Mitarbeitern der Airline bei der Ankunft, im Hotel oder im Telefonbuch erfahren.

Buchtipps

●**Buchtipps:** „Fliegen ohne Angst" und „Clever buchen – besser fliegen", aus der Reihe Praxis, Reise Know-How Verlag, Bielefeld.

Anreise aus den Nachbarländern

Von Nepal

●**Flug:** 2x tgl. mit *Indian Airlines* und *Royal Nepal Airlines (RNA)* von **Kathmandu** nach **Delhi** (142 US-$).
●**Landweg:** Von **Kathmandu** in ca. 12 Std. (von Pokhara 9 Std.) zum Grenzort Sunauli, dort über die Grenze, auf indischer Seite mit Bus in ca. 3,5 Std. nach Gorakhpur, von dort in ca 14 Std. per Zug nach **Delhi**.

Von Pakistan

●**Flug:** Zur Recherchezeit gab es keine Flugverbindung.
●**Landweg:** Bus- und Bahnverbindungen zwischen Pakistan und Indien sind wegen des Kashmir-Konflikts seit dem 1. Januar 2002 unterbrochen. Ansonsten per Bus/Jeep bis zum Grenzübergang Wagah (10-16 Uhr geöffnet) und nach Grenzüberschreitung per Jeep/Bus von Attari bis ins 35 km entfernte Amritsar.

Geldangelegenheiten

Indische Währung

Die indische Währungseinheit ist die indische **Rupie**, die in 100 **Paisa** unterteilt wird. Auf Preisangaben ist das Wort Rupie meist als Rs angegeben.

Die **Münzen** gibt es in Stückelungen von 5, 10, 25, 50 Paisa und 1, 2 und 5 Rupien, wobei die kleinsten Münzeinheiten kaum noch in Umlauf sind. **Banknoten** gibt es in Werten von 1, 2, 5, 10, 20, 50, 100, 500 und 1000 Rupien. Die 1-, und 2- und 5-Rupien-Geldscheine werden allmählich ausrangiert.

Reiseschecks, Karten oder Bargeld?

„The wind of change" hat auch im ewigen Indien in den letzten Jahren ein ganz neue, für Reisende sehr erfreuliche Richtung einge-

GELDANGELEGENHEITEN

schlagen. Das bargeldlose Zahlen bzw. Geld Abheben per Karte hat stark zugenommen. Der gute alte Reisescheck verliert dadurch immer mehr an Bedeutung. Dennoch lohnt die Mitnahme eines kleinen Betrages in Schecks für Gegenden, wo das bargeldlose Zahlen noch nicht Einzug gehalten hat. **Bargeld** sollte man für den **Notfall** dabei haben, etwa wenn Banken geschlossen sind oder, was in abgelegenen Orten gelegentlich noch vorkommt, überhaupt keine Umtauschmöglichkeit besteht. Dann kann man die fällige Hotel- oder Restaurantrechnung meist problemlos mit dem guten alten Dollarschein bezahlen.

Auch bei der Frage der **Ausstellungswährung** sollte man eine elegante Doppellösung wählen, schlägt man so doch zwei Fliegen mit einer Klappe. Es ist es sinnvoll, etwa die Hälfte des Reisebudgets in Euro bzw. Schweizer Franken mitzunehmen, da man dann den doppelten Umtauschverlust (zunächst in Dollar und dann in Rupien) vermeidet. Andererseits ist der Dollar nach wie vor die Weltwährung Nr. 1 und im Zweifelsfall auch in Indien immer noch lieber gesehen als anderes Geld. Überdies besitzt diese Kombinationslösung den enormen Vorteil, dass man Kursschwankungen von Euro oder Dollar elegant für sich ausnutzen kann.

Wegen des in Indien chronischen Mangels an großen Geldscheinen empfiehlt es sich, bei der **Stückelung** auf die Mitnahme allzu großer Schecks zu verzichten, weil man sonst nach dem Geldwechsel mit einem riesigen Bündel Geldscheine die Bank verlässt. Schecks in kleinerer Stückelung sollte man bis zum Ende der Reise aufbewahren, da man diese im Falle eines Einkaufs kurz vor dem Abflug verwenden kann. Ansonsten müsste man große Schecks anbrechen und das nicht ausgegebene Geld unter nicht unerheblichen Verlusten wieder zurücktauschen.

Es empfiehlt sich, die Reiseschecks zu Hause von einem international anerkannten Geldinstitut ausstellen zu lassen, da anderenfalls die Gefahr besteht, dass sie nicht akzeptiert werden. Zudem erhält man im Falle des Verlustes bei internationalen Banken wesentlich zügiger und unproblematischer Ersatz. *American Express* und *Thomas Cook* sind für Indien die wohl empfehlenswertesten Geldinstitute.

Kaufbeleg und Quittung müssen unbedingt von den Schecks getrennt aufbewahrt werden. Beide müssen zusammen mit dem Polizeibericht bei eventuellem **Verlust** vorgelegt werden. Ist das nicht möglich, dauert die Rückerstattung selbst bei den oben genannten Geldinstituten zermürbend lang.

Kreditkarten der bekannten Geldinstitute Amex, Visa und MasterCard sind in Hotels, Restaurants, vielen Geschäften und bei Fluggesellschaften ein gern gesehenes Zahlungsmittel. Leider wird es in Indien wie in vielen anderen asiatischen Ländern in letzter Zeit immer üblicher, bei der Bezahlung mit Kreditkarte einen **Aufpreis** von bis zu 5 % zu verlangen. Inzwischen kann selbst in kleineren Städten mit der EC-(Maestro-)Karte bezahlt werden.

In den letzten Jahren werden überall in Indien unseren **Geldautomaten** vergleichbare **ATMs** installiert, an denen oft, nicht immer (bei vielen ATMs können nur Kunden der jeweiligen indischen Bank Geld abheben) mit Visa- und Master-, Cirrus- und Maestro- (EC-)Card, seltener auch mit Amex-Card Geld abgehoben werden kann, natürlich nur unter Angabe der Geheimnummer. Meist sind ca. 1 % Gebühr bei der indischen Bank sowie je nach ausstellender Bank bis zu 5,5 % Gebühr bei der Heimatbank fällig. Barabhebungen per Maestro-(EC-)Karte kosten ca. 1,30–4 € bzw. 4–6 SFr.

Gute Adressen, um mit seiner Kreditkarte **Bargeld** abzuheben (meist zwischen 1 und 3 % Gebühr), sind die effizient arbeitende Bank of Baroda und auch größere private Geldwechsler wie das für zügigen Service bekannte UAExchange oder Thomas Cook.

Acht geben sollte man auch bei der Bezahlung selbst. Immer häufiger gibt es **Trickbetrügereien** mit kopierten Karten oder gefälschten Rechnungen, deren unangenehme Folgen man dann oft erst beim Blick auf den Kontoauszug nach der Rückkehr erkennt. Als Vorbeugung sollte man die Karte bei der Abrechnung nie aus den Augen lassen.

Diebstahl und Verlust

Bei Verlust oder Diebstahl der Geldkarte oder Reiseschecks sollte man diese umgehend **sperren lassen.** In Deutschland gibt es seit dem 1. Juli 2005 dafür die einheitliche **Sperrnummer 0049-116116** für Maestro-(EC-)Karten, Kredit-, Krankenkassen- und Handykarten. In Österreich und der Schweiz gelten folgende Rufnummern:
- **Maestro-(EC-)Karte,** A: Tel.: 0043/1/2048800; CH: Tel.: 0041/1/2712230; UBS: 0041/8488-88601; Credit Suisse: 0041/8008-00488.
- **MasterCard und VISA,** A: Tel.: 0043/1/717014500 (MasterCard) bzw. Tel.: 0043/1/71111770 (VISA); CH: Tel.: 0041/44/2008383 für alle Banken außer Credit Suisse, Corner Bank Lugano und UBS.
- **American Express,** A: Tel.: 0049/69/97971000; CH: Tel.: 0041/1/6596666.

Bei **Maestro- (EC-) Karten** muss man für die computerisierte Sperrung seine Kontonummer nennen können. Nur wenn man den Kaufbeleg mit den Seriennummern der **Reiseschecks** sowie den Polizeibericht vorlegen kann, wird der Geldbetrag von einer größeren Bank vor Ort binnen 24 Stunden erstattet. Also muss der Verlust oder Diebstahl umgehend bei der örtlichen Polizei und auch bei American Express bzw. Travelex/Thomas Cook gemeldet werden:

- **American Express Reiseschecks,** D: Tel.: 0049/69/97971850; A: Tel.: 0043/1/5450120; CH: Tel.: 0041/17454020.
- **Travelex / Thomas Cook Reiseschecks,** mehrsprachiger Computer für alle Länder Tel.: 0044/1733318949.

Geld wechseln

War es früher eine zeit- und nervenaufreibende Prozedur, seine Reiseschecks oder Bargeld in einer indischen Bank gewechselt zu bekommen, ist dies inzwischen, auch durch das Aufkommen vieler privater Geldwechselketten wie American Express, Thomas Cook, UAExchange oder LKP Forex und auch bei den Banken eine meist unkomplizierte Angelegenheit. Dennoch gilt es einige Dinge zu beachten, wenn man seinen Stapel Rupien ausgehändigt bekommt. Zunächst sollte man vor allem prüfen, ob dem Geld eine offizielle **Umtauschquittung** beigelegt ist. Diese ist beim eventuellen späteren Rücktausch ebenso vorzulegen wie für den Fall, dass man bei Fluggesellschaften oder offiziellen Touristenschaltern an Bahnhöfen mit einheimischer Währung bezahlen will. Der Staat will mit dieser umständlichen und letztlich auch völlig sinnlosen Vorschrift den Schwarzmarkt eliminieren. Vielfach gibt der Schalterbeamte das Papier erst nach mehrmaliger Nachfrage aus.

Tauscht man größere Beträge, sollte man darum bitten, sein Geld hauptsächlich in **500-Rupien-Scheinen** ausgezahlt zu bekommen, da man ansonsten schon beim Gegenwert von 100 US-$ ein dickes Bündel Geldscheine in der Hand hat. Nach der Übernahme des Geldes empfiehlt es sich, nachzuzählen. In Indien ist das eine Selbstverständlichkeit und wird nicht, wie eventuell hierzu-

---

Wechselkurse

1 Euro = 60 Rs, 100 Rs = 1,68 Euro
1 Schw. Franken = 38 Rs, 100 Rs = 2,64 SFr
1 US-$ = 46 Rs, 100 Rs = 2,15 US-$

(Stand: August 2006)

lande, als Misstrauen gedeutet. Keinesfalls sollte man allzu **schmutzige oder zerfledderte Scheine** annehmen, die gerade westlichen Touristen gern untergejubelt werden. Die Inder selbst meiden solches Geld wie der Teufel das Weihwasser, und so wird man es dann später nicht mehr los. Schließlich sollte man um genügend **Kleingeld** bitten, da Indien auch in dieser Beziehung unter chronischen Mangelerscheinungen leidet. „Sorry, no change" sind die wohl meistgehörten Worte eines Indienreisenden. Oftmals ist es schon unmöglich, einen 20-Rupien-Schein gewechselt zu bekommen. Zwar ist dies vielfach nur ein Trick, um das Restgeld als zusätzliches Trinkgeld einzustecken, doch wer sich gleich beim Geldwechseln in der Bank genügend kleine Scheine bzw. Münzen aushändigen lässt, braucht sich auf das Spiel gar nicht erst einzulassen.

Wer in **Hotels der oberen Preisklasse** wohnt, kann dort fast immer Reiseschecks und Bargeld zu einem nur minimal unter dem offiziellen Kurs liegenden Wechselkurs eintauschen.

Schwarztausch

Vor allem an beliebten Touristenorten wie dem Connaught Place in Delhi wird man häufig angesprochen: „You want to change money?" Bekanntermaßen war schwarztauschen immer **strafbar,** doch sollte man angesichts des nur äußerst geringen Gewinns und dem Risiko, übers Ohr gehauen zu werden, erst recht die Finger davon lassen. Der angebotene Kurs liegt nur maximal 5 % über dem offiziellen Bankkurs. Bedenken sollte man auch, dass man bei dieser Art des illegalen Geldwechsels selbstverständlich keinerlei Wechselquittung erhält, die bei vielen offiziellen Transaktionen wie etwa beim Bahn- oder Flugticket-Kauf vorzulegen sind, wenn man in einheimischer Währung bezahlen möchte.

Überweisungen

Am besten nimmt man von vornherein Geld von zu Hause mit, sodass man in Indien erst gar nicht in die Verlegenheit kommt, Bares nachordern zu müssen. Inzwischen ist es jedoch meist recht unkompliziert möglich, etwa über die **Western Union Money Transfer** (auch in kleineren Orten, dort meist in Postämtern, vertreten; siehe Telefonbuch oder www.westernunion.com), **UAE Exchange** oder **Thomas Cook Moneygram Service,** innerhalb von wenigen Minuten, natürlich gegen eine Gebühr, Geld zu transferieren. Die Modalitäten der einzelnen Anbieter sind vor Ort zu erfragen (s. auch „Notfalltipps").

Wer in die Bredouille gerät und keine Kreditkarte besitzt, kann die notwendige Überweisung auch von seiner **Heimatbank** auf deren **Verbindungsbank** in Indien überweisen lassen. Geldtransaktionen dieser Art sind verlässlicher und schneller als zwischen Geldinstituten, die nicht in direkter Geschäftsverbindung stehen. Für den Fall der Fälle empfiehlt es sich also, schon vor Reisebeginn bei seiner lokalen Bank die entsprechende Adresse in Indien zu erfragen, die man auch bei Freunden zu Hause hinterlegen sollte.

Preise und Kosten

Nach einer Untersuchung, in der die Preise von 100 verschiedenen Waren wie Kleidung, Transport und Ernährung weltweit verglichen wurden, ging Indien als eines der billigsten Länder der Erde hervor. Wem die Preise manchmal lächerlich gering vorkommen, der sollte sich das **indische Einkommensniveau** vor Augen führen. So verdient etwa ein Lehrer monatlich durchschnittlich 3.000 Rs, ein Busfahrer 3.500 Rs, ein Bankangestellter 5.000 Rs und ein Arzt 5.000 bis 10.000 Rs.

Feilschen

Preise, das ist weithin bekannt, sind fast überall in Asien Verhandlungssache, und da macht Indien keine Ausnahme. Das dem Europäer oftmals unangenehme, ja peinliche Feilschen ist Bestandteil einer solch kommunikativen Gesellschaft wie der indischen. So gehört Handeln hier eben nicht nur zum Geschäft, sondern ist selbstverständlicher Teil des Lebens, ob nun auf dem Basar, am Straßenrand oder in vielen Geschäften. Im Grunde steht der westliche Tourist sogar noch weit mehr unter dem Zwang, den Preis aushandeln zu müssen, sehen doch viele Verkäufer in ihm einen laufenden Dukatenesel auf zwei Beinen und verlangen oftmals astronomische Summen. Generell lässt es sich schwer sagen, wieviel man vom Ausgangspreis heruntehandeln kann, doch mit 30 bis 50 % liegt man meist ganz gut. Andererseits sollte man bedenken, dass in gewissen Bereichen, wie etwa bei öffentlichen Verkehrsmitteln und Restaurants, Festpreise gelten.

Im Übrigen gilt es zu akzeptieren, dass man als reicher Westler immer ein bisschen mehr zahlt als ein Einheimischer. Allein die Tatsache, dass man es sich leisten kann, vom fernen Europa nach Indien zu reisen, macht einen in den Augen der Inder reich, und das sicher nicht ganz zu Unrecht. So wirkt es auf mich auch immer wieder peinlich, zu erleben, wie manche Traveller um den Preis eines Kilos Bananen minutenlang feilschen, weil der Verkäufer sie partout nicht für 2 Rs verkaufen will. Je länger man sich im Lande aufhält, desto mehr bekommt man ein Gespür für das einheimische Preisniveau.

Durchschnittliche Preise

Die im Folgenden aufgeführten Durchschnittspreise für gängige Waren und Dienstleistungen beinhalten zur Veranschaulichung auch Preise wie Transportkosten, die nicht verhandelbar sind. Das Preisniveau in Mumbai liegt teilweise über 50 % über dem Landesdurchschnitt.

100 km Bahnfahrt (2. Kl., Express) . . 35 Rs
Flug Mumbai – Delhi (IA) . . . . . . 9.735 Rs
1 l Benzin/Diesel/Gas . . . . . 44/34/18 Rs
Glas Tee . . . . 3,50 Rs
Flasche Bier . . . . 50 Rs
Softdrink . . . . 15 Rs
Packung Zigaretten, Beedis . . . . . 35/7 Rs
1 kg Reis . . . . 10 Rs
Portion Reis und Curry . . . . 15-30 Rs
1 lebendes Huhn . . . . 25-45 Rs
Lungi (Wickelrock) . . . . 70-100 Rs
Haarschnitt . . . . 20 Rs
Fahrrad . . . . 1.000 Rs

Bakschisch und Trinkgeld

Bakschisch hat in Indien eine wesentlich weitergehende Bedeutung als unser deutsches Trinkgeld. Mehr noch als gutes Servieren in einem Restaurant zu belohnen, hilft es, einen kurz zuvor noch angeblich total überfüllten Flug zu bekommen oder eine Genehmigung innerhalb weniger Tage, auf die man ansonsten Monate gewartet hätte. Bakschisch lässt die notorisch unterbezahlten und damit oftmals wenig einsatzfreudigen Beamten urplötzlich wahre Wunder vollbringen.

Während viele Reisende durchaus bereit sind, hierfür ab und zu in die Tasche zu greifen, sitzt bei ihnen die Rupie für Trinkgeld im europäischen Sinne wesentlich weniger locker. Dies mag mit daran liegen, dass bei vielen Restaurants ein in der Speisekarte als *service charge* vermerkter Aufschlag von vornherein erhoben wird.

Davon sehen die Kellner, für die es eigentlich gedacht war, herzlich wenig, und so sollte man trotzdem ein wenig *tip* zusätzlich geben. Dies gilt insbesondere für einfache Restaurants, wo die Ober meist ein lächerlich geringes (und oftmals so gut wie kein) Gehalt zwischen 300 und 600 Rupien erhalten und dementsprechend auf das Trinkgeld angewiesen sind. Man sollte auch bedenken, dass die Speisen gerade deshalb so extrem billig sind, weil der Kostenfaktor Bedienung praktisch wegfällt. So ist es also nur gerecht, ein Trinkgeld zu geben. Zwischen 5 und 10 % ist meist angebracht, mehr nur bei herausragendem Service. Taxifahrer hingegen erwarten kein Trinkgeld und freuen sich um so mehr, wenn sie welches bekommen.

Reisekosten

Im Land der Extreme kann auch der westliche Tourist zwischen Bahnfahrt 3. Klasse oder Flugzeug 1. Klasse, einem Bett in einer moskitoverseuchten Absteige oder einer luxuriösen Schlafstätte in einem Maharaja-Palast, einem Teller *dhal* im Bahnhofslokal oder einem Festmahl in einem Nobelrestaurant wählen. Insofern ist es unmöglich, eine allgemeine Aussage über die Reisekosten zu machen, mit der Ausnahme, dass, egal auf welchem Niveau man reist, der Gegenwert fast immer extrem gut ist.

Einzelreisende können bei niedrigem Ausgabenniveau mit täglichen Ausgaben von 3 bis 10 € für Unterkunft und 3 bis 5 € für Verpflegung rechnen, bei mittlerem Ausgabenniveau sind 10 bis 25 € für Unterkunft und 5 bis 15 € für Verpflegung anzusetzen. Bei hohen Ansprüchen kann man pro Tag aber auch 25 bis 75 € für die Unterkunft und 15 bis 50 € für das Essen ausgeben. Bei Doppelzimmerbenutzung liegt der Preis für die Unterkunft z.T. erheblich niedriger, da Doppelzimmer oft nur geringfügig teurer sind als Einzelzimmer.

Reisegepäck

Jeder, der auf Reisen eine unbeschwerte Zeit verbringen will, sollte seine Reisetasche oder seinen Rucksack nicht unnötig überladen. Bei der Frage nach der mitzunehmenden Ausrüstung sollte man dementsprechend nach dem Prinzip „soviel wie nötig, sowenig wie möglich" verfahren. Selbst wenn man nach der Ankunft in Indien feststellt, dass man etwas vergessen hat, ist das kein Beinbruch, lässt sich das meiste doch auch im Lande selbst und zudem noch wesentlich billiger kaufen.

Kleidung

Die Auswahl der richtigen Kleidungsstücke hängt in erster Linie von der Reisezeit und Reiseart ab und kann dementsprechend völlig unterschiedlich ausfallen.

Generell sollte man bedenken, dass es in der Hauptreisezeit von Oktober bis Februar nachts in Rajasthan recht kühl werden kann. Speziell bei längeren Bus- und Zugfahrten ist zumindest ein **warmer Pullover** oder eine Jacke ratsam. Bei allen Kleidungsstücken sind schweißaufsaugende Naturmaterialien synthetischen Waren vorzuziehen. Auch ein Paar **feste Schuhe** ist bei den oftmals schmutzigen Straßen empfehlenswert. Wer des öfteren in Billigunterkünften mit Gemeinschaftsdusche übernachtet, sollte ein Paar **Badelatschen** dabei haben. Gegen die pralle Sonne hilft eine **Kopfbedeckung** oder alternativ ein **Regenschirm.** Einem Mitteleuropäer mag der Gedanke, sich mit einem Regenschirm vor der Sonne zu schützen, recht albern vorkommen, doch viele Inder machen es genauso. Im Übrigen ist ein Regenschirm während der Monsunzeit ein unverzichtbares Utensil.

Schludrige Kleidung sieht man in Indien generell nicht gern, bei vermeintlich reichen Westlern schon gar nicht. Man sollte also zumindest eine Garnitur gepflegter Kleidung mit sich führen, allein schon, um bei Behördengängen oder privaten Einladungen einen seriösen Eindruck zu hinterlassen. **Lange Hosen** und **langärmelige Oberbekleidung** sind nicht nur zum Besuch von Tempeln, Moscheen und anderen heiligen Stätten angebracht, sondern dienen auch als Schutz vor Moskitos (siehe auch „Praktische Reisetipps A–Z: Verhaltenstipps/Kleidung").

Viele westliche Besucher zeigen sich immer wieder überrascht, dass sie vor Betreten eines **Tempels** die **Schuhe ausziehen** müssen. Wer aus hygienischen oder gesundheitlichen Gründen nicht barfuß durch die weitläufigen Hallen, Flure, Höfe und Korridore gehen möchte, die oftmals vom Unrat der zahlreichen Pilger gekennzeichnet sind, sollte stets **„Tempelsocken"** griffbereit haben, mit denen man fast überall problemlos Einlass bekommt.

Fast jeder westliche Tourist verbindet eine Rajasthan-Reise mit dem Besuch des Taj Mahal in Agra

Toilettenartikel

Übliche **Hygieneartikel** wie Shampoo, Zahnpasta, Deo und Rasierschaum sind problemlos und sehr preiswert in Indien zu bekommen. Viele indische Seifen sind recht alkalisch, so sollte man auf die etwas teureren ayurvedischen Produkte zurückgreifen, die in fast allen größeren Städten erhältlich sind. Auch Produkte international bekannter Marken sind meist problemlos zu bekommen.

Toilettenpapier ist inzwischen fast im ganzen Land zu bekommen, mit etwa 20 Rs pro Rolle jedoch relativ teuer. Wo es keines gibt, ist man auf die indische Methode angewiesen: einen Wasserkrug in die rechte Hand, säubern mit der linken. Händewaschen wird danach niemand vergessen ...

Sonnenschutzmittel sind in den größeren Städten erhältlich, allerdings zu einem recht hohen Preis. So schadet es nicht, diese schon aus dem Heimatland mitzubringen.

Während der trocken-heißen Jahreszeit von März bis Juli sind eine **Hautcreme** und ein **Lippenpflegestift** sehr nützlich, da Haut und Lippen sonst sehr schnell spröde werden.

- Zum **Schutz vor Mücken** empfiehlt sich die Mitnahme eines entsprechenden Präparates. Es gibt allerdings auch in Indien brauchbare, preiswerte Mittel.

Tampons sind in Indien relativ unbekannt und wenn vorhanden teuer. Deshalb empfiehlt es sich, genügend von zu Hause mitzunehmen.

Karten

Eine gute **Landkarte** für die Region ist im world mapping project bei REISE KNOW-HOW erschienen: „**Indien Nordwest**" im Maßstab 1:1,3 Mio. Eine Indien-Gesamtkarte im Maßstab 1:2,9 Mio. aus der gleichen Reihe ist ebenfalls erhältlich. Die Karten sind GPS-tauglich und haben ein ausführliches Ortsregister sowie farbige Höhenschichten.

In Indien selbst gibt es in vielen Buchhandlungen eine große Auswahl an Landkarten und **Stadtplänen,** diese sind jedoch meist veraltet und zudem oftmals recht ungenau. Eine Ausnahme bilden die sehr guten, vom Eicher-Verlag herausgegebenen Karten zu Delhi. Nicht kaufen sollte man Pläne von Straßenhändlern, da diese speziell von Touristen meist den doppelten bis dreifachen Ladenpreis verlangen.

Sonstiges

- Wegen der immer wieder auftretenden Stromausfälle ist auf Zugfahrten und bei nächtlichen Spaziergängen eine **Taschenlampe** unverzichtbar.
- **Wasserflasche** und **Wasserentkeimungstabletten** (Mikropur) machen unabhängig vom teuren und im Übrigen auch nicht ganz sicheren Mineralwasser. Zudem produziert man mit dem Kauf von Plastikwasserflaschen auch unnötig Müll.
- **Kondome** schützen nicht nur gegen ungewollte Schwangerschaft und Geschlechtskrankheiten, sondern auch gegen das sich in Indien rasant ausbreitende Aids.

> Indische Busse sind hart gefedert, die Sitze schlecht gepolstert und die Straßen holprig. Ein **aufblasbares Kissen** lässt einen die Schläge wesentlich besser ertragen.

- Nicht so sehr als Wärmeschutz, sondern vor allem, um unabhängig von der oftmals nicht gerade persilreinen Bettwäsche in Hotels zu sein, empfiehlt sich ein **Jugendherbergsschlafsack** – auch auf Nachtfahrten im Zug von großem Vorteil.
- In Hotels sollte man sein Zimmer mit einem eigenen **Vorhängeschloss** versperren. Auch ein kleineres Schloss für den Rucksack ist sinnvoll. Will man sein Gepäck in der Gepäckaufbewahrung eines Bahnhofs abgeben, wird die Annahme oft verweigert, wenn das Gepäckstück nicht verschlossen ist.
- Zum Schälen von Obst, Öffnen von Flaschen, Schneiden von Brot – das **Schweizermesser** ist immer noch die Allzweckwaffe eines jeden Travellers (beim Flug nicht im Handgepäck verstauen!).
- Wer seine Wäsche selbst waschen möchte, sollte eine **Wäscheleine** nebst einigen Klammern mitnehmen. Hierzu gehört auch ein **Waschbeckenstopfen**, um nicht ständig bei laufendem Wasser waschen zu müssen.
- In Hotelzimmern, auf langen Zugfahrten und in vielen anderen Situationen sind im

GESUNDHEITSVORSORGE

Warnung vor Tollwut

Eine häufig unterschätzte Gefahr stellt die Ansteckung durch Tollwut dar, denn Indien weist die **weltweit höchste Tollwutrate** auf. Dies ist umso alarmierender, als für jeden Indienreisenden der Anblick streunender, übel zugerichteter Hunde zum Alltag gehört. Dementsprechend hört man immer wieder von Reisenden, die von Hunden gebissen wurden. Nach einem Biss ist die Wunde sofort mit fließendem Wasser, Seife und – falls vorhanden – Wasserstoffsuperoxyd zu reinigen. Danach muss so schnell wie möglich ein Arzt aufgesucht werden. Da Tollwut häufig tödlich verläuft, empfiehlt es sich dringend, bereits vor Reiseantritt eine **Impfung** durchführen zu lassen!

lauten Indien **Ohrenstöpsel** von unschätzbarem Wert.
- Zur sicheren Verwahrung von Papieren, Geld und Tickets: **Bauchgurt, Brustbeutel** und **Geldgürtel** mit Sicherungsverschluss.
- **Weiteres:** mehrere Passfotos, Sonnenbrille, Ersatzbrille für Brillenträger, Adressheftchen, Tagesrucksack, Sprachführer Englisch/Deutsch und Deutsch/Hindi, Nähzeug, Sicherheitsnadeln, Bindfaden, Ladegerät für Batterien, Wecker, Kopien von Pass, Reiseschecks und Tickets.

Gesundheitsvorsorge

Der Hauptgrund, warum viele Indienreisende krank werden, ist, dass sie Angst haben, krank zu werden. Dritte-Welt-Länder im Allgemeinen und Indien im Speziellen rufen im Westen immer noch Angst vor Ansteckung und Krankheiten hervor. Es besteht aber kein Grund zu meinen, dass nur deshalb, weil man auf dem Subkontinent Urlaub macht, die Krankheitsgefahr besonders hoch ist. Man sollte nämlich – wie bei jeder Reise – insbesondere in der ersten Woche nach dem Motto „weniger wäre mehr gewesen" nicht gleich von einer Sehenswürdigkeit zur nächsten reisen, sondern Geist, Körper und Seele **Zeit zur Eingewöhnung** lassen. Das ist viel wichtiger, als sich mit unzähligen Medikamenten vollzustopfen, die den Körper nur noch zusätzlich belasten.

Im Übrigen sind es nicht die klassischen Tropenkrankheiten, sondern ganz banale Unpässlichkeiten wie Erkältungen oder Magen-Darmerkrankungen, die einem das Reisen in Indien zuweilen erschweren. Man schützt sich am besten, indem man sich den Hals und das Gesicht vor dem Betreten eines klimatisierten Raumes oder Busses abtrocknet und einen Pullover anzieht und sich bei allzu scharfen Gerichten zunächst zurückhält.

Weitergehende Informationen zum Thema Gesundheit finden sich im Kapitel „Reisetipps A–Z, Medizinische Versorgung" und im Anhang unter **„Reise-Gesundheits-Information Indien".**

Impfungen

Für Indien sind keine Impfungen vorgeschrieben, es sei denn, man reist aus einem Gelbfieber-Gebiet ein. In jedem Fall sollte man sich frühzeitig vor Reisebeginn (ca. zwei Monate) bei einem Arzt oder Tropeninstitut über empfohlene Impfungen und besonders auch Malariaschutz informieren.

Wer sich schon zu Hause in großen Städten nicht wohl fühlt, sollte sie in Indien erst recht meiden. Menschenmassen, Luftverschmutzung, Dreck, Elend, Hektik, Lärm – all die negativen Begleiterscheinungen urbaner Entwicklung sind in Indien, wo so etwas wie Stadtplanung kaum existiert, besonders ausgeprägt. Vor allem zu Beginn einer Reise, wenn Klima-, Zeit- und Essensumstellung schon genug Anpassungsschwierigkeiten bereiten, empfiehlt es sich, nur so kurz wie irgend möglich in Städten wie Delhi zu bleiben. Hat man die ersten Wochen der Eingewöhnung hinter sich, sind Geist und Seele besser auf die Negativaspekte vorbereitet.

Reiseapotheke

Neben den Medikamenten, die man sowieso regelmäßig einnehmen muss, sollten die folgenden Mittel auf jeden Fall im Gepäck sein:
- **Mückenschutz**
- **Mittel gegen** Schmerzen/Fieber, Durchfall, Übelkeit/Erbrechen, Allergie und Juckreiz, Insektenstiche
- **Antibiotika**
- **Antibiotische Salbe**
- **Wundsalbe**
- **Desinfektionsmittel**
- **Augentropfen**
- **Zur Wundversorgung:** Mullbinden, Heftpflaster, Wundpflaster, elastische Binden, Alkoholtupfer, steril verpackt, Sicherheitsnadeln und Pinzette, möglichst steril verpackt
- **Fieberthermometer**

AIDS

Gemäß Berichten der WHO (Weltgesundheitsbehörde) steht Indien vor einer **AIDS-Epidemie**, die afrikanischen Verhältnissen in keiner Weise nachstehen wird. Derzeit sind, offiziellen Statistiken zufolge, etwa 4 Mio. Personen HIV-infiziert, die Dunkelziffer liegt wohl um einiges höher.

Die aus diesen Zahlen zu ziehenden Konsequenzen dürften auf der Hand liegen. Aufgrund der weit verbreiteten Furcht vor der Krankheit erlebt Indien derzeit einen wahren **Kondom-Boom**. Gab es früher nur die unbeliebten, billigen „Government-Gummis" namens *Nirodh*, so sind heute einige Dutzend Marken im Angebot. Eine nennt sich passenderweise *Kama Sutra*, nach dem alten indischen Liebeshandbuch.

Versicherungen

Die Kosten für eine Behandlung in Indien werden von den gesetzlichen Krankenversicherungen in Deutschland und Österreich nicht übernommen, daher ist der Abschluss einer privaten **Auslandskrankenversicherung** unverzichtbar. Diese sind z.B. in Deutschland ab 5-10 Euro pro Jahr auch sehr günstig.

Schweizer sollten bei Ihrer Krankenversicherungsgesellschaft nachfragen, ob die Auslandsdeckung auch für Indien inbegriffen ist. Sollte man keine Krankenversicherung mit Auslandsdeckung haben, empfiehlt es sich, sich kostenlos bei Soliswiss (Gutenbergstr. 6, 3011 Bern, Tel.: 031/3810494, www.soliswiss.ch) nach einem attraktiven Krankenversicherer zu erkundigen.

Bei der Wahl der Auslandskrankenversicherung sollte man typische Leistungsunterschiede prüfen:
- **Reisedauer:** Bei einigen Versicherern wird von einer maximalen Reisedauer von 30 oder auch 62 Tagen ausgegangen. Bei längerem Aufenthalt wird auch die Versicherung teurer. Für Aufenthalte bis zu 90 Tagen kostet es ca. 55-74 Euro, für solche bis zu einem Jahr 350-1300 Euro. Vergleichen lohnt sich!
- **Rücktransport:** Wird in der Regel nur auf ärztliches Anraten übernommen. Im Todesfall werden unterschiedlich hohe Beträge für die Rücküberführung gezahlt.
- **Selbstbeteiligung:** Einige haben z.B. bei Zahnbehandlungen eine Selbstbeteiligung, andere zahlen 100 %.

VERSICHERUNGEN

- **Nachleistungsfrist:** Kann man nicht wie geplant nach Hause reisen, sollte die Versicherung die Rechnungen noch eine Zeit lang weiterzahlen.
- **Altersgrenze:** Die Kosten sind nach Alter gestaffelt, die Altersgrenzen je nach Versicherer unterschiedlich.
- **Chronische Krankheiten:** Wird aufgrund einer Krankheit, die schon vor Urlaubsantritt bestand, eine Behandlung fällig, ist diese nur von wenigen Versicherungen gedeckt.

Zur Erstattung der Kosten benötigt man grundsätzlich ausführliche **Quittungen** (mit Datum, Namen, Bericht über Art und Umfang der Behandlung, Kosten der Behandlung und Medikamente).

Der Abschluss einer **Jahresversicherung** ist in der Regel günstiger als mehrere Einzelversicherungen. Günstiger ist auch die **Versicherung als Familie,** statt als Einzelpersonen. Hier sollte man nur die Definition von „Familie" genau prüfen.

Andere Versicherungen

Für alle abgeschlossenen Versicherungen sollte man die **Notfallnummern** notieren und mit der Policenummer gut aufheben! Bei Eintreten eines Notfalles sollte die Versicherungsgesellschaft unverzüglich telefonisch verständigt werden!

Ob es sich lohnt, weitere Versicherungen abzuschließen, wie Reiserücktrittsversicherung, Reisegepäckversicherung, Reisehaftpflichtversicherung oder Reiseunfallversicherung, ist individuell abzuklären. Aber gerade diese Versicherungen enthalten viele Klauseln, sodass sie nicht immer Sinn machen.

Die **Reiserücktrittsversicherung** für 35-80 Euro lohnt sich nur für teure Reisen und für den Fall, dass man vor der Abreise einen schweren Unfall hat, erkrankt oder schwanger wird, gekündigt wird oder nach Arbeitslosigkeit einen neuen Arbeitsplatz bekommt u.Ä. Es gelten hingegen nicht: Krieg, Unruhen, Streik, etc.

Die **Reisegepäckversicherung** lohnt sich seltener, da z.B. bei Flugreisen verlorenes Gepäck oft nur nach Kilopreis ersetzt wird (und auch sonst wird nur der Zeitwert nach Vorlage der Rechnung erstattet). Wurde eine Wertsache nicht im Safe aufbewahrt, gibt es bei Diebstahl auch keinen Ersatz. Kameraausrüstung und Laptop dürfen beim Flug nicht als Gepäck aufgegeben worden sein. Gepäck im unbeaufsichtigt abgestellten Fahrzeug ist ebenfalls nicht versichert. Die Liste ist endlos ... Überdies deckt häufig auch die Hausratsversicherung schon Einbruch, Raub und Beschädigung von Eigentum auch im Ausland.

Eine **Privathaftpflichtversicherung** hat man in der Regel schon. Hat man eine **Unfallversicherung,** sollte man prüfen, ob diese im Falle plötzlicher Arbeitsunfähigkeit aufgrund eines Unfalls im Urlaub zahlt.

Weitere Infos

Wer unsicher ist, welche Versicherung in Frage kommt, kann sich über Tests der **Stiftung Warentest** in Deutschland und **Konsument.at** in Österreich weiter informieren. Über ihre Webseiten kann man Testberichte herunterladen, Online-Abonnent werden oder Hefte zum Thema bestellen: www.warentest.de, www.konsument.at.

Weitere Informationen erhält man in Deutschland bei der **Verbraucherzentrale** (www.verbraucherzentrale.com) und in Österreich bei der **Arbeiterkammer** (www.arbeiterkammer.at).

Praktische Reisetipps von A bis Z

Praktische Reisetipps von A bis Z

Tee und Gebäck am Ende eines langen Tages in der Wüste

Chili – indischer Scharfmacher, der ursprünglich aus Südamerika stammt

Die Autoriksha –
das Taxi des kleinen Mannes

Behinderte, Einkaufen und Souvenirs

Behinderte

Indien gilt zu Recht als eines der für Individualtouristen am schwierigsten zu bereisenden Länder der Erde. Um so problematischer (um nicht zu sagen unmöglich) gestaltet sich eine Reise für behinderte Personen. Das allgemeine Durcheinander auf Bahnhöfen und Straßen, die Mühen beim Besteigen eines Busses oder Zuges, ganz zu schweigen von den fast ständig hoffnungslos überfüllten öffentlichen Verkehrsmitteln – dies alles macht eine Indienreise für Behinderte zu einem kaum zu bewältigenden Unterfangen. Wie in fast allen Ländern Asiens sind in Indien behindertengerechte **Einrichtungen fast völlig unbekannt.** Herabgesenkte Bordsteinkanten, Rampen oder Aufzüge findet man nur äußerst selten. Dies ist um so problematischer, als viele Tempel und Pagoden auf Hügeln oder in unwegsamen ländlichen Gebieten errichtet wurden. Die **Hilfsbereitschaft** der Inder lässt zwar viele Hindernisse überwinden, doch ohne eine mitreisende Begleitperson, die sich ganz in den Dienst des Behinderten stellt, muss von einer Indienreise abgeraten werden.

Einkaufen und Souvenirs

Während Hongkong und Singapur weltweit bekannt als Einkaufsparadiese speziell für elektronische Produkte sind, so gibt es wohl kaum ein anderes Land dieser Erde, welches eine derartige **Auswahl an Handwerkskunst** zu bieten hat wie Indien. Jede einzelne der vielfältigen Ethnien des Landes hat ihre eigene Handwerkstradition entwickelt, wobei die unterschiedlichsten Materialien Verwendung finden. Dem Lockruf von Gold, Silber, Juwelen, Seide und Marmor folgten schon vor Jahrtausenden die Kaufleute aus Übersee, die ganze Schiffsladungen mit nach Hause nahmen. Etwas bescheidener gibt sich da der neuzeitliche Tourist, doch wie die übervollen

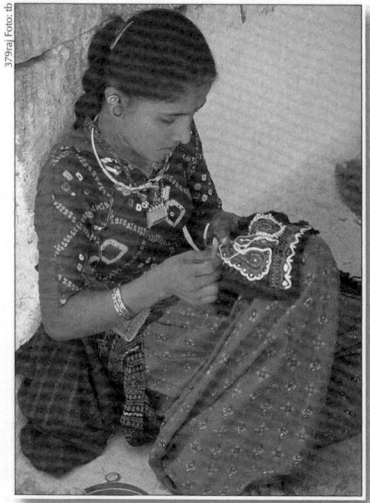

Kleidung mit eingenähten Spiegelornamenten – typisch für Rajasthan

EINKAUFEN UND SOUVENIRS

Koffer und Taschen beim Rückflug belegen, kann auch er dem reichlichen Angebot nur schwerlich widerstehen.

Allerdings steht der Neuankömmling ob dieser riesigen Auswahl zunächst einmal vor der Qual der Wahl. Den besten Ort, um sich einen **Überblick** zu verschaffen, bieten die so genannten *government cottages* oder *emporiums*, staatliche Läden, von denen sich die größten und schönsten in Delhi befinden. Hier werden auf überschaubarem Raum hochwertige Produkte aus ganz Indien zu festgesetzten Preisen angeboten. Selbst für diejenigen, die nicht kaufen wollen, empfiehlt sich ein Besuch, gewinnt man doch hier einen verlässlichen Anhaltspunkt über das Preisniveau und hat so später beim Handeln auf Basaren und Geschäften eine bessere Ausgangsposition.

Selbstverständlich ist, dass derjenige, der sich von einem **Schlepper** in den Laden locken lässt, einen z.T. erheblichen Aufpreis zu zahlen hat. Dies ist vor allem in Touristenorten wie Agra oder Jaipur zu bedenken.

> ✖ Erübrigen sollte sich eigentlich der Hinweis, dass **Tierfelle, Elfenbeinarbeiten, Korallen** und Ähnliches als Souvenir absolut tabu sind. Die Einfuhr solcher Produkte ist in Deutschland strafbar.

Schmuck

Nicht nur viele indische Frauen, für die er eine Kapitalanlage für das Alter darstellt, sondern auch eine Großzahl westlicher Reisender kaufen gern und häufig Schmuck. Besonders beliebt ist dabei der schwere **Nomadenschmuck aus Rajasthan** und der filigranere **Silberschmuck der Tibeter.** Gerade wegen seiner Beliebtheit bei westlichen Touristen ist er inzwischen über das ganze Land verteilt in Geschäften zu erhalten. Wie die oftmals extrem niedrigen Preise vermutem lassen, ist dabei vieles, was als reines Silber angeboten wird, kaum mehr als billiges Metall. Wen das jedoch nicht stört, der findet besonders in Jaipur und Pushkar eine große Auswahl.

Jaipur ist auch die Hochburg für die **Edelsteinverarbeitung.** Großhändler aus aller Welt decken sich hier ein. Der verführerische Schein der edlen Klunker hat schon manchen Touristen tief in die Tasche greifen lassen, der später enttäuscht feststellen musste, dass der Edelstein eine billige Glaskopie war. Am größten ist die Gefahr, minderwertige oder unechte Ware angeboten zu bekommen, bei den fliegenden Händlern. Wer führt schon Rubine und Saphire in einem schäbigen Holzkoffer mit sich?

Brillen

Indien ist ein Schlaraffenland für Brillenträger. Zu einem Bruchteil des Preises in Europa können sowohl **Brillenrahmen** wie auch gute **Gläser,** auch aus Kunststoff, gekauft werden. Die Auswahl an ansprechenden Rahmen ist groß. Die Brille ist häufig bereits am Tag der Anprobe oder am nächsten fertig. Zu empfehlen sind Verkaufsketten wie *Frames and Lenses,* aber auch viele Einzelhandelsoptiker haben große Auswahl. Auch **Kontaktlinsen** der

Einkaufen und Souvenirs

international bekannten Firmen sind sehr preiswert zu haben.

Teppiche

Einen weltweit hervorragenden Ruf genießen **Kashmirteppiche,** doch auch in Rajasthan existiert eine lebhafte und qualitativ hoch stehende Teppichproduktion. Aufgrund des faktischen Zusammenbruchs des Tourismus in Kashmir finden sich viele kashmirische Händler über ganz Indien verteilt, sodass das Angebot sehr vielfältig ist.

Bereichert wird die Palette noch durch die tibetanische Exilgemeinde in Indien, die auf eine lange Teppichknüpftradition zurückschauen kann. Viele westliche Touristen bevorzugen **tibetanische Teppiche** wegen der charakteristischen farblichen Gestaltung.

Entscheidende **Qualitätsmerkmale** und damit preisbestimmend sind neben den verwendeten Materialien (Wolle, Seide und eine Mischung aus beidem) die Knotendichte, Knotenart und die verwendeten Farben (natürlich oder synthetisch). Ärgerlich ist es jedoch, nach der Rückkehr im Heimatland festzustellen, dass der lokale Großhändler den gleichen Teppich, den man im Urlaubsland gekauft hat, 20 % billiger anbietet. Gerade bei Teppichen eine nicht selten gemachte Erfahrung. Daher ist es ratsam, vor Abflug die Preise zu Hause zu checken.

Antiquitäten

Ein Land mit einer derart reichen Vergangenheit an Kunsthandwerk und pompösen Herrscherhäusern, die ihre Paläste bis unters Dach vollstopften mit antiken Kostbarkeiten, müsste eigentlich eine Fundgrube für Antiquitätenliebhaber sein. Ist es auch, doch hat die Sache zwei Haken: Zum einen ist die Ausfuhr von Gegenständen, die älter als 100 Jahre sind, nur mit einer **Sondergenehmigung** erlaubt und zweitens ist der einstmals so reiche Markt inzwischen von ausländischen Händlern so gut wie abgegrast. Zwar sind die Antiquitätenläden in Delhi noch immer gut bestückt, doch vieles von dem, was dort angeboten wird, ist nicht viel mehr als eine, allerdings z.T. hervorragende Imitation. **Altersschätzungen** ebenso wie **Ausfuhrgenehmigungen** kann man beim *Archaeological Survey of India* in Mumbai, Srinagar und Kalkutta einholen.

Malerei

Kaum eine andere Kunstart hat einen derartigen Aufschwung durch den Tourismus genommen wie die **Miniaturmalerei,** die nach dem Untergang der alten Rajputenreiche lange Zeit in Vergessenheit geraten war. Zwar werden die Miniaturbilder inzwischen wegen ihrer Beliebtheit vielerorts angeboten, doch die größte Auswahl hat man nach wie vor in ihrem Heimatland Rajasthan. Auch hier variiert die Qualität erheblich, wobei neben der Detailgenauigkeit auch die verwendeten Farben und das Material eine Rolle spielen. Neben den auf Bürgersteigen in Delhi angebotenen Massenprodukten aus reinem Papier, die für 30 bis 40 Rupien pro Stück zu haben sind,

gibt es auch exquisite Einzelstücke aus Seide, die ein kleines Vermögen kosten. Vorsicht ist auch hier wieder bei angeblich antiken Bildern geboten.

Holz- und Metallarbeiten

Jeder staatliche Laden führt eine große Abteilung von Holzarbeiten, wobei es eine riesige Variationsbreite in Größe, Form und Material gibt. Von winzigen, besonders in Kashmir hergestellten, oftmals lackbemalten Schmuckkästchen über Paravents und Möbelgarnituren bis zu Elefanten im Maßstab 1 zu 1 reicht die Bandbreite des Angebots. Besonders beliebt sind die ausdrucksstarken indischen **Götterskulpturen** wie Kali, Krishna oder Vishnu, die es sowohl aus edlem Sandel- oder Rosenholz geschnitzt als auch in Metall gegossen gibt.

Vielfach werden einem von privater Hand **alte Tempelschnitzereien** angeboten. So schön diese auch manchmal sein mögen, man sollte von dem Kauf auf jeden Fall Abstand nehmen, unterstützt man doch andernfalls den eh schon verheerenden Handel mit gestohlenen Tempelschätzen und trägt so aktiv zum Ausverkauf einer jahrhundertealten Kultur bei.

Kleidung und Lederwaren

Kaum ein anderes Land der Erde bietet ein derart breites und qualitativ hochstehendes Angebot an Kleidungsstücken wie Indien. Auch hier profitiert das Land wieder von seiner territorialen Größe und ethnischen Vielfalt. Kashmir ist berühmt für seine **Wolle** und **Schals,** Assam für seine **wilde Seide,** Varanasi für seine **Brokatseide,** Rajasthan und Gujarat für seine eingearbeiteten **Spiegelornamente.** Daneben gibt es noch unzählige andere Varianten. Neben dieser lokalen Tradition ist Indien jedoch auch Heimat der größten Textilindustrien der Erde mit einem hohen Exportanteil.

Moderne Kleidung in vorzüglicher Qualität findet sich in guten Geschäften der Metropolen, aber auch vieler Mittelstädte zu einem Bruchteil des Preises in Europa – eine günstige Möglichkeit, sich vor dem Rückflug noch einmal rundum einzukleiden. Gleiches gilt übrigens auch für **Schuhe.** Für umgerechnet 20 € bekommt man bereits erstklassige Qualität.

Extrem billig ist auch die **Maßanfertigung** bei einem Schneider – ein Luxus, den man sich bei uns kaum noch leisten kann. Allerdings scheinen viele Schneider mit der modischen Entwicklung nicht ganz mitgehalten zu haben und pflegen einen etwas antiquierten Schnitt. Außerdem lässt die Verarbeitungsqualität manches Mal zu wünschen übrig. Ein Katalogfoto des gewünschten Anzuges und genügend zeitlicher Spielraum für Reklamationen ist also angebracht.

Die meisten der vor allem in Delhi angebotenen **Lederjacken** und **Taschen** stammen aus Kashmir und variieren stark in Preis und Qualität. Wer sich Zeit nimmt, kann immer noch eine hübsche Lederjacke für 40 € ergattern. Doch so etwas soll es ja auch im Winterschlussverkauf in Deutschland geben.

Elektrizität

Wie in Europa wird in Indien Wechselstrom von 230 bis 240 Volt und 50 Hz benutzt. Elektrogeräte wie Rasierapparat, Radio oder Akkuladegerät können also problemlos betrieben werden. Vielfach finden dreipolige Steckdosen Verwendung, mit denen jedoch nicht alle europäischen Zweipolstecker kompatibel sind. Will man ganz sicher gehen, empfiehlt sich die Mitnahme eines internationalen **Adapters,** der für wenig Geld in Elektrogeschäften erhältlich ist. Da **Stromausfälle** besonders am frühen Abend in Indien immer noch vorkommen, gehört eine **Taschenlampe** zur Standardausrüstung jedes Indienreisenden.

Essen und Trinken

Indische Küche

Um sich von der Beliebtheit der indischen Küche in Deutschland zu überzeugen, genügt ein Blick in die Gelben Seiten des Telefonbuchs. Unter der Rubrik „Restaurants" finden sich da neben „King Wah" oder dem „Bangkok" inzwischen genauso selbstverständlich Namen wie „Taj Mahal", „Passage to India" oder „Thali". Neben der chinesischen und thailändischen hat sich die indische zur beliebtesten asiatischen Küche in Deutschland entwickelt. So wissen inzwischen auch hierzulande viele, dass sich hinter dem Wort Curry nicht ein Einheitsgewürz, sondern eine höchst aufwendige Kräuter- und Gewürzmischung verbirgt.

Andere Vorurteile hingegen halten sich nach wie vor hartnäckig. So z.B. jenes, dass indisches Essen grundsätzlich scharf sei, Reis das Hauptnahrungsmittel darstelle und Tee das beliebteste Getränk ist. Richtig hingegen ist, dass im Norden eher würzig als scharf gegessen wird und Brot die eigentliche Nahrungsgrundlage bildet, während man im Süden wesentlich mehr Kaffee als Tee trinkt.

Ursache für diese regionalen Unterschiede sind die verschiedenen historischen Prägungen und unterschiedlichen klimatischen Bedingungen der beiden Landesteile. Der klimatisch kühlere Norden ist auch heute noch stark beeinflusst durch die sechshundertjährige muslimische Fremdherrschaft, die bekanntlich im tropischen Süden nie so recht Fuß fassen konnte. Als Folge hiervon findet man in Nordindien auch die Küche der Moguln, verhältnismäßig schwere, fettreiche Kost mit viel Fleisch, während im Süden vegetarisches und leichteres, aber auch schärferes Essen bevorzugt wird. So findet man eine Vielfalt an Gerichten und Geschmackserlebnissen, die einmalig ist.

Warum es dennoch immer wieder Touristen gibt, die sich während ihrer gesamten Indienreise mit Spaghetti, Fried Rice und Pommes Frites durchschlagen, ist mir wirklich schleierhaft. Überdies schmeckt **westliches Essen in Indien** fast immer langweilig bis lausig und ist zudem um ein Vielfaches teurer als das einheimische.

Gesundheitliche Gründe können bei der selbstauferlegten Abstinenz auch keine Rolle spielen. Hält man sich an einige einfache Grundregeln, wie keine rohen Salate und kein rohes Gemüse und Schweinefleisch zu essen bzw. das in fast allen Restaurants bereitgestellte Trinkwasser zu meiden, dann sind Gaumenfreuden in Indien genauso unbedenklich wie in Thailand, Hongkong oder Singapur.

Restaurants

Im Unterschied zu vielen anderen Ländern Südostasiens wie etwa Thailand, Malaysia oder Indonesien, in denen man an fast jeder Straßenecke über mobile Garküchen stolpert, kann es in kleineren Orten Indiens vorkommen, dass man erst einmal längere Zeit suchen muss, um seinen Hunger stillen zu können. Zwar finden sich auch in Indien viele **Essensstände,** doch diese offerieren meist nur kleinere Snacks bzw. Süßigkeiten.

Als Helfer in der Not bieten sich da *dhabas* bzw *bhojanalayas* (wörtl.: „Ort der Speise") an, sehr einfache, meist zur Straße hin offene Lokale, die sich vor allem um Bahnhöfe gruppieren. Die einzelnen Gerichte befinden sich in großen Töpfen, unter denen ständig eine Gasflamme brennt. Zwar sind sie äußerst preisgünstig, doch aufgrund der ununterbrochenen Erhitzung oft auch etwas fad im Geschmack. Zudem hat man ihnen die meisten Vitamine regelrecht ausgebrannt.

Eine preiswerte Alternative bieten die häufig allerdings sehr schlichten **Bahnhofsrestaurants,** in denen man selten mehr als 20 Rupien für ein sättigendes Mahl berappen muss. Englische Speisekarten sind in diesen Restaurants zwar nicht die Regel, kommen aber mehr und mehr in Gebrauch. Oftmals wird an der Kasse speziell für Besucher eine bereitgehalten. Diese Speisekarten haben jedoch zuweilen den Nachteil, dass dort nur solche Gerichte aufgeführt sind, die man dem westlichen Gaumen für würdig empfindet. Dabei fehlen oft gerade die so schmackhaften lokalen Spezialitäten. Manchen dieser Speisekarten fehlen jegliche Preisangaben. In diesem Fall sollte man vor der Bestellung den zu zahlenden Betrag abklären, um späteren Missverständnissen vorzubeugen.

Der **Service** ist bei all diesen Restaurants eher bescheiden, manchmal geradezu unfreundlich. Essen wird in Indien in erster Linie als notwendige Nahrungszufuhr verstanden und weit weniger als kulturelles Erlebnis. So strahlen viele Restaurants den Charme einer Bahnhofsvorhalle aus. Kaum hat man den letzten Bissen heruntergeschluckt, schon wird einem die Rechnung unter die Nase gehalten.

Auf einen anderen Planeten fühlt man sich versetzt, speist man in einem der überraschend vielen **Nobelrestaurants.** Vor allem in den First-Class-Hotels der Großstädte, aber auch in vielen mittelgroßen Orten bietet sich die Möglichkeit, für verhältnismäßig sehr wenig Geld sehr gut zu speisen. So zahlt man in einem guten AC-Restaurant kaum mehr als 50 Rupien für ein üppiges und exzellentes Essen – ein Spottpreis, verglichen mit einem ähnlichen Restaurant in Europa. Das gleiche gilt für die üppigen **Mittags-** und **Abendbuffets,** die viele Hotels in den Metropolen anbieten, wo man sich für selten mehr als 250 Rs schadlos halten kann.

Wie wird gegessen?

Einen Kulturschock besonderer Art erleben Europäer, wenn sie das erste Mal ein Restaurant betreten und sehen, dass in Indien traditionell **mit der Hand gegessen** wird. Das wirkt auf viele zunächst reichlich unappetitlich. Es sei jedoch daran erinnert, dass es umgekehrt den Indern nicht anders ergeht, wenn sie die zivilisierten Europäer mit solch martialischen Metallwerkzeugen wie Messer und Gabel im Essen herumstochern und -schneiden sehen.

Letztlich ist es eine Geschmackssache, und so wird es in Indien auch praktiziert. In fast jedem Restaurant wird dem westlichen Touristen selbstverständlich Besteck ausgehändigt,

Knoblauch und Chilis sind Grundbestandteile der indischen Küche und so kann man an seinen alten Gewohnheiten festhalten.

Einige üben sich dennoch, zunächst aus Neugierde, in der indischen Art der Nahrungsaufnahme und stellen dabei überrascht fest, dass das Essen so viel besser schmeckt. Wer zum ersten Mal mit den Fingern isst, wird sich dabei zunächst wahrscheinlich recht ungeschickt anstellen und nicht so recht wissen, wie er die Speisen in den Mund bekommt, ohne sich zu bekleckern, doch eigentlich ist es recht einfach: Man bildet mit den Fingern der rechten Hand (die linke Hand gilt als unrein, da in Indien traditionell kein Toilettenpapier benutzt wird – seinen Zweck erfüllen ein Krug Wasser und die linke Hand) eine Rinne, in der man die Mahlzeit mit dem Daumen in den Mund schiebt. Vor wie nach dem Essen säubert man die Hände in dem in jedem Restaurant speziell dafür bereitstehenden Waschbecken.

Gewürze

Indiens Ruf als Heimat einer der besten Küchen der Erde beruht auf der unvergleichlichen Anzahl unterschiedlicher Gewürze. Dafür war Indien im Westen schon seit alter Zeit berühmt. Namen wie Pfeffer, Kardamom, Zimt und Ingwer übten auf die europäischen Kaufleute eine ähnliche Faszination aus wie Gold und so sandten sie ihre Schiffe rund um den Erdball, um die heiß begehrten Gewürze zu finden.

Curry, jener Begriff, der heute als Synonym für die indische Küche gilt, stand jedoch nicht auf ihren Fahndungslisten verzeichnet. Das konnte er auch gar nicht, gab es den Begriff zu jener Zeit doch noch gar nicht. Erst die englischen Kolonialherren machten aus dem *karhi* – was lediglich Soße bedeutet – jenes Einheitsgewürz, als welches es inzwischen weltweit bekannt ist. In Indien selbst ist unser „Curry" als *garam masala* bekannt. Man muss den Briten, deren Beitrag zur internationalen Küche bekanntlich ja recht unbedeutend ist, allerdings zugestehen, dass sie von Anfang an überfordert waren, die überaus raffinierte und komplizierte Küche Indiens zu verstehen.

Im Grunde gibt es Hunderte verschiedener *karhis*. Die Mischung der verschiedenen Gewürze ist das große

Geheimnis jeder indischen Hausfrau. Bei all ihrer Unterschiedlichkeit beinhalten fast all diese geheimnisvollen Mixturen Koriander, Zimt, Kümmel, Nelken, Kardamom und Pfeffer. Die gelbe Färbung erhält Curry durch den Gelbwurz (*haldi*), eine medizinische Pflanze, die desinfizierend wirkt. Jedes indische Gericht hat sein spezielles *masala* (Gewürzmischung), denn es ist die Auswahl, die Menge und die Mischung der einzelnen Gewürze, die den individuellen Geschmack eines Gerichtes ausmachen.

Eine kulinarische Entdeckungsreise in Indien ist schon deshalb mit einem „Risiko" verbunden, weil sich hinter jedem *masala* oder *curry* ein anderer Geschmack – und Schärfegrad – verbergen kann. Es kommt halt ganz auf die Mischung an.

Brot

Wie schon erwähnt, ist des Nordinders täglich Brot nicht, wie vielfach angenommen wird, Reis, sondern – Brot. Auf jeder Speisekarte Nordindiens findet sich eine Vielzahl dieser Fladenbrote.

Fladenbrotsorten

- **Chapati** ist die einfachste, populärste und billigste Brotsorte. Im Grunde ist es nichts weiter als ein dünner, auf heißer Herdplatte gebackener Fladen aus Wasser und Mehl.
- **Paratha** sieht im Gegensatz zum dünnen, knusprigen Fladenbrot eher wie ein dicklicher Pflaumenkuchen aus. Der Vollkornfladen wird mit geklärter Butter (**ghi**) in der Pfanne gebacken und oft mit einer Kartoffelfüllung angeboten (**alu paratha**).
- **Puris** sind Fladen aus Mehl, Wasser und Salz, die in Öl schwimmend gebacken werden, wobei sie sich aufblähen wie Luftballons. Keine sehr weit verbreitete Variante, dafür um so schmackhafter.
- **Nan** ist dagegen wesentlich fettärmer, da es im Tonofen (**tandur**) bei offenem Feuer gebacken wird. Das große dreieckige Fladenbrot gibt es in verschiedenen Varianten, so z.B. mit Butter bestrichen (**butter nan**) oder mit Käse gefüllt (**cheese nan**).
- **Papad** (oder **papadam**) ist ein hauchdünner, oftmals scharf gewürzter Fladen, der meist als Appetitanreger vor der Hauptmahlzeit serviert wird.

Reis

Obwohl der Reis im Norden als Grundnahrungsmittel nicht die dominierende Stellung einnimmt wie im Süden, ist er natürlich trotzdem überall selbstverständlicher Bestandteil des Speiseplans. Es gibt ihn in den vielfältigsten Varianten vom *plain rice* über den besonders bei Travellern beliebten *fried rice* bis zu den *biriyanis*. Dies ist eine köstliche Reis-Gemüse-Mischung, die mit Nüssen und Trockenfrüchten wie z.B. Rosinen angereichert wird und häufig auch mit Fleisch, speziell Lamm, serviert wird. Die schlichtere Form des *biriyani*, gedünsteter Reis mit Erbsen, *pulau* oder *pilaw* genannt, wird in Indien gern mit Safran gekocht, was ihm seine charakteristisch gelbliche Farbe verleiht. Der in Europa so beliebte, weil naturbelassene braune Reis ist in Indien weitgehend unbekannt. Nur die Nachfrage in größeren Touristenorten hat dort den für das indische Auge schmutzigen Reis salonfähig gemacht.

Garküchen am Rande eines Busbahnhofs

Vegetarisches Essen

Kein anderes Land bietet eine derartige Vielfalt an vegetarischen Köstlichkeiten wie Indien. Hier kann sich das eigentliche Geheimnis der indischen Küche, die unvergleichliche Vielfalt an orientalischen Gewürzen, richtig entfalten. So zaubern indische Köche selbst aus den banalsten Nahrungsmitteln wie Linsen oder Kartoffeln himmlische Leckerbissen. Da verwundert es nicht, dass viele Reisende sich während ihrer mehrmonatigen Indienreisen zu reinen Vegetariern wandeln. Der Umstieg auf fleischlose Kost wird einem außerdem noch dadurch versüßt, dass sie die Reisekasse weit weniger belastet als Fleischliches. Ein köstliches und magenfüllendes vegetarisches Gericht ist fast überall für weniger als umgerechnet einen Euro zu bekommen.

Das meistgegessene vegetarische Gericht der Inder ist **Thali.** Hierbei handelt es sich um eine reichhaltige Mahlzeit, die auf einem Metallteller serviert wird. Um den in der Mitte angehäuften Reis sind kleine Metallschälchen platziert, die verschiedene Currys, Gemüse, scharfe *pickles* und würzige Soßen enthalten. Das alles wird mit der (rechten!) Hand zu einem äußerst schmackhaften Gemisch vermengt. Meist kosten diese magenfüllenden Gerichte nicht mehr als 20 Rs. In fast jeder Stadt gibt es ein Restaurant, welches ausschließlich *thali* serviert.

Vegetarische Gerichte

- **Alu Dum** – Kartoffel-Curry
- **Alu Ghobi** – Kartoffeln und Blumenkohl
- **Matter Paneer** – Erbsen und Käse
- **Palak Paneer** – Spinat und Käse
- **Shahi Paneer** – Rahmkäse in Sahnesoße, Rosinen und Mandeln
- **Dhal** – Linsenbrei (Allerweltsgericht)
- **Baigan Pora** – Gebratene Aubergine
- **Navratan Korma** – Gemüse und Fruchtmischung mit würziger Soße
- **Malai Kofta** – Gemüsebällchen in Sahnesoße
- **Shahi Mirch** – Gefüllte Paprikaschote in pikanter Soße

Fleisch

In einem Land, in dem täglich Millionen von Menschen nur mit Mühe ein karges Mahl auf den Teller bekommen, bedarf es keiner großen Fantasie, um sich auszumalen, wie es um die Gesundheit der meisten Tiere bestellt ist. Verwundern kann es da kaum, dass so manches vermeintliche Fleischgericht weniger aus Fleisch als aus Haut und Knochen besteht, die in einer fettigen, scharfen Soße herumschwimmen. Im Schatten der dominierenden vegetarischen Küche Indiens fristet die Fleisch enthaltende Kost ein eher kümmerliches Dasein. Hierzu haben auch die unterschiedlichen Essenstabus der verschiedenen Religionsgemeinschaften beigetragen. Allseits bekannt ist, dass die Hindus kein Rindfleisch essen und die Moslems kein Schweinefleisch (welches auch bei den Hindus selten verspeist wird und wegen der Trichinosegefahr auch zu meiden ist).

Während einem als Vegetarier oft gerade in kleinen bescheidenen Lokalen die schmackhaftesten Gerichte serviert werden, sollte man beim Fleisch essen die gehobenen Restaurants vorziehen. Hier sind nicht nur die hygienischen Verhältnisse vertrauenerweckender, sondern die Köche verfügen auch über mehr Erfahrung im Zubereiten von Fleischgerichten, da sich diese der kleine Mann kaum leisten kann. Das gilt besonders für Restaurants, die sich auf die so genannte **Mughlai-Tradition** berufen, eine Kochkunst, die mit den Mogul vor über 800 Jahren nach Indien kam und die größte Erfahrung in der nicht-vegetarischen Küche Indiens aufweist.

Fleischgerichte

- **Tandoori** – typisch für Mughlai-Gerichte. Zubereitet wird es im Lehmofen (**tandur**). Das Fleisch wird vorher in Joghurt und Gewürzen mariniert; ein sehr würziges, fettarmes und nicht scharfes Gericht.
- **Vindaloo** – eine südindische Spezialität, die jedoch auch im Norden gern gegessen wird. Ein scharfes, mit Essig zubereitetes, üppiges Gericht.
- **Korma** – Curry-Gericht aus geschmortem Fleisch
- **Kofta** – Hackfleischspieß, meist in Curry zubereitet
- **Sizzler** – eine moderne Kreation: auf glühend heißer Steinplatte serviertes kurz gebratenes Fleisch
- **Tikka** – geschnetzeltes Fleisch ohne Knochen
- **Murgh** – Huhn
- **Gosht** – eigentlich Lammfleisch, oft jedoch auch Ziegenfleisch
- **Kebab** – marinierte Fleischspießchen

Pakora: Teigtaschen mit Gemüsefüllung

ESSEN UND TRINKEN

Fisch

In den Küstenprovinzen ist der Fisch neben dem Fleisch für Nichtvegetarier die wichtigste Kost. Tunfisch, Garnelen, Krabben, Haifisch und Hummer sind hier ein selbstverständlicher Bestandteil der Speisekarte guter Restaurants – und für einen Bruchteil des hierzulande üblichen Preises zu haben. Im Landesinneren allerdings sind frische Fische eine Rarität, weil dort traditionell wenig Fisch gegessen wird.

Kleine Gerichte
- **Pakora** – gebackene Teigtaschen mit einer scharfen Gemüsefüllung aus Zwiebeln, Blumenkohl, Kartoffelstückchen, Aubergine und vielem mehr.
- **Samosa** – frittierte Teigtaschen mit einer Kartoffelfüllung
- **Dosas** – vor allem in Südindien äußerst beliebte, hauchdünn gebackene, knusprige Teigrollen, gefüllt mit Gemüse
- **Sambar** – leicht säuerliche, mit Gemüse angereicherte Linsensuppe
- **Bombay Bhelpuri** – Puffreis, Linsen, Zwiebeln, Kartoffelpaste, Chilies und gehackte Kräuter, übergossen mit einer Minze- und Tamarindensoße – köstlich!

Zwischenmahlzeiten

Ideal für kurze Pausen während langer Zug- und Busfahrten sind die überall von kleinen Garküchen auf dem Gehsteig oder vor Bahnhöfen angebotenen Snacks. Einige von ihnen ersetzen durchaus eine normale Mahlzeit.

Süßspeisen

Die Inder lassen ihrer Vorliebe für Süßspeisen besonders beim Nachtisch freien Lauf. Die Auswahl an Nachspeisen und Süßigkeiten ist schier unerschöpflich, wobei Kuh- oder Büffelmilch vielfach die Basis bildet. Sie muss langsam gekocht werden, bis sie eindickt. Zimt, Kardamom, Safran, zerlassene Butter, Nüsse, Rosinen und vor allem viel, viel Zucker sind die wichtigsten Zutaten. Die geläufigsten Sorten kann man auf dem Basar kaufen, umhüllt von hauchdünner Silberfolie und verpackt in bunte Kartons.

Typisch indische Desserts
- **Gulab Jamun** – kleine Bällchen aus dicker Milch, Zucker und Mehl, gewürzt mit Kardamom und Rosenwasser
- **Rosgulla** – Frischkäsebällchen in Sirup
- **Bebinca** – Mischung aus Mehl, Eiern, Kokosnussmilch, Butter und Zucker
- **Kulfi** – Eiscreme mit Pistaziengeschmack
- **Halwa** – Süßigkeit mit Nüssen
- **Shrikhand** – Joghurt mit Safran und Kardamom

Essen und Trinken

- **Chaler Payesh** – Reispudding
- **Barfi** – aus Kokosnuss, Mandeln und Pistazien zubereitet

Rezepte

Die Rezepte für eines der gängigsten indischen Gerichte sowie für ein typisches Fladenbrot sollen Einblick in die Zubereitung indischer Speisen geben. Es handelt sich um das einfache Linsen-Gericht *dhal*, für das es eine Vielzahl von Varianten gibt.

Dhal (Linsen)

Zutaten:
1¾ Tassen (350 g) rote und gelbe Linsen
2 TL Salz
1 TL *turmeric* (Kurkuma)
2-3 getrocknete Chilis
4 Tassen (1 l) Wasser
ein Stück frischer Ingwer
3-4 Knoblauchzehen
1 große Zwiebel
2 EL *ghee* (geklärte Butter)
2 mittelgroße Tomaten, feingehackt
1½ TL *garam masala* (Currygewürz) oder ein mildes, fertiges Currypulver
2-3 EL Doppelrahm

Zubereitung:
Die Linsen gut durchspülen, abtropfen lassen und mit Salz, *turmeric* und getrockneten Chilis in einen Topf geben. Das Wasser dazu gießen und zum Kochen bringen. Die Hitze reduzieren und zwölf Minuten köcheln lassen, bis die Linsen weich sind. Mehrmals abschäumen und dabei die zerbrochenen Linsenpartikel entfernen.

Ingwer, Knoblauch und Zwiebel schälen, fein hacken und in der geklärten Butter drei bis vier Minuten dünsten. Die gehackten Tomaten und das Currygewürz dazu geben und zwei bis drei Minuten schmoren. Überschüssiges Wasser vom *dhal* abgießen oder abschöpfen und zusammen mit der geschmorten Zwiebel-Tomaten-Mischung aufkochen. Den Rahm einrühren, kurz erhitzen und anrichten. Mit Chili-Pulver bestreuen oder mit gehacktem Koriander oder Minze garnieren.

Naan (Fladenbrot)

Zutaten:
600 g Mehl
1 EL Zucker
1½ EL Backpulver
¼ TL Natron
½ TL Salz
2 Eier
¼ l Milch
4-6 TL Butterfett

Zubereitung:
Mehl, Zucker, Backpulver, Natron und Salz werden in einer tiefen Schüssel gut durchgemischt. Anschließend die Eier hineinschlagen und die Milch in dünnem Strahl hinzufügen und gleichfalls vermengen. Danach den Teig zu einem Ball formen, flach drücken und etwa zehn Minuten durchkneten. Von Zeit zu Zeit etwas Mehl dazugeben, damit der Teig nicht an den Händen klebt. Zum Schluss Teigkugel in eine Schüssel legen und an warmer Stelle drei Stunden ruhen lassen. Backofen auf 225° C vorheizen, zwei Backbleche einschieben. Den Teigballen in sechs Portionen teilen. Die Innenflächen der Hände mit Butter bestreichen, jede Teigportion flachdrücken und wie ein längliches Blatt formen. Das Teigblatt sollte etwa 15 cm lang, 10 cm breit und 1 cm dick sein. Die Teigblätter sechs Minuten lang backen. Wenn sie fest sind, noch eine Minute unter dem Grill die Oberseite bräunen. Warm servieren.

Getränke

In auffälligem Gegensatz zur raffinierten indischen Kochkunst sind die Trinksitten in Indien eher bescheiden. Im Allgemeinen trinkt man, um den Durst zu stillen und nicht, um das Getränk zu genießen.

Die meisten Inder bevorzugen zum Essen schlicht **Wasser,** welches einem dementsprechend immer als erstes ungefragt auf den Tisch gestellt wird. Da das Wasser jedoch, wie bereits erwähnt, selbst in besseren Hotels fast nie vorher abgekocht wurde, lasse man besser die Finger davon und trinke lieber das in Plastikflaschen abgefüllte **Mineralwasser,** welches inzwischen vielfach erhältlich ist. Allerdings ist es mit gut 10 Rupien nicht gerade billig, mitnichten „Mineral"wasser und, wie neueste Untersuchungen ergaben, auch nicht so keimfrei wie behauptet. Außerdem: Wo landen bloß all die Millionen Plastikflaschen? Am besten reaktiviert man die gute, alte Wasserflasche und füllt sie mit durch Entkeimungstabletten oder Abkochen sterilisiertem Leitungswasser.

Den köstlichen indischen **Tee,** mit viel Zucker, Milch und Gewürzen wie Ingwer, Zimt, Kardamom und Nelken gekocht, bekommt man manchmal nur dann, wenn man ausdrücklich *masala chai* ordert, andernfalls wird einem normaler Tee serviert. Der ist jedoch immer noch besser als der **Kaffee,** den man selbst in besseren Hotels zu trinken bekommt. Am besten schmeckt er wohl noch in den Filialen der über ganz Indien verbreiteten *Indian Coffee Houses.* Echte Kaffeeliebhaber sollten lieber nach Südindien fahren, wo es sogar ganz vorzügliche Kaffeesorten gibt.

Als hervorragender Durstlöscher bietet sich der vielfach an Straßenständen angebotene Saft der frisch geschlagenen **Kokosnuss** (*nariyel*) an. Sehr lecker, erfrischend und wirksam gegen Durst ist auch **Lassi,** ein in vielfachen Varianten (z.B. mit Früchten) erhältliches Joghurtgetränk, das jedoch oft mit nicht abgekochtem Wasser versetzt ist.

> Besonders in Pushkar beliebt sind **Bhang Lassis.** Hier sind dem Joghurtgetränk Eiswasser und Marihuana-Extrakte beigesetzt, was vor allem bei heißem Wetter Übelkeit und Erbrechen hervorrufen kann.

Erfrischend ist **Lemon Soda:** Der prickelnde Geschmack des Mineralwassers zusammen mit dem Saft einer frisch gepressten Limone und einer Prise Salz wirkt nicht nur äußerst belebend, sondern ist auch hervorragend zum Durstlöschen geeignet. Allerdings ist das „Soda" oft nichts anderes als Leitungswasser, das mit Kohlensäure angereichert wurde. In kleinen Städten kann man oft „Fabriken" sehen, in denen ein rostiger alter Gaszylinder an die Wasserleitung angeschlossen ist. Man halte sich folglich an die bekannten Marken, wie z.B. *Bisleri.*

Sehr lecker sind auch die mit Hilfe von Pressen gewonnenen **Zuckerrohrsäfte,** wobei man auch hier wiederum darauf achten sollte, dass der Saft nicht mit Leitungswasser vermischt ist bzw. der gepresste Saft nicht über einen Eisblock läuft, bevor er ins Glas gegossen wird.

Alkoholische Getränke sind in Indien eher verpönt. Hierbei spielt der jahrhundertealte Einfluss des Islam ebenso eine Rolle wie *Mahatma Gandhi,* der während des Freiheitskampfes die Prohibition stark propagierte. So ist Gandhis Heimat Gujarat heute ein „trockenes Gebiet", in dem es bis auf die ehemals portugiesischen Enklaven Diu, Daman und Surat keinerlei Alkohol zu kaufen gibt. Bis auf stark christlich geprägte Regionen wie Goa und Kerala ist **Bier** dementsprechend mit bis zu 50 Rupien pro Flasche sehr teuer. Die bekanntesten der einheimischen Biersorten sind *Shivalik* und *Kingfisher*, die zwar nicht schlecht, aber sicher nicht nach Reinheitsgebot gebraut sind.

Speziell in den Küstenregionen werden die hochprozentigen, aus Palmsaft hergestellten **Toddy** und **Arak** getrunken. Wem das immer noch nicht reicht, der sollte ein Schnapsglas **Feni** (Kokos- oder Cashew- Schnaps, eine Spezialität aus Goa) hinter die Binde kippen – ein im wörtlichen Sinne umwerfender Erfolg ist garantiert!

Fotografieren

Es gibt kaum ein Land der Erde, welches ein derartiges Kaleidoskop an wunderschönen Motiven anbietet wie Indien. Gerade Rajasthan fasziniert mit seinen Menschen und ihrer unvergleichlichen Vielfalt an Kleidern, Kopfbedeckungen und Schmuck, seinen wunderschönen Landschaften sowie den immer wieder aufs Neue faszinierenden Szenen des abenteuerlichen indischen Alltagslebens und den fantastischsten Bauwerken – der Finger scheint geradezu am Auslöseknopf zu kleben und die veranschlagte Menge an Filmmaterial ist meist schon nach kurzer Zeit aufgebraucht.

FOTOGRAFIEREN

Digitalfotografie

Digitalfotografie wird besonders in einem Land wie Indien, wo Reisende auf ihr Gepäckgewicht achten müssen, immer beliebter und inzwischen von den meisten Reisenden favorisiert. Dementsprechend gibt es mittlerweile in den meisten größeren bzw. touristisch bedeutenden Orten immer mehr **Fotogeschäfte** und auch **Internet-Cafés,** die mit Memory-Card-Reader ausgestattet sind. Die Preise für **Ausdrucke** liegen um 6 Rs pro Stück, wenn man die Bilder des gesamten Chips ausdrucken lässt. Will man selektiv Fotos ausdrucken, kostet das um 8 Rs pro Bild. Dies sollte man wegen eventueller Reklamationen besser in den Fotogeschäften durchführen lassen. Für das Brennen der Bilder auf **CD** ist man in den entsprechend ausgerüsteten Internet-Cafés billiger bedient, die dafür inkl. CD um 60 Rs verlangen, während Fotoläden etwa das Doppelte nehmen. Nahezu alle weltweit gängigen **Memory-Cards** sind zumindest in größeren Städten und Touristenzentren erhältlich.

Analogfotografie

Viele der folgenden Tipps sind auch für Digitalfotografierer von Nutzen.

Wichtiges Zubehör

Extrem wichtig bei einer Indienreise ist eine gut gepolsterte und staubdichte **Kameratasche.** Gerade hier wird oft am falschen Ende gespart. Was nützt der beste Fotoapparat, wenn er

> ❌ Das Fotografieren von **militärischen Anlagen** wie Flughäfen, Staudämmen, Brücken, Militärkolonnen und Kasernen ist verboten. Wo man sich sonst noch mit der Kamera zurückhalten sollte, erfährt man unter „Verhaltenstipps: Fotografieren".

nach kurzer Zeit aufgrund der gerade in Indien enormen Belastung seinen Dienst aufgibt? Die nicht zu vermeidenden Erschütterungen auf den langen Bus- und Bahnfahrten sowie die Staubentwicklung während der Trockenzeit setzen den hochsensiblen Geräten enorm zu. Außerdem sollte man darauf achten, dass die Fototasche über genügend Unterteilungen verfügt und mit einem „Unterbodenschutz" ausgestattet ist. In der Regenzeit benötigt man natürlich eine wasserfest ausgerüstete Kameratasche.

Zur Standardausrüstung sollte auch ein **UV-Filter** pro Objektiv gehören, da er die störenden UV-Strahlen eliminiert und gleichzeitig als zusätzlicher Schutz vor Kratzern auf der Linse dient. Sehr empfehlenswert ist die Mitnahme eines Polfilters, der Spiegelungen und Dunst „schluckt" und so Farben satter macht. Oftmals kann er aus einem laschen hellblauen Himmel eine satte Bilderbuchkulisse zaubern. Auch eine Gegenlichtblende kann sehr nützlich sein.

Besonders bei der Verwendung von Kameras mit automatischem Filmtransport, Blitz und Autofocus sollte man sich mit genügend **Ersatzbatterien** eindecken – die ganz spezielle Knopfzelle wird man in einer indischen Kleinstadt wohl kaum finden.

Ein gutes **Blitzgerät** erweist sich nicht nur beim Fotografieren der vielen Wandmalereien in Tempeln oder bei nächtlichen Prozessionen und Festen als sehr nützlich. Hervorragende Effekte kann man z.B. dadurch erzielen, dass man bei einer Porträtaufnahme im Tageslicht einen Aufhellblitz verwendet. So vermeidet man, dass das Gesicht bei hellem Hintergrund unterbelichtet wird.

Filme

Es sei gesagt: besser zu viel als zu wenig Filmmaterial mitnehmen. Zwar darf man offiziell nur 30 Filme einführen, doch diese Regel wird selbst von den ansonsten so peniblen indischen Zollbeamten nicht ernst genommen. Sicherheitshalber sollte man aber die Originalverpackungen zu Hause lassen, da andernfalls der Verdacht entstehen könnte, man wolle die Filme verkaufen.

Erfreulicherweise sind in den meisten Touristenorten Filme heute kaum teurer als in Mitteleuropa. Bei überraschend billigen Angeboten sollte man jedoch lieber zweimal hinschauen, ob es sich tatsächlich um 36 Bilder pro Rolle handelt, meist sind es dann nur 24 Aufnahmen – aufgepasst! Außerdem sollte man das Verfallsdatum überprüfen, da die Filme im feuchtwarmen Tropenklima wesentlich anfälliger sind. Deshalb empfiehlt es sich auch, Filme in Geschäften mit Klimaanlage zu kaufen – es versteht sich, dass man dort etwas mehr zahlen muss. Neigt sich das Kontingent dem Ende zu, sollte man bald in der nächsten größeren Stadt aufstocken, da in kleineren Orten manchmal nur eine begrenzte Auswahl zur Verfügung steht. Das gilt besonders für Diafilme.

Da die besten Aufnahmen bekanntlich morgens und abends entstehen, wenn die Farben weicher und intensiver sind, sollte man genügend **hochempfindliche Filme** mitnehmen. Auch in dichten Waldgebieten wie z.B. in Nationalparks oder bei der Verwendung von Teleobjektiven sind empfindliche Filme für verwacklungsfreie Aufnahmen unerlässlich.

Wer bei längerem Aufenthalt Filme schon in Indien **entwickeln** lassen muss, sollte auf Kodachrome-Diafilme verzichten. Sie müssen zur Entwicklung ins Ausland versandt werden – bei Indiens nicht gerade zuverlässigem Postsystem ein hohes Risiko. Will man mit der Filmentwicklung nicht bis nach der Heimkehr warten, sollte man zumindest die mit neuester Entwicklungstechnik ausgerüsteten Fotogeschäfte aufsuchen, von denen es immer mehr gibt.

Zwar sind inzwischen fast alle **Flughäfen** Indiens mit strahlensicheren Röntgengeräten ausgerüstet, doch kann es beim Einchecken nicht schaden, den Kontrollbeamten um einen *hand check* zu bitten – sicher ist sicher. Filme müssen vor Feuchtigkeit, Staub und (vor allem bei bereits belichtetem Material) vor Hitze geschützt aufbewahrt werden.

Buchtipps

●*Helmut Hermann*, „Praxis: Reisefotografie", und *Volker Heinrich*, „Praxis: Reisefotografie digital", Reise Know-How Verlag, Bielefeld.

Frauen unterwegs

Für Frauen, ob alleine oder zu zweit, ist Indien kein leichtes Reiseland. Der Anblick westlicher Frauen kehrt bei vielen indischen Männern den Don Juan hervor. Selbst Frauen, die mit einem männlichen Partner reisen, bleiben nicht unbehelligt. Meist begnügt „mann" sich mit **Rufen oder Schnalzen,** um auf seine offensichtlich nicht sehr attraktive Persönlichkeit aufmerksam zu machen, oder mit einigen anzüglichen Bemerkungen. Gelegentlich (besonders Delhi ist für dieses Problem bekannt) kommt es aber auch zu **Grabschereien,** ein Problem, mit dem auch die indischen Frauen leben müssen. Nicht umsonst gibt es z.B. in den Vorortzügen in Mumbai spezielle Waggons nur für Frauen.

Derzeit erlebt Indien den Ansatz einer bescheidenen „sexuellen Revolution", ausgelöst durch das ausländische Satelliten-Fernsehen wie auch durch das immense AIDS-Problem, das eine offene Diskussion des Themas Sex nötig macht. An der Spitze der Liberalisierung stehen die Städte Mumbai, Delhi und Bangalore. Der Kurzzeiteffekt der wachsenden Freizügigkeit scheint aber nicht unbedingt positiv, denn der Sprung von einer stark traditionsgebundenen zu einer freiheitlicheren Gesellschaft lässt manchen die Maßstäbe verlieren. Derzeit scheint es, dass die Belästigungen in der jüngsten Vergangenheit eher etwas zu- als abgenommen haben.

Frauen können ihren Teil dazu beitragen, möglichst wenig behelligt zu werden. Dass keine provozierende **Kleidung** getragen werden sollte – dazu zählen in Indien eben auch Shorts, kurze Röcke oder ärmellose Hemden, versteht sich von selbst. Zudem sollte „frau" den **Blickkontakt** mit fremden Männern meiden. Einem fremden Mann in die Augen schauen, das tun nur Prostituierte, der offene Blick wird als Einladung zur Kontaktaufnahme verstanden. Außerdem ist auf allzu große **Freundlichkeit** zu Kellnern, Hotelangestellten, Verkäufern u.Ä. zu verzichten – die indische Frau aus guter Familie (auch der Mann) wird mit solch „niedergestellten" Personen nie mehr reden als unbedingt nötig. Tut „frau" es doch, fordert sie dadurch Annäherungsversuche heraus. Als Frau heißt es, **Distanz** zu den Männern wahren, alles andere kann leicht falsch ausgelegt werden.

Internet-Cafés

Internet-Cafés gibt es mittlerweile zuhauf. Das gilt nicht nur für Metropolen, sondern auch für fast alle Touristenorte. Hier gibt's in den letzten Jahren zunehmend schnelle Breitband-, ISDN- und DSL-Verbindungen. In kleineren Orten kann es aber auch heute noch häufiger zu Überlastungen des Netzes kommen. Manchmal muss man eine Viertelstunde warten, aber das ist eher die Ausnahme. Allerdings gibt es oft einen recht langsamen Seitenaufbau, wenn zuviele PCs an ein Modem angeschlossen sind. Durchschnittlich liegen die Preise für Internetsurfen bei 15-30 Rs/Std., in Touristenorten mit hoher Nachfrage haben sich die örtlichen Anbieter oft auch auf einen hohen Einheitspreis von 40 bis 60 Rs geeinigt, Konkurrenz wurde also ausgeschaltet. Auch die schnellen DSL- und ISDN-Verbindungen sind mit bis zu 60 Rs gelegentlich teurer. In Hotels zahlt man meist zwischen 50 und 100 Rs.

●**Buchtipps:** „Kommunikation von unterwegs" und „Internet für die Reise", beide in der Reihe Praxis, REISE KNOW-HOW Verlag, Bielefeld.

Mit Kindern reisen

Während es in vielen Ländern Südostasiens wie Thailand, Malaysia und Indonesien nicht mehr außergewöhnlich ist, dass Eltern mit ihren **Kleinkindern** individuell durchs Land reisen, stellt dies in Indien immer noch eine Ausnahme dar. Und so wird es wohl auch noch eine Weile bleiben, gilt doch Indien zu Recht als eines der am schwersten zu bereisenden Länder. Die weiten Entfernungen auf verstaubten, von Schlaglöchern übersäten Straßen in kaum gefederten und überfüllten Bussen sind kleinen Kindern sicherlich ebensowenig zuzumuten wie die oftmals wenig einladenden sanitären Einrichtungen. Die Hitze und das alltägliche Elend auf den Straßen kommen zu den täglichen Belastungen hinzu.

Anders sieht es da schon bei **Kindern über zwölf Jahren aus.** Für sie bietet Rajasthan mit seinem bunten Alltagsleben, den fantasiebeladenen Burgen, den durch die Straßen stolzierenden Elefanten und Kamelen oder den Schlangenbeschwörern und bunten Festen eine exotische Welt, die sie wohl nur aus Märchenbüchern kennen.

Allerdings sollte man gerade wegen der Vielzahl der Eindrücke immer wieder einige Ruhetage einlegen und in höherklassigen **Hotels** übernachten, um so Zeit zum Verarbeiten und zur Erholung einzuräumen. Fast alle besseren Hotels bieten die Möglichkeit, für einen geringfügigen Aufpreis das Kind im Zimmer der Eltern übernachten zu lassen.

Ermäßigungen für Kinder im Alter von bis zu zwölf Jahren geben nicht nur die indische Eisenbahn, sondern auch die inländischen Fluggesellschaften. Ist man mit Kindern unterwegs, bietet sich als bestes **Fortbewegungsmittel** der Mietwagen an, da man so die fast ständig überfüllten öffentlichen Verkehrsmittel vermeidet und zudem besser auf die individuellen Wünsche der Kinder eingehen kann.

Auch bei der Wahl des **Restaurants** lohnt es sich, etwas tiefer in die Tasche zu greifen. Nur bessere Restaurants verfügen über eine Auswahl an europäischen Gerichten, falls die in der Regel recht scharfen indischen Speisen nicht nach dem Geschmack des Kindes sind.

Sollte ein Kind **erkranken,** besteht zunächst kein Grund zur Panik, gibt es doch in jedem größeren Ort einen englischsprechenden Arzt. Fast immer handelt es sich um leichtere Erkrankungen, für die auch die eventuell notwendigen Medikamente problemlos zu besorgen sind. Dennoch kann es nicht schaden, wenn man eine bereits zuhause besorgte Auswahl der gängigsten Medikamente in der Reiseapotheke mitführt. Im Falle einer ernsthafteren Erkrankung gilt bei Kindern das gleiche wie bei Erwachsenen: auf keinen Fall in ein Provinzkrankenhaus gehen, sondern in eines der hervorragenden Krankenhäuser Delhis – oder gleich abreisen.

Medizinische Versorgung

Delhi verfügt über einige hervorragende Krankenhäuser mit **internationalem Standard.** Das kann jedoch nicht darüber hinwegtäuschen, dass die meisten Städte und erst recht die kleineren Orte bei weitem nicht über die medizinischen Versorgungsmöglichkeiten verfügen, wie man sie im Westen gewohnt ist. Die hygienischen Zustände in vielen Krankenhäusern spotten jeder Beschreibung. Das mag bei kleineren Untersuchungen noch zu ertragen sein; wem jedoch seine Gesundheit lieb und teuer ist, der sollte sich bei ernsthafteren Erkrankungen so schnell wie möglich zur Behandlung in eines der wenigen guten Krankenhäuser des Landes begeben. Deren Anschriften werden in den jeweiligen Städtekapiteln genannt. Im Übrigen verfügen die Botschaften bzw. Konsulate über Listen von empfehlenswerten **Privatärzten,** bei denen die Honorare dann allerdings auch dementsprechend hoch sind.

Nachtleben

Indien ist zwar immer noch kein idealer Ort für Nachtschwärmer, aber in den letzten Jahren hat sich sehr viel getan. Zwar sind in den kleineren Städten Cafés, Kneipen und Diskotheken sowie kulturelle Abendveranstaltungen kaum bekannt, aber in Metropolen wie Delhi und Mumbai haben diese kulturellen Errungenschaften aufgrund der hohen Nachfrage der indischen Mittelschicht einen ungeahnten Aufschwung genommen. Hier wie auch in den touristischen Zentren Rajasthans hat sich in den letzten Jahren eine umfassende Freizeit- und Unterhaltungskultur entwickelt. Andernorts ist meist gegen 22 Uhr Zapfenstreich. In diesen Orten bleibt einem abends nur ein mit der Zeit zunehmend frustrierendes „Abhängen" an den meist wenig einladenden Hotelbars. Kinos sind jedoch selbst im kleinsten Dorf anzutreffen.

Öffnungszeiten

Banken

Banken sind in der Regel wochentags durchgehend von 10 bis 14 Uhr geöffnet. Da Bankangestellte in Indien nicht gerade einsatzfreudig sind, öffnen sie ihre Schalter gerne 15 Minuten später bzw. schließen etwas früher. Manche internationalen Banken in Großstädten haben verlängerte Öffnungszeiten (Adressen siehe Städtekapitel). Alle Banken sind am 31. März und am 30. September geschlossen. Meist sind die großen privaten Wechselstuben wie American Express, Thomas Cook, UAE Exchange oder LKP Forex tagsüber wesentlich länger und teils auch sonntags geöffnet und zudem effizienter.

Behörden

Behörden sind in der Regel zwischen 10 und 16 Uhr geöffnet mit einer Mittagspause zwischen 13 und 14 Uhr. Ebenso wie die Bankangestellten schlafen indische Beamte lange und gehen gerne früh ins Bett, d.h. es kann sich alles um eine halbe Stunde nach hinten oder vorne verschieben.

Post

Werktags meist durchgehend von 10 bis 17 Uhr, samstags 10 bis 12 Uhr. Telefonzentralen *(telecommunication centers)* sind im Allgemeinen 24 Stunden geöffnet.

Geschäfte

Geschäfte haben keine geregelten Öffnungszeiten. Vor 10 Uhr morgens

Post

Die wichtigste Regel beim Verschicken von Briefen bzw. Postkarten lautet: **Niemals in den Briefkasten werfen,** sondern immer persönlich beim Postamt abgeben und dort vor den eigenen Augen abstempeln lassen. Erstens weiß man nie, wann und ob der Briefkasten überhaupt geleert wird, und zweitens kommt es auch in Indien wie in anderen Ländern Asiens vor, dass die Postler nicht abgestempelte Briefmarken ablösen, um sie wieder zu verkaufen.

In den meisten Postämtern gibt es mit dem **stamps counter** für den Briefmarkenverkauf und dem **cancellation counter** für das Abstempeln zwei unterschiedliche Schalter. Speziell vor dem *stamps counter* bilden sich oft lange Warteschlangen. Es empfiehlt sich deshalb Briefmarken auf Vorrat zu kaufen.

Die Beförderungsdauer von Indien nach Europa beträgt etwa 10 Tage, gelegentlich aber auch noch wesentlich länger. Von Delhi und Mumbai aus kann es aber auch mal schneller gehen. Inlandsbriefe sind mit 1 Rs, Postkarten mit 0,75 Rs zu frankieren.

wird man jedoch auch hier fast immer vor verschlossenen Türen stehen. Zwischen 20 und 21 Uhr werden dann die Rolläden wieder heruntergelassen. Auch die Mittagspausen werden variabel gehandhabt, meist zwischen 12 und 14 Uhr, manchmal jedoch auch gar nicht. Zwar gilt der Sonntag als offizieller Ruhetag, doch viele Läden haben auch dann geöffnet, und in manchen Basarvierteln ist der Sonntag sogar der lebhafteste Tag.

Porto für Luftpostbriefe	
bis 20 g	11 Rs
20–50 g	16 Rs
50–100 g	25 Rs
100–250 g	63 Rs
250–500 g	127 Rs
500–1.000 g	254 Rs
1.000–2.000 g	508 Rs

Nicht nur verbeult, sondern auch unzuverlässig – Briefe sollte man immer zum Postamt bringen

Pakete

Das Versenden von Paketen ist in Indien eine sehr **aufwendige Prozedur,** die unter Umständen mehrere Stunden in Anspruch nehmen kann. Das beginnt bereits mit der Verpackung. In Indien geht man mit Paketen äußerst unsanft um und so gilt es, die verschiedenen Gegenstände so stabil wie möglich zu verpacken. Hierzu bieten sich entweder Holzkisten an, die man z.B. in Obstläden für wenige Rupien erhält, oder, noch besser, Metallkoffer, die es auf vielen Basaren in unterschiedlichen Größen zu kaufen gibt. Danach muss das Paket **in Stoff eingenäht und versiegelt** werden, ansonsten wird es von der Post nicht angenommen. Am besten lässt man dies von einem Schneider oder einem Packing Service, der häufig vor den Postämtern anzutreffen ist, erledigen. Je nach Paket zahlt man **zwischen 15 und 50 Rs.**

Danach begibt man sich mit dem versiegelten Paket zum **Paketschalter,** wo einem eine Paketkarte und mehrere **Zolldeklarationsformulare** ausgehändigt werden, auf denen u.a. der Inhalt näher spezifiziert werden muss. All dies ist gut lesbar, am besten in Druckbuchstaben, auszufüllen. Bei der zu beantwortenden Frage nach dem Inhalt am besten *gift* bzw. *cadeau,* d.h. Geschenk, ankreuzen. Außerdem sollte der **Wert des Pakets** mit nicht mehr als 1.000 Rs angegeben werden, da sonst ein spezielles *bank clearance certificate* verlangt wird. Man kann die Sendung zwar für ein paar Rupien versichern lassen, doch in der Praxis ist das nicht mehr wert, als das Papier, auf dem es geschrieben steht.

Seefrachtpakete sind nach Europa gewöhnlich etwa zwei Monate unterwegs, es kann jedoch noch länger dauern. **Luftpostpakete** sollten innerhalb von 15 Tagen ihr Ziel erreichen. Außerdem gibt es die Möglichkeit, per **Speedpost** zu versenden. Damit sollte die Sendung innerhalb von sechs Tagen den Empfänger erreichen. Preise: 250 g 675 Rs, jede weiteren 250 g zusätzlich 75 Rs. 1 kg kostet also 900 Rs, 5 kg kosten 2.100 Rs.

Buchsendungen kosten bis 500 g 42 Rs auf dem Seeweg und 142 Rs auf dem Luftweg. Jeweils 500 g zusätzlich kosten auf dem Seeweg 18 Rs und auf dem Luftweg 118 Rs mehr.

Paketporto

	Air Mail	Sea Mail
250 g	470 Rs	430 Rs
500 g	575 Rs	460 Rs
1 kg	655 Rs	520 Rs
2 kg	925 Rs	640 Rs
5 kg	1.705 Rs	1.000 Rs
10 kg	3.005 Rs	1.600 Rs
20 kg	5.605 Rs	2.800 Rs

Postlagernde Sendungen

Postlagernde Sendungen (*poste restante*) werden nur gegen Vorlage des Reisepasses herausgegeben. Wer nicht gerade Müller, Meier oder Schmidt heißt, sollte sich Post von Freunden und Verwandten von zu Hause nur unter Verwendung seines **Nachnamens** nach Indien schicken lassen. Bei nicht sehr häufigen Nachnamen reicht der Anfangsbuchstabe des Vornamens, wobei man zur Sicherheit den Nachnamen noch unterstreichen sollte. Die richtige Adresse würde z.B. lauten:

B. Barkegeier
Poste Restante
G.P.O.
Nagarpur 12345
India

Damit löst man das häufige Problem, dass Briefe statt unter dem Anfangsbuchstaben des Nachnamens fälschlicherweise unter dem des Vornamens einsortiert werden und damit unauffindbar bleiben. Woher soll der indische Postbeamte auch wissen, dass Reinhold der Vorname und Messmer der Nachname ist? Sicherheitshalber sollte man beim Abholen der Sendung unter dem Anfangsbuchstaben des Vor- wie des Nachnamens suchen.

Einschreibesendungen und **Päckchen** bzw. **Pakete** sind stets auf einer Extraliste vermerkt. Allerdings sollte man sich keine wertvollen Dinge zuschicken lassen, da sie so gut wie nie ihren Adressaten erreichen. Die Laufzeit der Briefe beträgt, je nach Lage des Ortes, zwischen 4 und 10 Tagen.

Schließlich gibt es noch die Möglichkeit, eine **Hoteladresse** anzugeben, an die man sich Post schicken lasen kann. Diese wird dann dort meist ans schwarze Brett gehängt, wo man sie sich abholen kann:

V. Morrison
c/o Hotel Taj Mahal
Client's Mail/will be collected
14 Vasant Marg
Nagarpur 12345
India

Routenvorschläge

Rajasthan ist derart reich an touristischen Sehenswürdigkeiten, dass sich Besucher mit begrenzter Zeit vor die Qual der Wahl gestellt sehen. Einerseits möchte man so viel wie möglich sehen, andererseits nicht durch das Land hetzen und nur reinen „Abhaktourismus" betreiben.

Die vier in der **Karte im vorderen Umschlag** eingezeichneten Reiserouten versuchen, einen Kompromiss zu finden und möglichst viel von der landschaftlichen und kulturellen Vielfalt der Region zu vermitteln. Als kleine Hilfestellung beim „Basteln" an einer individuellen Reiseroute wurden, geordnet nach bestimmten Themen, reizvolle Ziele in Rajasthan zusammengestellt – auch hier nur eine subjektive Auswahl, die selbstverständlich keinen Anspruch auf Vollständigkeit erhebt.

Shekhawati per Mietwagen

Wegen der geringen Entfernungen der Städte eignet sich die Shekhawati-Region besonders gut, um mit einem Mietwagen erkundet zu werden. So kann man nicht nur relativ viele Städte innerhalb kurzer Zeit besuchen, sondern auch auf den landschaftlich schönen Fahrten immer wieder dort anhalten lassen, wo es einem gerade gefällt.

Als ebenso freundlichen wie fachkundigen Fahrer und Führer kann man Herrn *Laxmikant Jangit* vom Hotel Shekhawati in Jhunjhunu (s. dort) empfehlen, der Tagestouren mit seinem Minibus für 800 Rs anbietet.

Menschenmassen unterwegs – hier muss man mit Taschendieben rechnen

Sicherheit

Auch wenn es bei Betrachtung der ausländischen Berichterstattung nicht immer so scheint, ist Indien im Allgemeinen und Rajasthan im Besonderen ein **relativ sicheres Reiseland.** Bedenkt man, welche ungeheuren sozialen Spannungen im Lande herrschen und dass 40 % der Bevölkerung unter der so genannten Armutsgrenze leben, kann man sich nur wundern, dass alles im Grunde so friedlich ist. Die Religion übt sicher einen die Kriminalität dämpfenden Einfluss aus: Man fügt sich lieber in sein Karma, als sich mit Brachialgewalt in eine bessere finanzielle Position zu bugsieren. Herrschten dieselben sozialen Verhältnisse in Europa, könnte wohl niemand mehr vor die Haustür gehen.

Betrug

Vorsicht ist bei der **Bezahlung mit Kreditkarten** geboten. Abgesehen von staatlichen Geschäften, seriösen Läden und First-Class-Hotels, kommt es immer wieder zu Trickbetrügereien, die man oftmals erst bemerkt, wenn man wieder im Heimatland ist – und dann ist es zu spät.

Eine ähnlich unliebsame wie häufige Überraschung mussten Touristen erle-

SICHERHEIT

ben, die sich auf das Versprechen des Verkäufers verließen, der als besonderen Service für sie die erstandene Ware **per Post** nach Hause zu schicken vorgab. Für viele entwickelte sich das sehnsüchtige Warten auf die vielen schönen Souvenirs zum Warten auf Godot. Am besten ist es immer noch, man gibt die Pakete persönlich bei der Post auf oder nimmt sie persönlich mit nach Hause. Damit kein Missverständnis entsteht: Hier soll nicht allgemeinem Misstrauen gegenüber indischen Geschäftsleuten Vorschub geleistet werden – aber Geld ist nun mal verführerisch, vor allem in einem Land, in dem die Armut groß ist. Die Tricks der Betrüger, ihre Opfer in Sicherheit zu wiegen, sind vielseitig. Generelle Vorsicht ist bei allen allzu verlockenden Geschäften geboten, besonders solchen am Rande der Legalität oder gar Gesetzesverstößen (z.B. **Schwarztausch oder Schmuggel**). Hier wird besonders gern betrogen, da sich das Opfer nicht an die Polizei wenden kann.

Diebstahl

Das Delikt, das noch am ehesten zu erwarten ist, sind Diebstähle in Hotelzimmern oder Taschendiebstähle. Verlässt man sein Zimmer, sollten alle **wertvollen Gegenstände** verschlossen werden. Zu „wertvollen" Gegenständen können auch Kugelschreiber, Feuerzeuge und Taschenrechner gezählt werden.

Wer ganz sicher gehen will, sollte auch seine **Kleidung** nicht im Zimmerschrank ablegen, sondern im Gepäck belassen: Ein schönes T-Shirt oder ein teurer BH kann auf manche(n) Hotelangestellte(n) eine unwiderstehliche Anziehungskraft ausüben. Dabei geht es den Dieben weniger um den materiellen Wert des Objektes, als darum, ein ausländisches (bzw. im Ausland hergestelltes) Kleidungsstück zu besitzen. Foreign ist „in".

Wer **Parterre** wohnt, sollte dafür sorgen, dass keine Gegenstände durchs Fenster „erangelt" werden können. Zimmertüren sollten nachts gut verschlossen sein. Zur doppelten Sicherheit kann man von innen ein batteriebetriebenes **Alarmgerät** an die Türklinke hängen. Fasst jemand von außen an die Klinke, geht ein lauter, schriller Alarmton los. Das Gerät lässt sich mit dem gleichen Effekt auch in verschlossenen Gepäckstücken unterbringen.

Gegen **Taschendiebstähle** ist das allerbeste Mittel, gar nichts Wichtiges in den Hosentaschen herumzutragen. Geld, Schecks und Pass sollten in einem **Bauchgurt** untergebracht werden, den man unter der Kleidung tragen kann. Da der fast permanent auftretende Schweiß oft durchdringt, empfiehlt es sich, den Inhalt noch einmal in eine Plastikhülle zu packen. **Brustbeutel** sind zum einen deutlich sichtbar, lassen sich zum anderen auch zu leicht abnehmen – am liebsten vom Besitzer, wenn er unter indischer Hitze schwitzt.

Geldgürtel sind auch nicht schlecht, für Pässe allerdings zu schmal. Außerdem sollten sie diskret genug sein, um nicht als Geldgürtel erkannt zu werden.

Notfall-Tipps

Vorsorgemaßnahmen vor Reiseantritt

- Vor der Reise ist es unbedingt ratsam, eine **Auslandsreise-Krankenversicherung** abzuschließen (siehe „Vor der Reise: Versicherungen"). Bei erhöhtem Sicherheitsbedarf kann auch eine Reise-Notfall-Versicherung bzw. ein Schutzbrief nützlich sein.
- Ein **Impfpass** und evtl. ein **Gesundheitspass** mit Blutgruppe, Allergien, benötigten Medikamenten u.Ä. sollte mit auf die Reise genommen werden, ebenso natürlich die Medikamente selbst.
- Bei der Hausbank sollte man sich über die Möglichkeiten der **Geldüberweisung** informieren, außerdem sollte man ggf. rechtzeitig eine Kreditkarte beantragen und sich über Notfallhilfen und Sperrmodalitäten des **Kreditkarteninstituts** kundig machen.
- Für Postempfang und Kontoverfügung sollten bei der Post bzw. Bank an vertrauenswürdige Personen **Vollmachten** ausgestellt werden. Gegebenenfalls sollte man seinem Rechtsanwalt eine Vertretungsvollmacht für Notfälle geben.
- **Zu Hause** ist zu klären, wer im Notfall telefonisch erreichbar ist, R-Gespräche übernimmt (siehe „Post und Telekommunikation") und einem Geld überweisen kann. Dort sollten auch die eigene Bankverbindung und die Versicherungsadressen hinterlassen werden.
- **Dokumente** sollten wassergeschützt am Körper (Bauchtasche, Geldgürtel u.ä.) aufbewahrt oder im Hotelsafe gegen ausführliche Quittung hinterlegt werden.
- Auf alle Fälle sollte man sich **Kopien** von Pass (incl. Visumseite), Flugticket, Kredit- und Scheckkarten, Reisechecks, Versicherungen und sonstigen Dokumenten anfertigen, einen Satz wasserdicht verpacken und getrennt von den Originalen mitnehmen, einen zweiten Satz zu Hause hinterlegen.

Die Kopien können auch bei der Beschaffung von Geld mittels *Money Transfer* (s. „Vor der Reise: Geldangelegenheiten"), wie er von mehreren Anbietern in Indien offeriert wird, sehr von Nutzen sein. Die meisten Firmen verlangen zwar die Vorlage eines Orginaldokuments (dies kann außer dem Pass auch der Führerschein oder Personalausweis sein) als Identitätsnachweis. In Ausnahmefällen ist der Geldtransfer aber auch mit einer Kopie des Passes oder Ausweises möglich, wenn zusätzlich das polizeiliche Aufnahmedokument des Diebstahls oder Verlustes vorgelegt werden kann. Leider wissen das, besonders in kleineren Orten, die Bediensteten der jeweiligen Filiale nicht immer.

- Ein ausreichend hoher **Sicherheitsgeldbetrag** sollte getrennt von der Reisekasse aufbewahrt werden.
- Sinnvoll ist es, sich einen **persönlichen Notfall-Pass** zu erstellen und ihn wasserdicht und sicher am Körper aufzubewahren. Eingetragen werden sollten: eigene persönliche Daten, die eigene Adresse und die von Kontaktpersonen zu Hause incl. Tel. und Fax, die eigene Bankverbindung, Notruf-Telefonnummern der Kranken- und/oder Reise-Notfall-Versicherung oder der Schutzbrieforganisation, Adresse und Telefonnummer der Botschaft (siehe „Vor der Reise: Diplomatische Vertretungen"), Deutschland-Direkt-Nummer für R-Gespräche, Nummern des Passes, des Flugtickets, der Reisechecks, der Kreditkarten usw.

Im Krankheitsfall

- Wenn ein Auslandskrankenschein nicht akzeptiert wird und man die Kosten selber zu tragen hat, muss man sich vom Arzt eine **ausführliche Bescheinigung** über Diagnose und Behandlungsmaßnahmen, einschließlich verordneter Medikamente, sowie eine **Quittung** über die bezahlte Behandlung ausstellen lassen. Auch von Apotheken sollte man sich Quittungen ausstellen lassen.
- Bei **schweren Fällen** sollte außer dem Notfallservice der Versicherung auch die Botschaft bzw. das Konsulat informiert werden.

Verlust von Dokumenten/Geld

- Von der **Polizei** bei Verlusten ein ausführliches Protokoll ausstellen lassen.
- Den betroffenen Stellen sollte der **Verlust zügig gemeldet** werden, möglichst zusammen mit Nummern bzw. Kopien der verlorenen Dokumente (Pass: Botschaft bzw. Konsulat; Tickets: Fluggesellschaft; Schecks, Kreditkarten: Bank).
- Botschaften bzw. Konsulate (siehe „Vor der Reise") stellen bei Passverlust einen **Ersatzpass** aus, nachdem die Identität geklärt ist. Beste Voraussetzung dafür ist eine Kopie des Originals. Sonst wird beim Einwohnermeldeamt der Heimatstadt angefragt, was Zeit und Geld kostet.

Beschaffung von Geld

- **Überweisung** von der **Hausbank**. Dazu sollte man schon vor der Reise die jeweiligen Bedingungen, insbesondere die Korrespondenzbank im Reiseland, klären.
- **Blitzüberweisung** durch eine **Vertrauensperson**. Spezialisiert auf schnellste Verbindungen ist die Deutsche Verkehrsbank. Sie arbeitet mit Western Union zusammen, die wiederum weltweit „Filialen" unterhält (das kann auch mal eine Apotheke oder ein Postamt sein). Der Betrag wird zusammen mit einer Gebühr (rund 5 %) eingezahlt, der Überweisungsvorgang erhält in Deutschland innerhalb weniger Minuten eine zehnstellige Nummer, diese kann telefonisch ins Reiseland übermittelt werden und dient neben dem Ausweis als Identifikation des Abholers.
- Vertreter des **Kreditkarteninstituts** zahlen nach Klärung der Identität ein Notfallgeld. Auf eine rasche Ausstellung der Ersatzkarte sollte man nicht in jedem Fall vertrauen.
- **Reise-Notfall-Versicherungen** zahlen je nach Vertragsklauseln bis zu 1.500 Euro Notfalldarlehen, direkt über Vertreter im Reiseland, falls vorhanden.
- Die **Botschaften bzw. Konsulate** leihen nur in absoluten Ausnahmefällen Geld, zumeist auch nur in Form von Rückflugticket oder Zugfahrkarte. Allerdings kann in Notfällen eine Information an Verwandte in Deutschland erfolgen, die das benötigte Geld dann auf ein Konto des Auswärtigen Amtes einzahlen.

SICHERHEIT

Vor der Reise sollten von allen Dokumenten (Pass, Visum, Scheckquittungen, Tickets) mehrere **Fotokopien** angelegt und an verschiedenen Stellen verstaut werden. Auch Geld und Schecks sollte man nicht an einer Stelle unterbringen.

Überfälle

Weitaus seltener als Diebstähle sind Überfälle. Gelegentlich – sehr selten – kommt es zu Überfällen auf Busse oder Züge. Sich dagegen zu schützen ist fast unmöglich; im unwahrscheinlichen Falle einer solchen Attacke gilt es aber, nicht den indischen Filmhelden spielen zu wollen. Inder, und damit auch Kriminelle, haben Respekt vor westlichen Ausländern, und wahrscheinlich wird man behutsamer behandelt als die Einheimischen.

Bahn

Bahnhöfe und Züge sind ein ideales Jagdrevier für Diebe, weil dort oftmals chaotische Zustände herrschen. Zudem führt der Tourist während des Reisens meist seine gesamten Wertsachen mit sich. Besonders beliebt bei Gaunern sind häufig bereiste Strecken wie Delhi – Agra, Delhi – Varanasi oder Jodhpur – Jaisalmer. Vorsicht ist vor allem in den Minuten vor der Abfahrt des Zuges und während der oft langen Zwischenstopps geboten, da dann ein ständiges Kommen und Gehen herrscht. Wer jedoch einige Grundregeln konsequent befolgt, ist vor Diebstahl so gut wie sicher. Mir selbst ist während zehn Jahren in Indien absolut nichts abhanden gekommen.

Die wichtigste Regel ist: Nie die **Wertsachen,** d.h. Flugticket, Reiseschecks, Bargeld, Pass, Kreditkarte und Kamera, aus den Augen lassen. Am besten macht man es sich zum Prinzip, den Geldgurt während einer Zugfahrt nie abzulegen. Die **Kameratasche** sollte man nachts am besten im Kopfbereich abstellen oder sogar als Kopfkissen benutzen. Viele Traveller in Indien schließen ihre Rucksäcke oder Koffer mit einer **Metallkette** ans Bett. Das ist sicher sinnvoll, doch die Diebe haben es meist sowieso mittlerweile auf die wertvollen kleinen Gegenstände abgesehen.

Besonders gefährdet sind naturgemäß **Einzelreisende.** Schließlich ist es gerade während der oftmals langen Zugfahrten unmöglich, ständig hellwach zu bleiben. In einem Notfall sollte man vorher eine vertrauenerweckende Person (Frauen, Familienväter) darum bitten, für die Zeit der Abwesenheit auf das Gepäck zu achten.

Achtgeben sollte man auch, wenn sich eine Gruppe junger, auffällig modisch gekleideter Männer um einen versammelt. Besonders, wenn sie mit einem großen Gegenstand, etwa einer Holzplatte oder einem Bild, hantieren. Oft schon wurden solche Objekte nur zur Tarnung eines Raubes zwischen den Besitzer und seinen Rucksack geschoben.

Bus

Bei den staatlichen Bussen stellt die dort übliche **Gepäckaufbewahrung** auf dem Dach ein echtes Sicherheitsrisiko dar. Man sollte auf jeden Fall darauf achten, das Gepäck gut festzuzurren und es möglichst mit einer eigenen Kette sichern. Gerade während der vielen Teepausen sollte man immer mal wieder einen prüfenden Blick auf sein Gepäck werfen. Besser ist es jedoch, seine Habseligkeiten im Inneren des Busses zu deponieren. Platz findet sich eigentlich immer, ob nun unter den Sitzbänken, im Gang oder neben der Fahrerzelle. Gern gesehen wird das zwar meist nicht, doch nach einigem Insistieren stört sich dann meist keiner mehr daran. Bei privaten Busgesellschaften kann man sein Gepäck in der Regel sicher verstauen.

Demonstrationen, Menschenansammlungen und Feste

Inder sind die meiste Zeit zwar sehr umgängliche und freundliche Zeitgenossen, diese Regel kann sich gelegentlich aber auch in Sekundenschnelle umkehren. Das gilt vor allem bei großen Menschenansammlungen, Demonstrationen u.Ä. Sind die Gemüter erhitzt, kann eine friedliche Versammlung in Windeseile in eine Massenkeilerei, einen Religionskrieg oder sonstiges Chaos ausarten, bei dem die indische Polizei manchmal sehr brutal eingreift. Bei politischen Versammlungen oder ähnlichen Menschansammlungen hält man sich am besten am Rande des Geschehens auf, um notfalls schnell aus der Gefahrenzone verschwinden zu können.

Ähnliches gilt auch bei den ausgelassenen Festen, vor allem beim **Frühlingsfest Holi.** Gelegentlich stellt die Alkoholisierung einzelner Männer ein Belästigungspotenzial dar. Zu Holi berauschen sich viele Nordinder mit Alkohol oder mit *bhang,* einem Getränk aus Milch, Zucker, Gewürzen und Marihuana. Traditionell bewerfen die Feiernden ihre Mitmenschen mit buntem Farbpulver, wobei Ausländer bevorzugte Zielscheiben darstellen. Farbpulver ist ja nicht schlimm, leider wird das Fest aber von Jahr zu Jahr rowdyhafter – im Vollrausch wird gelegentlich schon mit Lackfarbe und Exkrementen geworfen. Zu Festen wie Holi gilt es, die Atmosphäre des Ortes auszuloten. Machen zu viele rabaukenhafte Jugendliche die Straßen unsicher, zieht man sich lieber in sein Hotelzimmer zurück. Diese Vorsichtsmaßnahme gilt im erhöhten Maße für Frauen.

Anzeige erstatten

Ist es zu einer Straftat gekommen, sollte auf der nächsten Polizeiwache *(thana)* Anzeige erstattet werden *(darj karana).* Das kann jedoch zu einem Hindernislauf ausarten. Indische Polizisten können sehr hilfreich, oft aber auch völlig unkooperativ sein. Ihre Landsleute müssen nicht selten erst einen Obulus entrichten, ehe der Fall bearbeitet wird.

Ausländer werden in der Regel zuvorkommender behandelt. Falls man bei den niederen Polizeirängen auf **Probleme** stößt, darauf insistieren, mit einem höheren Polizeioffizier zu sprechen. Das kann der Inspector *(thanedar)* sein oder der Sub Inspector *(daroga).* Bei sexuellen Vergehen können

Vorwahlnummern	
● Indien:	0091
Von Indien nach:	
● Deutschland	0049
● Österreich	0043
● Schweiz	0041

Frauen bitten, mit einer Polizistin *(pulis ki mahila sipahi)* zu sprechen. Ob es auf der Wache eine gibt und falls ja, ob sie Englisch spricht, ist wiederum eine andere Sache.

Bei Erstattung einer Anzeige ist am Ende ein **Protokoll** *(vigyapti)* zu unterschreiben. Das ist je nach Ort des Geschehens wahrscheinlich in Hindi oder einer anderen Lokalsprache verfasst, seltener in Englisch. Man hat also im Normalfall keine Ahnung, was man unterschreibt. Danach gibt es einen Zettel mit der Registriernummer *(panjikaran sankhya)* des Falles, auch dieser wahrscheinlich in Lokalsprache. Im Falle von Diebstählen muss der Versicherung *(chori bima)* daheim eine Kopie des Verlustprotokolls und eventuell die **Registriernumer** des Falles vorgelegt werden. Für eine **amtliche Übersetzung** hat der Geschädigte selber zu sorgen. Normalerweise erstellen die Heimatbotschaften solche Übersetzungen, allerdings nicht umsonst.

Falls der Missetäter auf frischer Tat erwischt worden ist, sollte man sich nicht wundern, wenn dieser auf der Wache gleich mit ein paar saftigen Ohrfeigen bedacht wird – das ist normale Polizeipraxis. Was weiter in der Zelle passiert, lässt sich nur erahnen.

Allgemeine Sicherheitslage

● Informationen zur aktuellen Sicherheitslage und Warnungen vor besonders gefährdeten Gebieten erhält man beim **Auswärtigen Amt,** Werderscher Markt 1, 10117 Berlin, Tel.: 01888/17-0, Fax: 17-3402, www.auswaertiges-amt.de.

Buchtipp

● **"Schutz vor Gewalt und Kriminalität unterwegs",** erschienen in der Praxis-Reihe des Reise Know-How Verlages.

Telefonieren

Auslandsgespräche

Verglichen mit vor ein paar Jahren geht dies heute fast schon paradiesisch einfach über die Bühne. Am besten, man sucht einen der fast in jeder Stadt vorhandenen **ISD-STD-Läden** auf. Dort bekommt man normalerweise innerhalb kürzester Zeit eine Verbindung. Meist befindet sich in der Telefonzelle eine Leuchtanzeige, auf der der bereits vertelefonierte Betrag fortlaufend angezeigt wird.

Eine Minute nach Mitteleuropa kostet zwischen 11 und 24 Rs (abhängig von der Konkurrenzsituation der Telefongesellschaften am Ort, das heißt: je größer der Ort, desto billiger der Minutenpreis). Dieser Preis gilt den ganzen Tag, es wird sekundengenau abgerechnet. Selten verfahren Telefonläden noch nach dem alten System, wonach man mindestens drei Minuten telefonieren und bezahlen muss. Leider nur selten gibt es in Internetläden die Möglichkeit, per Internet nach Europa zu telefonieren. Diese Methode nennt sich „net to phone" und kostet nur 7,25 Rs pro Minute.

Es ist möglich, über den Telefon-Direkt-Service **R-Gespräche** von Indien nach Deutschland und in die Schweiz zu führen. Dazu muss man die Direkt-Nummer für Deutschland (000-49-17) oder die Schweiz (155-4549) wählen und wird dann mit einem Operator verbunden, der die Angerufenen in Deutschland fragt, ob sie die Gebühren für die Verbindung übernehmen wollen. Der Anrufer zahlt dann die Gebühren für ein indisches Ortsgespräch in Rupien, den Rest zahlt der Angerufene. Der Spaß ist aber nicht gerade billig, da allein der Tarif für den Operator pro Gespräch bei ca. 6 € liegt. Hinzurechnen muss man noch 0,59 € für jede Minute.

Wer diese Kosten nicht den Angerufenen, sondern der eigenen Telefonrechnung in Deutschland aufbürden will, kann sich bei der Telekom eine **Telekarte** mit persönlichem Kennwort kaufen. Dem Operator wird dann bei jedem Anruf das Kennwort mitgeteilt. Bei längeren Gesprächen spart man mit dieser Methode Geld. Die Minutengebühr ist mit 0,59 € günstiger als die in Indien berechneten 62 Rs (über 1,50 €).

Gespräche innerhalb Indiens

Telefongespräche innerhalb Indiens sind in den Hauptzeiten noch **problematisch** und kommen, wenn überhaupt, oft erst nach mehreren Versuchen zustande. Obendrein ist die Verbindung häufig schlecht. Hinzu kommt, dass noch lange nicht alle Orte in Indien per Direktwahl zu erreichen sind. In diesen Fällen muss man sich von einem Operator verbinden lassen. Ortsgespräche kosten 1 Rs für 2 Minuten.

Will man eine **Handynummer** eines indischen Anbieters anrufen, ist vor der immer mit „9" beginnenden Handynummer eine **„0" zu wählen,** falls man von **außerhalb des Bundesstaates** anruft, in dem das Handy angemeldet ist, das erreicht werden soll.

Handy in Indien

Alle deutschen, österreichischen und Schweizer Provider haben Roamingpartner in Indien. D.h. wenn es die Vertragsart erlaubt, kann man mit seinem Mobiltelefon auch in Indien telefonieren. Man muss jedoch mit **hohen Roaming-Kosten** rechnen. Preiswerter geht es, wenn man bei seinem Provider nachfragt oder auf der Website nachschaut, welcher der Roamingpartner in Indien am preiswertesten ist und diesen per **manueller Netzauswahl** bei den Telefonaten voreinstellt. In Indien nutzt man üblicherweise 900 MHz GSM wie in Europa (seltener 1800 MHz).

Nicht zu vergessen sind auch die **passiven Kosten,** wenn man von zu Hause angerufen wird. Ein im Heimatland befindlicher Anrufer zahlt nur die Gebühr ins inländische Mobilnetz und die Rufweiterleitung nach Indien findet man später auf der eigenen Mobilrechnung wieder. Extrem ärgerlich sind diese Kosten vor allem, wenn man vergessen hat, die **Rufumleitung**

auf die Mailbox zu deaktivieren. Wenn man dann nicht zu erreichen ist oder es besetzt ist, schlägt die Rufumleitung nach Indien und dann zurück nach Europa sich doppelt auf der Rechnung nieder.

Wesentlich preiswerter ist es, sich von vornherein auf das **Versenden von SMS** zu beschränken. Es ist in der Regel wesentlich preiswerter als telefonieren. Der **Empfang von SMS** ist in der Regel kostenfrei, der von **Bildern per MMS** nicht nur relativ teuer, sondern je nach Roamingpartner auch gar nicht möglich. Die **Einwahl ins Internet** über das Mobiltelefon, um Daten auf das Notebook zu laden ist noch kostspieliger – da ist in jedem Fall ein Gang ins nächste Internet-Café weitaus günstiger.

Falls das Mobiltelefon **SIM-lock-frei** ist (keine Sperrung anderer Provider vorhanden ist) und man viele Telefonate innerhalb Indiens führen möchte, kann man sich eine indische **Prepaid-SIM-Karte** besorgen. Das macht auf jeden Fall Sinn, solange die Roaming-Kosten für Telefonate mittels europäischem Anbieter aus Indien so extrem hoch sind.

Hat man kein eigenes, in Indien funktionsfähiges Handy mitgenommen, kann man sich auch in Indien für einen etwas geringeren Preis als in Europa eines zulegen. Gespräche **indischer Prepaid-Anbieter** innerhalb Indiens sind mit 1 Rs ins Festnetz und zwischen 14 und 18 Rs in andere Handy-Netze konkurrenzlos günstig. Zudem kann man beim Erwerb einer Prepaid-Karte bei der Rückkehr im Heimatland nicht von einer horrenden Handy-Rechnung überrascht werden.

Kauft man sich also eine Prepaid-Sim-Karte eines indischen Anbieters, sind meist 100 bis 150 Rs Grundgebühr zu zahlen, man erwirbt jedoch meist mit der Prepaid-Karte auch gleich das erste Gesprächsguthaben, wobei sich der Gesamtpreis gewöhnlich auf etwa 1.000 Rs beläuft, von denen 800 bis 900 Rs eine bestimmte Zeitdauer, abhängig vom jeweiligen Anbieter, zu vertelefonieren sind. Die bekanntesten Firmen für Prepaid-Verträge auf dem hart umkämpften indischen Markt sind *Airtel, Hutch, Reliance* und *BSNL*, die alle ihr jeweils eigenes Netz in Indien haben, so dass ein Anbieter in einer Gegend Indiens, ein anderer Anbieter in einer anderen die bessere Verbindungsqualität hat. So sollte man sich vor Ort erkundigen, welcher Anbieter für die jeweils bereiste Region die beste Verbindungsqualität aufweist.

Gelegentlich gibt's Probleme mit dem Versenden von SMS, die zwar gesendet, aber dann für längere Zeitabschnitte nicht vom gegenüber beantwortet werden können. Zum Kauf einer Prepaid-Karte wird in den meisten Geschäften die Vorlage des Ausweises verlangt, der dann kopiert wird.

An einigen Flughäfen werden **Mobiltelefone vermietet.** Bei einem Preis von etwa 6 € pro Tag macht das aber wenig Sinn.

● **Buchtipp:** Viele nützliche und Geld sparende Tipps bietet das Buch „Handy global – mit dem Handy ins Ausland" aus der Praxis-Reihe des REISE KNOW-HOW Verlages.

Diebstahl und Verlust

Sollte das Mobiltelefon im Ausland verloren gehen oder gestohlen werden, sollte man bei einem **Laufzeitvertrag,** aber auch bei bestimmten **Prepaid-Abonnements** die Nutzung der SIM umgehend beim Provider sperren lassen (nicht immer kostenfrei!). Für deutsche Betreiber kann man das über die zentrale Sperrnummer **0049-116116** machen, die auch zur Sperrung von Maestro- (EC-), Kredit- und Krankenkassenkarten gilt. Dazu muss man in der Regel **folgende Angaben** machen können, die man sich vorab irgendwo notieren sollte: Rufnummer, SIM-Kartennummer (auf SIM vermerkt), Kundennummer oder Kundenkennwort.

Unterkunft

Wer die Wahl hat, hat die Qual. Diese alte Weisheit gilt bei der Wahl der Unterkunft in Indien wohl noch mehr als anderswo. Die Zahl der Möglichkeiten ist schier unbegrenzt und reicht vom stickigen, moskitodurchsetzten Schlafsaal bis zum fürstlichen Schlafgemach in einem ehemaligen Rajputenpalast.

Kategorien

Die in diesem Buch beschriebenen Unterkünfte sind in **fünf Preiskategorien** unterteilt und werden durch hochgestellte Eurozeichen (€€€€) symbolisiert.

Low Budget € (bis 350 Rs)

Naturgemäß kann man bei einem Maximalpreis von etwa 7 € keine allzu hohen Ansprüche stellen, doch selbst in dieser Kategorie wird oft schon Erstaunliches geboten. Besonders in Orten, die sich bei Rucksackreisenden großer Beliebtheit erfreuen wie etwa Udaipur oder Pushkar gibt es eine Vielzahl hervorragender billiger Unterkünfte. Ventilator, geräumige, helle Zimmer, oft auch ein eigenes Bad sind dort fast selbstverständlich. Häufig gibt's auch schon einen Fernseher.

Besonders empfehlenswert sind die sogenannten **Guest Houses,** meist relativ kleine, wie Privatpensionen geführte Unterkünfte, deren Zimmer oft über ein eigenes Bad und im oberen Preisbereich ein Fernsehgerät verfügen. Da hier der Besitzer meist noch selber Hand anlegt, wirkt alles gepflegt und sauber, die Atmosphäre ist freundlich und man kann leicht Kontakt zu Gleichgesinnten knüpfen. Es gibt natürlich Ausnahmen, speziell da, wo sich die ehemals intimen Guest Houses wegen ihres Erfolges über die Jahre zu kleinen Hotelburgen entwickelt haben.

Eine speziell indische Einrichtung sind die so genannten **Railway Retiring Rooms.** Wie der Name schon sagt, befinden sich die Unterkünfte auf dem Bahnhofsgelände, meist im Bahnhof selbst. Wegen ihres günstigen Preises (oft nicht mehr als 60 Rs für ein DZ, EZ gibt es nicht) sind sie auch bei Indern sehr beliebt und deshalb oft ausgebucht. Meistens sind die Zimmer recht gepflegt und bieten besonders für diejenigen eine echte Alternative, die nur auf eine kurze Stippvisite in dem Ort eintreffen und danach mit dem Zug weiterfahren. Ohropax ist jedoch gerade auf stark befahrenen Bahnhöfen für die Nachtruhe unbedingt erforderlich.

Jugendherbergen bilden eine weitere Möglichkeit des billigen Wohnens. Hierzu muss man nicht unbedingt im Besitz eines Mitgliedsausweises sein, allerdings werden von Nichtmitgliedern höhere Preise verlangt. Meist sind es jedoch auch dann nicht mehr als 60 Rs. Als beträchtlichen Nachteil empfinden viele Reisende jedoch die in Jugendherbergen herrschende Lautstärke. Zudem zeichnen sich die Schlafsäle nicht immer durch ein Höchstmaß an Sauberkeit aus.

Dharamsalas sind Unterkünfte für Pilger. Nur gelegentlich sind sie auch für Nicht-Hindus zugänglich. Besondere Rücksichtnahme auf den religiösen Charakter dieser Unterkünfte sollte selbstverständlich sein.

Schließlich sei auf die sogenannten **Salvation Army Hotels** hingewiesen, die besonders in Großstädten die besten Low-Budget-Unterkünfte darstellen. Diese von der Heilsarmee geleiteten Unterkünfte sind nicht nur billig und sauber, sondern liegen auch sehr zentral, was gerade in den großen Metropolen ein gewichtiger Pluspunkt ist.

Budget €€ (350–600 Rs)

In dieser Kategorie sind ein eigenes Bad, große, bequeme Betten, Farbfernseher und Teppichboden üblich. Im oberen Bereich gehört oft sogar eine Klimaanlage dazu – also fast schon ein bisschen Luxus. Gerade in dieser Preisklasse ist das Angebot in den meisten Städten besonders umfangreich. Wenn im Low-Budget-Bereich die Auswahl eher bescheiden ist, sollte man ein paar Rupien drauflegen, denn oftmals ist der Unterschied zwischen einer 250- und einer 400-Rupien-Unterkunft gravierend. Andererseits fehlt den etwas besseren Quartieren oftmals das Flair der Billigunterkünfte.

Dies gilt auch für die sehr beliebten, von den staatlichen Touristenorganisationen geleiteten **Tourist Bungalows.** Meist kann man aus einer großen Anzahl unterschiedlicher Zimmer auswählen. Oft verfügen sie über ein Restaurant. Außerdem ist ihnen vielfach das lokale Touristenbüro angeschlossen, sodass man nicht nur hilfreiche Informationen erhält, sondern z.B. auch Stadtrundfahrten vor der Haustür starten. Leider werden diese Vorteile nur allzu oft durch den miserablen Service, der die Tourist Bungalows „auszeichnet", zunichte gemacht. Dennoch bieten sie in vielen Städten das beste Preis-Leistungs-Verhältnis.

Tourist Class €€€ (600–1.500 Rs)

Ab 1.000 Rs sind großzügig möblierte Zimmer mit heißer Dusche, Klimaanlage, Farbfernseher mit Satellitenprogramm, Telefon und Zimmerservice selbstverständlich. Allerdings finden sich oftmals auch im oberen Bereich der Budget-Klasse ähnliche Annehmlichkeiten und so sollte man sich überlegen, ob die Mehrausgabe wirklich notwendig ist. Viele Hotels der

UNTERKUNFT 67

Reisetipps A–Z

Tourist Class sind speziell auf die Bedürfnisse indischer Geschäftsleute der mittleren Ebene zugeschnitten. So besitzen fast alle ein hauseigenes Restaurant, in dem einheimische Gerichte angeboten werden.

First Class €€€€ (1.500–2.500 Rs)

First-Class-Hotels finden sich in Indien durchaus nicht nur in den großen Metropolen, sondern in allen Millionenstädten, von denen es 20 gibt. Darüber hinaus gibt es eine Reihe von First Class Hotels in Touristenhochburgen wie Agra, Udaipur und Jodhpur.

Luxus €€€€€ (über 2.500 Rs)

In dieser Preiskategorie wird der **international übliche Standard** geboten, d.h. Swimmingpool, spezielle Einrichtungen für Geschäftsleute, mehrere Restaurants, Sportmöglichkeiten etc. Die renommierten Hotelketten wie Sheraton und Meridien sind in den großen Metropolen Indiens selbstverständlich vertreten.

Auch hier sei wieder auf die in Hotels umgewandelten ehemaligen **Maharaja-Paläste** und Repräsentationshotels der britischen Ära hingewiesen, die auf einmalige Weise den Charme

---

Zimmersuche – worauf ist zu achten?

- **Sanitäre Anlagen:** In diesem Bereich gibt es am meisten zu beanstanden. Toilettenspülungen funktionieren oft nicht, aus der Dusche rinnen nur ein paar Tropfen oder es fehlt der Duschkopf und das heiße Wasser entpuppt sich nur allzu oft als laue Brühe. Alles checken und, falls etwas fehlt, reklamieren. Für viele wichtig: Gibt es ein „europäisches" WC oder ein indisches „Hock-Klo"?
- **Betten:** Sie sind so etwas wie eine Visitenkarte. Ist die Bettwäsche schmutzig bzw. die Matratze mit Flöhen durchsetzt oder durchgelegen, braucht man gar nicht weiter zu verweilen. Eine Liegeprobe zeigt auch, ob das Bett lang genug für europäische Lulatsche ist. Vielfach ist es das nicht. Der häufig vorkommende Grauschleier lässt jedoch eher auf die vorsintflutlichen Waschmethoden schließen als auf nicht gewaschene Bettwäsche. Oft verströmen die Matratzen einen sehr eigenartigen Geruch, der keine Nachtruhe aufkommen lässt.
- **Moskitonetze:** Selbst im angenehmsten Bett kann die Nacht zur Qual werden, wenn man ständig von Blutsaugern heimgesucht wird. Wer also kein eigenes Moskitonetz dabeihat, sollte darauf achten, dass eines vorhanden ist. Ebenso wichtig ist, dass es keine Löcher aufweist. Viele Moskitonetze versprühen eine derart unangenehme Duftnote, dass man darunter kaum Luft bekommt. In diesem Falle sollte man sie auswechseln lassen. Gelegentlich wird das Moskitoproblem auch mit Fliegengittern oder Ähnlichem mehr oder weniger wirksam gelöst.
- **Klimatisierung:** Einen **Ventilator** gibt es in Indien in fast jedem Hotelzimmer. Funktioniert er auch? Und wenn ja, wie? Manche sind so träge, dass sich kein Lüftchen bewegt, andere lösen einen mittleren Wirbelsturm aus und donnern wie ein Hubschrauber im Tiefflug. Funktioniert die Stufenschaltung?

Die nächste Stufe wäre ein **cooler** – eine direkt im Zimmer untergebrachte kleine Klimaanlage, die teilweise gegen einen Aufpreis extra angebracht wird. Nichts für Geräuschempfindliche!

der alten Zeit mit den Errungenschaften des 21. Jh. verbinden.

Bei den meisten Hotels dieser Preiskategorie werden die Preise in Dollar angegeben. Allerdings stehen viele First-Class-Hotels denen der Luxuskategorie kaum noch nach, sodass der zum Teil erhebliche Aufpreis nicht immer gerechtfertigt erscheint.

Preise

Das Preissystem indischer Hotels ist oftmals sehr verwirrend. In vielen, selbst kleineren Hotels hat man oft die Auswahl zwischen bis zu zehn verschiedenen Preiskategorien. So kostet das billigste Zimmer z.B. 150 Rs und das teuerste 1.400 Rs. Die Gründe für diese Abstufungen sind dabei oft nur minimal. Ein wenig mehr Holz an der Wandverkleidung begründet ebenso eine veränderte Preisstufe wie die Größe des Fernsehers oder die Höhe des Stockwerkes. Mindestens ebenso verwirrend ist die allseits beliebte Praxis, auf den Zimmerpreis noch unzählige **Steuern und Zuschläge** aufzuschlagen. *Service charge, government tax* und *luxury tax* heben die Preise oft

---

Eine Klimaanlage (**air conditon, AC**) ist dagegen wesentlich ruhiger – es sei denn, man hat sein Zimmer direkt in der Nähe ihres Gebläses.
- **Lautstärke und Lage:** Inder sind wesentlich weniger lärmempfindlich als Europäer. Oft liegen die Zimmer direkt an einer ununterbrochen von Brummis befahrenen Hauptverkehrsstraße. Auch sollte man darauf achten, dass der Nachbar kein Fernsehnarr ist. Inder lieben es, bei voller Lautstärke in die Röhre zu glotzen. Oft befinden sich im Erdgeschoss von Hotels Restaurants, deren Lärm und Gerüche einen am Einschlafen hindern. Also empfiehlt es sich, sein Zimmer möglichst weit weg von Straße und Restaurant zu wählen. Im Notfall helfen Ohrenstöpsel.
- **Schließfach-Service:** Es ist sehr angenehm, einmal ausgehen zu können, ohne ständig auf seine Wertsachen achtgeben zu müssen. Viele Hotels (aber nur gelegentlich die billigeren) bieten einen so genannten *deposit service* an, bei dem man seine Wertsachen an der Rezeption deponieren kann. Allerdings sollte man sich immer eine Quittung über die abgegebenen Wertsachen ausstellen lassen.
- **Fernseher:** Kabelfernsehen ist seit einigen Jahren der große Renner in Indien. Viele Hotels werben mit dem Empfang internationaler Programme wie BBC und CNN. Da man in indischen Zeitungen nicht gerade mit internationalen News verwöhnt wird, checken einige Traveller zwischendurch ganz bewusst in solche Hotels ein, um auf dem Laufenden zu bleiben. Doch oft ist nur ein verschwommenes Bild zu empfangen.
- **Check-Out-Zeit:** Viele Hotels in Indien verfahren nach dem so genannten 24-Stunden-System, d.h. man muss den Raum genau einen Tag nach dem Einchecken wieder verlassen. Das ist von Vorteil, wenn man erst abends eincheckt, weil man dann noch den ganzen nächsten Tag zur Verfügung hat. Umgekehrt ist das unangenehmer: Wer ganz früh morgens ankommt, muss am nächsten Tag auch wieder früh aus den Federn. Andere Hotels verfahren nach der in Europa üblichen 9- bzw. 12-Uhr-Regel. Man sollte gleich zu Beginn fragen, welches System angewandt wird.

um bis zu 50 %. Speziell die **service charge** ist nichts weiter als ein Versuch des Managements, zusätzlich abzukassieren, da das Personal, dem das Geld eigentlich zugute kommen sollte, meist kaum etwas davon sieht. Vielfach leiden die Angestellten sogar darunter, da viele Urlauber wegen der *service charge* kein zusätzliches Trinkgeld mehr zahlen. Man sollte immer nach dem Endpreis fragen, da einem andernfalls oft zunächst ein wesentlich geringerer Preis genannt wird. Die unangenehme Überraschung kommt dann bei der Bezahlung der Rechnung. Die in diesem Reiseführer genannten Preise beinhalten bereits eventuelle Zuschläge.

Schlepper

Sie sind meist auffällig chic gekleidet, sprechen oft gut Englisch, oft mit amerikanischem Akzent, scheinen magnetisch von westlichen Touristen angezogen zu werden, halten sich vorwiegend an Bahnhöfen oder in Hotelgegenden auf und geben als Berufsbezeichnung gern *tourist guide* an. Das ist im Grunde sogar zutreffend, verdienen sie ihr Geld doch damit, Touristen zu den Hotels zu führen, von denen sie für ihre Dienste eine Kommission von ca. 30 % bekommen. Wer den Mehrpreis am Ende bezahlt, ist klar – der Tourist. Schlepper führen einen entgegen ihren Beteuerungen also durchaus nicht zu den preiswertesten und schönsten, sondern zu den am besten zahlenden Unterkünften. Will man zu einem Hotel, welches nicht mit ihnen zusammenarbeitet, heißt es meist, es sei voll oder geschlossen oder abgebrannt. Am besten ignoriert man sie also und lässt sich gar nicht erst auf ein Gespräch ein, andernfalls können sie sehr „anhänglich" sein.

Nur für den Fall, dass man spät abends in einer Stadt angekommen ist und nach nervenaufreibender Suche keine Schlafstätte finden konnte, sollte man den grundsätzlich sehr zweifel-

---

Wohnen in Heritage Hotels

Keine andere Region Indiens bietet dem Reisenden die Möglichkeit, den Charme der guten alten Zeit bei der Wahl der Unterkunft gleich mitzubuchen, wie Rajasthan. Heritage Hotels heißen jene etwa 100 offiziell von der Tourismusbehörde anerkannten Palasthotels, die sich in **ehemaligen Rajputenpalästen** beziehungsweise Adligenhäusern befinden und auf einmalige Weise die Atmosphäre der britischen Kolonialzeit mit den Errungenschaften des 20. Jahrhunderts verbinden. Herausragende Beispiele sind der *Umaid Bhawan* in Jodhpur, der *Ramgarh Palace* in Jaipur und das märchenhaft wie ein Schiff inmitten des Pichola-Sees gelegene *Lake Palace Hotel* in Udaipur. Doch auch viele kleinere und dementsprechend intimere Heritage Hotels wie etwa das *Royal Castle* in Khimsar oder der *Bissau Palace* im Shekhawati vermitteln einen lebendigen Eindruck von jener Zeit, als noch nicht Effizienz und Sachlichkeit, sondern Muße und Legenden das Leben bestimmten.

Eine Reihe von Besitzern bedeutender Heritage Hotels haben sich in einer Organisation zusammengeschlossen, über die weitere Informationen erhältlich sind:
- **Heritage Association of India,**
9, Sadar Patel Marg, C-Scheme,
Jaipur 302001, Tel.: 0091-141-381906,
Fax: 0091-141-382214

haften Service in Anspruch nehmen. Irgendwo werden sie schon noch ein Plätzchen auftreiben, schließlich liegt es ja in ihrem eigenen Interesse. Am nächsten Tag kann man sich dann selbstständig und ausgeruht auf die Suche nach einer aufpreisfreien Unterkunft begeben, so zahlt man nur eine Nacht die Kommission mit.

Verhaltenstipps

Dass die Inder zumeist wenig dramatisch auf falsches oder sogar verletzendes Verhalten von Touristen reagieren, liegt durchaus nicht daran, dass sie diesbezüglich unempfindlich sind, sondern an ihrer ausgeprägten **Toleranz**. Hinzu kommt, dass man von dem Gast aus dem Ausland gar nicht erwartet, dass er sich in dem ritualisierten Verhaltenskodex der indischen Gesellschaft bis ins Kleinste auskennt. So billigt man ihm schon von vornherein ein Vorrecht auf Irrtum zu, vorausgesetzt, er beansprucht es nicht fortlaufend.

Lächeln

Der erste Eindruck ist bekanntlich immer der wichtigste, und da wirkt nichts erfrischender und einnehmender als ein freundliches Lächeln. Gerade in so einem kommunikativen Land wie Indien ist es von unschätzbarem Wert, eine angenehme Atmosphäre zu verbreiten. Wer erst einmal die Herzen der Menschen durch ein fröhliches Auftreten geöffnet hat, dem öffnen sich auch viele sonst verschlossene Türen.

Gute Miene zum manchmal gerade auf **Amtsstuben** frustrierend langsamen Fortkommen zu machen führt letztlich auch immer weiter als die Faust auf dem Tisch.

Gesicht wahren

Ein altes asiatisches Sprichwort sagt „Gesicht geben, niemals Gesicht nehmen, selbst Gesicht wahren". Wer sich dementsprechend verhält, der hat die wichtigste Grundregel im zwischenmenschlichen Umgang erfüllt. Fast jeder Inder ist auf seine in der Kastengesellschaft genau definierte Lebensgemeinschaft fundamental angewiesen, sowohl im Berufsleben als auch im Privatleben. Dementsprechend wichtig ist es für ihn, was die anderen über ihn denken. Deshalb sollten **Konflikte** möglichst nur unter vier Augen und in ruhiger und zurückhaltender Atmosphäre besprochen werden.

Überhaupt wird man in Indien mit den bei uns so oft geführten und beliebten offenen und ehrlichen **Gesprächen über persönliche Probleme,** Sorgen und Intimitäten auf wenig Gegenliebe stoßen. Über diese Dinge redet man im reservierten Indien nicht. Neben der Angst um Gesichtsverlust spielt hierbei auch die Befürchtung eine Rolle, den anderen damit zu belasten.

Ähnliches gilt für **politische Diskussionen.** Zwar sind die Inder wesentlich offener als andere Asiaten und interessierter daran, auch mit Ausländern über die vielfältigen Probleme ihres Landes zu diskutieren, doch während sie einerseits äußerst heftig über Korruption, Terrorismus und Armut klagen, sind sie doch letztlich immer sehr stolz auf ihr Land. Zuhören und sich dabei seine eigene Meinung zu bilden anstatt mit eigenen Lösungsvorschlägen glänzen zu wollen, ist nicht nur höflicher, sondern auch für einen selbst lohnender, lernt man doch wesentlich mehr aus erster Hand über das Land.

Gestik und Körpersprache

Sexualität und Körperlichkeit ist in Indien immer noch ein Tabuthema, und dementsprechend sollte man sich mit **öffentlichen Zärtlichkeiten** so weit wie möglich zurückhalten. Zwar gehören die Zeiten, da ein eng umschlungenes westliches Pärchen einen mittleren Volksauflauf hervorrief, der Vergangenheit an, gern gesehen wird es dennoch auch heute noch nicht.

Küsse oder weitergehende Berührungen in der Öffentlichkeit sollten im prüden Indien gänzlich unterlassen werden. Es wird zwar von vielen Touristen anders gesehen und gehandhabt, doch zum Reisen in anderen Kulturen gehört eben auch, dass man die dort herrschenden unterschiedlichen Moralvorstellungen gerade dann akzeptiert, wenn man sie nicht teilt. Anderenfalls sollte man lieber zu Hause bleiben.

Ganz unverfänglich und dementsprechend selbstverständlich ist dagegen das **Händchenhalten** zwischen Personen gleichen Geschlechts, bekundet man dadurch doch nur die gegenseitige Freundschaft.

Zur traditionellen indischen **Begrüßung** legt man die Hände etwa in Brusthöhe senkrecht aneinander und sagt dabei in Verbindung mit einem leichten Kopfneigen „Namasté", eine sehr schöne und anmutige Geste, die ähnlich auch in vielen anderen asiatischen Ländern praktiziert wird. Nur in den großen indischen Städten bürgert sich im Zuge der Verwestlichung die Sitte des Händeschüttelns ein.

Streng verpönt ist es dabei, einem **die Linke** entgegenzustrecken. Da in Indien traditionell kein Toilettenpapier benutzt wird, sondern zu diesem

---

Psychologische Einstellung

Indien ist ein Land, das schon manchen Reisenden aus der Balance geworfen hat. Geschichten von Travellern, die Monate bleiben wollten und das Land nach zwei Wochen „nicht mehr ertragen" konnten, hört man immer wieder. Mehr als die weit verbreitete Armut oder die überwältigend fremde Kultur sind es oft die dubiosen Charaktere (Schlepper, Schnorrer, raffgierige Händler, Neugierige, Aufdringliche etc.), die die Besucher zur Weißglut bringen. Durch derlei Negativkontakte, die auf die Dauer natürlich zermürben können, vergeht Manchem die Lust auf Kontakte im Land.

Es gilt, die Negativerfahrungen zu relativieren und sie nicht wichtiger zu nehmen, als sie sind. Wer sich den ganzen Tag aufregt, weil er um zwei Rupien betrogen wurde, wer aus der Haut fährt, nur weil er schon wieder angestarrt wird, macht sich selber das Leben schwer. Positives Denken und innere Gelassenheit ist beim Reisen in Indien vielleicht wichtiger als anderswo.

- **Buchtipp:** *Rainer Krack*, „KulturSchock Indien", Reise Know-How Verlag, Bielefeld.

Zweck die unbewaffnete linke Hand und ein Krug Wasser dienen, gilt links als unrein. So sollte man nie Dinge oder Gegenstände wie etwa Geschenke mit der Linken überreichen bzw. entgegennehmen. Verstärkt gilt das Gebot *right hand only* selbstverständlich beim Essen. Die Linke bleibt während des gesamten Essens möglichst unter der Tischkante.

Ebenso wie die linke Hand gelten auch die **Füße und Schuhe** als unrein. Fußsohlen sollte man nicht auf Menschen oder heilige Stätten richten, Schuhe vor dem Betreten eines Raumes ausziehen.

Selbst Langzeitreisende in Indien ertappen sich immer wieder dabei, dass sie die indischen Gesten für Ja und für Nein missdeuten. Die Geste für **Ja** sieht unserem Nein sehr ähnlich, allerdings wird der Kopf dabei eher locker von einer Schulter zur anderen geschlenkert. Das recht ähnliche **Nein** wird durch ein seitliches Zucken des Kopfes nach links und rechts ausgedrückt, häufig unterstützt durch abfälliges Schnalzen oder eine abfällige Handbewegung.

Kleidung

Niemand wird erwarten, dass man in einem Land wie Indien, in dem viele Menschen kaum mehr als einen Fetzen Stoff am Leibe tragen, mit Schlips und Kragen herumlaufen sollte. Andererseits ist jeder Inder, der es sich leisten kann, bemüht, **gepflegte und sau-**

bere **Kleidung** zu tragen. Der besonders von Rucksacktouristen geliebte Schmuddellook ist den Indern ein Greuel.

Gleiches gilt für das Zurschaustellen von zuviel **nackter Haut.** Während man sich über Männer in Shorts noch eher amüsiert, gelten Frauen in kurzen Hosen bzw. Rock und dazu vielleicht noch mit einem ärmellosen Hemd in den Augen der Inder als leichte Mädchen. Wer einmal gesehen hat, dass indische Frauen nach wie vor in voller Montur, d.h. mit Sari, zum Baden ins Meer gehen, der kann sich vorstellen, welchem Kulturschock die jungen Inder vor allen Dingen in Goa ausgesetzt sind, wo es an manchen Stränden immer noch als „in" gilt, hüllenlos zu baden. So ist es als Beitrag zur Beachtung einheimischer Moralvorstellungen kaum zuviel verlangt, zumindest die Badehose anzulassen.

Vor dem **Betreten von Heiligtümern,** egal welcher Religion, sind grundsätzlich die Schuhe auszuziehen. Zudem dürfen in Jain-Heiligtümern keine Gegenstände aus Leder mitgenommen werden, und in Sikh-Tempeln und vielen Moscheen ist eine Kopfbedeckung obligatorisch. Im Tempel selbst sollten keinerlei heilige Gegenstände berührt werden. Gleiches gilt auch für Hausaltäre. Dezentes Auftreten und vor allem zurückhaltende Kleidung, d.h. zum Beispiel lange Hosen und bedeckte Schultern, sollten selbstverständlich sein.

Bettler

Das Bild vom zerlumpten und verkrüppelten Bettler gehört ebenso zum klassischen Indienbild wie der märchenhafte Zauber des Taj Mahal. Jeder Indienreisende ist innerlich darauf vorbereitet, und doch packt ihn, wenn er das Elend an fast jeder Straßenecke vor sich sieht, wieder das schlechte Gewissen. Vor lauter Mitleid greift er dann tief in die Tasche, um zumindest seinen kleinen Teil zur Linderung der Armut zu leisten. Psychologisch ist das nur allzu verständlich, doch schafft er damit oftmals mehr Probleme, als er löst.

Jeder muss für sich selbst entscheiden, ob und wieviel er geben soll. In dem Dilemma stecken nicht nur die Westler, sondern auch die Inder selbst. Es kann nicht sinnvoll sein, dass Kinder vom Schulbesuch ferngehalten werden, weil sie beim Betteln mehr verdienen als ihre Eltern mit täglicher, schwerer Arbeit. Am sinnvollsten scheint es mir, nur solchen Personen etwas zu geben, die offensichtlich nicht arbeitsfähig sind, d.h. Kranken, Älteren und Krüppeln.

Fotografieren

Wenn an den Leichenverbrennungsstätten in Varanasi die Toten auf den Scheiterhaufen gelegt werden, an den Türmen des Schweigens in Mumbai, dem Bestattungsort der Parsen, die Geier einfliegen oder stimmungsvolle Tempelfeste gefeiert werden, dann ist mit Sicherheit ein kamerabewehrter Tourist nicht weit. Das exotische Geschehen soll so hautnah wie irgend möglich auf die Kamera gebannt werden. Dazu wird geblitzt, geknipst und gezoomt, was das Zeug hält, und falls sich einmal ein unaufmerksamer Inder versehentlich vor das Objektiv stellt, wird er mit grimmiger Miene zum Weitergehen aufgefordert. Immer diese störenden Einheimischen!

Man stelle sich das ganze einmal in Deutschland vor: Ein Inder mischt sich ungefragt unter eine Trauergemeinde, um ein Foto vom blumenbekränzten Sarg zu schießen, oder das Blitzgewitter geht bei der Weihnachtsmesse über Altar und Krippe nieder. Recht unchristliche Zurechtweisungen wären wohl noch die harmlosesten Konsequenzen, die der Mann zu erwarten hätte.

In jedem Fall sollte man Fotografierverbote und den Wunsch mancher Personen, nicht fotografiert zu werden, respektieren. Zumindest durch einen Blick sollte man sich der Zustimmung vergewissern, bevor man mit der Kamera „draufhält".

Verkehrsmittel

Inlandsflüge

Die äußerst zeitaufwendigen und ermüdenden Reisen in Bussen und Bahnen machen das Fliegen in Indien zuweilen selbst für diejenigen zu einer echten Alternative, die normalerweise nur on the road reisen. Selbst wer sehr aufs Geld achten muss, sollte sich fragen, ob es nicht sinnvoller ist, einmal 50 Euro zu investieren, statt lustlos und erschöpft auf dem Landweg weiterzureisen. Fliegen ist in Indien immer noch verhältnismäßig billig und zudem in den letzten Jahren wesentlich unkomplizierter geworden.

● **Flughafengebühr** in Indien – darüber könnte man ganze Bücher schreiben. Zu klären bliebe nur, ob selbige unter die Kategorie Drama oder Satire einzuordnen ist. Drama, weil es auf diesem Gebiet ähnlich wie bei den Eintrittsgebühren zu exorbitanten Preiserhöhungen gekommen ist. Satire, weil alles derart chaotisch und typisch indisch gehandhabt wird, dass niemand so recht bescheid zu wissen scheint. Gab es bis vor zwei Jahren überhaupt keine Inlandsflughafengebühr, so werden inzwischen 145 Rs verlangt. Allerdings gilt dies für den Moment der Drucklegung und kann am nächsten Tag schon wieder ganz anders aussehen.

Völlig unübersichtlich ist die Lage bei Gebühren für internationale Flüge. Abhängig von Fluggesellschaft, Strecke und Abflugha-

fen zahlt man zwischen 0 und 1.100 Rs. Die meisten Gesellschaften wie die Lufthansa haben die Gebühr bereits in ihre Preise einbezogen, andere nicht. Einziger Rat ob des Wirrwars kann an dieser Stelle nur sein, sich vor Ort bei der jeweiligen Fluggesellschaft nach dem Stand der Dinge zu erkundigen (s. auch „Vor der Reise: Anreise aus Europa").
- **Kinder** unter 2 Jahren zahlen 10 % des Erwachsenenpreises, Kinder von 2 bis 12 Jahren 50 %.
- **Stornierungsgebühren:** mehr als 48 Std. vor Abflug: 10 %; zwischen 48 und 24 Std. vorher: 20 %; 24 bis 1 Std. vor Abflug: 25 %.
- **Rückbestätigung** für Inlandsflüge ist nicht erforderlich, kann dennoch nicht schaden (72 Stunden vor Abflug). Bei Flügen ins Ausland ist sie jedoch unbedingt erforderlich!
- Auf allen Inlandsflügen herrscht generelles **Rauchverbot.**
- **Check-In-Zeit** bei Inlandsflügen: 1 Stunde.

> Auf verschiedenen Inlands-Flughäfen wird nach Einchecken und Security-Check vor dem Betreten des Flugzeugs noch eine so genannte **Baggage Identification** verlangt. Dafür muss man sein bereits auf einem speziellen Wagen mit den anderen Gepäckstücken verstautes Gepäckstück noch einmal persönlich identifizieren. Versäumt man dies, wird es nicht befördert.

Fluggesellschaften

Neben der staatlichen Gesellschaft **Indian Airlines** gibt es viele private Fluggesellschaften. Da Indian Airlines als staatliche Gesellschaft flächendeckend operieren muss, verfügt sie immer noch über das mit Abstand dichteste Streckennetz. Der Markt ist aber sehr in Bewegung, Abweichungen von den Preisen und in den Verbindungen oder gar die Einstellung einer Linie sind immer möglich.

So herrscht aufgrund der verschärften Konkurrenzsituation durch die **vielen neuen Fluglinien,** die sich in den letzten Jahren gegründet haben, ein harter Kampf um Marktanteile, der vorwiegend über möglichst niedrige Flugpreise ausgetragen wird. Dies hat bei der einen oder anderen Linie inzwischen zu Qualitätseinbußen geführt, etwa kurzfristig stornierte Flüge bei zu geringer Auslastung, extrem hohe Umbuchungskosten oder schlechter Service. Einige der neuen Gesellschaften verfügen kaum noch über Büros, sondern wickeln den Ticketkauf nur noch übers Internet oder telefonisch ab.

Eine Übersicht über alle wichtigen Flugverbindungen innerhalb Indiens inkl. der Preise bieten die **Broschüren „Excels" und „Perfect Media".** Nachfolgend eine Liste der wichtigsten Airlines, die innerindische Flüge anbieten:

- **Indian Airlines,** www.indian-airlines.nic.in
- **Jet Airways,** www.jetairways.com
- **Air Sahara,** www.airsahara.net
- **Air Deccan,** www.airdeccan.net
- **Kingfisher,** www.flykingfisher.com
- **Spice Jet,** www.spicejet.com
- **Jagson Airlines,** www.jagsonairline.com

Ausgebuchter Flug?

Auch heute kommt es noch oft vor, dass Strecken ausgebucht sind und man sich zunächst auf die **Warteliste** setzen lassen muss. Dabei sollte man

Vorortzüge mit Tagespendlern sind nicht nur zu den Stoßzeiten hoffnungslos überfüllt

VERKEHRSMITTEL

selbst dann nicht den Mut verlieren, wenn einem gesagt wird, dass die Chancen gleich Null sind, da schon zig andere vorgemerkt sind. Nicht selten passiert es, dass sich Flüge, die noch am Tag zuvor als hoffnungsvoll überfüllt galten, schließlich als halb leer erweisen. Vielfach reservieren ausländische Reisegruppen zur Sicherheit halbe Flugzeuge im Voraus, die sie schließlich nur zum Teil wahrnehmen. Manchmal werden auch kurzfristig Sondermaschinen eingesetzt.

Besondere Angebote

- Indian Airlines offeriert das Ticket **Discover India,** welches zu unbeschränktem Fliegen auf allen Strecken berechtigt. Ein verlockendes Angebot für Reisende mit begrenzter Zeit, um so viel wie möglich vom Land zu sehen. Allerdings ist der Preis mit 500/750 US-$ für 15/21 Tage recht happig und lohnt sich nur für absolute Vielflieger. Zudem hat das Angebot auch einen Haken: Für Kunden mit Billig-Tickets ist es oft schwieriger, eine Reservierung zu bekommen. Wegen der Ausbuchung vieler Flüge ist es daher sehr zu empfehlen, möglichst alle Flugtermine gleich beim Kauf des Tickets zu reservieren.
- Weniger sinnvoll ist der Kauf des Tickets **India Wonder Fares** (300 US-$), mit dem man innerhalb von 7 Tagen entweder zwischen 17 Stationen im Westen, 11 Stationen im Süden, 14 im Osten oder 19 im Norden unbegrenzt fliegen kann. Das Ticket ist einfach geographisch wie zeitlich zu eng begrenzt, als dass es sich wirklich auszahlt.
- Reisende, die mit Indian Airlines von Sri Lanka oder den Malediven nach Indien fliegen, erhalten auf allen Strecken innerhalb Indiens in den ersten 21 Tagen nach der Ankunft eine **30-prozentige Ermäßigung.**
- Schließlich gewährt Indian Airlines allen **Personen unter 30 Jahren** 25 % Rabatt.

Bahn

Sie wollen ihren Urlaub in vollen Zügen genießen? Na dann nichts wie auf nach Indien! Indiens Züge sind immer voll. 11 Mio. Reisende sind täglich auf Achse. 8.000 Lokomotiven fahren in dem 66.366 km langen Streckennetz und nehmen an den über 7.000 Bahnhöfen des Landes neue Passagiere auf. Mit 1,6 Mio. Angestellten ist die indische Bahn der größte Arbeitgeber der Erde.

Die Bahn ist nicht nur das wichtigste und **meistbenutzte Transportmittel** Indiens, sondern auch ein Stück Kultur des Landes. Die Bilder der den Karawansereien alter Tage ähnelnden menschenüberfüllten Bahnhöfe und die Rufe der Teeverkäufer in den Abteilen hinterlassen genauso unvergessliche Indien-Erinnerungen wie das Taj Mahal oder die Ghats von Varanasi. Bahnfahren ist das indischste aller indischen Fortbewegungsmittel. Nirgendwo sonst ist man dem indischen Alltagsleben so nah, kann die indischen Ess-, Schlaf- und Schnarchgewohnheiten so hautnah miterleben wie in den engen, meist gut gefüllten Waggons der 2. Klasse. Wie in einem Mikrokosmos breitet sich das indische Leben vor einem aus.

Dabei liegen Lust und Frust oftmals so nahe beieinander wie die Passagiere selbst. Lärm, Dreck, Hitze und die oft katastrophalen hygienischen Verhältnisse stellen die Geduld der Reisenden ebenso auf eine harte Probe wie die fast gänzlich fehlende Privatsphäre. Auch die teilweise ewig langen Aufenthalte auf Provinzbahnhöfen und die chronischen Verspätungen tragen nicht gerade zum Fahrvergnügen bei. Dies um so mehr, als Bahnfahrten in dem riesigen Land meist viele Stunden, nicht selten sogar Tage und Nächte dauern. Doch wer mit der in Indien stets hilfreichen Reisephilosophie „Man reist doch nicht, um anzukommen" unterwegs ist, dem kann all dies eigentlich nichts anhaben.

Bahnfahren in Indien will gelernt sein. Fahrpläne, Zugklassen, Reservierungen, Ticketkauf – all das scheint auf den ersten Blick ein Buch mit sieben Siegeln. Im Folgenden kann aus Platzgründen nur eine kleine Hilfe zum „Einstieg" gegeben werden. Doch keine Angst, hat man erst einmal die erste Fahrt erfolgreich hinter sich gebracht, wird man Indien in vollen Zügen genießen.

Fahrplan

Obwohl mit 35 Rs äußerst preiswert, ist das kleine Heftchen **„Trains at a Glance"** für jeden Bahnreisenden in Indien von unschätzbarem Wert. Auf etwa 100 Seiten findet sich hier alles Wissenswerte über das Bahnfahren in Indien. Der Großteil wird von der Auflistung der wichtigsten Zugverbindungen eingenommen. Es bedarf zunächst tatsächlich ein wenig Trainings, um sich in all den Zahlen und Tabellen zurechtzufinden. Erhältlich ist die monatlich erscheinende Bibel des Bahnfahrens normalerweise an Erste-Klasse-Schaltern und in den Bahnhofsbuchhandlungen.

Dort gibt es auch den mit 300 eng bedruckten Seiten wesentlich umfang-

VERKEHRSMITTEL

Nach wie vor ein gebräuchliches Fahrzeug in der rajasthanischen Wüste

reicheren **„Indian Broadshaw"** zu kaufen, in dem alle Zugverbindungen Indiens aufgeführt sind. Der 50 Rs teure Wälzer ist jedoch nur für echte Eisenbahnfans empfehlenswert. Als Alternative bieten sich zwei Heftchen namens **„Travel Link"** und **„Perfect Media",** in denen neben allen Flugverbindungen innerhalb Indiens auch die Zugverbindungen von Delhi, Mumbai (Bombay) und Kalkutta angegeben sind.

Bedienungsanleitung „Trains at a Glance":
Um die jeweils gesuchte beste Verbindung herauszufinden, muss man zunächst unter dem Station Index am Anfang des Büchleins nachschauen, d.h. den gewünschten **Zielort** heraussuchen.

Nummer und **Name** des jeweiligen Zuges sollte man sich merken, weil sie auf den **Reservierungsformularen** eingetragen werden müssen. Der Doppelname der ersten Zugverbindung bedeutet, dass nur ein Teil des Zuges zum Endziel fährt. Am linken Rand der Tabelle sind die jeweiligen **Entfernungen** zwischen den einzelnen Bahnhöfen angegeben.

Leider gibt es im Einzelfall unzählige Zusatzbestimmungen, die es zu beachten gilt. So z.B., wenn hinter dem Zugnamen noch eine oder mehrere Zahlen zwischen 1 und 7 verzeichnet sind. Dies bedeutet, dass der jeweilige Zug nur an bestimmten Tagen zum Einsatz kommt, wobei die Zahlen für die jeweiligen Wochentage stehen, 1 für Montag und weiter fortlaufend bis 7 für Sonntag.

VERKEHRSMITTEL

> Schnell und umfassend wird man im **Internet** über Zugverbindungen informiert. Bei der folgenden Adresse sind alle im „Trains at a Glance" aufgeführten sowie eine Vielzahl weiterer Verbindungen einzusehen: **www.indianrail.gov.in**

Zugtypen und Geschwindigkeit

Die Geschwindigkeit indischer Züge ist abhängig von der jeweiligen **Spurbreite,** wovon es insgesamt drei gibt: Breitspur (1,676 m), Meterspur (1 m) und Schmalspur (0,762 und 0,610 m). Der Spurbreite entsprechend unterscheidet man drei verschiedene Zugtypen: **Express, Mail** und **Passenger.** Wie sich unschwer denken lässt, kommt man mit dem Express am schnellsten voran, während der Passenger Train mehr als gemächlich vor sich hintuckert. Wer Glück hat, kann sogar mit **Dampflokomotiven** fahren, von denen noch etwa 300 im Einsatz sind. Das Reisen mit diesen alten Dampfrossen ist sicher nicht nur für Eisenbahnfreaks ein Erlebnis besonderer Art. Hat man es jedoch eilig, sollte man in Regionen, wo vornehmlich Passenger-Züge verkehren, was in Rajasthan noch vielerorts der Fall ist, auf Busse umsteigen.

Geschwindigkeit ist bei indischen Zügen ein sehr relativer Begriff. Mehr als 30 bis 40 km/h durchschnittlich legen die allermeisten nicht zurück. Allerdings sind in den letzten Jahren auch im zuvor arg vernachlässigten Rajasthan die meisten Bahnlinien auf Breitspur umgestellt worden. So kommt man inzwischen auf stark von Touristen frequentierten Strecken wie Delhi – Agra oder Jodhpur – Jaisalmer mit dem Zug genauso schnell voran wie mit dem Bus.

Klassen und Preise

Zunächst scheint alles ganz simpel, gibt es doch offiziell nur **zwei Beförderungsklassen:** 1. und 2. Klasse. Doch Indien wäre nicht Indien, wenn es das Einfache nicht verkomplizieren würde.

In der **1. Klasse** gibt es die Unterscheidung zwischen **klimatisierten** (AC) und nicht klimatisierten Zügen. AC-Züge werden jedoch nur auf Hauptstrecken eingesetzt und sind mehr als doppelt so teuer wie die normale 1. Klasse – zu teuer, wenn man überlegt, dass eine Fahrt von Delhi nach Mumbai in der 1. Klasse mit derzeit 4.350 Rs gerade mal 40 % billiger ist als ein Flug mit Indian Airlines und teurer als ein Flug mit einer Billigfluggesellschaft. Da sollte man sich besser gleich ins Flugzeug setzen.

Des weiteren gibt es die **AC Chair Car,** die unseren IC-Großraumwagen ähnelt und etwa 60 % der normalen 1. Klasse und etwa 40 % der 1. Klasse AC kostet. Auch diese Waggons wer-

Bahnpreise verschiedener Klassen (Rs):

	1. Kl.	Chair Car	Sleeper	2. Kl.
100 km	542	122	56	35
300 km	1.081	271	125	78
1.000 km	2.628	845	301	188

VERKEHRSMITTEL

den nur auf wenigen Strecken eingesetzt, bieten jedoch wegen ihres hervorragenden Preis-Leistungsverhältnisses eine exzellente Alternative zur 1. Klasse.

Am billigsten und immer hoffnungslos überfüllt ist die **2. Klasse.** In Express- bzw. Mail-Zügen fährt man in der 2. Klasse zu einem Drittel des Fahrpreises der 1. Klasse, in einem Passenger-Zug ist es noch billiger.

Schließlich gibt es noch bei all den Klassen außer der AC-Chair-Variante die **Schlafwagenklasse.** Schlafwagen der 1. Klasse bestehen meist aus gepolsterten Betten in geräumigen, zum Gang abgeschlossenen Abteilen, die tagsüber in der Regel sechs, nachts vier Personen Platz bieten. Bei den Schlafwagen der 2. Klasse unterscheidet man noch zwischen so genannten **2-tier** und **3-tier** Unterklassen, was bedeutet, dass, ähnlich wie im europäischen Liegewagen, zwei oder drei Personen auf Pritschen übereinander schlafen können. Tagsüber dienen diese Schlafwagen wieder als normale Abteile, beim 3-tier wird lediglich die mittlere Pritsche heruntergeklappt. Selbst wenn man eine reservierte Sitznummer hat, kann man das Bett nur nachts exklusiv für sich reklamieren. Tagsüber okkupieren z.T. bis zu acht Personen die untere Pritsche. Schlafwagen kosten etwa 20 % mehr als normale Sitze. **Bettwäsche** kann man in der 1. und 2. Klasse nur in einigen wenigen Zügen beim Schaffner ausleihen. Ein eigener Schlafsack sollte also in jedem Fall zur Grundausrüstung gehören.

Ticketkauf und Reservierungen

Ob man nun ein normales Ticket für den gleichen Tag kaufen oder eine Reservierung vornehmen will, beides ist in Indien zeitaufwendig und nervenstrapazierend. Mit etwas Pech kann die Prozedur schon ein oder zwei Stunden in Anspruch nehmen. Zunächst einmal gilt es den richtigen **Schalter** für die verschiedenen Klassen und Züge (Mail, Express oder Passenger) zu finden. Um zu vermeiden, dass man am Ende einer langen Anstehrei schließlich beim falschen Fahrscheinverkäufer landet, sollte man also unbedingt vorher durch beharrliches Nachfragen den richtigen ausmachen. Auf jedem Bahnhof gibt es einen *station master,* der fast immer freundlich und hilfsbereit Auskunft gibt. Für Frauen gibt es manchmal spezielle *ladies counters,* die meist weit weniger frequentiert sind als die normalen Schalter. Die Fahrkarten für männliche Mitreisende können mitbesorgt werden.

In vielen Touristenorten gibt es **Ticket Service** oder Reisebüros, die einem schon für einen Aufpreis ab 25 Rs (teils aber auch 50 Rs) pro Ticket die lästige Prozedur der Anfahrt zum Bahnhof, des Anstehens am Schalter und der Rückfahrt abnehmen, meist eine lohnende Investition.

Für Fahrten im **Schlafwagen** ist eine Reservierung unbedingt erforderlich, speziell in der 2. Klasse, da hier die Nachfrage am größten ist. Oftmals sind die Züge in dieser Klasse auf Hauptstrecken für Wochen, ja Monate im Voraus ausgebucht, d.h. man sollte so früh wie möglich reservieren! Reservierungen müssen meist in so genannten **railway reservation offices** oder **-buildings** durchgeführt werden, die oftmals neben dem eigentlichen Bahnhof in einem Extragebäude untergebracht sind. Für eine Reservierung muss ein Antragsformular, das so genannte *reservation form,* ausgefüllt werden. Hierin werden neben einigen persönlichen Angaben wie Name, Alter, Geschlecht und Passnummer auch der Zugname, die Nummer des Zuges sowie Abfahrts- und Zielort und Reisedatum eingetragen.

Mit dem entsprechend ausgefüllten Formular stellt man sich dann erneut an, wobei man unbedingt darauf achten sollte, ob es eventuell einen speziellen **Touristenschalter** gibt. Da dort nur ausländische Touristen abgefertigt werden, geht alles viel schneller über die Bühne. Es empfiehlt sich, möglichst viele Tickets auf einmal zu kaufen, um die langwierige Prozedur nicht immer wieder neu durchlaufen zu müssen.

Die **Reservierungsgebühr** beträgt 15 Rs für die Erste Klasse und 10 Rs für die Zweite. Auf dem Ticket sind die Wagen-, Sitz- und Bettnummer vermerkt. Beim Betreten des Waggons hängt neben der Eingangstür noch einmal eine provisorisch angebrachte Reservierungsliste, auf der man seinen Namen unter der jeweiligen Platznummer finden sollte. Der eigene Name ist zwar oft leicht entstellt wiedergegeben *(Barkegeier, Harketeur),* doch normalerweise funktioniert das System gut.

Falls der gewünschte Zug ausgebucht ist, kann man sich auf eine **Warteliste** setzen lassen oder, besser noch, ein so genanntes RMC-Ticket erwerben, welches einem auf jeden Fall einen Platz garantiert. Hat man ein solches Warteisten-Ticket, kann man dessen jeweiligen Status selbst unter www.indianrail.gov.in unter dem Button „Passenger Status" mittels Eingabe der oben links auf dem Ticket aufgedruckten PNR-Nummer in Erfahrung bringen. Außerdem besteht die Möglichkeit, auf die *tourist quota* zu pochen, eine speziell für Touristen zurückgehaltene Anzahl von Plätzen. Bei ausgebuchten Zügen sollte man auf jeden Fall ein Ticket auch auf Warteliste erwerben, wenn man kein Tourist-Quota-Ticket bekommt, da in den meisten Fällen bis zur Abfahrt des jeweiligen Zuges ein Sitz- oder Schlafplatz zugewiesen wird und man in den seltenen Fällen, wo dies nicht gelingt, das Geld für sein Ticket gegen einen geringen Abschlag zurückbekommt.

Rückerstattung

Die Rückerstattung von nicht genutzten **reservierten Tickets** ist möglich, jedoch mit Kosten verbunden, deren Höhe von der Beförderungsklasse und dem Zeitpunkt der Stornierung abhängt. Wer sein Ticket länger als einen Tag vor dem Abfahrtstermin storniert, muss zwischen 30 % (1. Klasse) und 10 % (2. Klasse) zahlen. Bis zu vier Stunden vor dem geplanten Abfahrtszeitpunkt zahlt man 25 %, danach, bis drei Stunden nach Abfahrt, 50 % Stornogebühr. Wer später kommt, hat Pech gehabt.

Nicht reservierte Fahrscheine können bis drei Stunden nach Abfahrt des Zuges für eine Gebühr von 5 Rupien in Zahlung gegeben werden.

Hat man sein **Ticket verloren**, besteht generell zunächst kein Recht auf Rückerstattung. Doch natürlich gibt es hierbei Ausnahmen: Wem ein **reserviertes Ticket** für eine Fahrstrecke von unter 500 km abhanden gekommen ist, kann unter Vorlage seines Personalausweises für einen Aufpreis von 25 % des ursprünglichen Fahrpreises die Fahrt wahrnehmen.

Indrail Pass

Auch die indische Eisenbahn sieht die Möglichkeit des Kaufes von **Netzkarten** vor, die es ausländischen Touristen erlauben, für einen bestimmten Zeitraum unbegrenzt viele Kilometer auf Achse zu sein.

Rein finanziell macht der *Indrail Pass* keinen Sinn, dazu ist Bahnfahren in Indien einfach zu billig. Für den Kaufpreis von 80 US-$ für den 7 Tage gültigen Pass (2. Klasse) müsste man ziemlich genau 25.000 km zurücklegen, damit sich die Karte auszahlt. Bei einer Durchschnittsgeschwindigkeit der indischen Eisenbahnen von 40 km/h ein ziemlich aussichtsloses Unterfangen. Auch der oft angeführte Vorteil, dass man mit dem *Indrail Pass* das unangenehme Warten beim Ticketkauf umgehen könne, trifft nur teilweise zu, weil es ja zumindest für Nachtfahrten immer noch einer Reservierung bedarf.

Wirklich von Vorteil ist der Pass aber in dem Fall, dass alle Züge ausgebucht sind. Inhaber des Passes finden selbst dann einen Platz, wenn normalerweise gar nichts mehr geht. Gerade in Zeiten der großen indischen Familienfeste, wenn das ganze Land unterwegs zu sein scheint, ist dies ein enormer Vorteil. Es bleibt zu fragen, ob das den enormen Aufpreis wert ist.

Preise Indrail Pass
(in US-$, Kinder zahlen die Hälfte):

Gültigkeit	AC	1. Kl.	2. Kl.
7 Tage	270	135	80
15 Tage	370	185	90
21 Tage	396	198	100
30 Tage	495	248	125
60 Tage	800	400	185
90 Tage	1.060	530	235

Die Karte kann an verschiedenen Bahnhöfen Indiens gekauft werden, muss jedoch in ausländischer Währung bezahlt werden. Außerdem besteht die Möglichkeit, sie schon vor dem Abflug in Deutschland unter folgender Adresse zu erwerben:

● **Asra-Orient Reisedienst,** Kaiserstraße 50, 60329 Frankfurt/M., Tel.: 069/253098, Fax: 069/232045, info@asraorient.de.

Palace on Wheels

Schon der Name erinnert an die Zeiten des unbegrenzten Luxus während der Maharaja-Reiche. Tatsächlich wird einem in dem klimatisierten Palast auf Rädern jeglicher Luxus geboten. Jedes der insgesamt 52 Schlafwagenabteile mit je zwei Betten ist klimatisiert und verfügt über eine Dusche mit heißem und kaltem Wasser. Die Inneneinrichtung der einzelnen Wagen ist dem typischen Stil verschiedener Fürstentümer nachempfunden und für den besten Ausblick kann man sich in einen speziellen Salon-Aussichtswaggon mit eigener Bar begeben. Zwischen September und April verkehrt der Luxuszug während seiner achttägigen Reise auf folgender Strecke: Delhi – Jaipur – Chittorgarh – Udaipur – Jaisalmer – Jodhpur – Ranthambore – Fathepur Sikri – Agra – Delhi.

Ebenso fürstlich wie der Zug ist auch der Preis: 350 US-$ pro Tag und Person im Doppelbettabteil (Einzelkabine 485 US-$). Im September und April liegen die Preise bei 295 bzw. 395 US-$, Kinder bis zu 12 Jahren die Hälfte. Im Preis inbegriffen sind Verpflegung im Zug und während der Zwischenaufenthalte, geführte Besichtigungen, Eintrittsgelder für historische Monumente und Paläste, Elefantenritt in Amber, Kamelritt in Jaisalmer, Bootsfahrten in Udaipur und Bharatpur sowie diverse kulturelle Vorführungen.

●Für weitergehende Informationen stehen folgende Ansprechmöglichkeiten zur Verfügung: Sr. Manager, Palace on Wheels, Bikaner House, Pandara Rd., New Delhi-110011, Tel.: 23381884, Fax: 23382823, powrtdc@mantramail.com, oder in Jaipur: *Rajasthan Tourism Development Corporation,* RTDC Hotel Swagatam, Jaipur-302006, Tel.: 2415777, 2203531, Fax: 2201045, rtdcjpr@sancharnet. in, www.palaceonwheelsindia.com. Auch in Deutschland gibt es eine Kontaktadresse: *Asra Orient Reisen,* Tel.: 069/253098, info@asra orient.de.

Bahnhofs-Service

Die meisten Bahnhöfe in Indien verfügen über so genannte **cloak rooms,** in denen man sein Gepäck für bis zu 24 Stunden deponieren kann. Eine gute Möglichkeit, um sich nach Ankunft in einer Stadt ohne den lästigen Rucksack auf Zimmersuche zu begeben. Wichtig ist es, das Gepäckstück mit einem kleinen, von außen sichtbar angebrachten Schloss abzugeben, da es sonst nicht angenommen wird. Die Aufbewahrungsgebühr pro Stück beträgt maximal 2 Rs pro Tag.

Während der oftmals langen Wartezeiten auf verspätete Züge bietet sich die Möglichkeit, den **Warteraum** aufzusuchen, den es auf fast jedem Bahnhof für die 1. und 2. Klasse gibt. Manchmal muss man hierzu am Eingang sein Ticket vorzeigen. Meist sind die angeschlossenen **Toiletten** in wesentlich besserem Zustand als die öffentlichen.

Viele Bahnhöfe verfügen über die so genannten **railway retiring rooms,** einfache, doch meist sehr saubere und günstige Unterkunftsmöglichkeiten. Die Zimmer sind vor allem wegen ihres sehr günstigen Preises (oft nicht mehr als 70 Rs pro DZ, EZ stehen nicht zur Verfügung) bei Indern sehr beliebt und deshalb oft ausgebucht. Eine besonders ruhige Lage kann man am Bahnhof allerdings nicht erwarten.

Busse

Kaum eines der insgesamt 700.000 indischen Dörfer wird nicht von irgendeinem Bus angefahren. Für viele in entlegenen Grenzgebieten wohnende Inder ist es überhaupt das **einzige öffentliche Verkehrsmittel,** so z.B. im nepalesischen Grenzgebiet, in Himachal Pradesh und Sikkim.

Darüber hinaus kommt man in Gebieten, wo die Bahn nur auf Schmalspurbreite operiert, wie z.B. in weiten Teilen Rajasthans, mit dem Bus **wesentlich schneller** voran. Gleiches gilt auch für besonders von Touristen stark frequentierte Strecken wie Agra – Jaipur. Überhaupt ist Busfahren auf kürzeren Strecken der Fahrt mit dem Zug vorzuziehen, da vor allem Langstreckenzüge oft stundenlange Verspätung haben.

Andererseits gibt es gute Gründe, warum die meisten Reisenden den Zug dem Bus vorziehen. Neben allgemeinen Erwägungen wie größerer Bewegungsfreiheit und mehr Kontaktmöglichkeiten ist vor allem die **mangelnde Verkehrssicherheit** zu nennen. Indien ist das Land mit der höchsten Rate an Verkehrstoten der Erde im Verhältnis zur Verkehrsdichte. Dass das keine abstrakten Zahlen sind, kann man tagtäglich auf Indiens Straßen auf anschauliche Weise erleben. Bei fast jeder längeren Busfahrt sieht man mindestens ein Autowrack im Straßengraben liegen. Verwundern kann das bei dem oft schrottreifen Zustand der Fahrzeuge und dem Kamikaze-Stil der Fahrer nicht. Wer die Frage nach dem Leben nach dem Tod noch nicht unbedingt in allernächster Zukunft konkret beantwortet haben möchte, sollte für den Fall eines Frontalzusammenstoßes die mittleren Reihen denen ganz vorne vorziehen. Die hinteren Reihen sind dagegen nicht so zu empfehlen, weil man dort wegen der Kombination von harten Federn und schlechten Straßen zu viele Luftsprünge macht.

> Wer nachts mit Bus oder Zug unterwegs ist, sollte immer einen **Pullover** und vielleicht auch ein Tuch für Hals und Kopf griffbereit haben, da es in Rajasthan selbst nach einem heißen Tag nach Sonnenuntergang **empfindlich kühl** werden kann. Im Übrigen ist es meist nicht möglich, die Fenster richtig zu schließen, sodass häufig ein unangenehmer Durchzug herrscht. Sollte der zusätzliche Kälteschutz nicht nötig sein, kann man den Pullover immer noch als Kopfstütze verwenden.

Staatliche Busgesellschaften

Etwas weniger Todesverachtung scheinen die Fahrer der staatlichen Busgesellschaften zu verspüren. Auch der technische Zustand ist hier im Allgemeinen besser als bei privaten Gesellschaften, welche aufgrund des enormen Konkurrenzdrucks zuerst an neuen Bremsen und profilbereiften Rädern zu sparen scheinen. Jeder Bundesstaat betreibt seine eigene Busgesellschaft, wobei deren Qualitäten sehr unterschiedlich sind.

Dabei macht es auch kaum einen großen Unterschied, ob man nun **Ordinary, Express, Semi Deluxe** oder **Deluxe** fährt. Das einzige, allerdings wichtige Unterscheidungsmerkmal ist, dass die Semi-Deluxe- und Deluxe-Busse wesentlich weniger anhalten als die Ordinary-Busse, die jedes noch so kleine Dorf anfahren. Von innen sehen sie alle gleich einfach aus: zwei mal drei Sitzplätze pro Reihe mit äußerst einfacher Polsterung, auf denen sich neben bis zu zehn Personen auch noch Hühner, Kartoffeln und Chilis zusammenpferchen. An dieser Lebensfülle ändert sich auch dann nicht viel, wenn man eine (nur recht selten mögliche) Vorbestellung vornimmt. Meistens muss man sich den Platz schon bei der Einfahrt des Busses im Busbahnhof durch einen Sprint und Muskelkraft erkämpfen. Beim Ansturm auf die heiß begehrten Sitzplätze werden die Inder wohl nur noch von den kampferprobteren Chinesen geschlagen. Hie wie dort scheint es jedoch als geheiligte Grundregel anerkannt zu sein, dass derjenige einen Sitzplatz erhält, der ihn zuvor mit einer Zeitung oder einem Taschentuch schon von außen durch eine offene Fensterscheibe reklamiert hat.

Private Busgesellschaften

Für denjenigen, der sich an der Schlacht nicht beteiligen möchte, scheinen wiederum die meist um die Bahnhöfe ansässigen Privatgesellschaften eine Alternative zu sein. Hier

VERKEHRSMITTEL

ist **Vorbestellung** üblich, und jeder bekommt garantiert seinen ihm versprochenen Platz. Das ist den Aufpreis von ca. 30 % gegenüber den staatlichen Bussen durchaus wert. Ein weiterer Vorteil von Privatgesellschaften, die oft mit Minibussen operieren, ist die Möglichkeit, Gepäck sicher zu verstauen.

Preise

Busfahren in Indien ist spottbillig. So zahlt man etwa für die achtstündige Fahrt mit dem Express-Bus von Jodhpur nach Jaipur 105 Rs, im Deluxe-Bus 119 Rs. Ein Ordinary-Bus kostet noch einmal 30 % weniger als ein Express.

Luxusbusse

Seit einiger Zeit werden auf den vornehmlich von Geschäftsreisenden und Touristen genutzten Strecken klimatisierte Luxusbusse eingesetzt, etwa die der Silver und Golden Line in Rajasthan. (Sie werden in den einzelnen Ortskapiteln erwähnt.) Diese sind um ein Vielfaches teurer als die Deluxe-Busse, bieten aber auch entsprechenden Komfort und sind besonders für Strecken bis etwa 300 km eine **gute Alternative zu Zügen,** die oft verspätet abfahren. So sind Strecken wie Delhi – Jaipur oder Jodhpur – Jaisalmer hervorragend per Luxusbus zu bewältigen. Für diese Busse muss in jedem Fall zunächst eine **Reservierung** am Startort, meist am Busbahnhof vorgenommen werden, da sie häufig bis zum letzten Platz ausgebucht sind.

Leider ein fast alltäglicher Anblick auf Indiens Überlandstraßen

Mietwagen

Fast alle Mietwagen in Indien werden **mit Fahrer** angemietet und das ist wohl auch gut so: Die mehr als rustikale Fahrweise der Inder, von denen so gut wie niemand eine Fahrschule besucht hat, ist mehr als gewöhnungsbedürftig. Die erschreckend hohe Zahl an Verkehrstoten sollte auch die Wagemutigsten zu der Einsicht gelangen lassen, dass Indien absolut **kein Land für Selbstfahrer** ist. Hinzu kommt, dass der Preis für Mietwagen mit Fahrer kaum höher ist als der ohne.

Mietwagen lassen sich in allen größeren Städten anmieten. Vermittelt werden sie von Hotels oder Reisebüros, oft findet sich in der Stadt auch ein spezieller Haltepunkt für die Wagen. Die Preise sind erschwinglich, sodass ein Mittelklasse-Tourist problemlos eine längere Indien-Tour im Mietwagen absolvieren kann. Budget-Reisende können sich einfach mit ein paar anderen Leuten zusammentun.

Die **Tarife,** allesamt mit Fahrer, sind von Ort zu Ort unterschiedlich. Zudem differenzieren sie sich noch, je nachdem ob der Wagen Klimatisierung hat oder nicht und ob er mit Diesel oder Benzin fährt. Dieselwagen sind etwas billiger, machen dafür aber auch mehr Lärm. Ein nicht klimatisierter Wagen mit Fahrer kostet 700 bis 1.100 Rs pro Tag (meist 8-10 Std.), inkl. etwa 250 km. AC-Fahrzeuge kosten ca. 30 % mehr. Dies variiert je nach Saison und Nachfrage, außerdem ist Verhandlungsgeschick gefragt.

In Städten wie Delhi ist mit ca. 7 bis 8 Rs pro Kilometer zu rechnen, in kleineren Orten kann der Preis auf 4 bis 5 Rs sinken. Einige Unternehmen beharren auf einer täglichen Mindestkilometerzahl (meist 150 oder 200 km), deren Kosten man zu tragen hat, auch wenn man weniger fährt.

Unternimmt man längere Touren, kommen noch **Extragebühren** hinzu. Für jede Übernachtung muss eine *overnight charge* von ca. 150 Rs bezahlt werden, zuzüglich einer Fahrergebühr, der *driver batta,* von ca. 100 Rs. Bei einer täglichen Fahrtzeit von ca. sechs bis acht Stunden sollte man mit etwa **30 bis 35 € pro Tag** hinkommen.

Um spätere Schwierigkeiten zu vermeiden, sollte man seine **Rechnung** jeweils am Ende eines Fahrttages begleichen, gegen Quittung versteht sich, auf der der Kilometerstand zu Beginn und am Ende der Tagesfahrt vermerkt ist sowie alle o.g. Zusatzausgaben. Am nächsten Morgen ist dann zu überprüfen, ob der Kilometerstand mit dem des Vorabends übereinstimmt – mancher Fahrer übernimmt nächtens private Spritztouren.

Ohnehin ist bei der **Auswahl des Fahrers** eine gewisse Sorgfalt an den Tag zu legen. Für eine längere Tour sollte man nicht den erstbesten anheuern, sondern einen, mit dem man mindestens schon einen Tagesausflug unternommen hat. Sonst entpuppt sich der Fahrer womöglich als verhinderter Indian-Airlines-Pilot.

In Delhi gibt es neben einigen schwarzen Schafen eine Reihe seriöser Firmen, die z.B. eine 14-tägige Rajasthan-Rundtour für 15.000 Rs, alles inklusive, anbieten.

●**Metropole Tourist Service,** 244 Defence Flyover Market, New Delhi 110024, Tel.: 4312212, Fax: 4311819.

Im Mietwagen durch Rajasthan

Kein anderes Verkehrsmittel bietet dem Reisenden die Möglichkeit, das Land so ausführlich, bequem und zudem auch abseits der ausgetretenen Touristenpfade kennenzulernen wie der eigene Mietwagen. Wie oft erlebt man es gerade im lebendigen Rajasthan, dass man im Bus oder Zug gerade an jenen Orten oder Landschaften vorbeirast, die eine einzigartige Stimmung ausstrahlen. Das passiert meistens gerade nicht in den bekannten Touristenhochburgen, sondern in abgelegenen kleinen Ortschaften, wo die Bilder zeitloser Schönheit noch allgegenwärtig sind. Ist man im Mietwagen unterwegs, kann man seinen Fahrer wo und wann immer man möchte anhalten lassen, beziehungsweise auch einmal bewusst in eines der vielen auf den ersten Blick so unscheinbaren Dörfer abseits der Hauptverkehrswege fahren lassen.

VERKEHRSMITTEL

- **Metropolis Travels,** 1629 Main Bazaar, Paharganj, New Delhi 110055, Tel.: 3517138, Fax: 3625600.
- **Rajasthan by Car, Tour & Travel** (Einmannunternehmen), E-mail: Mahavir-yad@hotmail.com oder rajasthan-discover@yahoo.com.
- Gute Erfahrungen machten Leser auch mit Mietwagen, welche über das **Namaskar Guest House** in Delhi gebucht wurden (s. Delhi, Unterkunft).
- Die einzige Gesellschaft, die **Wagen zum Selbstfahren** vermietet, ist **Hertz,** Ansal Chambers-I., GF 29, No. 3, Bhikaji Cama Place, New Delhi 110 066, Tel.: 6877188, Fax: 6877206. Die Mietpreise liegen bei ca. 1.000 bis 2.500 Rs pro Tag. Hinzu kommt eine Gebühr für die über die Pauschale hinaus gefahrenen Extra-Kilometer.

Taxis

Abgesehen von den größten Metropolen wie Delhi oder Jaipur sind Taxis eher selten, ganz einfach weil sie für die allermeisten Inder viel zu teuer sind. Für an europäische Preise gewöhnte Touristen ist Taxifahren in Indien hingegen immer noch spottbillig.

Im innerstädtischen Verkehr kann man mit ca. 5 Rs pro Kilometer rechnen. Für zehn Kilometer zahlt man also gut einen Euro. Je länger die Strecke, desto besser lässt sich handeln. Zwischen 22 und 6 Uhr muss man jedoch noch einen **Nachtzuschlag** von 50 % hinzurechnen.

Zwar verfügen die meisten Taxis über einen **Taxameter,** doch scheinen nur die wenigsten Fahrer gewillt zu sein, diesen auch einzustellen. Meist helfen sie sich mit dem Argument, das Gerät sei *broken,* also defekt. Eine wundersame Heilung tritt oft dann ein, wenn man damit droht, ein anderes Taxi zu nehmen. Sehr oft zeigen jedoch selbst funktionierende Taxameter nicht den richtigen Fahrpreis an, weil sie noch nicht der letzten oder vorletzten Fahrpreisänderung angeglichen worden sind. Für diesen Fall muss jeder Taxifahrer eine **Umrechnungstabelle** mit sich führen, die er auf Verlangen vorzuzeigen hat.

Die in diesem Buch genannten Preise sind nur als Orientierungshilfe gedacht. Letztlich hängt es vom jeweiligen Verhandlungsgeschick ab, wieviel man im konkreten Fall zu zahlen hat. Da viele Taxifahrer, wenn überhaupt, nur sehr wenig Englisch sprechen, sollte man sich vor Fahrtbeginn vergewissern, dass er das gewünschte Fahrtziel auch wirklich verstanden hat. Andernfalls kann es vorkommen, dass die eigentlich kurze Fahrt zum nächsten Hotel zu einer halben Stadtbesichtigung ausartet. Wer am Ende die Zeche hierfür zahlt, dürfte klar sein.

Autorikshas (Scooter)

Eine Art „Taxi des kleinen Mannes" sind jene **dreirädrigen, luftverpestenden Vehikel,** die wegen ihres tuckernden Geräuschs in Thailand den Namen *tuk tuk* tragen, in Indien aber allgemein Scooter genannt werden. Ähnlich wie ihre thailändischen Kollegen sind auch die indischen Fahrer wahre Hasardeure, die sich einen Spaß daraus machen, auch die kleinste sich bietende Lücke mit Vollgas zu durchrasen. Tatsächlich sind Autorikshas wegen ihrer Wendigkeit, gerade während der Stoßzeiten in größeren Städten,

VERKEHRSMITTEL

> ⚠ Auf eine beliebte Masche von Rikscha-Guides trifft man häufig in Touristenorten wie Agra: Während die Motorriksha losfährt, schwingt sich noch ein so genannter Guide mit auf den Fahrersitz, um dem Fahrgast eine Hotel-, Shop- oder sonstige Empfehlung aufzudrängen. Hier kann man nur vorbeugen, indem man ihm beherzt den Zutritt verwehrt oder dem Fahrer zu verstehen gibt, dass es nur ohne den Guide Geld gibt. Auf keinen Fall sollte man ihn mitfahren lassen. Der Guide kommt, wenn er es nicht schafft, einen irgendwohin zu locken, einfach mit in das anvisierte Hotel, um dort für die vermeintliche eigene Empfehlung eine saftige Kommission zu kassieren.

wesentlich schneller als Taxis und zudem auch ca. 30 % billiger. Dafür zahlt man jedoch auch mit Blei in der Lunge und einem ramponierten Rückgrat. Ebenso wie beim Taxi sollte man Fahrpreis und Ziel vor der Fahrt genau abklären, um späteren Missverständnissen vorzubeugen.

Tempos

Tempos sind eine Art überdimensionale Autoriksha mit Platz für bis zu **acht Personen,** d.h. in Indien kann es auch schon mal ein gutes Dutzend werden. In mittleren und größeren Städten fahren sie entlang **festgelegter Routen,** z.B. vom Bahnhof ins Stadtzentrum. Auf der Strecke halten sie überall dort an, wo Passagiere ein- oder aussteigen möchten. Tempos sind neben Bussen die billigste Fortbewegungsart im innerstädtischen Verkehr. Die Preise variieren je nach Streckenlänge von 1 bis 5 Rs. Sie kommen allerdings nur für

Reisende mit ganz wenig oder am besten gar keinem Gepäck in Frage, da der zur Verfügung stehende Platz pro Person minimal ist. Im Übrigen ist die Preisersparnis gegenüber den Autorikshas, besonders wenn man zu zweit reist, derart gering, dass diese Transportart nur von wenigen Touristen genutzt wird.

> ⚠ Einige Rikshafahrer verstehen grundsätzlich jede Fahranweisung falsch und fahren schnurstracks zu einem bestimmten Geschäft. Dessen Besitzer zahlt für jedes angekarrte Opfer ein paar Rupien Provision, in der Hoffung, es werde schon etwas kaufen. Der Laden sollte natürlich gleich links liegengelassen und der Rikshafahrer auch nicht bezahlt werden.

Fahrradrikshas

Fahrradrikshas, **dreirädrige Fahrräder** mit einem Fahrer vorn und einer kleinen Sitzbank für zwei Personen dahinter, wurden in den letzten Jahren aus den Zentren mehrerer Großstädte verbannt, doch in den meisten Orten sind sie das meistbenutzte Transportmittel. Hier gibt es selbstverständlich keinen Taxameter und gerade in großen Touristenorten wie etwa Agra oder Jaipur gilt es, besonders hartnäckig zu handeln, da man sonst oft ein Mehrfaches des ortsüblichen Preises bezahlt – mehr als mit der Autoriksha.

Hinzu kommt, dass viele Rikshafahrer im Kommissionsgeschäft engagiert sind und versuchen, den Neuankömmling in jenes Hotel zu bringen, wo sie am meisten Prozente bekommen. Oft ist das die Hälfte des Übernachtungspreises. Besondere Vorsicht ist bei jenen Fahrern geboten, die einem bei der Frage nach dem Fahrpreis mit der Antwort „As you like" zu locken versuchen. Es ist immer unkomplizierter (und billiger), vor Fahrtantritt den exakten Tarif festzulegen. Auch hier können die im Buch gegebenen Preise nur als Anhaltspunkt dienen.

Tongas

Mit Tonga werden einfache **Pferdegespanne** bezeichnet, die sich gelegentlich, vor allem in kleineren Orten, noch finden.

Zeitverschiebung

Nach der im ganzen Land geltenden **Indian Standard Time** (IST) gehen die indischen Uhren der Mitteleuropäischen Zeit in der Sommerzeit (Ende März bis Ende Oktober) um 3½ Stunden voraus, zur Winterzeit um 4½ Stunden. 12 Uhr in Indien entspricht also 8.30 bzw. 7.30 Uhr in Mitteleuropa.

Zeitdifferenzen zu asiatischen Nachbarländern (Indien 12 Uhr):

- **Pakistan** 11.30 Uhr
- **Nepal** 12.15 Uhr
- **Bangladesch** 12.30 Uhr
- **Thailand** 13.30 Uhr
- **Malaysia, Singapur, Indonesien** 14.30 Uhr

LAND UND LEUTE

Land und Leute

Der farbenfrohe, elegant um den Körper geschlungene Sari ist das klassische Kleid indischer Frauen

Eingang zu einer Lehmhütte

Im Süden und Osten Rajasthans finden sich korallenrot blühende Flammenbäume

Geographie

Mit einer Fläche von 342.214 km², was etwa der Größe Deutschlands entspricht, ist Rajasthan nach Madhya Pradesh der **zweitgrößte Bundesstaat Indiens.** Im Nordwesten grenzt er an den alten Erzfeind Indiens, Pakistan, im Nordosten an die Bundesstaaten Harayana und Punjab, im Osten an Uttar Pradesh, im Südosten an Madhya Pradesh und im Südwesten an Gujarat.

Das sowohl geographisch als auch klimatisch bestimmende Element bildet die **Aravalli-Kette,** ein etwa 700 km langer Gebirgszug, der sich von Delhi im Nordosten bis Gujarat im Südwesten auf einer Breite von ca. 50 Kilometern durch Rajasthan zieht. Während die nördlichen Ausläufer in der Nähe Delhis nur etwa 300 Meter erreichen, steigt das in mehreren Parallelketten verlaufende Gebirge nach Südwesten auf über 1.000 Meter an und erreicht seinen höchsten Punkt mit dem 1.727 Meter hohen Gipfel des Guru Shikhar bei Mt. Abu.

Obwohl dieses älteste Faltengebirge der Erde, welches in vorkambrischer Zeit entstand, über die Jahrmillionen durch Erosion auf eine Höhe von heute durchschnittlich 900 m geschrumpft ist, wirkt es als entscheidende **Klimagrenze** und unterteilt Rajasthan in ein arides **Wüstenklima** und ein subtropisches **Monsunklima.** Während die sich im Westen ausbreitenden Trockenzonen, die schließlich in die Wüste Thar übergehen, mit Niederschlagsmengen von maximal 50 Zentimetern im Jahr auskommen müssen, bringt der im Juni einsetzende Monsun den sich östlich an die Aravalli-Kette anschließenden Ebenen und dem Hadoti-Plateau im Südosten reichlich Niederschläge.

Doch selbst die **Wüste Thar,** die mit etwa 210.000 km² mehr als die Hälfte der Fläche Rajasthans einnimmt, entspricht zum allergrößten Teil nicht jenen „Lawrence von Arabien"-Klischeevorstellungen, wie sie im Westen gemeinhin vorherrschen. Viel charakteristischer als die sich endlos am Horizont entlangziehenden Sanddünen sind von Buschwerk und kleinwüchsigen Bäumen bedeckte karstige Böden.

Insgesamt kann die Wüste Thar in vier verschiedene natürliche Gebiete eingeteilt werden. Der westlichste Bereich, die **Große Wüste** (Great Indian Desert), ist von leichtem Flugsand und einigen wenigen Sanddünen bedeckt und reicht vom nordwestlichen Gujarat bis zur Grenze zwischen Pakistan und Punjab. Hieran schließen sich nach Osten Richtung Aravallis jene **halbariden Übergangszonen** an, die zwischen 25 und 50 Zentimeter Regen pro Jahr aufweisen: das Becken des Luni-Flusses, welcher in der Nähe von Pushkar entspringt, die Shekhawati-Region und die Ghaggar-Ebene zwischen Jaipur und Jodhpur.

Die sich **östlich von den Aravallis anschließenden Ebenen** als dritte Großregion Rajasthans lassen sich mit dem Banas-Becken im Nordosten und der Chappan-Ebene im Südwesten in zwei Einheiten unterteilen. Das Banas-Becken bildet die Südgrenze der Mewar-Ebene, in der Teile der Distrikte

Udaipur, Chittorgarh, Jaipur und Alwar liegen. Die Maximalhöhe dieses Hochplateaus liegt bei 580 Metern, die Regenmenge bei 73 cm. Die sich südlich anschließende Chappan-Ebene steht im landschaftlichen Kontrast zur Mewar-Ebene, die weit weniger zerklüftet ist. Das hügelige, von tiefen Tälern durchzogene Land wird auch als so genanntes *tribal land* bezeichnet, da es zum großen Teil von verschiedenen Ureinwohnern bewohnt wird.

Geographische Begriffe

Bag / Bagh	Park
Bagicha	(Kleiner) Park
Ban / Van	Wald
Bandar / Bunder	Hafen
Bandh	Damm
Basar / Bazar	Markt (-platz)
Basti	Siedlung, Dorf
Chowk / Chauk	Platz
Chowrasta /Chaurasta/ Chauraha	Kreuzung (vier Straßen)
Dariya	Bach, Fluss
Dek(k)han	Das südliche Hochplateau
Desh	Land (Nation)
Galli	Gasse
Ganj / Gunj	Markt (-platz)
Gao / Gaon / Gau / Gaum	Dorf
Garh / Gadh	Fort, Festung
Ghat	Uferanlagen; Hügelgebiet zwischen Flachland und Hochplateau
Ghati	Tal
Gir / Giri	Berg
Gram / Grama	Dorf
Jangal	Wald
Jheel / Jhil	(Binnen-) See
Jheelka / Jhilka	Teich
Kot / Kota	Fort, Festung
Kund / Kunda	(Binnen-) See
Mahasagar	Ozean
Mahanagar	Großstadt, Metropole
Maidan	Rasenplatz
Marg	Weg, Straße
Masijd	Moschee
Minar	Turm
Nadi	Fluss
Nagar	Stadt
Nagar Palika	Stadtverwaltung
Nalla	Bach
Pahar	Berg, Hügel
Parbat / Parvat	Berg
Path	Weg, Pfad, Straße
Pradesh	Bundesstaat, Provinz
Pul	Brücke
Pur / Pura / Puri / Pore	Stadt
Qila	Fort, Festung
Rasta	Weg, Pfad
Sagar	Meer / See
Samudra / Samundar	Meer
Sangam	Zusammenfluss mehrerer Flüsse
Sarak / Sadak	Straße
Sarovar / Sarowar	(Binnen-) See
Shahar	Stadt
Smarak	Denkmal
Tal	(Binnen-) See
Talab	Teich, Weiher
Taluk / Taluka	Distrikt
Tinrasta	Kreuzung (drei Straßen)
Udyan	Garten, Park
Zilla	Bezirk

Die aufgeführten Begriffe machen viele Ortsnamen transparenter. *Ramnagar* ist somit die „Stadt des Ram", *Shivpur* die „Stadt des Shiva". Der *Nanga Parbat* ist der „nackte Berg" und *Bansgaon* das „Bambusdorf". *Uttar Pradesh* heißt nichts weiter als „Nordprovinz", *Madhya Pradesh* „mittlere Provinz".

Nach Osten werden diese Ebenen von den **Vindhaya-Bergketten** begrenzt, deren Steilhänge nach Süden abfallen und die Grenze zwischen Rajasthan und Madhya Pradesh bilden.

Klima und Reisezeit

In unserer hochtechnisierten und industrialisierten Welt haben wir uns so weit vom Wetter unabhängig gemacht, dass wir darüber meist nur dann reden, wenn es an anderen, wichtigeren Gesprächsthemen mangelt. In einem hauptsächlich landwirtschaftlich geprägten Landstrich wie Rajasthan sind die Unbilden der Witterung noch echte Schicksalsfragen. Vom rechtzeitigen Eintreffen der Regenzeit hängen Ernte, Gesundheit, ja Überleben eines Großteils der Bevölkerung ab. Zwar sind gerade in den letzten zwei Jahrzehnten viele Talsperren und Kanäle gebaut worden, die die Landwirtschaft von den Zufällen des Monsunregens unabhängiger machen sollen, doch insgesamt ist der größte Teil des Landes nach wie vor fundamental auf den jährlichen Regen angewiesen. Trotz aller regionalen Schwankungen lassen sich drei Jahreszeiten unterscheiden: Sommer, Regenzeit und Winter.

Sommer

Mit Sommer bezeichnet man in Rajasthan die heißen und trockenen Monate von März bis Mitte Juni. Nicht verwechseln sollte man diese Jahreszeit mit dem mitteleuropäischen Sommer, tritt er in Indien doch mit viel größerer Entschiedenheit auf. Es regnet dann so gut wie gar nicht mehr, dafür steigt die **Hitze** bis Ende Mai auf über 45°C an. Gerade in den extremen Trockengebieten im Nordwesten erschweren schwere **Sandstürme** das Leben. Insgesamt leidet das gesamte Land unter der Hitzeglocke, und wer immer es sich leisten kann, entflieht speziell im April und Mai in die Bergregionen des Himalaya. Kashmir, das Kulu-Tal und Darjeeling erleben jetzt den Ansturm der indischen Mittel- und Oberschicht.

Monsunzeit

Der etwa Mitte Juni von Südwesten her mit dem Monsun eintreffende **Regen** wird von den Menschen wie eine gottgesandte Erlösung empfunden. Der Himmel öffnet seine Schleusen, entstaubt im wahrsten Sinne des Wortes die Luft, sodass man endlich wieder richtig durchatmen kann. Zwar ist die unerträgliche Hitze überstanden, dafür bedrückt nun ein feuchtes, **schwülwarmes** Klima das Leben der Menschen. Während der **Südwestmonsun** etwa Mitte September den Rückzug antritt, wird die Südostküste noch einmal von Oktober bis Dezember vom **Nordostmonsun** berührt, sodass hier im Vergleich zum restlichen Indien überdurchschnittlich hohe Niederschlagswerte zu verzeichnen sind. Der Monsun kommt durch den jährlichen Wechsel der Winde zustande, die durch die Temperaturschwankungen zwischen Land und Wasser sowie die unterschiedliche Sonnenbestrah-

Klima und Reisezeit

Maximale Tagestemperaturen in °C

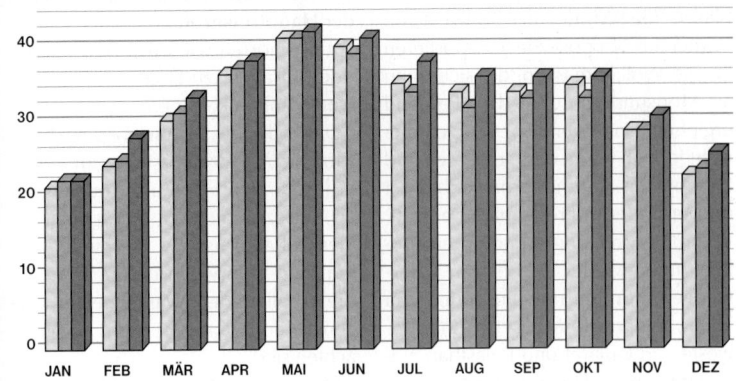

Minimale Nachttemperaturen in °C

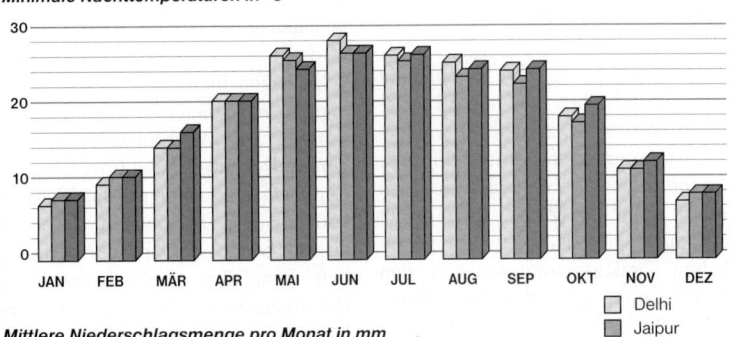

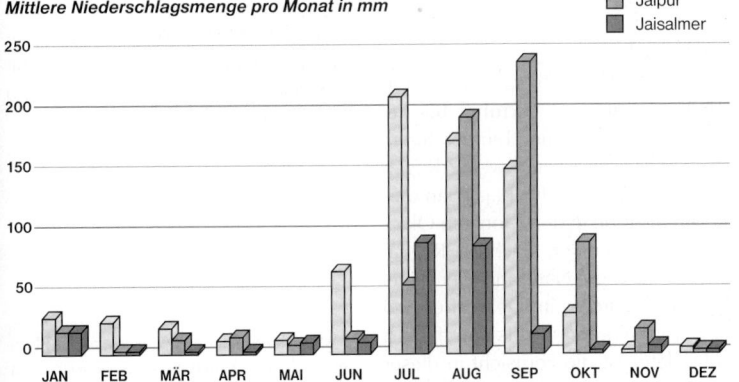

☐ Delhi
☐ Jaipur
☐ Jaisalmer

Mittlere Niederschlagsmenge pro Monat in mm

lung der Erde entstehen. Im Sommer blasen die Winde aus Südwest, im Winter aus Nordost. Sie transportieren riesige Wolkenmassen, die sich dann als Monsunregen über dem Festland ergießen. Das eigentliche Problem besteht jedoch darin, dass seine Zeit und Ergiebigkeit kaum vorhersehbar ist und er zudem unregelmäßig auftritt. Kommt es an Ganges und Brahmaputra immer wieder zu riesigen **Überschwemmungen** mit Tausenden von Toten, leiden die Menschen im Südwesten, in Gujarat und Rajasthan, unter jahrelangen **Dürreperioden,** in denen kein Tropfen Wasser fällt.

Winter

Die angenehmste Jahreszeit beginnt dann im Oktober und reicht bis Februar. Winter ist, zumindest was die Tagestemperaturen betrifft, ein recht irreführender Begriff, liegen sie doch meist noch um **25°C.** Richtig kalt hingegen wird es nachts mit nächtlichen Tiefsttemperaturen um den Gefrierpunkt, speziell im November/Dezember.

Die beste Reisezeit

Allgemein lässt sich sagen, dass die Wintermonate von **Oktober bis Februar** mit angenehmen Temperaturen, viel Sonnenschein und wenig Regen die beste Reisezeit für Rajasthan darstellen. Gerade in den Monaten Oktober/November, kurz nach der Regenzeit, erstrahlt die Natur in voller Blüte. Allerdings wird es im Dezember und Januar im Norden nachts empfindlich kühl, dafür ist die Fernsicht in dieser Jahreszeit am besten. Es kann aber in der **Hauptreisezeit** an einigen Haupt-Touristenorten wie etwa Agra, Jaipur oder Jaisalmer zu Engpässen bei den Unterkünften kommen.

Der indische **Sommer,** speziell die Monate April/Mai, ist wegen seiner erdrückenden Hitze und Feuchtigkeit als Reisezeit nicht zu empfehlen. Für Tierliebhaber ist es allerdings eine günstige Zeit, weil sich die Tiere auf die verbliebenen Wasserstellen konzentrieren und damit leicht zu beobachten sind.

Obwohl die **Monsunzeit** von Juni bis September wegen der vielen Regenfälle, hoher Luftfeuchtigkeit, vieler Insekten und der Überflutung von Verkehrswegen meist von Touristen gemieden wird, bietet sie doch gewisse Vorteile. Der Wechsel zwischen Regen- und Sonnenzeiten (meist regnet es nur einige Stunden pro Tag, danach kommt wieder die Sonne durch) bietet faszinierende Farbenspiele. Nach monatelanger Dürre scheint die Natur geradezu zu explodieren. Duft und Farben der Pflanzen sind in dieser Zeit besonders intensiv. Auch das Shekhawati mit seiner verfallenen, ehemaligen Pracht strahlt in dieser Zeit einen besonderen Reiz aus.

Mensch und Tier haben während des Monsuns Schwierigkeiten mit den Wassermassen

Flora und Fauna

Pflanzenwelt

Die als natürliche Klimascheide zwischen den nördlichen und westlichen Wüsten- und Steppenregionen und dem subtropischen Südosten fungierenden Aravalli-Berge bedingen gleichzeitig eine Unterteilung Rajasthans in eine relativ karg bewachsene Zone und eine von üppiger Vegetation gekennzeichnete Region. War Rajasthan noch bis vor wenigen Jahrhunderten von einer fast durchgängigen **Waldfläche** überzogen, so sind es heute gerade noch 10 %. Die **Teakholzbestände** mit einer Ausdehnung von etwa 5.000 km² beschränken sich fast ausschließlich auf den Süden des Landes, wo auch der wegen seines spektakulär anmutenden Aussehens berühmte **Banyan-Baum** (Würgfeige, *Ficus bengalesis*) zu finden ist. Mit seinen weit ausgreifenden, bis zu zwei Metern aus dem Boden aufragenden Luftwurzeln, mit seinen unzähligen Verästelungen und Verzweigungen macht der Parasit, der sich um die Stämme anderer Bäume legt, einen urweltlichen Eindruck.

Subtropische immergrüne Wälder von nur geringer Ausdehnung finden sich in ganz Rajasthan nur im regenreichen Gebirgsmassiv des Mount Abu oberhalb von 1.000 Metern. Während die Vegetation im Süden und Osten mit den dort vielfach anzutreffenden Mischwäldern, verschiedenen Bambusarten, Dattelpalmen, Mangobäumen, Eukalyptus, Palisander und dem im März korallenrot blühenden Flame-of-Forest-Baum ihre ganze Vielfalt und Farbenpracht zur Schau stellt, tut sich die Flora im **regenarmen Westen** des Landes naturgemäß schwerer. Vorherrschend sind Hartlaubgewächse, Dorngestrüpp und Steppengräser.

Doch auch einige wenige Bäume trotzen den unwirtlichen Bedingungen. Einer der wichtigsten, weil von den Menschen am vielfältigsten nutzbare ist der **Khejra-Baum**. Seine Zweige lassen sich als Viehfutter schneiden und wachsen rasch wieder nach, seine Schoten dienen der menschlichen Ernährung, und in Notzeiten wird die gemahlene Rinde unters Mehl gemischt. Auch die Blätter und Früchte des **Nim-Baumes** werden vom Vieh vor allem den Ziegen gefressen. Darüber hinaus glauben die Rajasthanis an seine entzündungshemmende Wirkung und nutzen deshalb seine Zweige als Zahnbürste. Vielfach verwendbar ist auch der **Babul**, ein Akazienbaum, dessen Hülsenfrüchte der Nahrung beigegeben werden, während sein hartes Holz besonders als Bauholz zum Einsatz kommt.

Auch die in West-Rajasthan besonders zahlreichen **Wildpflanzen** werden von den Bauern in vielfältiger Weise genutzt. **Buadi** etwa ist eine Futterpflanze für die Tiere, ihr Schatten wird während der Mittagshitze besonders gern von Tieren aufgesucht. **Cham ghas** hat medizinische Bedeutung, liefert Viehfutter und Gummi, welches gesammelt und verkauft wird. **Dhamavo** ist eine gute Futterpflanze für Ziegen und Kamele. Wichtigstes Kamelfutter sind jedoch das **Sewangras** und die Blätter des Khejra-Baumes. Eine der nützlichsten Pflanzen ist das **Kair**: Die Blätter sind Futter für Ziegen und Kamele, die Früchte werden frisch und getrocknet als Gemüse gegessen und das Holz zur Möbelherstellung verwendet.

Tierwelt

Die überall in Rajasthan angebotenen Miniaturmalereien mit ihren immer wiederkehrenden Jagdszenen geben einen Eindruck von dem eindrucksvollen Wildreichtum, der die Region früher auszeichnete. Neben dem Bevölkerungsdruck, der die Menschen immer tiefer in die angestammten Lebensräume der Tiere eindringen ließ, dem Eisenbahn- und Straßenbau, der die Wanderwege der Tiere zerschnitt, und dem Einsatz von Pestiziden, der ihre Nahrungsgrundlagen zerstörte, trug auch und gerade in Rajasthan die wilde Schießwut der weißen Kolonialherren und indischen Rajas zur **Dezimierung des Wildbestandes** bei.

Vor allem die so genannten *big five*, der indische **Löwe**, der **Tiger**, der **Elefant**, das **Panzernashorn** sowie das **Gaur**, das größte Wildrind der Erde, waren akut vom Aussterben bedroht. Angesichts dieser dramatischen Lage setzte Anfang der siebziger Jahre ein Sinneswandel bei den Verantwortlichen ein. Vor allem das Programm zur Rettung des Tigers erregte weltweites Aufsehen. Mit dem Ranthambore- und

FLORA UND FAUNA

dem Sariska-Nationalpark befinden sich zwei der bekanntesten Tigerschutzgebiete auf rajasthanischem Boden.

Ebenso wie der Tiger in den letzten Jahren vor dem Aussterben gerettet werden konnte, scheint dies auch bei dem **Löwen** zu gelingen. 250 leben heute im Gir-Nationalpark im Bundesstaat Gujarat. Der **Gepard** gilt hingegen seit 1952 als ausgestorben.

Die beliebtesten Beutetiere der Wildkatzen wie **Antilopen, Gazellen** und **Hirsche** finden sich außer in den Nationalparks vor allem in den wüstenähnlichen Regionen West-Rajasthans. Unter den Hundearten finden sind der **Dekhan-Rothund,** der **Goldschakal** und der Bengalfuchs relativ häufig, während der äußerst scheue indische **Wolf** vom Aussterben bedroht ist.

Ebenso erging es lange Zeit dem **Panzernashorn,** welches wegen der Zusammensetzung seines Horns, von dem sich abgeschlaffte asiatische Männer wundersame Kräfte versprechen, eines der begehrtesten Jagdobjekte der Wilderer war. Heute gibt es weltweit etwa wieder 1.500 der beeindruckenden Tiere, von denen etwa 70 % in Terai im Süden Nepals und im Kaziranga-Nationalpark in Assam beheimatet sind.

Ein absolut gewöhnlicher Anblick in Indien sind die **Affen,** die häufig ausgerechnet in Tempeln anzutreffen sind. Hier scheinen sie sich besonders heimisch zu fühlen und sind dementsprechend selbstsicher, was zuweilen jedoch in Aggressivität umschlagen kann. Von den in Indien vertretenen neunzehn Rassen sind die **Rhesusaffen** und die **Languren** besonders häufig.

Immer wieder ein faszinierendes Bild ist es, einen **Arbeitselefanten** mit einem *Mahout* in aller Seelenruhe inmitten des brodelnden Verkehrs der rajasthanischen Großstädte wie Jaipur oder Jodhpur marschieren zu sehen. Zunehmend weniger dieser beliebten Großtiere Indiens werden allerdings zu Arbeitstieren abgerichtet. Nach Schätzungen gibt es inzwischen wieder 22.000 Elefanten, von denen die meisten in Nationalparks leben.

Kamele

Gäbe es ein spezielles Wappentier für Rajasthan zu wählen, so könnte dies eigentlich nur das Kamel sein. Es ist sicher nicht übertrieben zu behaupten, dass Rajasthan ohne dieses ideale Wüstentier nicht existieren könnte. Trotz der auch in Rajasthan immer mehr um sich greifenden Motorisierung ist das Kamel bis heute das wichtigste **Transportmittel** der Region. Abgesehen von der Personenbeförderung dient es zum Transport von Baumaterialien, Nahrungsmitteln, Post und vor allem dem Gold der Wüste, Wasser. Bis zu 200 kg kann solch ein Wüstenkamel hinter sich herziehen. Seine dicken Hornschichten unter den Füßen, die es vor Verletzungen schützen und die Fähigkeit, bis zu zwei Wochen mit den Körpervorräten an Wasser auszukommen sind nur zwei Beispiele für seine perfekte Anpassung an die harten Bedingungen in der Wüste. Selbst bei extrem hohen Temperaturen schwitzt ein Kamel so gut wie gar nicht und über eine gewisse Zeit kann es seinen Wasserbedarf durch Grünfutter decken. Darüber hinaus kann ein Kamel bis zu 25 % seiner Körperflüssigkeit verlieren, ohne zu Grunde zu gehen.

Über ihre Funktion als Transporttiere hinaus sind die insgesamt etwa eine Million Kamele Rajasthans als **Lieferanten von Milch, Wolle und Leder** von erheblicher Bedeutung. Schließlich dient ihr Kot als Brennmaterial und wird als Dung auf den Feldern verwendet. Von den in Rajasthan anzutreffenden Kamelen lassen sich mit dem größeren Bikaner-Kamel und dem wendigen Jaisalmeri zwei Rassen unterscheiden. Während das Bikaner-Kamel in erster Linie als Lasttier verwendet wird, dient das Jaisalmeri vor-

Die heilige Kuh – geschlagene Heilige

Die Kuh ist in Indien heilig, das weiß jedes Kind. Aber wie heilig ist sie den Indern eigentlich wirklich? Wenn man die abgemagerten Gerippe durch die Straßen streunen sieht, wo sie auf ihrer nimmermüden Suche nach Essbarem die Abfallhaufen durchwühlen und allzuoft mit Stockhieben vertrieben werden, scheint diese Frage gar nicht so abwegig.

Ein Blick in die Geschichte beweist, dass die Verehrung der Kuh durchaus nicht immer selbstverständlich war. Der Verzehr von Rindfleisch war für die nomadisierenden arischen Hirten, die vor Jahrtausenden in Nordindien einfielen, eine Selbstverständlichkeit, und auch die Opferung von Rindern zu religiösen Zwecken war gang und gäbe, wie Auszüge aus den „Veden", den heiligen Schriften der Arier, belegen. Dies änderte sich erst, als die Einwanderer sesshaft wurden und geregelten Ackerbau betrieben. Von nun an war nicht mehr das Pferd, sondern das Rind das wichtigste Tier des Menschen.

Diese Bedeutung hat es bis heute behalten, da sich die Lebensbedingungen eines Großteils der indischen Bevölkerung in den letzten Jahrtausenden nicht grundlegend verändert haben. Vor allem die unzähligen Mittellosen der indischen Gesellschaft profitieren von den kostenlosen Produkten der Millionen Straßenkühe. Die meisten der scheinbar herrenlos durch die Großstädte streunenden Rinder besitzen ein festes Zuhause, zu dem sie allabendlich zurückkehren. Während sie dort die bereitgestellte Mahlzeit bekommen, werden sie von den Besitzern gemolken.

Auch zum Pflügen der Felder und als Zugtier ist das Rind unverzichtbar. Die Milch der Kuh bedeutet für die Unterschicht eine wichtige, weil nährstoffreiche und vor allem kostenlose Ernährung. Der Dung ist als Düngemittel der Felder genauso nützlich wie als Brennmaterial; darüber

Die heilige Kuh

hinaus findet er als Mörtel zur Errichtung von Lehmhütten Verwendung, zumal er auch noch insektenabweisend wirkt. Als weitverbreitetes Desinfektionsmittel wird auch der Urin der Cebu-Rinder genutzt, und in den indischen Städten dienen die etwa 200 Millionen freilaufenden Kühe als Müllentsorger.

Die existentielle Bedeutung des Rindes hatten die indoarischen Einwanderer sehr schnell erkannt, weshalb sie es unter Tötungsverbot stellten. Die Verehrung der Kuh hatte also zunächst rein pragmatische Gründe. Die religiöse Überhöhung als lebensspendende Mutter *(go mata)* setzte erst einige Jahrhunderte später ein, vor allem mit dem buddhistischen Prinzip der Nichtverletzung des Lebens *(ahimsa)*.

Nein, vergöttern im eigentlichen Sinne des Wortes tun die Inder ihre Kühe nicht, und heilig sind sie ihnen nur insofern, als sie ihnen das Überleben ermöglichen.

Auch für die Kastenlosen, die außerhalb der hinduistischen Gesellschaft stehen, besitzen die Kühe einen enormen Nutzen. Da sie nicht an die hinduistischen Regeln gebunden sind, dienen diesen Ärmsten der Armen das Fleisch, die Knochen und das Leder als wichtige Ernährungs- und Einkommensquelle.

Der gerade im Westen immer wieder vorgebrachte Einwand, das Tötungsverbot der Kuh sei angesichts der Millionen unterernährten Inder unverantwortlich (gepaart mit der Forderung nach Hochleistungs-Rinderzucht), entbehrt übrigens jeder Grundlage. Gerade die breite Masse der Bevölkerung könnte sich die durch die Aufzucht zwangsläufig anfallenden höheren Kosten für die Tiere und deren Produkte nicht leisten und müßte so auf ihren Nutzen verzichten. Im Übrigen stehen die dafür notwendigen Weideflächen im überbevölkerten Indien gar nicht zur Verfügung.

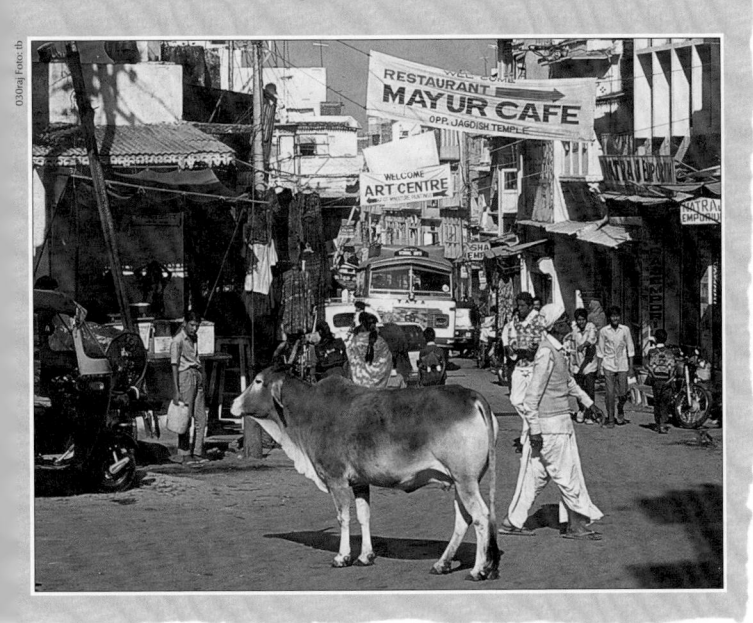

nehmlich als Reittier. Übrigens können die normalerweise so gemächlich daherschreitenden Wüstenschiffe für kurze Zeit eine Geschwindigkeit von bis zu 60 km/h erreichen.

Vögel

Vogelliebhaber kommen in Rajasthan voll auf ihre Kosten, beherbergt der indische Subkontinent doch über 1.200 **Brutvogelarten,** von denen 176 nur hier vorkommen. Rechnet man noch die im Winter aus dem nördlichen und mittleren Asien einfliegenden **Zugvögel** hinzu, so können insgesamt mehr als 2.000 Vogelarten nachgewiesen werden. Ein Paradies für Ornithologen ist der Keoladeo-Nationalpark bei Bharatpur. Dieses Vogelschutzgebiet im ehemaligen Jagdrevier des dortigen Maharajas gilt mit seinem ungeheuren Artenreichtum als eines der weltweit bekanntesten Vogelreservate. Besonders häufig sind **Eulen, Spechte, Nashorn- und Nektarvögel, Kuckucke, Reiher, Störche** und **Kraniche.**

Der indische Nationalvogel, der **Pfau,** ist nicht nur in der Wildnis weit verbreitet, sondern gehört fast schon zum gewöhnlichen Anblick in jedem rajasthanischen Dorf, wo er als halbzahmer Vogel verehrt und gefüttert wird. An diese „schillernde Persönlichkeit" knüpfen sich gerade im sagenumwobenen Rajasthan besonders viele Mythen und Legenden. So soll er Regen vorhersagen können, wenn er beim Erscheinen der ersten Wolke zu tanzen beginnt. Wegen seiner Fruchtbarkeit wird er als Aspekt der Erdmutter angesehen. Souvenirs aus dekorativen Pfauenfedern können übrigens ohne Bedenken gekauft werden, da die Vögel ihre Schmuckfedern während der Mauser im Winter verlieren.

Reptilien

Weniger erfreulich klingt die Zahl der ca. 5.000 jährlich in Indien durch Schlangenbisse getöteten Menschen. Gerade im Westen Rajasthans finden sich besonders viele dieser furchteinflößenden Tiere. Die Zahl der **Schlangenarten** liegt bei 230, davon sind 55 giftig. Die Tigerpython ist mit bis zu sechs Metern Länge die größte Schlangenart Indiens. Zu den gefährlichen **Giftschlangen** zählen hauptsächlich Kobra, Kettenviper und Sandrasselotter. Bei 90 % der Bisse durch gefährliche Giftschlangen ist die injizierte Menge zu gering, um tödliche Folgen zu haben. Opfer finden sich meist unter der verarmten Landbevölkerung, da viele die Nacht auf dem Boden verbringen müssen und dabei versehentlich mit einer Giftschlange in Berührung kommen.

Ganz harmlos und zudem sehr nützlich ist dagegen der freundliche Zeitgenosse, der fast jeden Abend an der Wand des Hotelzimmers nach einer leckeren Mahlzeit Ausschau hält – der **Gecko.** Der kleine Kerl mit seinen reichlich groß geratenen Glubschaugen hält sich besonders gern in der Nähe von Lampen auf, da hier die Chancen für einen fetten Leckerbissen in Form eines Insekts besonders hoch sind. Schade nur, dass er sich in Mitteleuropa nicht recht wohl fühlt.

Bevölkerung

1951, im Einführungsjahr des großen Familienplanungsprogrammes, lebten in Rajasthan 15 Millionen Menschen. Heute, zu Anfang des 21. Jh., sind es 57 Millionen. Zwar ist vor allem die sinkende Sterberate für diesen dramatischen Bevölkerungszuwachs verantwortlich (so stieg die durchschnittliche **Lebenserwartung** von damals 30 auf heute 59 Jahre), doch insgesamt ist es nicht gelungen, die **viel zu hohe Geburtenrate** den Erfordernissen entsprechend zu senken.

Tatsächlich ist Rajasthan mehr noch als Indien ein klassisches Beispiel dafür, dass **staatliche Familienpolitik** scheitern muss, solange die Ursachen des Übels – traditionelle Wertvorstellungen und soziale Ungerechtigkeit – nicht beseitigt sind. Hierzu gehört gerade in Rajasthan das über Jahrtausende tradierte Bild der Frau als unterwürfige Dienerin des Mannes, die Anerkennung und Daseinsberechtigung erst dadurch erlangt, dass sie möglichst viele Kinder, vor allem aber Jungen, zur Welt bringt.

Diese einseitige **Bevorzugung von männlichen Nachkommen** und die damit einhergehende Benachteiligung der Mädchen von Geburt an hat dazu geführt, dass Rajasthan eine der ganz wenigen Regionen dieser Erde ist, in denen es einen deutlichen **Männerüberhang** gibt, wobei diese Diskrepanz in den letzten Jahrzehnten sogar deutlich zugenommen hat.

Überdies sind Kinder nicht nur billige Arbeitskräfte, sondern fungieren in Dritte-Welt-Ländern ohne bzw. mit nur sehr geringen staatlichen Sozialleistungen natürlicherweise als die beste, weil einzige Altersversorgung. So zeigt sich auch in Rajasthan, dass die Bereitschaft zur **Geburtenkontrolle** mit einer Reihe von Entwicklungsindikatoren wie Einkommens- und Altersversicherung sowie Ausbildungsgrad eng zusammenhängt. Während zum Beispiel in Kerala, dem Bundesstaat mit der höchsten Alphabetisierungsrate Indiens, die Geburtenrate mit 2,2 % jährlich landesweit am niedrigsten liegt, ist sie in Rajasthan, einem der rückständigsten Gebiete Indiens, wo kaum 20 % der Frauen lesen und schreiben können, mit 3,2 % extrem hoch.

Hier zeigt sich, dass die Verbesserung sozialer Rahmenbedingungen und die landes- und klassenübergreifende Anhebung des Bildungsstandes die langfristig aussichtsreichsten Mittel sind, um das bedrohliche Bevölkerungswachstum zumindest einzugrenzen. Dies bestätigen auch Untersuchungen unter Mitgliedern der indischen Mittel- und Oberschicht in westlich geprägten Städten wie Mumbai oder Delhi, bei denen der Slogan „Zwei Kinder sind genug", mit dem auf Plakaten und in Schulen für die Familienplanung geworben wird, schon längst Allgemeingut ist.

Das darf jedoch nicht darüber hinwegtäuschen, dass auch heute noch immer gut zwei Drittel der Bevölkerung der Unterschicht angehören und 75 % der rajasthanischen Bevölkerung auf dem Land lebt. Von den 23 Millionenstädten Indiens befindet sich mit

Jaipur gerade einmal eine innerhalb der Grenzen Rajasthans, dem flächenmäßig zweitgrößten Bundesstaat des Landes. So kann es nicht verwundern, dass Rajasthan mit 165 Menschen pro Quadratkilometer einer der am dünnsten besiedelten Bundesstaaten Indiens ist, wo die durchschnittliche **Bevölkerungsdichte** 319 Menschen pro Quadratkilometer beträgt. Naturbedingt ist dabei die Bevölkerungsdichte in den lebensfeindlichen Wüsten- und Steppenregionen des Westens und Nordens mit sechs Einwohnern pro Quadratkilometer, wie zum Beispiel im Distrikt Jaisalmer, weit geringer als im regenreichen und entsprechend fruchtbaren Südosten.

Bevölkerungsgruppen

Die für das Landschaftsbild Rajasthans so charakteristische Unterteilung in den kargen Norden und Westen und den subtropischen Südosten mit der daraus resultierenden Vermischung nomadisierender Hirten und sesshafter Bauern hat der Region jenes außergewöhnlich reiche Völkergemisch beschert, welches wesentlich zur Faszination Rajasthans beiträgt. Wie im übrigen Indien unterteilt sich die rajasthanische Gesellschaft in vier **Hauptkasten,** die sich wiederum in zahlreiche *jatis,* Unterkasten, gliedern.

Was ihr gesellschaftliches Ansehen betrifft, stehen nach wie vor die **Brahmanen** an oberster Stelle der Gesellschaftspyramide. Ökonomisch hingegen sind sie nicht auf Rosen gebettet, da ihre kultischen Dienste als Tempelvorsteher heutzutage vor allem mit regelmäßigen Naturalienabgaben und Spenden der Gläubigen entlohnt werden. Einige Brahmanen sind inzwischen jedoch auch in der Landwirtschaft oder als Lehrer tätig.

Obwohl die **Rajputen** zu keiner Zeit mehr als zehn Prozent der Gesamtbevölkerung Rajasthans stellten, haben sie als die lokale Herrscherkaste über ein Jahrtausend die politische und kulturelle Elite des Landes gestellt. Die Unabhängigkeit Indiens und damit die Unterordnung der einzelnen Rajputenreiche unter die Zentralregierung seit 1947 hat diese zuvor als naturgegeben angesehene Führungsrolle der Rajputen ebenso empfindlich eingeschränkt wie die Abschaffung der fürstlichen Privilegien im Jahr 1954 und der Apanage-Zahlungen 1970.

Spätestens seit jenem Zeitpunkt befinden sich viele Nachfahren der ehemals absolutistisch herrschenden Rajputen in großen **finanziellen Schwierigkeiten.** Einigen Mitgliedern des rajputischen Adels ist es durch die Umwandlung ihrer Paläste in Luxushotels oder die Übernahme ebenso einflussreicher wie lukrativer Posten in Politik und Verwaltung gelungen, ihre führende Position zu bewahren. Die meisten jedoch haben bis heute nicht erkannt, dass die einst glorreichen Tugenden der Rajputen wie Heldentum und Ehre in einer modernen Welt, in der Rationalität und Effizienz gefragt sind, nicht zum Erfolg führen. So droht den noch bis vor kurzem unangefochten herrschenden Rajputen in jenem Land, das nicht nur ihren Namen trägt, sondern von ihnen auch entscheidend geprägt wurde, in den kommenden Jahrzehnten ein sozialer und ökonomischer Abstieg.

Ein besonders auffälliges Beispiel des sozialen Wandels der letzten Jahre ist der Aufstieg der **Jats,** einer Bauernkaste, deren traditionelles Siedlungsgebiet zwischen Bikaner, Jodhpur und Agra liegt. Diese hart arbeitenden Landwirte haben durch die Einführung moderner Ackerbaumethoden und die zunehmende künstliche Bewässerung in weiten Gebieten Rajasthans die ehemalige Führungsposition der Rajputen übernommen. Sicherlich mit ein Grund für ihren auffälligen Erfolg liegt darin, dass sie sich in vielen Bereichen von den starren Grenzen des hinduistischen Kastensystems gelöst haben. So sind zum Beispiel kastenübergreifende Heiraten erlaubt und auch die Wiederverheiratung einer Witwe nichts Ungewöhnliches.

Eine Untergruppe der Jats bilden die **Bishnoi,** Anhänger des Rajputen-Gurus *Jamboje,* der im 15. Jh. zur Einhaltung von insgesamt 29 (*bish* = zwanzig, *noi* = neun) Grundregeln aufrief, wobei besonders der schonende Umgang mit der Umwelt im Mittelpunkt stand. Bis heute halten sie an diesen Grundsätzen fest, wozu unter anderem auch der völlige Verzicht auf Tabak und Alkohol gehört. Die Bishnoi gelten als die ersten Umweltschützer der Menschheit.

Eine der auffälligsten Gruppen im rajputischen Völkergemisch sind die mit ihren kleinen Ochsenkarren durchs Land streifenden **Gadia Lohars.** Der Legende nach sollen diese Nomaden ursprünglich von jenen Rajputen ab-

Mitgiftmord und andere Grausamkeiten – Frauen in Indien

„Ein Mädchen großzuziehen, ist etwa so, als würde man die Pflanzen im Garten des Nachbarn gießen." In konsequenter Umsetzung dieses indischen Sprichwortes beginnt in Indien die Geschlechterdiskriminierung bereits vor der Geburt. **Sex Determination** heißt die Zauberformel, mit der durch eine Fruchtwasseruntersuchung (Amniozentese) das Geschlecht des Fötus ermittelt werden kann. Eigentlich als eine Methode zur Früherkennung von Missbildungen gedacht, dient sie heute in erbarmungsloser Weise dazu, weibliche Embryos zu erkennen und abzutreiben. Die für die Untersuchung zu zahlenden 500 Rupien sind eine zukunftsträchtige Investition, sparen die Eltern doch so später das Vielfache der Summe für die Mitgift der Tochter.

Für die große Masse der Unterschicht sind das jedoch immer noch astronomische Summen, und so greift man hier aus verzweifelter Not zum Mittel der Kindstötung unmittelbar nach der Geburt. Diese grausame Praxis bleibt nicht ohne Auswirkung auf die Bevölkerungsstatistik. So ist Indien eines der ganz wenigen Länder der Erde mit einem deutlichen **Männerüberschuss** (927 Frauen auf 1.000 Männer). Die Regierung hat 1994 die Amniozentese offiziell verboten, doch hat dies bisher kaum praktische Folgen gehabt.

Für die dennoch das Licht der Welt erblickenden Mädchen beginnt mit der Geburt ein Prozess **lebenslanger Benachteiligung.** Während die Söhne verwöhnt werden, müssen die Töchter schon von frühester Kindheit an die Lasten des Haushalts mittragen, können so viel seltener die Schule besuchen und werden nur im äußersten Notfall ärztlich versorgt. Die Folgen sind auch statistisch belegbar: Von Kindern bis neun Jahren sterben 60 % mehr Mädchen als Jungen, 71 % der Mädchen gegenüber 28 % der Jungen leiden an Unterernährung, und von den Sechs- bis Vierzehnjährigen besuchen 84 % der Jungen eine Schule, dagegen nur 54 % der Mädchen, sodass heute immer noch die Analphabetenrate unter Frauen fast doppelt so hoch ist wie bei den Männern.

Unter rein ökonomischen Gesichtspunkten betrachtet, stellen Mädchen tatsächlich eine enorme Belastung dar, denn während sich die Brauteltern bei der Verheiratung ihrer Tochter für die an ihren zukünftigen Mann zu zahlende **Mitgift** *(dowry)* oft lebenslang verschulden, steigert ein Sohn umgekehrt ihr Vermögen. Im Zuge des gerade in den letzten Jahren verstärkt um sich greifenden Konsumdenkens, vor allem in der indischen Mittel- und Oberschicht, ist die *dowry* zum Bereicherungsinstrument verkommen. Videorekorder, Motorroller, Waschmaschine und dazu noch ein ordentlicher Batzen Bares als Mitgift sind selbst in der unteren Mittelschicht schon die Regel.

Oft begnügt sich der Ehemann jedoch selbst damit nicht, fordert im Nachhinein Nachbesserungen und schreckt im Falle der Nichterfüllung auch vor **Mord** nicht zurück, kann er doch bei der angestrebten Wiederverheiratung mit einer neuen großzügigen Mitgiftzahlung rechnen. Beinahe täglich finden sich in den indischen Zeitungen Meldungen über vermeintlich tragische Küchenunfälle, bei denen die Frau am Kerosinkocher den Flammentod fand. Es ist ein offenes Geheimnis, dass sich hinter einer solchen Meldung einer der jährlich Tausenden von Mitgiftmorden verbirgt, doch da sich schlagkräftige Beweise so gut wie nie erbringen lassen, kommt der mordende Ehemann fast immer straffrei davon.

Die Mitgiftpraxis ist seit 1961 **verboten,** und das Mitte der 80er Jahre von *Rajiv Gandhi* eingerichtete Ministerium für Frauenangelegenheiten stellt den staatlichen Versuch dar, der zunehmenden Diskriminierung der Frau einen Riegel vorzuschieben.

Demütige und klaglose Erfüllung ihrer Rolle als dienende, fürsorgliche Ehefrau prägt dann auch ihren Ehealltag, obwohl sie – gerade auf dem Lande – allzu oft als Arbeitstier missbraucht wird. Sie bekocht den Mann und isst, was er übrig lässt, besorgt auf oft stundenlangen Fußmärschen Wasser und Brennmaterial, hält Haus und Hof sauber und zieht die Kinder groß. Überdies verrichten Frauen als Tagelöhnerinnen in der Landwirtschaft und im Straßenbau die körperlich schwersten Arbeiten. Ihr Lohn ist dabei bis zur Hälfte niedriger als der Männer, bei gleicher Arbeit.

Mit dem Tod ihres Mannes scheint auch die Existenzberechtigung der Ehefrau erloschen zu sein. Die meisten **Witwen** führen ein bemitleidenswertes Leben am Rande der Gesellschaft, da die Familie ihres Ehemannes sie nur noch als Last empfindet.

Erste zaghafte Auflösungserscheinungen dieses seit Jahrtausenden unveränderten Frauenbildes sind allerdings in den großen Metropolen unverkennbar. Speziell Mumbai, die westlichste aller indischen Städte, spielt hier wieder einmal eine Art Vorreiterrolle. Selbstbewusst auftretende junge Frauen, gekleidet in Jeans und T-Shirts, die auf feschen Bajaj-Motorrollern zur Arbeitsstelle fahren, wo sie als Sekretärin, Hotelangestellte oder Stewardess, aber zunehmend auch als Ärztin oder Jungunternehmerin tätig sind, finden sich immer öfter im Straßenbild der heimlichen Hauptstadt Indiens.

So fotogen es auch aussieht – das Wassertragen ist mit viel Mühe und Anstrengung verbunden

stammen, die als einige der ganz wenigen die verheerende Niederlage gegen die Truppen *Akhbars* bei Chittorgarh im Jahre 1568 überlebten. Sie beschlossen, erst dann wieder ein sesshaftes Leben zu führen, wenn die Niederlage gerächt sei. Heute verdingen sie sich als Kesselflicker, Messerschmiede und Werkzeugmacher und zählen zu den ärmsten Schichten der Bevölkerung. Traditionell erhielten sie nicht das Recht, die Ortschaften zu betreten, und so findet man ihre meist nur aus Papp- und Blechresten zusammengeschusterten Hütten in Dauerlagern an den Stadträndern. Zu dieser Gruppe von Zigeunern zählen auch die **Banjaras.** Früher verdienten sie ihr Geld als Salztransporteure, die mit Ochsenkarren die Märkte belieferten. Seit dem Aufkommen der Eisenbahn sind sie vornehmlich als kleine Transportunternehmer tätig.

Die bedeutendsten Gruppen der **Ureinwohner** Rajasthans, die insgesamt 12 % der Gesamtbevölkerung ausmachen, sind die **Bhil** und **Minan,** die zusammen etwa 50 % dieser so genannten *adivasi* (Erste Siedler) stellen. Speziell die Minas haben die staatlichen Förderungsprogramme der indischen Regierung, die ihnen unter anderem entsprechend ihrem Anteil an der Gesamtbevölkerung Stellen in Universitäten und staatlichen Institutionen gewährleisten, genutzt und so ihre soziale Stellung in den letzten Jahren erheblich verbessert.

Ähnliche Privilegien von Seiten des Staates gelten für die so genannten *scheduled tribes,* jene ehemals „**Unberührbaren",** die außerhalb des hinduistischen Kastensystems stehen und am untersten Ende der sozialen Pyramide dahinvegetieren. Insgesamt 17 % der Gesamtbevölkerung Rajasthans werden hierzu gezählt. Davon stellen allein die **Chamar,** die traditionellen Lederarbeiter Indiens, 45 %. Zu diesen Ärmsten der Armen zählen auch die **Meghwal** und **Balai,** die ihren äußerst kargen Lebensunterhalt mit dem Beseitigen von Tierkadavern und dem Häuten von Tieren verdienen. Noch dreckiger im wahrsten Sinne des Wortes geht es den **Bhangi,** die für die Reinigung von Straßen und Latrinen zuständig sind.

Schriftmuster: Hindi

Sprache

Ebenso wie es vor der Ankunft der Briten keinen geschlossenen Zentralstaat mit dem Namen Indien gab, existierte **keine einheitliche indische Sprache** und das ist bis heute so geblieben. Während sich das durch die Engländer zusammengeschweißte Kunstprodukt Indien seit nunmehr 50 Jahren über die Runden quält, ist das Land sprachlich so zersplittert wie eh und je. Welche politische Bedeutung das Sprachproblem in Indien besitzt, zeigte sich bei der Grenzziehung der einzelnen Unionsstaaten, die weitgehend nach sprachlichen Gesichtspunkten vorgenommen wurde.

Indien hat **neben Englisch und Hindi 17 gleichberechtigte Amtssprachen.** Man schaue sich einmal einen beliebigen indischen Geldschein an. Da ist der Notenwert zunächst groß in Englisch und Hindi aufgedruckt. Daneben ist eine Kolumne zu sehen, auf der der Wert in den 13 weiteren Regionalsprachen steht.

Am ehesten könnte man noch **Hindi** als Nationalsprache bezeichnen, doch nur in den Kernstaaten Madhya Pradesh und Uttar Pradesh wird es von der Mehrheit der Bevölkerung gesprochen. 41 % der Bevölkerung Indiens haben Hindi als Muttersprache. Zwar sind wiederholt Versuche unternommen worden, Hindi als indische Nationalsprache einzuführen, doch scheiterte dies letztlich immer wieder am entschiedenen Widerstand des stark auf seine Eigenständigkeit bedachten Südens. Dort wehrt sich die mehrheitlich dravidische Bevölkerung gegen diesen nach ihrer Meinung sprachlichen Kolonisationsversuch durch den indogermanischen Norden.

Dies ist umso verständlicher, wenn man weiß, dass die **dravidischen Sprachen** gegenüber den vom Sanskrit abstammenden **indogermanischen Sprachen,** zu denen auch das Hindi gehört, einen eigenen, völlig unabhängigen Sprachstamm bilden, der schon lange vor der Ankunft der Arier in Indien beheimatet war. Neben den vier großen dravidischen Sprachen Tamil, Malayalam, Kannada und Telugu, die in den Bundesstaaten Tamil Nadu, Kerala, Karnataka und Andhra Pradesh gesprochen werden, gibt es noch eine ganze Reihe von Stammesidiomen (Gondi, Parji, Kurukh, Toda u.a.), die vor allem auf abgelegene Gegenden konzentriert sind.

Neben all diesen Sprachen soll es in Indien noch mehrere Hundert weitere

Die wichtigsten Sprachen Indiens

Sprache	Gebiet	Anteil
Assami	Assam	0,001%
Bengali	West-Bengalen	8,3%
Gujarati	Gujarat	5,4%
Hindi		30%
Kannada	Karnataka	4,2%
Kashmiri	Kashmir	0,5%
Malayalam	Kerala	4,2%
Marathi	Maharashtra, Goa	8,0%
Oriya	Orissa	3,7%
Punjabi	Punjab	3,2%
Tamil	Tamil Nadu	6,9%
Telugu	Andhra Pradesh	8,2%
Urdu	Muslime u. Pakist.	5,7%

SPRACHE

Sprachen und Dialekte geben. Bedeutende, in Rajasthan verbreitete **Minderheitensprachen** sind Sindhi und Marwari.

Schriftsysteme

Hindi, Marathi und Sanskrit (sowie Nepali) werden gleichermaßen im Devanagari-Alphabet geschrieben, alle anderen Sprachen benutzen ihr eigenes Schriftsystem. Einige Lokalsprachen benutzen je nach Gebiet gar mehrere Alphabete gleichzeitig. So wird z.B. das Konkani in Goa in lateinischem Alphabet geschrieben, in Maharashtra im Devanagari und in Karnataka im Kannada-Alphabet.

Englisch als Verkehrssprache

Bei diesem Sprachenwirrwarr ist es kein Wunder, dass sich bis heute Englisch als überregionale Verständigungssprache erhalten hat. Diese im Grunde paradoxe Situation, in der sich die Bürger über die Grenzen ihrer jeweiligen Unionsstaaten hinaus vornehmlich in der Sprache ihrer früheren Kolonialherren unterhalten, wird sich in Zukunft mit dem zunehmenden Bildungsniveau noch verstärken. Dies gilt umso mehr, als die Beherrschung der englischen Sprache im Kasten- und Klassenbewusstsein Indiens heute mehr denn je zu einem **Statussymbol** geworden ist, mit dem sich die Mittel- und Oberschicht gegenüber der ungebildeten Unterschicht abzuheben versucht. In vielen Familien der Oberschicht wachsen die Kinder bereits mit Englisch als erster Sprache auf. Dies ist ein weiteres Zeichen dafür, wie sehr sich diese die zukünftige Entwicklung entscheidend mitgestaltende Bevölkerungsgruppe von den traditionellen Wurzeln der indischen Gesellschaft entfremdet hat. Für Touristen hat die Entwicklung natürlich den ungemeinen Vorteil, dass man sich mit Englisch landesweit gut verständigen kann. Leider ist es in weniger gebildeten Kreisen, zu denen z.B. Taxi- und Riksha-Fahrer zählen, wenig verbreitet.

Ein paar Worte Hindi

Guten Tag, hallo	*namaste*
Danke!	*shukriya, dhanyawad*
ja/nein	*hañ/nahi*
Wie teuer?	*kitne paise?*
Das ist teuer	*Yeh bahut mehnga hai*
Wo ist ein Hotel	*hotal kahañ hai?*
Wie weit ist ...?	*... kitne dur hai?*
Wie komme ich nach ...?	*... ko kaise jana parega?*
Wie heißen Sie?	*apka shubh nam?*
Medizin	*dawa*
Früchte	*phal*
Gemüse	*sabzi*
Wasser	*pani*
Tee	*chai*
Zucker	*chini*
klein/groß	*chota/bara*
eins	*ek*
zwei	*do*
drei	*tin*
vier	*char*
fünf	*pañch*
sechs	*chhe*
sieben	*sat*
acht	*ath*
neun	*nau*
zehn	*das*
hundert	*san*

Literaturtipps

Weitergehende praktische Hilfe leistet der Sprechführer **Hindi – Wort für Wort** aus der Kauderwelsch-Reihe. Das handliche Büchlein aus dem Reise Know-How Verlag bieten eine auf das Wesentliche reduzierte Grammatik und viele Beispielsätze für den Reisealltag. Ebenfalls nützlich ist der in der gleichen Reihe erschienene Band **Englisch für Indien**. Begleitende Audio-CDs – die **Aussprache-Trainer** – sind zu beiden Büchern erhältlich. „Hindi – Wort für Wort" ist auch auf CD-Rom erschienen: **Kauderwelsch digital Hindi**.

Geschichte

Die Geschichte Rajasthans kann nur vor dem Hintergrund der **gesamtindischen Historie** verstanden werden. So soll im folgenden Kapitel der Versuch unternommen werden, die Grundstrukturen der indischen Geschichte unter besonderer Berücksichtigung Rajasthans herauszuarbeiten. Auf die spezifische Geschichte der einzelnen rajputischen Herrscherhäuser wird jeweils zu Beginn der einzelnen Städtekapitel näher eingegangen.

Ähnlich der europäischen Geschichte, die gewöhnlich in die drei deutlich voneinander zu unterscheidenden Perioden alte, mittlere und neue Geschichte unterteilt wird, hat sich auch die indische Geschichtsschreibung an einer Dreiteilung orientiert: die alte indische Geschichte geprägt vom Hinduismus, die Zeit der islamischen Herrschaft und die britische Fremdherrschaft. Diese simple Kategorisierung erfreute sich sicherlich nicht nur deshalb so lange großer Beliebtheit, weil sie die jahrtausendealte, äußerst vielschichtige indische Geschichte in einen sehr übersichtlichen Rahmen presste, sondern auch, weil sie den Wunsch der nationalistischen Historikerzunft befriedigte, der goldenen Zeit der alten Geschichte die Epoche der Fremdherrschaft, die bereits mit den islamischen Dynastien begann, gegenüberzustellen. In dem Wissen, dass letztlich jede Periodisierung willkürlich bleiben muss, soll hier als Orientierungshilfe eine Aufteilung in zehn Epochen gewählt werden, um der Vielfalt der indischen Geschichte wenigstens ansatzweise gerecht zu werden.

Zeitalter der Induskultur (2250–1750 v. Chr.)

Es ist mehr als bezeichnend für den Verlauf der von Gewalt und Teilung geprägten indischen Geschichte, dass die Schauplätze der ersten indischen Hochkultur heute außerhalb des Staatsgebietes im pakistanischen Industal liegen. Etwa um 2250 v. Chr. hatten sich in dem fruchtbaren Schwemmland mit den beiden ca. 600 km voneinander entfernten Metropolen **Harappa und Mohenjo Daro** zwei streng hierarchisch gegliederte Stadtkulturen entwickelt, die für ca. 5 Jahrhunderte die Zentren der Indus-Zivilisation bildeten. Da bis heute die Schrift nicht entziffert werden konnte und man so auf die Interpretation der materiellen Kulturzeugnisse angewiesen ist, lassen sich nur sehr vage Aussagen über die Kultur und politische Gliederung dieser Gesellschaften machen. So ist auch die immer wieder aufgestellte These, dass es sich um eine Sklavengesellschaft gehandelt haben soll, durchaus nicht erwiesen.

Archäologische Funde lassen vermuten, dass Weizen, Gerste und Hülsenfrüchte angebaut wurden sowie Sesam für die Ölerzeugung. Steinwerkzeuge wurden neben solchen aus Bronze und Kupfer noch vielfach verwendet, und die Töpferkunst war hoch entwickelt. Kultbilder aus Stein lassen bereits Ähnlichkeiten mit den späteren Hindugottheiten erkennen. Außerdem meinen die Wissenschaftler, Anzeichen für die später beim Hinduismus so charakteristische Führungsrolle der Priester ausgemacht zu haben.

Auch über die Ursachen für den **plötzlichen Untergang** der Stadtkulturen lassen sich nur Vermutungen anstellen. Unbeerdigte Leichen in der obersten Schicht Mohenjo Daros lassen auf ein gewaltsames Ende schließen. Ob dafür jedoch Überschwemmungen oder kriegerische Auseinandersetzungen verantwortlich waren, wird wohl nie eindeutig beantwortet werden können.

GESCHICHTE

Einwanderung der Arier und Formierung des Hinduismus (1750–500 v. Chr.)

Das bis heute bedeutendste Ereignis der frühen indischen Geschichte war die Einwanderung **nomadisierender Rinderhirten** aus Zentralasien, die etwa um 1750 v. Chr. einsetzte und sich über ca. fünf Jahrhunderte in mehreren Völkerwanderungen fortsetzte. Woher die neuen Herren Indiens kamen und wer sie waren, ist auch heute noch eine offene Frage. Sie selbst nannten sich, wenig bescheiden, *Arya*, die Edlen. Man nimmt an, dass sie ursprünglich im südlichen Zentralasien beheimatet waren. Ihr Einfallstor zum indischen Subkontinent war wie für alle weiteren in der Folgezeit aus dem Norden eindringenden Eroberer der **Khyberpass,** der sich wie ein Korridor durch die westlichen Ausläufer des ansonsten unüberwindbaren Himalayas legte. Über das Leben der **Arier** sind wir weit besser informiert als über das der Menschen der Induskultur. Als Geschichtsquelle von unschätzbarem Wert erweisen sich hier die großen Epen der Arier, die **Veden.** Diese heiligen Schriften wurden zwischen 1500 und 800 v. Chr. verfasst und enthalten trotz ihrer auffallend legendenhaften Ausschmückung viele Hinweise über Organisation und Kultur im Indien des zweiten vorchristlichen Jahrtausends.

So machten die Arier zunächst den Punjab zu ihrem Brückenkopf in Indien, von dem sie erst mehrere Jahrhunderte später, vermutlich zwischen 1000 und 600 v. Chr., in die mittlere Gangesebene bis zum Yamuna vordrangen. Die Verwendung von Eisenwaffen, welche um 1000 v. Chr. Verbreitung fanden, zusammen mit ihrer beweglichen Kriegstechnik ließen die Arier schnell auf allen Gebieten die Vormacht erlangen.

Ob sie allerdings bei ihrem Vormarsch auf die dunkelhäutigen Drawiden trafen, die in der Fachliteratur lange Zeit als die Urbevölkerung angesehen wurden, gilt nach neuesten wissenschaftlichen Untersuchungen nicht mehr als gesichert. Glaubt man diesen Erkenntnissen, so erreichten die **Drawiden** erst nach den Ariern, über den Seeweg vom Irak kommend, den Subkontinent und ließen sich vornehmlich in Südindien nieder. Sollte sich diese Theorie bestätigen, wäre eine zentrale Konstante der indischen Geschichtsschreibung, wonach die Drawiden von den Ariern unterjocht und als unterste Schicht im Kastensystem eingegliedert worden seien, hinfällig.

Nach der Etablierung ihrer Macht bildeten die Arier eine Vielzahl kleiner **Königtümer,** die sich zumeist gegenseitig befehdeten. Neben dem König etablierten sich immer mehr die **Brahmanen** (Priester) als die eigentlichen Herrscher im Staat.

Erst durch die immer komplizierter werdenden rituellen Handlungen, die nur die Brahmanen durchzuführen wussten, erhielt der König die zur Amtsführung notwendige überirdische Legitimation. Auch musste der Herrscher vor jeder bedeutenden Entscheidung die Priester zu Rate ziehen. So waren die Brahmanen letztlich sogar mächtiger als der König, zumal sie nicht dessen Risiko im Kampf um die Macht zu tragen hatten. Gleichzeitig verstanden es die Priester, ihre gesellschaftliche Stellung zu zementieren, indem sie sich als oberste der vier Hauptkasten an die Spitze der sich immer deutlicher zementierenden Kastengesellschaft setzten. Mit dem sich herausbildenden **Kastensystem** sowie einer Bauernkultur, deren Grundlage der kleinbäuerliche Familienbetrieb war, etablierten sich zwischen 1500 und 500 vor Chr. zwei zentrale Grundpfeiler der indischen Gesellschaft, die in ihrem Kern bis in die heutige Zeit hinein Bestand haben.

Das erste indische Großreich und der Aufstieg des Buddhismus (500–150 v. Chr.)

Die Zeit um 500 v. Chr. ist eine bedeutende Zeitenwende in Indien: Zum ersten Mal stehen fast alle Teilregionen Nordindiens in Beziehung zueinander. Zudem bricht sich die **Eisenzeit** erst jetzt richtig Bahn, eine entscheidende Voraussetzung für die Kultivierung der unteren Gangesebene, die sich von nun an in eine fruchtbare **Reislandschaft** verwandelte.

GESCHICHTE

Als drittes epocheprägendes Element wirkte das Aufkommen neuer religiöser Strömungen, des Jainismus und vor allem des **Buddhismus**. Es ist sicherlich kein Zufall, dass sich der Buddhismus gerade in jener Zeit ausbreitete, als der Hinduismus durch die vom einfachen Volk immer weniger nachvollziehbaren Opferrituale der Priesterkaste zunehmend an Einfluss verlor. Entscheidender war jedoch, dass der Buddhismus mit seinen vielen Klöstern wesentlich großflächigere **Missionserfolge** verzeichnen konnte als die an die Königshöfe gebundenen Brahmanen.

Buddhismus, Reis und Eisen waren die drei entscheidenden Elemente, aus denen die **Maurya-Dynastie** (322–185 v. Chr.), das erste Großreich Nordindiens mit der Hauptstadt *Pataliputra,* dem heutigen Patna, hervorgehen sollte.

Als bedeutendste Figur des Maurya-Reiches und einer der größten Herrscher der indischen Geschichte überhaupt gilt **Kaiser Ashoka** (274–232 v. Chr.). Nachdem seine Truppen das Kalinga-Reich im heutigen Orissa unterworfen und dabei Tausende von Menschen abgeschlachtet hatten, konvertierte er reumütig zur friedfertigen buddhistischen Religion und erklärte sie gleichzeitig zur Staatsreligion. Er ließ nicht nur im gesamten Herrschaftsbereich, der von Delhi über Gujarat, Uttar Pradesh, Bihar und Orissa bis nach Sanchi ins heutige Madhya Pradesh reichte, unzählige seiner berühmten Ediktsäulen aufstellen, in denen er seine Untertanen zu moralischem Handeln im Einklang mit der buddhistischen Lehre ermahnte, sondern sandte auch Missionare seines Hofes in andere asiatische Länder. Die religiöse Klammer des Buddhismus schuf ein prosperierendes Gemeinwesen, in dem der Staat zum ersten Mal in der indischen Geschichte über den Bereich kleiner Territorialreiche hinaus weitgehende Verwaltungseinrichtungen schuf, den Handel förderte, die Handelswege beherrschte und Münzen in Umlauf setzte. So besteht die historische Bedeutung des Maurya-Reiches und vor allem ihres Universalherrschers Ashoka darin, zum ersten Mal eine überregionale kulturelle Einigung Indiens geschaffen zu haben.

Zerfall des Großreichs und Entstehung vieler Regionalreiche (150 v. Chr.–300 n. Chr.)

Wie sich jedoch nach dem Sturz des letzten Maurya-Kaisers 185 v. Chr. durch den General *Pushyamitra* aus der Sunga-Dynastie zeigte, war die territoriale und herrschaftspolitische Einbindung großer Teile Nordindiens in einem Großreich unter Ashoka eine historische Ausnahmeerscheinung. Nach dem Untergang des Maurya-Reiches wurde das machtpolitische Vakuum durch **unzählige Regionalreiche** aufgefüllt, wobei sich vier Hauptakteure herauskristallisierten: die bereits erwähnten *Sungas* im Norden, *Kalinga* (Orissa) im Osten, das unter *Kharasvela* wieder zu bedeutender Macht aufstieg, die *Satavahanas* im zentralen Hochland und im Nordwesten die *Shakas* (Skythen), die von Zentralasien über Afghanistan in das Industal eingedrungen waren und bald ihre Herrschaft bis nach Gujarat ausdehnten.

So unterschiedlich diese einzelnen Reiche in ihrer ethnischen Zusammensetzung und politischen und religiösen Organisation auch waren, allen gemeinsam war doch, dass sie sich kaum länger als maximal 200 Jahre halten konnten. Die Jahrhunderte vor und nach Christi Geburt waren in dieser Beziehung eine der turbulentesten Perioden der indischen Geschichte. Das Phänomen solcher kurz aufblühender und rasch wieder verschwindender Reiche erklärt sich dadurch, dass sich regionale Herrscher einem siegreichen Eroberer beugten und seine Oberherrschaft anerkannten, praktisch jedoch in ihren Herrschaftsrechten kaum beschränkt wurden. Da sich viele der neuen Regionalfürsten immer wieder ihre Herrschaft durch die Brahmanen legitimieren lassen mussten und der Buddhismus unter dem Verlust der Patronage des Maurya-Reiches litt, gewann der Hinduismus langsam wieder seine alte Bedeutung zurück.

Das goldene Zeitalter des indischen Mittelalters (300–1200 n. Chr.)

Nach den turbulenten Zeiten der vorherigen Periode war die Zeit vom 3. bis zum

Brahmanen und Unberührbare – die Kasten zwischen Tradition und Auflösung

Seine Ursprünge hat das indische Kastensystem in der Zeit des Brahmanismus (ca. 1000–500 v. Chr.). Nach dem Einfall der Arier aus dem südlichen Zentralasien entstand eine in vier Klassen geteilte Gesellschaft. An ihrer Spitze standen die **Brahmanen** (Priester), denen die **Kshatriyas** (Krieger und Adel) und die **Vaishyas** (Bauern, Viehzüchter und Händler) folgten. Ihnen untergeordnet waren die nichtarischen **Shudras** (Handwerker und Tagelöhner).

Das Sanskrit-Wort für diese Klassen lautet *varna* (Farbe). Das deutet darauf hin, dass die hellhäutigen, arischen Eroberer die **dunkelhäutige Urbevölkerung** aufgrund ihrer Hautfarbe isolierte. Welche Bedeutung auch heute noch der Hautfarbe zukommt, kann man den sonntäglichen Heiratsannoncen entnehmen, in denen immer wieder der Wunsch nach einem möglichst hellen Teint auftaucht. Deshalb erfreuen sich auch Puder und Cremes, die die Haut künstlich aufhellen, bei unverheirateten Frauen großer Beliebtheit.

Die von den Brahmanen verfassten heiligen Schriften erklären und legitimieren diesen hierarchischen Gesellschaftsaufbau mit einem Gleichnis. Danach entstanden die Brahmanen bei der Opferung des Urriesen aus dessen Kopf, die Kshatriyas erwuchsen aus seinen Armen, die Vaishyas aus seinen Schenkeln und die Shudras aus dem niedrigsten Körperteil, den Füßen. Rechtfertigung erhielt das Kastensystem auch durch die Karma-Lehre, nach welcher der Status im gegenwärtigen Leben direktes Resultat der Taten in einem vorangegangenen Leben ist.

Das heute gebräuchliche Wort „Kaste" prägten die Portugiesen im 16. Jh., als sie die verschiedenen gesellschaftlichen Gruppen als *castas* (Gruppe, Familie) bezeichneten. Mit der wirtschaftlichen Entwicklung kam es zu einer Differenzierung der gesellschaftlichen Unterschiede, indem die **Berufsgruppen** in Unterkasten aufgeteilt wurden. Von diesen den europäischen Zünften vergleichbaren Unterkasten, die als *jatis* bezeichnet werden, soll es heute über 3000 in Indien geben. Da man in diese Kasten hineingeboren wird und ein Aufstieg in eine nächsthöhere Kaste ausgeschlossen ist, kann der einzelne dieser Apartheid nicht entkommen.

Außerhalb dieses Kastensystems stehen die so genannten **Unberührbaren,** die bis vor 50 Jahren als derart unrein galten, dass sich ein Brahmane aufwendigen Reinigungsritualen unterwerfen musste, wenn auch nur der Schatten eines Unberührbaren auf ihn gefallen war.

Der Klassenstatus löst den Kastenstatus ab

Heute, wo in Indien fast eine Milliarde Menschen auf engem Raum zusammenlebt und die Wirtschaft sich nach jahrzehntelanger, künstlicher Abschottung im harten Konkurrenzkampf auf dem internationalen Markt behaupten muss, entscheidet nicht mehr die Kaste, sondern Ausbildung und Leistung über die Vergabe eines Arbeitsplatzes.

Kasten- und Klassenstatus mögen früher einmal identisch gewesen sein – heute sind sie es längst nicht mehr. Unter den oberen Schichten der Gesellschaft muss man die Brahmanen mit der Lupe suchen; hier dominieren die Händler- und Bauernkasten. Erst danach finden sich die früher so dominierenden Brahmanen, die heute eher mittlere Gehaltsempfänger sind und vielfach höhere Verwaltungsposten besetzten. Allerdings befinden sie sich hier manchmal bereits in Konkurrenz mit Angehörigen der

Die Kasten zwischen Tradition und Auflösung

früheren Unberührbaren, die ihren Aufstieg einer systematischen Förderung der Regierung verdanken und deshalb nicht selten als „Regierungs-Brahmanen" bespöttelt werden.

Bedeutet all dies, dass das einstmals alles beherrschende Kastensystem im Indien von heute praktisch keine Rolle mehr spielt? Die Antwort lautet, wie so oft in Indien, nicht ja oder nein, sondern sowohl als auch. So ist es auch für die meisten westlich geprägten Inder, denen sonst im Alltag die Kastenschranken kaum noch etwas bedeuten, undenkbar, ihre Kinder mit Angehörigen einer niedrigen Kaste zu verheiraten.

Kasten als sozialer Rückhalt

Was einem nach den Prinzipien von Individualität und Selbstverwirklichung erzogenen Europäer als ungerecht erscheinen mag, erhält im Lichte der sozialen und kulturellen Realität Indiens eine völlig andere Bedeutung. Schließlich sollte man nicht übersehen, dass diese im Westen wie selbstverständlich propagierten Ideale gleichzeitig ein **soziales Netz** erfordern, welches jene, die auf dem schmalen Grat der freien Entscheidung straucheln, auffängt. Die Funktion eines in Indien so gut wie unbekannten staatlichen Sozialsystems übernimmt das Kastensystem.

Diese wirtschaftliche Komponente ist aber nur einer der im Westen immer wieder verkannten Vorteile der Kastenordnung. So haben die über Jahrtausende tradierten Werte und Verhaltensvorschriften innerhalb der einzelnen Kasten zu einer Art **kulturellem Heimatgefühl** geführt, auf welches die meisten Inder bis heute allergrößten Wert legen. Dementsprechend treffen sich die einzelnen Kastenmitglieder im Privatleben fast ausschließlich untereinander und halten damit eine Ordnung aufrecht, die im öffentlichen Leben kaum noch eine Rolle spielt.

Die Kastenlosen – geborene Verlierer

Vor allem in den Hunderttausenden von indischen Dörfern, die seit jeher als die Hochburgen des Kastensystems gelten, haben sich die alten Traditionen noch weitgehend erhalten. Dort ist es immer noch üblich, dass die Brahmanenhäuser, geschützt unter hohen Bäumen, im Zentrum stehen, während sich die anderen Bewohner, abgestuft nach ihrer Rangordnung, weiter Richtung Dorfrand ansiedeln.

Außerhalb der Dorfgrenze haben die Kastenlosen ihre schäbigen Hütten aufgeschlagen. Trotz aller staatlichen Fördermaßnahmen, die ihnen unter anderem entsprechend ihrem Anteil an der Gesamtbevölkerung einen Prozentsatz an Stellen im öffentlichen Dienst zusichern, zählen die 150 Millionen Kastenlosen nach wie vor zu den Ausgestoßenen der Gesellschaft.

Die Zeiten, dass ein *Paria* vor Betreten der Stadt die Höherkastigen durch das Schlagen einer Trommel *(parai)* vor seinem Erscheinen warnen musste, damit diese sich nicht durch seine Nähe verunreinigten, gehören zwar der Vergangenheit an, das Betreten des Dorftempels oder die Wasserentnahme aus dem Dorfbrunnen ist ihnen jedoch auch heute noch untersagt.

Dass jahrtausendealte Traditionen weit schwerer wiegen als bürokratische Entscheidungen im fernen Delhi musste auch *Mahatma Gandhi* erkennen, der sich vehement für die Besserstellung der Unberührbaren einsetzte und ihnen den Namen *Harijans* (Kinder Gottes) verlieh. Aufsteiger kommen zwar vor, die große Mehrzahl der Kinder Gottes verdient ihren kargen Lebensunterhalt jedoch mit dem Säubern von Latrinen, dem Enthäuten von Kadavern oder als Müllmänner. Als Abfall der Gesellschaft ist der Abfall der Höherkastigen für sie gerade gut genug. Bei diesen geborenen Verlierern, den Ärmsten der Armen, zeigt sich die hässliche Seite des Kastensystems auf besonders krasse Weise.

GESCHICHTE

12. Jh. bei aller Rivalität verschiedener regionaler Machthaber doch durch eine, zumindest für indische Verhältnisse gewisse **innere Stabilität** gekennzeichnet.

Außer den iranischen **Hunnen,** die zwischen 500 und 527 unter ihrem Führer *Toramana* in weiten Teilen Nordindiens herrschten, fielen keine bedeutenden Eroberer von Norden nach Indien ein, und so spielten sich die Machtkämpfe zwischen innerindischen Dynastien ab.

Diese innere Stabilität trug wesentlich zur Ausprägung eines allgemein verbindlichen **höfischen Herrschaftsstils** bei. Die für den europäischen Feudalismus so charakteristischen Treue- und Lehensverhältnisse fehlten hier, wurden aber oft durch verwandtschaftliche oder quasi-verwandtschaftliche Beziehungen ersetzt. Vassallen wurden als Brüder oder Schwestern bezeichnet und der Hof selbst des kleinsten Vasallen nach dem Vorbild des Königs gestaltet.

Diese auch als indisches Mittelalter bezeichnete Epoche wird gern als Goldenes Zeitalter der indischen Geschichte bezeichnet, weil sich **Kunst und Kultur** ungestört von kriegerischen Auseinandersetzungen mit Unterstützung regionaler Herrscher entfalten konnten. Einige der großartigsten Bauwerke Indiens sind in jener Zeit entstanden, wobei die zwischen 950 und 1050 erbauten Tempel von Khajuraho nur das berühmteste Beispiel sind.

Die bedeutendste Macht dieser Epoche war die **Gupta-Dynastie,** die die Nachfolge der Mauryas und Sungas angetreten hatte und die Ostregion der Gangesebene zur Ausgangsbasis ihres Großreiches machte. Die Gupta-Zeit und hier speziell die Regierungsjahre der großen Könige *Samudragupta* (340–80) und *Chandragupta II.* (380–414) gilt auch als die glanzvollste Epoche der höfischen Kultur.

Zur gleichen Zeit findet eine **indische Kolonisierung Südostasiens** statt. Diese Kolonisierung erfolgt jedoch nicht durch die Ausdehnung indischer Herrschaft, sondern durch eine Übertragung von Herrschaftsstil, Schrift, Baukunst und religiösen Ideen sowohl des Hinduismus wie des Buddhismus. In Java, Sumatra, Vietnam und Kambodscha entwickelten sich Königreiche, in denen Hinduismus und Buddhismus nebeneinander existierten.

Allerdings geschieht dies paradoxerweise zu einer Zeit, als der **Buddhismus** in seinem Mutterland selbst fast völlig bedeutungslos geworden ist. Um das 7. Jh. n. Chr. bekennt sich nur noch im heutigen Bihar, dem einstigen Kernland des großen buddhistischen Kaisers *Ashoka*, ein Großteil der Bevölkerung zum Buddhismus.

Zwar gelingt es den *Pratikaras* unter ihrem berühmten König *Bishoja* (836–90) noch einmal, Teile Nordindiens ihrem Herrschaftsgebiet einzuverleiben, doch um die Jahrtausendwende sind die verschiedenen Teilregionen Nordindiens wieder unter **verschiedene Dynastien** aufgeteilt, von denen keine die Vormacht erlangt.

Der erste Vorbote einer neu anbrechenden Zeitepoche ist der Sultan *Mahmud-e-Ghazni* (997–1030), der von seiner afghanischen Heimat in mehreren **Raubzügen** bis tief in die nordindische Ebene und nach Gujarat vorstößt und dort u.a. den Sonnentempel von Somnath plündert und zerstört. Im Gegensatz zu seinen muslimischen Nachfolgern ging es ihm jedoch nicht um territoriale Machtentfaltung, sondern ausschließlich um materielle Güter, und so zogen sich seine Truppen, reich beladen mit Gold und Juwelen, in die afghanische Heimat zurück.

Das Sultanat Delhi (1200–1500)

Die politische Zersplitterung Indiens lud islamische Herrscher aus Zentralasien geradezu ein, zunächst in **sporadischen Eroberungszügen** ins Land einzufallen, um schließlich die sagenhaften Reichtümer der einzelnen Regionalreiche zu erbeuten. Wer aber Indien beherrschen wollte, musste seine außerindische Machtbasis aufgeben und sich dafür entscheiden, in Indien selbst sein Hauptquartier zu errichten.

Diese Entscheidung fiel mit der Errichtung des Sultanats von Delhi durch *Qutb-ud-din-Aibak* im Jahre 1206. *Aibak* war ein Sklave *Mohammed von Ghurs* (1150–1206), der im 12. Jh. in Nordindien eingefallen war, mehrere Hindukönige nördlich von Delhi geschlagen und 1194 Varanasi eingenommen hatte, sich dann aber wieder nach Afghanistan zurückgezogen hatte. Er hatte Aibak zum Statthalter von Delhi eingesetzt, und dieser machte sich selbständig, als sein Herr in Afghanistan ermordet wurde.

Damit war das Fundament der über 500-jährigen **islamischen Herrschaft** über Indien gelegt. Das Sultanat Delhi hielt sich über mehr als zwei Jahrhunderte unter verschiedenen Dynastien, die sich durch Mord und Usurpation ablösten.

Auf dem Höhepunkt ihrer Macht konnten die Sultane um die 100.000 Pferde und einige tausend Elefanten in die Schlacht schicken. Dieser geballten Schlagkraft konnten die zersplitterten Hindukönigreiche nichts gleichwertiges entgegensetzen. Innerhalb von nur 20 Jahren beherrschten die Sultane von Delhi die gesamte nordindische Region. Besonders *Ala-ud-din-Khalji* (1295–1316) konnte seine Herrschaft durch viele erfolgreiche Feldzüge entscheidend erweitern. Wichtiger noch als seine militärischen Erfolge war jedoch seine Fähigkeit, das Reich administrativ zu durchdringen. So schuf der Sultan einen streng zentralistischen Staat mit einem großen stehenden Heer, effizienter Steuererhebung und scharfen Preiskontrollen.

Auf dieser Basis konnte die nächste Dynastie des Sultanats, die der **Thuglags**, den Herrschaftsbereich bis in den Süden ausdehnen und so ein Großreich errichten, das in seinen Ausmaßen weder vor noch nach ihnen je eine indische Macht erreicht hatte. *Muhammed Tughlag* (1325–51) trug der geographischen Ausdehnung dieses Riesenreiches Rechnung, indem er die Hauptstadt von dem nun an der Pheripherie gelegenen Delhi nach Daulatabad im zentralen Hochland Indiens verlegte. Mit seinem Versuch, das Land mit kontinentalen Ausmaßen in einem Zentralstaat zusammenzufassen, scheiterte er jedoch wie alle seine Nachfolger. 1329 musste er seine imperialen Ambitionen wieder aufgeben und nach Delhi zurückkehren, weil er sonst den Norden verloren hätte, der nach wie vor das Fundament seiner Hausmacht bildete.

Dieser erzwungene Rücktritt von seinen Großmachtzielen und die offenkundige **Verwundbarkeit des Sultanats** nahmen viele zuvor loyale Gouverneure zum Anlass, sich von ihren ehemaligen Herren zu lösen und eigene, unabhängige Reiche zu gründen. Hilflos musste die Zentralmacht mit ansehen, wie sich das Land in viele **selbständige Regionalreiche** auflöste und somit erneut jene für die indische Geschichte so charakteristische Territorialisierung des Reiches einsetzte.

So mussten sich die folgenden Dynastien der *Sayyids* (1414–51) und *Lodis* (1451–1526) nolens volens wieder mit dem Großraum Delhi begnügen. Gleichzeitig mit dem Niedergang des Sultanats von Delhi entstand mit dem Reich Vijayanagar im Süden Indiens eine Großmacht, die die bis dahin selbstverständliche Vorrangstellung des Nordens in Frage stellte.

Die Moguln (1500–1750)

Erst mit den Moguln, einer türkischen Dynastie, die im 16. Jh. die Bühne der indischen Geschichte betrat, wurde der weiteren territorialen Zerstückelung des Landes Einhalt geboten. Wie kein anderer Name symbolisieren die Moguln den Glanz des imperialen Indien. Dabei waren ihre ersten Gehversuche in Indien weit weniger glorreich, als man meinen könnte. Nachdem der erste Großmogul Babur (1483–1530) den letzten Lodi-König 1526 besiegt und damit dem Sultanat Delhi den endgültigen Todesstoß versetzt hatte, musste sein Sohn und Nachfolger Humayun (1530–56) nach zwei Niederlagen gegen den von Osten anrückenden Feldherrn Sher Shah 1540 beim König von Persien Zuflucht suchen. Erst als dessen Nachfolger sich untereinander befehdeten, konnte Humayun wieder nach Delhi zurückkehren, wo er jedoch schon wenig später 1556 starb.

Die große Stunde der Moguln brach erst mit seinem Sohn und Nachfolger Akbar an, der nahezu ein halbes Jahrhundert über Indien herrschte (1556–1605). Das Reich Akbars ist das einzige indische Großreich, das sich in Idee und Anspruch mit dem Ashokas vergleichen lässt. Ebenso wie der große Maurya-Kaiser wurde auch Akbar von der Geschichtsschreibung derart glorifiziert, dass es schwerfällt, ein objektives Urteil über diesen bedeutendsten Großmogul zu fällen.

Die Herkunft der Rajputen

Wer sind die Rajputen, woher stammen sie, seit wann siedelten sie in Rajasthan, sind sie eine eigene Ethnie oder nur eine durch gemeinsame Verhaltensweisen definierte soziale Gruppe? Es ist bezeichnend für den die gesamte indische Geschichtsschreibung kennzeichnenden Mangel an wissenschaftlich verwertbaren historischen Quellen, dass selbst derart fundamentale Fragen zur Herkunft und Zusammensetzung eines der **bedeutendsten Herrschergeschlechter der indischen Geschichte** bis heute nicht geklärt sind. Erst mit Beginn der muslimischen Herrschaft in Indien Anfang des letzten Jahrtausends kann von einer historisch verwertbaren Geschichtsschreibung im engeren Sinne gesprochen werden. Mit der rajputischen Geschichte im Allgemeinen und speziell mit der Herkunft der Rajputen beschäftigte sie sich jedoch nur am Rande. Wenn man zudem die für das rajputische Denken so charakteristische Vermischung von Realität und Legenden bedenkt, kann die Existenz vieler, zum Teil widersprüchlicher Theorien über die Abstammung der Rajputen nicht verwundern.

Folgt man den quasi „offiziellen", von den einzelnen Rajputengeschlechtern selbst aufgestellten Theorien, so sind die Rajputen direkte **Nachkommen der vor über 2.000 Jahren eingewanderten Arya (Arier).** Innerhalb der arischen Gesellschaftshierarchie nahmen sie als Kriegerkaste (*Kshatriyas*) nach den Brahmanen die zweithöchste Stellung ein. Ihre Herkunft führten die Kshatriyas auf die Sonne (*Surya*) und den Mond (*Chandra*) zurück. Wie die allgegenwärtige Sonne in den Wappen beispielsweise der *Rathors* von Jodhpur und Bikaner sowie der *Sisodias von Mewar* in Udaipur und der *Kachvahas* von Jaipur belegen, sehen bis heute einige der bedeutendsten Rajputengeschlechter ihren Ursprung im Surya-Geschlecht. Auch wenn diese Abstammungstheorie wissenschaftlich kaum haltbar ist, so verdeutlicht sie doch das allen Rajputengeschlechtern wichtigste Ziel, eine möglichst reine, hochstehende Abstammung nachzuweisen.

Wesentlich interessantere Aufschlüsse über die Herkunft der Rajputen als die arische Abstammungstheorie birgt die auf den ersten Blick wenig überzeugende Agnikula-Theorie, wonach die Rajputen aus einem **Feuerloch** hervorgegangen sein sollen. Die **Legende** knüpft an den Mythos Parashurama an, in dem diese Inkarnation des Gottes Vishnu alle Kshatriyas vernichtet hatte. Da die Brahmanen jedoch eine Kriegerklasse benötigten, um sich verteidigen zu lassen, richteten sie ihre Gebete an ihren Gott auf dem Gipfel des Berg Abu und hielten dort eine vierzigtägige Zeremonie ab. Schließlich entsprangen aus einem Feuerloch (*agnikund*) vier Helden, von denen jeder eine eigene Rajputenkaste bildete. Durch diese Feuergeburt, die im Jahr 747 n. Chr. in Mt. Abu stattgefunden haben soll, wurden die Rajputen als einzig rechtmäßige Kriegerkaste anerkannt. Diese bereits im 12. Jh. von dem Dichter *Chand Bardai* wiedergegebene Feuerlochlegende ist in verschiedenen Versionen bekannt, die sich hauptsächlich in der Entstehungsart der

Wie zwiespältig die Person des großen muslimischen Herrschers war, zeigt sich besonders deutlich bei dem ihm immer wieder zugesprochenen Streben nach religiöser Toleranz. Tatsächlich war er an einer friedlichen Koexistenz von Hindus und Moslems interessiert, die er mit einer von ihm konzipierten Religion, der Din-il-Ilahi (Gottesglaube) zusammenführen wollte. Der wahre Hintergrund dieser scheinbar so friedfertigen Idee war jedoch die von machtpolitischem Kalkül getragene Überlegung, dass nur dort, wo eine graduelle Partizipation der Hindus am Staat erfolgte, die zahlenmäßig weit unterlegenen Muslime ihre Machtstellung langfristig stabilisieren konnten.

einzelner Rajputenklans unterscheiden. Angeregt von dieser Ursprungsversion der Rajputen haben viele Wissenschaftler die Theorie vertreten, dass die Rajputen aus der **Vermischung einheimischer niederer Klassen und nichtindischer Völker** hervorgegangen seien. Gestützt wird diese Theorie von der historischen Situation Nordwestindiens um die Jahrtausendwende. Nach dem Untergang des Gupta-Reiches fielen über einen Zeitraum von ca. 500 Jahren verschiedene Völker aus Zentralasien wie die Sakas, Kushanas und Hunnen ein, bildeten kleinere Königreiche und vermischten sich mit der einheimischen Bevölkerung.

Durch eine Reinigungszeremonie, wie hier durch das Feuer, konnten sowohl die Fremden in das einheimische Kastensystem aufgenommen als auch die niederkastigen Einheimischen sozial aufgewertet werden und so eine einheitliche Herrschaftsschicht bilden, die sich von nun an Rajputen nannte.

Auch beim **heutigen Stand der Diskussion** über die Abstammung der Rajputen gibt es noch keine endgültige Klärung, welche der vielen angebotenen Theorien die richtige ist. Zunehmend scheint sich jedoch die Theorie durchzusetzen, dass es sich bei den Rajputen nicht um ein einheitliches Volk, sondern ein Gemisch unterschiedlicher Bevölkerungsgruppen handelt, die zu einem Zeitpunkt denselben sozialen Status erreichten und sich erst später im Sinne der ideologischen Herrschaftsabsicherung auf einen gemeinsamen Ursprung beriefen.

Ganz besonders deutlich zeigte sich dies bei seiner geschickten Heiratspolitik mit den verschiedenen Rajputen-Clans in Rajasthan. Gegen diese sich aus 36 Familien zusammensetzende Kriegskaste, die ab dem 6. Jh., aus Zentralasien kommend, vornehmlich im Nordwesten Indiens zahlreiche Fürstentümer geschaffen hatte und sich vehement gegen jede Fremdherrschaft auflehnte, ging Akhbar bei seinen Eroberungsfeldzügen mit äußerster Brutalität vor. Nur eines der vielen Beispiele ereignete sich 1564, als er nach der Eroberung der ruhmreichen Festung Chittorgarh 30.000 wehrlose Bauern wegen ihrer Unterstützung für die Rajputen niedermetzeln ließ. Erst nachdem er den Widerstand der tapferen Rajputen gebrochen hatte, verheiratete er die Töchter seines Hofes mit den Söhnen der einzelnen Herrscherhäuser und setzte diese als Gouverneure seiner neu hinzugewonnenen Provinzen ein. Hier findet sich also wieder jenes Prinzip von „Teile und Herrsche", welches schon so viele Könige vor Akhbar angewandt hatten, um das Riesenreich unter ihre Kontrolle zu bekommen. Perfektioniert wurde es schließlich von den Briten.

Es war Akhbars besondere Fähigkeit, die militärisch unterworfenen Gebiete durch eine straffe, administrative Kontrolle zu beherrschen, die seinen Erfolg begründete. Ein weiterer Faktor war die strategische Überlegenheit, die sich aus der Nutzung von Feuerwaffen ergab. Selbst die immer wieder legendenhaft ausgeschmückte Tapferkeit der Rajputen, die einen massenhaften Selbstmord der bevorstehenden militärischen Niederlage vorzogen, konnte gegen diesen Ansturm moderner Kriegsführung nichts ausrichten, und so drangen Akhbars Truppen weiter nach Süden vor. Dennoch stießen die Moguln dort zunehmend auf erheblichen Widerstand, und so reichte die Grenze von Akhbars Reich, das im Nordwesten Afghanistan umfasste und im Osten Bengalen, im Süden nur bis zu einer Linie, die sich etwa auf der Höhe von Mumbai (Bombay) von Küste zu Küste erstreckte.

Akhbars Nachfolger *Jehangir* (1608–1627) und *Shah Jahan* (1627–1658) widmeten sich weitgehend der friedlichen Konsolidierung des ererbten Reiches und der Förderung der Künste. Das weltberühmte Taj Mahal, jenes Grabmal, welches Shah Jahan zu Ehren seiner Gemahlin Mumtaz in Agra hatte errichten lassen, ist das großartigste Zeugnis jener kulturellen Blütezeit.

Es waren gerade jene aufwendigen Bauwerke, die den Staat an den Rand des finanziellen Ruins führten, die Shah Jahans machthungrigem Sohn *Aurangzeb* (1658–1707) als willkommenes Argument zum Sturz und zur anschließenden Gefangennahme seines Vaters dienten.

Aurangzeb mochte sich auf dem Höhepunkt der Macht wähnen, als er mit einer rücksichtslosen Kreuzzugs-Politik Tausende von Hinduheiligtümern zerstören ließ und gleichzeitig versuchte, als erster gesamtindischer Kaiser in die Geschichte einzugehen, indem er versuchte, auch den bis dahin weitgehend unabhängig gebliebenen Süden zu unterwerfen.

Damit hatte er jedoch den Bogen seiner Macht bei weitem überspannt und leitete den Niedergang der Mogul-Macht in Indien ein. Mit seinem militant religiösen Fanatismus brachte er selbst bis dahin loyale Untertanen gegen sich auf. Diese landesweite Aufstandsbewegung verstärkte sich noch, als er seine Hauptstadt, ähnlich wie Muhammed Thuglag dreieinhalb Jahrhunderte zuvor, in den Süden verlegte. Bei der Verfolgung seiner ehrgeizigen Pläne hatte der letzte Großmogul die Ressourcen seines Reiches erschöpft. Besonders schwerwiegend war, dass er das von seinen Vorgängern sorgfältig ausbalancierte Steuersystem (Mansadbar) durch eine unverhältnismäßige Aufblähung der militärischen Oberschicht aus dem Gleichgewicht brachte. Da die Agrarbasis den feudalen Überbau nicht mehr tragen konnte, geriet das gesamte Herrschaftssystem in eine Krise, an der es schließlich zerbrach.

Nach dem Tod Aurangzebs setzte erneut eine Phase der Regionalisierung und des Zerfalls in viele kleine Herrschaftsbereiche ein. Die schwachen Nachfolger Aurangzebs konnten sich nicht mehr durchsetzen und regierten jeweils nur für eine kurze Zeitspanne. Der Einfall Nadir Shahs, eines Heerführers aus Persien, der 1739 Delhi eroberte und den gesamten Thronschatz plünderte, markierte das endgültige Ende der einstmals als unbesiegbar geltenden Moguln.

Während der Feldherr sich wieder in seine Heimat zurückzog, etablierten sich im Westen und Norden die Marathen, ein lokales Herrschergeschlecht, welches seine Hausmacht im Gebiet um Puna besaß und bereits seit Mitte des 17. Jh. den Moguln einige empfindliche Niederlagen beigebracht hatte. Das Marathen-Reich konnte jedoch das Mogul-Reich nicht ersetzen, eben weil es gar nicht den Versuch unternahm, einen großen Territorialstaat aufzubauen.

So scheiterten letztlich auch die Moguln daran, dass das riesige Land von keiner noch so mächtigen und gut organisierten Zentralmacht zu regieren war.

Doch schon standen mit den europäischen Nationen, die bereits über verschiedene Handelsniederlassungen ihre Interessen in Indien vertraten, neue Interessenten bereit, um das Machtvakuum auszufüllen und, mehr noch, den enormen Reichtum des indischen Subkontinents auszubeuten.

Indien unter europäischer Kolonialherrschaft (1750–1947)

Da der Handel mit den begehrten Gütern Indiens fest in asiatischen Händen lag, waren die aufstrebenden europäischen Seefahrernationen daran interessiert, den direkten Seeweg nach Indien zu finden. Bekanntlich war *Christoph Kolumbus* bis zu seinem Tod davon überzeugt, bei seiner Entdeckung Amerikas die Schatzkammer Indien geöffnet zu haben, und so nannte er die dortigen Ureinwohner Indianer.

Mit *Vasco da Gama* blieb es einem **portugiesischen Seefahrer** vorbehalten, den Seeweg nach Indien zu entdecken. So waren es die Portugiesen, die zunächst 1510 mit Goa und danach mit Daman und Diu im heutigen Gujarat die ersten europäischen Handelsposten an der indischen Westküste errichteten. Für ein knappes Jahrhundert besaßen sie das Monopol auf den europäischen Indienhandel. Letztlich verfügte das kleine Land jedoch nicht über genügend Ressourcen, um das Riesenreich Indien zu kontrollieren, und so mussten die Portugiesen Anfang des 17. Jh. den Franzosen, Holländern und Engländern das Feld überlassen.

Die **East India Company,** die im Jahr 1600 von *Queen Elisabeth I.* das Monopol über den britischen Indienhandel zugesprochen bekommen hatte, eröffnete 1612 in Surat ihren ersten Handelsposten, dem schon bald jene in Madras (1640), Mumbai (1668) und Kalkutta (1690) folgten. Der Osten als Zentrum der Baumwollherstellung wurde vor allem deshalb mehr und mehr kolonialisiert, da sich der Vertrieb der überall in Asien sehr begehrten indischen Textilien noch vor Gewürzen und Tee als besonders profitabel erwies. Für die Briten wurde die Beteiligung am innerasiatischen Handel derart lukrativ, dass sie mit den Gewinnen jene Güter kaufen konnten, die sie nach Europa verschickten. So blieb die East India Company für lange Zeit das, was sie als ihre eigentliche Aufgabe ansah, ein höchst profitables Wirtschaftsunternehmen. Ein territoriales Engagement war dabei weder erforderlich noch erwünscht. Der Handel gedieh prächtig, da konnten politische oder gar militärische Verstrikkungen nur Unheil anrichten. „Viele Festungen, viel Ärger und wenig Profit", war das Motto jener Tage.

Um so misstrauischer beäugte man den Aufstieg des alten Erzfeindes **Frankreich,** der sich auch ein Stück von der fetten Beute Indien einverleiben wollte und 1672 in Pondicherry an der Südostküste Indiens den ersten Handelsposten eröffnete. Die Franzosen versuchten, die von den Briten sorgsam austarierte Machtbalance zwischen Fürsten und Kolonialherren zu unterlaufen, indem sie die Lokalherrscher mit lukrativen Versprechungen für sich zu gewinnen suchten. 1746 gelang es ihnen sogar, Madras zu erobern, welches sie jedoch schon drei Jahre später wieder an die Briten abtreten mussten.

Den entscheidenden Übergang von dem zunächst rein am Profit orientierten East-India-Handelsunternehmen zur **politischen Ordnungsmacht** in Indien markiert das Jahr 1757, als der Nawab von Bengalen Kalkutta eroberte und dabei viele Briten ermorden ließ. Ein Jahr später nahmen die Briten unter der Anführung des wagemutigen Feldherrn *Robert Clive* in der Schlacht von Plassey nicht nur blutige Revanche an dem Lokalherrscher,

Foto um 1910

der es gewagt hatte, eine Weltmacht herauszufordern, sondern schlugen gleichzeitig die mit ihm verbündeten Franzosen. Der Wandel von Händlern zu Feldherren war endgültig vollzogen.

In den folgenden Jahrzehnten gelang es den Briten in einer Reihe **erfolgreicher Feldzüge** gegen aufständische Regionalstaaten, ihre Stellung auszubauen. Anfang des 19. Jh. waren sie die unumschränkten Herrscher Indiens, womit das Land zum ersten Mal in seiner Geschichte unter einer Zentralgewalt vereint war. Wichtiger noch als ihre militärischen Siege war für die Festigung ihrer Macht die am Prinzip von „teile und herrsche" orientierte Taktik, den mächtigen Lokalfürsten (Maharajas) formal ihre Unabhängigkeit zu belassen, sie faktisch jedoch der Oberherrschaft der europäischen Kolonialmacht zu unterstellen.

Bei dieser Regelung fielen für beide Parteien **riesige Gewinne** ab, die die Engländer zu großen Teilen in ihr Heimatland transferierten, während die Maharajas der etwa 500 verbliebenen Fürstenstaaten, die etwa ein Drittel des indischen Staatsgebietes ausmachten, ihre politische Ohnmacht durch verschwenderischen Prunk und Protz zu übertünchen versuchten. Die riesigen, bis zum Rand mit Luxusgütern vollgestopften Paläste zusammen mit prachtvollen Umzügen und Paraden und den sich in Gold aufwiegenden Maharajas haben entscheidend zum Bild vom märchenhaften Indien beigetragen, das bis heute die Werbeprospekte vieler Reiseveranstalter prägt.

Als letztlich entscheidend für den Erfolg der Engländer erwies sich jedoch ihre Fähigkeit, als erste Herrscher der indischen Geschichte das riesige Land unter die **einheitliche Verwaltung** festbesoldeter Beamter zu stellen, die jederzeit versetzbar waren und sich deshalb keine regionale Hausmacht aufbauen konnten. So wurde eine rationale Bürokratie bürgerlich kapitalistischer Herkunft einer alten Agrargesellschaft aufgestülpt, die rücksichtslos ausgebeutet wurde.

Die Briten selbst weisen auch heute noch gern auf die unter dem Begriff *steel frame* zusammengefasste **positive Hinterlassenschaft** ihrer Kolonialherrschaft hin. Hierzu gehören der Aufbau einer funktionierenden Bürokratie, die Erschließung Indiens durch ein weit verzweigtes Eisenbahnnetz, die Einführung eines Rechts- und Bildungswesens sowie die Etablierung demokratischer Grundwerte. Viel schwerer wiegen jedoch die **negativen Folgen des Kolonialismus**: die Unterdrückung traditioneller indischer Bildungs- und Rechtsvorstellungen, die Zerstörung der einheimischen Textilindustrie, die Degradierung des Landes zu einem reinen Rohstofflieferanten sowie die Entstehung eines riesigen Heeres von Proletariern. Paradoxerweise waren es gerade Mitglieder der indischen Oberschicht, die an den von den Briten geschaffenen Hochschulen ausgebildet worden waren, die die Ausbeutung ihres Mutterlandes als erste anprangerten und damit zum Träger der indischen Unabhängigkeitsbewegung wurden.

Die indische Unabhängigkeitsbewegung (1850–1947)

Die erste Phase des indischen Nationalismus wurde mit dem **Sepoy-Aufstand** von 1857 eingeläutet, als genau die Hälfte der insgesamt 74 indischen Battaillone in Nordindien gegen die britischen Besatzer revoltierte. Während der rund viermonatigen erbitterten Kämpfe, die ihre Zentren vor allem in Lucknow, Delhi und Meerut hatten, kamen mehrere Tausend indischer und englischer Soldaten ums Leben. Vorübergehend geriet das britische Kolonialreich ernsthaft ins Wanken. Während die Nationalisten den Aufstand der indischen Sepoys (Soldaten) als ersten Unabhängigkeitskrieg gegen die europäische Fremdherrschaft feierten, weisen die heutigen Historiker darauf hin, dass die Revolte von vornherein zum Scheitern verurteilt war, da es ihr an jeglicher Koordination und Führung fehlte. Gleichzeitig war damit ein erstes sichtbares Zeichen gesetzt, dass die britische Herrschaft überwunden werden konnte, wenn es gelang, alle Kräfte des Landes auf dieses Ziel zu vereinen.

Auf Seiten der Engländer hatte der Aufstand weitreichende Konsequenzen zur Folge, die darin gipfelten, dass die East India Company aufgelöst und Indien **direkt der**

Krone unterstellt wurde. 1876 ließ sich Queen Victoria zur Kaiserin von Indien küren, und der Posten des Generalgouverneurs, der als eine Art Diplomat des englischen Königshauses bereits seit Ende des 18. Jh. in Indien tätig war, wurde in den Rang eines Vizekönigs erhoben. Während die Briten so nach außen deutlich machten, dass sie keinesfalls bereit waren, die Zügel der Macht aus der Hand zu geben, öffneten sie gleichzeitig Posten im Verwaltungsapparat zunehmend auch für Mitglieder der aufstrebenden indischen Oberschicht, die an den von liberalem Gedankengut geprägten Universitäten ausgebildet worden waren.

Immer deutlicher kristallisierte sich im Lager der Unabhängigkeitsbewegung, die sich 1885 im *Indian National Congress* organisiert hatte, eine Spaltung zwischen „Gemäßigten" und „Extremisten" heraus. Die Gemäßigten glaubten, dass nur durch eine schrittweise Demokratisierung und einen allmählichen Übergang der Macht in indische Hände der vielfältig gegliederten Gesellschaft eine moderne Nation werden konnte. Die Extremisten hingegen wollten sich der kolonialen Zwangsjacke so schnell wie möglich, wenn nötig auch mit Gewalt, entledigen, um das angestammte Recht auf Freiheit und Selbstbestimmung zu erlangen. Die Kluft zwischen den beiden Gruppen verstärkte sich noch, als die Briten durch mehrere halbherzige Verfassungsreformen, die u.a. ein sehr eingeschränktes Wahlrecht beinhalteten, den Druck aufzufangen versuchten.

In dieser Situation bedurfte es einer solch außergewöhnlichen Führungspersönlichkeit wie **Mahatma Gandhi,** der 1915 aus Südafrika nach Indien zurückgekehrt war, um diese beiden Pole zu vereinen und zudem die bis dahin allein im Bildungsbürgertum verankerte Unabhängigkeitsidee ins breite Volk zu tragen. 1920 übernahm er die Führung der **Congress Party,** die er innerhalb kürzester Zeit von einem lockeren Zusammenschluss divergierender Kräfte zu einer straff organisierten Partei formte. Seine Methoden des gewaltlosen Widerstandes, der Nicht-Zusammenarbeit und anderer Boykottmaßnahmen fanden breite Unterstützung in der Bevölkerung.

1921/22 führte er eine **erste Massenbewegung** gegen die als völlig unzureichend empfundenen Reformzugeständnisse an, die er jedoch abbrechen ließ, als gewalttätige Unruhen ausbrachen. Trotzdem ließen ihn die Briten verhaften und verurteilten ihn zu sechs Jahren Gefängnis, von denen er jedoch nur zwei Jahre verbüßen musste.

Der legendäre **Salzmarsch,** mit dem Gandhi 1930 symbolisch das Salzmonopol der Briten brechen wollte, wurde ein überwältigender Erfolg. Das Ergebnis waren zwei Konferenzen am „Runden Tisch" in London, in denen schließlich die Abhaltung freier Wahlen beschlossen wurde. Mehr als ein Teilerfolg war jedoch auch dieses Zugeständnis nicht, da die Inder nur über die Zusammensetzung der Provinzparlamente abstimmen konnten, während die Zentralregierung weiterhin von den Engländern gestellt wurde.

1936 brachten **die ersten gesamtindischen Wahlen** einen überwältigenden Erfolg für die Congress Party, während die Partei der indischen Muslime weit abgeschlagen wurde.

Das Ergebnis verstärkte die Furcht der **Muslime** vor einer Majorisierung durch die Hindus und vor dem Verlust ihrer Identität in einem Hindu-Staat. Diese Angst wurde während des 2. Weltkrieges, als der Freiheitskampf weitgehend auf Eis lag, von dem Führer der Muslim-Liga *Ali Jinnah* kräftig geschürt.

Mehr und mehr entwickelte sich hieraus eine Massenbewegung, die einen **eigenständigen Muslim-Staat Pakistan** forderte. Seitdem es im Gefolge des 16. August 1946, dem so genannten *Direct Act Day,* den Jinnah in Kalkutta ausrufen ließ, um der Forderung eines Separatstaates Nachdruck zu verschaffen, zu schweren Massakern zwischen Hindus und Moslems gekommen war, führte kein Weg mehr an der von Gandhi und seinen Anhängern befürchteten Zerstückelung Indiens vorbei.

Das Ende des Krieges und die geschwächte Position Englands führten schließlich zu einer raschen, ja überstürzten Machtübergabe der Engländer, die gleichzeitig die **Teilung des Landes** in ein muslimisches Ost- und West-Pakistan und das hinduistische Indien bedeutete.

GESCHICHTE

Der von *Lord Mountbatten*, dem letzten Vizekönig Englands in Indien, festgelegte Tag der langersehnten **Unabhängigkeit,** der 15. August 1947, stand im Zeichen grausamer **Massaker** zwischen Hindus und Moslems, bei denen über 200.000 Menschen auf offener Straße abgeschlachtet wurden. Besonders betroffen hiervon war der Punjab, dessen Staatsgebiet in der Mitte zerschnitten wurde. Wie schon so oft in der Geschichte des Subkontinents offenbarte sich hier auf tragische Weise die Unmöglichkeit, das Riesenreich friedlich zu vereinen.

Mahatma Gandhi und Jawaharlal Nehru während des legendären Salzmarsches (Wandgemälde)

Das nachkoloniale Indien

„Vor langen Jahren haben wir einen Pakt mit dem Schicksal geschlossen und nun naht die Zeit, da wir unser Gelöbnis einlösen werden." Dieser Pakt mit dem Schicksal, von dem Indiens erster Ministerpräsident und langjähriger Gefährte Mahatma Gandhis während der Zeit des Unabhängigkeitskampfes, *Jawaharlal Nehru,* in der Nacht zum 15. August 1947 sprach, meinte einen Staat, der auf den Grundwerten der Toleranz, Demokratie, Pluralität, Friedfertigkeit und vor allem des Säkularismus aufgebaut sein sollte.

Wie kurzlebig der Schicksalspakt des gerade erst unabhängig gewordenen Landes war, wurde der indischen Bevölkerung bereits am 30. Januar 1948 schlagartig vor Augen geführt, als der Vater der Nation, **Mahatma Gandhi,** von dem fanatischen Hindu *Nathuram Godse* **erschossen** wurde. Hier offenbarte sich auf fatale Weise, dass religiöser Fanatismus und politischer Separatismus, die bereits die Geburtsstunde des unabhängigen Indien überschattet hatten, letztlich die indi-

GESCHICHTE

sche Realität weit mehr prägen als Toleranz und Friedfertigkeit.

Während es die politischen Führer Indiens während der Zeit des Kalten Krieges lange Jahre verstanden, das Land durch eine geschickte **Neutralitätspolitik** aus weltweiten Konflikten herauszuhalten, wurden die Beziehungen zu den Nachbarstaaten, allen voran dem **Erzfeind Pakistan**, anstatt von friedlicher Koexistenz durch militärische Auseinandersetzungen bestimmt.

Hauptstreitobjekt war hier **Kashmir**, ein Fürstenstaat im Nordwesten Indiens mit einer Hindu-Dynastie und einer Muslim-Mehrheit, den beide Staaten für sich beanspruchten. Nachdem es bereits 1948 zwischen Indien und Pakistan zu Kämpfen in Kashmir gekommen war, die erst durch einen von der UNO vermittelten Friedensschluss beendet wurden, nutzte Pakistan die innenpolitische Schwäche Indiens nach dem Tod *Nehrus* 1964 zum **2. indo-pakistanischen Krieg.** 1966 wurde er während der Friedensverhandlungen in Taschkent, wo Nehrus Nachfolger *Shastri* starb, beendet.

Mit **Indira Gandhi,** der Tochter *Nehrus,* übernahm nun eine Politikerin für die nächsten 16 Jahre die Führung des Landes, die die durch das unaufhaltsame Bevölkerungswachstum im Innern hervorgerufenen sozialen Konflikte sowie die außenpolitischen Herausforderungen durch eine kompromisslose Politik der Härte zu bewältigen suchte.

So gab sie die strikte Neutralitätspolitik ihrer Vorgänger auf, als sie 1971 als Reaktion auf das pakistanisch-amerikanische Bündnis einen Freundschaftsvertrag mit der Sowjetunion abschloss. Im gleichen Jahr entsandte sie Truppen ins benachbarte Ostpakistan, wo sie den aufständischen Rebellen unter *Mujibur Rahman* zur Gründung eines unabhängigen Staates **Bangladesch** verhalf.

Dieser große außenpolitische Erfolg ermöglichten der seit 1948 ununterbrochen regierenden Congress Party 1971 einen überwältigenden Wahlsieg. Als weiteres Zeichen machtpolitischer Stärke verkündete Indien 1974 den ersten **Atomtest,** womit das Land in den exklusiven Club der Atommächte eintrat.

Gleichzeitig geriet die Regierung unter Indira Gandhi in den Jahren 1972 bis 1974 unter zunehmenden **innenpolitischen Druck.** Durch die Weltwirtschaftskrise, drastisch steigende Energiepreise und mehrere aufeinander folgende Dürrejahre verschlechterten sich die Lebensbedingungen der Bevölkerung dramatisch. Die lange Zeit kaum in Erscheinung getretene Opposition verlangte lautstark Indira Gandhis Rücktritt, und bei den Landtagswahlen 1975 in Gujarat erlitt die Kongresspartei eine vernichtende Niederlage.

In dieser prekären Situation entpuppte sich Indira Gandhi als rücksichtslose Machtpolitikerin, da sie einen **nationalen Notstand** ausrief, um die Verschiebung der für 1976 anstehenden Wahlen, bei denen sie kaum Gewinnchancen besaß, rechtfertigen zu können. Was folgte, waren die Verhaftung Tausender unliebsamer Oppositionspolitiker, die Einschränkung der Pressefreiheit und die Gleichschaltung der Provinzparlamente.

Eine rücksichtslose **Zwangssterilisationskampagne,** mit der ihr jüngerer Sohn *Sanjay,* den sie als ihren Nachfolger auserkoren hatte, das Bevölkerungswachstum in den Griff bekommen wollte, ließ den Popularitätswert Indira Gandhis endgültig ins Nullpunkt sinken. Als sie schließlich für das Frühjahr 1977 Neuwahlen ansetzte, um ihre Notstandsgesetze von der Bevölkerung absegnen zu lassen, erlitt die Congress Party eine **klare Niederlage** und wurde von der in aller Eile aus fünf Oppositionsparteien zusammengezimmerten Janata-Partei unter dem neuen Ministerpräsidenten *Morarji Desai* abgelöst.

Doch innerhalb kürzester Zeit brachen die unüberbrückbaren Gegensätze dieser Parteienkoalition, die im gemeinsamen Kampf gegen die Congress Party überdeckt worden waren, in alter Schärfe wieder auf. So zerfiel die Koalition recht bald wieder, und aus den im Januar 1980 abgehaltenen Neuwahlen ging erneut Indira Gandhi als Siegerin hervor.

Im Juni 1980 wurde Indira Gandhis Sohn *Sanjay* Opfer eines Flugzeugunfalls. Der Verlust des von ihr geliebten, geradezu verehrten Sohnes stand wie ein schlechtes Omen über der letzten Regierungszeit Indira Gandhis, die vor allem durch die **gewaltsamen**

Autonomiebewegungen verschiedener Landesteile in den Nordost-Provinzen Sikkim und Kashmir geprägt wurde.

Die größten Sorgen bereiteten der Bundesregierung jedoch der **Sezessionskrieg der Sikhs** für einen eigenen Staat Khalistan. Nachdem sich die Terroristen im Goldenen Tempel von Amritsar, dem Haupttheiligtum der Sikhs, verschanzt hatten, befahl Indira Gandhi dessen Erstürmung, wobei der Anführer *Bhindranwale* und etliche seiner Gefolgsleute ums Leben kamen.

Wenige Monate später, am 31. Oktober 1984, wurde **Indira Gandhi Opfer eines Attentats** zweier ihrer Sikh-Leibwächter. „Was tun Sie da?", soll sie die ihr seit vielen Jahren vertrauten Mörder im Augenblick ihres Todes fassungslos gefragt haben. Fassungslos und entsetzt war auch die ganze Nation. Indira ist Indien, Indien ist Indira – dieser griffige Slogan hatte seine imaginative Wirkung nicht verfehlt. „Indira Gandhi zindabad" – hoch lebe Indira Gandhi – schrien die Massen an ihrem Grab, aber auch: „Blut für Blut". Damit war die Szenerie für die kommenden Tage abgesteckt. Allein in Delhi wurden mehrere tausend Sikhs von aufgebrachten Hindus ermordet.

Um eine Ausweitung der Unruhen zu vermeiden, wurde hastig Indira Gandhis bis dahin kaum in Erscheinung getretener Sohn **Rajiv Gandhi** zum Nachfolger erklärt. Erst nachträglich gaben die Partei und schließlich bei den Wahlen am 24. Dezember 1984 das gesamte Volk ihre überwältigende Zustimmung. Zunächst schien sich diese aus der Not geborene Wahl als Glücksgriff zu erweisen, brachte doch der vornehmlich an britischen Eliteschulen ausgebildete und mit einer Italienerin verheiratete Berufspilot neue Ideen in die Politik.

Rajiv wurde zur Symbolfigur für einen fundamentalen **Neubeginn,** denn mit Indira Gandhi war unwiderruflich eine Epoche zu Ende gegangen. Mit Rajiv kam eine neue Generation an die Macht, die nicht mehr am Unabhängigkeitskampf beteiligt gewesen war und die dem Computerzeitalter näher stand als den Palastintrigen der Moguln.

Rajivs Anspruch war Effizienz, seine Mission die längst überfällige **Modernisierung Indiens.** „Wir haben schon die industrielle Revolution verpasst, nun können wir uns nicht leisten, auch noch die elektronische Revolution zu verpassen. Wir müssen eben zwei Schritte auf einmal machen." Auf diesem Quantensprung von einer mittelalterlichen Agrargesellschaft ins postmoderne Zeitalter folgten Rajiv seine *Computer Boys,* wie die Mitglieder seiner vornehmlich aus dem Management großer Firmen zusammengesetzten Regierungsmannschaft von der Presse tituliert wurden.

Die von der neuen Regierung eingeführten Maßnahmen zur Öffnung des bis dahin durch hohe Schutzzölle weitestgehend abgeschotteten Inlandsmarktes, die Förderung zukunftsweisender Industrien und die allmähliche Privatisierung unrentabler Staatsbetriebe ließ viele vor allem junge Inder euphorisch an die Verwirklichung eines modernen, dynamischen, an westlichen Werten orientierten Indiens glauben.

Doch nach dem ersten Jahr seiner Regierungszeit musste auch Rajiv erkennen, dass sich der Koloss Indien nicht über Nacht umkrempeln lässt. Vor allem die um ihre Privilegien bangenden 16 Millionen Beamten, die heimlichen Herrscher Indiens, setzten die beschlossenen Gesetzesänderungen, wenn überhaupt, nur sehr schleppend in die Realität um.

Außerdem wurde nun auch Rajiv Gandhi immer tiefer in die wieder aufflammenden terroristischen **Unabhängigkeitskämpfe** in Kashmir, den Nordost-Provinzen und dem Punjab verstrickt. Erneut ließ er, wie schon seine Mutter, den Goldenen Tempel von Amritsar stürmen, wodurch alte Wunden erneut aufgerissen wurden.

Seine Entscheidung, die im Norden **Sri Lankas** für einen unabhängigen Staat kämpfenden Tamilen durch die Entsendung indischer Truppen zur Aufgabe zu zwingen,

---

Ein Bild mit Symbolcharakter – die neuen Kommunikationstechniken haben auch im „ewigen Indien" längst ihre Spuren hinterlassen

machte ihn im weitgehend tamilischen Südindien zu einem verhassten Mann.

Auch seine zu Beginn so strahlend weiße Weste als Saubermann in der ansonsten völlig korrupten indischen Politikerlandschaft erhielt auf einmal tiefe schwarze Flecken. Als bekannteste der vielen **Schmiergeldaffären** jener Tage gilt der Bofors-Skandal. Jene schwedische Rüstungsfirma soll sich die Entscheidung zum Kauf ihres Kriegsgeräts durch die indische Armee mit der Zahlung horrender Summen an Politiker erkauft haben. Ob auch Rajiv und seine Frau zu den Begünstigten zählten, ist bis heute ungewiss.

Wie sehr Rajivs wohlgemeinte Ideale der Anfangszeit von der **mörderischen indischen Realität** eingeholt wurden, zeigte sich exemplarisch in der Wahlkampfführung des ersten indischen „Premiers zum Anfassen". Als er zu einer Kundgebung im Punjab einschwebte, tat er das in vier identischen Hubschraubern und nur nach ganz kurzfristiger Anmeldung. Von drei Seiten mit drei Meter hohen kugelsicheren Scheiben umgeben, hielt er seine Ansprache, über einen Sicherheitsabstand von 25 Metern hinweg, an eine Menschenmenge, die zur Hälfte aus Sicherheitsbeamten bestand.

Rajiv, der die meiste Zeit seines Lebens im Westen verbracht hatte, waren die Sorgen und Nöte der meisten Inder gänzlich fremd geblieben. Im Grunde war er ein **Fremder im eigenen Land.** Seine *Computer Revolution* ist hierfür ein Beispiel: Die zu zwei Dritteln in der Landwirtschaft beschäftigten Inder verstanden davon ebensowenig wie der Landesvater von ihnen.

Wirtschaftlicher und sozialer Aufbruch

Die **Ermordung Rajiv Gandhis** durch ein Mitglied der tamilischen Befreiungsbewegung **Tamil Tigers** während einer Wahlkampfveranstaltung im südindischen Sriperumbudur (nahe Madras) am 21. März 1991 markiert nicht nur das Ende der Nehru-Gandhi-Dynastie, die fast ein halbes Jahrhundert die Fäden der indischen Politik in der Hand gehalten hatte. Mehr noch als der Tod Indira

Aktuelle Politik

Gandhis bedeutet die Ermordung ihres Sohnes einen tiefen Einschnitt in der indischen Geschichte. Viele sehen seither den Versuch, das Riesenreich Indien mit seiner Vielzahl an Kulturen, Religionen, Ethnien und Sprachen unter einer Zentralregierung zu vereinen, als endgültig gescheitert an.

Dennoch schien mit der Übernahme der Regierung durch die 227 Sitze im Parlament gewinnende Kongresspartei unter dem erfahrenen *P.V. Narasimha Rao* am 21.6.1991 zunächst eine Phase der Ruhe und Konsolidierung anzubrechen. Nach dem Tod Rajiv Gandhis hatte der altgediente Congress-Politiker den Premierposten übernommen. Doch schon bald darauf sah sich Indien einer seiner schlimmsten **Finanzkrisen** ausgesetzt. Rao und sein Wirtschaftsminister *Manmohan Singh* beschlossen eine Kehrtwendung von der sozialistisch geprägten Protektionswirtschaft hin zur **Öffnung Indiens für ausländische Investoren.** Mittlerweile fließt vermehrt ausländisches Geld ins Land, das Devisenpolster wächst stetig an. Der dank der wirtschaftlichen Öffnung durchs Land wehende „wind of change" ist allerorten sichtbar. Westliche Waren, noch bis Anfang der neunziger Jahre so gut wie gar nicht erhältlich, füllen die Auslagen der Geschäfte. Das Straßenbild wird inzwischen mehr von kleinen Privatautos (wie etwa dem in indisch-japanischer Koproduktion hergestellten Maruti) geprägt als durch die heiligen Kühe, und die Verkäufer kleiner Farbfernsehgeräte, welche die schöne neue Konsumwelt in nahezu jede Hütte tragen, verzeichnen Rekordabsätze.

Von dieser Entwicklung profitiert in allererster Linie die neue, **aufstrebende Mittelschicht,** deren Zahl inzwischen auf etwa 250 Millionen geschätzt wird. Für die große Masse der unteren Mittelschicht und **Unterschicht** hingegen bedeuten die mit der Liberalisierung der Wirtschaft einhergehende Inflation (2005 bei 4,2 %) und der Abbau von Arbeitsplätzen in unrentablen Staatsbetrieben eine **Verschlechterung der Lebensbedingungen.**

Aktuelle Politik

Wie die Entwicklung seit Beginn des 21. Jh. verdeutlicht, sind es gerade die für Indien so charakteristischen „Eigenschaften" wie die geographische Größe sowie die kulturelle und ethnische Vielfalt, die eine Gefahr von Zerstörung und Spaltung in sich bergen. So bestimmen Meldungen von Naturkatastrophen, ethnischen Konflikten und militärischen Auseinandersetzungen die Schlagzeilen über Indien in der Weltpresse.

Nuklearkrieg Indien – Pakistan?

Wieder einmal bestimmt der seit mehr als 50 Jahren schwelende Dauerkonflikt zwischen Indien und Pakistan die internationalen Schlagzeilen. Im Zentrum der Auseinandersetzungen befindet sich **Kashmir,** das beide Seiten für sich beanspruchen. Die weltpolitischen Veränderungen nach dem 11. September 2001 haben die Lage weiter verschärft. Diesmal ist die Staatengemeinschaft besonders alarmiert, denn es besteht die Gefahr einer nuklearen Eskalation.

Parlamentswahlen 2004

Journalisten, Wahlforscher und so genannte Experten – fast alle waren sich im Vorfeld der indischen Parlamentswahlen sicher, dass die regierende Nationale Demokratische Allianz (NDA) unter der Führung der hindunationalistischen **Bharatiya Janata Party (BJP)** einen deutlichen Wahlsieg davontragen würde. Zu überzeugend waren die Argumente und Ergebnisse, die die Koalition vorzuweisen hatte: wirtschaftlicher Aufschwung, geringe Inflation, der IT-Boom und letztlich die Aussicht auf eine friedliche Lösung mit dem „Erzfeind" Pakistan.

Doch diese Rechnung wurde offensichtlich ohne den Wirt, das indische Volk, gemacht. Die bereits in der Versenkung geglaubte **Kongresspartei** erlangte einen wahren Erdrutschsieg und ist im neuen Parlament stärkste Partei, während die sich des Sieges bereits sichere BJP in die Schranken der Opposition gewiesen wurde.

Es waren die vernachlässigten indischen Massen, denen diese Überraschung zu ver-

Aktuelle Politik

danken ist. Die Kampagne „India is shining" (Indien strahlt) der Regierungskoalition konzentrierte sich hauptsächlich auf die vom wirtschaftlichen Aufschwung deutlich profitierenden Mittel- und Oberschichten der Gesellschaft und propagierte den „feel good factor" (Wohlfühlfaktor) während der Amtszeit der Regierung. In einem Land, in dem jedoch ein Drittel der Bevölkerung mit weniger als einem Euro pro Tag auskommen muss, war dies nicht nur anmaßend, sondern offensichtlich kontraproduktiv.

Das indische Volk hat dem selbstsicheren und hauptsächlich auf wirtschaftliches Wachstum fixierten Regierungsbündnis eine Lektion erteilt und klar gemacht, dass es die Kongresspartei ist, die sich für die wesentlichen Belange eines Großteils der Bevölkerung einsetzt: „Pani, Bijli, Sadak" (Wasser, Strom, Infrastruktur) war deren Motto. Dies gilt es umzusetzen, um auch den breiten Massen ein Leben zu ermöglichen, das die wohlhabenden Schichten bereits seit langem genießen.

Sicherheitslage in Indien

Die Anzahl und die Heftigkeit von **Bombenanschlägen** und gewalttätigen Auseinandersetzungen haben in den letzten Jahren deutlich zugenommen. Zudem sind immer mehr Opfer zu beklagen. Seit dem Anschlag am 25. August 2003, bei dem Islamistische Terroristen in Mumbai durch zwei Bomben 52 Menschen in den Tod rissen, kommt es immer wieder, besonders seit Ende 2005, zu Spannungen. Viele Anschläge jüngeren Datums stehen nicht im Zusammenhang mit dem Pakistan-Konflikt, die neuen Terroristen sind Inder muslimischen Glaubens. So werden auch die Bombenanschläge vom Oktober 2005 in Delhi mit 60 Todesopfern, in Varanasi (14 Tote) und die Bombenserie in Mumbai am 11. Juli 2006, bei der über 180 Menschen getötet und viele weitere schwer verletzt wurden, **islamischen Terroristen** zugeschrieben.

Weiterhin sind zumindest zeitweise einige Gebiete Indiens nicht unter der Kontrolle der Sicherheitskräfte. Dies gilt nicht nur für **Kashmir,** wo sich die seit Jahrzehnten schwelenden Spannungen zwischen Pakistan und Indien allerdings in letzter Zeit zu beruhigen scheinen, sondern z.B. auch für Gebiete in **Bihar/Jharkand** und die **Nordostprovinzen.**

Dennoch ist Indien für Touristen ein relativ sicheres Reiseland. Das **Auswärtige Amt** sieht im Sommer 2006 keinen Anlass, von Reisen nach Indien generell abzuraten. Die folgenden Warnungen werden aber ausgesprochen:

Terroranschläge sind landesweit nicht auszuschließen. Es wird daher durchgängig zu Wachsamkeit geraten, insbesondere bei größeren Menschenansammlungen, in der Nähe von Regierungsgebäuden und nationalen Wahrzeichen sowie an religiösen Stätten. Besondere Wachsamkeit empfiehlt sich außerdem an Feiertagen (Tag der Republik am 26. Januar, Unabhängigkeitstag am 15. August), an denen es erfahrungsgemäß vermehrt zu Drohungen und Anschlägen kommt. Es wird empfohlen, an und unmittelbar vor solchen Tagen Märkte, öffentliche Plätze und große Menschenansammlungen sowie Regierungsgebäude und nationale Wahrzeichen zu meiden.

In jüngster Zeit gab es in Großstädten Einzelfälle von Gewaltkriminalität gegen **ausländische Frauen.**

Vergehen gegen das **Betäubungsmittelgesetz** werden bereits beim Besitz von kleinen Drogenmengen (auch Haschisch) mit drakonischen Haftstrafen geahndet. Mitgeführte Devisen – derzeit ab 5.000 US-Dollar (bar oder Reiseschecks) – sind bei der Einreise zu deklarieren. Bei Verstößen hiergegen und gegen Zollvorschriften droht Verhaftung bei der Ausreise.

Die unmittelbaren **Grenzregionen zwischen Indien und Pakistan** sollten gemieden werden. Wegen der Gefahr terroristischer Gewalttaten wird vor Reisen nach **Jammu und Kashmir** gewarnt.

Über die aktuelle Sicherheitslage informiert das Auswärtige Amt unter:
- www.auswaertiges-amt.de.

Staat und Verwaltung

Indiens offizieller Landesname lautet seit der Unabhängigkeit am 15.8.1947 *Bharat Juktarashtra*, was soviel wie **„Republik Indien"** heißt. Mit Inkrafttreten der indischen Verfassung am 26. Januar 1950 wurde ein Paradox staatsrechtlich verankert. Der junge Staat, der seine neu gewonnene Freiheit und Unabhängigkeit gerade erst nach jahrzehntelangen Kämpfen gegen die Briten errungen hatte, übernahm nahezu unverändert alle politischen Institutionen der Kolonialmacht. Der Freiheitskampf hatte nicht zu einer Revolution geführt, sondern letztlich zur Erhaltung des vorher so erbittert bekämpften Systems.

So orientieren sich die allgemeinen Bestimmungen der den Prinzipien der **parlamentarischen Demokratie** verpflichteten indischen Verfassung am Westminster-Modell. Ebenso wie in England existieren in der Indischen Union mit dem Unter- und dem Oberhaus zwei Zentralparlamente. Hier wie dort ist das **Oberhaus** *Rajya Sabha* (Staatenkammer) nicht viel mehr als eine recht harmlose Zusammenkunft betagter Männer, die nur sehr geringen Einfluss auf die Tagespolitik ausüben. Gewählt werden die 250 Mitglieder nicht direkt vom Volk, sondern nach einem komplizierten Quotensystem durch Vertreter der einzelnen Länderparlamente.

Eine wesentlich breitere Legitimation besitzen die 542 Mitglieder des **Unterhauses** *Lok Sabha* (Volkskammer), die alle fünf Jahre in freier und geheimer Wahl vom Volk gewählt werden. Stimmberechtigt sind alle Bürger über 18 Jahre. An der Spitze der Regierungsmannschaft steht der **Premierminister** als Chef der stärksten Partei, der auch die Richtlinien der Politik bestimmt und somit die stärkste politische Figur des Landes darstellt.

Formal ihm übergeordnet steht der **Präsident** an der Spitze des Staates, dem jedoch in der Verfassung, ähnlich dem deutschen Bundespräsidenten, eher repräsentative Aufgaben zugewiesen sind. Gewählt wird der Präsident für jeweils fünf Jahre von einem Wahlausschuss, der sich aus Vertretern der beiden Zentralparlamente sowie den insgesamt 25 Landesparlamenten der einzelnen Bundesstaaten zusammensetzt.

An der Spitze jedes **Bundesstaates** steht ein vom Präsidenten eingesetzter **Gouverneur,** wobei der **Chief Minister** an der Spitze seines Kabinetts die politischen Fäden in der Hand hält. In der Gesetzgebung sind bestimmte Bereiche wie auswärtige Beziehungen, Verteidigung, Verkehr und Atomenergie dem Zentralparlament vorbehalten, andere wie Polizei, Gesundheitswesen und Erziehung den Länderparlamenten.

Auf welch wackligen Beinen die theoretisch scheinbar reibungslos funktionierende Ordnung der Indischen Union jedoch steht, zeigt die so genannte **President's Rule,** der umstrittenste, weil meistmissbrauchte Artikel der indischen Verfassung. Danach besitzt die indische Zentralregierung unter bestimmten Bedingungen

Staat und Verwaltung

das Recht, die jeweiligen Landesparlamente aufzulösen und den Unionsstaat der Zentralregierung unterzuordnen.

Da die Gründe für ein solches Vorgehen nur äußerst schwammig formuliert wurden, diente die President's Rule schwachen Regierungen immer wieder als willkommenes Instrument, um unter dem dünnen Mäntelchen der Legalität politische Gleichschaltung zu betreiben.

Bisher wurde diese einst von der britischen Kolonialmacht zur Kontrolle unruhiger Provinzen geschaffene Ausnahmebestimmung über zwei Dutzend Male eingesetzt. Besonders *Indira Gandhi* bediente sich gern dieser Möglichkeit, um ihr missliebige, von Oppositionsparteien geführte Landesregierungen zu stürzen. Derzeit haben der Punjab, Kashmir, Nagaland und Mizoram ihre Souveränität auf diese halbdiktatorische Weise eingebüßt. Insgesamt jedoch ist man in Indien zu Recht stolz darauf, trotz all der riesigen Probleme und gewaltigen Auseinandersetzungen gerade auch während der letzten Jahrzehnte niemals ernsthaft an den Grundfesten der Demokratie gerüttelt zu haben.

Staatssymbole

Die **Nationalflagge** ist eine waagerecht gestreifte Trikolore – oben tief safrangelb, in der Mitte weiß und unten dunkelgrün. Nach offizieller Deutung stehen die Farben für Mut, Frieden und Wahrheit. Im weißen Feld befand sich vor der Unabhängigkeit das Ghandische Spinnrad. An seine Stelle ist später die *Chakra Varta,* das Rad der Lehre, getreten.

Das Motiv ist dem **Löwenkapitell von Sarnath** entnommen, welches zugleich das nationale Emblem bildet. Das Löwenkapitell wurde im 3. Jh. v. Chr. durch Kaiser *Ashoka* an jenem Ort errichtet, an dem Buddha zum ersten Mal seine Lehre in einer öffentlichen Predigt verkündete. Das Wappen soll die religiöse Toleranz des nachkolonialen Indien symbolisieren. Die Säulenplatte ruht auf einer voll erblühten **Lotusblume,** die für Hindus wie Buddhisten das Symbol für Reinheit, Schönheit und ewiges Leben ist und die Nationalblume Indiens darstellt. Die am Fuße des Sockels eingravierte Inschrift lautet: „Die Wahrheit allein siegt". Als Nationaltier gilt der **Tiger,** als Nationalvogel der **Pfau.**

Parteien

Die indische Parteienlandschaft ist aufgrund häufiger Absplitterungen, Neugründungen und Verschmelzungen bestehender Parteien sowie des Parteiwechsels selbst prominentester Parteimitglieder außerordentlich unübersichtlich. Wenn man unter diesem Gesichtspunkt das Spektrum der wichtigsten politischen Parteien Indiens betrachtet, sollte man bedenken, dass westliche Vorstellungen von rechts und links, von Ideologie und Programm nur sehr bedingt übertragbar sind.

Die großen indischen Parteien

●**Indian National Congress** (Congress (I) Party) – Die Kongresspartei regierte seit der Unabhängigkeit, abgesehen von einer kurzen Unterbrechung zwischen 1977 und 1980, das Land bis Anfang der neunziger Jahre ununterbrochen. Die Partei wurde so eng mit der Regierungsmacht identifiziert, dass alle anderen Parteien unter der Bezeichnung Oppositionspartei zusammengefasst und sozusagen entsorgt wurden. Dabei war der Nationalkongress in den ersten Jahren seiner **Gründung 1885** eher ein loses Bündnis junger, bürgerlicher Intellektueller, die sich zusammenfanden, um die britische Fremdherrschaft abzuschütteln. Erst seit etwa 1920 entwickelte sich der Congress unter der **Leitung Mahatma Gandhis** zu einer gut organisierten Massenorganisation im Kampf für die Unabhängigkeit Indiens.

Trotz gelegentlicher linker Lippenbekenntnisse hat die Partei immer einen vorsichtig **konservativen Kurs** gesteuert und war im ganzen Land verankert. Überall gelang es ihm, die lokalen Eliten wie Großgrundbesitzer, Bildungsbürgertum und Industrielle für sich zu gewinnen. Logische Folge war eine tiefgreifende Entfremdung von der Basis und eine damit einhergehend zunehmend **unsoziale Politik.** Wenn Politik in Indien heute mit Korruption und Vetternwirtschaft gleichgesetzt wird, so liegt dies in allererster Linie an der Machtbesessenheit der Kongressabgeordneten. Leider nur allzu oft missbrauchen diese ihren Wahlkreis als Selbstbedienungsladen und lassen gleichzeitig die Polizei auf verarmte Bauern und entwurzelte Ureinwohner einschlagen, die für ihre Rechte demonstrieren.

Wie die verheerende Niederlage bei den letzten Parlamentswahlen im Herbst 1999 nur allzu deutlich machte, ist von ihrer einstigen Reputation als einzige legitime politische Institution der indischen Freiheitsbewegug so gut wie nichts geblieben. Die meisten politischen Beobachter sind sich einig, dass es für den Congress ein sehr beschwerlicher und langer Weg zurück zur Macht sein wird.

●**Bharatiya Janata Party** (BJP, Indische Volkspartei) – Wie keine andere konnte diese 1979 gegründete Partei von dem zunehmenden Imageverlust der Congress während der letzten Jahre profitieren. Eine Welle des Erfolges brachte die BJP zunächst auf Regionalebene und schließlich auch landesweit an die Macht. Das erklärte Ziel der BJP, die Politik zu hinduisieren und den Hinduismus zu militarisieren, rüttelt an den demokratischen und säkularistischen Grundsätzen der indischen Verfassung und stellt eine ernst zu nehmende Gefahr für die Einheit und Integrität Indiens dar.

Die **Scharfmacher** innerhalb der Partei setzen Hinduismus und Nationalismus gleich und brandmarken die Muslime als antinationale Kräfte, um über die tatsächlichen Krisen des Landes hinwegzutäuschen. Unter diesem Aspekt ist auch das 1998 von der BJP in Gang gesetzte atomare Wettrüsten mit Pakistan und der Krieg um das bei Kashmir gelegene Kargil im Herbst 1999 zu sehen. Religiöse und nationale Minderheiten geben auch in Indien ideale Sündenböcke ab.

Die BJP verdankt ihren Aufstieg in erster Linie einer Wähleraillianz aus **religiösen Gruppen und einem neuen Mittelstand,** der infolge der wirtschaftlichen Entwicklung seit Mitte der achtziger Jahre entstanden ist. Die BJP artikuliert die neuen Werte dieser selbstbewussten Schichten, die größere kulturelle Eigenständigkeit fordern und mit den alten Idealen der Kongresspartei brechen. So ist es nicht zu weit gegriffen, wenn man behauptet, dass das weitere Abschneiden der fundamentalistischen Parteien einen Indikator für die weitere Zukunft Indiens darstellt.

●**Communist Party of India** (CPI) – Am anderen Ende des politischen Spektrums steht die 1920 gegründete **marxistische Partei.** Von allen indischen Parteien ist sie wohl die einzige, die ein klar definiertes Parteiprogramm besitzt. Obwohl sie auch heute noch am Ziel einer klassenlosen Gesellschaft unter Führung der Arbeiterklasse festhält, gab sie sich seit jeher weit weniger ideologisch als z.B. die osteuropäischen Kommunisten und war sogar für einige Jahre Juniorpartner in einer vom Congress geführten Regierung.

●Die 1964 durch Absplitterung des pro-chinesischen Flügels der CPI entstandene **Communist Party of India (Marxist)** (CPIM) ori-

Flagge zeigen im Zeichen der zunehmend von Intoleranz geprägten politischen Landschaft Indiens

entiert sich heute eher an sozialdemokratischen Zielen und stellt die Landesregierungen in Bengalen und Kerala.
- **Janata Party** (Volkspartei) – Diese 1977 aus fünf mehr oder weniger **sozialistischen bzw. sozialdemokratischen** Parteien geformte Bündnispartei ist ein Produkt der für indische Verhältnisse so typischen Parteiabsplitterungen und Parteiwechsler. Ebenso vage wie die formulierten Ziele ist auch ihr innerer Zusammenhalt. Als kleine Partei jedoch stellt sie seit 1983 in Karnataka den Ministerpräsidenten und ist in einigen weiteren Unionsstaaten aktiv.
- **Weitere Parteien** – Neben den hier genannten gibt es noch eine große Zahl weiterer kleiner Parteien, die sich als Interessenvertretungen einzelner Volksgruppen bzw. sozialer Schichten verstehen und in den letzten Jahren zunehmend an Einfluss gewinnen. Ohne sie kann keine mehrheitsfähige Regierung gebildet werden und so gewinnen sie als „Zünglein an der Waage" eine politische Bedeutung, die in keinem Verhältnis zu ihrem eigentlichen Stimmenanteil steht.

Presse

Für jeden ausländischen Besucher, der sich längere Zeit in Indien aufhält, bieten die **englischsprachigen Tageszeitungen** eine hervorragende Möglichkeit, sich näher mit den großen wie kleinen Problemen des Landes vertraut zu machen. Gerade ein Blick in den Lokalteil oder die traditionell am Sonntag erscheinenden Heiratsanzeigen vermitteln wesentlich tiefere Einblicke in das indische Alltagsleben als mancher wissenschaftliche Aufsatz. Die wichtigsten englischsprachigen Tageszeitungen:

- **Times of India,** das etwas in die Jahre gekomme Flaggschiff, ist noch immer die seriöseste und ausführlichste Tageszeitung des Landes. Website: www.timesofindia.com.

WIRTSCHAFT

- **Indian Express,** die am weitesten verbreitete englischsprachige Zeitung mit einer Gesamtauflage von mehreren Millionen Exemplaren, hat durch ihren engagierten Journalismus gerade in den letzten Jahren zur Aufdeckung vieler Skandale beigetragen. Website: www.expressindia.com.
- **The Asian Age** bringt eine Vielzahl von Auslandsnachrichten, die allerdings von ausländischen Presseagenturen übernommen sind. Sie ist bisher nur in den großen Metropolen erhältlich.

Wochenblätter und Magazine

- **Sunday Observer** und **Sunday Mail** – zwei sehr gute, sonntags erscheinende Wochenblätter, die fundiert auf die Hintergründe der Schlagzeilen der vergangenen Woche eingehen.
- **India Today** – Keine andere Publikation bietet derart umfangreiche wie fundierte Hintergrundreportagen. Sehr zu Recht ist dieses etwa 90 Seiten starke, im Stil von „Times" und „Newsweek" gestaltete Blatt das meistverkaufte Magazin Indiens. Website: www.india-today.com.

die USA (ca. 18 %), China (8 %), die Vereinigten Arabischen Emirate (7 %) sowie Großbritannien, Hongkong und Deutschland (jeweils ca. 4 %).

Bei der weiteren wirtschaftlichen Entwicklung des Landes werden vor allem einige der chronischen Strukturprobleme Indiens, wie beispielsweise das völlig veraltete und **unzureichende Transportwesen** und die **mangelhafte Energieversorgung,** gelöst werden müssen. Wie soll eine moderne Industrie funktionieren, wenn Stromausfälle noch immer an der Tagesordnung sind? Als wichtigster Hemmschuh der Entwicklung von einer Agrar- zur Industriegesellschaft dürfte sich jedoch der mangelhafte Ausbildungsstand der breiten Masse der indischen Bevölkerung erweisen. Angesichts einer Analphabetenrate von etwa 40 % ist es noch ein langer Weg von der Feld- zur Bildschirmarbeit.

Wirtschaft

17 % der arbeitenden Bevölkerung Indiens sind in der Industrie beschäftigt. Hauptzweige stellen Maschinenbau, Eisen- und Stahlproduktion sowie die Herstellung von Nahrungsmitteln und Bekleidung dar. Zu den Wachstumsbranchen zählen die Kfz-Industrie, die Telekommunikationsindustrie und die vor allem im Großraum Bangalore angesiedelte **Software-Industrie.** Der Hightech-Export trägt bereits einen beträchtlichen Teil zu den insgesamt 69 Mrd. US-$ Exporterlösen bei. Indiens wichtigste Handelspartner sind

Indiens Weg zur führenden Hightech-Nation

Indiens Helden von heute heißen nicht mehr *Mahatma Gandhi* und *Jawaharlal Nehru,* sondern *Azim Premji* und *Narayana Murthy*. Beide wohnen im südindischen **Hightech-Paradies Bangalore** und sind Symbolfiguren des neuen Indien, welches nicht mehr als das Armenhaus, sondern als eine der größten Technologie-Nationen der Welt internationale Schlagzeilen macht. Premji mit seiner Firma Wipro gehört zu den fünf reichsten Männern der Erde, Murthy ist der ebenfalls milli-

WIRTSCHAFT

Rasanter Aufschwung der Computer-Industrie

Mit jährlichen Wachstumsraten von über 50 % ist die Software-Industrie zu einem der wichtigsten Wirtschaftssektoren des Landes geworden. „Die industrielle Revolution haben wir verpasst, jetzt ruht unsere gesamte Hoffnung auf der Revolution der Informationstechnologie". So wie ein führender indischer Soziologe denkt eine ganze Generation von ambitionierten Jugendlichen, die in die „Technologieschmieden" von Bangalore, Hyderabad und Chennai drängen.

Glaubt man den Prognosen, dann sind über die nächsten Jahre Steigerungsraten von 50 % jährlich zu erwarten. Mit besonderem Stolz verweist man darauf, dass jedes fünfte der 1.000 im Wirtschaftsmagazin „Fortune" aufgeführten wichtigsten Unternehmen der Welt Software-Aufträge nach Indien vergeben hat – eine umso beeindruckendere Zahl, wenn man bedenkt, dass die indische Wirtschaft bis Anfang der neunziger Jahre fast gänzlich vom Weltmarkt abgekoppelt war. Ein Grund für die phänomenalen Wachstumsraten ist, dass die Software-Industrie von den für den Rest der indischen Wirtschaft so typischen Entwicklungshemmnissen wie veralteter Infrastruktur, Bürokratismus und Kastendenken weitgehend unberührt bleibt.

ardenschwere Chef des Technologie-Riesen Infosys Technologies.

Ihre Jünger sind die westlich orientierten, auf individuelle Entfaltung, Konsum und Globalität setzenden Jugendlichen der Großstädte. Damit hat diese so genannte **MTV-Generation** Visionen auf ihre Fahnen geschrieben, die im krassen Gegensatz zu den von Gemeinschaft, Sozialismus und Protektionismus getragenen Idealen der Gründungsväter stehen. Mit dem phänomenalen Aufstieg der indischen Computerindustrie geht ein **fundamentaler Wertewandel** innerhalb der indischen Gesellschaft einher, der das über Jahrtausende in festen Kastenschranken verharrende Gefüge innerhalb weniger Jahrzehnte aus den Angeln hebt.

Nord-Süd-Gefälle

Auffällig bei der geographischen Verteilung der Technologie-Schwer-

WIRTSCHAFT

punkte ist ein deutliches Nord-Süd-Gefälle. Die im Süden gelegenen Bundesstaaten Maharashtra, Andhra Pradesh, Tamil Nadu und Karnataka mit den „Cybercities" Bangalore und Hyderabad an der Spitze setzen energisch auf den weiteren Ausbau der Software-Industrie und investieren in Straßen und vor allem in das marode Bildungswesen. Mit ihren hohen wirtschaftlichen Wachstumsraten, die zum Teil bis zu 10 % jährlich erreichen, vergrößert sich der Abstand zu den überbevölkerten und **unterentwickelten Agrarstaaten des Nordens** wie Rajasthan, Uttar Pradesh, Bihar und Orissa immer mehr. Führende Politiker warnen bereits vor der politischen und sozialen Sprengkraft des wachsenden Einkommensgefälles zwischen Nord und Süd.

„Computer-Inder"

Die Software-Industrie ist für die Generation junger, gebildeter Inder das Eintrittstor in eine goldene Zukunft. Jedes Jahr bildet Indien **75.000 Informationstechnologie-Studenten** aus. Der Anfangslohn von umgerechnet etwa 500 € im Monat – für indische Verhältnisse ein Spitzenverdienst – kann innerhalb weniger Jahre auf das Vierfache steigen. Die meisten denken jedoch bereits über die nationalen Grenzen hinaus und sehen die Beschäftigung in einer indischen Computer-Firma als Sprungbrett für eine **Anstellung im Ausland.** Als Schlaraffenland gelten hier die USA, welche bei Umfragen unter Hochschulabsolventen mit großem Abstand die Nummer eins unter den begehrtesten Arbeitsplätzen einnehmen. Neben den hervorragenden Aufstiegsmöglichkeiten und dem hohen Lohnniveau spielt hierbei auch die Tatsache eine große Rolle, dass Englisch bei den meist aus der Mittel- und Oberschicht stammenden indischen Computerprofis – Durchschnittsalter 26 Jahre – wie eine Muttersprache gepflegt wird.

Rund 80 % der Absolventen aus den sechs Elite-Hochschulen der IIT (Indian Institute of Technology) werden von Hochschulen und Unternehmen in den USA unter Vertrag genommen. Kein Wunder, denn wer sich für einen der 2.000 IIT-Studienplätze qualifiziert, hat bereits ein knallhartes Auswahlverfahren hinter sich und zählt zur Crème de la Crème der ursprünglich 125.000 Bewerber. 500.000 weitere Anwärter werden erst gar nicht zur Vorauswahl zugelassen. Welche **hervorragende Qualifikation** die in den USA arbeitenden Software-Spezialisten besitzen, belegt allein die Tatsache, dass von den 2.000 Gründerfirmen im amerikanischen Silicon Valley 40 % von Indern geleitet werden. Nur wer in Nordamerika keine Anstellung findet, versucht eventuell in der Bundesrepublik einen Job zu ergattern.

Motor der wirtschaftlichen Entwicklung

Trotz der beeindruckenden Wachstumsraten trägt die Software-Industrie

Drei Viertel der Einwohner Rajasthans leben auf dem Land

nach wie vor weniger als 1 % zum Bruttoinlandsprodukt bei. Erweisen sich jedoch die Prognosen als richtig, würde der Anteil auf 5 bis 7 % steigen. Damit wäre die Software-Industrie endgültig die Wachstumslokomotive der indischen Wirtschaft. Mindestens ebenso bedeutend ist der mit dem wirtschaftlichen Aufschwung einhergehende **soziale Wandel,** der fast schon revolutionär zu nennende Veränderungen der traditionellen indischen Gesellschaft nach sich ziehen wird.

Landwirtschaft

All dies ändert nichts daran, dass Indien trotz industrieorientierter Entwicklungsstrategie und Wirtschaftspolitik noch immer in erster Linie ein **Agrarland** ist, dessen Konjunktur mehr vom pünktlich eintreffenden Monsun und den davon abhängigen Ernten bestimmt wird als von industriellen Zyklen.

Hauptanbauprodukte sind Zuckerrohr, Reis, Weizen, Hülsenfrüchte und Baumwolle. Indien ist der weltgrößte Produzent von Jute, Hülsenfrüchten, Hirse und Sesam. Mit einer Gesamtproduktion von 700.000 Tonnen, wovon etwa 250.000 Tonnen exportiert werden, ist Indien der mit Abstand **führende Teeproduzent** der Erde. Bedeutende Exporterlöse werden auch mit Gewürzen, Cashewnüssen und Kaffee erwirtschaftet.

In der Besitzstruktur dominieren **kleine und kleinste Betriebe.** Über die Hälfte der landwirtschaftlichen Be-

Die Probleme der rajasthanischen Landwirtschaft

Trotz aller auch in Rajasthan nicht zu übersehender neuzeitlicher Veränderungen hängt das Leben und Überleben der absoluten Mehrheit der Menschen in Rajasthan wie seit Jahrtausenden von Pflanzenbau und Viehhaltung ab. Immer noch sind fast 80 % der Bevölkerung in der Landwirtschaft tätig. Während es den Bauern des Südostens aufgrund des fruchtbaren Bodens und der ausreichenden Regenfälle für indische Verhältnisse vergleichsweise gut geht, ist die Landwirtschaft in den semiariden Zonen des Westen ein mühsames Unterfangen. In den trockenen und relativ unfruchtbaren bergigen Regionen der westlichen Bezirke Bikaner, Jodhpur, Jaisalmer und Barmer an der Grenze zur Wüste sehen sich die Bauern in ihrem Bemühen, dem Boden genügend Erträge abzuringen, gleich mehreren natürlichen Barrieren gegenüber.

Die Regenfälle sind äußerst gering und zudem auf eine sehr kurz Zeit konzentriert. Die gerade einmal 260 bis 325 mm **Regen** pro Jahr fallen hauptsächlich in den Monaten Juni bis September, wobei die durchschnittliche Anzahl der Regentage im Distrikt Jodhpur nur 18 Tage beträgt. An manchen Tagen fallen bis zu 130 mm Regen, was der Hälfte der gesamten Jahresmenge entspricht. Die Bodenfeuchtigkeit ist nur in einer Zeitspanne von 10 bis 11 Wochen für das Pflanzenwachstum ausreichend. Nicht selten kommt es vor, dass es das ganze Jahr überhaupt keine Niederschläge gibt, was einen totalen Ernteausfall und Massensterben von Tieren zur Folge hat.

Die **Sandböden** sind nährstoffarm, strukturlos und porös oder bestehen aus steinigen, harten Oberböden. Deshalb versickert das ohnehin geringe Regenwasser schnell

Die Probleme der rajasthanischen Landwirtschaft

oder fließt ab. Heiße **Sandstürme** wehen in den Sommermonaten die dünne fruchtbare Krume weg oder schütten sie mit Sand zu. Die zumeist Subsistenzlandwirtschaft betreibenden Bauern haben **selten Geld**, um durch Zukauf von Produktionsmitteln wie Pumpen, Dünger und Pflanzenschutzmitteln ihre Landwirtschaft zu intensivieren und von den Unbilden der Natur unabhängiger zu machen. Darüberhinaus lassen **Grundwassermangel** und **Versalzungsprobleme** in weiten Gebieten eine Bewässerung gar nicht zu.

Die natürlichen Voraussetzungen für eine ertragreiche Landwirtschaft könnten also kaum ungünstiger sein. Dennoch haben es die Bauern in den letzten Jahrtausenden verstanden, das Land erfolgreich und nachhaltig zu nutzen. Die wichtigste Strategie hierfür ist eine **hohe Diversität der Tier- und Pflanzenarten** sowie eine starke **Verflechtung von Tierhaltung und Pflanzenbau.** So säen die Bauern West-Rajasthans äußerst selten nur eine Feldfrucht, sondern mehrere Kulturpflanzen nebeneinander, die positiv aufeinander einwirken. Je nach klimatischen Bedingungen erbringt die eine oder andere Pflanze einen guten Ertrag, nur in ganz schlechten Jahren ist der Ertrag aller Pflanzen gleich schlecht.

Bei aller Diversifizierung steht doch der Anbau von **Hirse** *(bajra)* im Mittelpunkt der Nutzpflanzen. Fast 50 % der gesamten Hirse Indiens werden in Rajasthan angebaut. Wie kaum eine andere Pflanze ist sie in der Lage, extreme Hitze und geringe Niederschläge zu überleben, was sie zur idealen Pflanze für die Halbwüste macht. Abgesehen von ihrer Anspruchslosigkeit besitzt sie im Vergleich zu anderen Getreidearten einen relativ hohen Proteinanteil, ist reich an Eisen und Phosphor und verfügt zudem über einen hohen Fettanteil.

Neben Hirse und anderen Feldfrüchten des Mischanbaus wachsen in den Feldern noch viele **Sträucher und Bäume,** die für den Menschen von Bedeutung sind. Gerade in den entlegenen Dörfern sind die Bauern sehr stark auf ihre Subsistenz angewiesen und produzieren alles Lebensnotwendige selber. Nahrungsmittel für Mensch und Tier, Brennstoff und Baumaterial, Dünger, Medizin, Erosions-, Wind- und Sonnenschutz sind nur einige Beispiele, wozu die Pflanzen dem Menschen dienen. Ein besonders schönes Beispiel hierfür liefert der **Khejadibaum,** der gern im Feld stehengelassen wird, auch wenn er das Pflügen erschwert. Die Bauern wissen, dass die Blätter wertvolles Tierfutter sind, die Früchte gegessen werden können und der Baum die Fruchtbarkeit des Bodens verbessert.

Neben dem Mischanbau und der hohen Subsistenzorientierung gehört eine **konsequente Sammel- und Lagerhaltungswirtschaft** zu den wichtigsten Prinzipien der Landwirtschaft im Westen Rajasthans. Aufgrund der unberechenbaren Natur sind die Bauern darauf angewiesen, Vorräte zu sammeln, um in schlechten Jahren überleben zu können. Neben dem Getreide wird auch Stroh gelagert, welches bis zu 10 Jahre genutzt werden kann. Zum Sammeln von Regenwasser, das dem gesamten Dorf für das ganze Jahr reichen muss, dienen die großen Stauteiche *(nadis).*

Während die Bauern der Region über die letzten Jahrtausende eine im Einklang mit der Natur stehende Landwirtschaft betrieben haben, weil für sie nur so das Überleben in dieser so unwirtlichen Region zu sichern war, zeichnet sich in den letzten Jahren mit dem zunehmenden Einsatz von Traktoren durch wohlhabende Bauern eine **ernsthafte Gefährdung des labilen Ökosystems** West-Rajasthans ab. Mit dem vermehrten Einsatz von Traktoren erweitern die reichen Bauern nicht nur den bewirtschafteten Anteil der Felder zuungunsten der Brache, sondern zerstören auch einen großen Teil der Wildpflanzen und beseitigen Büsche, die der schnellen Bearbeitung im Wege stehen.

Tourismus

triebe bewirtschaften weniger als einen Hektar Land. Rund ein Drittel der ländlichen Haushalte besitzt keinen Boden. Obwohl insgesamt 57 % aller Erwerbstätigen in der Landwirtschaft beschäftigt sind, erarbeiten sie nur 22 % des Sozialprodukts des Landes. Zudem trägt der Agrarsektor mit einem Anteil von nur 30 % zu den Exporterlösen bei. Allein diese Zahlen verdeutlichen die mangelnde Rentabilität der Landwirtschaft.

Touristenmagnet Nr. 1: das Taj Mahal

Tourismus

Indien erlebt in den letzten Jahren einen **Tourismusboom.** Nachdem das Land lange Zeit südostasiatischen Konkurrenten wie Thailand, Myanmar und Vietnam weit hinterherhinkte, hat es sich inzwischen an die Spitze dieser Wachstumsbranche im asiatischen Raum gesetzt. Wachstumsraten von bis zu 15 % und Deviseneinnahmen von über 3 Mrd. US-$ jährlich lassen die lange arg gebeuteltelte Tourismusbranche strahlen. Der Tourismus ist der zweitgrößte Devisenbringer des Landes. Über fünf Millionen Inder sind in der „weißen" Industrie tätig, indirekt abhängig sind 12 Mio.

Tourismus

Nach wie vor zieht es die meisten Touristen nach Rajasthan und in die klassischen Stätten des Nordens wie Khajuraho, Varanasi und Agra. Die mit Abstand höchsten Zuwachsraten verzeichnet jedoch der Süden des Landes. Besonders der Bundesstaat Kerala ist Anlaufpunkt Tausender westlicher Reisender. Neben seiner landschaftlichen Schönheit ist es besonders der Ajurveda-Boom, welcher jedes Jahr Scharen von Touristen in dieses kleinste Bundesland Indiens im äußersten Südwesten zieht.

Auch für die Zukunft geben sich Indiens Tourismusmanager recht optimistisch und rechnen mit Wachstumsraten von durchschnittlich 10 % jährlich. Tatsächlich gibt es einige gute Gründe, die diese Hoffnung untermauern – hier sind vor allem die **verbesserten Transportbedingungen** zu nennen. So ist ein halbes Dutzend privater Fluggesellschaften in Konkurrenz zur vorher allein den Markt beherrschenden Indian Airlines getreten. Waren Inlandsflüge früher über Monate ausgebucht, hat das Angebot der Privaten dazu geführt, dass man, abgesehen von der Zeit um Weihnachten und Diwali, meist problemlos einen Platz bekommt. Auch die indische Eisenbahn trug mit der Einführung mehrerer vollklimatisierter Luxuszüge auf Hauptstrecken wie Delhi – Mumbai und Delhi – Kalkutta und dem Bau völlig neuer Routen wie der Konkan-Railway von Mumbai nach Kerala zur positiven Entwicklung bei.

Nicht zuletzt in der **Hotelindustrie** ist ein deutlicher Trend zu mehr **Luxus** und **besserem Service** unübersehbar. Selbst in mittelgroßen Städten entstehen immer mehr First-Class-Hotels, die durchaus internationalen Standard erreichen.

Das enorme Potenzial Indiens für ausländische Besucher mit seiner landschaftlichen Vielfalt, einigen der großartigsten Baudenkmäler der Erde, einer jahrtausendealten, weitgehend intakten Kultur und seinen unvergleichlichen Festen wird so nun endlich auch von einer touristischen Infrastruktur getragen, die sehr optimistisch in die Zukunft schauen lässt.

RELIGIONEN

Religionen

Für kaum eine andere Region der Erde gilt der Grundsatz, dass die Religion den Schlüssel zum Verständnis des Landes bildet, mit der gleichen Ausschließlichkeit wie für Indien. Der Glaube durchdringt nach wie vor fast jeden Aspekt des indischen Lebens. Dies gilt insbesondere für die Hindus, die mehr als 80 % der Bevölkerung stellen.

Die Muslime bilden mit 11 % den zweitgrößten Bevölkerungsanteil, gefolgt von 2,4 % Christen. Letztere leben vorwiegend in Südindien, wo durch die westliche Kolonialisierung eine breite Missionierung stattfand. Etwa 1 % der Inder sind Anhänger des Sikhismus, sie leben vorwiegend im nordindischen Punjab. 0,8 % der Gesamtbevölkerung Indiens bekennen sich zum Buddhismus. Die 4,5 Mio. (0,5 %) Jains sind vorwiegend im nordwestlichen Bundesstaat Gujarat, aber auch in Rajasthan zu Hause. Mit 60.000 Anhängern die kleinste Religionsgemeinschaft sind die Parsen.

Hinduismus

Von den Reinigungsvorschriften über die Ernährungsweise, Heiratsgebote und Bestattungszeremonien bis hin zur Wiedergeburt im nächsten Leben – im wahrsten Sinne des Wortes von der Wiege bis zur Bahre wird das Leben jedes einzelnen Hindus von seiner Religion bestimmt. Bei der Suche nach den Wurzeln der indischen Gesellschaft straucheln die meisten westlichen Besucher recht bald im undurchsichtigen Dschungel des Hinduismus. Tatsächlich muss sich der Europäer angesichts eines Glaubens, der weder einen Stifter noch einen Propheten, weder eine Organisation noch einen Missionsanspruch, weder allgemeinverbindliche Dogmen noch eine heilige Schrift, dafür jedoch das Nebeneinander vieler verschiedener Lehrbücher und Hunderttausender Götter kennt, ziemlich verloren vorkommen.

Ein „ismus" im Sinne einer einheitlichen Lehre oder Ideologie ist der Hinduismus nicht. Vielmehr verbirgt sich hinter dem Begriff ein äußerst vielschichtiges und **komplexes Gedankengebäude** philosophischer, religiöser und sozialer Normen, welches sich im Laufe von Jahrtausenden durch die Entstehung und Verschmelzung unterschiedlicher Strömungen herausgebildet hat.

Allein das Wort Hinduismus ist bereits eine irreführende Bezeichnung. *Hindu* ist das persische Wort für die Menschen jenseits des Sindhu, dem Indus – also die Bezeichnung der muslimischen Eroberer für die Inder. Erst viel später gingen die Inder dazu über, sich selbst als Hindus zu bezeichnen.

Arische und dravidische Ursprünge

Die Ursprünge dessen, was man heute Hinduismus nennt, gehen über drei Jahrtausende zurück, als die aus Zentralasien nach Indien eindringenden **Arier** die **dravidische Urbevölkerung** unterwarfen. Während die Arier militärisch eindeutig die Oberhand gewonnen hatten, wurde die indoarische

Religion in den folgenden Jahrhunderten in hohem Maße von den Glaubensvorstellungen der besiegten Ureinwohner durchdrungen.

Besonders deutlich zeigt sich diese Synthese bei der Herausbildung des hinduistischen **Götterhimmels.** Standen zunächst die arischen Naturgottheiten wie etwa *Surya* (Sonne), *Candra* (Mond) und *Indra* (Gewitter) im Mittelpunkt der Verehrung, so wurden diese in der Folgezeit mit den bereits in der vorarischen Zeit in Indien verehrten Göttern vermischt. So ist etwa die mit dem Shivaismus in Verbindung stehende Lingam-Verehrung eine Weiterentwicklung des bereits im 3. Jahrtausend v. Chr. in Harappa nachgewiesenen Phalluskults.

Durch Rituale wie das Singen von Hymnen, Opferungen und die Abhaltung magischer Rituale versuchten die Menschen, ihre Götter für die Erfüllung ihrer Wünsche zu gewinnen. Die Hymnenliteratur ist in heiligen Schriften, den sogenannten **Veden,** zusammengefasst. Nach diesen frühesten, im 2. Jahrtausend v. Chr. verfassten Schriften wurde diese erste Phase des Hinduismus, die etwa von 1500 bis 1000 v. Chr. reichte, als **Vedismus** bezeichnet.

Entstehung des Kastensystems

Auf den Vedismus folgte der **Brahmanismus** (ca. 1000–500 v. Chr.). Diese Phase ist gekennzeichnet durch die Ausbildung aller zentralen, im Kern bis heute gültigen Glaubensprinzipien des Hinduismus. Mit dem Aufkommen des allumfassenden Schöpfergottes *Brahma* verloren die alten Naturgottheiten mehr und mehr an Bedeutung. Gleichzeitig wuchs mit den immer komplizierter werdenden **Opferritualen,** die allmählich die zentrale Rolle in der Religionsausübung einnahmen, die Macht des Priesterstandes.

Die **Brahmanen** standen aufgrund ihres Wissensmonopols an der Spitze der hierarchisch geordneten Gesellschaft. Ihnen folgten die **Kshatriyas** (Krieger und Adel) und **Vaishyas** (Bauern, Viehzüchter, Händler), denen die unterworfenen nicht-arischen **Shudras** (Handwerker, Tagelöhner) untergeordnet waren. Aus diesen vier Gruppen entstand das heute noch immer gültige Kastensystem Indiens.

Herausbildung des Hinduismus

Doch je weniger die große Masse des Volkes Zugang zu den für sie kaum noch nachzuvollziehenden Opferritualen der elitären Priesterkaste fand, desto empfänglicher wurden die Menschen für andere Glaubensrichtungen. So ist es kein Zufall, dass gerade zu jener Zeit mit dem **Jainismus** und dem **Buddhismus** zwei neu entstandene Religionen großen Zulauf fanden, die vom Priestertum unabhängige Wege zur Erlösung aufzeigten. Unter der Patronage des großen Maurya-Königs *Ashoka* (274–232 v. Chr.) entwickelte sich der Buddhismus sogar zur führenden Religion des Landes. Wiederum als Reaktion hierauf erfolgte im Hinduismus eine Rückbesinnung auf die Ursprünge der Veden, die in der Verschmelzung mit den Erkenntnissen des Brahmanismus zur Herausbildung des bis heute praktizierten **Hinduismus** führte.

Grundprinzipien

Kerngedanke des Hinduismus und das Herzstück traditionellen indischen Lebens ist der Glaube an einen ewigen Schöpfergeist oder eine **Weltseele** *(brahman),* aus der alles Leben und die gesamte Weltordnung hervorgeht. Den zweiten Grundpfeiler bildet die Vorstellung von der Reinkarnation, d.h. der **Wiedergeburt** der unsterblichen Seele in einem neuen Körper. Danach durchläuft jeder Mensch, oder richtiger jede Seele, unzählige Wiedergeburten, sodass der Tod nur eine Zwischenstation auf dem Weg zu einer neuen Existenz darstellt. Hieraus erklärt sich auch, warum für den Hindu der Tod ein weit weniger einschneidendes Erlebnis ist als für einen Menschen aus dem westlichen Kulturkreis, der von der Endlichkeit und Einzigartigkeit seiner Existenz überzeugt ist.

Ziel jedes Lebewesens oder jeder Einzelseele *(atman)* ist *moksha,* die **Erlösung aus dem Geburtenkreislauf** und die Vereinigung mit dem *brahman.* Den Weg zu diesem Ziel kann jeder Einzelne selbst bestimmen, indem er sich in jedem seiner Leben so weit wie möglich an die Regeln der göttlichen Ordnung *(dharma)* hält. Wer diesen Dharma-Gesetzen entsprechend lebt, rückt mit jeder Wiedergeburt auf einer höheren Stufe der Erlösung jeweils einen Schritt näher. Fällt die Gesamtbilanz am Lebensende jedoch negativ aus, so wird dies mit einer niederen Wiedergeburt im nächsten Leben bestraft.

Dieses **Karma** genannte Vergeltungsprinzip bildet auch die Erklärung für das Kastenwesen, das jedem Menschen entsprechend seinen Verdiensten bzw. Verfehlungen im vorigen Leben einen festen Platz in der sozialen Rangordnung zuweist. Jede der insgesamt über 3000 Kasten- und Unterkasten hat ihr eigenes *dharma,* dementsprechend sich das jeweilige Kastenmitglied zu verhalten hat.

Welche Pflichten im einzelnen zu erfüllen sind, beschreiben die **Dharma-Bücher,** unter denen das Gesetzbuch des Manu das bekannteste ist. Hindus sehen in diesem ab dem 2. vorchristlichen Jahrhundert entstandenen Werk eine Offenbarung des Schöpfergottes an den Urvater des Menschengeschlechts Manu. Bis ins kleinste Detail wird dort dharma-gerechtes Verhalten aufgelistet. Als Haupttugenden gelten die Heirat innerhalb der eigenen Kaste, die Ausübung eines nur für die eigene Kaste erlaubten Berufs und das Einnehmen der Mahlzeiten nur mit Mitgliedern der eigenen Kaste.

Entsprechend der Vergeltungskausalität des Karma, nach der jeder durch seine Taten im vorherigen Leben für sein jetziges Schicksal selbst verantwortlich ist, gehört die klaglose Akzeptanz dieser Vorschriften zu einem der Grundmerkmale hinduistischen Glaubensverständnisses. So heißt es im **Mahabharata,** einem aus 18 Büchern mit insgesamt 100.000 Doppelversen bestehenden Hindu-Epos aus dem

2. Jh. v. Chr.: „Tu deshalb ohne Hinneigung immer das, was deine Pflicht dir vorschreibt, denn indem der Mensch so handelt, erreicht er das Höchste". Das sich klaglose Fügen in sein Schicksal schließt individuelle Selbstentfaltung außerhalb der eng begrenzten Schranken des Kastensystems aus, würde diese doch das oberste Gebot, die Aufrechterhaltung der göttlichen Ordnung, bedrohen.

„Fatalistische" Grundstimmung

Diese Sicht der Welt schlägt sich in einer allgemeinen Grundstimmung nieder, die oftmals allzu undifferenziert als **fatalistisch** bezeichnet wird. Nach hinduistischer Philosophie ist die Welt wie ein riesiger Strom, der seit alters träge dahinfließt. Jeder Mensch hat seinen Platz in diesem Strom, in dem die scharfen Konturen der Vergangenheit, der Gegenwart und der Zukunft verschwimmen, da das Leben des einzelnen nicht durch Geburt und Tod fest umgrenzt ist. Die Welt ist, wie sie ist, ihre Gesetze sind vom Menschen nicht zu beeinflussen. Der auf die Zukunft gerichtete Wille zur Veränderung und zur Mehrung irdischer Güter konnte sich in dieser gesellschaftlichen Atmosphäre nicht so durchsetzen wie im neuzeitlichen Europa. Hieraus erklärt sich auch der auffällige wirtschaftliche Erfolg kleiner Religionsgemeinschaften wie der **Jains,** der **Sikhs** und der **Parsen,** die mit ihren mehr diesseits orientierten Glaubensvorstellungen einen **ökonomischen Wertevorsprung** gegenüber den Hindus besitzen.

Ganzheitliche Weltsicht

Die Wiedergeburt in eine der vielen Tausend Kasten stellt jedoch nur eine Möglichkeit der Reinkarnation dar. Da für die Hindus alles Leben auf Erden Ausdruck der göttlichen Ordnung ist, kann der Mensch durch Fehlverhalten auch als Tier oder Pflanze wiedergeboren werden, wie es das Gesetzbuch des Manu höchst drastisch veranschaulicht: „Wenn man Korn stiehlt, wird man eine Ratte, Wasser ein Wassertier, Honig eine Mücke, Milch eine Krähe und Süßigkeiten ein Hund".

Mag dies zunächst auch eher belustigen, so verbirgt sich dahinter mit der Vorstellung, dass letztlich alle Lebewesen gleichwertig sind, eine ganzheitliche Weltsicht, welche kaum unterschiedlicher zum christlichen Glauben sein könnte, in dem der Mensch als Krönung der Schöpfung gilt. Die universelle Auffassung von der **Einheit allen Lebens,** in der der Mensch nur ein Teil des Ganzen ist, hat in Indien zu einem grundsätzlich **behutsameren Umgang mit der Natur** geführt, die nicht als Um-, sondern als Mitwelt verstanden und erfahren wird. In solch einer ganzheitlichen Weltsicht stehen Mikro- und Makrokosmos, Himmel und Erde, Gott und Mensch in unmittelbarem Bezug zueinander.

Den zahllosen Göttern des Hinduismus werden Blumen und Früchte geopfert, nicht nur in Tempeln, sondern auch auf den Hausaltären, die fast jede Familie hat

Religiöses Alltagsleben

Dementsprechend gehört es für jeden Hindu zu den Selbstverständlichkeiten des Lebens, dass er durch tägliche **Kult- und Opferhandlungen** *(puja)* die Götter gnädig zu stimmen versucht. So befindet sich in jedem Hindu-Haus ein kleiner Altar mit dem Bild der verehrten Gottheit. Mindestens einmal täglich wird ihm mit dem Umhängen von Blumengirlanden, dem Entzünden von Räucherstäbchen und einer kleinen Andacht gehuldigt. Das gleiche Ritual vollzieht sich in größerem Rahmen in den Dorftempeln, in denen an speziellen Feiertagen aufwendige *pujas* abgehalten werden. Zu diesen Anlässen werden den Götterbildern liebevoll zubereitete Opfergaben wie Kokosnüsse, Süßigkeiten und Blumen dargeboten. Dadurch, dass die Gottheit die Essensgaben symbolisch isst, werden sie zu *prasad,* d.h. heiligen Speisen, die danach wieder an die Pilger verteilt werden.

Die Offenheit der hinduistischen Religion bringt es mit sich, dass dem Gläubigen viele weitere Möglichkeiten offenstehen, um sich dem Göttlichen zu nähern. Dazu gehören u.a. verschiedene Arten der **Meditation,** das Leben als wandernder Asket oder Einsiedler *(sadhu)* oder die Teilnahme an oftmals langwierigen und kräftezehrenden **Pilgerreisen** zu bedeutenden Plätzen der indischen Mythologie.

Hinduistische Toleranz in Gefahr

Die Annahme der Einheit aller Lebewesen gilt für die Hindus auch gegenüber Mitgliedern anderer Religionsgemeinschaften wie Buddhisten, Christen, Sikhs, Parsen oder Muslime. Alle Religionen werden als legitime Wege zum ewigen Schöpfergott angesehen. Für Hindus gibt es dementsprechend so viele Wege zu Gott, wie es Gläubige gibt. Inquisitionen oder Kreuzzüge im Namen des Hinduismus hat es nie gegeben.

Diese Toleranz ist allerdings in letzter Zeit vor allem gegenüber den **Muslimen** durch die Wunden jahrhundertealter Fremdherrschaft und die Zunahme **sozialer Spannungen,** die zudem von skrupellosen Politikern noch geschürt werden, stark gefährdet. Hier bleibt nur zu hoffen, dass sich die Hindus zurückbesinnen auf je-

330.000 Möglichkeiten – die hinduistische Götterwelt

Du sollst keine anderen Götter neben mir dulden – dieses für Juden, Christen und Muslime gleichermaßen gültige Gebot des Monotheismus steht im krassen Gegensatz zur hinduistischen Götterwelt. Nicht weniger als 330.000 Götter stehen den Hindus angeblich zur Auswahl! Tatsächlich symbolisiert der hinduistische Götterhimmel die einzigartige Vielschichtigkeit des Phänomens Indien auf geradezu klassische Weise.

Für Außenstehende ist es nur sehr schwer nachvollziehbar, dass die Götter im Hinduismus, ebenso wie die Menschen, zahlreiche Reinkarnationen durchlaufen, die dann wiederum als eigenständige Gottheiten verehrt werden. Hinzu kommt, dass viele von ihnen heiraten und Kinder bekommen, welche dann ebenfalls Aufnahme in den hinduistischen Pantheon finden.

Ganesha mit seinem Reittier, der Ratte

Krishna mit Flöte

Schließlich gibt es auch noch unzählige lokale Gottheiten. So gelingt es nicht einmal den Indern selbst, all ihre Götter zu identifizieren.

An der Spitze des Pantheons steht die als **Trimurti** bezeichnete Dreieinigkeit der Götter Brahma, Vishnu und Shiva. **Brahma** wird als Schöpfer der Welt und aller Wesen angesehen, bleibt jedoch im Schatten Vishnus und Shivas, denn anders als diese wurzelt er nicht im Volksglauben. Nur ganz wenige Tempel Indiens, wie etwa in Pushkar, sind ihm direkt geweiht, doch als einer unter vielen Göttern ist er in fast jedem Heiligtum anzutreffen. Dabei wird er meist mit vier in die verschiedenen Himmelsrichtungen blickenden Köpfen und seinem Tragtier, dem Schwan, dargestellt. Brahmas Gattin **Sarasvati** gilt als die Göttin der Künste; ihr werden die Erfindung des Sanskrit und des indischen Alphabets zugeschrieben. Zwei immer wiederkehrende Attribute Sarasvatis sind ein Buch und eine Gebetskette.

Vishnu, der neben Shiva bedeutendste Gott im Hinduismus, gilt als der Erhalter der

DIE HINDUISTISCHE GÖTTERWELT

Welt, der in seinen bisher insgesamt neun Inkarnationen *(avataras)* immer dann auftritt, wenn es gilt, die Erde vor dämonischen Gewalten zu schützen. Seine bekanntesten Inkarnationen sind die als Rama, Krishna und Buddha. Vishnus Tragtiere sind entweder eine Schlange oder ein Garuda. Seine Gattin **Lakshmi** verkörpert Schönheit und Reichtum und ist oft Mittelpunkt der vielen indischen Tempel, die von der Industriellenfamilie *Birla* gestiftet wurden.

Shiva wird oftmals als das Gegenstück Vishnus bezeichnet, was jedoch nur zum Teil stimmt, da sich in ihm verschiedene, äußerst widersprüchliche Wesenselemente vereinen. Laut der indischen Mythologie soll er unter nicht weniger als 1.008 verschiedenen Erscheinungsformen und Namen die Erde betreten haben. Einerseits verkörpert er die Kräfte der Zerstörung, andererseits gilt er auch als Erneuerer aller Dinge. Besonders augenfällig zeigt sich diese Vereinigung von Gegensätzen in seiner Manifestation als kosmischer Tänzer

Die blutrünstige Göttin Kali

Shiva – zugleich Gott der Zerstörung und Heilbringer

Nataraja, der in einem ekstatischen Tanz inmitten des Feuerkranzes einer untergehenden Welt zu sehen ist, womit er jedoch bereits die Energien für ein neu zu errichtendes Universum schafft.

Ebenso widersprüchlich (zumindest nach westlichen Vorstellungen) wie er selbst ist die ihm zur Seite gestellte Göttin **Parvati,** die auch in ihren Inkarnationen als Annapurna, Sati, Durga und Kali bekannt ist und unter diesen Namen ganz verschiedene Wesenszüge aufweist. Ihre zerstörerische Seele spiegelt sich am offenkundigsten in der blutrünstigen, vor allem in Bengalen verehrten Kali, während sie als Sati die ihrem Mann bis in den Tod ergebene Gattin verkörpert, die sich nach dem Tod Shivas auf dem Scheiterhaufen verbrennen lässt. In Shiva-Tempeln steht das *lingam* (Phallus), das Shiva als kraftvollen Schöpfer symbolisiert, aufrecht auf der *yoni* (Vulva), dem Symbol der Gattin. Wie auch bei den anderen Göttern gibt es eine ganze Reihe von Emblemen, an denen man Shiva und Parvati erkennen kann. Bei Shiva sind dies der Dreizack, ein Schädel oder die aschever-schmierte, grau-blaue Haut, bei Parvati in ihrer Form als Kali die um ihren Hals hängende Totenkopfkette. Wichtigstes Erkennungsmerkmal sind jedoch auch hier die Tragtiere, bei Shiva der Nandi-Bulle und bei Parvati ein Löwe.

Einer der populärsten Götter im Hinduismus ist der dickbäuchige, elefantenköpfige **Ganesha**, Sohn von Shiva und Parvati. Eine von vielen Legenden besagt, dass Shiva – nach langer Abwesenheit zurückgekehrt – seinem Sohn im Zorn den Kopf abgeschlagen haben soll, nachdem er diesen fälschlicherweise für einen Liebhaber Parvatis hielt. Voller Trauer ob seines Missgeschicks und im Bemühen, dieses so schnell als möglich zu beheben, beschloss er, seinem Sohn den Kopf jenes Lebewesens aufzusetzen, das ihm als erstes begegnen würde. Da dies ein Elefant war, ziert Ganesha seither jener charakteristische Elefantenkopf. Sein rundlicher Bauch lässt darauf schließen, dass er schon in vorarischer Zeit ein Fruchtbarkeitsidol verkörperte. Dass nun ausgerechnet eine Ratte für das Schwergewicht als Tragtier herhalten muss, passt zu dieser drolligen und liebenswerten Götterfigur. Als Glücksbringer und Beseitiger von Hindernissen jeglicher Art ziert er praktischerweise das Armaturenbrett vieler Busse und LKW.

Neben Ganesha ist **Krishna**, die achte Inkarnation Vishnus, die beliebteste Gottheit des Hinduismus und zudem auf Bildern und Zeichnungen die am meisten dargestellte. Die schelmischen und erotischen Abenteuer des jugendlichen Hirtengottes boten den Miniaturmalern reichlich Stoff, um ihren Fantasien freien Lauf zu lassen. Die wohl am häufigsten aufgegriffene Szene zeigt Krishna, wie er den im Yamuna-Fluss bei Vrindaban badenden Hirtenmädchen (gopis) die Kleider stiehlt. Mit seiner Hirtenflöte und der charakteristischen blauen Hautfarbe ist er einer der am einfachsten zu identifizierenden Götter.

Wie keine andere Heiligenfigur symbolisiert **Rama**, die siebte Inkarnation Vishnus, die ungebrochene Verehrung, welche die jahrtausendealten hinduistischen Götter im heutigen Indien immer noch genießen. Der meist dunkelhäutig und mit Pfeil und Bogen dargestellte Rama ist die Hauptfigur des großen hinduistischen Heldenepos Ramayana, das aus 24.000 Doppelversen besteht.

In ganz Südindien und hier speziell in Tamil Nadu finden sich auf freien Feldern Gruppen von Pferdeskulpturen. Sie gehören zum Kult des **Aiyanar**, des Schutzgottes der Tamilen, der nachts mit seinen Pferden über die Felder reitet und die bösen Geister verscheucht. Die Pferdefiguren können bis zu zwei Meter hoch sein, meist sind sie aus Ton geformt und in einem Stück gebrannt. Während ihr Körper weiß gehalten ist, werden Sattelzeug, Mähne, Geschirr und Zaumzeug oft farbig hervorgehoben. In Kerala ist der Sohn Shivas und Mohinis (der weiblichen Form Vishnus) auch unter dem Namen Ayappa bekannt.

ne vier Haupttugenden, die in den hinduistischen Lehrbüchern zur Erlangung der moksha gefordert werden: **Wohlwollen, Mitleid, Mitfreude und Gleichmut.**

● **Buchtipps:** Im Reise Know-How Verlag sind die folgenden Bücher zum Thema erschienen: „Hinduismus erleben" und „Islam erleben" (beide in der Reihe Praxis) sowie „KulturSchock Indien".

Islam

Mahmud-e-Ghazni, ein Heerführer aus dem heutigen Afghanistan, der im Jahre 1001 den ersten seiner insgesamt 17 Raubzüge durch Nordindien durchführte, wurde für die Hindus zum Prototyp des **islamischen Eroberers,** der mordend und brandschatzend durchs Land zieht und im Namen der Religion die heiligen Stätten zerstört. Seither ist die indische Geschichte von blutigen **Glaubenskriegen zwischen Hindus und Muslimen** geprägt, wobei die Teilung des Subkontinents 1947 in das islamische Pakistan und das hinduistische Indien nur den vorläufigen traurigen Höhepunkt darstellt.

Auch zu Beginn des 3. Jahrtausends stehen sich die Anhänger der beiden Religionen unversöhnlicher denn je gegenüber. Die 110 Mio. in Indien lebenden Muslime stehen gerade im Zeichen eines immer radikaler und intoleranter werdenden Hindu-Fundamentalismus vor einer mehr als unsicheren Zukunft. Tatsächlich lässt sich ein größerer Gegensatz als zwischen dem strikt monotheistischen und bilderfeindlichen Islam und den Millionen von Göttern, die die hinduistischen Tempel voll üppiger Erzähl- und Darstellungsfreude zieren, kaum denken.

Mohammed und die Niederschrift des Koran

Abdil Kasim Ibn Abt Allah – der erst später den Beinamen *Mohammed* (arabisch: der Gepriesene) erhielt – wurde im Jahre 570 als Sohn eines Kaufmanns in Mekka, einer bedeutenden Karawanenstadt auf der Handelsroute zwischen Indien und Ägypten, geboren. Im Alter von 40 Jahren wurde ihm in einer Höhle unterhalb des Berges Hira durch den Erzengel Gabriel die Offenbarung zuteil, Prophet Gottes (Allah) zu sein.

Die ihm über einen Zeitraum von mehr als 20 Jahren vom Erzengel übermittelten Worte Allahs schrieb Mohammed in ein Buch nieder, welches als Koran („das zu Zitierende") zur heiligen Schrift der Muslime wurde.

Allah als einziger Gott

Fünf Glaubensgrundsätze, an die sich jeder Muslim zu halten hat, bilden die Grundlage der insgesamt 114 Kapitel (Suren) des Koran. Wichtigstes Prinzip ist dabei der strikte Monotheismus des Islam (Unterwerfung, Hingabe an Allah, den einzigen Gott), der mit den Worten, „Es gibt keinen Gott außer mir, so dienet mir", im Koran zum Ausdruck kommt. Die den gesamten Koran durchziehende Mahnung „Fürchtet Allah!" unterstreicht die tiefe Bedeutung der **Gottesfurcht** als Grundelement des Islam. Nach diesem wichtigsten aller Gebote folgen die Pflicht zum Gebet (fünfmal täglich gen Mekka gerichtet), Fasten im Monat Ramadan, Almosen geben und die Pilgerfahrt nach Mekka.

Mekka und Medina

Mohammed sammelte zwar mit seiner Lehre eine immer größere Glaubensgemeinschaft um sich, doch die in Mekka herrschenden Kurashiten fühlten sich in ihrem bisherigen Glauben und damit in ihrer Machtposition bedroht. Sie belegten ihn zunächst mit einem Bann und drohten schließlich sogar mit seiner Ermordung. So sah sich Mohammed gezwungen, in die Wüstenstadt Jashib umzusiedeln, die später in Medina-an-Nabbi (Stadt der Propheten), kurz Medina, umbenannt wurde. Das Datum seiner Ankunft in

RELIGIONEN

Medina (622) gilt seither als Beginn der islamischen Zeitrechnung.

Einheit von geistlicher und weltlicher Macht

Innerhalb nur weniger Jahre wurde Mohammed mit seinen Predigten nicht nur zum meistverehrten Heiligen der Region, sondern avancierte auch als weltlicher Herrscher Medinas zum mächtigen Staatsmann und Feldherrn, der mit seinen Truppen den Ungläubigen von Mekka empfindliche Niederlagen beibrachte. Die heute für den Islam so charakteristische Einheit von geistlicher und weltlicher Macht sowie die **Idee vom Heiligen Krieg** als legitimem Mittel zur Verbreitung des islamischen Glaubens haben hier ihren eigentlichen Ursprung. 630 konnte Mohammed im Triumphzug in seine Vaterstadt zurückkehren und erklärte Mekka zur heiligen Stadt des Islam.

Die Einheit von geistlicher und weltlicher Macht führte nach dem Tod Mohammeds am 8. Juni 632 fast zwangsläufig zu erbitterten Nachfolgekämpfen, die schließlich die **Spaltung des Islam** in die drei großen Glaubensgemeinschaften der Sunniten, Schiiten und Charidschiten zur Folge hatten. Vor allen Dingen die erbitterte Feindschaft der ersten beiden ist noch heute Ursache für viele kriegerische Konflikte im Nahen Osten.

Indische Ausprägung: Sufismus

Keine Abspaltung vom eigentlichen Glauben, sondern eine Antwort auf die zunehmende Ritualisierung der religiösen Zeremonien war der sogenannte Sufismus, der gerade unter den indischen Muslimen viele Anhänger fand. Durch eine strenge **Askese,** tiefe **Meditation** und Rückzug aus der Welt wollte man die im orthodoxen Glauben verloren gegangene Einheit mit Gott wiederherstellen. Ähnlich wie den Gurus im Hinduismus wurden auch hier spirituellen Lehrmeistern magische Kräfte zugesprochen. Die Grabstätten dieser Sufis genannten Heiligen wurden später zu **Pilgerorten.**

Buddhismus

Bei der Frage nach dem Ursprungsland des Buddhismus würde wohl kaum jemand auf das klassische Land des Hinduismus – Indien – tippen. Tatsächlich jedoch verbrachte **Buddha,** der vor über zweieinhalb Jahrtausenden auf dem Indischen Subkontinent geboren wurde, den größten Teil seines Lebens in der nordindischen Tiefebene. Zudem war die nach ihm benannte Lehre für fast ein Jahrtausend die Staatsreligion des Landes. Das sieht heute ganz anders aus, bekennen sich doch nur gerade mal 0,7 % der Gesamtbevölkerung zum buddhistischen Glauben.

Siddharta Gautama

Zu den Heiligtümern des Buddhismus zählt das im heutigen Südnepal gelegene Lumbini, jener Ort, wo Buddha als Prinzensohn *Siddharta Gautama* wahrscheinlich 560 v. Chr. geboren wurde. Entsprechend seiner adeligen Herkunft führte der spätere Religionsstifter in seinen jungen Jahren ein sorgenfreies, ja luxuriöses Leben und wurde im Alter von 16 Jahren standesgemäß mit seiner Kusine *Jashudara* verheiratet.

Zunehmend stellte sich der tiefsinnige Prinz jedoch die Frage nach der wahren Bedeutung des Lebens, wobei ihm die Sinnlosigkeit eines an materiellen Werten orientierten Lebens immer bewusster wurde. Diese Überlegungen verstärkten sich, als er bei drei heimlichen Ausflügen aus dem väterlichen Schloss seine realitätsferne Welt verließ und menschlichem Leid in Gestalt eines Greises, eines Kranken und eines Verstorbenen begegnete. Den letzten Anstoß, sein bisheriges Leben im Überfluss aufzugeben, gab ihm die Begegnung mit einem wandernden Asketen.

So verließ er im Alter von 29 Jahren in der Nacht der großen Entsagung heimlich Eltern, Frau und Kind und vertauschte das luxuriöse Bett in seinem Palast mit einer Lagerstätte unter freiem Himmel. Als er nach insgesamt sieben Jahren unter strengster Askese, die ihn an den Rand des physischen Zusammenbruchs führte, seinem Ziel der Erkenntnis nicht näher gekommen war, wählte er als dritte Möglichkeit zwischen extremem Überfluss und Askese den mittleren Weg: **meditative Versenkung** als Loslösung von den Begierden der materiellen Welt.

Grundprinzipien

Schließlich gelangte Siddharta Gautama nach sieben Tagen ununterbrochener Meditationssitzung unter einem Feigenbaum im kleinen Ort Gaya, im heutigen Bihar, zur Erleuchtung, indem er die **vier edlen Wahrheiten,** die zum Nirvana führen, erkannte:

- Alles Leben ist Leiden.
- Alles Leiden wird durch Begierden hervorgerufen.
- Alles Leiden kann durch die Auslöschung der Begierden vernichtet werden.
- Leid und Begierden können durch die Praktizierung des achtfachen Pfades überwunden werden.

Buddha wurde als Siddharta Gautama auf dem Indischen Subkontinent geboren

Wer hiernach sein Leben an den **Prinzipien des achtfachen Pfades**, also der rechten Anschauung, der rechten Gesinnung, des rechten Redens, des rechten Tuns, der rechten Lebensführung, des rechten Strebens, des rechten Überdenkens und der rechten Versenkung ausrichtet, wird im nächsten Leben auf einer höheren Daseinsstufe wiedergeboren. Geht man diesen Pfad konsequent, d.h. unter strenger Selbstdisziplin, zu Ende, durchbricht man schließlich den Kreislauf der Wiedergeburten und tritt in einen **Zustand ewiger Seligkeit** ein und wird somit zum Buddha. So übernimmt auch der Buddhismus die Vorstellung von **Karma und Wiedergeburt**, lehnt jedoch das Kastenwesen entschieden ab, da er die individuelle Selbsterlösung zum obersten Prinzip erklärt.

Buddhismus wird indische Staatsreligion

Gaya, der Ort, an dem aus dem Prinzensohn Siddharta Gautama der Buddha, d.h. der Erleuchtete, wurde, heißt seitdem **Bodhgaya** und zählt zu den vier heiligsten Orten des Buddhismus, welcher inzwischen zur viertgrößten Religionsgemeinschaft der Welt aufgestiegen ist. Die folgenden 45 Jahre seines Lebens zog Buddha als Wanderprediger durchs Land, wobei seine Anhängerschaft stetig zunahm. Als er schließlich im Alter von 80 Jahren bei Kushinagar in Uttar Pradesh mit den Worten „Wohlan ihr Mönche, ich sage euch, alles geht dahin und stirbt, aber die Wahrheit bleibt, strebt nach eurem Heil" verstarb, hatte er die Grundlagen für eine landesweite Ausdehnung seiner Lehre gelegt.

Entscheidender weltlicher Wegbereiter nach seinem Tode wurde **Kaiser Ashoka** (272–232 v. Chr.), der einzige Herrscher bis zum Aufkommen der Moguln, der einen Großteil des Indischen Subkontinents unter einer zentralen Herrschaft vereinigen konnte. Nachdem er selbst zum Buddhismus konvertiert war, erklärte er die Lehre zur Staatsreligion und förderte ihre Verbreitung durch großzügige Spenden für Klöster und heilige Stätten. Zudem entsandte er Mitglieder des Königshauses in benachbarte asiatische Länder, die dort die buddhistische Lehre verbreiteten. So war es sein Sohn *Mahinda,* der als Begründer des Buddhismus auf Ceylon (Sri Lanka) gilt. Zur schnellen Verbreitung des Buddhismus trug sicherlich bei, dass der Hinduismus gerade zu jener Zeit durch die alles beherrschende Rolle der Brahmanenkaste in einem Ritualismus erstarrt war, der vom einfachen Volk kaum nachzuvollziehen war.

Hinayana-Buddhismus

Ähnlich wie der Islam oder Jainismus spaltete sich auch der Buddhismus nach dem Tode seines Stifters in verschiedene Glaubensrichtungen. Der Hinayana-Buddhismus („Kleines Fahrzeug") gilt als die ursprüngliche Form, weil sie den von Buddha gewiesenen Weg jedes Einzelnen unter strenger

Beachtung der vorgegebenen Prinzipien betonte. Diese ältere Form des Buddhismus betont die mönchische Lebensordnung und wird auch **Theravada** genannt, was soviel wie „Weg der Älteren" bedeutet. Die konservative Richtung wird heute vor allem in Myanmar, Sri Lanka, Thailand und Kambodscha gelehrt.

Mahayana-Buddhismus

Der Mahayana-Buddhismus („Großes Fahrzeug") schließt, wie es der Name schon andeutet, alle Gläubigen ein, weil hier Mönche und Laien das Nirvana erlangen können. Die im 5. Jh. gegründete und 1197 n. Chr. durch die Muslime zerstörte Universität Nalanda im heutigen Bundesstaat Bihar war einst die Hauptlehrstätte dieser Glaubensinterpretation. Eine zentrale Rolle im Mahayana-Buddhismus spielen die sogenannten **Bodhisattvas,** erleuchtete Wesen, welche selbstlos auf den Eingang ins Nirvana verzichten, um anderen auf deren Weg dorthin zu helfen. Die Lehre vom Großen Fahrzeug hat heute Vorrang in China, Japan, Korea und Vietnam.

Vitchuayana-Buddhismus

Die dritte große Schulrichtung des Buddhismus bildet der Vitchuayana-Buddhismus („Diamantenes Fahrzeug"), welcher im 7. Jh. entstand. Bekannter ist sie im Westen unter dem Namen **Tantrismus.** Nach dieser esoterischen Auslegung kann man mit Hilfe von Riten *(tantras),* dem wiederholten Rezitieren heiliger Sprüche und Formeln *(mantras)* und der Ausführung ritueller Gebete zur Erlösung gelangen. Diese Form des Buddhismus hat heute in China, Japan und vor allem in Tibet eine große Anhängerschaft.

Hinduismus gewinnt die Oberhand

Zwar überdauerte der Buddhismus auch den Tod seines unermüdlichen Protegés König Ashoka, doch schließlich erstarkte der Hinduismus, zumal er von den nachfolgenden Herrschern unterstützt wurde. Hier rächte sich jetzt auch eine Entwicklung, die einst dem Hinduismus zum Nachteil geriet. Während zu Beginn die Botschaft der buddhistischen Göttermönche über den Pomp der großen brahmanischen Opferrituale gesiegt hatte, war die Zahl der buddhistischen Klöster im Laufe der Zeit mächtig angewachsen und den Gläubigen zu einer Last geworden, während der Unterhalt der Brahmanenfamilien weit weniger Aufwand erforderte. Spätestens im 9. Jh. hatte der Hinduismus die Oberhand gewonnen, während die Lehre des Mittleren Weges nur noch in ihrem Heimatgebiet, in Bihar und Bengalen, von der Mehrheit der Gläubigen befolgt wurde. Letztlich waren es jedoch nicht die Hindus, sondern die Muslime, die im 12. Jh. mit der **Zerstörung buddhistischer Klöster und Heiligtümer** die Religionsphilosophie des ehemaligen Prinzensohns Gautama Siddharta in Indien fast gänzlich zur Bedeutungslosigkeit degradierten.

Sikhismus

Obwohl sie nur knapp 2 % der indischen Bevölkerung ausmachen, haben die Sikhs unser Bild des Inders mehr geprägt als alle anderen Volks- und Religionsgruppen. Frisch gebügeltes weißes Hemd, silberner Armreif, gepflegter Vollbart und kunstvoll gebundene **Turbane,** so sah Hollywoods Vorzeige-Inder aus, und er war immer ein *Sikh* (wörtl.: Schüler) aus dem fruchtbaren Punjab (Fünfstromland) im Nordwesten. Das ist im Grunde paradox, legen doch die Sikhs selbst großen Wert darauf, sich vom Rest der indischen Bevölkerung zu unterscheiden.

Die Männer dokumentieren dies traditionell durch die so genannten **Fünf K:** das nicht geschnittene, unter einem Turban getragene Haar *(kes)*, ein Kamm aus Holz oder Elfenbein *(kangha)*, ein Dolch *(kirpan)*, ein stählerner Armreif *(kara)* und eine kurze Kniehose *(kaccha)*. Allerdings sind auch an den stolzen Sikhs die Zeichen der Zeit nicht spurlos vorbeigegangen und so verschwindet die *kaccha* heute meist unter langen Hosen, der Kamm ist aus Plastik und der Dolch wird fast nur noch zu Festlichkeiten getragen. Alle Tugenden, die gemeinhin gerade nicht mit Indern in Verbindung gebracht werden, scheinen die Sikhs zu verkörpern: Disziplin, Fleiß, Stolz und Pragmatismus.

Doch spätestens seit 1984 zwei Sikhs aus der Leibwache Indira Gandhis die damalige Ministerpräsidentin ermordeten, hat dieses makellose Bild erhebliche Risse erhalten. Seither verbindet man eher den von Terror und Mord gekennzeichneten Kampf der Sikhs um einen eigenen unabhängigen **Staat Khalistan** mit ihrem Namen. Dabei wird jedoch übersehen, dass der Konflikt in seiner jetzigen Form erst vor einem Jahrzehnt entbrannte und Sikhs und Hindus bis dahin über fünf Jahrhunderte friedlich nebeneinander lebten. An sich sind die Glaubensgrundsätze beider Völker durchaus miteinander vereinbar und so war es auch kein religiöser Antagonismus, sondern ihre von ständigen Abwehrkräften gegen die Zentralregierung in Delhi geprägte Geschichte, die die Sikhs ihre Eigenständigkeit immer mehr betonen ließ.

Die Ursprünge des Sikhismus gehen auf den Hinduprediger *Guru Nanak* (1469–1539) zurück, der aus einer Kaufmannnskaste aus dem Punjab stammte und eine **Synthese von Hinduismus und Islam** anstrebte. Er übernahm zwar vom Hinduismus die Lehre vom Weltschöpfer *(Brahman)*, von der Seelenwanderung und vom Karma, lehnte jedoch mit der Vielgötterei, dem Ritualismus und vor allen Dingen mit dem Kastenwesen drei seiner Kernelemente ab.

Ebenso wie der Islam ist der Sikhismus **streng monotheistisch** und kennt nur einen unsichtbaren Gott. Als Ausdruck ihrer aufgehobenen Kastenzugehörigkeit tragen alle männlichen Sikhs den gleichen Namen – *Singh* (Löwe). Ferner geht der Sikhismus von der Möglichkeit der Erlösung durch moralisches Handeln und weltliche Pflichterfüllung aus. Bedingt durch diese egalitären und diesseits orientierten Wertvorstellungen zeichnen sich die Sikhs im Gegensatz zu den oft zum Fatalismus neigenden Hindus durch eine pragmatische und dynamische Lebenseinstellung aus.

Nanaks vierter Nachfolger *Guru Arjun Dif* ließ 1577 den **Goldenen Tempel** in Amritsar erbauen, der von nun an das spirituelle Zentrum der Sikhs bildete. Hier befindet sich auch das heilige Buch des Sikhismus, der „Adi Granth" (wörtl. „Urbuch", auch als „Guru Granth Sahib", „Das hochverehrte Buch", bekannt), welches Arjun Dif aus den Schriften und Lehren seiner Vorgänger zuammmenfasste.

Im Verlauf der **zunehmenden Verfolgung** der Sikhs durch die muslimischen Machthaber in Delhi wurden sowohl Arjun Dif als auch der neunte Guru *Tik Bahadur* hingerichtet, worauf dessen Sohn die Reformsekte zu einem religiösen Kampfbund, *Khalsa* genannt, umformte. Ferner verfügte er, dass nach seinem Tode niemand seine Nachfolge antreten sollte und dafür die heilige Schrift Adi Granth als oberste Autorität des Glaubens die Position der Gurus einnehmen sollte.

Mit dem Zerfall des Mogulreiches erstarkten die Sikhs und konnten 1801 unter *Ranjit Singh* als Maharaja ihr

Weißes Hemd und Turban – Sikhs beim Gebet

eigenes Königreich im Punjab errichten, welches jedoch nach zwei erbitterten Schlachten 1849 von den Briten erobert wurde.

Als mit der Unabhängigkeit Indiens am 15. August 1947 gleichzeitig auch die Abtrennung Pakistans in Kraft trat und die neue Grenzlinie der beiden Staaten mitten durch den Punjab lief, kam es hier zu den schlimmsten Massakern zwischen Sikhs, Hindus und Moslems im ganzen Land. Von nun an wurden die Stimmen für einen von Hindus und Moslems gleichermaßen **unabhängigen Staat** immer lauter. Noch jedoch wurden die Forderungen durch die 1921 gegründete Sikh-Partei Akali Dal (Bund der Unsterblichen) auf demokratische Weise vorgebracht.

Als sich die ökonomische Situation im bis dahin als Wirtschaftswunderland geltenden Punjab, das einen bedeutenden Anteil zu Indiens wirtschaftlicher Entwicklung beigetragen hatte, in den sechziger Jahren radikal verschlechterte und die Zahl der landlosen Arbeiter verdoppelte, fanden die fundamentalistischen Parolen des Sektenführers *Bhindranwale*, der zur Errichtung eines unabhängigen Staates Khalistan (Land der Reinen) aufrief, vor allem unter den desillusionierten Jugendlichen schnellen Zulauf. Seine Anhänger verbreiteten unter der Hindu-Bevölkerung im Punjab durch terroristische Gewalttaten Angst und Schrecken.

Als Bhindranwale schließlich seinen eigenen Staat Khalistan ausrief und sich 1982 mit seinen Anhängern im Goldenen Tempel verschanzte, waren die Türen für eine friedliche Lösung des Punjab-Konfliktes endgültig zugeschlagen.

Versuchte *Indira Gandhi* zunächst noch vergeblich, durch die Ernennung eines Sikhs als Staatsoberhaupt den Konflikt zu entschärfen, geriet sie von den Hardlinern in ihrem Kabinett unter immer stärkeren politischen Druck und entschloss sich schließlich zur **Operation Blue Star.** Nach generalstabsmäßiger Planung wurde der Goldene Tempel am 30. Mai 1984 von 15.000 Soldaten erstürmt, wobei die meisten der über 3.000 Besetzer getötet wurden, unter ihnen auch Bhindranwale.

Diese Schändung ihres Heiligtums war ein Fanal für die strenggläubigen Sikhs. Befanden sich die **Fundamentalisten** bis dahin innerhalb der Sikh-Gemeinde noch deutlich in der Minderheit, so radikalisierten sich jetzt auch jene, die bisher lediglich für eine größere politische wie wirtschaftliche Autonomie gegenüber Delhi eingetreten waren.

Von nun an beherrschte eine Spirale von **Gewalt und Gegengewalt** die Lage im Punjab: Die Ermordung Indira Gandhis und die sich anschließenden Massaker an Sikhs in Delhi, Terroraktionen verschiedener Untergrundorganisationen gegen hinduistische Politiker, brutales Vorgehen der indischen Polizeitruppen in Amritsar, erneute Erstürmung des Goldenen Tempels 1988, fehlgeschlagener Anschlag auf *Rajiv Gandhi* aus seiner Sikh-Leibgarde, die Unterstellung des Punjab unter direkte Kontrolle Delhis – die Liste der

Gewaltakte zwischen Hindus und Sikhs seit 1980 ließe sich noch endlos verlängern.

Die Gefahr vor Augen, die Abspaltung des Punjab könnte weiteren, schon lange schwelenden Unabhängigkeitsbestrebungen in Assam, Tamil Nadu und vor allem in Kashmir neuen Auftrieb geben und damit den Bestand der indischen Union ernsthaft gefährden, ließ die indische Zentralregierung lange Zeit keinen Millimeter von ihrer kompromisslosen Haltung abgehen, während die Sikhs wegen des brutalen Vorgehens der indischen Truppen weiterhin auf ihre Unabhängigkeit pochten.

Anfang der neunziger Jahre entspannte sich die Lage jedoch auf beiden Seiten. Im Gegensatz zu Kashmir, wo eine friedliche Konfliktlösung in den nächsten Jahren nur schwerlich vorstellbar ist, scheint der Wunsch vieler Punjabis, statt politischem Extremismus dem wirtschaftlichen Aufschwung Priorität einzuräumen, langfristig die Lage zu beruhigen.

Jainismus

Ebenso wie der Buddhismus entstand auch der Jainismus im 6. Jh. v. Chr. als **Reformbewegung** gegen die autoritären Strukturen des Brahmanismus. Während jedoch der Buddhismus später zu einer der bedeutendsten Religionen der Erde aufstieg, konnte sich der Jainismus nicht über die Grenzen seines Ursprungslandes ausdehnen. Von den etwa 4,5 Mio. Anhängern dieser Religionsgemeinschaft (0,5 % der Gesamtbevölkerung) leben die meisten im Nordwesten des Landes, hier speziell im Bundesstaat Gujarat.

Askese

Der Stifter *Varda Mana*, später *Mahavira* (Großer Held) genannt, verließ im Alter von 28 Jahren Frau und Kinder, um das Wanderleben eines nackten Asketen zu führen. Schon zwei Jahre später erlangte er vollkommene Einsicht in die Gesetzmäßigkeit des Lebens und verbreitete von nun an als Wanderprediger seine Lehre, deren letztendliches Ziel der **Austritt aus dem ewigen Kreislauf des Lebens** ist. Auch hier wieder zeigen sich deutliche Parallelen zum Buddhismus.

Jina (Weltüberwinder), wie er von seinen Jüngern nun genannt wird, gilt jedoch nur als letzter von insgesamt 24 *tirthankaras* (Furtbereiter) des Jainismus, die einen Weg aus dem Kreislauf des Lebens gefunden haben. Die 24 *tirthankaras* verkörpern die Götter des Jainismus und ihnen zu Ehren wurden die Tempel meistens an Orten erbaut, wo einer von ihnen geboren, erleuchtet oder ins Nirvana eingegangen ist. Die bekanntesten Tempelanlagen befinden sich auf den als heilig angesehenen Bergen in Gujarat und Rajasthan, doch auch in Südindien liegen einige bedeutende Jain-Kultstätten wie z.B. Sravanabelgola.

Erhaltung jeglichen Lebens

Oberstes von den Gläubigen einzuhaltendes Gebot auf dem von den Tirthankaras gewiesenen Weg aus dem Kreislauf der Wiedergeburten ist *ahimsa,* die unbedingte Schonung jeglichen Lebens. Dieses Gebot resultiert aus der vom Hinduismus übernommenen Idee der Einheit allen Lebens. So liegt es im ureigensten Interesse jedes Lebewesens, anderen kein Leid zuzufügen, schadet es sich dadurch doch letztlich nur selbst. Einige Gläubige verfolgen dieses Gebot derart strikt, dass sie einen Mundschutz tragen, um nicht versehentlich ein Insekt zu verschlucken.

Wohlstand und Konsumentsagung

Diese uneingeschränkte Achtung vor dem Leben hat bis heute tief greifende Auswirkungen auf die Lebens- und Arbeitsbedingungen der Jains. Selbstverständlich sind alle **strikte Vegetarier** (manche essen sogar nichts, was in der Erde gewachsen ist, weil beim Herausziehen Kleinlebewesen getötet werden könnten), doch darüber hinaus verbietet ihnen ihr Glaube die Ausübung von Tätigkeiten wie etwa in der Landwirtschaft oder im Militär, die das Tötungsverbot missachten.

So finden sich Jains heute vor allem in **kaufmännischen und akademischen Berufen,** was zur Folge hat, dass sie zu den wohlhabendsten und bestausgebildeten Schichten der Gesellschaft zählen. Die im Jainismus geforderte innerweltliche Askese hat dazu geführt, dass sie ihren materiellen Wohlstand nur in geringem Maße zum persönlichen Konsum verwenden, dafür jedoch umso großzügiger den Bau bzw. die Erhaltung ihrer Heiligtümer unterstützen. Hieraus erklärt sich auch, dass die Marmortempel von Palitana, Dilwara und Ranakpur zu den schönsten Heiligtümern ganz Indiens zählen.

Feste und Feierlichkeiten

Indische Feste sind so bunt und ungestüm wie das Land selbst. Zwar haben die meisten religiöse Ursprünge, doch gerade die für Indien so typische Einheit von Religion und prallem Leben macht ihre eigentliche Faszination aus. Prozessionen und Feuerwerk, Theatervorführungen auf öffentlichen Bühnen und farbenfrohe Tänze, nächtliche Jahrmärkte mit Karussels, und Akrobaten und verführerischen Essensständen sowie infernalische Lautsprechermusik sind die typischen Bestandteile. Ein Augenschmaus sind sie immer, dafür auch allzuoft eine Pein für unsere Ohren.

Die Vielfalt der Religionen beschert dem Land eine unübersehbare Anzahl von Festen und Feiertagen. Neben den landesweiten existieren noch unzählige nicht minder beeindruckende Regionalfeste. Jeder Reisende, der auch nur wenige Wochen im Land unterwegs ist, wird wahrscheinlich Augen- und Ohrenzeuge einer solchen Feierlichkeit werden.

Feste bringen nicht nur Abwechslung in das gerade von der Landbevölkerung oftmals als relativ ereignisarm angesehene Leben, sondern besitzen auch in einer derart extrem reglementierten Gesellschaft wie der indischen, in der die meisten Entscheidungen des täglichen Lebens durch die Kastenordnung vorgegeben werden, eine höchst wichtige Ventilfunktion. Man darf sich gehen lassen und Dinge tun, die sonst verpönt sind.

Indischer Festkalender

Selbstverständlich kann hier nur eine kleine Auswahl der vielen hundert indischen Feste aufgeführt werden. Da sich die meisten religiösen Feste nach dem **Mondkalender** richten und zudem regional oftmals leicht variieren, kann auch nur eine ungefähre Zeitangabe gegeben werden. Beim indischen Fremdenverkehrsamt in Frankfurt ist jeweils ab November eine Liste mit den Terminen der hundert Hauptfeste für das kommende Jahr erhältlich.

Januar/Februar
- 1. Januar; **Neujahr** – gesetzlicher Feiertag
- 26. Januar; **Tag der Republik** – gesetzlicher Feiertag. Wer es irgend einrichten kann, sollte sich die große Parade zum Tag der Republik in Delhi nicht entgehen lassen. Das ganze unvergleichliche Kaleidoskop der Völker und Stämme dieses kontinentalen Landes zieht in ihren bunten Trachten, begleitet von Musikkapellen, geschmückten Elefanten und Kamelen über den Raj Path, die Prachtstraße

Jain-Pilger in Ranakpur. Einige Gläubige tragen Mundschutz, um nicht versehentlich ein Insekt zu verschlucken, denn die unbedingte Schonung jeglichen Lebens ist oberstes Gebot der Jains

Liebe unerwünscht – Heiraten in Rajasthan

„Are you married?" Jedem Indienreisenden wird diese Frage mehr als geläufig sein, steht sie doch am Anfang fast jeder Konversation mit einem Inder. Genauso sicher wie die Frage selbst ist der ebenso enttäuschte wie entgeisterte Gesichtsausdruck des Gegenübers im Falle einer negativen Antwort. Unverheiratet zu bleiben ist für Inder, egal ob Frau oder Mann, völlig undenkbar, gehört die Heirat doch zu einem der wichtigsten Sakramente des Hinduismus.

Drei Hauptgründe werden für die Notwendigkeit einer Ehe genannt: religiöse Riten, die nur von Mann und Frau gemeinsam durchgeführt werden können, die Geburt von Nachkommen, wobei damit in allererster Linie Söhne gemeint sind, und schließlich die Befriedigung der Sexualität – Letzteres gilt jedoch gegenüber den ersten beiden Zwecken als deutlich untergeordnet. Mit Liebe, im individualistisch orientierten und reichen Westen der eigentliche Anlass für eine Heirat, hat eine Eheschließung speziell im rückständigen Rajasthan nichts zu tun. Liebe muss man sich nicht nur leisten können, sie setzt zudem zwei Menschen voraus, die ihr Handeln nach ihren persönlichen Wünschen und Gefühlen ausrichten können – im ebenso armen wie eng begrenzten Regeln bestimmten Leben der Rajasthani unvorstellbar.

Nach wie vor werden Ehen in fast allen Fällen von den Eltern organisiert, wobei die Initiative gewöhnlich von der Familie des Mädchens ausgeht. Beim Arrangement der Ehe muss eine Reihe von Regeln eingehalten werden. Als wichtigste gilt bei den Rajputen, die äußerst bewußt mit Erbfolge und Verwandtschaft umgehen, dass Rajputen nur Rajputen heiraten dürfen. Außerdem sollten die potentiellen Ehepartner aus der gleichen Kaste stammen und weder durch Abstammung noch durch Heirat miteinander verwandt sein.

Die Verhandlungen über die Heirat und die finanziellen Aspekte der Mitgift werden von Vertrauten der Familie geführt, im dörflichen Raum oft unterstützt durch den Friseur, der bei Bedarf auch das Amt eines Brautwerbers wahrnimmt. Erfüllen die beiden ausgewählten Kandidaten die Kriterien und hat man sich auf die Höhe der Mitgift geeinigt, haben **Horoskope** das letzte Wort. Nur wenn diese in mindestens 18 Punkten übereinstimmen, sieht man die zukünftige Ehe auch von höchster Stelle als sanktioniert an – in einer nach wie vor stark archaisch und damit ganzheitlich orientierten Gesellschaft wie der rajputischen ein sehr wichtiger Aspekt.

Bereits einge Wochen vor der eigentlichen Hochzeit wird eine Verlobungszeremonie im Haus des Bräutigams durchgeführt, bei der die Braut nicht anwesend ist, der Brautvater jedoch Geschenke wie Früchte, Kokosnüsse und Süßigkeiten schickt. Die Braut begegnet ihrem zukünftigen Ehemann in der Regel zum ersten Mal bei der eigentlichen Hochzeit. Ihr Brautkleid ist ebenso in glücksverheißendem Rot gehalten, wie die mit Henna gefärbten Hände und Füße und der *sindur* ihres Mittelscheitels. Der reiche Kopf-, Nasen-, Hals-, Oberarm- und Fußschmuck bleibt allerdings weitgehend unter einem Hochzeitsschleier verborgen.

Der stolze Ehemann trägt während des von männlichen Verwandten begleiteten **Hochzeitszuges** zum Haus der Braut, den er auf dem Rücken eines Schimmels zurücklegt, in der Regel einen safranfarbenen,

vor dem Parlament. Indiens ehemalige Größe scheint hier unter dem Motto „Einheit in der Vielfalt" wieder lebendig zu werden.
• **Vasant Panchami** – Zu Ehren von Saraswati, der Göttin der Gelehrsamkeit, werden im ganzen Land, vornehmlich jedoch in den intellektuellen Hochburgen Westbengalens, Prozessionen durchgeführt (im Januar/Februar).

FESTE UND FEIERLICHKEITEN

reich geschmückten Turban und ein an der Seite befestigtes Schwert. Am Haus seiner zukünftigen Ehefrau angekommen, berührt er mit dem Schwert den *toran*, ein über der Tür angebrachtes Ornament, um so symbolisch seinen Eintritt anzuzeigen.

Die wichtigste Zeremonie ist die zu einer genau nach dem Horoskop festgelegten Stunde durchgeführte **Feuerzeremonie.** Dabei werden die Handgelenke der zukünftigen Eheleute unter dem Absingen von Mantras von einem Brahmanen-Priester mit einer geweihten Schnur zusammengebunden, um den neu geschlossenen Bund abzusegnen. So verbunden umwandelt das Brautpaar bis zu siebenmal das Feuer. In einer weiteren Zeremonie wird die Frau von ihrem Vater förmlich übergeben und nimmt anschließend Abschied von ihrer bisherigen Familiengottheit *kuldevi*, die sie von jetzt ab nur noch als *ishtadevata* – als persönliche Gottheit – weiter verehren kann.

Nach Beendigung der Zeremonien und dem daran anschließenden Hochzeitsmahl folgt die Braut dem Mann in sein Heim. Die dabei oftmals unter lautem Schluchzen hervorgebrachten Tränen veranschaulichen auf tragische Weise, dass der vermeintliche Glückstag in ihrem Leben oftmals gleichzeitig mit vielen Ängsten verbunden ist. Von nun an muss die Frau nicht nur ihre Familie, sondern auch ihr gesamtes soziales Umfeld verlassen und ist in den letzten Fällen in der neuen Familie auf sich allein gestellt. Unter den argwöhnischen Augen der Schwiegermutter muss sie ihrem Mann treu ergeben dienen und so schnell wie möglich ihre eigentliche Funktion erfüllen – die Geburt eines Sohnes.

●**Maha Shivaratri** – Nächtliche Tempelprozessionen, vor allem in Varanasi, Khajuraho und Delhi, stehen im Mittelpunkt dieses dem Gott Shiva gewidmeten Festes (im Februar).

Februar/März

●**Holi** – gesetzlicher Feiertag. Eines der fröhlichsten, ausgelassensten und vor allem farbenfrohsten Feste ganz Indiens. Zur Begrüßung des Frühlings wirft man ausgelassen mit Farbpulver um sich, wobei Touristen die begehrtesten Opfer abgeben. Ist gerade keine Farbe mehr vorhanden, begnügt man sich auch mit Schlamm. Leider wird das Fest vielerorts immer rowdyhafter, siehe daher das Kapitel „Sicherheit".

●**Gangaur** – Das unmittelbar nach Holi beginnende Gangaur-Fest lässt sich am schönsten in Rajasthan erleben. Gewidmet ist es Gaur, einer Erscheinungsform Parvatis, der Frau Shivas. Gangaur ist in erster Linie ein Fest der Frauen, wobei die Mädchen um einen liebevollen Gatten und die verheirateten Frauen um ein langes und glückliches Leben ihres Mannes bitten. Die besonders schön herausgeputzten Frauen verehren in Festtagsumzügen die durch die Straßen der Städte getragenen, meist aus Holz oder Ton gefertigten Gaurifiguren, die am Ende des Festes im Wasser versenkt werden. Besonders romantisch wird das Fest am Pichola-See in Udaipur begangen.

März/April

●**Mahavir Jayanti** – gesetzlicher Feiertag. Das bedeutendste Fest der Jains zu Ehren des 24. und letzten Furtbereiters Avira wird vor allen Dingen in den Jain-Hochburgen Gujarat und hier speziell auf den heiligen Bergen bei Girnar und Palitana mit prächtigen Umzügen gefeiert.

●**Ramanawami** – gesetzlicher Feiertag. Der Geburtstag Ramas, der siebten Inkarnation Vishnus, der gerade in den letzten Jahren als Symbolfigur des Hindu-Fundamentalismus besondere Verehrung erlangte, wird in Großstädten sowie Ayodhya, seinem Geburtsort, und Rameshwaram gefeiert.

●**Karfreitag** – gesetzlicher Feiertag

Mai/Juni

●**Buddha Purnima** – gesetzlicher Feiertag. Buddhas Geburtstag wird vor allem in Bodh-

FESTE UND FEIERLICHKEITEN

gaya gedacht, einem kleinen Ort in Bihar, an dem der Prinz *Gautama Siddharta* unter dem Bodhi-Baum seine Erleuchtung erlangte.

Juli/August

- **Naga Panchami** – Typisch indisch, könnte man sagen. Ein Fest zu Ehren der Schlangen, welche nach hinduistischem Glauben Feinde von Haus und Hof fernhalten. Es wird vor allem in Mathura, Delhi, Agra und Rajasthan begangen.
- **Muharram** – Dieses bedeutendste muslimische Fest erinnern an eine Schlacht im Jahre 680 v. Chr., bei der der Enkel des Propheten Mohammed getötet wurde. Es wird vor allem in Lucknow, Delhi, Bhopal, Kashmir und Mumbai gefeiert und bietet leider oft Anlass zu Ausschreitungen zwischen Schiiten und Sunniten.
- **Teej** – Das zur Begrüßung des Monsuns und zur Wiedervereinigung Shivas und Parvatis begangene Fest ist neben Holi und Gangaur eines der fröhlichsten und farbenfrohesten Nordindiens. Frauen in ihren meist grün gehaltenen Saris schwingen in den dafür speziell hergerichteten, in Bäumen aufgehängten Schaukeln und lassen ihrer Lebensfreude freien Lauf. In einigen Städten werden auch auf Elefanten platzierte Statuen Parvatis durch die Straßen geführt.
- **15. August; Unabhängigkeitstag** – gesetzlicher Feiertag
- **Janmashtami** – gesetzlicher Feiertag. Der Geburtstag Krishnas, einer der beliebtesten Götter des hinduistischen Pantheons, wird landesweit, vor allem an seinem Geburtsort Mathura sowie in Dwarka, Delhi und Varanasi, gefeiert (im August).

September/Oktober

- **Ganesh Chaturthi** – Dem volkstümlichen Elefantengott Ganesha, Sohn Shivas und Parvatis, gewidmet. Im ganzen Land, vornehmlich jedoch in Mumbai und Westbengalen, werden Tonfiguren des Gottes des Wohlstandes und der Weisheit auf Umzügen durch die

Stadt gefahren, bevor sie im Meer bzw. im Fluss versenkt werden (im September).

● **Dussera** – Dauer 10 Tage, davon 2 gesetzliche Feiertage. Das bedeutendste aller indischen Feste bezieht sich auf das Ramayana-Epos, in dem Sita, die Gattin Ramas, vom Dämon Ravana nach Sri Lanka entführt, am Ende jedoch von Rama wieder befreit wird. In Delhi wird das Epos abends als Ramlila auf vielen Freilichtbühnen aufgeführt. Daneben überall kirmesähnliche Vergnügungsangebote mit Musik, Essensständen und Schaustellern. Ravanas Figur aus Papier und Holz wird am eigentlichen Festtag gegen Abend in Brand gesteckt.

● 2. Oktober; **Geburtstag Mahatma Gandhis** – gesetzlicher Feiertag

Oktober/November

● **Diwali** – 5 Tage, davon ein Feiertag. Eigentlich *Depavali* genannt (Lichterkette), ist es vergleichbar mit unserem Weihnachtsfest. Auch in Indien ist es in den letzten Jahren zu einem reinen Konsumfest verkommen, wobei der eigentliche Anlass, nämlich die symbolische Heimleuchtung Ramas bei seiner Rückkehr aus dem Exil, völlig in den Hintergrund getreten ist.

November/Dezember

● **Govardhan Puja** – gesetzlicher Feiertag. Das gibt es nur in Indien: Alle öffentlichen Einrichtungen sind geschlossen zu Ehren der Kuh, dem heiligen Tier im Hinduismus.
● 25. Dezember; **Weihnachten** – gesetzlicher Feiertag

Musiker beim Holi-Fest in Jodhpur

Architektur

Hinduistische Architektur

Die hinduistische Architektur war in ihren Anfängen reine Sakralkunst und ist dies zum großen Teil bis heute auch geblieben. So waren es Priesterarchitekten, die bereits im 1. Jahrtausend v. Chr. in speziellen Architekturlehrbüchern genaue Bauvorschriften vorgaben, deren Ziel es war, einzelne Gebäude, aber auch ganze Städte als steinerne Abbilder der göttlichen Weltordnung zu planen. Dabei stößt man auf ganz einfache Gesetzmäßigkeiten, vor allem das Quadrat und das rechtwinklige Dreieck. Hieraus ergibt sich ein strenges Muster, das fast allen Sakralbauwerken zugrunde liegt.

Im Zentrum der hinduistischen Architektur steht der **Tempel,** der als Sitz der Götter verehrt wird. Die ältesten frei stehenden Hindu-Tempel stammen aus dem 7. Jh. n. Chr., wobei die einzelnen Steinblöcke ineinander verzahnt und aufgeschichtet wurden. Die größeren unter ihnen bestehen aus mehreren Gebäudeteilen, deren Zuordnung genauestens festgelegt ist. An den nach Osten, Richtung aufgehender Sonne ausgerichteten Eingang schließen sich entlang einer Längsachse je eine Versammlungs-, Tanz- und Opferhalle an.

Die Cella

Abschluss und **Zentrum** jedes Tempels bildet die Cella *(garbhagriha),* in deren Mitte sich das **Kultbild** des dem Tempel geweihten Gottes befindet. Im

Gegensatz zu den dem Turmbau vorgelagerten Hallen ist die Cella ein schlichter, unbeleuchteter Raum. Die Bewegung vom Licht ins Dunkel, von der Vielfalt der Erscheinungen zum Einfachen, versinnbildlicht den stufenweisen Weg zur Befreiung. Der Grundriss der Cella entwickelt sich in der Regel über einem Quadrat. In der klassischen Zeit (nach 800 n. Chr.) wird diese Grundform langsam aufgelöst. Äußere Nischen werden axial angefügt, um Kultbilder und Wächter der Himmelsrichtungen aufzunehmen. Weitere vertikale Vorsprünge *(ratha)* lösen die Kanten so weit auf, dass nahezu kreisförmige Grundrisse entstehen.

Der Tempelturm

Die von der Cella ausstrahlende göttliche Kraft und Energie versinnbildlicht der über ihr aufsteigende, weithin sichtbare Tempelturm *(shikhara)*, der als Verkörperung des heiligen Berges Meru gilt. Seine Außenwände sind oftmals mit zahlreichen **Skulpturen** verziert. Die Anordnung der Götterplastiken erfolgt dabei entsprechend der Hierarchie im hinduistischen Pantheon, in dem jede einzelne Gottheit ihren genau zugewiesenen Platz einnimmt.

In der Gestaltung der einzelnen Skulpturen konnten die ansonsten von strengen Regeln eingeschränkten Künstler ihrer Fantasie und ihrem Schaffensdrang freien Lauf lassen. Als Quelle dienten ihnen dabei die Erzählungen der großen hinduistischen Epen wie **Ramayana** und **Mahabharatha**. Die bunte, zum Teil geradezu ausschweifende Lebensfreude, die von vielen der gänzlich mit Götter- und Fabelwesen ausgeschmückten Tempeltürme ausgeht, steht dabei in einem spannungsreichen Kontrast zur meditativen Ruhe, die die darunter befindliche Cella kennzeichnet.

An frühen Höhlen- und frei stehenden Tempeln ist der Themenkreis figürlicher Darstellung auf die Glorie der Hochgötter in ihren verschiedenen Aspekten und die Verherrlichung göttlich inspirierter Seher und Weiser *(rishis* und *munis)* bezogen. Diese verstehen sich als Ahnherren der Priester- (Brahmanen-) Geschlechter, als Götter in Menschengestalt, als Hüter des heiligen Wissens *(veda)* und Rituals sowie als unentbehrliche Mittler zwischen Mensch und Gott.

Im Laufe der Jahrhunderte führten die Auseinandersetzungen der verschiedenen theologischen Systeme zur Erfindung neuer Mythen und Legenden und damit zur Erweiterung des Götterhimmels. Als Zugeständnis an die breiten Volksmassen wurden auch Gottheiten niederer Stände, Lokal- und Volksgötter sowie Dämonen, vielfach als schreckliche Abwandlungen der Hochgötter, ins Pantheon aufgenommen und an den Tempelbauten abgebildet.

Figürliche Ausschmückungen

Da der Hinduismus zwischen sakral und profan nicht scharf trennt, wird besonders in der Sockelzone großer Tempel der Darstellung des weltlichen und religiösen Lebens der Gottkönige *(devarajas)* und ihrer göttlichen Ahnen breiter Raum gewidmet. Außer Götterfiguren überziehen Ornamente, Tiere, Fabelwesen und Dämonenmasken als Glückszeichen, Sinnbilder, Schmuck und zur dekorativen Unterteilung alle Bauglieder eines Tempels.

Zu den beliebtesten Glücks- und Heilszeichen gehören Hakenkreuz, Vase, Spiegel, Fische und andere Tiere sowie Fabelwesen. Das **Hakenkreuz**, welches erstmals auf Siegeln und Terrakotten der vorarischen Induskultur (2800–1500 v. Chr.) auftaucht, steht wie in vielen anderen Kulturen in Verbindung mit Feuer und Sonne und verheißt Glück und Heil. Die **Vase** *(kalasha)* birgt den Trunk der Unsterblichkeit *(amrita)*. Das Motiv des vollen **Kruges** *(purnakumbha)* bildet vor allem an Säulen und Pfeilern ein wichtiges Bauglied und steht für Lebensfülle, Fruchtbarkeit und Überfluss. **Fische** *(mina* und *matsya)* versinnbildlichen das Entgleiten der Seelen aus den Fesseln der Wiedergeburten. Der **Spiegel** *(darpana)* gilt als Zeichen der Schönheit und wird häufig in Verbindung mit anmutigen Tänzerinnen und himmlischen Nymphen dargestellt. Gleichzeitig symbolisiert er die Welt als Illusion *(maya)* und die Notwendigkeit zu deren Überwindung auf dem Weg zum *moksha,* der Erlösung aus dem Geburtenkreislauf.

Bei den Tieren gelten Elefanten, Pferde und Löwen als besonders kraft- und machtvoll und dementsprechend glücksverheißend. Der majestätische **Elefant,** traditionell das Tragtier der Könige bei großen Umzügen, wird im gesamten asiatischen Kulturkreis als Sinnbild für die Beständigkeit einer Dynastie und des Reiches angesehen. **Pferde** stehen für die Dynamik und den damit einhergehenden Expansionswillen einer Dynastie. Der ebenso furchteinflößende wie majestätische **Löwe** wird als eine Art Tempelwächter zur Abwehr äußerer Feinde eingesetzt und symbolisiert gleichzeitig die Macht und militärische Stärke des Königs. Weitere glücksverheißende Tiersymbole sind die *makaras.* Dabei handelt es sich um Fabelwesen, die Elemente von Fischen, Delfinen und Krokodilen aufweisen und wegen ihrer Verbindung mit dem lebensspendenden Element des Wassers auch als Fruchtbarkeitssymbole verehrt werden.

Ähnliches gilt für **Schlangen** und **Lotosblumen,** die besonders häufig zur Ausschmückung von Decken, Türrahmen und Friesen sowie bei der Untergliederung figürlicher Darstellungen verwendet werden. Sie symbolisieren die Entstehung der materiellen Welt aus dem Urozean. **Blüten, Girlanden und Zweige,** ebenfalls beliebte Motive zur Ausschmückung von Tempeln, versinnbildlichen üppige Lebensfülle und die sich im Reichtum der Natur spiegelnde Größe des göttlichen Schöpfungsaktes.

Zwei der am häufigsten bei der Ausschmückung von Tempelschwellen verwendeten Stilelemente sind der Lotos und das Muschelhorn. Besonders der **Lotos** ist eine im gesamten asiatischen Kulturkreis hoch verehrte Blume, die vor allem im Hinduismus und Buddhismus mit einer vielfältigen Symbolik behaftet ist. Da er sich kerzengerade und in „unschuldigem" Weiß über Schlamm und Schmutz aus den Wassern erhebt und seine Knospe zur Sonne öffnet, gilt er als **Sinnbild der Reinheit** und geistigen Erleuchtung. Im Mahabharata entsprießt der Lotos als erste Gestaltwerdung des Absoluten dem Nabel des im kosmischen Schlaf ruhenden Vishnu-Narayana. Der Ton des **Muschelhornes** gilt als erste und zarteste Manifestation des Absoluten in der empirischen Welt. Dementsprechend führen sowohl der Lotos als auch das Muschelhorn dem Gläubigen beim Betreten des Tempels vor Augen, dass er von der profanen Welt in die sakrale Sphäre der Götter eintritt.

Unterschiedliche Stile

Bei der Gestaltung der Tempelanlagen haben sich im Laufe der Jahrhunderte drei verschiedene Formen herausgebildet. Beim **nordindischen Nagara-Stil** wird die Cella von einem sich konisch verjüngenden Turm überragt, mit einem runden Stein in Form der Myroblan-Frucht *(amalka)* als Abschluss. Darauf steht eine Amrita- oder Nektar-Vase *(kalasha)*, die Unsterblichkeit verheißt und in die Transzendenz weist. Beim **südindischen Vimana-Stil** erheben sich die Türme terrassenförmig über dem Allerheiligsten bis zur Spitze, die von einem halbkugelförmigen Schlussstein *(stupika)* gebildet wird. In Südindien wird der Tempelbezirk von einer großen Tempelmauer umgeben, die mit ihren riesigen Eingangstoren oftmals noch den Tempelturm überragt. Der südindische Stil wurde in zahlreichen südostasiatischen Kulturen aufgenommen und weiterentwickelt.

Beide Bautypen erreichten ihre Blütezeit zwischen 1100 und 1300, wobei im Norden die mit erotischen Skulpturen geradezu übersäten Tempel von Khajuraho sowie der Sonnentempel von Konarah in Orissa die herausragendsten Beispiele sind, während im Süden Madurai und Tiruchirapalli zwei der bedeutendsten Tempelanlagen beherbergen. Der südindische Stil wurde in zahlreichen südostasiatischen Kulturen aufgenommen und weiterentwickelt.

Indoislamische Architektur

Der Einfall der muslimischen Eroberer bedeutete für die hinduistische Kultur im Allgemeinen und die Architektur im Speziellen einen tiefgreifenden Einschnitt. Den von religiöser Intoleranz getragenen Eroberungsfeldzügen der neuen Herrscher fielen unzählige hinduistische Bauwerke zum Opfer. Gleichzeitig jedoch brachten die Eroberer neue Ideen und Architekturformen mit, welche dem Land einzigartige Prunkbauten bescherten.

Mausoleen

Zu den schönsten islamischen Bauwerken zählen die Mausoleen, allen voran natürlich das **Taj Mahal,** die Krönung der Mogul-Architektur. Mausoleen waren den Hindus bis dahin völlig unbekannt, da einer ihrer Glaubensgrundsätze die Wiedergeburt ist

ARCHITEKTUR

und sie so ihren Toten keine Denkmäler errichteten. Die kunstvolle Einbeziehung der vor dem eigentlichen Grabmal gelegenen, viergeteilten **Gartenanlage** *(garbagh)* ist ein weiteres typisch islamisches Bauelement, durch das man versucht hat, Architektur und Landschaft zu einer harmonischen Gesamtkomposition zu vereinigen.

Moscheen

Das zweite hervorstechende architektonische Monument islamischer Herrschaft in Indien sind die übers ganze Land verteilten Moscheen. Im Gegensatz zu hinduistischen Tempeln dienten die größeren, **Jami Masjid** (Große oder Freitags-Moschee) genannten Gotteshäuser jedoch nicht nur als Kultstätte, sondern auch als Ort **politischer Kundgebungen.** Wie bei allen Moscheen war auch bei der Jami Masjid die Ausrichtung der Gebetsrichtung *(kibla)* nach Mekka das oberste Gebot bei der architektonischen Planung.

Minarette finden sich in Indien vor allem in Form zweier Rundtürme, die den Haupteingang flankieren. Arabische Schriftzeichen und stilisierte Arabesken zieren dabei häufig die Fassa-

---

Die rajputische Festung Kumbhalgarh, 1458 unter Rana Kumbha fertiggestellt, wurde nur einmal von islamischen Invasoren erobert

den, während die Säulen des Umgangs vielfach aus geschleiften Hinduoder Jain-Tempeln stammen und deshalb naturalistische Motive und Menschendarstellungen aufweisen, die in der islamischen Ikonographie eigentlich verboten sind.

Palastbauten

Schließlich errichteten die muslimischen Eroberer im Laufe ihrer jahrhundertelangen Herrschaft riesige Festungs- und Palastanlagen. Die beeindruckendsten Beispiele dafür sind die **Roten Forts in Delhi und Agra** sowie die Anlage von **Fathepur Sikri**. Besonders gelungen und heute noch zu sehen bei diesen Monumentalbauten ist die harmonische Synthese aus wehrhafter Trutzburg und romantischen Privatgemächern.

Nirgendwo sonst ließen sich die Hindu-Fürsten von den fremden Eroberern derart beeinflussen wie im Palastbau. Hatten sie ihre Macht und ihr Prestige bis dahin vornehmlich durch große Tempelanlagen dokumentiert, so ließen auch sie sich nun großzügige Palastburgen bauen, wobei sich die schönsten Beispiele hierfür in Rajasthan finden: **Amber, Udaipur, Jodhpur und Bundi.** Typisch für diese Paläste ist der festungsartige Charakter der unteren Stockwerke, die nur wenige Fenster aufweisen. Dieser schmucklose, lediglich zu Verteidigungszwecken dienende Unterbau wird durch einen verschwenderisch gestalteten Überbau ergänzt, der mit seinen Terrassen, Balkonen, Pavillons, kleinen, künstlich angelegten Gartenanlagen und riesigen, mit Gold und Silber verzierten Empfangs- und Gästesälen den Ruf vom märchenhaften Reichtum der Maharajas mitbegründete.

Bauhütten

Den größten Einfluss auf die Durchdringung zweier im Grunde so gegensätzlicher Architekturrichtungen wie der hinduistischen und der islamischen hatten die so genannten Bauhütten. In diesen von islamischen Herrschern betriebenen **Handwerksstätten** arbeiteten über Generationen hinweg muslimische und hinduistische Handwerker Seite an Seite, was eine höchst fruchtbare Synthese zur Folge hatte. Islamische Stilelemente wie das Gitterfenster, Spitzbögen und florale Ornamentik wurden mit hinduistischen zusammengeführt. Beispiele für den sich hieraus entwickelnden indosarazenischen bzw. indoislamischen Baustil finden sich nicht nur in den Metropolen, sondern auch in der Provinz und hier vor allem in Gujarat mit der Bundeshauptstadt Ahmedabad.

Liebe, Leid, Helden, Intrigen, Verfolgungsjagden – in immer neuen Mischungen werden in Indien 800 Spielfilme im Jahr damit gefüllt

Film

Nicht, wie allgemein angenommen, die USA, sondern Indien und hier vor allem der Süden des Landes stellt die **produktivste Filmindustrie der Welt.** Indiens Traumfabriken in Chennai, Bangalore, Hyderabad, Trivandrum und vor allem Mumbai produzieren die unglaubliche Zahl von 800 abendfüllenden Spielfilmen pro Jahr, das heißt mehr als zwei pro Tag. Die Filmindustrie ist so nicht nur im Inland ein bedeutender Wirtschaftsfaktor, sondern mit einem Export in inzwischen über 100 Länder auch ein gern gesehener Devisenbringer.

Der schöne Schein des Zelluloid ist zu einer **Massendroge** vieler Inder geworden. Täglich strömen über 15 Mio. Menschen in die 12.000 Kinos des Landes, um wenigstens für durchschnittlich 230 Minuten pro Film die Mühsal des Alltags zu vergessen. Ihre Sehnsucht nach einer heilen Welt wird, das ist von Anfang an gewiss, nicht enttäuscht. Indien im Kommerzfilm – das ist eine Welt aus Luxus und Macht, riesigen Villen, romantischen Tälern, verführerischen Frauen, glitzernden Kostümen, opulenten Mahlzeiten, europäischen Sportwagen und strahlenden Helden.

Die Strickmuster all dieser Filme wiederholen sich ständig; es scheint, als gäbe es nur etwa 20 Standardhandlungen, die in leicht abweichenden Varianten immer wieder durchgespielt werden. Das Ganze wird melodramatisch mit einer Mischung aus Liedern, Tanzeinlagen, Verfolgungsjagden und Intrigen gewürzt. Wegen dieser „bunten Mischung" wird diese Filmart auch **Masala-Film** genannt – *masala* heißen die indischen Gewürzmischungen. Die Parallelen zum Ramayana-Epos sind dabei unübersehbar, und im Grunde ist der indische Kommerzfilm nichts anderes als die ständige Wiederholung der **alten Mythen** in neuen Kleidern. Genau dies ist ein Hauptgrund für seinen einzigartigen Erfolg. Die Verquickung von Mythos und Realität mit ihren höchst ritualisierten Handlungs- und Gefühlsmomenten sowie die klare Unterteilung in Gut und Böse entspricht so sehr dem kollektiven Verständnis des Vielvölkerstaates, dass sie über alle Kultur- und Sprachgrenzen hinweg verständlich ist.

So hat der Masala-Film eine ganz eigene, charakteristische Ästhetik entwickelt. Seine Erzählstruktur ist nicht auf psychologisch stimmige Charaktere, plausible Handlungen oder kompositorische Geschlossenheit angewiesen. Von der Gewissheit ihres Wertesystems ausgehend, ist der indische Film unter westlichen Filmkritikern als wirklichkeitsfremd, kitschig und ausufernd verpönt – eine herablassende Beurteilung, die auf einer sehr beschränkten Sicht der Realität beruht und das Reich des psychologisch Realen – dessen, was man als Innenleben empfindet – ausschließt.

Einen **Kinobesuch** sollte sich kein Indienreisender entgehen lassen. Die meisten indischen Kinos sind richtige Filmpaläste, in denen 1.000 und mehr Besucher Platz finden. Hinzu kommt das, gemessen an der keimfreien Distanz deutscher Kinogänger, unvorstellbare Engagement der Zuschauer. Das Maß der Identifikation mit ihren Helden lässt sie all deren Höhen und Tiefen mitfeiern bzw. miterleiden.

Ein typischer Masala-Film

Die Handlung eines typisch indischen Kommerzfilms könnte so aussehen: Eine arme Mutter hat zwei Söhne. Der eine kommt ihr eines Tages auf dem Jahrmarkt abhanden. Der Junge wird von einer reichen Familie aufgenommen und entwickelt sich zum arroganten Bösewicht. Der Bruder zu Hause dagegen bleibt rechtschaffen, irgendwie wird er sogar Polizist. Um diese beiden ranken sich noch ein oder zwei weibliche Figuren, eine konservative und gute und eine moderne und liderliche. Irgendwann treffen die beiden Brüder als Gegner aufeinander, nichtsahnend, wen sie vor sich haben. Nachdem sie gegeneinander gekämpft haben, quasi als Symbol des Kampfes des Guten gegen das Böse, erkennen sie sich und fallen sich in die Arme – am Sterbebett der schon lange kränkelnden Mutter. Während der böse Bruder die dahinscheidende Mutter um Verzeihung bittet, kündigt der gute seine bevorstehende Hochzeit an.

Karriere in Showbiz und Politik

Allein in Mumbai erscheinen jede Woche 17 verschiedene Filmmagazine, die zur Glorifizierung von **Stars und Sternchen** kräftig beitragen. In Tausenden von Fanclubs wird der Starkult gepflegt. Die großen Stars, wie etwa *Sanjay Dutt, Shah Rukh Khan* oder *Amitabh Bachchan,* sind nicht nur vielfache Millionäre (Dollar-Millionäre wohlgemerkt), sondern werden von ihren Anhängern geradezu abgöttisch verehrt – und das ist durchaus wörtlich zu verstehen. So wurde dem kürzlich verstorbenen *N.T. Rama Rao,* einem Schauspieler, der zeit seiner Karriere immer Götter dargestellt hatte, in Andhra Pradesh ein Tempel erbaut.

Die **schauspielerische Qualität** dieser Megastars lässt allein schon deshalb zu wünschen übrig, weil sie gleichzeitig bei einem Dutzend Filmen im Einsatz sind. So rasen sie von einem Fimset zum nächsten, wechseln Kostüme und Launen im Laufschritt. Das ist gut fürs Portemonnaie; der Auseinandersetzung mit der gerade verkörperten Rolle ist es sicherlich nicht förderlich. Kein Wunder, dass ihre schauspielerischen Leistungen oft von einer müden Eintönigkeit geprägt sind, ganz egal, welche Rolle sie spielen.

Viele Mimen nutzen ihre ungeheure Popularität für eine **politische Karriere**. Bekanntestes Beispiel ist M.G. Ramachandran, der seine Beliebtheit als Helfer der Armen, Beschützer der Frauen und Rächer der Entrechteten auf der Leinwand begründete und schließlich 1977 zum Chefminister Tamil Nadus aufstieg. Als von allen gefürchtete Nachfolgerin zieht heute die ehemalige Filmgröße *Jayalitha* die Fäden der Macht im südlichsten Bundesstaat Indiens. *N.T. Rama Rao* war Chefminister von Andhra Pradesh.

Die schmutzige Seite der Glitzerwelt

Allerdings hat die scheinbar so heile Glitzerwelt des indischen Kinos in den letzten Jahren erhebliche Risse bekommen. Es ist ein offenes Geheimnis, dass ein Großteil der Filme mit **Geldern aus der Unterwelt** finanziert wird, die dadurch ihr mit Drogenhandel, Prostitution und illegalen Grundstücksgeschäften verdientes Geld reinwäscht. Die Verstrickung in die Unterwelt hat in den letzten Jahren einige namhafte Regisseure das Leben gekostet. Hinzu kommt, dass – nicht zuletzt wegen der enormen Gagen für die Superstars – die wenigsten Filme ihre hohen Produktionskosten einspielen. Hierzu trägt auch die Konkurrenz des privaten Fernsehens bei, welches durch die **Ausstrahlung westlicher Serien** und Hollywoodfilme für viele Inder eine ganz neue Welt eröffnet.

Um dem Konkurrenzdruck standhalten zu können, werden im indischen Kino zwei Aspekte immer offener zur Schau gestellt, die noch bis vor wenigen Jahren absolute Tabuthemen waren: **Sex und Gewalt**. Noch bis vor wenigen Jahren verbannten die sittenstrengen Zensoren sogar Kussszenen von der Leinwand. Die einfallsreichen Drehbuchautoren umschifften das Problem, indem sie Szenen schrieben, in denen Äpfel schmachtend von einem Mund zum nächsten gereicht oder Eistüten zu zweit gelutscht wurden. Ständig fielen Hauptdarstellerinnen in einen See oder liefen durch einen Monsunregen, damit sich die durchnässten Saris möglichst durchsichtig an den Körper schmiegten. 1997 schrieb die Schauspielerin *Rekha* in dem Kinohit „Aastha" mit dem ersten Orgasmus auf einer indischen Leinwand Kinogeschichte – dabei musste sie allerdings nicht einmal ihren Sari lüften.

Autorenfilm

Neben der Glitzerwelt des Kommerzkinos fristet der Autorenfilm ein vergleichsweise dürftiges Dasein. *Aparna Sen* und *Satyajit Ray*, zwei führende Vertreter dieses alternativen Kinos, sind unter westlichen Cineasten bekannter als in Indien selbst. Zentren dieses künstlerisch ambitionierten Autorenfilms sind Westbengalen und Südindien. Nicht Verklärung, Wirklichkeitsflucht und strahlende Helden, sondern das **Engagement gegen soziale Missstände** und komplizierte, widerspruchsvolle Charaktere stehen im Mittelpunkt der Handlungen. Themen wie Korruption, Umweltzerstörung, Unterdrückung der Frau oder Verlust traditioneller Werte versuchen die Regisseure einem breiteren Publikum näherzubringen. Doch ihre Anhängerschaft kommt meist über den kleinen Kreis des jungen, akademisch gebildeten Großstadtpublikums nicht hinaus.

Die Regisseurin *Mira Nair* wies mit ihrem Ende der achtziger Jahre gedrehten Spielfilm **„Salaam Bombay"**, der das Schicksal der Mumbaier Straßenkinder zum Inhalt hat, einen Ausweg aus dem Dilemma. Sie bediente sich bewusst einiger Stilmittel des Kommerzkinos, um den Wunsch des Massenpublikums nach Unterhaltung zu befriedigen und machte so auf unterhaltsame, fast schon spielerische Weise auf eines der großen sozialen Probleme Indiens aufmerksam. Der Film wurde national wie international ein überragender Erfolg.

Literatur

Indische Romane sind in Mode. Der indische Subkontinent wird zum Zentrum von Bücherwochen, Diskussionen und literarischen Zirkeln. Autoren wie **Arundhati Roy, Rohinton Mistry, Sashi Taroor** oder **Amitav Ghosht** erobern die Bestsellerlisten in Europa und den USA mit sprachgewaltigen Büchern voll bildhafter Exotik. Sie treten damit in die Fußstapfen von **Salman Rushdie,** der mit seinem Roman „Mitternachtskinder" die Bresche schlug für die Wiederentdeckung der indischen Literatur im Westen.

Augenfällig ist, dass bis auf Arundhati Roy fast ausschließlich im Westen lebende Schriftsteller internationale Anerkennung finden. Dabei stehen die Bücher der indischen Autorin **Sashi Deshpande** jener ihrer berühmten Kollegen um nichts nach, sind aber in Europa bestenfalls einem kleinen Kreis von Lesern bekannt. So beklagen denn auch viele in Indien lebende Schriftsteller, dass die in englischer Sprache schreibenden Kollegen Themen behandeln, die ihr Mutterland nur verzerrt widerspiegeln. Hierin zeigt sich, dass der indische Subkontinent gerade in Zeiten der wirtschaftlichen und kulturellen Öffnung nach seiner literarischen Identität sucht.

So wird die Sprache zu einem zentralen Streitpunkt, was denn eigentlich „indisch" ist. Ist Shalman Rushdie, der Inder im Exil, weniger indisch als Sashi Deshpande? Und der Nobelpreisträger und britische Staatsbürger **V.S. Naipaul** mit seiner indischen Familiengeschichte und seiner Vorliebe für indische Themen überhaupt indisch? Nicht zu Unrecht wird gerade von einheimischen Schriftstellern behauptet, dass die in englischer Sprache geschriebenen Bücher im Ausland lebender Inder vornehmlich moderne Themen behandeln, während die in indischen Sprachen verfassten Werke meist traditionelle Geschichten erzählen. Andererseits zeichnen sich gerade die Werke von Roy und Ghosht durch ihre detailgenauen Schilderungen indischer Familiengeschichten aus.

So verbirgt sich hinter dem vordergründigen Sprachenstreit (neben unausgesprochenen materiellen Neidgefühlen) ein Konflikt der Generationen. Es fällt auf, dass vornehmlich jüngere unter den international gerühmten indischen Autoren vertreten sind.

Bei allem Streit um Sprache und Identität wird gänzlich übersehen, dass sowohl die „zuhause Gebliebenen" als auch die Exilschriftsteller aus der **jahrtausendealten Literaturtradition** Indiens schöpfen. Wohl kein anderes Volk ist in seinen Denk- und Verhaltensweisen derart stark von seiner Literatur geprägt worden wie die Inder. Schon vor drei Jahrtausenden begann mit der Formierung der Kastengesellschaft die Niederschrift der **Veden,** meist religiöse Schriften anonymer Autoren. Neben Hymnen an die Götter und Beschreibungen der hochkomplizierten priesterlichen Opferrituale finden sich detaillierte Anweisungen zu den der jeweiligen Kaste entsprechenden Verhaltensweisen. Noch heute bestimmen die penibel ausgeführten Vorschriften über Berufsausübung, Heirat, Essverhalten und Reinigungszeremonien, Opferhandlungen und Beerdigungsrituale den Alltag der allermeisten Inder.

Die beiden Klassiker der altindischen Literaturgeschichte sind jedoch die ausufernden Helden- und Göttersagen **Mahabharata** und **Ramayana.** Mit seinen über 100.000 Versen gilt das Mahabharata als das umfangreichste Werk der Weltliteratur. Vor dem Hintergrund des Kampfes zwischen den mythischen Völkern der Pandawas und Kausawas wird eine verschachtelte Handlungsstruktur aufgebaut, in deren Verlauf die verschiedenen Götter in ihren zahlreichen Inkarnationen auftreten. Die im Kampf zwischen Gut und Böse entwickelten Glaubens- und Moralvorstellungen prägen bis heute das Leben der Inder. „Wir verdanken ihnen", sagt der Schriftsteller *Gangada Gangije,* „all unsere Inspirationen. Sie sind tief in unser Leben eingedrungen."

Malerei

Keine andere Kunstform Indiens wurde derart intensiv durch den Einfluss der muslimischen Invasoren aus dem Norden geprägt wie die Malerei. Jene oft nur wenige Quadratzentimeter großen **Miniaturmalereien,** die dem Touristen in fast jedem Maharaja-Palast und Souvenirladen begegnen, gab es allerdings schon vor der Ankunft der Moguln. Bei den ältesten erhaltenen Miniaturmalereien handelt es sich um Illustrationen von Jain-Schriften aus dem 12. Jh., die auf Palmblättern gemalt wurden.

Doch erst mit dem Machtantritt der Großmoguln, die mehrere berühmte persische Miniaturmaler mit an ihren Hof nach Delhi brachten, erwachte diese Kunstrichtung zur vollen Blüte. Entscheidend hierzu trug sicherlich auch die von ihnen in Indien eingeführte Kunst der **Papierherstellung** bei. Hierdurch öffneten sich nicht nur neue Möglichkeiten für das Bildformat, sondern auch für die Farbgebung, denn nicht alle Farben hafteten auf der Palmblattunterlage.

Während die Bilder früher als reine Textillustrationen gedient hatten, erhielten sie nun ein immer größeres Eigengewicht. Als Motive dienten vielfach Szenen aus der indischen Literatur, die immer wieder den verspielten Krishna zum Mittelpunkt hatten. Besonders beliebt war die Badeszene am Fluss Yamuna in Vrindavan, bei dem Krishna die Kleider der gerade badenden Hirtinnen versteckt.

Neben hinduistischen Szenen traten jedoch mehr und mehr Landschaftsmotive und höfische Szenen in den Vordergrund. Besonders bei der figürlichen Darstellung zeigte sich mit der Zeit ein deutlicher Wandel. Wurde zunächst darauf geachtet, dass die Figuren keine Ähnlichkeiten mit lebenden Personen aufwiesen, wurde dieser unpersönliche, die Idealvorstellungen jener Epoche nachzeichnende Stil zunehmend abgelöst von Personendarstellungen, die erste Ansätze einer **Porträtmalerei** erkennen lassen. Besonders die beiden kunstsinnigen Herrscher *Akhbar* und *Jehangir* ließen auch europäische Einflüsse in der Hofmalerei zu. So lässt sich die Verwendung von Körperschatten und Perspektive erkennen, die den Miniaturen zusätzliche Plastizität verleihen.

Themenauswahl, Farbgebung und andere Details bestimmten fast immer die jeweiligen Auftraggeber, oft sogar der Großmogul selbst. Die meisten Maler gehörten niederen Kasten an und hatten so gut wie gar keinen Einfluss auf die individuelle Ausgestaltung ihrer Werke. Oft entstanden die Malereien sogar in Teamarbeit: Ein erster Künstler entwarf die Komposition, ein anderer trug die Farben auf und ein dritter kümmerte sich um die Feinarbeiten.

Aber nicht nur die Mogul-Herrscher, sondern auch die Potentaten der unzähligen Fürstentümer fanden Gefallen an der Miniaturmalerei. Besonders die Herrscherhäuser in Rajasthan und Punjab wurden zu großzügigen Gönnern, wobei sie die Mogul-Traditionen aufnahmen, sie jedoch gleichzeitig mit eigenen Traditionen ergänzten. Wie so oft, wenn es um die Herausstellung einer eigenen Identität ging, zeichneten sich auch hier wieder die *Mewaris* von Udaipur aus. Ihre Bilder heben sich vom Mogul-Stil durch leuchtende Farben, größere Formate und vor allem die Darstellung lokaler Ereignisse ab. Weitere Fürstentümer wie etwa Bundi, Kota, Alwar oder das kleine nordindische Kangra entwickelten ihre eigenen Malschulen, wobei als Zeichen der Eigenständigkeit auch wieder zunehmend Szenen aus den hinduistischen Epen Verwendung fanden. Als Motiv sehr beliebt waren auch die so genannten *Ragamalas,* bei denen die männlichen *(ragas)* und weiblichen *(raginis)* Melodien in Stimmungsbilder umgesetzt wurden. Eine besondere **Blütezeit** erlebte die Miniaturmalerei noch einmal Anfang des 19. Jh., als die neu gewonnene Unabhängigkeit gegenüber den Mogulen ihren Ausdruck in besonders farbenfrohen und heiteren Bildern fand.

Mit dem Aufkommen **moderner europäischer Techniken,** vor allem der Fotografie, erlahmte jedoch bei vielen

Maharajas das Interesse an der Miniaturmalerei. Nun zierten die Wände ihrer neuerbauten Paläste nicht mehr Szenen aus dem mittelalterlichen Hofleben, sondern Fotos von solch faszinierenden Erfindungen wie dem Auto und dem Telefon. Erst die vor den Errungenschaften der Moderne in den sechziger Jahren nach Indien fliehenden Europäer entdeckten die auf wenige Quadratzentimeter komprimierte Romantik des mittelalterlichen Indien auf den Miniaturmalereien neu und erweckten die Kunstgattung zu neuem Leben.

Mädchenkapelle des
Maharani-College in Mysore, 1895

Musik

„Die Chinesen und die Inder würden eine der unseren ähnliche Musik haben, wenn sie überhaupt eine besäßen, aber diesbezüglich stecken sie noch in der tiefsten Finsternis der Barbarei und sind in einer geradezu kindlichen Unwissenheit befangen, in der sich kaum vage Ansätze zu einem Gestaltungswillen entdecken lassen. Außerdem sprechen die Orientalen von Musik da, wo wir höchstens von Katzenmusik sprechen ..." Der französische Komponist *Hector Berlioz* stand mit dieser 1851 geäußerten Meinung über indische Musik durchaus nicht allein da. Für die meisten Europäer war die klassische indische Musik nie viel mehr als ein stechender Grundton, ein monotoner Klang ohne polyphone Elemente und Harmonie – „Katzenmusik" eben.

Das sollte sich erst ändern, als Mitte der sechziger Jahre im Zuge der Flower-Power-Bewegung viele westliche Musiker wie die Beatles und Rolling Stones nach Indien pilgerten. Von nun an ergoss sich eine Welle von Räucherstäbchen, Meditationskursen und indischen Klängen auf den von

Indische Musikinstrumente

Indische Instrumente sind oft reich verziert und stellen für sich schon kleine Kunstwerke dar.

- **Die Sitar,** das bedeutendste Musikinstrument Südasiens, erlangte erst im 19. Jh. ihre heutige Form. Auf dem rund einen Meter langen Hals sitzen insgesamt siebzehn verschiebbare Messingbünde. Darüber verlaufen zwei bis vier Spielsaiten. Ihre Schwingungen werden von einem Steg aus Knochen auf den Resonanzkörper übertragen, einen ausgehöhlten Kürbis mit Holzdecke. Neben den Spielsaiten verlaufen vier weitere Bordunsaiten, die nicht abgegriffen, sondern zwischen dem Greifen der Spielsaiten angeschlagen werden. Ein separates System von elf Resonanzsaiten verläuft unter den Bünden. Auf der Sitar lassen sich alle Feinheiten der indischen Musik zur Geltung bringen. Eine Veränderung der Tonhöhe kann nicht nur durch das Abgreifen der Bünde, sondern auch durch seitliches Wegziehen der Spielsaiten erzielt werden.
- **Der Tambura** ist eine Art bundlose, meist mit vier Saiten bespannte Langhalslaute. Auf ihm wird ein Halteton als Grundton und unveränderlicher Bezugspunkt des Raga gespielt.
- **Die Tabla** besteht aus einer zylindrischen Holztrommel für die rechte Hand, die meist auf den Grundton gestimmt ist, sowie einer halbkugelförmigen, in verschiedenen Tonhöhen gestimmten Metalltrommel für die linke Hand. Mit Hilfe der Blöckchen, die unter den Haltebändern angebracht sind, wird sie exakt gestimmt.

Die Tabla repräsentiert im *raga* das durch die verschiedenen Anschlagtechniken außerordentlich differenzierte rhythmische Element.

- **Der Sarod** hat einen halbkugelförmigen, mit einer Decke aus Tierhaut bespannten Klangkörper aus Holz. Das bundlose Griffbrett auf dem breiten Hals besteht aus einer polierten Metallplatte. Die vier Spielsaiten werden mit einem Plektron gezupft. Daneben erklingen ein doppelchöriges Saitenpaar mit dem Grundton sowie siebzehn Resonanzsaiten.
- **Die Santur** (wörtl.: Einhundert Saiten), ein Hackbrettinstrument, fand erst recht spät Eingang in die klassische indische Musik. Sie besteht aus einem hölzernen, trapezförmigen Resonanzkasten, über dessen Decke mittels zweier Stegreihen 18 bis 25 Metallsaitenchöre geführt werden, die mit zwei an der Spitze aufwärts gebogenen Klöppeln angeschlagen werden.
- **Die Shahnai,** ein oboenartiges Instrument mit vollem, stark näselndem Klang, fand erst in den fünfziger Jahren unseres Jahrhunderts volle Anerkennung in der klassischen Musik. Ursprünglich von islamischen Eroberern und später in hinduistischen Tempeln gespielt, verdankt sie ihre Aufwertung zum Konzertinstrument der Ragamusik, vor allem dem großen Virtuosen *Ustad Bismillah Khan*. Die Shahnai ist ein Doppelrohrblattinstrument. Der konische Holzkörper ist mit einem Metallschalltrichter und sieben Löchern ausgestattet und kann sämtliche Verzierungen der indischen Musik entfalten.

der Sinnkrise gebeutelten Westen. Der globale Siegeszug indischer Musik hatte begonnen, kein Musikfestival mehr ohne Sitar und Tabla. Wer mit indischer Musik im Ohr und dem Joint in der Hand in mystische Sphären entschwebte, war allemal in und modern. Da machte es auch nichts, wenn das begeisterte Publikum versehentlich schon mal das Stimmen der Instrumente beklatschte – so geschehen beim Auftritt *Ravi Shankars* im Concert for Bangladesh.

So unterschiedlich Hector Berlioz' schon fast physische Abneigung gegen indische Musik und deren Huldigung durch die Blumenkinder auch war, so verband sie doch eine Gemeinsamkeit: Beide hatten das Wesen indischer Musik nicht verstanden. Verwunderlich ist das nicht, äußert sich doch in der klassischen indischen Musik, deren Wurzeln bis ins 5. Jh. v. Chr. zurückgehen, sehr viel von den religiösen Vorstellungen der Hindus. Ursprung und Ziel indischer Musik ist es, Musiker wie Zuhörer in den Zustand geistig-seelischer Harmonie zu versetzen, in eine **meditative Versenkung in Gott**. So ist die Musik nichts anderes als eine Art Gottesdienst.

Raga und Tala – Melodie und Rhythmus

Raga und *tala* bilden den Rahmen indischer Musik. *Tala* könnte man dabei mit Rhythmus, *raga* mit Melodie gleichsetzen. Bei *ragas* handelt es sich um genau festgelegte **Tonskalen**, innerhalb welcher der Musiker unter Beachtung bestimmter Regeln ein Thema improvisiert. Diese Tonskalen, von denen es über 1.000 geben soll, sind jeweils bestimmten Stimmungen zugeordnet. So gibt es *ragas* für spezielle Tages- oder Jahreszeiten, Frühlings-Ragas oder Nacht-Ragas ebenso wie solche für das Wetter oder für menschliche Gefühle.

Die eigentliche Kunst des Musikers besteht darin, die *ragas* so zu spielen, dass die beabsichtigte **Stimmung** dem Zuhörer perfekt vermittelt wird. Nicht umsonst umschreibt der Begriff *raga* eine ganze Palette menschlicher Gefühle: Begierde, Leidenschaft, Sorge, Schmerz, Ärger, Boshaftigkeit, Feindschaft, Hass und Liebe. Nebenbei bedeutet das Wort auch Farbe, Farbschattierung, Farbmittel oder Einfärben – tatsächlich soll sich der Musiker bei seinem Spiel auch wie in einer Meditation mit dem Göttlichen „einfärben", mit ihm eins werden.

Als klassisches Raga-Instrument gilt gewöhnlich die **Sitar,** das im Westen wohl bekannteste indische Instrument. Genauso kann ein *raga* jedoch von einer Flöte oder Violine gespielt werden.

Der rhythmische Kontrapunkt zum *raga* ist **tala**, gewöhnlich von Handtrommeln, so genannten **Tablas,** gespielt. Wie bei den *ragas,* so gibt es auch von den *talas* Hunderte.

Der besondere Reiz eines Konzerts besteht im **Dialog zwischen Raga- und Tala-Interpreten.** Jeder interpretiert und improvisiert im Rahmen der ihm vorgegebenen Regeln sein Thema und immer dann, wenn die beiden Virtuosen es schaffen, sich im rhythmischen Zyklus zu treffen, erheben sich begeisterte Wah-Wah-Rufe aus der mitgehenden Zuhörerschaft.

Unterlegt wird das Spiel von einem **Grundton,** der meist von einer Tambura gespielt wird. Genau dies ist die für indische Musik so typische Klangkomponente, die für westliche Ohren stechend, ja penetrant klingt. Dieser Grundton dient vornehmlich zur Wahrnehmung kleiner und kleinster Intervalle. Immerhin muss der indische Musiker innerhalb einer Oktave **22 Haupttöne** und **30 Mikrotöne** unterscheiden. Nur durch den unveränderlichen Bezugspunkt des Grundtons wird es möglich, solch geringe Intervallunterschiede zu erkennen und präzise zu setzen.

Aufführungen und Alltagsklänge

Ein weiterer signifikanter Unterschied zu westlichen Aufführungen liegt in der scheinbar nicht enden wollenden Dauer indischer Konzerte. Fünf Stunden und mehr sind dabei keine Seltenheit. Zeit hat eben in Indien eine ganz andere Dimension als im Westen und so gibt es kein dynamisches Voranschreiten im Andante oder Allegro, dafür umso häufiger ein meditatives Verweilen bei einem einzigen Ton. Sich nie von der Uhr versklaven lassen: ebenfalls ein Stück asiatischer Lebensphilosophie.

Indische Musik findet jedoch nicht nur im Konzertsaal statt und so sollte sich der nicht grämen, der keine Aufführung besuchen konnte. Der einmalige Reichtum des **Klangkörpers Indien** ist überall zu erfahren. Wer sich die Zeit nimmt (immer eine entscheidende Voraussetzung, um das Phänomen Indien kennenzulernen) und an einem beliebigen Ort in Indien – die Augen geschlossen – auf die Geräusche der Umgebung achtet, wird die akustische Vielfalt des Landes unmittelbarer denn je erfahren. Nur ein Beispiel: Überall in Indien findet man die *dhobis,* Wäscher, die morgens an den Ufern der Flüsse stehen und rhythmisch den Schmutz aus der Wäsche schlagen. Oder das Gemurmel einer Tempelzeremonie, das Vorbeifahren eines Ochsenkarrens, das Stimmengewirr auf dem Marktplatz. Im Vergleich dazu ist unsere eigene Klangsphäre arm, reduziert fast nur noch auf diffuse Motorengeräusche.

Rajasthanische Volkstänze

Im allgemeinen spielt der klassische indische Tanz in Rajasthan eine eher untergeordnete Rolle. Dafür pflegt man vor allem anlässlich der großen Volksfeste wie Holi oder zu familiären Festen wie Hochzeiten Volkstänze, denen, verglichen mit dem klassischen indischen Tanz, meist recht simple Bewegungsmuster zugrunde liegen.

- Der mit Abstand beliebteste Volkstanz Rajasthans ist der **Ghoomar,** der bei allen sich nur bietenden Feierlichen aufgeführt wird. Dabei wirbelt eine Gruppe von Frauen, die sich an der Hand halten, in hohem Tempo um einen imaginären Kreis herum. Jede Region hat ihre eigene Version dieses Tanzes, wobei oft im Rhythmus der Musik Holzstöcke aneinandergeschlagen werden.
- Der nach dem Ghoomar bekannteste Volkstanz Rajasthans ist der nur während des Holi-Festes und ausschließlich von Männern getanzte **Gher.** Dabei werden die Sänger und Musiker von den Tänzern durch einen äußeren Kreis umringt, wodurch eine besonders intensive Verbindung zwischen Musik und Tanz entsteht.
- Der **Gher-Ghoomar** ist eine Verbindung aus beiden Tänzen. Zunächst umringen die in einem äußeren Kreis tanzenden Männer die in der Mitte ebenfalls einen Kreis bildenden Frauen, wobei alle Beteiligten singen und ihre Positionen verändern. Dieser ebenfalls nur zu Holi aufgeführte Tanz gehört zu den beeindruckendsten Tänzen Nordindiens.
- Daneben gibt es noch eine Reihe weiterer, typisch rajasthanischer Tänze wie etwa den **Kacchi Ghodi,** der von säbelschwingenden Männern auf Steckenpferden dargestellt wird, und den **Sidh Nath,** einen Feuertanz, der speziell in der Region Bikaner beliebt ist. Übrigens lohnt beim Betrachten der Aufführung oftmals ein genaueres Hinsehen, entpuppen sich die ihr Gesicht hinter einem Schleier verbergenden grazilen Tänzerinnen doch häufig als kräftig geschminkte Männer.

In der indischen Musik besteht die Oktave nicht aus 8, sondern 22 Haupttönen

Traditionelle Kleidung

Sari

Kaum ein anderes Kleidungsstück wird derart eng mit seinem Ursprungsland identifiziert wie der Sari, das klassische Kleid der indischen Frauen. Er ist mit Indien so untrennbar verbunden wie das Taj Mahal und die Heilige Kuh. Das farbenfrohe Bild des elegant um den Körper geschlungenen Tuches gehört zu den eindrucksvollsten Erinnerungen jedes Indien-Reisenden. Der Sari verleiht der indischen Frau eine immer wieder beeindruckende Würde und Grazie.

Länge, Tragart, Farbe, Stoff und Muster dieses äußerst wandelbaren Kleides variieren von Region zu Region. So mißt die gewöhnlich 6 Meter lange Stoffbahn in Maharashtra 8,20 Meter und wird von hinten durch die Beine gezogen. Die Gujarati-Frauen legen das Sari-Ende über die rechte anstatt, wie üblich, die linke Schulter, in Kerala und Assam besteht er aus zwei Teilen. Als besonders graziös gilt der Bengal-Stil, bei dem das auffallend lange Sari-Ende *(pallu)* zunächst über die linke Schulter geworfen wird, um danach über den Rücken, wieder unter dem rechten Arm nach vorne und schließlich erneut über die linke Schulter geführt zu werden. In Rajasthan wird mit einem weiten, bis zu den Knöcheln reichenden Faltenrock *(ghagra)*, einer eng anliegenden Bluse *(choli)* und dem das Gesicht bedeckenden *ghunghat* sogar ein dreiteiliges Ensemble getragen, welches nur noch vage an den klassischen Sari erinnert.

Bei den Farben kann die Frau ihrem persönlichen Geschmack folgen. Allerdings gibt es gewisse Anlässe wie Tod (weiß) und Heirat (rot), bei denen die Sarifarbe vorgegeben ist. Ebenso groß wie die Vielfalt der Farben und Muster ist die der zu verwendenden Materialien. Ein Sari kann aus Seide, Baumwolle, Chiffon oder den immer größere Verbreitung findenden synthetischen Materialien gefertigt werden. Dementsprechend unterschiedlich sind auch die Preise, die von 300 bis 30.000 Rs pro Stück reichen können.

Wie Erwähnungen in alten Epen und Skulpturen an den Tempeln von Khajuraho und Konark belegen, gehen die Ursprünge des Sari mehrere Tausend Jahre zurück. Man geht davon aus, dass er sich aus dem auch heute noch von vielen Männern getragenen Beinkleid, dem *dhoti*, entwickelt hat, welcher ursprünglich von Männern wie Frauen gleichermaßen getragen wurde. Das Wort *sari* leitet sich ab von

Traditionelle Kleidung

TRADITIONELLE KLEIDUNG

dem Sanskrit-Wort *sati,* welches soviel wie „Stück Stoff" bedeutet.

Der seit dem 15. Jh. mit der Ankunft der Moguln in ganz Indien zu verzeichnende tiefgreifende kulturelle Wandel ließ auch den Sari nicht unberührt. Das ursprünglich wesentlich kürzere Kleidungsstück wurde unter den strengeren Moralvorschriften der neuen Herrscher verlängert, sodass das Gesicht der Frau durch das schleierartige, zunächst über die Schulter gezogene Sari-Ende bedeckt wurde.

Anstatt Sari tragen immer mehr junge Frauen den *salwar kameez,* eine ursprünglich aus dem Punjab stammende Kombination, bei der ein knielanges, an den Seiten eingeschnittenes Hemd über eine leichte, an den Fersen verschnürte Hose fällt.

Turban

Verglichen mit dem Sari wirkt die traditionelle männliche Bekleidung eher nüchtern. Neben dem in Falten gelegten, rockartigen Beinkleid (**dhoti**) und dem kragenlosen Hemd (**kurtha**) finden immer mehr synthetische Hemden und Hosen westlicher Prägung Verbreitung.

Dennoch verfügen die Männer Rajasthans mit dem Turban über ein Kleidungsstück, das ebenso wie der Sari zu einem Sinnbild Indiens geworden ist. Die schillernden Farben und geschwungenen Formen verschmelzen mit den scharfkantigen Gesichtern der Rajputen zu einem eindrucksvollen Bild stolz zur Schau getragenen Selbstbewusstseins. Der Turban hat sich wegen seiner für die wüstenartige Region äußerst funktionalen Aspekte zur meistgetragenen Kopfbedeckung entwickelt. Er schützt vor der sengenden Sommersonne ebenso wie vor der Kälte der Winternächte und dient als Gesichtsschutz bei Wüstenstürmen. Gleichzeitig kann er als Kopfkissen, Decke, Handtuch und im Notfall als Seil benutzt werden.

Während die Turbanformen regionale Varianten aufweisen, ist die Wahl der Farbe abhängig von der Jahreszeit und dem jeweiligen Anlass, zu dem er getragen wird. Orangefarbene Turbane werden vor allem von Wandermönchen, Sadhus und Brahmanen getragen. Gelb, orange und rot gelten als glücksverheißend, dementsprechend häufig sind sie bei Heiraten anzutreffen. Blau, grünblau, khaki und weiß sind die Trauerfarben, schwarz ist die Farbe des Protestes.

Generell wird der vom Turban vermittelte Ausdruck von Respekt und Ehre mit dem des Trägers gleichgesetzt. So kommt es einer schweren Beleidigung gleich, den Turban eines anderen mit Füßen zu treten; ein Austausch von Turbanen jedoch besiegelt eine lebenslange Freundschaft. So ist es auch heute noch üblich, dass die Brauteltern bei der Verlobung den Bräutigam und seine unmittelbaren Verwandten mit Turbanen beschenken.

Der weit über seine Funktion als Kleidungsstück hinausgehende Symbolcharakter des Turbans zeigt sich in letzter Zeit jedoch auch in der zunehmenden **Verwestlichung** des Landes. Galt es noch vor wenigen Jahren als unschicklich, in der Öffentlichkeit ohne Turban zu erscheinen, so ist es in den vergangenen Jahren vor allem in städtischer Umgebung üblich geworden, ohne Kopfbedeckung aufzutreten. Kunstvoll gebundene und reichhaltig geschmückte Turbane findet man fast nur noch bei Festlichkeiten. Bei den Jugendlichen ist dieser Prozess der Verwestlichung bereits so weit fortgeschritten, dass das Tragen eines Turbans als Ausdruck von Rückständigkeit angesehen und belächelt wird – eine Entwicklung, die angesichts der in Jeans und engen T-Shirts durch die Straßen der Großstädte fahrenden jungen, selbstbewussten Inderinnen auch den Sari in den nächsten Jahren zunehmend aus dem Straßenbild verdrängen wird.

026i Foto: tb

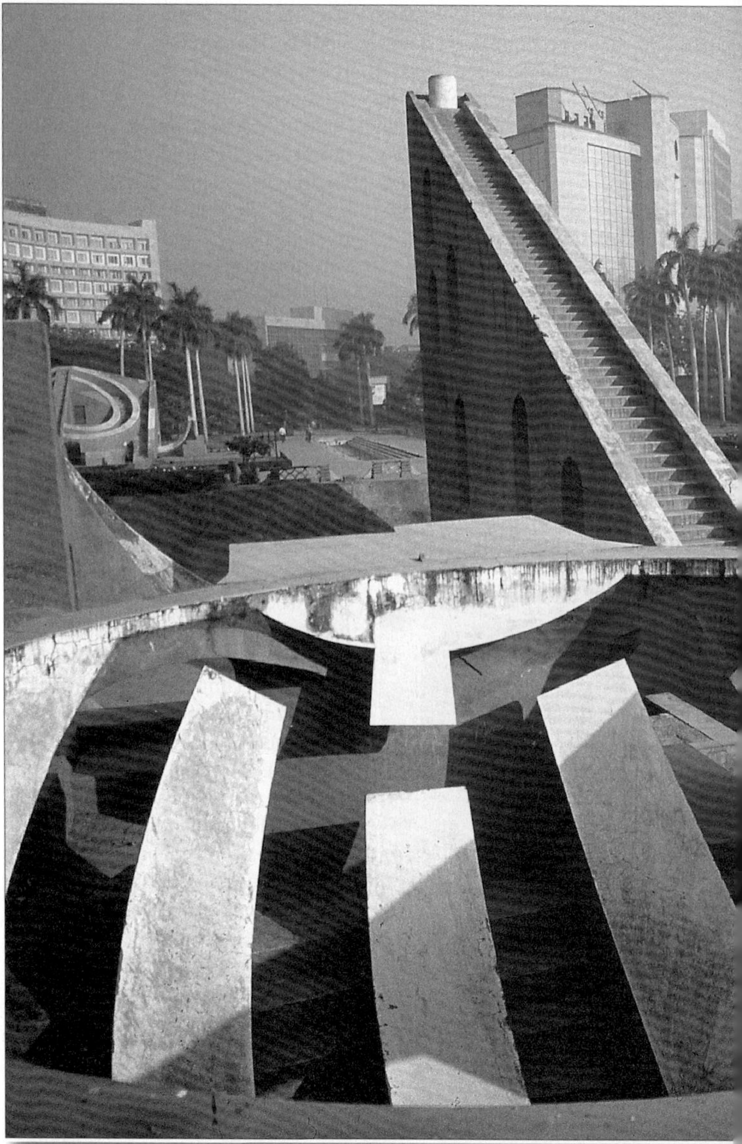

Delhi

Jantar Mantar – eine von fünf Sternwarten aus dem 18. Jahrhundert

Ein leicht überladenes Fuhrwerk

Massenauflauf vor der Jamia Masjid, der größten Moschee Indiens

Überblick ⤢ D1

(ca. 13,7 Mio. Einwohner, Vorwahl: 011)

Wer in erwartungsvoller Vorfreude auf das ewige Indien in Delhi ankommt, den erwartet zunächst eine unliebsame Überraschung. Nicht märchenhafte Paläste, weltentrückte Yogis oder meditative Ruhe, sondern der geballte Lärm, Dreck und die Hektik einer Großstadt mit gut zwölf Millionen Einwohnern, die aus allen Nähten platzt, empfangen den Besucher. Dem Ansturm von täglich Tausenden von Zuwanderern aus verarmten Regionen und den Belastungen des ungebremsten und unkontrollierten Wirtschaftswachstums scheint die Stadt am Yamuna heute weniger gewachsen denn je. Die ungezählten Obdachlosen, die jede Nacht, mit wenig mehr als einer dreckverkrusteten Decke ausgerüstet, ihr Nachtlager auf den Gehsteigen aufschlagen sowie der ohrenbetäubende Lärmpegel inmitten des kaum noch zu kontrollierenden Verkehrschaos sind dabei nur die augenfälligsten Erscheinungen – Fernweh sieht anders aus.

So ist es kaum verwunderlich, dass die Hauptstadt Indiens bei vielen Touristen keinen guten Ruf besitzt und die meisten der Stadt so schnell wie möglich wieder den Rücken kehren möchten. Teuer, langweilig, hektisch, dreckig und zu weitläufig sind die meistgenannten Kritikpunkte. Jeder einzelne Aspekt hat für sich genommen sicher seine Berechtigung, doch augenfällig sind die z.T. widersprüchlichen Bewertungen.

Es kommt entscheidend darauf an, in welchem Teil der Metropole man sich mehrheitlich aufgehalten hat. Wie kaum eine andere Stadt setzt sich Delhi aus zwei gänzlich unterschiedlichen Stadtteilen zusammen. Da ist einmal **Old Delhi,** angelegt und geprägt von den Mogulen, denen es vom 12. bis zum 18. Jh. als Hauptstadt diente und die hier mit dem Roten Fort und der Jamia Masjid zwei imposante architektonische Beispiele ihrer imperialen Macht hinterließen. Mit seinen engen, verwinkelten Altstadtgassen voller kleiner Geschäfte, seinen Märkten und Menschenmassen ist Old Delhi eine typisch indisch anmutende Stadt.

Einen krassen Gegensatz hierzu bildet **New Delhi,** das von den Briten mit der 1911 erfolgten Verlegung der Hauptstadt Britisch Indiens von Kalkutta nach Delhi am Reißbrett konzipierte wurde. Mit seinen weitläufigen, baumbestandenen Alleen, großzügigen Parkanlagen und modernen Verwaltungsgebäuden wirkt es äußerst großzügig, sachlich und nüchtern.

Dieser Kontrast macht jedoch auch den leider von nur wenigen wahrgenommenen Reiz der Stadt gerade für diejenigen Besucher aus, die zum ersten Mal nach Indien kommen. Man gewinnt einen Einblick in das vom prallen Leben scheinbar berstende Old Delhi, kann sich jedoch danach wieder in die Ruhe und Überschaubarkeit New Delhis zurückziehen.

So ergibt sich unter dem Motto „The best of both worlds" die Möglichkeit einer allmählichen Annäherung an den indischen Alltag. Besonders günstig ist es, an einem Samstag in Delhi anzukommen, um am Sonntag, dem einzigen Tag der Woche, an dem die Straßen frei passierbar sind, an einer der vom Tourist Office durchgeführten Stadtrundfahrten teilzunehmen. Der Montag bietet sich an, um die gerade in Delhi besonders zügig und effizient zu erledigenden Dinge wie Flugticketbestätigung, Visumantrag und Geldwechsel zu erledigen. Falls genügend Zeit bleibt, sollte man die hervorragenden Einkaufsmöglichkeiten nutzen, da die Auswahl hier so vielfältig wie in keiner anderen Stadt Indiens ist. So lässt sich das Angenehme mit dem Nützlichen verbinden und gleichzeitig die erfreuliche Entdeckung machen, dass die anfänglich so unliebsame Überraschung Delhi durchaus ihre positiven Seiten besitzt.

Orientierung

Trotz seiner enormen Ausdehnung ist Delhi eine recht übersichtliche Stadt. Auf die signifikante Unterteilung in das typisch indische **Old Delhi** und das weiträumige, eher europäisch anmutende **New Delhi** wurde ja bereits in der Einleitung näher eingegangen. Die beiden Straßen Desh Bandhu Gupta und Jawaharlal Nehru Marg, gleich nördlich des **Bahnhofs** von New Delhi, markieren die Grenze zwischen den beiden Stadtteilen. Das **Rote Fort** und die **Jamia Masjid** mit der alten Prachtstraße Chandni Chowk bilden die Wahrzeichen von Old Delhi, welches im Kern mit der von *Shah Jahan* im 17. Jh. erbauten siebten Hauptstadt übereinstimmt. **Pahar Ganj,** ein besonders bei Individualtouristen beliebtes Basar-Viertel mit unzähligen Hotels, welches sich westlich an die New Delhi Railway Station anschließt, bildet eine Art Puffer zwischen New und Old Delhi.

Dreh- und Angelpunkt von New Delhi ist der **kreisrunde Connaught Place,** von dem acht Ausfallstraßen in alle Himmelsrichtungen abzweigen. Der nach Süden abzweigende Janpath, die bekannteste Verbindungsstraße, führt in das Anfang dieses Jahrhunderts von den Briten angelegte Regierungsviertel. **Rajpath,** eine breite, von weitläufigen Grünanlagen gesäumte Prachtstraße, verbindet den auf einem Hügel erbauten **Präsidentenpalast Rashtrapati Bhawan** mit dem All India War Memorial, einer Art Arc de Triomphe von Delhi. Verglichen mit dem ebenso quirligen wie chaotischen Old Delhi wirkt dieser Bereich wie eine gepflegte Gartenstadt. Dies gilt insbesondere für die sich südlich an das Regierungsviertel anschließenden feinen Wohngegenden wie Lodi Colony, Defense Colony und Haus Khas. Hier befindet sich auch eine Reihe von exquisiten Hotels, Restaurants und Geschäften. Westlich davon liegt das elegante **Diplomatenviertel Chanakyapuri,** wo die meisten Botschaften angesiedelt sind. Noch einmal 15 km (national) bzw 23 km (international) weiter südwestlich befinden sich die beiden Teile des **Indira-Gandhi-Flughafens.**

Geschichte

Etwas salopp formuliert, könnte man sagen, dass Delhi gar nicht anders konnte, als zur bedeutendsten Stadt des indischen Subkontinents aufzusteigen. Die seit Anfang des 10. Jh. vom Norden her einfallenden islamischen Eroberer aus Zentralasien mussten zwangsläufig durch dieses schmale Nadelöhr zwischen der Wüste Thar im Südwesten und den Himalayaketten im Nordosten, um in die fruchtbare Ebene des Ganges und Yamuna, die unmittelbar südlich von Delhi beginnt, zu gelangen. Aus dieser quasi naturbedingten **Schlüsselposition** leitet sich auch ihr ursprünglicher Name *Dilli* (Schwelle) ab. Hatte man diese Stadt erobert, war man gleichzeitig Herr über die strategische Schlüsselstellung des Landes und hatte damit den entscheidenden Grundstein seiner Macht gesetzt.

Obwohl sie als Indraprastha bereits im „Mahabharata" erwähnt wurde, erlangte die Stadt erst mit der Eroberung durch den afghanischen Feldherrn *Mohammed-e-Ghur* (1150-1206 n. Chr.), der hier seine neue **Hauptstadt** errichtete, wirkliche historische Bedeutung. Auffälligstes Zeugnis dieser Epoche ist die 13 km südlich der heutigen Stadt gelegene Siegessäule Qutb Minar, die der erste Sultan Delhis errichten ließ. Dies war jedoch nur die erste von insgesamt sechs weiteren Hauptstädten, die die islamischen Herrscher während der folgenden sieben Jahrhunderte im Großraum Delhi errichteten.

Allah-ud-Dhin, dritter Herrscher der Khalji-Dynastie und Sultan Delhis von 1296 bis 1321, gründete mit **Sirri** die zweite Hauptstadt. Die ersten drei Herrscher aus der darauffolgenden Thuglag-Dynastie, einem ursprünglich aus der Türkei stammenden Volk, errichteten zwischen 1321 und 1388 mit **Thuglagabad, Jahanpanah** und **Firuzabad** die Hauptstädte drei bis fünf. Es vergingen weitere 200 Jahre, bis der afghanische Feldherr *Sher Shah* (1540-1545), der den zweiten Großmogul *Humayun* besiegt hatte, mit **Purana Qila** die sechste Hauptstadt innerhalb der Grenzen Delhis errichten ließ. 1638 legte *Akhbars* Enkel *Shah Jahan* mit dem Bau des Roten Forts und der zwölf Jahre später errichteten Jamia Masjid, der größten Moschee Indiens, den Grundstein für **Shahjahanbad**, die siebte Hauptstadt, deren Grenzen mit denen des heutigen Old Delhi übereinstimmen. Da er jedoch von seinem Sohn *Aurangzeb* 1658 abgesetzt und gefangengenommen wurde, konnte er seinen ursprünglichen Plan, die Hauptstadt von Agra nach Delhi zu verlegen, letztlich nicht verwirklichen.

Nach dem fehlgeschlagenen Versuch Aurangzebs, die Grenzen des Reiches auch auf Südindien zu erweitern, verfiel die Macht der Moguln zunehmend. Das hierdurch entstandene **Machtvakuum** nutzten wiederum beutehungrige Feldherrn aus dem Norden, um die Schatzkammer Delhi zu plündern. So entführte der Perser *Nadir Shah*, nachdem er die Stadt 1739 erstürmt hatte, den unermesslich wertvollen Pfauenthron aus dem Roten Fort. Sein Nachfolger *Ahmed Shah Durani* überfiel die ehemalige Mogul-Hauptstadt sogar dreimal innerhalb weniger Jahrzehnte.

Nach einem kurzen Intermezzo durch die Marathen schwangen sich schließlich die **britischen Kolonialherren** 1803 als die neuen Statthalter Delhis auf. Vom 11. Mai bis 17. Dezember 1857 war Delhi dann ein letztes Mal Mittelpunkt blutiger Machtkämpfe, als die Stadt von meuternden indischen Soldaten während der ersten Unabhängigkeitsschlacht in ihre Gewalt gebracht wurde. Nach erheblichen Verlusten auf beiden Seiten konnten die Briten noch einmal die Oberhand behalten.

1911, nachdem sie die Hauptstadt Britisch Indiens von Kalkutta nach Delhi verlegt hatten, begannen sie damit, **New Delhi,** die achte und vorläufig letzte Hauptstadt, innerhalb weniger Jahre aus dem Boden zu stampfen. Dabei gehört es zu den vielen ironischen Kapiteln der Weltgeschichte, dass sie gerade zu einem Zeitpunkt mit dem Bau der Stadt begannen, als Gandhis Bewegung der Nichtzusammenarbeit die Grundlagen ihres Imperiums zunehmend in Frage stellte.

Unmittelbar nach Erlangung der **Unabhängigkeit** stand zur Debatte, ob die Hauptstadt der Republik nicht an einen anderen, zentraler gelegenen Ort verlegt werden sollte. Delhi liegt nur 350 km von der pakistanischen Grenze entfernt, und die enormen Spannungen zwischen diesen beiden Erzfeinden, die sich später in zwei Kriegen entluden, ließen diese geographische Nähe äußerst problematisch erscheinen. Außerdem benötigte das indische Punjab eine neue Hauptstadt, da dessen frühere Hauptstadt Lahore nach der Teilung des indischen Subkontinents nun zu Pakistan gehörte. So hätte es sich angeboten, das von den Flüchtlingen aus Westpunjab überschwemmte Delhi zur neuen Landeshauptstadt des Punjab zu erklären. Letztlich ließ man jedoch wegen der zu erwartenden Kosten und aus Traditionsgründen von den Plänen ab und stampfte stattdessen die postmoderne Retortenstadt Chandigarh als neue Hauptstadt des Punjab aus dem Boden. Die meisten der Flüchtlinge blieben jedoch in Delhi und gelten heute als die führenden Geschäftsleute der Hauptstadt.

Sehenswertes

Stadtrundfahrt

Da die meisten Touristen nur kurze Zeit in der Hauptstadt Indiens bleiben und zudem die Hauptsehenswürdigkeiten recht weit über das Stadtgebiet verstreut liegen, ist eine Stadtrundfahrt sicherlich die bequemste Möglichkeit, in kurzer Zeit viel zu sehen. Bei den im folgenden Abschnitt genannten Preisen sind die Eintrittsgelder zu den Sehenswürdigkeiten nicht enthalten. Die Touren werden in klimatisierten Bussen durchgeführt.

India Tourism Development Corp. (ITDC) bietet über sein Büro **Ashok Travels & Tours** am Connaught Place, L-1-Block (7-20.30 Uhr, Tel.: 23412336, 23415331, (0)9891876819, att@satyam.net.in, www.attindiatourism.com), wenige Meter vom Nirula's entfernt, täglich

SEHENSWERTES

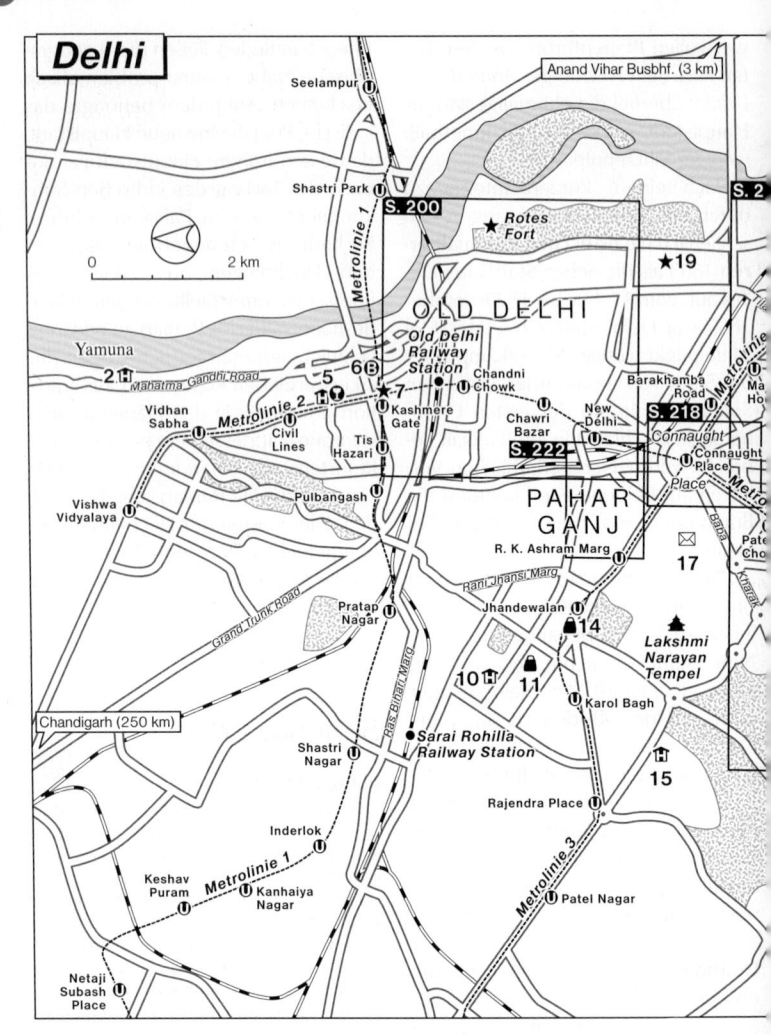

Delhi

Legende S. 197

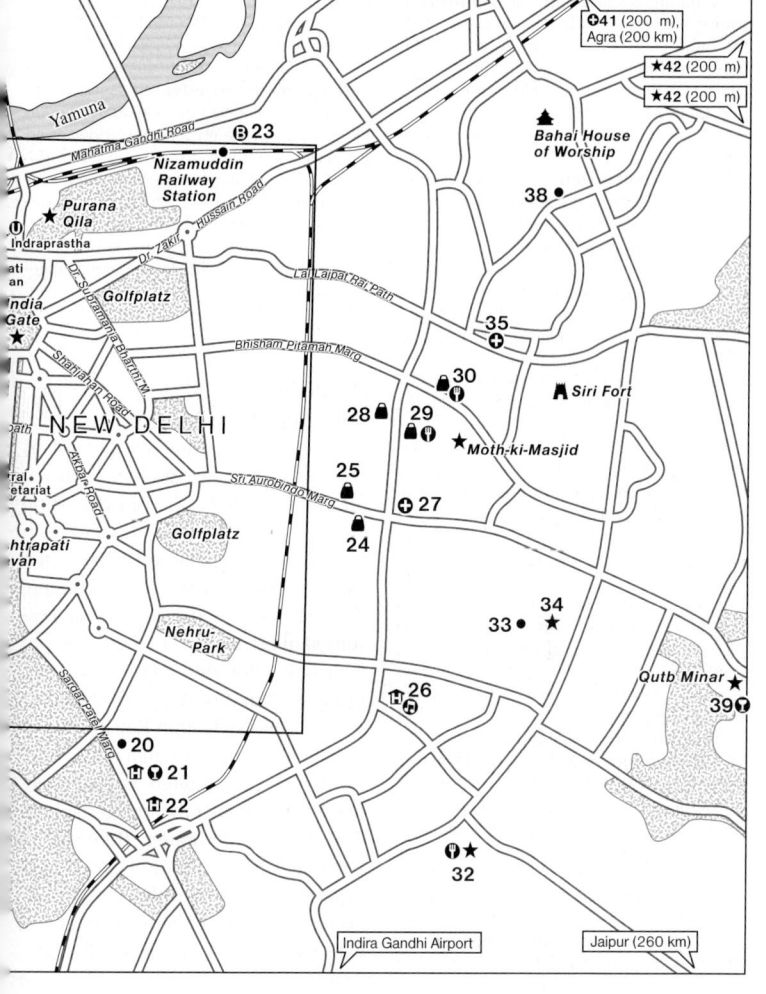

SEHENSWERTES 195

Delhi

- Yamuna
- Mahatma Gandhi Road
- Ⓑ 23 Nizamuddin Railway Station
- ★ Purana Qila
- Ⓤ Indraprastha
- Dr. Zakir Hussain Road
- Golfplatz
- India Gate ★
- Dr. S. Subramanya Bharati M.
- Lal Lajpat Rai Path
- Bhisham Pitaman Marg
- Shantipath
- NEW DELHI
- 30
- 28 29
- ★ Moth-ki-Masjid
- Sri Aurobindo Marg
- 25
- ✚ 27
- 24
- Akbar Road
- Central Secretariat
- Rashtrapati Bhavan
- Golfplatz
- 33 • 34 ★
- Nehru-Park
- Qutb Minar ★
- 🏨 26
- 39 🛈
- • 20
- 🏨 🛈 21
- 🏨 22
- Sardar Patel Marg
- 🛈★ 32
- Bahai House of Worship
- 38 •
- 35 ✚
- ▲ Siri Fort
- ✚ 41 (200 m), Agra (200 m)
- ★ 42 (200 m)
- ★ 42 (200 m)
- Indira Gandhi Airport
- Jaipur (260 km)

SEHENSWERTES

zwei Stadtrundfahrten an. Die **Vormittagstour** von 8 bis 13 Uhr beinhaltet Jantar Mantar, India Gate, Laxmi-Narayan-Tempel, Bahai-Tempel (außer Montags, dann stattdessen Sadar-Jung-Grabmal) Humayun's Grab und Qutb Minar. Das Regierungsviertel mit dem Rashtrapati Bhawan wird nur im Vorbeifahren gestreift.

Die **Nachmittagstour** (14-17.15 Uhr) umfasst Lal Qila (Rotes Fort, außer Mo, dann Purana Qila/Old Fort), Jama Masjid (Blick vom Roten Fort), Raj Ghat Shakti Sthal und Durchfahrt durch Ferozshah Kotla. Wie zu erkennen, ist Montag, besonders für die Nachmittagstour, nicht der ideale Tag für die Stadtrundfahrt. Für je eine Hälfte der Tour sind 200 Rs zu zahlen, bucht man beide Touren zusammen, kostet das 300 Rs. Die Eintrittspreise zu den Sehenswürdigkeiten sind nicht im Preis enthalten.

Außerdem gibt's tgl. außer Freitag eine **Tagestour** (6.30 bis 22 Uhr, inkl. Frühstück und Abendtee) **nach Agra** (950/850 Rs Erw./Kinder, auch hier sind die Eintrittspreise extra zu zahlen) mit Taj Mahal, Sikandra und Rotem Fort in Agra. Tickets können auch am ITDC-Schalter (Tel.: 23320008) im IndiaTourism-Büro am Janpath sowie im Ashok Yatri Niwas Hotel (Tel.: 26110101) sowie am nationalen (Tel.: 25675825) und internationalen (Tel.: 25694410, 25652011) Flughafen gekauft werden. Gestartet wird am ITDC Hotel Janpath am Janpath.

Ähnliche Stadtrundfahrten werden auch von **Delhi Tourism & Transport Development Corporation (DTTDC**, Tel.: 55390009, 23363607, delhitourismcro@yahoo.com, delhitourism.nic.in), offeriert, dessen *Central Reservation Office* am Baba Kharak Singh Marg, gut 100 m westlich des Connaught Place, tgl. von 7 bis 21 Uhr geöffnet ist. Deren **Vormittagstour** durch New Delhi startet um 9 und endet um 14 Uhr, die **Nachmittagstour** (Old Delhi) dauert von 14.15 bis 17.15 Uhr. Der Preis für jeweils eine Hälfte liegt bei 100 Rs, für den gesamten Tag werden 195 Rs verlangt.

Von DTTPC wird zudem eine **Abendtour** speziell zu beleuchteten Sehenswürdigkeiten veranstaltet (tgl. außer Mo, 150 Rs, 19 bis 22.30 Uhr), die auch die Sound & Light Show des Roten Forts beinhaltet, sowie **Tagestouren nach Agra** (7-22 Uhr, bei DTTDC nur Mi, Sa, So), gleicher Preis und gleiche Ziele wie die von ITDC abgebotene Tour. Auch **dreitägige Golden-Triangle-Touren** (Agra, Fatehpur Sikri, Keoladeo Bird Sanctuary, Jaipur, Delhi) und weitere etwa nach Haridwar und Rishikesh (zweitägig, Sa/So) und durch Rajasthan werden angeboten. Alle Touren starten vom *Central Reservation Office* und werden in klimatisierten Bussen durchgeführt. DTTPC hat viele weitere Büros in der Stadt, die unten im Abschnitt „Information" aufgelistet sind.

Highlight:
Rotes Fort (Lal Qila)

„Wenn es ein Paradies gibt, ist es hier, ist es hier, ist es hier." Diesen Spruch ließ *Shah Jahan* in der Mitte des von ihm erbauten und 1648 nach neunjähriger Bauzeit fertig gestellten Lal Qila oder Roten Forts anbringen. Zweifellos gehört diese gewaltige **Festungsanlage** aus rotem Sandstein am östlichen Ufer des Yamuna zu den Prunkstücken des Mogul-Reiches.

Vom unvorstellbaren Reichtum und märchenhaften Glanz, den die Gebäude einmal ausstrahlten, ist heute jedoch nur wenig erhalten geblieben. Bei den wiederholten Beutezügen nach dem Tod des letzten Großmogul *Aurangzeb* 1707 wurde alles mitgenommen, was nicht niet- und nagelfest war. Die mangelhafte Instandhaltung seitens der indischen Behörden ist ein weiterer Grund für den reichlich verblichenen Glanz vergangener Tage. So verlassen die meisten der täglich über 10.000 Besucher dieses meistbesuchte Bauwerk Delhis weit weniger euphorisch, als sie es beim Anblick der von außen imposanten Anlage betreten hatten.

Obwohl das Fort mit einer Breite von 360 m und einer Länge von 1,2 km weitaus größer ist als jenes in Agra, wirkt es mit seiner riesigen, fast 2,5 km langen, von geschwungenen Zinnen und Türmen umlaufenen Festungsmauer wegen seiner flachen Lage eher zierlich und elegant. Dieser Eindruck bestätigt sich im Inneren, wurde das Rote Fort doch von Shah Jahan großzügig und wie aus einem Guss geschaffen, während sein Äquivalent in Agra während der Regierungszeit mehrerer Herrscher entstand und viele ineinander verschachtelte Gebäude aufweist. Insgesamt wirkt das Lal Qila eher wie eine befestigte Palastanlage und unterscheidet sich so von den Trutzburgen früherer Jahre.

Hierin spiegelt sich das gewachsene **Selbstbewusstsein der Großmoguln**, die es sich im Bewusstsein ihrer über ein Jahrhundert gefestigten Machtposition nun leisten konnten, neben den militärischen Notwendigkeiten auch ihre künstlerischen Ambitionen zu verwirklichen. Hierzu trug vor allem der für Shah Jahan so charakteristische, von Eleganz und Harmonie geprägte Kunstgeschmack mit seiner Vorliebe für weißen Marmor als Baumaterial bei, der seine perfekteste Ausprägung im fünf Jahre später fertiggestellten Taj Mahal fand. Nur etwa 20 % der Anlage sind heute der Öffentlichkeit zugänglich, der große Rest wird von öffentlichen Verwaltungen und der indischen Armee beansprucht.

Legende zu Karte Delhi

Sehenswürdigkeit
- ★ 7 Kashmere Gate
- ★ 19 Feroz Shah Kotla
- ★ 32 Basant Lok
- ★ 34 Feroz Shah's Grabmahl
- ★ 42 Tughlagabad

Unterkunft
- ⌂ 2 Tibetan Colony (Wongdhen House, Peace House, Lhasa House)
- ⌂ 5 Hotel Oberoi Maidens
- ⌂ 10 Bajaj Indian Home Stay
- ⌂ 15 Hilton Hotel, Master Guest House
- ⌂ 21 Hotel Maurya Sheraton
- ⌂ 22 Hotel Taj Palace
- ⌂ 26 Hyatt Regency

Essen und Trinken
- 5 Cavalry Bar
- 21 Jazz Bar
- 29 Gourmet Gallery (Restaurants Tasveer, Whispering Bamboo, On the Rocks), Planet M, Lizard Lounge
- 30 Geoffrey's
- 32 Sugar & Spice
- 39 Olive Bar & Kitchen

Sonstiges
- 6 Inter State Bus Terminal (ISBT)
- 11 Karol Bagh Market und
- 14 Jhandewalan Cycle Market
- ✉ 17 Delivery Post Office/ Poste Restante
- • 20 Botschaft Bangladesh
- 22 My Kind of Place
- 23 ISBT Sarai Kale Khan
- 24 Dilli Haat Market
- 25 INA Market
- 26 Disco Djinn's
- 27 All India Institute of Medical Sciences
- 28 South Extension Market I
- 29 South Extension Market II
- 30 Ansal Plaza
- • 33 Hauz Khas Village
- 35 East West Medical Centre
- • 38 Thai International Airways, Air Deccan
- 41 Apollo Hospital

Der Zugang zum Lal Qila erfolgt durch das **Lahore-Tor,** benannt nach der heute in Pakistan gelegenen Hauptstadt des ehemaligen Punjab. Von hier führt der Weg in den Arkadengang **Chatta Chowk.** Früher diente dieser kleine Basar den Hofdamen als willkommene Abwechslung in ihrem sonst recht eintönigen, von der Außenwelt abgeschlossenen Leben. Waren damals Juwelen und Saris die begehrtesten Kaufobjekte, werden heute entsprechend der veränderten Käuferschicht Getränke, Filme und Souvenirs feilgeboten. Was geblieben ist, sind die fürstlichen Preise.

Das sich anschließende dreigeschossige **Trommelhaus** (Nagaar Khana) bildete das Eingangstor zum eigentlichen Palastbereich. Sein Name rührt daher, dass hier täglich fünfmal zu festgesetzten Zeiten eine Willkommensmelodie gespielt wurde. Alle Besucher mussten ihre Elefanten oder Pferde zurücklassen, bevor sie ins Palastinnere weitergehen durften. Die deutlich erkennbaren Blumenornamente an den roten Sandsteinwänden waren früher

Spaziergang vom Roten Fort zur Jamia Masjid

Eine pralle Mischung berstender Geschäftigkeit, inbrünstiger Religiosität und der chaotischen Fülle des indischen Alltagslebens – all dies bietet der etwa 3 km lange Spaziergang vom Haupteingang des Roten Forts entlang der alten Prachtstraße **Chandni Chowk** und ihrer Seitenstraßen zur großen Freitagsmoschee, der Jamia Masjid, zwei Stunden „Indien pur", die man sich nicht entgehen lassen sollte.

Hat man die täglich von Tausenden stinkender und hupender Fahrzeuge befahrene Netaji Subash Marg lebend überquert, trifft man an der linken (südwestlichen) Ecke des Chandni Chowk auf den **Digambara-Jain-Tempel.** Die Statue von *Mahavira,* dem Gründer der Religionsgemeinschaft, steht im bunt ausgeschmückten ersten Stock. Auf dem Tempelgelände findet sich auch ein **Vogel-Krankenhaus,** welches das (alle Lebewesen betreffende) höchste Glaubensgebot der Jains, Gewaltlosigkeit und Nächstenliebe, auf beeindruckende Weise in die Tat umsetzt.

Bei den gleich nebenan unter den Arkaden des Chandni Chowk von Straßenverkäufern angebotenen Devotionalien und Blumen decken sich die Gläubigen für den Besuch des **Gauri-Shankar-Tempels** ein. Im Inneren des Shiva-Tempels tritt einem die bunte Vielfalt der indischen Götterwelt entgegen. Auf dem weißen Marmorstuhl im Innenhof soll sich der hochverehrte Hindu-Heilige *Bhagwat Swaroup* fünfzig Jahre aufgehalten haben. Ein Foto und seine Sandalen erinnern an den Geistlichen.

Weiter entlang des Chandni Chowk, der in der Mogulzeit von einem Kanal durchzogen und von repräsentativen Kaufmannshäusern und Gärten flankiert war, vorbei an der Esplanade Road, zweigt gegenüber dem von großen Filmplakaten überragten Kumar-Kino die kleine **Gasse Darib Kalan** ab. Der Name („Straße des unvergleichlichen Diamanten") ist noch heute aktuell, werden hier doch seit *Shah Jahans* Zeiten in erster Linie **Gold und Juwelen** verkauft. Die Verarbeitung der nach Gewicht berechneten Steine lässt meist zu wünschen übrig, doch für das „eye shopping" ist die Gasse sicherlich interessant.

mit Goldfarbe bemalt. Im oberen Stock ist heute das **Indian War Museum** untergebracht (tgl. außer Fr 10-17 Uhr).

Die offene **Gartenanlage** zwischen dem Trommelhaus und der dahinter gelegenen öffentlichen Empfangshalle (Diwan-e-Am) war einst von einem Gebäudekarree eingefasst, das jedoch den erbitterten Kämpfen des Februaraufstands 1857 zum Opfer fiel. Auf einem Marmorthron sitzend, der von einem hübschen Dach überspannt wird, hielt der Herrscher öffentliche Audienzen ab und nahm Beschwerden entgegen. Die sehr schönen Einlegearbeiten, die die Wände hinter dem Thron schmücken und von dem florentinischen Künstler *Urstin de Bourdeaux* stammen sollen, wurden erst 1903 auf Befehl des Vizekönigs *Lord Curzon* wieder hier platziert, nachdem sie zuvor mehrere Jahre im Victoria and Royal Albert Museum in London ausgestellt waren.

Hat man den *Diwan-e-Am* hinter sich gelassen, gelangt man auf eine große **Rasenfläche,** an deren östlichem Ende sich von Süd nach Nord

---

Wieder zurück zum heutzutage von Menschen, Verkehr und Abgasen überfluteten Chandni Chowk, ist der **Sikh-Tempel Sisganj Gurudwara** bereits das dritte Gotteshaus von unterschiedlichen Religionsgemeinschaften, welches man auf kurzer Strecke finden kann – ein anschauliches Beispiel für den ethnischen und religiösen Schmelztiegel Alt-Delhis. Daß dieses unmittelbare Nebeneinander verschiedener Religionsmeinschaften immer wieder Anlass für blutige Auseinandersetzungen war, zeigt die Tatsache, dass das Gotteshaus an jener Stelle errichtet wurde, wo der 10. Sikh-Guru auf Anweisung Aurangzebs exekutiert worden war. Die von tiefer Religiosität gekennzeichnete Atmosphäre im Inneren des Tempels, in dem ohne Unterbrechung aus dem heiligen Buch der Sikhs rezitiert wird, lohnt auf jeden Fall einen Besuch.

Auch die nur wenige Meter weiter stehende **Sunehri Masjid** war Schauplatz der von religiöser Intoleranz geprägten Geschichte Delhis. Auf dem Dach der im 18. Jh. erbauten Moschee soll der persische Feldherr *Nadir Shah* 1739 nach der Eroberung der Hauptstadt gestanden haben, um das Massakrieren der Bevölkerung durch seine Soldaten zu beobachten.

Der schräg gegenüber gelegene **Fountain Chowk** verdeutlicht, dass auch die Europäer ihre Herrschaft auf Gewalt gründeten. Hier ließen die Briten 1857 zum Zeichen ihres Sieges und des Endes der Mogul-Dynastie zwei Körper zur Schau stellen: die des Sohnes und des Enkels des letzten Mogul-Herrschers, beide waren von ihnen getötet worden.

Bevor man von der Sunehri-Moschee kommend in den links vom Chandni Chowk abzweigenden Kinari Bazaar abzweigt, sollte man noch bei dem etwa 50 m davor befindlichen **Ghantewala Sweet Shop** anhalten. Der Ende des 18. Jh. eröffnete Laden, in dem immer noch die Originalrezepte für Süßes aus der Mogulzeit Verwendung finden sollen, gilt als der beste seiner Art in Delhi.

Folgt man dem mit bunt ausstaffierten Geschäften flankierten **Kinari Bazaar,** der ersten Adresse in Delhi für Hochzeits-Accessoires, bis zum Ende, so befindet man sich wieder auf etwa halber Länge des Dariba Kalan, von wo es nur noch wenige Minuten zur **Jamia Masjid** sind.

SEHENSWERTES

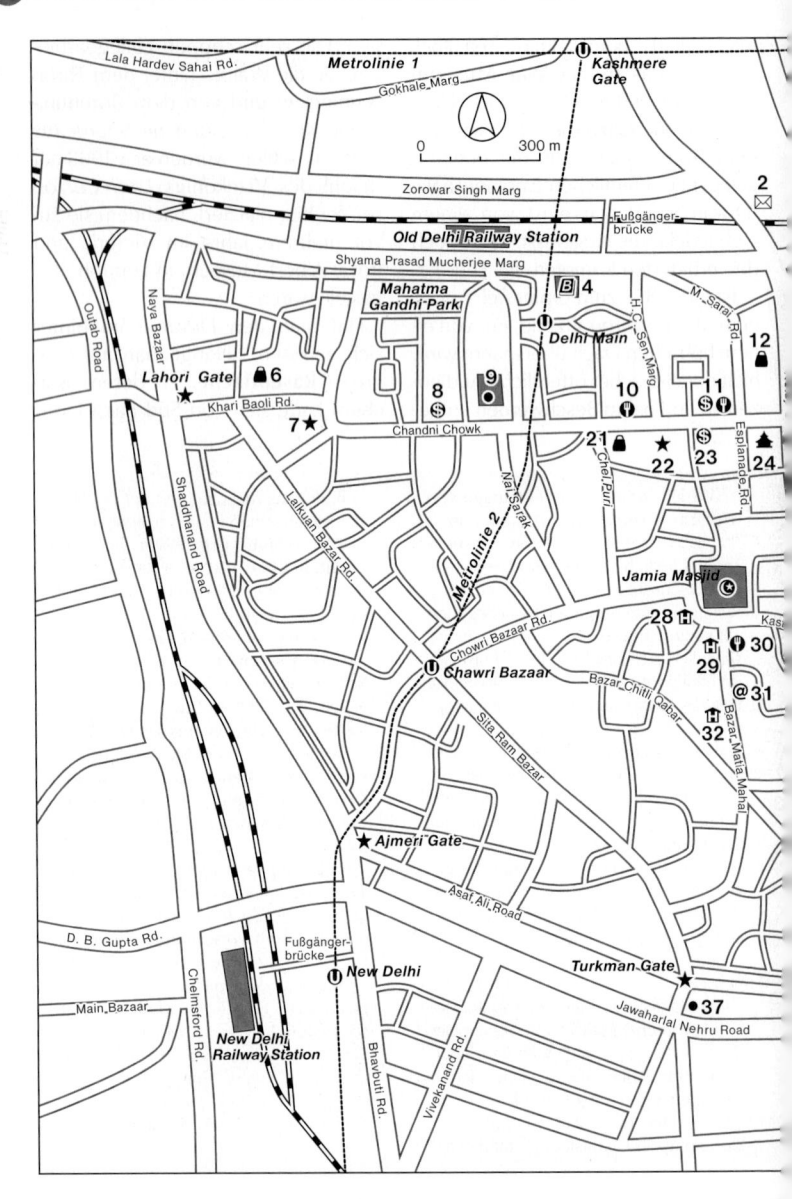

Old Delhi

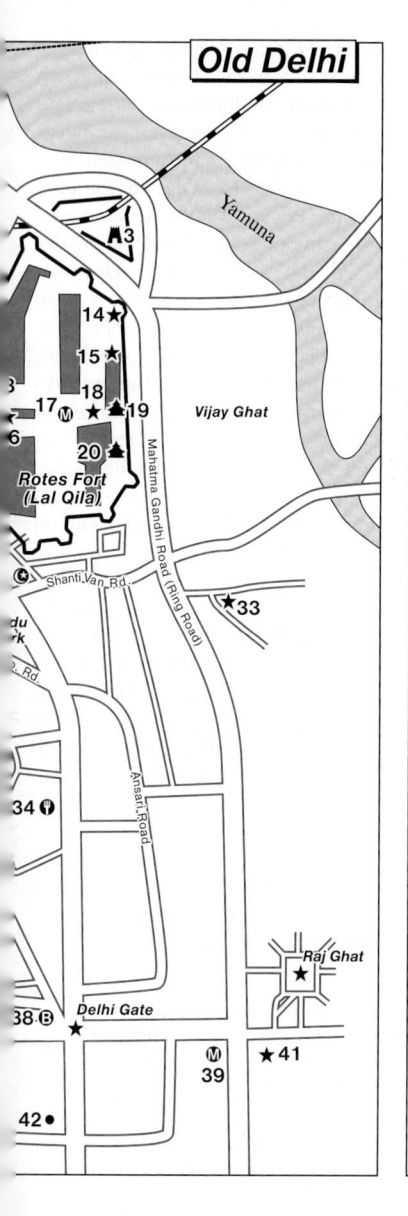

Sehenswürdigkeit

- ♠ 3 Salimgarh Fort
- ★ 7 Fatehpuri Masjid
- ★ 14 Königl. Bäder, Shahi Burj
- ★ 15 Moti Masjid, Diwan-e-Khas
- ★ 16 Lahore Gate
- Ⓜ 17 Indian War Memorial Museum
- ★ 18 Diwan-e-Am
- ▲ 19 Rang Mahal, Khas Mahal
- ▲ 20 Mumtaz Mahal
- ★ 22 Sisganj Gurdwara
- ▲ 24 Jain Tempel
- Ⓒ 25 Sunehri Masjid
- ★ 33 Shanti Vana
- Ⓜ 39 Gandhi Memorial Museum/ Gandhi Smirti
- ★ 41 Gandhi Memorial

Unterkunft

- 🏨 28 Hotel New City Palace
- 🏨 29 Hotel Bombay Orient
- 🏨 32 Hotel Al-Hyatt

Essen und Trinken

- 🍴 10 Haldiram's
- 🍴 11 McDonald's
- 🍴 30 Restaurant Karim's
- 🍴 34 Moti Mahal Restaurant

Sonstiges

- ✉ 2 GPO Old Delhi
- 𝐵 4 Delhi Public Library
- 🛒 6 Gewürzmarkt
- 💲 8 UTI ATM
- • 9 Town Hall
- 💲 11 SBI ATM
- 🛒 12 Lajpat Raj Market
- • 13 Tickets Rotes Fort
- 🛒 21 Ghantewala
- 💲 23 ICICI ATM
- @ 31 Z.A. Cyber Café
- • 37 Delhi Stock Exchange
- Ⓑ 38 Dr. Ambedkar Busbahnhof
- • 42 Dances of India

mit dem Rücken zur Fortmauer fünf Gebäude reihen. Im Zuge umfangreicher Restaurierungsmaßnahmen wurden die zum Teil baufälligen Gebäude von einem Metallzaun umgeben, sodass man sich mit dem Außenanblick begnügen muss.

Im **Mumtaz Mahal**, einem aus insgesamt sechs Räumen bestehenden Marmorpalast, der früher den Haremsdamen diente, ist heute ein archäologisches Museum aus der Mogul-Zeit untergebracht. Leider schenken nur die wenigsten Besucher den zum Teil hervorragenden, aber leider auch vernachlässigten Exponaten der einzelnen Großmoguln von *Babur* bis *Aurangzeb* genügend Beachtung.

In der Mitte des auf einer erhöhten Plattform gelegenen **Rang Mahal**, der ebenfalls für die Konkubinen des Herrschers erbaut wurde, steht ein Marmorbrunnen der von den Wassern des so genannten Paradiesflusses gespeist wurde. Dieser mit Rosenwasser gefüllte Nahir-e-Bihisht zog sich vom Rang Mahal bis zum Hammam im Norden durch alle Gebäude. Auch von den ursprünglich die Innenwände schmückenden Wandbemalungen – daher sein Name „Palast der Farben" – ist kaum etwas erhalten.

Der **Privatpalast** (Khas Mahal) diente dem Herrscher als Schlaf-, Wohn- und Gebetshaus. Vom sich an die östliche Wand anschließenden achteckigen **Turm** (Muthamman Burj) zeigte sich *Shah Jahan* jeden Morgen, bevor er seine Amtsgeschäfte aufnahm.

Am meisten Fantasie, um die ehemalige Pracht wieder hervorzuzaubern, benötigt der Besucher in der Halle der Privataudienz **Diwan-e-Khas.** Hier ließ Shah Jahan auch jenen eingangs zitierten Spruch anbringen. Das ehemalige Schmuckstück des Forts, den legendären **Pfauenthron** aus purem Gold, Juwelen und einen dahinter platzierten Papagei aus reinem Smaragd entführte der Perser *Nadir Shah* nach seiner Erstürmung Delhis im Jahre 1739. Er diente seitdem den Schahs von Persien als Thron.

Aus dem Brunnen der nördlich die Palastreihe abschließenden **königlichen Bäder** (Hammam) soll einst Rosenwasser gesprudelt sein. Erwähnenswert ist noch die von Shah Jahans Nachfolger Aurangzeb erbaute **Perl-Moschee** (Moti Masjid) mit ihren drei ursprünglich kupferverzierten Kuppeln. *Aurangzeb* war es auch, der seinen Vater kurz vor Vollendung der Bauarbeiten absetzte und im Roten Fort von Agra einkerkerte. Seinem Traum vom Paradies war damit ein abruptes Ende beschieden.

●**Öffnungszeiten:** Geöffnet ist das Fort 8.30-18.30 Uhr außer Mo, Eintritt: 100 Rs, Video 25 Rs. Eine interessante einstündige Ton- und Dia-Show (50 Rs), die die ereignisreiche Geschichte des Roten Forts nachzeichnet, findet tgl. um 19.30 Uhr (Nov. bis Jan.), 20.30 Uhr (Feb. bis Apr.) bzw. 21 Uhr (Mai bis Aug.) in englischer Sprache statt.

Raj Ghat: die Verbrennungsstätte Mahatma Gandhis

Highlight:
Jamia Masjid

Keine Kosten und Mühen scheute Akhbars Enkel Shah Jahan während seiner dreißigjährigen Amtszeit, um seine große Leidenschaft, die Architektur, mit gewaltigen Bauwerken in die Tat umzusetzen. Ob die enormen Kosten, die dieses Hobby verschlang, nicht für sinnvollere Zwecke hätten eingesetzt werden können, bleibt dahingestellt, doch unzweifelhaft verdankt die Nachwelt dem fünften und vorletzten Großmogul einige der großartigsten Monumente der Mogul-Herrschaft. Hierzu zählt zweifelsohne auch die aus rotem Sandstein gefertigte Jamia Masjid, die Shah Jahan nach sechsjähriger Bauzeit und einem Kostenaufwand von 1 Mio. Rupien 1650 einweihen konnte.

Unübersehbar überragt diese nur knapp einen Kilometer südwestlich des Roten Forts gelegene, **größte Moschee Indiens** die quirligen Basarviertel Old Delhis. Durch ihre herausragende Platzierung auf einem kleinen Felsen wirkt sie noch imposanter, als sie es mit ihren 40 m hohen Minaretten ohnehin schon ist.

Eine breite Freitreppe, von deren Stufen sich einem ein schöner Blick zurück auf das Fort bietet, führt zu ihr empor. Hat man das gewaltige Eingangstor durchquert, befindet man sich im 90 x 90 m großen Innenhof, der über 20.000 Gläubigen Platz bietet. Das Bild der auf der Westseite gelegenen 21 x 27 m großen Gebetshalle mit ihren aus schwarzem und weißem Marmor gestalteten Kuppeln und ihren elf Bögen erinnert in seiner Mischung aus Größe und Leichtigkeit an das Taj Mahal.

Für 20 Rs besteht die Möglichkeit, das südliche Minarett zu besteigen, von wo sich ein **beeindruckender Blick** über New Delhi und Old Delhi bietet. Allerdings auch nur dann, wenn der Zugang nicht mal wieder aus Sicherheitsgründen gesperrt ist oder, was mindestens ebenso häufig der Fall ist, der Smog die Aussicht vernebelt. Hier holen zwei der größten Probleme des neuzeitlichen Indien die große Mogul-Vergangenheit wieder ein: Terrorismus und Umweltverschmutzung.

- **Öffnungszeiten:** Grundsätzlich empfiehlt sich der Besuch der Moschee am Vormittag (8.30-12.30 Uhr, nachmittags 13.45 bis kurz vor Sonnenuntergang), da Nicht-Moslems am Nachmittag während der Gebete häufig vor verschlossenen Türen stehen. Frauen haben zum Minarett – aus welchen Gründen auch immer – nur in Begleitung eines Mannes Zutritt. Eintritt frei, Foto-/Videogebühr je 150 Rs.

Raj Ghat

Nur wenige Gehminuten vom Roten Fort und der Jamia Masjid entfernt liegt in einer sehr schön gepflegten, langgestreckten Parkanlage am Ufer des Yamuna die **Gedenkstätte** für die politischen Führer des unabhängigen Indiens. *Jawaharlal Nehru,* Indiens erster Premierminister, wurde 1964 im Shanti Vani (Friedenspark) verbrannt, seine Tochter *Indira Gandhi* und ihre beide Söhne *Rajiv* und *Sanjay Gandhi* etwas weiter südlich hiervon. Ein schlichter, schwarzer Marmorblock am südlichen Ende des Parks markiert die Stelle, an der *Mahatma Gandhi,* Indiens große Seele, nach seiner Ermordung 1948 beigesetzt wurde. Jeden Freitag, dem Wochentag seines Todes, findet im Raj Ghat eine kleine Gedenkfeier statt. Wie jedoch die das angenehm bescheidene Monument überragenden riesigen Schornsteine eines ganz in der Nähe gelegenen Kraftwerks nur allzu deutlich dokumentieren, wird hier eines Mannes gedacht, dessen Ideale im heutigen Indien kaum noch etwas gelten.

- **Öffnungszeiten:** täglich außer Mo 9.30-17.30 Uhr.

Feroz Shah Kotla

Vom Raj Ghat etwa 500 m weiter Richtung Süden auf der anderen Seite der Mahatma Gandhi Road finden sich die Überreste jener fünften Hauptstadt **Firnzabad,** die *Feroz Shah* aus der Thuglag-Dynastie 1354 errichten ließ. Viel ist jedoch heute nicht mehr zu bewundern, da die Steine des Forts in späteren Jahrhunderten als Baumaterial für andere Bauwerke verwendet wurden. Neben den Überresten einer großen Moschee und eines schönen Brunnens ist die 13 m hohe Verdiktsäule Kaiser Ashokas zu sehen, die Feroz Shah im 14. Jh. von Ambala im heutigen Punjab hierher transportieren ließ.

- **Eintritt:** 2 US-$ bzw. 100 Rs, Video 25 Rs.

Connaught Place (Rajiv Gandhi Chowk)

Hat man sich durch die beschriebenen Sehenswürdigkeiten Delhis gearbeitet, gelangt man nun zu dem am nördlichen Ende New Delhis gelegenen Connaught Place, dem ökonomischen und touristischen **Zentrum der Stadt**. Zum Gedenken an den bei einem Attentat ums Leben gekommenen früheren Ministerpräsidenten wurde er in Rajiv Gandhi Chowk umbenannt, die meisten verwenden jedoch weiterhin den alten Namen. Zunächst fällt es sicherlich schwer, sich auf dem riesigen, kreisrunden Platz mit seiner Einheitsarchitektur zurechtzufinden.

Am besten orientiert man sich an der Aufteilung in zwölf Blöcke, wobei die Buchstaben A bis F den inneren Kreis und die von G bis N den äußeren bezeichnen. Eine weitere **Orientierungsmöglichkeit** bieten die insgesamt acht sternförmig vom Platz in alle Himmelsrichtungen verlaufenden Straßen.

Schon die exakte Einteilung lässt erkennen, dass man sich nicht mehr im chaotischen, typisch indischen Old Delhi, sondern im von den Briten am Reißbrett genauestens durchgeplanten New Delhi befindet. Wie es sich für das an Klarheit und Effizienz orientierte mitteleuropäische Denken gehört, ist hier alles wohlgeordnet, alles an seinem Platz. Auch die unzähligen noblen Geschäfte, Banken und Restaurants wirken eher europäisch denn indisch, alles ist nur vom Feinsten. *It's a rich man's world*, und so finden sich hier fast ausschließlich westliche Touristen und Mitglieder der indischen Mittel- und Oberschicht.

Auf den Gehwegen unterhalb der Arkadengänge des inneren Zirkels finden sich zahlreiche **Bücher- und Zeitschriftenstände,** bei denen es nicht nur z. T. erstaunlich anspruchsvolle Literatur zu kaufen gibt, sondern auch Zeitschriften und Magazine aus Europa, wie etwa Spiegel und Stern. Ständig wird man von **Straßenhändlern** angesprochen, die einem von Sonnenbrillen über Taschentücher bis zum Flugticket scheinbar alles verkaufen können. Auch der in der Mitte des Platzes gelegene Park bietet nur für kurze Zeit eine Verschnaufpause, da man hier sehr schnell mit den Rufen „Soft drink, Sir" oder „Shoe shine" konfrontiert wird.

Die touristische Hauptschlagader bildet der südlich vom Connaught Place verlaufende **Janpath**. An dieser Straße finden sich das Tourist Office, unzählige Verkaufsstände, Hotels und das große Emporium.

Jantar Mantar

Ein etwa zehnminütiger Fußweg entlang der Sasan Marg (Parliament Street) vom Connaught Place führt zur ersten der insgesamt fünf **Sternwarten,** die der begeisterte Astronom *Jai Singh II.* (1699-1743), Maharaja von Jaipur, 1724 errichten ließ. Die in einem hübschen Palmenhain gelegenen überdimensionalen rosaroten Beobachtungsinstrumente bilden mit ihrer archaischen Ausstrahlung einen interessanten Kontrast zu den umliegenden modernen Hotel- und Bürobauten. Auffälligstes, weil größtes Instrument des Observatoriums ist, wie schon in Jaipur zu sehen, die steil aufragende Sonnenuhr (Prince of Dials). Wer an detaillierteren Informationen zu den einzelnen Bauwerken interessiert ist, sollte sich einer der regelmäßig stattfindenden Gruppenführungen anschließen.

● Eintritt: 2 US-$ bzw. 100 Rs.

Regierungsviertel

Wer die Sasan Marg weiter Richtung Südosten geht, stößt schließlich nach gut 2 km auf den **Rajpath.** Diese von breiten Grünflächen gesäumte Prachtstraße verbindet mit dem India Gate am östlichen und dem Rashtrapati Bhawan am westlichen Ende die beiden Hauptgebäude des von den Engländern in den zwanziger Jahren des vorigen Jahrhunderts aus dem Boden gestampften Regierungsviertels.

Kaum eine andere Hauptstadt hat eine derart eindrucksvolle Darstellung imperialer Macht aufzuweisen wie Delhi, die vor kolonialem Selbstbewusstsein nur so strotzt. Wie für die Ewigkeit scheinen die imposanten, aus gelbem Sandstein erbauten Regierungsbauten gebaut zu sein. Wie schnell sich jedoch das Blatt der Geschichte manchmal wendet und überkommene Machtstrukturen quasi über Nacht von nationalen Unabhängigkeitsbewegungen hinweggespült werden, zeigte sich nur eineinhalb Jahrzehnte nach Beendigung der Bauarbeiten. Die Ewigkeit währte letztlich nur 16 Jahre, als sich die englischen Hausherren 1947 unvermittelt in ihrem Mutterland wiederfanden und dafür die indischen Nationalisten in die Räume der Kolonialgebäude einzogen.

So residiert in dem palastähnlichen **Rashtrapati Bhawan** heute auch nicht mehr der englische Vizekönig, sondern der indische Staatspräsident. An den von einer gewaltigen Kuppel gekrönten, 340 Räume umfassenden Prachtbau schließt im Westen ein 130 ha großer Mogul-Garten an, für dessen makellose Pflege zu Zeiten der britischen Kolonialherrschaft über 400 Gärtner verantwortlich zeichneten. Leider muss man sich mit einem Blick durch das schmiedeeiserne Tor begnügen, da der Präsidentenpalast ganzjährig unter Ausschluss der Öffentlichkeit steht. Die Zufahrt zum Palast wird zu beiden Seiten von staatlichen Regierungsgebäuden flankiert, die das Innen-, Außen- und Finanzministerium beherbergen.

Von hier führt die Straße leicht abwärts auf den imposanten Rajpath, Bühne großer Staatsempfänge und vor allem der einzigartigen Parade zum Unabhängigkeitstag am 26. Januar jedes Jahres.

Am östlichen Ende steht das **All India War Memorial,** besser bekannt unter dem Namen **India Gate.** Die Wände dieses 42 m hohen Triumphbogens tragen die Namen von 85.000 Soldaten, die im Ersten Weltkrieg ihr

Tägliches Ritual: Straßentempel in Delhi

Leben ließen. Der Blick zurück durch diesen indischen Arc de Triomphe über den Rajpath auf den in der Ferne kaum zu erkennenden Präsidentenpalast vermittelt noch einmal einen Eindruck sowohl vom ehemaligen Glanz als auch dem Scheitern des britischen Raj.

Inzwischen ist der Rajpath (Station Central Secretariat) bequem durch die Metrolinie 2 vom Connaught Place und Old Delhi aus zu erreichen. Geht man in östlicher Richtung über den Rajpath hinaus bis zum Purana Qila und Zoo, ist man von dort durch Metrolinie 3 (Station Indraprashta) schnell wieder am Connaught Place und, eine Station weiter, am Westrand von Pahar Ganj (Station RK Ashram Marg).

Purana Qila (Altes Fort)

Südöstlich vom India Gate finden sich auf einem Hügel die Überreste des vom afghanischen Feldherrn *Sher Shah* erbauten alten Forts, welches jüngsten archäologischen Funden zufolge an der Stelle des alten Indraprashtra errichtet worden sein soll.

Betritt man die Festungsanlage durch das südliche zweigeschossige so genannte Humayun-Tor, stößt man auf einen achteckigen roten Sandsteinturm, den so genannten Sher Mandal. Dem zweiten Großmogul *Humayun* (1520-1556) wurde dieser Bau, den er später in eine Bibliothek umfunktionierte, 1556 zum Verhängnis, als er auf einer der Treppenstufen ausrutschte und sich dabei so schwere Verletzun-

208 SEHENSWERTES

New Delhi

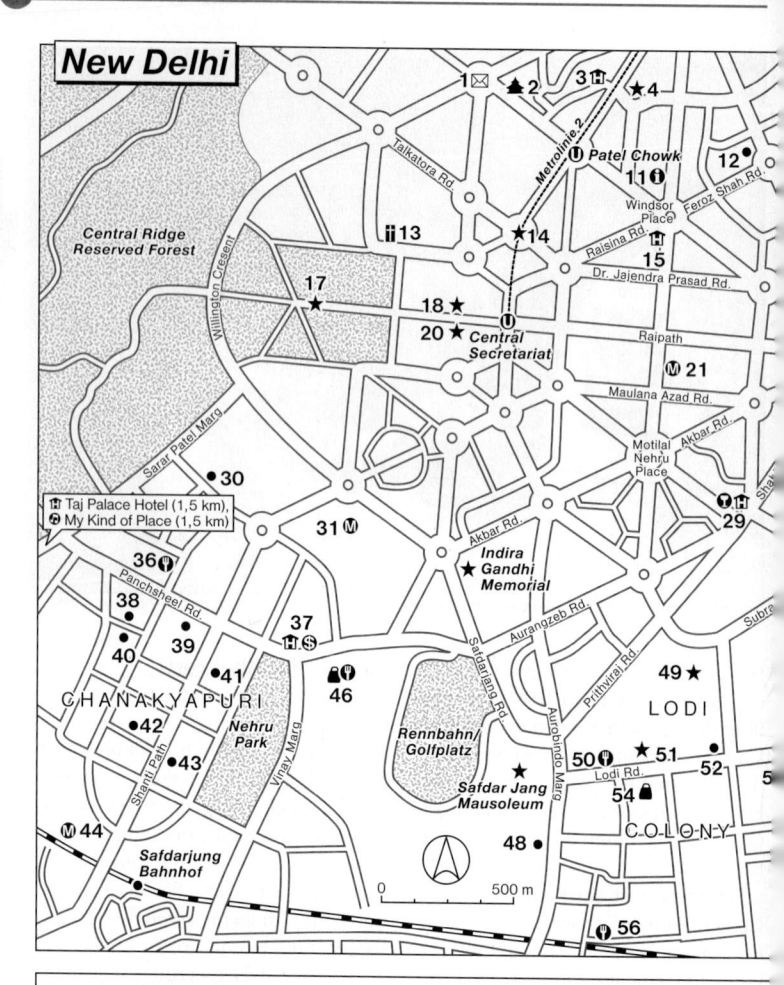

Central Ridge Reserved Forest

Talkatora Rd.
Patel Chowk
Windsor Place
Feroz Shah Rd.
Raisina Rd.
Dr. Jajendra Prasad Rd.
Willingdon Crescent
Central Secretariat
Rajpath
Maulana Azad Rd.
Sardar Patel Marg
Motilal Nehru Place
Akbar Rd.
🛏 Taj Palace Hotel (1,5 km),
☻ My Kind of Place (1,5 km)
Indira Gandhi Memorial
Panchsheel Rd.
Akbar Rd.
Aurangzeb Rd.
CHANAKYAPURI
Nehru Park
Safdarjung Rd.
Prithviraj Rd.
LODI
Vinay Marg
Rennbahn/Golfplatz
Aurobindo Marg
Lodi Rd.
Shanti Path
Safdar Jang Mausoleum
COLONY
Safdarjung Bahnhof

0   500 m

Sehenswürdigkeit

- ▲ 2 Gurudwara Bangla Sahib
- ★ 4 Jantar Mantar
- Ⓜ 5 National Museum of Natural History
- ⓘ 13 Redemption Church
- ★ 14 Sansad Bhawan
- ★ 17 Rashtrapati Bhawan
- ★ 18 Secretariat North Block
- ★ 20 Secretariat South Block
- Ⓜ 21 National Museum
- Ⓜ 24 Crafts Museum
- Ⓜ 31 Jawarharlal Nehru Memorial Museum

Sehenswertes

Stadtplan Delhi Übersicht S. 194

Unterkunft
- 🛏 3 YMCA Tourist Hostel
- 🛏 15 Le Meridien
- 🛏 29 Hotel Taj Mahal
- 🛏 37 Ashok Hotel
- 🛏 53 Oberoi Hotel
- 🛏 62 One Link Road G.H.

Essen und Trinken
- 27 Chicken Inn
- 29 Rick's Bar
- 34 Rampur Kitchen, Café Turtle
- 36 New Sikkim House
- 46 Basil & Thyme
- 50 Lodi The Garden Restaurant
- 56 Ploof

Sonstiges
- ✉ 1 GPO New Delhi
- 6 Triveni Kala Sangam
- 8 Nepalesische Botschaft
- 9 Kamani Theatre
- 11 Student Travel Information Centre
- 12 Max Mueller Bhawan
- 26 Jaipur Gate, WWF
- 27 Bikaner House
- 30 Botschaft Sri Lanka
- 34 Khan Market, Full Circle Book Store, Music Shop, Sunder Nagar Market, Mittal Tea House
- 37 Central Bank of India
- 38 Schweizer Botschaft
- 39 Amerikanische Botschaft
- 40 Österreichische Botschaft
- 41 Pakistanische Botschaft
- 42 Niederländische Botschaft
- 43 Deutsche Botschaft
- 46 Santoshti Shopping Complex
- 48 Indian Airlines Büro II
- 52 India International Centre
- 54 Jor Bagh Markt
- 61 Metropole Tourist Service

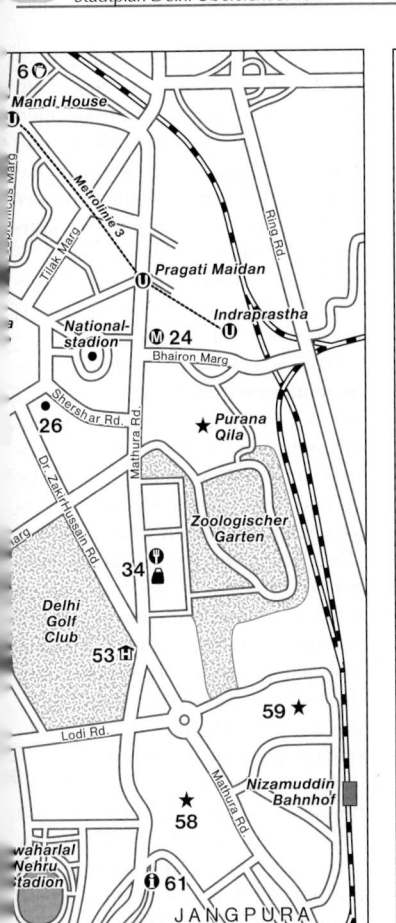

- Ⓜ 44 National Rail Museum
- ★ 49 Sikander Lodi Mausoleum
- ★ 51 Lodi Gärten
- ★ 55 Tibet House
- ★ 58 Hazrat Nizam-ud-Din Aulia
- ★ 59 Humayun Mausoleum

gen zuzog, dass er wenig später verstarb.

In unmittelbarer Nähe steht die 1541 von Sher Shah errichtete **Qila-e-Kuhna-Moschee**. Der im Innern reich verzierte Bau befindet sich in einem erstaunlich guten Zustand und gilt als hervorragendes Beispiel des Übergangs vom Lodi- zum Mogul-Baustil.

- **Eintritt:** 2 US-$ bzw. 100 Rs.

Humayun-Mausoleum

Nur knapp 2 km südlich vom Parana Quila befindet sich das Grabmal *Humayuns*, welches im Auftrag seiner Frau 1565, neun Jahre nach seinem Tod, vollendet wurde. Das Mausoleum mit seiner 43 m hoch aufragenden Marmorkuppel gilt als **Prototyp der Mogul-Mausoleen** und schönstes Bauwerk der frühen Mogul-Epoche. Das nach einem ähnlichen Plan erbaute Taj Mahal zeigt diesen Baustil in seiner Hochblüte ein Jahrhundert später. Es gibt sogar Kunstkenner, die die harmonischen Proportionen von Humayuns Grab der verfeinerten Eleganz des Taj Mahal vorziehen.

Bei der Rückkehr aus seinem persischen Exil hatte Humayun eine große Zahl von Architekten in seinem Gefolge, die der bis dahin stark von hinduistischen Einflüssen geprägten Baukunst ganz neue, **islamische Elemente** verliehen. Besonders deutlich wird dies am Portalbogen beziehungsweise der rein dekorativen Zwecken dienenden Blendnische. Auch die bis dahin von den hinduistischen Baumeistern in Anlehnung an ihre jahrtausendealte Tradition vornehmlich verwendeten Architrave, Pfeiler und Konsolen werden nun zunehmend von selbsttragenden Bögen ersetzt. Daneben fällt die später für die Mogul-Architektur so charakteristische zentrale Bedeutung der das Hauptgebäude umgebenden **Gartenanlage** ins Auge. Dieser erste Mogulgarten auf indischem Boden verleiht dem Bau trotz seiner Größe etwas Leichtes und Verspieltes.

Hier wurde auch erstmals eine **Scheinkuppel** (in Persien schon seit dem 13. Jh. bekannt) errichtet. Die auf einem hohen Tambour ruhende Kuppel leitet den Blick auf den Zentralbau, welcher ansonsten durch die stark ausgeprägten Eckbauten viel von seiner Wirkung verloren hätte. Wie die Chattris an den Eckpunkten des Obergeschosses zeigen, wurden von der Witwe Humayuns beim Bau des Grabmals jedoch auch einige typisch hinduistische Bauelemente verwendet, die der Auflockerung des quadratischen Sandsteinbaus dienen.

Von der Terrasse der Grabstätte, in der neben seiner Frau noch über 100 weitere Mitglieder der Familie beigesetzt sind, bietet sich ein schöner Blick ins Umland. Besonders stimmungsvoll ist ein Besuch am späteren Nachmittag, wenn die Abendsonne den Prachtbau in weiches Licht hüllt.

Kurz vor Verlassen der Parkanlage lohnt noch ein Besuch des links vom Hauptweg hinter einer Mauer gelegenen Grabmals von *Isa Khan*, eines einflussreichen Mitglieds des Hofstaates von Humayun.

- **Eintritt:** 5 US-$ bzw. 250 Rs, Video 25 Rs.

Hazrat-Nizam-ud-din-Aulia (Nizamuddin)

Auf der gegenüberliegenden Seite des Humayun-Grabes führt eine Straße in einen Ortsteil, der einen ganz eigentümlichen Charakter bewahrt hat: Tief verschleierte Frauen huschen durch die schmalen Gassen, das Murmeln von Koranschülern ist zu hören, die Metzger verkaufen Rindfleisch. Nizamuddin heißt dieser Stadtteil, der sich um das **Grab** des muslimischen Heiligen *Shaik Nizzam-ud-din-Chisti* gruppiert, der hier 1325 verstarb.

Das Zentrum der Chisti-Verehrung, einer Familie von Heiligen und Höflingen, die ursprünglich aus dem Iran stammen und im 12. Jh. nach Indien kamen, liegt in Ajmer. Das Originalgrab existiert zwar nicht mehr (der heutige marmorne Kuppelbau stammt aus dem Jahre 1562), doch nach dem Tode des Heiligen entwickelte sich das gesamte Areal zu einer Art moslemischem „Prominentenfriedhof", sodass sich dort heute viele weitere **Grabstätten bedeutender Persönlichkeiten** finden. So etwa das Grab von Shah Jahans Tochter *Jahanara*, die ihrem Vater auch während der Zeit seiner Gefangenschaft durch seinen Sohn Aurangzeb im Roten Fort in Agra zur Seite stand.

Im Norden des Stadtteils liegt der noch heute hoch verehrte Urdu-Dichter *Ghalib* (1797-1869) begraben. Das älteste Gebäude ist die 1325 von *Alaud-Din-Khalji* erbaute rote **Sandsteinmoschee Jamaat Klana**. Ebenfalls aus dem 14. Jh. stammt ein großer Stufenbrunnen am Nordtor.

Safdar-Jang-Mausoleum

Als architektonischen Schwanengesang des im Zerfall begriffenen Mogul-Imperiums könnte man diese südöstlich der Diplomatenenklave Chanakyapuri an der Aurobindo Marg gelegene Grabstätte bezeichnen. Der 1753 vom *Nawab von Audh* für seinen Vater *Safdar Jang* errichtete zweigeschossige Grabbau weist mit dem ihn umgebenden weitläufigen, von Wasserläufen durchzogenen Park, dem terrassenförmigen Unterbau, schönen Marmorintarsien und bemaltem Stuck sowie dem Kuppeldach alle typischen Elemente der Mogul-Architektur auf. Doch insgesamt fehlt ihm die sonst so charakteristische Leichtigkeit und so scheint sich in ihm schon der nahende Untergang der 250-jährigen Dynastie zu spiegeln.

●**Eintritt:** 2 US-$ bzw. 100 Rs, Video 25 Rs, tgl. von Sonnenauf- bis Sonnenuntergang geöffnet.

Lodi-Gärten

Einen interessanten Kontrast zum Mausoleum Safdar Jangs bilden die in den nur wenige Meter entfernten Lodi-Gärten gelegenen **Grabstätten** der Sayyid- (1451-1526) und Lodi-Dynastien (1414-1451), den beiden Herrscherhäusern Delhis vor der Machtübernahme der Mogul-Dynastie. Die Mausoleen weisen bereits deutliche Merkmale der späteren Mogul-Architektur auf. Unübersehbar sind z.B. die Ähnlichkeiten des Grabmals *Mohammed Shahs* (1434-1444), Herrschers der Sayyid-Dynastie, mit dem gut 100 Jahre später erbauten **Bara Gumbad**, einer Grabstätte mit angeschlossener Moschee. Hier beeindrucken v.a. die schönen Stuckarbeiten, farbige Ziegel und die auffälligen Koraninschriften. Weitere Gräber sind die von Mohammed Shahs Vorgänger *Mubarak Shah* (1433) sowie diejenigen *Sikander Lodis* (1517) und *Ibrahim Lodis* (1526).

• **Eintritt:** 5 US-$ bzw 250 Rs, tgl. von 6 bis 20 Uhr geöffnet.

Tughlagabad

Das großräumige, von mächtigen Festungsmauern umgebene Ruinengelände beinhaltet die spärlichen Überreste der 3. Stadt Delhis. Da der Erbauer *Ghiyas-ud-din-Thuglag* (1321-1325) noch vor Beendigung der Bauarbeiten starb, ist die **Festungsstadt** mit einem Gesamtumfang von 6 km nie richtig genutzt worden. Zwar ist heute keines der ursprünglichen Gebäude mehr erhalten, doch es ist gerade der Kontrast zwischen dem auf einem Felshügel gelegenen Ruinenareal mit dem bei klarer Sicht deutlich in der Ferne sichtbaren Delhi, welches den eigentlichen Reiz der Anlage ausmacht.

• **Eintritt:** 100 Rs, Video 25 Rs; ca. 170 Rs vom Janpath für Hin- und Rückfahrt per Riksha mit Wartezeit zum etwa 12 km südlich des Connaught Place gelegenen Geländes.

Lakshmi-Narayan-Tempel

Der knapp 2 km westlich vom Connaught Place gelegene Lakshmi-Narayan-Tempel ist nicht zuletzt deshalb Bestandteil der vom Tourist Office angebotenen Stadtrundfahrt, weil er einer der ganz wenigen typisch nordindischen Tempelbauten ist. Der aus rotem Sandstein errichtete, 1938 von *Mahatma Gandhi* eingeweihte Tempel gefällt nicht nur wegen seiner harmonischen Formgebung, sondern auch durch die Vielzahl bunter Götterstatuen. Neben den beiden Hauptgottheiten Narayan (Vishnu in seiner Form als Weltenhüter) und dessen Frau Lakshmi (Göttin des Wohlstands) findet man unter anderem Shiva und Parvati sowie den Glücksgott Ganesha. Der häufig für das Bauwerk verwendete Name Birla-Mandir rührt von seinem Stifter, dem Industriellen *Birla*, her.

Bahai House of Worship

Architektonisch äußerst spektakulär wirkt dieser in Form einer Lotusblüte erbaute **Tempel** inmitten von neun Wasserbecken. In Indien leben fast ein Viertel der weltweit 4,4 Mio. Anhänger der Bahai-Religion, die Mitte des 19. Jh. vom Perser *Baha-ullah* (pers.: Glanz Gottes) gegründet wurde. Entsprechend der Glaubensphilosophie des Bahaismus, die keine Unterschiede oder Vorurteile gegenüber Rasse und Geschlecht kennt, finden sich im sehr anmutigen Tempelinnern Menschen aller Nationen, die in friedvoller Atmosphäre beten und meditieren. Der etwa 9 km südöstlich vom Connaught Place im Bezirk Kalkaji gelegene Tempel (Tel.: 26444029) ist tgl. außer Mo 9 bis 17.30 Uhr geöffnet.

Gurdwara Bangla Sahib

Etwa einen Kilometer südwestlich des Connaught Place an der Ashoka Rd. ist dieser **Tempel** ein schönes Beispiel der **Sikh-Baukunst,** wartet er doch mit den charakteristischen goldenen Kuppeln und dem typischen quadratischen Tempelteich auf, dessen Wasser heilende Kräfte zugesprochen werden. Beindruckend ist die spirituelle Atmosphäre dieses ansonsten eher unscheibaren Gotteshauses. Auch westliche Besucher sind hier willkommen (bei dezenter Bekleidung), die eine fachkundige Einführung in die Sikh-Religion erhalten, wenn sie sich beim Informationsbüro melden.

● **Öffnungszeiten:** Tgl. von Sonnenauf- bis Sonnenuntergang geöffnet.

Der besondere Tipp: Qutb Minar

Den Grundstein islamischer Herrschaft über Indien, die schließlich über sieben Jahrhunderte andauern sollte, legte der vom Sklaven zum Feldherrn aufgestiegene *Qutb-ud-Din-Aibak,* als er 1193 auf den Trümmern der von ihm eroberten Rajputen-Festung Lalkot seine neue Hauptstadt errichtete. Nach dem Tode seines Herrn, des afghanischen Eroberers *Muhammed-e-Ghur,* gründete er sein eigenes Sultanat und markierte damit den Beginn des Sultanats von Delhi, welches bis

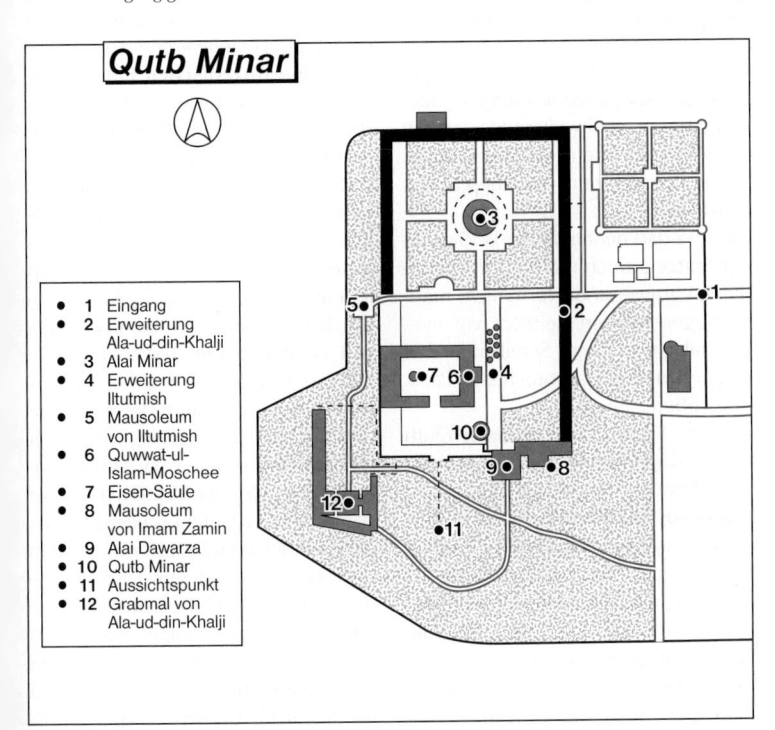

Qutb Minar

- 1 Eingang
- 2 Erweiterung Ala-ud-din-Khalji
- 3 Alai Minar
- 4 Erweiterung Iltutmish
- 5 Mausoleum von Iltutmish
- 6 Quwwat-ul-Islam-Moschee
- 7 Eisen-Säule
- 8 Mausoleum von Imam Zamin
- 9 Alai Dawarza
- 10 Qutb Minar
- 11 Aussichtspunkt
- 12 Grabmal von Ala-ud-din-Khalji

zum Aufkommen der Großmoguln Mitte des 16. Jh. die führende Macht Nordindiens darstellte. Als Zeichen seines historischen Erfolges über den letzten in Delhi regierenden Hindu-Fürsten *Prithviraj Chauhan* errichtete er den Qutb Minar, eine 72,5 m hohe, sich nach oben verjüngende **Siegessäule** aus rotem Sandstein, 13 km südlich vom heutigen Stadtzentrum.

Er selbst erlebte jedoch nur die Fertigstellung des ersten von heute fünf durch vorspringende Balkone unterteilten Stockwerken. Das zweite und dritte wurde von seinem Schwiegersohn und Nachfolger *Iltutmish* (1210-1235) hinzugefügt. *Firoz Shah* aus der Thuglag-Dynastie war es schließlich, der das stolze Bauwerk 1368 vollendete, indem er zwei weitere Stockwerke aufsetzte, nachdem die Spitze zuvor durch einen Blitzeinschlag beschädigt worden war.

Leider darf der an der Basis 15 m, an der Spitze jedoch nur 2,50 m Durchmesser aufweisende Turm nicht mehr bestiegen werden, seitdem vor einigen Jahren mehrere Schulkinder bei einer im Innern ausgebrochenen Panik ums Leben kamen.

Sechs Jahre früher als beim Qutb Minar wurde bereits mit dem Bau der zu Füßen der Siegessäule liegenden **Quwat-ul Islam-Masjid** (Macht-des-Islam-Moschee) begonnen. Zum Bau dieses ersten islamischen Sakralbaus auf indischem Boden verwendete der wenig zimperliche Feldherr Materialien von insgesamt 27 zuvor zerstörten Hindu- und Jain-Tempeln. Hieraus erklärt sich auch die zunächst recht merkwürdig anmutende Tatsache, dass viele der verwendeten Säulen mit Hindu-Göttern verziert sind.

Kunsthistorisch besonders interessant ist auch die nicht zu übersehende Handschrift der am Bau der Moschee beteiligten Hindu-Steinmetze. Statt der in der persischen Architektur Verwendung findenden Spitzbögen, Kuppeln und Gewölbe bauten die hinduistischen Architekten in der ihnen seit Jahrtausenden bekannten Kragtechnik, in der vor allem Architrave, Konsolen und Pfeiler die bestimmenden Elemente sind. Die Vermischung der beiden Stilrichtungen sollte sich später zu einem ganz eigenen, dem so genannten **indo-sarazenischen Baustil** entwickeln, dessen beste architektonische Beispiele heute in Ahmedabad im Bundesstaat Gujarat zu sehen sind.

Die Moschee erfuhr im Laufe der Jahrhunderte vielfache **Erweiterungen,** wobei sich vor allem *Ala-ud-din* auszeichnete, der neben dem großen Innenhof im Osten auch das beeindruckende Alai Darwaza, den heutigen Haupteingang der Anlage, hinzufügte. Er war es auch, der, den gewachsenen Ausmaßen der Moschee entsprechend, eine zweite, wesentlich größere Siegessäule (Alai Minar) hinzufügen wollte. Der Basisdurchmesser von 27 m lässt darauf schließen, dass eine gewaltige Höhe von etwa 150 m geplant war. Bei seinem Tode war jedoch erst eine Höhe von 27 m erreicht. Seine Nachfolger wagten es nicht, dieses waghalsige Bauvorhaben zu Ende zu führen, und so findet sich der klägliche Überrest seiner Großmannssucht heute etwas nördlich der Moschee.

Das wohl schönste Gebäude der Anlage ist das **Grabmahl von Iltutmish,** des Schwiegervaters und Nachfolgers von *Qutb-ud-Din-Aibak.* Der Kenotaph des von 1210 bis 1235 regierenden Iltutmish steht in der Mitte einer 9 m² hohen Grabkammer, deren hohe Wände mit wunderschönen Reliefs, Inschriften, Arabesken und geometrischen Mustern verziert sind. Die größte Aufmerksamkeit bei den täglich Tausenden von Besuchern erregt die im Hof der Moschee stehende 7 m hohe **eiserne Säule.** Herkunft und genaues Entstehungsdatum sind unbekannt, auch wenn vermutet wird, dass sie ursprünglich in Bihar zur Zeit des Gupta-Königs *Chandragupta* (375-413 n. Chr.) vor einem Vishnutempel gestanden haben soll. Bis heute ist ungeklärt, warum die Säule eineinhalb Jahrtausende ohne einen Rostflecken überstehen konnte. Kein Wunder also, dass diesem rätselhaften Objekt magische Kräfte zugesprochen werden.

Der gut 12 km südlich vom Connaught Place gelegene Komplex (Tel.: 26643856) ist mit Stadtbus 505 vom Janpath gegenüber dem Imperial Hotel oder vom Ajmeri Gate erreichbar. Eine Riksha vom Connaught Place sollte nicht mehr als 150 Rs für Hin- und Rückfahrt mit einstündiger Wartezeit kosten.

●**Öffnungszeiten:** tgl. außer Mo von 7.30 bis 17.30 Uhr; Eintritt 5 US-$ bzw. 250 Rs, Video 25 Rs.

Museen und Gedenkstätten

Nationalmuseum

Touristenfreundlich südlich des Connaught Place gelegen, bietet das Nationalmuseum (Tel.: 23019272, Janpath) neben dem Prince of Wales Museum in Mumbai und dem Indian Museum in Kalkutta die umfangreichste **Sammlung indischer Kunst.** Die Kunstgegenstände sind hervorragend präsentiert, in den Räumen gibt es sehr informative Erklärungstafeln zu den einzelnen Kunstepochen und -stilen. Die Palette ausgestellter Objekte reicht von vorgeschichtlichen archäologischen Funden bis zu Kostümen der heute noch in Indien lebenden Stammesangehörigen.

Wie immer wirkt ein solch breit gefächertes Angebot zunächst eher erschlagend als informativ, und so bietet es sich an, mit einem bestimmten Epochen- oder Stilschwerpunkt die Ausstellungsräume zu begehen. Hier würden sich z. B. die großartigen buddhistischen Skulpturen aus dem 6.-8. Jh. anbieten oder die exquisit ausgestattete Abteilung der Miniaturmalereien. Wer Zeit hat, sollte öfter kommen. Häufig werden Filmvorführungen zu unterschiedlichen Kunstepochen gezeigt.

●**Öffnungszeiten:** tgl. außer Mo 10-17 Uhr, Eintritt 150 Rs, Kamera 300 Rs, Video nicht erlaubt, 6x tgl. freie Führungen zwischen 10.30 und 15.30 Uhr.

National Rail Museum

Nicht nur Eisenbahnfans dürften beim Besuch des südlich der Diploma-

> Viele Touristen machen gleich zu Beginn ihrer Indienreise eine äußerst unangenehme Erfahrung mit Delhis **Taxifahrern**. Vor allem bei Ankunft in der Nacht versuchen manche Fahrer, die Übermüdung und Unerfahrenheit der Neuankömmlinge auszunutzen. Unter dem Vorwand, das angegebene Hotel sei geschlossen beziehungsweise ausgebucht, wird man zu teuren und zudem weit außerhalb gelegenen **Hotels** chauffiert, von denen die Fahrer Kommission erhalten. Man sollte nur die Pre-Paid-Taxis benutzen und gleich bei der Bezahlung (im Voraus) ausdrücklich darauf hinweisen, dass man zum Hotel seiner Wahl gefahren werden will. Diesbezüglich sollte man sich auf keinerlei Diskussionen einlassen.

tenenklave Chanakyapuri gelegenen **Eisenbahnmuseums** ihre helle Freude haben. Indien ist berühmt für seine exotischen Lokomotiven und auf dem Gelände gibt es einige der skurrilsten Exemplare zu bewundern.

● **Öffnungszeiten:** täglich außer Mo 9.30-17.30 Uhr, Eintritt 10 Rs, Video 100 Rs.

Tibet-Haus

Speziell für jene, die Dharamsala, den Exilsitz des *Dalai Lama* in Himachal Pradesh, oder „Little Tibet" Ladakh auf ihrer Reiseroute haben, lohnt sich ein Abstecher zum in der Nähe der Lodi-Gärten gelegenen Tibet-Haus (Tel.: 24611515, Lodi Rd.). In dem kleinen Museum wird eine interessante Sammlung **tibetanischer Ritualobjekte** ausgestellt. Sehr schöne kunsthandwerkliche Souvenirs aus Tibet verkauft ein Laden im Erdgeschoss.

● **Öffnungszeiten:** tgl. außer So 10-13 und 14-17 Uhr, Eintritt 10 Rs.

Gandhi-Smriti-Museum

Anhand gleichermaßen beeindruckender wie bedrückender Utensilien wie dem berühmten Spinnrad und dem blutverschmierten Leinentuch, welches **Mahatma Gandhi** am Tag seiner Ermordung trug, sowie unzähligen Fotos, Zitatsammlungen, Zeitungsausschnitten und Filmvorführungen wird hier das von Opferbereitschaft und Wahrhaftigkeit geprägte Leben des „Vaters der Nation" auf eindrucksvolle Weise nachgezeichnet.

● **Öffnungszeiten:** tgl. außer Mo 10-17 Uhr.

Indira Gandhi Memorial

In der ehemaligen Residenz Indira Gandhis findet sich in erschreckender Parallelität zum Schicksal Mahatma Gandhis an der Safdarjung Rd. der Sari, in den die in Indien gleichermaßen verehrte wie verhasste Tochter *Jawaharlal Nehrus* am Tag ihrer Ermordung gekleidet war. Mindestens ebenso beeindruckend wirkt das Foto, welches ihren später ebenfalls ermordeten Sohn *Rajiv Gandhi* in einem Flugzeug über dem Himalaya zeigt, wie er die Asche seiner verstorbenen Mutter verstreut. Die Stelle, an der Indira Gandhi im Garten ihrer Residenz von zweien ihrer Leibwächtern ermordet wurde, ist mit einer von zwei Soldaten flankierten Gedenktafel markiert.

● **Öffnungszeiten:** täglich außer Mo 9.30-16.45 Uhr.

National Gallery of Modern Art

Dieses beim Jaipur Gate südlich des India Gate gelegene Museum (Tel.:

23382835) beherbergt die umfangreichste **Sammlung moderner Kunst** in Indien. Neben den verschiedenen Malschulen seit dem 19. Jh. findet sich im sehr schönen Garten auch eine große Skulpturensammlung. Eine der überraschendsten Entdeckungen bilden die Gemälde des weltberühmten bengalischen Dichters und Nobelpreisträgers *Rabindranath Tagore*.

- **Öffnungszeiten:** tgl. außer Mo 10-17 Uhr, Eintritt 150 Rs, Foto/Video nicht erlaubt.

Praktische Tipps

Ankunft

Indira-Gandhi-Flughafen

Meist schon im Flugzeug wird dem Reisenden vom Bordpersonal eine **Embarkation Card** ausgehändigt, auf der die persönlichen Daten einzutragen sind. Bei einigen Airlines geschieht dies nicht. In dem Fall ist das dort ausliegende Formular nach dem Aussteigen vor der Passkontrolle an Metallpulten auszufüllen (es liegt leider nicht immer in ausreichender Menge aus, also etwas beeilen, außerdem einen Stift griffbereit halten). Bei dem Punkt „Adress in India" sollte man das erste Hotel in Delhi angeben. Hat man noch keines reserviert, empfiehlt es sich einfach den Namen eines First-Class-Hotels in Delhi einzutragen – das macht sich immer gut und erspart späteres Nachfragen.

Dieser Formularteil wird bei der Passkontrolle einbehalten. Der kleinere rechte, ebenfalls auszufüllende Teil des Formulars besteht aus der Departure Card, außerdem wird im unteren Abschnitt die Gepäckmenge abgefragt. Dieser Abschnitt der Erklärung ist erst nach dem Einsammeln des Gepäcks und vor dem Verlassen der Abfertigungshalle bei einem dafür zuständigen Beamten abzugeben. (Dieses wie auch das Abgeben des verbliebenen Teils der Boarding Card bei einem Beamten ist jedoch nicht immer erforderlich.)

Wer zu spät kommt, den bestraft das Leben. Dass die Regel auch auf Indien zutrifft, erfährt der Neuankömmling gleich bei der **Passkontrolle,** wenn er sich ans hintere Ende einer langen Schlange von Wartenden einreiht und bis zu einer halben Stunde warten muss, ehe er vorn angelangt ist.

Wem es gelingt, zu den ersten am Schalter zu gehören, der hat neben der schnelleren Passkontrolle danach den zusätzlichen Vorteil, sein Geld ohne langes Anstehen bei einem der drei nebeneinander gelegenen **Bankschalter** in der Abfertigungshalle wechseln zu können. Alle sind 24 Std. geöffnet und die Kurse sind nur geringfügig schlechter als in der Stadt. Allerdings sollte man sein Wechselgeld genauestens nachzählen, da es leider allzu oft vorkommt, dass die Angestellten die Unerfahrenheit und Übermüdung der Touristen auszunutzen versuchen!

Die **Kofferbänder** sind oft überfüllt und schlecht organisiert, sodass es häufig nicht einfach ist, sein Gepäckstück zu finden. Besonders, wenn mehrere Maschinen innerhalb kurzer Zeit gelandet sind, was nachts häufig vorkommt, herrscht Chaos. Da die Bediensteten jene Gepäckstücke, die beim ersten Umlauf von ihren Besitzern nicht eingesammelt wurden, neben das Laufband stellen, sollte man auch dort auf die Suche gehen.

Nach Verlassen der Abfertigungshalle gelangt man in die Ankunftshalle, wo ein **Informationsschalter des Touristenbüros** untergebracht ist. Leider ist es auch hier keine Seltenheit, dass die Bediensteten Hotels fälschlicherweise als ausgebucht angeben, nur um Unterkünfte zu vermitteln, von denen sie eine Kommission kassieren. So macht es Sinn, das Wunschhotel schon vorher auszusuchen.

Noch ein Hinweis: Kommt man aus seinem Heimatland am internationalen Flughafen an und hat einen Anschlussflug innerhalb Indiens mit Air India (dem international operierenden Teil der staatlichen Fluglinie) gebucht, startet dieser, anders als Flüge mit Indian Airlines (der nationalen staatlichen Fluglinie), meist am internationalen Flughafen – also Acht geben.

PRAKTISCHE TIPPS

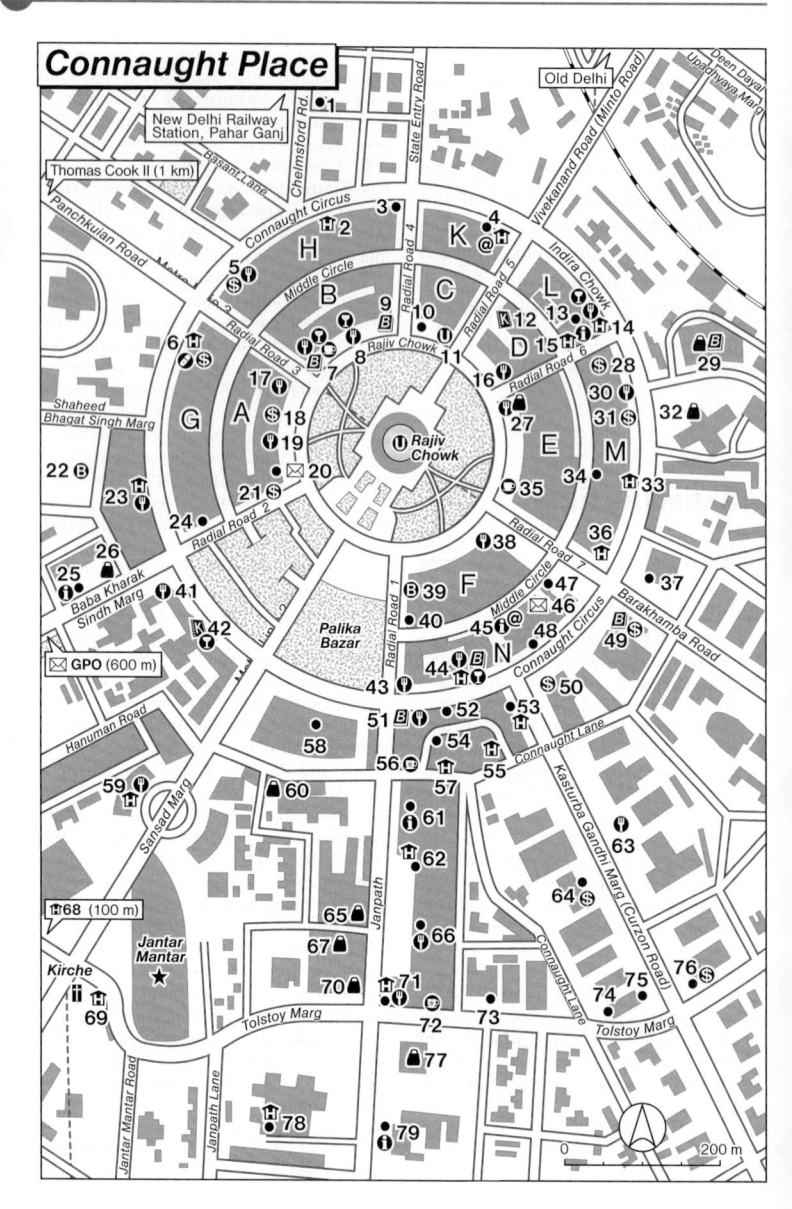

Connaught Place

Stadtplan Delhi Übersicht S. 194

PRAKTISCHE TIPPS

Unterkunft

- 🏨 2 Hotel Fifty-Five
- 🏨 4 York Hotel
- 🏨 6 Hotel Marina
- 🏨 14 Nirula's Hotel
- 🏨 15 Hotel Jukaso Inn
- 🏨 23 Hotel Alka
- 🏨 33 Hotels Bright und Blue
- 🏨 36 Hotel Alka Annexe
- 🏨 44 Central Court Hotel
- 🏨 53 Asian Guest House
- 🏨 55 Sunny Guest House
- 🏨 57 Ringo Guest House
- 🏨 59 Hotel Park
- 🏨 62 Janpath Guest House
- 🏨 68 YMCA Tourist Hostel
- 🏨 69 YMCA International Guest House
- 🏨 71 Royal Guest House
- 🏨 78 Imperial Hotel

Essen und Trinken

- 5 Veda Restaurant
- 7 Cafe 100, Volga Restaurant & Bar
- 8 Zen Restaurant & Bar, McDonald's
- 14 Nirula's, Pegasus Bar
- 16 Embassy Restaurant
- 17 Wengers, Keventers
- 19 El Rodeo
- 23 McDonald's
- 27 Berco's
- 30 Odysseia Restaurant
- 35 United Coffee House
- 38 The Host
- 41 Jerry Wong's Noodle House
- 42 DV8
- 43 Wimpy's
- 44 Barista Espresso Bar, Amber Restaurant
- 51 Nirula's II
- 56 Ruby Tuesday
- 59 Fire Restaurant
- 63 Parikrama Restaurant
- 66 Pizza Hut
- 71 Saravana Bhawan, McDonald's
- 72 Café Coffee Day

Sonstiges

- 1 Rail Reservation Centre
- 3 PVR Plaza Cinema, Music World
- 4 Paul Tours, n@tscape
- 5 HDFC ATM
- 6 Apollo Pharmacy, Gulf Air, SBI ATM
- 7 New Book Depot
- 9 Bookworm
- 10 Thomas Cook
- 11 Metro Zugang
- 12 Odeon Cinema
- 13 Ashok Tours & Travels (ITDC Booking Office)
- 18 Panchkuri Enterprises, Shasha Forex
- 20 Postamt, Kodak Express
- 21 American Express Bank und ATM
- 22 Clocktower Bus Terminus
- 24 Sri Lankan Airlines, Royal Jordanian Airways
- 25 Delhi Tourist & Transport Development Corp. (DTTDC) Hauptbüro
- 26 State Emporiums
- 27 Berco's Melody House
- 28 LKP Forex
- 29 Shankar Market, Piccadilly Book Stall
- 31 Centurion ATM
- 32 Super Bazaar
- 34 Perfect Holiday Travels
- 37 Air Sahara, British Airways
- 39 EATS Flughafenbus
- 40 Indian Airlines
- 42 Regal Cinema
- 44 Amrit Bookstore
- 45 DTTDC-Büro, DSIDC-Cybercafé
- 46 Postamt
- 47 Aeroflot Büro
- 48 Jet Airways, Air Sahara
- 49 Oxford Book Store, UTI ATM
- 50 Deutsche Bank
- 51 Oxford Book Shop
- 52 Delhi Transport Corporation (DTC)
- 53 Air France
- 54 Great Adventure Travels
- 58 Air India
- 60 Textilmarkt
- 61 IndiaTourism, Autoriksha-Prepaid-Stand
- 62 Delhi Photo
- 64 Austrian Airlines, idbi-ATM
- 65 Landkarten-Verkaufskiosk
- 66 Lufthansa
- 67 Rajasthani-Verkaufsstände
- 70 Janpath Market
- 71 Royal Nepal Airlines
- 73 DHL Hauptbüro, Aeroflot
- 74 Jagson Air, Turkish Airlines
- 75 British Council
- 76 KLM, ICICI ATM
- 77 Central Cottage Industries Emporium
- 78 Thomas Cook
- 79 Chandralok Bldg., Himachal & Uttar Pradesh Tourism, Druk Air

Fahrt in die Innenstadt

In der Ankunftshalle wird man von recht aufdringlichen jungen Männern empfangen, die einem ein überteuertes Taxi für die Fahrt in die 22 km entfernte Innenstadt verkaufen möchten. Man sollte sich nicht aus der Ruhe bringen lassen, sondern zu den Schaltern von *Delhi Traffic Police* und *ITTC* gehen (zur Recherchezeit auf der rechten Seite der Ankunftshalle einen Gang hindurch). Dort werden die günstigsten Tarife für die **Pre-Paid-Taxis** (im Voraus zu zahlen) angeboten und die Sache geht (meist) ohne Nepp über die Bühne. Der Erwerb eines Tickets für ein Prepaid-Taxi allein reicht jedoch nicht, um Schleppern in Delhi zu entgehen. Man muss sicherstellen, dass es sich auch tatsächlich um das gebuchte Taxi handelt. Eine Fahrt mit dem Taxi zum Connaught Place oder Pahar Ganj kostet etwa 300 Rs. Auf dem im Voraus bezahlten Gutschein sollte die Nummer des Taxis, wenn auch oft schlecht leserlich, vermerkt sein. Man sollte diesen Gutschein nicht vor dem Erreichen des Fahrtziels aus der Hand zu geben, sonst kann es passieren, dass man nicht bis zum gewünschten Ziel gefahren wird, da der Fahrer mit dem Schein das Geld ja schon kassiert hat.

Wesentlich günstiger geht es mit dem **EATS-Flughafenbus** (50 Rs plus 10 Rs pro großem Gepäckstück, Tel. an den Flughäfen: 23316530, 25675240), der rund um die Uhr vom Inlandsflughafen über den internationalen Flughafen ins Zentrum zum Büro am **Connaught Place** (F-Block) und zurück fährt. Tagsüber verkehrt er häufiger (etwa stündlich), nachts seltener entsprechend der Ankunfts- bzw Abflugzeiten. Ein Halt bei Connaught Place/Ecke Chelmsford Rd. (von dort ist es nicht weit bis Pahar Ganj) ist möglich, wenn man vorher dem Schaffner Bescheid gibt. Ein weiterer von der *Delhi Transport Corporation* eingesetzter Bus fährt außerdem zur **New Delhi Railway Station** (ideal für jene, die in Pahar Ganj wohnen möchten) und zum **Busbahnhof (ISBT)**. Meist wird pro größerem Gepäckstück eine Gebühr von 7 Rs verlangt.

Die billigste Möglichkeit (10 Rs) bietet der **Stadtbus Nr. 780**, mit dem es während des Tages allerdings bis zu 2 Std. zum Connaught Place dauern kann. Indian Airlines setzt einen kostenlosen **Pendelbus** zwischen dem Internationalen und dem Inlandsflughafen ein.

Information

- Das **Büro von India Tourism** (88 Janpath, Tel.: 23320005/8, contactus@incredibleindia.org, www.incredibleindia.org) ist Mo-Fr von 9 bis 18 Uhr und Sa von 9 bis 16.30 Uhr geöffnet. Manche der Bediensteten sind freundlich und hilfsbereit, andere hingegen machen einen recht mürrischen Eindruck. Generell sollte man sich vorher überlegen, zu welchen Zielgebieten man Fragen hat, da die Informationsmaterialien nicht auslägen. Auf jeden Fall sollte man sich einen umsonst erhältlichen **Stadtplan** aushändigen lassen, auf dessen Rückseite viele nützliche Adressen sind. Darüber hinaus erhält man bei entsprechenden Fragen Informationen zu allen weiteren Zielgebieten innerhalb Indiens. Auch bei der **Vermittlung** eines **Guides** (350 Rs halbtags, 500 Rs ganztags, Preis gilt bis 5 Pers.) oder eines **Hotelzimmers** kann das Tourist Office behilflich sein. Filialen finden sich am nationalen (Tel.: 25675296) und internationalen Flughafen (Tel.: 25691171, 24 Std. geöffnet).

> Im wöchentlich erscheinenden **Delhi diary** (15 Rs) findet sich neben einem umfangreichen Adressenteil auch ein sehr interessanter Veranstaltungskalender mit allen wichtigen Ereignissen im Bereich Kunst und Kultur. Das Heft ist, wie auch der etwas aufwendigere, monatlich erscheinende **Delhi City Guide** (18 Rs), an vielen Kiosken erhältlich.

- **Delhi Tourism (DTTDC)** hat Informationsbüros an der Baba Kharak Singh Marg einige Meter nördlich des Emporium Complex (Tel.: 23365358, delhitourism.nic.in, delhitourismcro@yahoo.com, tgl. 7-21 Uhr geöffnet). Dort befindet sich auch das *Central Reservation Office* für die Rundfahrten.

Weitere Büros von DTTPC befinden sich im N-36-Block am Connaught Place (Tel.: 23315322, 23313637, Mo-Sa 10-17 Uhr), in der New Delhi Railway Station (Tel.: 23742374) und im Süden der Stadt nahe Dilli Haat an der Sri Aurobindo Marg gegenüber I.N.A. Market (Tel.: 24674153) sowie im Bezirk Defense Colony, 18-A, S.C.O. Complex (Tel.: 24628406). Zusätzlich gibt's Filialen am Nizzamuddin-Bahnhof und an beiden Terminals des Indira-Gandhi-Flughafens (Tel.: 25675609, 25652021). In allen Büros ist man auch bei **Hotelreservierungen** und der **Fahrzeuganmietung** behilflich.

Vorsicht: Leider geben sich auch viele Reisebüros, etwa durch ihre Namensgebung (wie Tourist Information o.Ä.), den Anschein, offizielle Informationsstellen zu sein. So wird man gelegentlich auf der Straße von meist jungen Männern angesprochen, die den unerfahrenen Touristen in eines der vermeintlichen Informationsbüros locken wollen. Jedoch verdienen nur die oben genannten dieses Prädikat, bei den anderen handelt es sich um **private Reisebüros**.

Touristenämter der Bundesstaaten

Die meisten **Bundesstaaten** besitzen in Delhi spezielle Touristenbüros, oft in unmittelbarer Nähe des Connaught Place. Ein Besuch lohnt jedoch nur, wenn man sehr spezielle Fragen zu den einzelnen Gebieten hat, da alle weiteren Informationen auch beim Tourist Office am Janpath erhältlich sind. Das Büro von **Uttar Pradesh** (Chandralok Bldg., 36, Janpath, Tel.: 23322251, 23711296) setzt zu den jeweiligen Hill Stations Luxusbusse ein.

● **Rajasthan:** Tourist Reception Center, Bikaner House, Pandara Rd., Tel.: 23383837. Von hier starten Luxusbusse zu Zielen in Rajasthan (siehe „Weiterreise").

Stadtverkehr

Aufgrund des sich seit Jahren abzeichnenden Verkehrskollapses in Delhi wurden in den letzten Jahren einige einschneidende Veränderungen vorgenommen, die das Chaos organisieren sollen. So wurde mit dem Bau einer **neuen Metro** begonnen, die bereits in wichtigen Abschnitten in Betrieb ist. Zudem werden allerorten **neue Straßen** und vor allem so genannte **flyovers** errichtet, die die neuralgischen Punkte in Delhis ständig dichter werdendem Verkehr einfach überbrücken, was die Fahrzeiten bereits in vielen Fällen reduziert hat. Dies gilt auch für die Strecke zu den Flughäfen.

Immer häufiger sieht man zudem **Verkehrsampeln**, eine in den neunziger Jahren noch nahezu unbekannte Einrichtung auf Indiens Straßen. Außerdem wurden alle motorbetriebenen öffentlichen Verkehrsmittel Delhis, also Busse, Taxis und Rikshas, in den vergangenen Jahren auf Staatskosten von Benzin- bzw Dieselbetrieb auf **Gasbetrieb** umgestellt (erkennbar bei Taxis am grünen Streifen bzw. Grünbemalung bei Rikshas, die früher schwarz-gelb waren, die weißen Touristentaxis fahren meist noch mit Diesel/Benzin). Dies hat einmal wegen des geringeren Literpreises für Gas (18 Rs statt 35/44 Rs für Diesel/Benzin) die Preise stabil gehalten oder reduziert und zudem die Luftqualität Delhis merklich verbessert.

Metro

Seit einigen Jahren wird in Delhi an der neuen Metro gebaut, endgültig fertiggestellt ist sie voraussichtlich im Jahr 2010. In Teilen ist sie jedoch bereits in Betrieb. Vorteil dieses neuen Verkehrsmittels ist natürlich neben dem **geringen und festgesetzten Fahrpreis** (dies macht das Aushandeln des Fahrpreises wie bei Taxis und Rikshas überflüssig) auch die Unabhängigkeit von den meist überfüllten Straßen und der **hervorragende Zustand**, was sie zu einer echten Alternative zu anderen öffentlichen Verkehrsmitteln macht.

Touristisch wichtig sind derzeit einige Linien vom Connaught Place Richtung Norden (Linie 2), wobei auch Old Delhi (Bahnhöfe Chawri Bazaar und Chandni Chowk), die Old Delhi Railway Station sowie der Inter State Bus Terminus (Station Kashmere Gate) gekreuzt werden. Auch am östlichen Zugang zur New Delhi Railway Station (Station New Delhi) befindet sich ein Metro-Bahnhof. Dieselbe Linie verläuft Richtung Süden bis zum Rajpath (Station Central Secretariat). Richtung Südosten war die Linie 3 zur Recherchezeit noch im Bau, sollte aber zum Erscheinen des Buchs in Betrieb genommen sein. Wichti-

Unterkunft

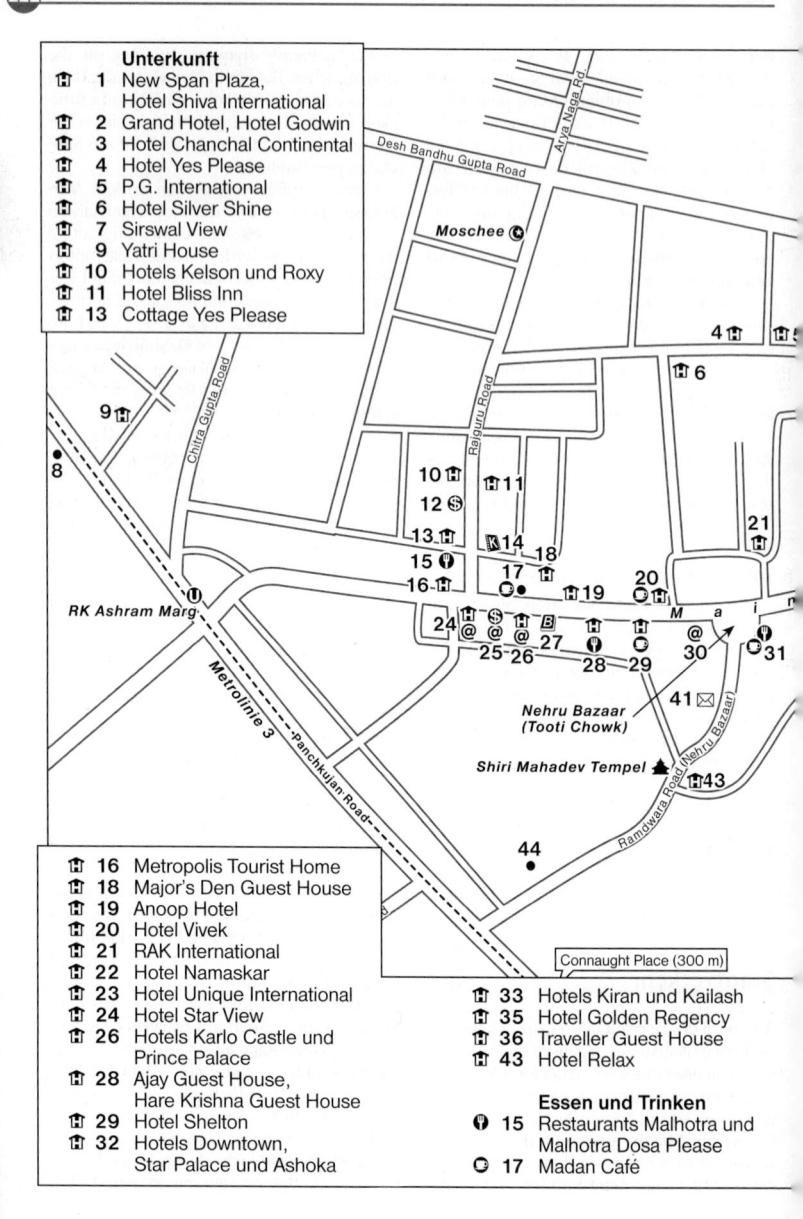

- 🏠 1 New Span Plaza, Hotel Shiva International
- 🏠 2 Grand Hotel, Hotel Godwin
- 🏠 3 Hotel Chanchal Continental
- 🏠 4 Hotel Yes Please
- 🏠 5 P.G. International
- 🏠 6 Hotel Silver Shine
- 🏠 7 Sirswal View
- 🏠 9 Yatri House
- 🏠 10 Hotels Kelson und Roxy
- 🏠 11 Hotel Bliss Inn
- 🏠 13 Cottage Yes Please

- 🏠 16 Metropolis Tourist Home
- 🏠 18 Major's Den Guest House
- 🏠 19 Anoop Hotel
- 🏠 20 Hotel Vivek
- 🏠 21 RAK International
- 🏠 22 Hotel Namaskar
- 🏠 23 Hotel Unique International
- 🏠 24 Hotel Star View
- 🏠 26 Hotels Karlo Castle und Prince Palace
- 🏠 28 Ajay Guest House, Hare Krishna Guest House
- 🏠 29 Hotel Shelton
- 🏠 32 Hotels Downtown, Star Palace und Ashoka
- 🏠 33 Hotels Kiran und Kailash
- 🏠 35 Hotel Golden Regency
- 🏠 36 Traveller Guest House
- 🏠 43 Hotel Relax

Essen und Trinken

- 🍴 15 Restaurants Malhotra und Malhotra Dosa Please
- ☕ 17 Madan Café

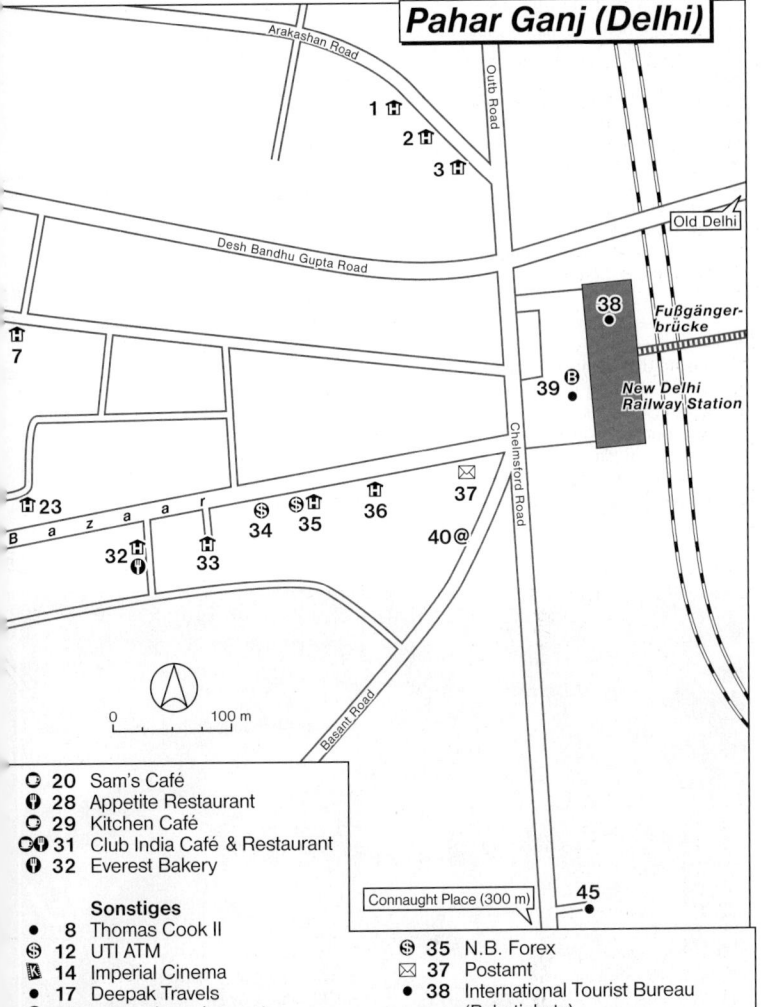

… Stadtplan Delhi Übersicht S. 194   **PRAKTISCHE TIPPS** 223

Pahar Ganj (Delhi)

(Kartenausschnitt mit Straßen: Arakashan Road, Qutb Road, Desh Bandhu Gupta Road, Chelmsford Road, Basant Road; Old Delhi, New Delhi Railway Station, Fußgängerbrücke, Connaught Place (300 m); Maßstab 0–100 m)

- ○ 20 Sam's Café
- ❶ 28 Appetite Restaurant
- ○ 29 Kitchen Café
- ○❶ 31 Club India Café & Restaurant
- ❶ 32 Everest Bakery

Sonstiges
- ● 8 Thomas Cook II
- Ⓢ 12 UTI ATM
- 🎦 14 Imperial Cinema
- ● 17 Deepak Travels
- @ 24 satyam-i-way Internet
- Ⓢ@ 25 HDFC ATM, Internetcafé
- @ 26 Kesri Cyber Net
- 🅱 27 Bücherstand
- @ 30 Golden Peacock Internet
- Ⓢ 34 Cheque Point
- Ⓢ 35 N.B. Forex
- ✉ 37 Postamt
- ● 38 International Tourist Bureau (Bahntickets)
- ●🅱 39 Rikshas, Taxis, Kleinbusse
- @ 40 sify-i-way Internet
- ✉ 41 Postamt
- ● 44 christl. Friedhof
- ● 45 Rail Reservation Centre

ge Stationen sind hier der Bahnhof Indraprashta nahe dem Purana Qila und RK Ashram Marg an der Panchkuian Rd. nahe Pahar Ganj.

Der **Fahrpreis** beträgt zwischen 6 und 22 Rs, je nach Länge der Fahrtstrecke, für die meisten touristisch interessanten Ziele sind es nicht mehr als 14 Rs. Die Metro beginnt ihren Dienst um 6 Uhr morgens, die letzten Züge fahren, je nach Linie, zwischen 22 und 23 Uhr. Informationen zum letzten Stand der Dinge gibt's unter **www.delhimetrorail.com** und telefonisch: 24369912.

Bus

Als eine der wenigen Städte Indiens verfügt Delhi über ein gut ausgebautes Stadtbussystem. Wem es gelingt, an den jeweiligen Startpunkten wie Regal- und Plaza Kino am Connaught Place einzusteigen, hat auch eine recht gute Chance, noch einen Sitzplatz zu ergattern. Ansonsten muss man für die Ersparnis von einigen Rupien mit einem Stehplatz in den vor allem während der Hauptverkehrszeit total überfüllten Bussen vorlieb nehmen. Zudem ist man selbstverständlich beliebtes Beuteobjekt für die in Delhi recht aktiven Taschendiebe.

Für jene, die sich davon nicht abschrecken lassen, hier einige nützliche **Busrouten:**
- **Connaught Place nach:** Qutb Minar (505), Rotes Fort (29, 77, 104), Chanakyapuri, der Botschaftsenklave (620, 604, 632), Bahnhof Hazrat Nizamuddin (454, 966).
- **New Delhi Railway Station nach:** Rotem Fort (51, 760), Connaught Place (10, 110).
- **Old Delhi Railway Station nach:** Qutb Minar (502), Connaught Place (29, 77).
- **I.S.B.T.-Busbahnhof nach:** Qutb Minar (503, 533), Connaught Place (104, 139, 272).
- **Janpath nach:** Qutb Minar (505).
- Zwischen den Flughäfen und Connaught Place verkehren **Flughafenbusse** (siehe oben: „Fahrt in die Innenstadt" und unten: „Weiterreise").

Autoriksha und Taxi

Der Neuankömmling kann gleich in Delhi die für ganz Indien so charakteristische Weigerung der Riksha- und Taxifahrer studieren, den **Taxameter** einzuschalten. Man kann natürlich beharrlich darauf bestehen, doch meist hilft das auch nichts, d.h. der Preis ist Verhandlungssache. Vom Connaught Place zum Roten Fort kostet es mit der Autoriksha ca 30 Rs, 5 Rs mehr zur Old Delhi Railway Station. Vom Connaught Place zur New Delhi Railway Station sind es ca. 15 Rs. Einige Preise vom Prepaid Counter am Janpath: zum Bahai Tempel 60 Rs, nach Hauz Khas Village 50 Rs, zu Humayun's Mausoleum 40 Rs, zum National Museum und nach Pahar Ganj 17 Rs, nach Purana Qila 25 Rs, zu Safdarjung's Mausoleum 40 Rs. Mit dem Taxi jeweils gut die Hälfte mehr.

Falls doch mal ein Taxi-Fahrer wider Erwarten die Uhr anstellen sollte, darf er, da die Taxameter noch nicht den offiziell erhöhten Tarifen angepasst sind, 75 % auf den angezeigten Betrag aufschlagen. Zwischen 23 und 5 Uhr sind es 25 %. Da die Tarife alle paar Monate den allgemeinen Preissteigerungen angeglichen werden, sollte man sich über den neuesten Stand im bereits zuvor erwähnten Delhi City Guide erkundigen, wo die jeweils Preistabelle abgedruckt ist.

Gleich in Delhi sollte man es sich zur Regel machen, was für ganz Indien gilt: vor Fahrtantritt sicherzugehen, dass der Fahrer auch wirklich das **Fahrtziel** verstanden hat. Oft fahren sie einfach los, ohne richtig hingehört zu haben, was am Ende viel Zeit, Geld und Nerven kostet.

Eine Besonderheit Delhis sind die **Six-Seater-Autorikshas**, die von kräftigen Harley Davidsons angetrieben werden und entlang festgelegter Routen verkehren. So fahren sie z.B. vom Connaught Place zum Interstate Bus Terminal und zum Bahnhof Hazrat Nizamuddin. Der maximale Fahrpreis beträgt 5 Rs.

Mietwagen, -Motorräder

Wer die zahlreichen Sehenswürdigkeiten des hektischen Delhi möglichst stressfrei erleben möchte, sollte sich zum Preis von ca. 20 US-$ pro Tag einen Mietwagen nehmen.

- **Metropole Tourist Service,** 244 Defence Flyover Market, New Delhi 110024, Tel.: 24310313, (0)9810277699, metropole@vsnl.com.
- **Metropolis Travels,** 1629 Main Bazaar, Pahar Ganj, New Delhi 110055, Tel.: 23517138, Fax: 23625600.
- **Hertz,** Ansal Chambers-I., GF 29, No. 3, Bhikaji Cama Place, New Delhi 110 066, Tel.: 26877188, Fax: 26877206 (Wagen zum selbst fahren).
- Für Wagemutige, die im indischen Verkehr unabhängig per Motorrad unterwegs sein wollen, sei der **Jhandewalan Cycle Market,** etwa 500 m westlich von Pahar Ganj, empfohlen, wo sowohl gebrauchte als auch neue Zweiräder feilgeboten werden.

Fahrradriksha

In New Delhi inkl. Connaught Place sind Fahrradrikshas verboten. Viele warten an der Ecke Connaught Place, H-Block/Chelmsford Road, um zum New Delhi Railway Station und Pahar Ganj zu fahren. Für die kurze Strecke zahlen Einheimische nicht mehr als 3 Rs. Ansonsten sind im weitläufigen Delhi Autorikshas und Metro zur Fortbewegung sinnvoller.

Unterkunft

Wie bei allen Hauptstädten, liegt auch das Preisniveau der Unterkünfte in Delhi weit über dem Landesdurchschnitt. Für ein nur geringsten Ansprüchen genügendes Doppelzimmer mit Bad muss man um die 250 Rs bezahlen, ein Preis, für den man andernorts bereits komfortabel nächtigen kann. Andererseits ist die Auswahl an Unterkünften derart groß, dass, selbst wenn man spätabends eintrifft, problemlos eine Übernachtungsmöglichkeit zu finden ist.

Drei Hotelgegenden lassen sich unterscheiden. Das **Basarviertel Pahar Ganj** mit der direkt gegenüber dem New-Delhi-Bahnhof beginnenden Main Bazaar Road als Hauptstraße, an der auf einer Länge von ca. 2 km viele Billigunterkünfte liegen, und deren nördlich und südlich abgehenden Gassen ist das in der Traveller-Szene beliebteste Hotelviertel.

Am **Connaught Place** und der südlich hiervon verlaufenden Janpath-Straße mitten im Herzen von New Delhi findet sich eine bunte Mischung an Hotels aller Preiskategorien. Wer sich für diese Wohngegend entscheidet, hat den enormen Vorteil, in unmittelbarer Nähe der wichtigen Fluggesellschaften, Banken, vieler Geschäfte und dem Touristenbüro zu wohnen und sich so die langen Anfahrtswege sparen zu können. Andererseits fehlt hier die typisch indische Atmosphäre wie in Pahar Ganj und die Preise liegen auch deutlich höher.

Die meisten First-Class-Hotels finden sich im Südwesten der Stadt, in der Nähe des noblen **Diplomatenviertels Chanakyapuri** etwa auf halber Strecke zwischen Connaught Place und dem Flughafen.

Low Budget und Budget

Wegen des verhältnismäßig hohen Preisniveaus in Delhi werden hier die beiden unteren Preiskategorien zusammengefasst, da viele der beliebtesten Billigunterkünfte bereits in die Budget-Kategorie fallen. Inzwischen bieten auch viele der Budget- und Tourist-Class-Unterkünfte einen **Abholservice** von Flughafen oder Busbahnhof an, um sicherzugehen, dass die Gäste auch zu ihrem Hotel gebracht werden. Dieser Service ist jedoch meist teurer als die Fahrt mit einem normalen Taxi, da der Fahrer auf die Ankommenden warten muss und einen Eintritt ins Ankunftsgebäude zu entrichten hat. Jeder muss also für sich selbst entscheiden, ob er bereit ist, den Aufpreis zu zahlen, um sicher zum Hotel geleitet zu werden.

Connaught Place (Stadtplan S. 218):

Am und um den Connaught Place finden sich nur wenige billige Unterkünfte. Zudem sind sie, verglichen mit den preisentsprechenden in Pahar Ganj, überteuert.

- Seit Jahren die unbestrittene Nr. 1 der Traveller-Szene am Connaught Place ist das **Ringo Guest House** €-€€ (17 Scindia House, Tel.: 23310605, ringo-guest-house@yahoo.co.in) in einer kleinen Seitengasse links neben dem Tourist Office. Der Grund für seine Popularität liegt sicher weniger in den winzigen Zimmern, teils mit Gemeinschaftsbad, als in der optimalen Lage und der angenehmen Atmosphäre. Der kleine Innenhof des im 1. Stock gelegenen Ringo ist ein beliebter Treffpunkt und eine gute Informationsquelle. Kleinere Mahlzeiten können hier ebenfalls eingenommen werden. Für 7 Rs pro Stück und Tag kann man sein Gepäck aufbewahren lassen.

- Ist das Ringo, wie meist während der Hauptsaison, ausgebucht, kann man sein Glück im nur wenige Schritte entfernten **Sunny Guest House** €-€€ (152, Scindia House, Tel.: 23312909, sunnyguesthouse123@hotmail.com) versuchen. Preislich und qualitativ ist es praktisch identisch mit dem Ringo, und auch hier steht ein Gepäckaufbewahrungsservice für 7 Rs pro Gepäckstück und Tag zur Verfügung.

Pahar Ganj (Stadtplan S. 222):

Weit über 100 Hotels, Guest Houses und Lodges liegen entlang der knapp 2 km langen Main Bazaar Road, der direkt gegenüber dem New Delhi Railway Station beginnenden Hauptgeschäftsstraße und deren anschließenden Gassen. Die meisten der hier genannten Billigunterkünfte verfügen bereits über ein eigenes Bad und Farbfernseher. Hier eine kleine Auswahl:

- Eine hervorragende Adresse ist das **Anoop Hotel** €-€€ (Tel.: 23589366, 51541390, anoophotel@hotmail.com). Neben den preisgünstigen und zweckmäßig eingerichteten Zimmern überzeugt es auch mit seinem schönen und beliebten Dachrestaurant mit Aussicht.

- Nicht nur wegen seiner *German Bakery* im Erdgeschoss ist das einfachere, in einer kleinen Seitengasse gelegene **Ajay Guest House** € (Tel.: 23543125, 51541226, ajay5084@hotmail.com) eine beliebte Backpacker-Unterkunft. Alle Zimmer haben eigenes Bad.

- Eine kleine Seitengasse hinein, die vom Main Bazaar abzweigt, befindet sich das **RAK International** €-€€€ (Tel.: 23562478, 23586508, hotelrak@yahoo.com) schön eingerichtete, saubere Zimmer (die teureren klimatisiert) in ruhiger Lage. Reservierung ist angeraten.

- Eine Gasse vorher rechts macht das von zwei freundlichen und bemühten Brüdern geleitete **Hotel Namaskar** €-€€ (Tel.: 23583456, 23582233, mobil: (0)9811018114, namaskarhotelyahoo.com) einen guten Eindruck und zwar unter anderem wegen des überall bereitstehenden, gefilterten Trinkwassers sowie der Möglichkeit, das Gepäck umsonst zu lagern. Die hellen und tadellos sauberen, jedoch etwas schmucklosen Räume stellen ein gutes Preis-Leistungsverhältnis dar. Hier kann man auch für einen kleinen Aufpreis Zugtickets reservieren lassen und günstige Mietwagen-Arrangements abschließen. Auch hier ist eine frühzeitige telefonische Anmeldung vonnöten, um eines der begehrten Zimmer zu ergattern.
- Ganz nah, sind die blitzsauberen, teils klimatisierten Zimmer mit Fernseher des **Hotel Unique International** €-€€€ (Tel.: 23589303) eine klasse Alternative. Die Zimmer mit Fenster sind vorzuziehen.
- Etwas versteckt in einer Gasse parallel und südlich der Desh Bandhu Gupta Rd. ist das **Sirswal View** €-€€ (Gali Kaseruwalan, Tel.: 51698467) eine preiswerte und ruhige Adresse. Alle makellosen, teils klimatisierten Zimmer haben Außenfenster.
- Großer Beliebtheit erfreuen sich auch das preiswerte und gut geführte **Hare Krishna Guest House** € (Tel.: 51541340, harekrishnagh@hotmail.com) und das **Traveller Guest House** €-€€ (Tel.: 23584041, 30958758, travellerguesthouse@hotmail.com) mit sauberen, aber sehr kleinen, im letztgenannten auch klimatisierten Zimmern.
- Mit den Hotels **Star Palace** €-€€ (Tel.: 23584849, starview@vsnl.com), **Ashoka Ocean** € (Tel.: 23583949) und **Down Town** € (Tel.: 51541529, Fax: 51541528, ltctravel@rediffmail.com) gibt es drei professionell geführte, einfache Unterkünfte am Ende einer kleinen, links vom Main Bazaar abzweigenden Gasse. Allerdings haben viele Räume kaum Streichholzschachtelgröße. Am preisgünstigsten ist das *Down Town*, das *Star Palace* ist eine Klasse besser und teurer als die beiden anderen.
- Seit Jahren ist das große **Hotel Vivek** €-€€€ (Tel.: 51511435/6, 23582904, Fax: 23587103, www.vivekhotel.com) ein Favorit bei Travellern. Die Beliebtheit dürfte wohl eher auf das populäre *Sam's Café* im Erdgeschoss mit Kuchen und Torten wie auch auf das Dachrestaurant zurückzuführen sein als auf die recht einfachen Zimmer.
- Zwei Billighotels sind die alteingesessenen **Kiran Guest House** € (Tel.: 23580254) und **Kailash Guest House** € (Tel.: 23584993). Beide Haben einfache Zimmer, teils mit Gemeinschaftsbad. Besonders, wenn man die teureren Zimmer nimmt, bekommt man viel für immer noch wenig Geld.
- Nicht weit von der Main Bazaar Rd. in die Rajguru Rd. finden sich drei empfehlenswerte Unterkünfte vom selben Besitzer. Auf der linken Seite das **Hotel Kelson** €-€€€ (Tel.: 51541020) und das **Hotel Roxy** € (Tel.: 51541714) und auf der gegenüberliegenden Seite das **Bliss Inn** €-€€ (Tel.: 23688400, 51541726, narang_kelson@hotmail.com), welches den besten Gegenwert offeriert.
- Ein sehr gutes Preis-Leistungs-Verhältnis bietet das **Major's Den Guest House** €-€€ (Tel.: 23629599) in der Lakshmi Narain Street. Von den meisten wird diese kleine Gasse, die nur wenige Meter vom Metropolis entfernt in Richtung der beiden zuvor genannten Unterkünfte rechts abzweigt, übersehen. Neben der für Pahar Ganj relativ ruhigen Lage überzeugt das Haus durch sein freundliches Management und die sehr sauberen Zimmer. Gepäcklagerung und *safe deposit* sind möglich.
- Die Hotels **Karlo Castle** €-€€ (Tel.: 23582821, 51698813, Fax: 51698814) und **Prince Palace** €€-€€€ (Tel.: 23588873/4) stehen direkt nebeneinander am Ende einer kleinen Seitengasse, die links vom Main Bazaar abzweigt.
- Das große **Hotel Shelton** €€-€€€ (Tel.: 23580575, Fax: 23580673, shelton@rediffmail.com) liegt mitten im Herzen von Pahar Ganj. Eine Vielzahl unterschiedlicher und erstaunlich preiswerter AC- und Non-AC-Zimmer, alle sehr gut in Schuss, teils geräumig und mit Balkon und Badewanne, machen es zu einer der besten Unterkünfte in Pahar Ganj. Sehr schön sitzt man im Dachrestaurant *Kitchen Café* mit schönem Ausblick, ein luftiger Ort für Frühstück und italienische Kost.

Arakashan Road:

Eine große Ansammlung von Budget-Hotels befindet sich knapp 1 km nördlich von Pahar Ganj, in der parallel zur Gupta Rd. verlaufenden Arakashan Road. In den letzten Jahren sind, ähnlich wie im Main Bazaar, weit über 50 Unterkünfte eröffnet worden, von denen aber nur einige am Ostende der Straße überzeugen können (im untersten Preisbereich bekommt man um den Main Bazaar mehr fürs Geld). Hier wohnen vornehmlich einheimische Handelsvertreter und das Preisniveau liegt etwas höher als im Main Bazaar. Die folgenden Hotels, alle mit TV, bieten eine gute Alternative, insbesondere wenn es im Main Bazaar zu Engpässen kommen sollte.

- Ausgesprochen angenehm wohnt sich's sowohl im **New Sapan Plaza** €-€€ (Tel.: 23519062, 23519149) als auch im **Hotel Shiva Intercontinental** €-€€ (Tel.: 23519996/7), info@hotelshivacontinental.com, wwwhotel shivacontinental.com), zwei nahezu preis- und ausstattungsgleiche Unterkünfte mit kleinen, hübsch eingerichteten Zimmern, einige mit Balkon, die teureren sind klimatisiert.
- Das **Chanchal Continental** €€-€€€ (Tel.: 23517350, 51541978-80, info@chanchal-hotels.com) bietet mit geräumigen und schön möblierten AC- und Non-AC-Zimmern, teils mit großen Fenstern, viel fürs Geld. Das Haus verfügt außerdem über ein gutes Restaurant sowie ein Internet-Café.

Old Delhi (Stadtplan S. 200):

Von westlichen Individualreisenden nur sehr selten genutzt, bietet das lebhafte, sehr „indische" Old-Delhi und speziell der Bereich um die Jamia Masjid nur wenige passable und preiswerte Unterkünfte, die auch westliche Touristen aufnehmen. Hier wird allerdings Wert auf der muslimischen Umgebung entsprechende Kleidung und Verhalten gelegt.

- Wen der morgendliche Ruf des Muezzin nicht stört, dem sei das **Hotel New City Palace** €-€€ (Tel.: 23279548, 23255820) empfohlen. Kleine Einfachzimmer mit Bad, Warmwasser und teilweise Blick auf die Moschee sind hinreichend, hier macht jedoch die hervorragende Lage den etwas überhöhten Preis aus.
- Ebenfalls ganz nahe der Jamia Masjid, jedoch ohne Ausblick, liegt auch das gute und freundliche **Bombay Orient** €€-€€€ (Bazar Matia Mahal, Tel.: 23242691), verglichen mit den Unterkünften in Pahar Ganj ist es jedoch etwas überteuert. Dennoch sind die einfachen Zimmer mit Bad, die teureren mit AC, TV und Kühlschrank, noch preisgerecht. Das *Karim Restaurant* liegt an der lebendigen Marktgasse.
- Eine der wenigen Unterkünfte in Old Delhi, die mit etwas Komfort aufwarten, ist das leicht teurere **Hotel Al-Hyatt** €€-€€€ (1111, Bazar Matia Mahal, Tel.: 23281529, hotelalhyatt@yahoo.com, ab 1. Stock). Alle kleinen Zimmer verfügen über TV und Bad, viele mit AC. Die Zimmer mit Außenfenster sind vorzuziehen.

Unterkünfte in anderen Gegenden:

- Während die *railway retiring rooms* am Old-Delhi-Bahnhof laut und dreckig sind, kann man die **Retiring Rooms** €-€€ an den beiden **Flughäfen** durchaus empfehlen. Sicher stellt dies eine interessante Adresse für all jene dar, die mit dem nächstmöglichen Flug weiterreisen möchten. Man benötigt jedoch ein bestätigtes Weiterflugticket. Eine frühzeitige Anmeldung ist ebenso empfehlenswert, da die Nachfrage das Angebot bei weitem übersteigt. Der Internationale Flughafen bietet teils klimatisierte Betten in Schlafsälen €-€€ (Tel.: 25652011). Im Inlandsflughafen (Tel.: 25675126) hat man die Wahl zwischen einem Schlafsaal mit 24 Betten €€ und DZ mit AC €€€. Wer sich hierfür interessiert, sollte am besten selbst dort anrufen, da die Bediensteten des *tourist counter* am Flughafen

---

Bunte Mischung:
Fahrzeuge auf Delhis Straßen

die *retiring rooms* auch dann als „ausgebucht" angeben, wenn sie es gar nicht sind, um ein Hotel zu vermitteln, von dem sie Kommission erhalten.

● Außerhalb des Üblichen wohnt man im als *Tibetan Colony* bekannten Bezirk im Norden Delhis an den Ufern des Yamuna mit Delhi-untypischer, ruhiger Atmosphäre in dieser Enklave tibetanischer Mönche. Die zumeist geräumigen Zimmer der einzelnen Unterkünfte sind einfach eingerichtet und sehr preiswert. Einige der Gasthäuser locken zudem mit Dachrestaurants mit Travellerkost, teilweise tibetanischer Küche und Blick auf den Yamuna. Empfohlen seien **Wongdhen House** € (Tel.: 23816689, wongdhenhouse@hotmail.com) oder **Peace House** € (Tel.: 23939415). Beim zweiten steigen die Preise mit dem jeweiligen Stockwerk. Weitere Unterkünfte sind **Lhasa House** € (Tel.: 23939888) und **White House** € (Tel.: 23813999). Durch die neue Metro (Linie 2, Station Vidhan Sabha, etwa 1 km entfernt) ist die Enklave inzwischen akzeptabel an die südlichen touristischen Viertel Delhis angebunden.

Tourist Class

Alle Zimmer der aufgeführten Hotels haben selbstverständlich ein eigenes Bad mit 24 Std. Warmwasser und Fernsehgerät.

> Besonders bei den Hotels der oberen Preiskategorien kann es sich durchaus lohnen, nach **special offers** zu fragen. Sind die jeweiligen Hotels nicht ausgebucht, lassen sich zum Teil Nachlässe von bis zu 40 % heraushandeln.

Pahar Ganj (Stadtplan S. 222):

● Brandneu ist **Cottage Yes Please** €€-€€€ (Laxmi Narayan St., Tel.: 23562100/300). Klasse Zimmer in diesem luftigen Haus sind mit allem Nötigen ausgestattet und erstaunlich preiswert. Die Klimaanlage wird auf Wunsch eingeschaltet, dann wird's etwas teurer.

● Etwas versteckt in den Gassen südlich der Desh Bandhu Gupta Rd., ist das ebenfalls neue **Silver Shine** €€-€€€ (Sangartrashan Chowk, Tel.: 51698815/6, hindian_dx2000@

yahoo.co.in) ebenfalls eine erstaunlich billige Adresse mit blitzsauberen Zimmern mit Kühlschrank sowie einem Dachrestaurant. Nur jeweils einen Steinwurf entfernt, sind das **P.G. International** €€-€€€ (Tel.: 51541584, pginternational@yahoo.com) und das **Hotel Yes Please** €€-€€€ (Tel.: 23561202) akzeptable Alternativen, falls das Silver Shine ausgebucht ist.

● Zentraler liegt das **Hotel Relax** €€€ (Tel.: 23562811, 23561030/1, vidur109@hotmail.com) in der Ramdwara Rd. mitten im quirligen Zentrum. Sehr liebevoll mit altem Mobiliar eingerichtete Zimmer mit großen Fensterfronten und Kühlschrank, teilweise mit Balkon, eine hübsche Terrasse zur Marktstraße und ein ebensolches Dachrestaurant und das alles zu überraschend kleinem Preis machen eine Reservierung dringend notwendig.

● Eine hervorragende Mittelklassewahl an der nördlich von Pahar Ganj verlaufenden Arakashan Rd. ist das neue und zentral klimatisierte **Hotel Grand** €€€-€€€€ (Tel.: 23546891-8, grand_godwin@yahoo.com, www.godwinhotels.com). Die gepflegten Zimmer sind geschmackvoll eingerichtet, die teuren zudem mit Kühlschrank. Hier gibt's ein schnelles Internet-Café im Haus (25 Rs/Std.).

● Am westlichen Rand von Pahar Ganj sind die in einem Wohngebiet gelegenen, teils klimatisierten Zimmer des **Yatri House** €€€-€€€€ (Tel.: yatri@vsnl.com, www.yatrihouse.com, links die Gasse neben dem *Delhi Heart and Lung Institute* hinein) eine klasse Alternative für jene, die nah am touristischen Zentrum, aber ruhig und im Grünen wohnen wollen, verfügt es doch über einen kleinen Vorgarten und einen begrünten Innenhof sowie hervorragend ausgestattete Zimmer.

Connaught Place (Stadtplan S. 218):
● Das **Asian Guest House** €€-€€€ (14, Scindia House, Tel.: 23313393, 23314658, agh@bol.net.in, www.asianguesthouse.com) über dem Air-France-Büro verfügt über einige kleine EZ/DZ, auch AC.

● Beim **Janpath Guest House** €€-€€€ (82-84, Janpath, Tel.: 23321935-7, janpathguesthouse@yahoo.co.uk) sind speziell die Semi-deluxe-Zimmer ihr Geld wert, ansonsten rechtfertigt nur die Lage den Preis. Besser ist das etwa gleich teure **Royal Guest House** €€€ (44, Janpath, Tel.: 23329485).

● Aktzeptabel ist das Hotel Blue €€€ (126 M-Block, Tel.: 23416666, 23416222, hotelblue@indiatimes.com).

● Etwas besser ist das nebenan gelegene **Hotel Bright** €€€ (M-Block, Tel.: 41517766, hotelbright@hotmail.com). Hier scheint man über Preisnachlässe mit sich reden zu lassen.

● Ein zumindest für Connaught-Place-Verhältnisse akzeptables Preis-Leistungsverhältnis bietet das **Hotel Fifty Five** €€€-€€€€ (H-Block, Connaught Place, Tel.: 23321244, 22254604-5, hotelfiftyfive@hotmail.com). Die meisten kleinen Zimmer des Hotels verfügen über einen eigenen, ebenfalls kleinen Balkon.

● Das **Central Court Hotel** €€€ (N-Block, Connaught Place, Tel.: 23315013) gegenüber dem Air-France-Büro ist ein ziemlich heruntergekommener Hotelkasten, der auch schon bessere Tage gesehen hat. Dafür kann man hier allerdings in den riesigen Zimmern recht preiswert übernachten.

● Von den diversen YMCA-Unterkünften in Delhi sind die beiden in unmittelbarer Nähe des Jantar Mantar und damit in der Nähe des Connaught Place gelegenen Hotels **Tourist Hostel** €€€ (Jai Singh Rd., Tel.: 23361915, Fax: 23746032, ymcath@ndf.vsnl.net.in) und **International Guest House** €€€ (10 Sansad Marg, Tel.: 23361561, www.ywcaindia.org, ywcaind@del3.vsnl.net.in) die empfehlenswertesten. Das International bietet mit seinen AC-Zimmern ein gutes Preis-Leistungs-Verhältnis, Frühstück und Abendessen sind inklusive. Die Zimmer mit Gemeinschaftsbad im Tourist Hostel sind überteuert. Dafür ist die Anlage allerdings fast schon luxuriös zu nennen, verfügt sie doch über einen eigenen Pool, schöne Gartenanlagen und mehrere Restaurants.

First Class

Connaught Place (Stadtplan S. 218):
● Etwas überteuert ist das **York Hotel** €€€€-€€€€€ (K-Block, Tel.: 23323769, 23415819, hotelyork@yahoo.com). Das Personal ist bemüht, dem Preis gerecht zu werden. Zimmer nach hinten wählen.

- Einen gepflegten Eindruck macht das freundliche **Hotel Alka** €€€€-€€€€€ (P-Block, Tel.: 23344328, hotelalka@vsnl.com, www.hotel alka.com). Zum positiven Gesamteindruck trägt auch das exzellente vegetarische Restaurant Veca im Erdgeschoss sowie der rund um die Uhr geöffnete Coffee Shop bei.
- Luxuriöser ist das zentral klimatisierte **Alka Annexe** €€€€-€€€€€ (Tel.: 23414028, 23416630, hotelalka@vsnl.com) auf der anderen Seite des Connaught Place mit besserer Qualität zu geringen Preisen. Mit Restaurants, Bar, Coffee Shop und Terrasse eins der besten Hotels dieser Preisklasse.
- Das **Nirula's Hotel** €€€€€ (L-Block, Tel.: 23417419, delhihotel@nirulas.com, www.niru las.com) direkt neben dem äußerst populären Nirula's Restaurant ist ein solides, gut geführtes Hotel mit recht geräumigen Zimmern, allerdings auch teuer fürs Gebotene.
- Obwohl es von außen wenig einladend wirkt, ist das **Hotel Marina** €€€€€ (G-Block, Tel.: 23324658, hotelmarina@touchtelindia. net) ein ausgezeichnetes Hotel. Im Preis ist ein Frühstücksbuffet enthalten.

Andere Gegenden:
- In den vier großzügigen, klimatisierten Zimmern sowie der gut ausgestatteten Gemeinschaftsküche und -wohnzimmer fühlt man sich eher wie in der eigenen Wohnung, denn in einem Hotel. Der Name des in einer Wohngegend im Bezirk Defense Colony etwa 1 km südlich Humayuns Grab gelegenen Hauses ist auch die Adresse: **One Link Road Guest House** €€€€ (Tel.: 41824083, www.one linkroad.com, die Seitenstraße vor Defense Colony Flyover hinein). Internetsurfen ist umsonst. Eine weitere, noch etwas komfortablere Unterkunft dieser Art mit 15 Zimmern zu leicht höheren Preisen ist etwa 1 km westlich im Bezirk Jangpura geplant.
- Ebenfalls etwas Besonderes ist **Bajaj Indian Home Stay** €€€€-€€€€€ (8A/34 WEA, Karol Bagh, Tel.: 25736509, 25738916, (0)9811 297604, www.bajajindianhomestay.com) im Westen der Stadt. Das herrlich stilgerecht einem Haveli nachempfundene Guest House hat acht äußerst gemütliche Luxuszimmer, die mit allen Annehmlichkeiten ausgestattet sind. Das Frühstücksbuffet ist inklusive.

Luxus

- Das im Norden Old Delhis zu findende **Oberoi Maidan** €€€€€ (7, Sham Nath Marg, Tel.: 23975464, 23914841) ist ein wunderbares altes Hotel im Kolonialstil inmitten eines riesigen Parks. Wen die zweifelsohne recht ungünstige Lage nicht stört, der findet hier eines der schönsten Hotels dieser Preiskategorie und kann zudem im hauseigenen Swimmingpool baden.
- Das traditionsreiche **Hotel Imperial** €€€€€ (Janpath Rd., Tel.: 23341234, luxury@theim perialindia.com, www.theimperialindia.com) in unmittelbarer Nähe zum Connaught Place gilt seit vielen Jahren als eine der besten Adressen in Delhi. Nach einer Multi-Million-Dollar-Renovierung gehört es inzwischen auch preislich zu den Top-Hotels der Stadt. Wegen seiner überschaubaren Größe, des Kolonialstil-Ambientes und seiner schönen Lage inmitten eines gepflegten Gartens ist es eines der empfehlenswertesten First-Class-Hotels.
- Preislich etwas günstiger ist das moderne **Hotel The Park** €€€€€ (Parliament Street, Tel.: 23743000, gm.del@theparkhotels.com) gegenüber vom Jantar Mantar, die Zimmer wirken jedoch bloß zweckmäßig, das „Bad" ist eher eine Nasszelle. Ebenso wie das Imperial liegt es zentral nur wenige Fußminuten vom Connaught Place entfernt.
- Das riesige **Ashok Hotel** €€€€€ (50-B, Chanakyapuri, Tel.: 26110101, ashoknd@ndb. vsnl.net.in) ist das Flaggschiff der staatlichen ITDC-Hotelkette. Mit insgesamt sechs Restaurants, 24-Std.-Coffee-Shop, Post, Bank, Reisebüro, Gesundheitsclub, Swimmingpool, Tennisplatz, Diskothek und vielem mehr hat das 571-Betten-Haus schon fast Ausmaße einer Kleinstadt.
- Wer immer schon einmal in einem solargeheizten Swimmingpool seine Runden drehen wollte, sollte sich im Hotel **Maurya Sheraton** €€€€€ (Diplomatic Enklave, Tel.: 3010101, res ervations.maurya@welcomgroup.com) einmieten. Es ist eines der mondänsten Hotels ganz Indiens und überdies für seine hervorragenden Restaurants bekannt.
- Das luxuriöse Hotel **Le Meridien** €€€€€ (Windsor Palace, Janpath, Tel.: 23710101, info@lemeridien-newdelhi.com) ist ein Spit-

zenhotel mit jeglichem dem Preis entsprechenden Luxus sowie einem exzellenten französischen Restaurant.
- Das **Intercontinental** €€€€€ (Barakhamba Avenue, Tel.: 23411001, newdelhi@interconti.com) besitzt gegenüber den meisten anderen Tophotels den großen Vorteil, in unmittelbarer Nähe zum Connaught Place zu stehen.
- Das **Radisson Hotel Delhi** €€€€€ (Tel.: 26779191, businesscentre@radissondel.com, www.radisson.com/newdelhiin) ist das beste Hotel in der Nähe des Flughafens. Allerdings wird die Straße davor so stark von Schwerverkehr befahren, dass die rückwärtigen Zimmer vorzuziehen sind.

Essen und Trinken

Pahar Ganj (Stadtplan S. 222):

Es gibt eine Vielzahl an Traveller-Restaurants mit einer großen Auswahl indischer, chinesischer und europäischer Gerichte. Alle sind ziemlich ähnlich, wobei sich die Popularität in erster Linie aus der gerade gespielten Hintergrundmusik herzuleiten scheint. Auch preislich ähneln sich alle, die meisten Hauptgerichte kosten zwischen 50 und 100 Rs. Wer an den direkt zur Straße gelegenen Tischen sitzt, bekommt zwar am meisten vom bunten Leben mit, wird jedoch gelegentlich von Händlern und Bettlern angesprochen.
- Einer der besten Adressen für gutes Essen in Pahar Ganj sind die in der von der Rajguru Marg abgehenden Gasse gelegenen **Malhotra Restaurant** und sein kleinerer Ableger **Malhotra Dosa Please** fast nebenan. Hervorragende vielfältige, vorwiegend indische Küche zum angemessenen Preis verursachen besonders beim Erstgenannten starken Zulauf.
- Recht gut, jedoch auch etwas teurer, sind die beiden Restaurants im **Metropolis Tourist Home.** Im Erdgeschoss befindet sich ein voll klimatisiertes Lokal mit Bar. Auf der Dachterrasse kann man unter freiem Himmel speisen. Während im Erdgeschoss besonders die chinesische Kost zu empfehlen ist, sollte man im Dachrestaurant einmal eines der diversen Hühnchengerichte probieren.
- Besonderer Beliebtheit bei Rucksacktouristen erfreuen sich das **Lord's Café** im Hotel Vishal und das **Appetite Restaurant** gleich nebenan. Dem Publikum entsprechend, enthält die sehr umfangreiche Speisekarte die übliche Traveller-Küche mit Pizzas, Burgern, Fried Rice und Steak.
- Ein weiterer Favorit der Traveller-Szene ist, neben vielen kleinen, preisgünstigen und meist gut frequentierten Restaurants entlang Main Bazaar, alle mit ähnlichem Angebot, das Dachrestaurant des **Anoop Hotel.** Neben der netten Atmosphäre und den weiten Ausblicken über die Stadt lockt auch hier eine umfangreiche Speisekarte.
- Wer das pulsierende Leben von Pahar Ganj aus etwas erhöhter Perspektive betrachten möchte, dem sei die Terrasse des modern gestalteten **Club India Café & Restaurant** beim Gemüsemarkt empfohlen. Das Restaurant serviert zwar nur durchschnittliche Travellerkost, doch ist der Ausblick auf die quirlige Gasse des in Innen- und Außenbereich geteilten Restaurants klasse.
- Die kleine **Everest Bakery,** etwas versteckt ein paar Meter eine Gasse südlich Main Bazaar hinein, hat außer leckeren Kuchen (etwa Lemon Cream Cake), Salaten (z.B. Avocado-Salat), Burgern und diversen gesunden Tees auch eine sehr entspannte Atmosphäre zu bieten, ideal, um sich ein wenig von der Hektik auszuruhen, falls man einen Platz erwischt.
- Von den zahlreichen **German Bakeries** in Pahar Ganj ist jene im Ajay Guesthouse eine der besten.
- Entlang der Main Bazaar Road bieten viele **Straßenstände** frisch gepresste Fruchtsäfte. Auf Eiswürfel sollte verzichtet werden.

Connaught Place (Stadtplan S. 218):

Das Preisniveau der Restaurants am Connaught Place ist höher als in Pahar Ganj oder Old Delhi, setzt sich ihre Klientel doch vorwiegend aus indischer Mittelschicht und Touristen zusammen.
- Hervorragende vegetarische indische Küche (auch *dosas* und *thali*) zum kleinen Preis serviert das **Saravana Bhavan** am Janpath etwas südlich des Connaught Place und ist dementsprechend gut besucht.

- Eins der erfolgreichsten Lokale am Connaught Place ist das **Nirula's,** eine Art gehobenes Fast-Food-Restaurant im L-Block. Hier gibt's alles, wonach sich der Tourist nach wochenlangen Reisen in Indien sehnt: Pizzas, Salate, Suppen, Burger, 80 verschiedene Eissorten und vieles mehr. Sehr beliebt ist die Salatbar, an der man sich für 140 Rs so oft und solange bedienen kann, wie man will. Garniert wird das Ganze mit einem für indische Verhältnisse exzellenten Service und einer angenehmen Inneneinrichtung. Speziell während der Mittagszeit ist es keine Seltenheit, dass man bis zu einer halben Stunde warten muss, um einen freien Tisch zugewiesen zu bekommen. Eine weniger gute Filiale von Nirula's findet sich im N-Block am Janpath. Im nebenan gelegenen **Pegasus** (siehe auch „Bars") gibt es zwischen 12 Uhr und 15.30 Uhr ein Buffet für 99 Rs.
- Nachdem das *Don't pass me by* mit seinem Namen aus den Sechzigern die Segel gestrichen hat, kann man sich jetzt auch im **Ruby Tuesday** an der Salatbar ebenfalls bis zum Geht-nicht-mehr zum Einheitspreis den Bauch vollschlagen. Außerdem werden bis Mitternacht Kebabs, Burger und Sandwiches serviert.

PRAKTISCHE TIPPS

- Schön sitzt man im **Café 100** im B-Block. Besonders empfehlenswert sind das Mittags- und das Abendbuffet im 1. Stock. Erstaunlicherweise ist es aber nur wenig besucht.
- **Jerry Wong's Noodle House** (12-23 Uhr), etwas nördlich des Connaught Place, hat außer dem Offensichtlichen noch Fisch, Huhn und Schwein im Angebot, alles in vielfältiger Ausführung im Wok. Auch einen Zustellservice gibt's: 29844444.
- Wer etwa 1000 Rs für ein Hauptgericht zahlen kann, sollte unbedingt einmal auf der Gartenterrasse des **Hotel Imperial** speisen, vielleicht tut's ja auch ein Bier (200 Rs). Obwohl nur wenige Gehminuten vom Connaught Place entfernt, fühlt man sich hier wie in einer Oase der Ruhe. Auch die drei anderen Restaurants im Haus sind hervorragend. Im French Pastry Shop des Hotels werden feinste Backwaren feilgeboten, und das nicht mal sonderlich teuer.
- Das neue, drehende Restaurant **Parikrama** (Tel.: 23721616) an der Kasturba Rd. bietet vom 24. Stockwerk aus atemberaubende Aussichten über die Stadt. Recht gute indische und chinesische Küche (ca. 200-400 Rs pro Hauptgericht), zwischen 15.30 und 19.30 gibt's nur Snacks. Eineinhalb Umdrehungen pro Stunde verschaffen nicht nur den kulinarischen Überblick.
- **Keventers** ist eine winzige Milchbar im A-Block am Connaught Place. Bei den Milchshakes in verschiedenen Geschmacksrichtungen für 10 Rs kann man sich ein wenig vom Behörden- und Einkaufsstress erholen.
- Eine Riesenauswahl an köstlichen Kuchen und Plätzchen hat man im exquisiten **Wenger's**, A-Block, und inzwischen auch Pizza zum Mitnehmen. Naschkatzen sollten sich hier eindecken, ist doch eine der besten Bäckereien ganz Indiens.
- Recht gute indische Kost in einem sehr hellen, mit großen Glasfenstern versehenen Restaurant erhält man im **Embassy** im D-Block.
- Wesentlich tiefer muss man im alteingesessenen Restaurant **Host,** F-Block, in die Tasche greifen, wo man für ca. 200 Rs pro Person sehr gut indisch und chinesisch schlemmen darf.
- Chinesische Köstlichkeiten bietet auch das **Zen Restaurant,** B-Block, ebenfalls in vielseitiger und guter Qualität (ca. 200-250 Rs pro Hauptgericht). Auch fürs alkoholische Wohl ist gesorgt. **Berco's** im E-Block ist ähnlich.
- Sehr angenehm sitzt man im **Amber Restaurant** im N-Block mit einem Bier, Cocktail oder Mahl (100-200 Rs) vor der Nase.
- Ganz in der Nähe, N-Block, hält **Wimpy** die Fahne der amerikanischen Fast-Food-Ketten hoch. Den Doppel-Whopper gibt's für 90 Rs.
- Mehrere gute Lokale finden sich an der äußeren Ringstraße des Connaught Place, Ecke Sansad Marg. Sehr beliebt sind z.B. die Mittag- und Abendbuffets für 125 Rs im **El Arab.** Wie es der Name schon vermuten lässt, wird vornehmlich die recht schwere und fetthaltige, dafür jedoch auch sehr schmackhafte arabische Kost serviert.
- Sehr angesagt ist das mexikanische Restaurant **El Rodeo,** A-Block. Mit 100-200 Rs pro Gericht ist es nicht gerade billig, dafür aber „trendy".
- Gelobt wird das Restaurant des Park Hotels **Fire.** Trotz des Namens ziemlich kalt klimatisiert, ist das Essen hervorragend. Neben den *dosas* sollte man *Mustard fisk tikkas* probieren, lecker.
- Nicht erwarten sollte man griechische Küche eigentlich in Indien. Im Zuge der Internationalisierung kann Delhi jedoch auch diese inzwischen im hervorragenden Restaurant **Odysseia** (Tel.: 23416842, am äußeren Ring des Connaught Place, Block M-45) darbieten. Es werden auch Fischgerichte und gute europäische Weine kredenzt.
- Mein Lieblingslokal in Delhi ist jedoch das **United Coffee House** im E-Block des Connaught Place. Mit seinen stuckverzierten Decken, plüschigen Sofas und süßlicher Hintergrundmusik wähnt man sich eigentlich eher in einem Wiener Kaffeehaus. Ein idealer Ort, um bei einem der vielen schmackhaften Gerichte (die riesigen vegetarischen und nichtvegetarischen Kebabs werden gelobt) oder auch nur einer Tasse Tee den Tag in aller Ruhe ausklingen zu lassen.

Old Delhi (Stadtplan S. 200):
- Viele kleine Restaurants rund um die Jamia Masjid bieten Hühner-Kebabs, Fisch und weitere einfache und billige Gerichte. Besonders hervorzuheben ist das traditionsreiche **Karim**

Hotel (Tel.: 23269880, Bazar Matia Mahal, 12-15 und 18-0 Uhr), ein alteingesessenes und stadtbekanntes Restaurant. Hier wird vorwiegend Mughlai-Küche serviert, empfohlen sei *butter nan*. Es liegt etwas zwischen den vielen Geschäften in den Gassen versteckt, also einfach fragen, jeder dort kennt es.

●An der Nataji Subash Marg lockt auch das **Moti Mahal Restaurant** (Tel.: 23273661) mit delikat zubereitetem Huhn. Tgl. außer Di wird Livemusik geboten. Besonders am Wochenende ist eine Reservierung vonnöten.

●Das **Chor Bizarre** (Asaf Ali Rd., Tel.: 23272821) hat seinen Namen zurecht, fungiert doch z.B. ein Himmelbett als Tisch. Die *thalis* (um 300 Rs) und raffiniert nach Mughlai-Art zubereiteten Huhn-Gerichte lassen das Wasser im Mund zusammenlaufen. Reservieren!

●Immer gut besucht ist das preiswerte **Haldiram's** am Chandni Chowk. Im Erdgeschoss gibt es schmackhafte indische Snacks wie *samosas*, Süßigkeiten und Eis zum Mitnehmen oder an Standtischen, im Obergeschoss können auch umfangreichere Gerichte (Burger, Pizzen, Suppen, *dosas*) an Tischen verzehrt werden. Dem gegenüber gelegenen, alteingessenenen (seit 1790) **Ghantewala** hat es zwar in den letzten Jahren den Rang abgelaufen, aber auch dort gibt's exquisite Süßigkeiten zum Mitnehmen.

●Auch am Chandni Chowk gelegen und stadtbekannt ist das hervorragende Restaurant **Jalebiwala.** Hier werden neben indischer und chinesischer Kost auch Steak und *sizzlers* serviert. Man sollte die köstlichen, süßen *jalebis*, eine sehr fettig gebackene, ein-

Schuhputzer gehören in indischen Großstädten zum Straßenbild

gedrehte Ei-/Weizen-/Milchsüßigkeit versuchen.
● In den Bahnhöfen Old Delhi und Nizamuddin stehen Filialen der rund um die Uhr geöffneten Kette **Comesum Multicuisine Food Plaza** zur Verfügung.

Andere Gegenden:
● Eins der besten Restaurants der Stadt für Meeresfrüchte ist **Ploof** (Tel.: 24649026, Main Market, Lodi Colony, nicht weit vom Safdar-Jang-Mausoleum, 12-15 und 19-23 Uhr). Ausgezeichnete Qualität zu entsprechenden Preisen (ca. 250-600 Rs pro Hauptgericht), u.a. köstlich zubereiteter Hummer und Lachs, sind die Gaumenfreuden.
● Ganz nah beim Qutb Minar lockt **Olive Bar & Kitchen** (Kalka Dass Marg, Mehrauli, Tel.: 26642552, 12-14.30 sowie 20 Uhr bis Mitternacht) mit etwas Besonderem: Im Stil eines Havelis oder Landhauses gehalten mit gediegenem Interieur, dem man im positiven Sinn die Zeit ansieht, sowie einem luftigen, baumbestandenen Innenhof gibt's vorwiegend italienische Küche vom Feinsten (klasse Pizza, Hauptgericht zwischen 300 und 600 Rs) sowie einige Spezialitäten wie das sonntägliche Buffet (zwischen 12.30 und 14.30 Uhr). Am Freitagabend wird neben dem Mahl auf Wunsch eine Massage serviert und jeden letzten Mittwoch des Monats ab 20 Uhr wird ein Flohmarkt veranstaltet. Das Restaurant befindet sich etwa 200 m westlich des Qutb Minar, auf ein Schild mit der Aufschrift „One Style mile" achten.
● Empfehlenswerte Restaurants am Khan Market sind das **Café Turtle**, ein hervorragender Ort, um bei einem Kaffee oder Tee auszuruhen (über dem Full Circle Bookstore), oder auch das gute **Rampur Kitchen** mit köstlichem Tandoori.
● Ein Ausflug ins Diplomatenviertel Chanakyapuri findet im **New Sikkim House,** Panchsheel Marg, seinen (chinesischen oder tibetanischen) kulinarischen, nicht mal teuren Abschluss. Teurer und herrlich gespreizt ist es im **Basil & Thyme** (Santoshti Shopping Complex), etwa bei leckerem Blaubeer-Crêpe.
● Eine wohlverdiente Pause nach anstrengendem Spaziergang in den Lodi-Gärten bereitet **The Garden Restaurant** in angenehmer Umgebung und akzeptabler Küche.
● Eine gute Möglichkeit, die vielfältige Küche der verschiedenen Regionen Indiens auf kleinem Raum kennen zu lernen, bietet der Kunsthandwerksmarkt Dilli Haat im Süden der Stadt, auf dessen gemütlichem, baumbestandenem Areal viele **Freiluftrestaurants** ihre preiswerten Spezialitäten anbieten.
● Ist ein Bus nach Rajasthan von Bikaner House ausgebucht und man muss auf den nächsten warten, verkürzt ein köstlich zubereitetes Huhn im nur einige Meter südlich gelegen **Chicken Inn** (12-1 Uhr nachts) die Zeit.
● Eine Filiale der guten Schnellrestaurantkette **Saravana Bhavan** findet sich am ISBT-Busbahnhof.

Nachtleben

Obwohl Delhi noch weit von Mumbais nächtlichem Vergnügungsangebot entfernt ist, der unangefochtenen Nummer eins auf diesem Gebiet, entstehen auch in der Hauptstadt mehr und mehr Bars, Nachtclubs und Diskotheken sowie Multiplexkinos.

Bars

- In letzter Zeit sind am Main Bazaar, Pahar Ganj, mehrere meist eher dunkle Bars (etwa im **Hotel Golden Regency** oder eine weitere schräg gegenüber), gelegentlich mit lauter Musik, eröffnet worden. Am angenehmsten schluckt man aber wohl immer noch in der Bar des altbekannten **Metropolis Tourist Home.**
- Am Connaught Place finden sich einige Bars wie die **Rodeo Bar** (A-Block), die sich mit einem Wildwest-Interieur schmückt, oder die **Pegasus Bar,** L-Block, die zur englischen Pub-Kultur tendiert.
- **DV8** (im Regal Bldg., Sansad Marg) ist der ideale Ort, um nach dem Einkaufsbummel am Connaught Place oder einem Kinobesuch im selben Haus bei einem Bier oder einem der raffinierten Cocktails wieder aufzutanken, es gibt auch nicht-alkoholische Mixturen.
- Schon als alteingesessen sind das **Annabelles** (Barakhamba Rd.) im *Hotel Intercontinental* und das **Wheels** im *Ambassador,* Sujan Singh Park, zu bezeichnen.
- Wer jung und hip sein will, findet in der **TGI Fridays** (Vasant Vihar, C-Block) im Süden der Stadt seine coole Entsprechung.
- In Süd-Delhis South Extension II ist die relaxte **Lizard Lounge** (E-5, bis 0 Uhr geöffnet), ein Ort der Ruhe, um bei einem Bier oder einem Edelwein (hier kann's richtig teuer werden) den Marktbummel nebenan ausklingen zu lassen. Auch als Restaurant ist das Lizard Lounge mit ausgefallener internationaler Küche hervorragend.
- **Rick's** im *Taj Mahal Hotel* (Mansingh Rd.) wurde gerade neu und modern gestylt, abends gibt's Livemusik.
- Eine traditionsreiche, gar nicht stylishe Alternative aus der Kolonialzeit mit entsprechendem Flair ist die **Cavalry Bar** im *Oberoi Maidan Hotel,* Civil Lines, im Norden der Stadt.

Nachtclubs und Discos

Die angesagtesten Discos finden sich vorwiegend in den Luxushotels und den betuchteren Vierteln im Süden der Stadt. In vielen Nachtclubs/Discos ist neben einem Eintrittsgeld eine Getränkesteuer von 30 % zu berappen. Wenn man denn eingelassen wird, viele gewähren nur Paaren und Frauen den Zutritt, einzelne Männer haben's gelegentlich schwer. Außerdem ist auf entsprechende Kleidung zu achten. Auch hier wechselt die Beliebtheit der In-Plätze sehr schnell, sodass man sich am besten in Zeitungen wie „Times of India" und „Hindustan Times" sowie den Stadtmagazinen „delhi diary" und „City Guide City Scan" informiert.

- Die seit langem unangefochtene Nummer eins in Delhi ist das **My Kind Of Place** (Sardar Patel Marg, Mi-Sa 18.30-1 Uhr) im *Taj Palace Hotel.*
- Angesagt ist auch **Djinns** (Tel.: 26791122, bis 1 Uhr) im *Hyatt Regency* an der Ring Rd. Tagsüber eine Bar, wird am Abend ein Nachtclub mit Live-Bands an den meisten Abenden draus.
- Neu eröffnet wurde das vibrierende **RPM** über dem *Laissez Faire Restaurant,* Malcha Marg in Chanakyapuri, vorwiegend bei der reicheren und jungen indischen Klientel beliebt.
- Jeden Abend wird in der **Jazz Bar** im Hotel *Maurya Sheraton,* Sardar Patel Marg, wie auch im **The Tavern** im *Imperial* am Janpath, dies auch ein Restaurant, cooler Jazz celebriert. Im Imperial lockt zudem die **Bar 1911,** benannt nach dem Ernennungsjahr Delhis zur kolonialen Hauptstadt, mit der umfangreichsten Auswahl an Cocktails und sonstiger Hochprozenter.

Kinos

Um den Überblick über das kaum überschaubare Tagesprogramm von Delhis unzähligen Kinos zu erlangen, sollte man die schon im Abschnitt „Nachtclubs und Discos" genannten Zeitungen und Magazine zu Rate ziehen. Für die Multiplex-Kinos der **PVR-Kinokette,** deren cinematographische Vergnügungstempel über die Stadt verteilt sind, ist natürlich auch die Website (www.pvrcinemas.com, dann NCR für Delhi) hilfreich. Eins der traditionsreichsten Häuser findet sich nahe dem Connaught Place mit dem 1928 gebauten **Regal Cinema.** Die meisten Filmtempel zeigen Bollywood-Filme; englischsprachige Versionen sind u.a. im **Priya Cinema** (Tel.: (0)9810708625) in Vasant Vihar, im **Ritz** am Kashmere Gate oder im **Chanakya** in Chanakyapuri zu bestaunen. Internationale, nicht in Hollywood produzierte Filme gibt's sehr selten, bestenfalls in Kulturzentren, zu sehen.

Kulturelle Veranstaltungen

Das kulturelle Leben in Indiens Hauptstadt ist vielfältig. Den kulturellen Veranstaltungskalender entnimmt man am besten den Tageszeitungen (und deren Wochenendbeilagen wie „brides sought"), „First city" (30 Rs), dem „delhi diary" (25 Rs) und „City Guide City Scan".

Kulturzentren

- Im traditionsreichen **India International Centre** (40, Max Mueller Marg, Tel.: 24619431), dem wichtigsten Kulturzentrum der Stadt, im **Triveni Kala Sangam** (Tel.: 23718833) an der Tansen Marg sowie in der **Sangeet Natak Academy** (Rabindra Bhawan, Copernicus Marg, Tel.: 23387246) finden regelmäßig Musik- und Tanzveranstaltungen (Kathakali und Bharatnatyam und folkloristischer Tanz) wie auch Lesungen, Filmvorführungen, Kunstausstellungen und Theateraufführungen statt.
- **Max Mueller Bhawan** – benannt nach dem großen deutschen Indologen (1823-1900) – heißt die indische Version des Goethe-Instituts. Jede Woche organisiert es sehr interessante kulturelle Veranstaltungen wie Autorenlesungen, Konzerte und Filmvorführungen. 3, Kasturbha Gandhi Marg, Tel.: 23329506. Mo-Sa 11 bis 18 Uhr.
- Die Kulturinstitute anderer Länder wie **Alliance Francaise** (Tel.: 26258128), **British Council** (Tel.: 23711401), **Italian Cultural Centre** (Tel.: 26871901) und **Japan** bzw. **Russian Cultural Centre** (mit dem *Eisenstein Film Club*) und viele weitere bieten Ähnliches.
- Gelegentlich werden Aufführungen auch vor der eindruckvollen Kulisse auf dem Gelände des Qutb Minar dargeboten, eine solche Gelegenheit sollte man sich nicht entgehen lassen.

Tanz

- **Hauz Khas** (Tel.: 23718833) ist ein herrlicher Ort, bei einem Abendessen oder auch nur einem Drink unter freiem Himmel eine Tanz- oder Musikveranstaltung zu genießen.
- Schließlich sei **Dances of India** (Parsi Anjuman Hall, Bhahadur Shah Zafar Marg, Tel.: 23289464) genannt. Auch hier werden etwa einstündige Bharatnatyam- und Kathakali-Tänze jeden Abend ab 18.45 Uhr aufgeführt (200 Rs).

Musik, Theater

Besonders nördlich des India Gate gibt's einige innovative Theater wie das **Kamani Theatre** (Copernicus Marg, Tel.: 23388084). Im **Kamani Auditorium** spielt das Delhi Symphony Orchestra. Das **Abhimanch** (Bahawalpur House, Tel.: 23389402) zeigt interessante Theater-, Musik- und Tanzdarbietungen.

Einkaufen

Keine Frage, Delhi ist die beste Einkaufsstadt Indiens. Nirgendwo findet sich eine derartige Angebotsvielfalt wie hier auf überschaubarem Raum.

Emporiums

- Die beste Übersicht über die schier unermeßliche Vielfalt der indischen Handwerkskunst kann man sich im **Central Cottage Industries Emporium** verschaffen, das sich an der Ecke Tolstoy Marg/Janpath befindet. Auf einer Verkaufsfläche von mehreren tausend Quadratmetern findet sich hier, verteilt über vier Etagen, nahezu alles, was an Skulpturen, Schmuck, Kleidung, Teppichen, Malerei, Möbeln und vielem mehr in Indien hergestellt wird. Selbst wer nichts kaufen will, kann sich in Ruhe umschauen, ohne die sonst übliche Anmacherei. Hier gilt: *Fixed Price,* was einem den Stress des Feilschens erspart. Das Preisniveau liegt etwas über dem Landesdurchschnitt, doch dafür hat man die Garantie, dass alles echt ist.
- Die verschiedenen Bundesstaaten Indiens verkaufen in ihren **State Emporiums** entlang

der Baba Kharak Singh Marg die jeweils typischen Kunsthandwerksartikel ihrer Region. Man findet in Delhi Taxifahrer, die einen gratis zu den State Emporiums bringen, weil sie dort Provision kassieren.

Janpath

- Kräftiges Feilschen ist bei den zahlreichen zwischen Emporium und Imperial Hotel am Janpath platzierten Geschäften angesagt.
- In einer kleinen Seitengasse, die westlich vom Janpath abzweigt, bieten jeden Tag viele Händler aus Rajasthan ihre bunten Decken, Taschen und Kleider den westlichen Touristen zum Kauf an. Aufgrund der hier besonders stark vertretenen Kundschaft aus den nahegelegenen Luxushotels sind die Preise astronomisch hoch. Man sollte höchstens ein Drittel des vom Händler genannten Ausgangspreises zahlen.

Connaught Place

Die **Nobelgeschäfte** am und um den Connaught Place finden ihre Kundschaft vorwiegend in der indischen Mittelschicht, dementsprechend hoch sind auch die Preise. Dafür erhält man jedoch auch Top-Qualität.

Umschauen sollte sich z.B. einmal in einem der vielen **Schuhgeschäfte,** die sich vor allem um den inneren Kreis des Platzes gruppieren. Gut gearbeitete modische Halbschuhe, die in Westeuropa nicht unter 80 Euro zu haben sind, kosten hier nur 1.000 bis 2.000 Rs.

Außerdem gibt es eine Reihe exzellenter **Buchläden,** in denen man neben anspruchsvoller Literatur auch großformatige Bildbände über Indien findet. Zwei der besten sind der *Bookworm* im B-Block und der *Oxford Book Shop* im N-Block. Wer an Büchern über indische Regionen, Buddhismus, Hinduismus u.Ä. interessiert ist, sollte im *Piccadilly Book Stall* (64, Market Shankar) am Connaught Place vorbeischauen. Auch den 1936 eröffnete *Amrit Bookstore* im N-Block hat eine sehr große Auswahl an Prosa, Reiseführern, Philosophie und Bildbänden.

Am Connaught Place findet sich auch die wohl größte Auswahl an brandaktuellen **Zeitungen und Magazinen** aus Europa in ganz Indien. So erhält man bei den unzähligen Händlern, die ihre Zeitschriften auf den Bürgersteigen auslegen, Magazine wie Stern oder Spiegel. Der Preis richtet sich dabei nach der Aktualität: Kostet der Spiegel z.B. am Dienstag noch 200 Rs, so ist die gleiche Ausgabe eine Woche später nur noch die Hälfte wert. Eine aktuelle Tageszeitung ist für etwa 70 bis 80 Rs zu haben.

Wer auf der Suche nach neuen **DVDs und CDs** ist, sollte sich mal im unterirdischen Palikaa Bazaar umschauen. Beim Kauf sollte man erstens handeln und zweitens sich einen Shop aussuchen, in dem die CD oder DVD angespielt werden kann, um sicherzugehen, dass man keine leere und dann auch die richtige gekauft hat. Natürlich werden hier neben dem oben genannten auch Kleidung, Parfüm etc. verkauft.

Weitere Geschäfte mit großer Auswahl an Musik-CDs um den Connaught Place sind etwa *Bercos's Melody House* (E-Block, nur bis 19.30 außer So geöffnet) oder *Music World* beim Plaza Cinema.

Pahar Ganj

Das andere große Einkaufsviertel für Touristen ist Pahar Ganj mit dem **Main Bazaar,** jener quirligen Einkaufsstraße, die sich direkt gegenüber des Bahnhofs von New Delhi auf einer Länge von etwa 2 km erstreckt. Hier reihen sich Hunderte von randvollen kleinen Läden aneinander, die vom Shampoo über ein Vorhängeschloss bis zum Sari und teurem Schmuck alles verkaufen. Ein typisches orientalisch anmutendes Basarviertel, in dem man sich stundenlang treiben lassen kann.

Besonders beliebt bei Touristen sind einige Läden wie z.B. **R-Expo** mit einer großen Auswahl an Parfümen, Kosmetika, Waschlotionen und Räucherstäbchen. Während am Connaught Place viele Geschäfte am Sonntag geschlossen haben, ist dies am Main Bazaar einer der geschäftigsten Tage.

Der kleine, namenlose **Bücherstand** an der Main Bazaar Rd. (siehe Stadtplan) hat ein erstaunlich reichhaltiges Angebot an Second-Hand-Büchern.

Etwa 1 km westlich von Pahar Ganj ist der **Karol Bagh Market** (tgl. außer Mo, Metrostation gleichen Namens) eine weniger touristische Alternative zu Pahar Ganj. Hier gibt es neben Kleidung, Schuhen und Gebrauchsgütern auch Gewürzgeschäfte und viele kleine Restaurants mit typisch indischen Snacks.

Chandni Chowk

Das Äquivalent zum Main Bazaar ist der weitaus prächtigere Chandni Chowk in Old Delhi mit dem Roten Fort am östlichen Ende. *Chandni Chowk* heißt Silbermarkt, doch neben **Schmuck- und Silberläden** finden sich auch unzählige Geschäfte, die alle Arten von indischen **Gebrauchswaren** anbieten.

Herrlich zum Umherstreifen sind auch die umliegenden Straßen und engen Gassen Old Delhis, wo immer noch die alte Ordnung erkennbar ist, nach der die jeweiligen Zünfte ihre Waren im selben Bezirk feilbieten. Im Nordwesten der Altstadt ist der **Gewürzmarkt** an der Kahri Baoli unbedingt besuchenswert, etwas nördlicher kann auf dem **Kleidermarkt** neues Tuch erstanden werden.

Dilli Haat

Gute Qualität für **Kunsthandwerk** aus allen Regionen Indiens bietet der Freiluftmarkt Dilli Haat im Süden der Stadt an der Aurobindo Marg (Riksha vom Connaught Place etwa 50 Rs). Die dort ausstellenden Händler werden nach Wettbewerben in ihren jeweiligen Heimatorten ausgesucht (entsprechend gute Qualität wird feilgeboten) und zweimal monatlich ausgetauscht. Die verlangten Preise auf diesem durch das Eintrittsgeld von 10 Rs ruhigeren Marktes sind nicht so überhöht wie auf den „freien" Märkten, dennoch sollte man auch hier feilschen. Weitere Annehmlichkeit: Die Küche vieler Regionen Indiens kann in den vielen **Freiluftrestaurants** auf dem Areal zu günstigen Preisen gekostet werden.

Der Markt ist tgl. zwischen 10 und 22 Uhr geöffnet und abends und an den Wochenenden am besten besucht. Ein Ausflug dorthin lässt sich gut mit einem Abstecher zum gegenüber gelegenen, hektischen, leicht chaotischen **INA-Markt** verbinden, auf dem nahezu alles zu haben ist. Besonders dort auf Wertsachen Acht geben!

Khan Market

Ebenfalls im Süden der Stadt ist der ruhige Khan Market (Mo-Sa geöffnet) besonders bei der indischen Mittelschicht und dem Personal der umliegenden Botschaften beliebt. Entsprechend die Preise für die angebotenen Waren – neben **modischer Kleidung, Schmuck, CDs und DVDs** auch **Lebensmittel aus aller Welt** – höher als bei den vorgenannten. Eine besondere Erwähnung verdienen die auf diesem Markt besonders reichhaltig ausgestatteten **Buchhandlungen,** die u.a. handwerklich aufwendig hergestellte Bände zum Bruchteil des in Europa üblichen Preises verkaufen. Genannt seien hier *Bahri Sons* und *Full Circle Bookstore*.

Shopping Malls und weitere luxuriöse Märkte

In den letzten Jahren entstehen im gesamten Stadtgebiet von Delhi, wie überall in den größeren Städten Indiens, entsprechend der zunehmenden Kaufkraft der Mittelschicht teils riesige Shopping Malls. Ein Trend geht dahin, die in letzter Zeit gebauten Malls vorwiegend an den Bahnhöfen der neuen Metro, im Süden Delhis und in Vorstädten wie Gurgaon oder Faridabad, die sich im rasanten Umbruch befinden, zu errichten.

Eine der Malls, die es schon vor der Metro gab, ist **Ansal Plaza** (an der Khel Gaon Marg, geöffnet bis 20.30 Uhr, am Wochenende bis 21.30 Uhr). Neben Gebrauchskleidung internationaler Marken werden auch Parfüm und Schmuck feilgeboten. Obwohl auch hier eher die betuchtere Klientel anvisiert wird, sind die Preise im Durchschnitt 50 % geringer als in Europa. Auch fürs leibliche Wohl ist gesorgt: Neben Fast Food gibt's mit *Geoffrey's* ein hervorragendes Restaurant, auch mit reichhaltiger Getränkekarte.

Ist das nötige Kleingeld vorhanden, kann man sich auf dem **Sunder-Nagar-Markt** (Mo-Sa geöffnet) gegenüber dem *Oberoi Hotel* in den exquisiten **Antiquitätenläden** umschauen. Beim Kauf sollte man jedoch an die Ausfuhrbeschränkungen für Antiquitäten denken. Die meisten der hier dargebotenen „Antiquitäten" sind jedoch handwerklich gut gemachte Imitationen. Zudem sei auf die hervorragenden Teeshops auf dem Markt, etwa *Mittal Tea House,* hingewiesen.

Ein weiterer qualitativ und preislich hochwertiger Markt vorwiegend für **Stoffe und Kunsthandwerk** findet sich hinter dem Hotel *Hyatt Regency.*

Die gleiche kaufkräftige Kundschaft bedient der **Santoshti Shopping Complex** im Diplomatenviertel Chanakyapuri. Neben Gemälden bekannter indischer Künstler (im *Art Indus*) werden Parfüm und hochwertige Kleidung offeriert. Zigarrenliebhaber finden bei *Kastro's* ihr kostspieliges Paradies. Die Geschäfte schließen spätestens um 19 Uhr.

Auch die **South Extension Markets I** (Lajpat Nagar) **und II** (an der Ring Road) im Delhis Süden sind, obwohl über eine größere Fläche verteilt, hier aufgeführt, da sie eine ähnliche Kundschaft ansprechen und die international bekannten Marken hier ihre Geschäfte haben. Neben Kleidung werden vorwiegend Schmuck, Schuhe und Taschen verkauft. Wer nach dem Einkauf noch Geld hat, kann in der modernen *Gourmet Gallery* (South Extension II) im Restaurant *Tasveer* bei indischer oder im *Whispering Bamboo* bei chinesischer Kost neue Kraft tanken. Alkoholisch lässt sich der Tank bei *On the Rocks* auffüllen.

Bank

Durch die in der letzten Zeit wie Pilze aus dem Boden geschossenen **Wechselstuben,** die leicht an den großen Schildern „Money Exchange" zu erkennen sind, muss man sich Gott sei Dank nicht mehr mit den faulen und unfreundlichen Angestellten staatlicher Banken herumschlagen. Die Kurse der privaten Wechselstuben sind nahezu gleich zu den offiziellen Kursen, doch sollte man sich versichern lassen, dass keine Extra-Gebühren berechnet werden.

Auch in Delhi sind die meisten Banken, wie üblich in Indien, Mo bis Fr von 10 bis 14 und Sa von 10 bis 12 Uhr geöffnet, die unten genannten privaten Wechselstuben haben aber wesentlich längere Öffnungszeiten.

> Vorm Schwarztausch wurde ja schon im Kapitel „Geldangelegenheiten" gewarnt. Leider lassen sich gerade in **Pahar Ganj** dennoch immer wieder Traveller von den vermeintlich günstigen Wechselkursen verführen und tauschen bei Personen, die sie mit „You want to change money?" ansprechen. Bei fast allen handelt es sich um Betrüger, sodass man am Ende nicht mit mehr, sondern weniger Rupien als beim offiziellen Wechseln dasteht. Diese illegalen Schwarztauscher sind derart raffiniert, dass man zunächst gar nicht mitbekommt, dass man übers Ohr gehauen wird. Deshalb gerade in Pahar Ganj nochmals die Warnung: **Hände weg vom Schwarztausch!!!**

● Zuverlässig ist die Filiale von **Thomas Cook** am Connaught Place (E-Block, 1. Stock, Mo-Sa 9.30-18 Uhr). Weitere Filialen finden sich in einem Seitenflügel des *Imperial Hotel* am Janpath (Tel.: 23328468, Mo bis Sa 9.30 bis 20 Uhr) sowie an der Panjkujan Rd. westlich von Pahar Ganj im Rishyamook Bldg. (Tel.: 23747404) und am internationalen Flughafen (24 Std. geöffnet). Die Wechselkurse sind jedoch nicht die besten. Hier kann auch per *Moneygram* in wenigen Minuten von/an jedem/n Ort der Welt Geld transferiert werden. Auch bei **Sita World Travels,** F-Block Connaught Place, ist das Letztgenannte per *Western Union Money Transfer* möglich.

● Am Connaught Place locken die kleinen Wechselstuben von **Pankhuri Enterprises** und **Shasha Forex** (beide bis etwa 19 Uhr geöffnet, im A-Block) mit guten Wechselkursen, die gelegentlich auch noch geringfügig verhandelbar sind. Dasselbe macht auch **Weizman Forex** im M-Block. Man sollte die Raten vergleichen.

● In Pahar Ganj ist u.a. **Cheque Point** (tgl. 9-19.30 Uhr) am Main Bazaar für Bargeld, Travellerschecks und Visa- und Mastercard (3-4 % Gebühr für Plastikkarten) zuständig. Viele weitere finden sich an Main Bazaar wie **N.B. Forex** oder **Traveller India Forex,** die alle nahezu gleiche Kurse bieten und meist tgl. bis etwa 20 Uhr geöffnet sind.

PRAKTISCHE TIPPS

- 24 Stunden geöffnet hat der Wechselschalter der **Central Bank of India** im *Hotel Ashok* in der Diplomaten-Enklave Chanakyapuri.
- In Pahar Ganj ist u.a. der **HDFC-ATM** (alle wichtigen Kreditkarten) nahe dem *Star View Hotel* und der UTI-ATM (alle Karten außer Amex) günstig gelegen, am Connaught Place gibt's zwei ATMs der **ICICI-Bank** (A- und D-Block), einen von der **Centurion-Bank** im M-Block (Außen-Circle). Auch der ATM der **idbi-Bank** (Kasturba Marg, etwas südöstlich vom Connaught Place) schluckt alle wichtigen Karten. Der der **American-Express-Bank** mit ATM (A-Block) ist für entsprechendes Plastik zuständig. Weitere sind in den Stadtplänen verzeichnet.

Post, Telefonieren und Internet

Postämter

Recht günstig liegen das Postamt am Janpath neben dem *Central Telegraph Office* und das am 9-A Connaught Place. Die Hauptpost *(GPO)* befindet sich etwa 500 m westlich des Connaught Place am Ende der in einen Kreisverkehr mündenden Baba Kharak Singh Marg. Alle diese Postämter sind Mo bis Fr von 10 bis 17 Uhr und Sa von 10 bis 15 Uhr geöffnet. Weitere Filialen: in Pahar Ganj eine kleine Filiale beim Nehru Bazaar gegenüber *Hotel Relax* und am Connaught Place im A-Block.

Pakete

Wer von der Hauptpost ein Paket verschicken möchte, muss dies vorher vorschriftsmäßig in ein weißes Leinentuch verpacken und einnähen lassen. Diese Prozedur erledigt für ein Entgelt von 30-70 Rs (je nach Paketgröße) ein vor dem Janpath Post Office platzierter Näher. In Pahar Ganj stehen zudem **Packing Services** zur Verfügung.

Ein **DHL-Büro** findet sich an der 11, Tolstoy Marg, Vandana Building (Mo-Fr 11-19 Uhr, Sa 11-18 Uhr, Tel.: 23737587), eine kleine Filiale am Connaught Place ist Mo-Fr 9.30-17.45 und jeden 2. Sa 9.30-13 Uhr geöffnet.

Postlagernde Sendungen

Wer sich Briefe nach Delhi schicken lässt, muss unbedingt darauf achten, New Delhi als Adresse anzugeben (Postal Code: 110001), da die Post sonst im äußerst ungünstig gelegenen Postamt in Old Delhi landet.

- Abzuholen sind die postlagernden Briefe im **Delivery Post Office** in der Market Street (offiziell umbenannt in Bhai Vir Singh Marg) in der Nähe der Hauptpost. Die Schalter für postlagernde Sendungen *(Poste Restante)* befinden sich auf der Rückseite des Gebäudes im 1. Obergeschoss.

Telefonieren

In den überall installierten **privaten Telefonbüros**, die deutlich an den ISD/STD-Aufschriften zu erkennen sind, kostet eine Minute nach Europa nur noch zwischen 8 und 10 Rs. Man sollte jedoch vor dem Telefonieren unbedingt nach dem Minutenpreis fragen, da einige Anbieter noch das Doppelte verlangen. Einer, der neben billigen ISD-Gesprächen auch noch billigere internationale Gespräche mittels Net-to-phone (4 Rs/Min.) anbietet, ist das Internet-Café über dem HDFC-ATM am Main Bazaar in Pahar Ganj.

Internet, Fotografieren

Internetsurfen kostet in den meisten Internet-Cafés 20 Rs/Std., besonders viele finden sich in Pahar Ganj.

- Drei schnelle Internet-Cafés sind die der **sify-** und **Satyam-i-way-Kette** am *Hotel Starview* und nahe der New Delhi Railway Station in der Basant Rd. (20 Rs/Std.) sowie **Kesri Cyber Net** mit flatrate, eine Gasse vom Main Bazaar hinein. Mit 15 Rs/Std. noch billiger und ebenfalls schnell ist das namenlose Internet-Café über dem HDFC-ATM in Pahar Ganj, wo auch die Memory Chips billig auf CD gebrannt werden können. Das **Golden Peacock Cyber** hat offiziell rund um die Uhr geöffnet, die anderen schließen meist gegen 22-22.30 Uhr.
- Am Connaught Place ist **DSIDC Cyber Café** (N-Block, nur bis 20 Uhr geöffnet) eine gute Adresse. **n@tscape** im K-Block, äußerer Ring, hat bis 3 Uhr nachts geöffnet.

- Eine der wenigen Möglichkeiten, in der Altstadt zu surfen, ist das gut ausgerüstete **Z.A. Cyber Café** (Bazar Matia Mahal, Tel.: 23270745, auch hier werden Digitalfotos auf CD gebrannt) nahe der Jamia Masjid, nur 15 Rs pro Std.
- Im Süden der Stadt ist u.a. **Cyber Graphics** beim Khan Market eine fixe Surfmöglichkeit.
- Wer seine Digitalfotos brennen lassen will, kann dies am billigsten bei einem der oben genannten, dafür ausgerüsteten Internet-Cafés tun, da diese nur 45-70 Rs inkl. CD dafür verlangen. Bei **Kodak Express** am Connaught Place (Tel.: 2234446) oder **Delhi Photo** am Janpath können Ausdrucke (um 5 Rs für ca. 10x15 cm) gemacht werden.

Visumverlängerung

Für eine Visumverlängerung muss man sich zum **Foreign Registration Office,** Hans Bhawan, in der Nähe der Tilak Road, 2 km östlich des Connaught Place begeben. Geöffnet ist es Mo-Fr 10-15 Uhr. Hat man die erforderlichen vier Passfotos nicht dabei, kann man sie von einem der vor dem Gebäude platzierten Fotografen erstellen lassen. Um sich der nerven- und zeitaufreibenden Prozedur gar nicht erst stellen zu müssen, besorgt man sich am besten bereits vor der Abreise ein sechsmonatiges Visum (s. „Vor der Reise").

Special Permits (Sondergenehmigungen)

Wer in für Touristen gesperrte Gebiete Indiens wie z.B. Sikkim oder die Nordostprovinzen reisen möchte, kann sich um eine Sondergenehmigung *(special permit)* im Ministry of Home Affairs, Lok Narayan Bhawan (Tel.: 24623739) bemühen. Geöffnet ist es Mo bis Fr von 14 bis 16 Uhr.

Medizinische Versorgung

- Im Falle einer ernsten Erkrankung sollte man bei der **Botschaft** nach einer Arztadresse fragen.
- Positive Erfahrungen haben viele Reisende mit dem **East West Medical Centre**, B-28 Greater Kailash I, New Delhi 110048 (Tel.: 2924 3701-3, 24623738) im Süden der Stadt gemacht. Die Behandlung hier ist sicherlich nicht billig, doch bei der Gesundheit sollte man bekanntlich als Letztes sparen. Reisekrankenversicherungen werden akzeptiert.
- Weitere gute Adressen sind das **Apollo Hospital**, Mathura Rd. (Tel.: 26925858), und das **All India Institute of Medical Sciences**, Ansari Nagar (Tel.: 26561123).
- Wer Zahnschmerzen und zudem ein gut gefülltes Portemonnaie hat, kann sich an folgende Adresse wenden: **Diplomatic Dental Centre**, B-71, Pachimi Marg, Vasant Vihar, N.D. -57 (Tel.: 26147008).
- Eine günstig gelegene, 24 Std. geöffnete Apotheke ist **Apollo Pharmacy** am Connaught Place, G-Block, beim *Hotel Marina*.

Reisebüros

Speziell in der Umgebung des *Tourist Office* treiben sich viele **Schlepper** herum, die einem Billigflugtickets nach Europa andrehen möchten. Da sich viele schwarze Schafe darunter befinden, sollte man sich keinesfalls auf deren Werben einlassen. Je verlockender die Angebote klingen, desto größer ist die Gefahr, dass es sich um Betrügereien handelt. Als Richtwert kann man ca. 350 US-$ für einen Einfachflug nach Frankfurt und ca. 180 US-$ nach Bangkok zugrunde legen.
- Seriös, preiswert und dementsprechend beliebt ist **Tripsout Travel**, Tel.: 23755194, 13 Tolstoy Lane, hinter dem Indischen Touristenbüro am Janpath.
- Eine gute, wenn auch etwas teurere Adresse ist das **Student Travel Information Centre (STIC**, Tel.: 23368760, stic@del2.vsnl.net.in) im *ITDC Hotel Janpath*, wo Studentenermäßigungen erhältlich sind. Hier kann man auch seinen Studentenausweis erneuern lassen.
- Im Pahar-Ganj-Viertel ist **Hans Travel Service** (Tel.: 23327629) in mehreren Hotels mit Filialen seit Jahren eines der renommiertesten Reisebüros.
- Nicht gerade billig, aber sehr zuverlässig, ist **Paul Tours** (Tel.: 23415769, www.paultours.

com), im *York Hotel,* K-Block, Connaught Place.
- In Pahar Ganj und rund um den Connaught Place wird man ständig von jungen Männern angesprochen, die umherstreifende Touristen zu einem der Reisebüros in der Nähe locken wollen, welche auf All-Inclusive-Touren nach Kashmir spezialisiert sind. Es ist schwer, hier die Spreu vom Weizen zu trennen. Eine gute und professionelle Adresse ist **Perfect Holiday Travels** (M-3 Connaught Place, Tel.: 41517570, (0)9811136465, (0)9312239450, javedbaba 2005@yahoo.com), die auch über einen hervorragenden Internetauftritt verfügen (www.perfectholidaytravels.com), wo man sich Vorabinformationen besorgen kann. Außerdem werden professionell geleitete Touren nach Rajasthan angeboten.

Diplomatische Vertretungen

- **Embassy of Germany,** 6/50G, Shanti Path, Chanakyapuri, New Delhi 110021, Tel.: 011/44199199 oder in dringenden Notfällen 9810004950, www.germanembassy-india.org.
- **Embassy of Austria,** Ep-13, Chandragupta Marg, Chanakyapuri, New Delhi 110021, Tel.: 268890-9037, -9039, -9049 oder 9050 bzw. in dringenden Notfällen 9811120358.
- **Embassy of Switzerland,** Nyaya Marg, Chanakyapuri, New Delhi 110021, Tel.: 011/26878372 oder 26878537.

Weiterreise

Flug
Indian Airlines:
- Das Indian-Airlines-Büro am **Connaught Place** (Malhotra Building, F-Block, Tel.: 23310517, 16001801407, www.indianairlines.in) wird wegen seiner zentralen Lage am meisten von Einheimischen und Touristen benutzt und ist dementsprechend überlaufen. Es gibt zwar offiziell einen speziellen *tourist counter,* doch das wird in der Praxis nicht so ernst genommen. Am besten, man kommt gleich als einer der Ersten (Mo-Sa 10 bis 17 Uhr), dann erspart man sich die Warterei.

- Die gleichen Zeiten gelten für das städtische Büro im PTI Building an der **Sansad Marg** (Tel.: 23719168).
- Das Büro am **Inlandsflughafen Safdarjung** (Aurobindo Marg, Tel.: 24622220, -4503) ist von 10 bis 23 Uhr geöffnet, dort wird man meist am zügigsten bedient. Tel. am Indira Gandhi Flughafen: 25675317.
- Indian Airlines bzw. Alliance Air fliegt täglich nach **Ahmedabad** (7.655 Rs), **Bangalore** (14.095 Rs), **Bhopal** (4.770 Rs), **Bhubaneshwar** (13.260 Rs), **Chandigarh** (3.900 Rs), **Chennai** (14.540 Rs), **Goa** (12.660 Rs), **Jaipur** (3.510 Rs), **Jammu** (6.445 Rs), **Jodhpur** (5.605 Rs), **Kalkutta** (11.085 Rs), **Lucknow** (5.100 Rs), **Mumbai** (9.735 Rs), **Nagpur** (8.350 Rs), **Patna** (7.490 Rs), **Rajpur** (10.835 Rs), **Srinagar** (6.745 Rs), **Udaipur** (5.605 Rs), **Vadodara** (8.685 Rs), **Varanasi** (6.630 Rs) sowie Mo, Di, Do und Sa nach **Amritsar** (7.655 Rs), Mo, Mi und Fr nach **Khajuraho** (6.630). Außerdem gibt's einen täglichen Flug nach **Kathmandu** in Nepal, Royal Nepal Airlines fliegt tgl. um 19.15 Uhr, Air Sahara um 13.15 Uhr nach Kathmandu. Nach **Srinagar** (Kashmir) fliegen auch mehrere private Airlines wie Jet Airways und Spice Jet zum Preis von 70 US-$ (one way). Zur Recherchezeit gab's keinen Flug nach **Agra.** Fr fliegt IA nach **Lahore** (Pakistan).
- Wer zu einem der Flughäfen fahren will, nimmt am besten den **EATS-Flughafenbus** (Tel.: 23316530, 50 Rs plus 10 Rs pro großem Gepäckstück), der rund um die Uhr in etwa einstündigem Abstand, nachts seltener, vor dem Malhotra Building, F-Block, Connaught Place, startet. Ein **Taxi** zu einem der Flughäfen sollte für 300 Rs zu bekommen sein. Fahrten mit Taxis oder **Minibussen,** die von den Hotels für 200 Rs angeboten werden, fahren meist mit 3 bis 6 Fahrgästen los.

Weitere Nationale Airlines:
- **Jet Airways,** N-40, Connaught Place, Tel.: 41641414, Mo-Sa 9-21, So 9-18 Uhr, und Community Centre, Yusuf Sarai, New Delhi 1100494. www.jetairways.com, Tel. am Flughafen: 25675404.
- **Air Sahara,** 3. Stock im Dr. Gopaldas Bhawan, 28 Barakhamba Rd., New Delhi 110001, Tel.: 23704218/4158,

Praktische Tipps

und N-41, Connaught Place, Tel.: 23310860, bj@vsnl.com, www.airsahara.net, tgl. 9-23 Uhr, Tel. am Flughafen: 25675234, rund um die Uhr erreichbare Tel. 1600-223-020, vom Handy 30302020.
- **Jagson Airlines,** 12-E, Vandana Building, Tolstoy Marg, Tel.: 23721593/4, Mo-Sa 9.30-18 Uhr.
- **Air Deccan,** 98 Hemkund Tower, Office 803, Nehru Place, Tel.: 51750000, (0)9818177008, Mo-Sa 10-18.30 Uhr, www.airdeccan.net.
- **Kingfisher Airlines,** UB House, F 44A, South Extension, New Delhi 110049, Tel.: 24617138, 1600-1800-101 (gebührenfrei), www.flykingfisher.com.
- **Spice Jet,** Tel.: 1600-180-3333 (gebührenfrei), (0)9871803333, www.spicejet.com.

Internationale Fluggesellschaften

- **Aeroflot,** 15/17 Tolstoy Marg, Tolstoy House, Tel.: 23723241, 23310426, Flughafen: 25653510.
- **Air France,** 6, Scindia House, Atmaram Mansion, Tel.: 23738004-7, 2346626, Flughafen: 25652099.
- **Air India,** Jeevan Bharti LIC Building, Sansad Marg, Tel.: 23736446-8, 23731225, Flughafen: 25652050.
- **Austrian Airlines,** Himalaya House, Kasturba Marg, 1. Stock, Tel.: 23350125/6, Flughafen: 25654233-44 (Tel. Internat. Flughafen: 25654222).
- **British Airways,** Dr Gopal Das Bhawan, 11. Stock, 28, Barakhamba Rd., Tel.: (0)951244120747, 23327428, Flughafen: 25652078.
- **Cathay Pacific,** Kanchenjunga Bldg., 18, Barakhamba Rd., Tel.: 23323332.
- **Emirates,** Kanchenjunga Building, 18, Barakhamba Rd., Tel.: 45314444, Flughafen: 25654939.
- **Kuwait Airways,** 16, Kasturba Gandhi Marg, Tel.: 23354373, Flughafen: 25652295.
- **KLM Royal Dutch Airlines,** Prakash Deep, 7, Tolstoy Marg, Tel.: 23311747.
- **Lufthansa,** 56, Janpath, Tel.: 23724222/00, Flughafen: 25482283, 25652064).
- **Pakistan International Airlines,** Kailash Bldg., 26 Kasturba Gandhi Marg, Tel.: 23727791.
- **Royal Jordanian Airlines,** G-56 Connaught Place, Tel. 23327418, Flughafen: 25652478.
- **Royal Nepal Airlines,** 44 Janpath, Tel.: 23323437.
- **Singapore Airlines,** Ashoka Estate Bldg., 9. Stock, Barakhamba Rd., Tel.: 23356283/5/6.
- **Sri Lankan Airlines,** G-Block, Connaught Place, Tel.: 23731473/4/8.
- **Swiss,** World Trade Tower, 5. Stock, Barahkamba Rd., Tel.: 23415000 Flughafen: 25652531.
- **Thai Airways International,** Royal Park Hotel, Nehru Place, Tel.: 25652413, 41497777.

Bahn

Bahnfahrkarten sollten im speziell für Touristen eingerichteten *International Tourist Bureau* im 1. Stock des New-Delhi-Bahnhofs (geöffnet Mo-Sa 8-20 Uhr, So 8-14 Uhr, Tel.: 23405156, 23346804) gekauft werden. Das erspart einem das stundenlange Anstehen im riesigen *Rail Reservation Centre*, welches etwa hundert Meter vom Bahnhof entfernt Richtung Connaught Place liegt. Zwar kann es auch im Tourist Bureau bis zu einer Stunde dauern, bis man an der Reihe ist (es sei denn, man kommt gleich morgens, oder – häufig noch besser – etwa eine Stunde vor Geschäftsschluss), doch dafür geht dort wegen des Aufrücksystems inzwischen in gepolsterten Stühlen (jeweils eine Reihe auf der linken und rechten Seite des Raums, an die man sich hinten ansetzt) alles wesentlich übersichtlicher und ruhiger über die Bühne. Die Zeit zwischen etwa 13.45 und 14.30 Uhr ist weniger empfehlenswert zum Ticketkauf, da zwischen 14 und 14.15 Uhr mehrere Schalter Mittagspause machen.

Wer in **Rupien** zahlen will, muss seinen Umtauschbeleg vorlegen. Zahlt man in **Euro oder Dollar,** wird der Restbetrag wiederum in Rupien ausgezahlt. Ist die weitere Reiseroute bereits genauestens durchgeplant hat, kann man **alle nötigen Fahrkarten** gleich hier erwerben, da es in anderen Städten oft ungleich aufwendiger ist, Tickets zu bekommen.

> Wer sich das Anstehen für Zugtickets ersparen will und nicht auf jede Rupie schauen muss, dem sei der von vielen Guest Houses in Pahar Ganj angebotene **Ticket-Service** empfohlen. Für eine Gebühr von etwa 50 Rs pro Ticket wird einem der gewünschte Fahrschein besorgt, vorausgesetzt, es stehen noch Plätze zur Verfügung.

Wichtig ist es, darauf zu achten, von welchem Bahnhof der Zug losfährt. Außerdem sollte man sich rechtzeitig auf den Weg zum jeweiligen Bahnhof machen. Vom zentral gelegenen **New-Delhi-Bahnhof** dürfte es keine Probleme geben, aber speziell während der Hauptverkehrszeiten sollte man etwa eine Stunde Anfahrt von Connaught Place oder Pahar Ganj zur **Old Delhi Railway Station** veranschlagen. Einige wenige Züge fahren auch vom **Nizamuddin-Bahnhof** im Süden New Delhis und vom **Sarai Rohilla** im Nordwesten ab. Wichtige **Verbindungen** finden sich im Anhang.

Erwähnt werden soll noch der von Delhi startende Luxuszug **Palace on Wheels**, der eine einwöchige Rajasthan-Rundreise unternimmt, sowie der **The Royal Orient**, der sehenswerte Ziele in Rajasthan und Gujarat anfährt. (Genaueres zu beiden Zügen im Kapitel „Reisetipps A–Z, Verkehrmittel".)

Bus

Wegen der hervorragenden Anbindung und des bequemeren Reisens setzen fast alle Touristen von Delhi aus die Fahrt mit dem Zug fort. Allerdings werden vom riesigen **Inter State Bus Terminal (ISBT)** ca. 1,5 km nördlich der Old Delhi Railway Station beim Kashmiri Gate alle größeren Städte Nordindiens mit **Direktbussen** angefahren. Die einzelnen Bundesstaaten besitzen dort ihre eigenen Büros, in denen man zwischen 10 und 17 Uhr sein Ticket bis zu sieben Tage im Voraus buchen kann.

Die Abfahrtszeiten wichtiger Ziele von staatlichen Bussen sind unten angegeben. Da die Abfahrtszeiten der Busse Änderungen unterliegen, sollte man sich vor Ort nochmals beim Auskunftsschalter am ISBT unter Tel.: 23968836, 23865181, 22152431 erkundigen. Einige wichtige Verbindungen sind auch bei http://dtc.nic.in/dt4.htm gelistet. Zu einigen wichtigen Zielen wie Udaipur (Abf. tgl. 18 Uhr, 700 Rs, über Jaipur) setzt DTC auch klimatisierte Volvo-Luxusbusse ein.

Außerdem haben mehrere andere Bundesstaaten Büros am ISBT-Busbahnhof: Rajasthan Roadways (Schalter 36, Tel.: 24864470, 23861246), Uttar Pradesh Roadways (Schalter 38, Tel.: 23868709)

Auch die meisten Guest Houses in Pahar Ganj und um den Connaught Place verkaufen Fahrscheine für Luxusbusse. Man sollte sich jedoch vergewissern, ob diese wirklich in der Nähe der Unterkunft losfahren.

Wichtige Verbindungen
vom ISBT (wenn nicht anders angegeben):
- **Agra:** halbstündlich, 5 Std., Exp./Del. 130/190 Rs
- **Ajmer:** stdl., 9 Std., Exp. 180 Rs
- **Jammu:** stdl. (5-23 Uhr), 12 Std., 260 Rs
- **Jaipur:** stdl., 5 Std., 280 Del., 450 AC
- **Jodhpur:** 5 Busse, 13 Std., 280 Rs Exp., 380 Rs Del.
- **Lahore:** tgl. 6 Uhr morgens ab Dr. Ambedkar Terminal (Tel.: 2338180) am Delhi Gate, 1.250 Rs
- **Ramnagar (Corbett-Nationalpark):** 5 Busse (6.45, 7.45, 9.10, 18.30, 20 Uhr), 6 Std., 120 Rs

Auch vom **Sarai Kale Khan Interstate Bus Terminal** (Tel.: 24358092), im Südosten zwischen Bahnhof Nizamuddin und Ring Rd. gelegen, starten und enden Busse nach/aus Agra, Chandigarh und anderen Zielen in Himachal Pradesh.

Vom **Bikaner House** und vom ISBT am **Kashmere Gate** fahren mehrere Luxusbusse von Rajasthan Roadways / Rajasthan State Transport Corp. zu Zielen in Rajasthan, über Jaipur (alle 30 Minuten, 5-6 Std. Fahrtzeit, 220 Rs, AC 350 Rs, AC-Volvo 450 Rs), Ajmer (9 Std., 350 Rs), Jodhpur und Udaipur (13 bzw. 14 Std., jeweils 500 Rs). Genaue Abfahrtszeiten und Verfügbarkeit von Plätzen können bei Rajasthan Roadways (Tel.: 23382469 (Bikaner House), 22961246 am ISBT, Schalter 36) erfragt werden.

045i Foto: tb

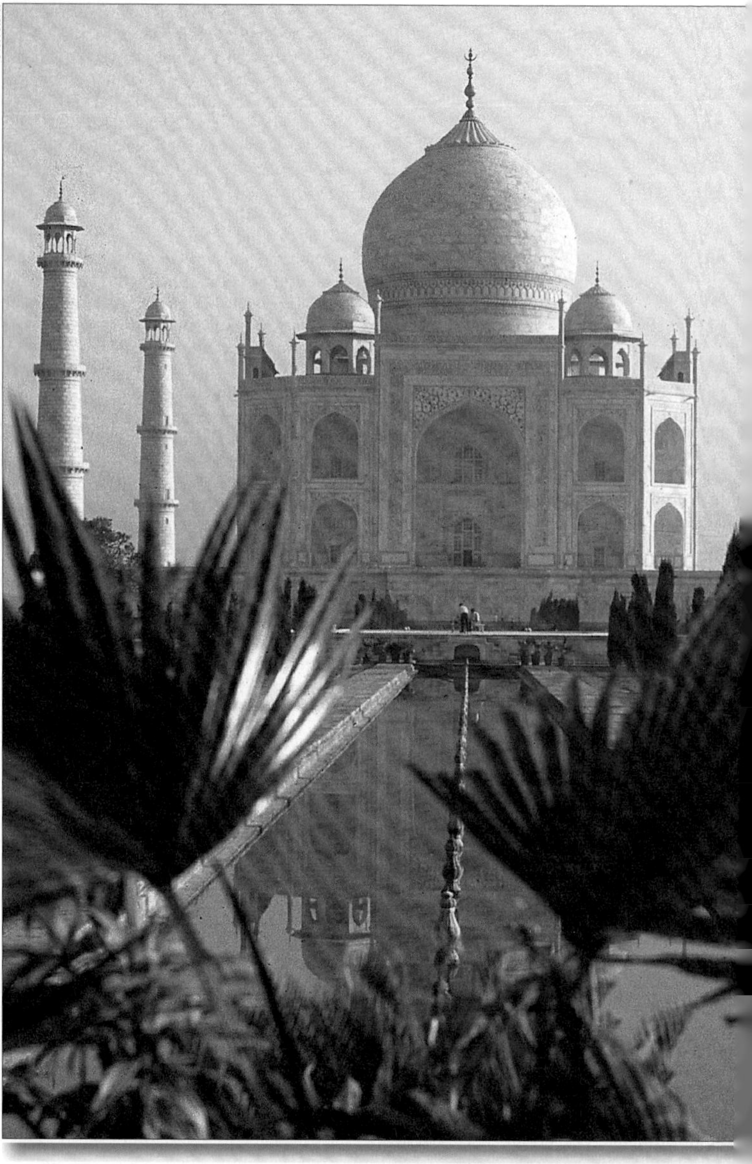

Agra

Das Taj Mahal, die marmorne Liebeserklärung von Shah Jahan an seine verstorbene Lieblingsfrau, wurde zum Inbegriff unvergänglicher Liebe. Dass der Mogulherrscher noch 72 weitere Gattinnen hatte, mag einen kleinen Schatten auf die romantische Verklärung des berühmtesten Bauwerks der Erde werfen

Itimat-ud-Daula – ein Juwel islamischer Architektur, das sich hinter dem Taj Mahal nicht zu verstecken braucht

Momentaufnahme am Taj

Überblick ⚔ D2

(ca. 1,3 Mio. Einwohner, Vorwahl: 0562)

Im Grunde unterscheidet sich die ehemalige Hauptstadt der Großmoguln zunächst kaum vom typischen Erscheinungsbild nordindischer Großstädte. Lärm, Hektik und Luftverschmutzung prägen die dicht gedrängten Straßen der Altstadt. Auch die am Bahnhof wartenden Rikshafahrer, die einen für eine gesalzene Kommission zu den, wie sie glauben machen wollen, besten und billigsten Unterkünften transportieren wollen, machen die Stadt nicht gerade sympathischer – doch wen interessiert das schon? Es ist eines der berühmtesten Bauwerke der Erde, welches jährlich Millionen in- wie ausländische Touristen nach Agra strömen lässt – das **Taj Mahal.** Wie wohl kein anderes Monument der Erde repräsentiert das Taj sein Ursprungsland.

Für die allermeisten Besucher ist Agra gleichbedeutend mit dem Taj und sie stellen erst vor Ort überrascht fest, dass die Stadt noch viele weitere großartige Monumente einer knapp 200-jährigen muslimischen Herrschaft beheimatet. Hierzu zählt vor allem das nur 2 km vom Taj entfernte **Agra Fort** und das **Grabmal Kaiser Akhbars** im 10 km nördlich gelegenen Sikandra. Doch auch das auf der anderen Seite des Yamuna-Flusses befindliche Grabmal des ehemaligen Finanzministers der Moguln, **Ittimut-ud-Daula,** lohnt einen Besuch.

Ein Muss für jeden Agra-Besucher ist zudem ein Abstecher zu den 40 km entfernt gelegenen Überresten von **Fatehpur Sikri,** jener von Akhbar im 16. Jh. auf einem Felsen errichteten Hauptstadt, die schon recht bald wieder verlassen werden musste.

Wegen seiner großartigen Sehenswürdigkeiten ist Agra zu Recht selbstverständlicher Bestandteil jeder Nordindien-Reise. Abgesehen davon ist es für viele Reisende leider auch ein Ort, den man nur allzu gerne wieder verlässt. Verantwortlich hierfür sind die in Agra besonders ausgeprägten Negativerscheinungen von Touristennepp und die Folgeerscheinungen mangelnder bzw. gänzlich fehlender städtischer Infrastruktur: Dreck allerorten, aufgerissene Straßen, Bettelei und Luftverschmutzung. So sollte man nicht mehr Zeit für Agra einplanen als zur Besichtigung der Sehenswürdigkeiten notwendig sind.

Geschichte

Der Legende nach soll Agra schon als *Agrabana* im „Mahabharata" Erwähnung finden, doch historische Bedeutung erlangte die Stadt erst 1500, als der Lodi-Kaiser Sikandra sie zu seiner Hauptstadt machte. Wichtigste Stadt des Mogul-Reiches wurde Agra 1566, als Akhbar sich entschloss, seine **Hauptstadt** von Delhi hierher zu verlegen. Während Delhi die Schwelle zum Norden bildete, von der man das Land gegen Invasoren verteidigen konnte, repräsentierte Agra den Wunsch der Moguln, nach der Festigung ihrer Machtposition nun den Süden des Subkontinents enger an ihre Herrschaft zu binden. Gleichzeitig ließ sich der Zugang zum Zweistromland gegen jeden verteidigen, der über die Ebene von Malwa, die strategische Drehscheibe Indiens, vorstoßen wollte.

Doch die Mogulherrscher fühlten sich in Agra nie so ganz heimisch. Am deutlichsten zeigte sich dies bei Akhbars Enkel *Shah Jahan,* der zwar mit dem Taj Mahal das großartigste Monument muslimischer Baukunst in Agra errichten ließ, doch gleichzeitig die Grundlage des heutigen Old Delhi schuf, indem er dort die Jamia Masjid und das Rote Fort in Auftrag gab. Wäre er nicht 1658 von seinem Sohn *Aurangzeb* entthront und gefangen genommen worden, hätte er die Hauptstadt wohl schon damals nach Delhi zurückverlegt.

Nach dem Niedergang der Moguln wurde Agra Mitte des 18. Jh. innerhalb von nur acht Jahren sowohl von den Jats (einem kriegerischen Stamm aus Mittelindien) als auch von den Marathen geplündert, bevor 1803 die Briten die Macht übernahmen.

Sehenswertes

Stadtrundfahrt

●Wer mit dem Taj Express von Delhi anreist, kann bereits im Zug Tickets für die um 10.15 Uhr den Bahnhof passierende **Bustour** von *Uttar Pradesh Tourism* zu Taj Mahal, Agra Fort und Fatehpur Sikri kaufen. Der Preis beträgt 1650 Rs inkl. aller Eintrittsgelder und einem Guide. Der Ausflug dauert acht Stunden und endet wieder am Bahnhof, sodass man von dort am gleichen Tag (18.55 Uhr) nach Delhi zurückfahren kann. Man kann seinen Fahrschein beim IndiaTourism Office in The Mall, von wo der Bus bereits um 9.30 Uhr startet, oder am Tourist Information Counter am Canttonment-Bahnhof kaufen.

●Es besteht die Möglichkeit, nur den ersten Teil der Tour nach **Fatehpur Sikri** zu buchen. Auch er startet vom Tourist Office, The Mall, und dauert vier Stunden. Diese Tour endet dann vor dem Osttor des Taj Mahal.

Highlight: Taj Mahal

Rudyard Kipling hatte recht, wenn er sagte, das Taj Mahal liege jenseits jeglicher Beschreibung. Jeder Besucher, der nach Agra kommt, hat das **Mausoleum** wohl schon unzählige Male zuvor auf Fotos, Postern oder im Fernsehen gesehen, doch schließlich kann sich niemand seiner einzigartigen Ausstrahlung entziehen, wenn er durch das Eingangstor tritt.

Das Taj ist nicht nur das meistbesuchte Bauwerk Indiens, sondern eines der beeindruckendsten der Erde überhaupt. Der fast schon magische Eindruck schwebender Leichtigkeit, die dieses im Grunde so kolossale Monument aus weißem Marmor ausstrahlt, hat viele Betrachter zu lyrischen Vergleichen animiert. „Denkmal unvergänglicher Liebe" ist dabei der wohl meistverwendete. Er bezieht sich auf *Shah Jahan,* der das Monument in Erinnerung an seine Lieblingsfrau **Mumtaz Mahal** („die Erwählte des Palastes") erbauen ließ, nachdem diese im Alter von 38 Jahren bei der Geburt ihres 14. Kindes verstarb. Insgesamt 20.000 Arbeiter benötigten 22 Jahre,

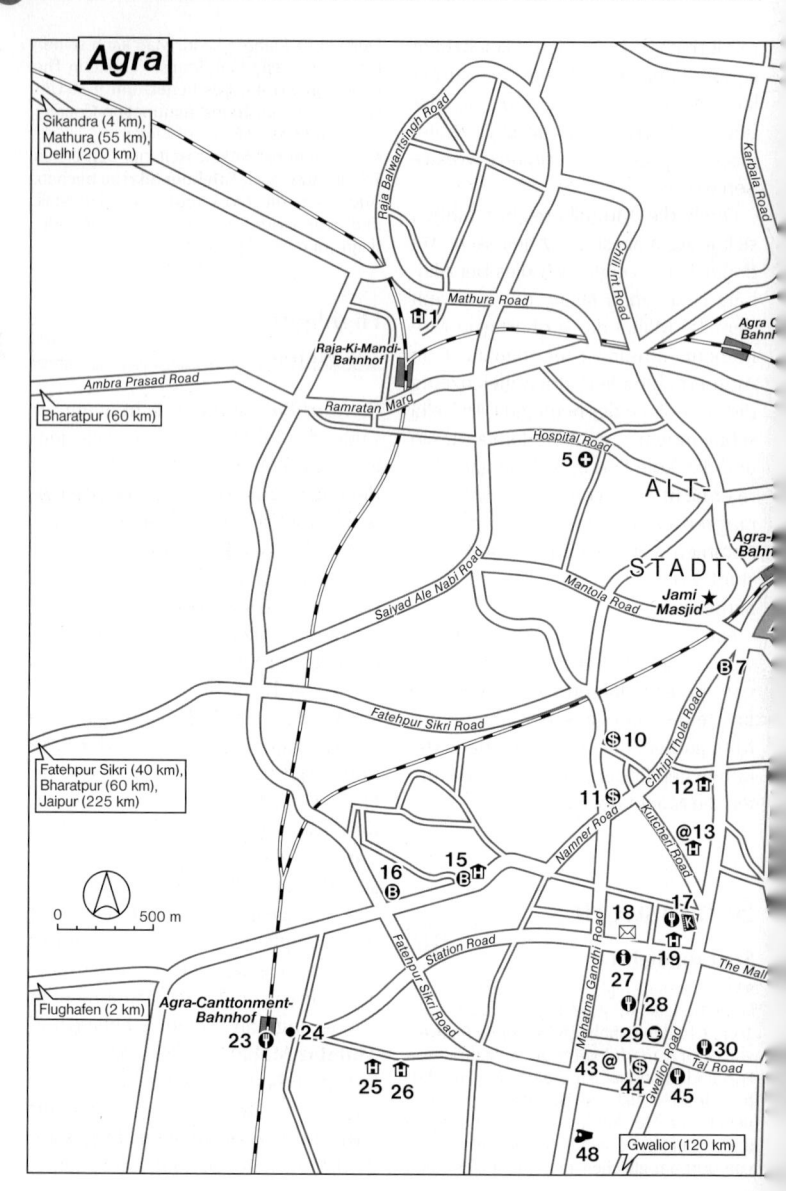

Agra

Sikandra (4 km),
Mathura (55 km),
Delhi (200 km)

Raja Balwantsingh Road
Karbala Road
Mathura Road
Chill Int. Road
Agra C. Bahnhof
Raja-Ki-Mandi-Bahnhof
Ambra Prasad Road
Ramratan Marg
Bharatpur (60 km)
Hospital Road
5
ALT-
Agra-Bahn
Saiyad Ale Nabi Road
Mantola Road
STADT
Jami Masjid ★
7
Fatehpur Sikri Road
Chhipi Tola Road
Fatehpur Sikri (40 km),
Bharatpur (60 km),
Jaipur (225 km)
10
11   12
Namner Road
@ 13
Kutchari Road
15
16
500 m
18   17
Station Road
19
Fatehpur Sikri Road
The Mall
27
Flughafen (2 km)
Agra-Canttonment-Bahnhof
28
Mahatma Gandhi Road
23   24
29
30
Taj Road
25   26
43 @   44
Gwalior Road
45

48   Gwalior (120 km)

/ Ausschnitt Taj Ganj S. 264

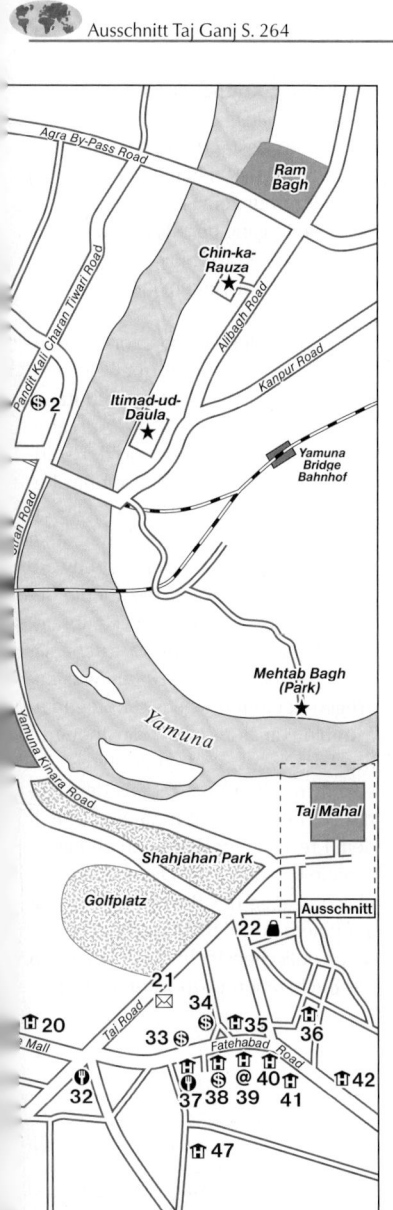

SEHENSWERTES

Unterkunft
- 🛏 1 Tourist Bungalow
- 🛏 12 Lauries Hotel
- 🛏 13 Tourists Rest House
- 🛏 14 Agra Hotel
- 🛏 15 Hotel Sakura
- 🛏 19 Agra Ashok Hotel
- 🛏 20 Hotel Akhbar Inn
- 🛏 25 Hotels Prem Sagar und Ranjit
- 🛏 26 Grand Hotel
- 🛏 31 Hotel Clarks Shiraz
- 🛏 35 Hotel Howard Park Plaza
- 🛏 36 Maya Hotel
- 🛏 37 Hotel Athiti
- 🛏 38 Hotel Amar
- 🛏 39 Hotel Ashish Palace
- 🛏 40 Hotel Mansingh Palace
- 🛏 41 Hotel Taj View, Mayur Tourist Complex
- 🛏 42 Hotel Mughal Sheraton
- 🛏 47 Safari Hotel

Essen und Trinken
- 🍴 17 Dasaprakash Restaurant
- 🍴 23 Comesum Multicuisine Food Plaza
- 🍴 28 Zorba The Buddha
- ☕ 29 Café Coffee Day
- 🍴 30 Prakash Restaurant
- 🍴 32 The Only Restaurant
- 🍴 37 Pizza Hut
- 🍴 45 Park Restaurant

Sonstiges
- 💲 2 State Bank of Bikaner & Jaipur
- ✚ 5 S.N. Hospital
- 🚌 7 Agra-Fort-Busbahnhof
- • 8 Eingang und Ticketverkauf Rotes Fort
- 💲 10 State Bank of India
- 💲 11 Central Bank of India
- @ 13 Cyber Point
- 🚌 15 Busse nach Rajasthan
- 🚌 16 Igdah Busbahnhof
- 🎬 17 Meher Cinema
- ✉ 18 Hauptpost (GPO)
- ✉ 21 Postamt
- 🔒 22 Usmani Cycle Store
- • 24 Prepaid Counter für Rikshas und Taxis
- ℹ 27 India Tourism
- • 31 Indian Airlines, Jet Airways, Lufthansa
- 💲 33 HDFC ATM
- 💲 34 State Bank of India
- 💲 38 LKP Forex, ICICI ATM
- @ 39 sify-i-way Internet
- @ 43 sify-i-way Internet
- 💲 44 UTI ATM, Andra Bank
- ℹ 46 Uttar Pradesh Tourism
- 🚔 48 Polizei

Agra

um diese Liebeserklärung aus Marmor 1653 fertigzustellen.

Obwohl immer wieder europäische Architekten, vor allem aus Frankreich und Italien, als **Baumeister** angeführt wurden, geht man inzwischen davon aus, dass Shah Jahan selbst als Hauptarchitekt fungierte. Die enormen Kosten, die der Bau verschlang, waren für Shah Jahans machthungrigen Sohn *Aurangzeb* ein willkommener Anlass, um den **Sturz seines Vaters** zu legitimieren. Während sich Aurangzeb im Laufe seiner fünfzigjährigen Herrschaft durch seinen fanatischen Feldzug gegen hinduistische Heiligtümer einen wenig glorreichen Nachruf verschaffte, musste sich sein im Roten Fort gefangen gehaltener Vater für die letzten acht Jahre seines Lebens mit dem Blick auf das Taj begnügen.

Eingangstore

Der für das Taj so bezeichnende Eindruck perfekter Harmonie beruht auf einer bis in das kleinste Detail durchgeplanten Abstimmung aller Bauelemente der Gesamtanlage. Farbgebung, Material, Ornamentierung, Größenverhältnisse – nichts blieb dem Zufall überlassen, alles wurde am Prinzip vollkommener Symmetrie orientiert.

Das beginnt bereits bei den drei großen Eingangstoren, die zu einem Innenhof führen, an dessen westlicher Seite sich verschiedene Souvenirläden reihen. Alle drei sind architektonisch und farblich dem Haupteingangstor nachempfunden, welches zur eigentlichen Anlage mit dem Taj Mahal am nördlichen Ende führt. Allerdings ist das heutige **Kupfertor** ein relativ neuer Ersatz für das ehemalige Eingangstor. Dieses bestand aus reinem Silber und war mit 1.100 Nägeln mit Köpfen aus Silbermünzen beschlagen. Nach dem Niedergang der Moguln wurde es neben anderen wertvollen Gegenständen von den Jats, einem lokalen Hindu-Stamm, erbeutet.

Das gewaltige Eingangstor sollte jedoch nicht nur die enormen Schätze innerhalb der Grabanlage schützen, sondern es hatte auch die Aufgabe, die profane Außenwelt von der spirituellen Welt um das Mausoleum herum symbolisch zu trennen. Diesen spirituellen Zweck verdeutlichen auch die **Kalligraphien** an den Außenwänden des Eingangstores, die auf die Bedeutung der sich an das Haupteingangstor anschließenden Gartenanlage hinweisen. Für die aus den wüstenartigen Regionen Asiens stammenden Moguln war der Garten der Inbegriff des Paradieses, und so endet die Inschrift mit dem Vers 89 aus dem Koran, in dem es heißt: „Schließ Dich dem Kreis meiner Diener an und gehe in mein Paradies ein!" Die vermeintlich gleiche Länge der Buchstaben beruht auf einem von den Erbauern verwendeten optischen Trick: Sie verlängerten die Buchstaben proportional zur Ent-

Millionen ausländischer und indischer Touristen strömen jährlich zum Taj Mahal – für viele der Höhepunkt ihrer Indienreise

fernung des Betrachters, um den Schein der Harmonie aufrecht zu erhalten.

Der Blick aus dem dunklen Inneren des Eingangstors auf das leuchtend weiße, scheinbar schwebende Taj Mahal gehört zu den unvergesslichsten Eindrücken jeder Indienreise. Gehörte sollte man sagen, muss sich der Besucher doch seit einigen Jahren diesen einzigartigen Augenblick bis zum Schluss aufbewahren, seitdem der Eingang aus Sicherheitsgründen in ein kleines Tor rechts davon verlegt wurde.

Gartenanlage

Zentraler Bestandteil der quadratischen Anlage ist die zwischen Eingangstor und Taj gelegene Gartenanlage. Die zuvor erwähnte Gleichsetzung von „Garten" mit „Paradies" zeigt sich am deutlichsten in der Tatsache, dass im Persischen, der damali-

Mythos Taj Mahal – Unbekanntes vom bekanntesten Bauwerk der Erde

Seit seinem Bau vor über 300 Jahren ist das Taj Mahal weltweit zum Inbegriff unvergänglicher Liebe geworden. Diese romantische Verklärung des meistfotografierten und wohl berühmtesten Bauwerks der Erde hat dazu geführt, dass eine Reihe von historischen Tatsachen, die dieses Bild stören könnten, bisher kaum bekannt sind.

So war *Mumtaz Mahal*, die mit bürgerlichem Namen eigentlich *Arjumand Bano* hieß, durchaus nicht die einzige Gemahlin von *Shah Jahan*. Obwohl sie zweifellos seine Lieblingsfrau war, mit der er auch wichtige politische Entscheidungen beriet, hatte er gleichzeitig noch zweiundsiebzig weitere Gattinnen und von mindestens acht von ihnen ebenfalls Kinder. Auch die immer wieder vorgetragene Legende, dass der untröstliche Herrscher nach dem Tod von Mumtaz für zwei Jahre auf jeden Luxus verzichtet und vollkommen zurückgezogen gelebt haben soll, entspricht nicht den Tatsachen. Wein, Weib und Gesang blieben für ihn wie für alle seine Vorgänger die liebsten Beschäftigungen.

Zur Verklärung des Taj gehört auch die immer vorgetragene Behauptung, Shah Jahan habe einen fast identischen Bau aus schwarzem Mamor auf der gegenüberliegenden Seite des Yamuna geplant. So herzerweichend diese Vorstellung auch sein mag – bis heute wurde nicht ein einziger historischer Beleg dafür gefunden.

Während des Baus des Taj Mahal versammelten sich die bekanntesten Musiker und Dichter des Reiches in Agra, um mit Musik, Lesungen und Rezitationen aus dem Koran der Verstorbenen zu gedenken und die Größe Shah Jahans zu preisen. Vor den Toren des Grabmals wurden die Armen gespeist, und an Festtagen sammelte man im Namen der Verstorbenen Geld für soziale Zwecke. An Shah Jahan wird man aber wohl nicht als an einen wohltätigen Monarchen gedacht haben, gab er doch damit nur einen Bruchteil dessen an die Bevölkerung zurück, was er vorher durch eine rigorose Abgabenpolitik abgenommen hatte. Seit mehr als tausend Jahren war es in Indien üblich, dass die Herrscher den Bau eines Tempels, einer Moschee oder eines Grabmals nicht mit ihrem persönlichen Vermögen finanzierten. Shah Jahan ließ den Bau des Taj Mahal zum großen Teil durch Sondersteuern finanzieren, die er den Bürgern aus dreißig Dörfern in der Umgebung von Agra auferlegte.

Der Name *Taj Mahal* wurde wohl erst von den Europäern in Anlehnung an den Ehrentitel der verstorbenen Mumtaz Mahal („Auserwählte des Palastes") gewählt. Bei den Mogulen nannte man das Mausoleum *Rauza-i-Munavara* (beleuchtetes Grab).

Neben den 20.000 Arbeitern, unter ihnen allein 500 Schreiner und 300 Schmiede, wurden beim Bau auch Elefanten, Ochsen, Kamele und Esel zum Transport des Materials eingesetzt. Jeder der insgesamt tausend Elefanten zog bis zu 2,5 Tonnen schwere Marmorblöcke vom 300 Kilometer entfernten Makrana bis nach Agra. Allerdings ist nur ein relativ kleiner Teil des Taj aus reinem Marmor. Das Fundament besteht aus Bruchsteinen, der Korpus aus gegen Amtssprache der Moguln, für beide Begriffe das gleiche Wort verwendet wurde. Das satte Grün der Pflanzen bildet einen gelungenen Kontrast zum Weiß des Taj und zum Blau des Himmels. Besonders der den Garten durchlaufende zentrale **Wassergraben** mit dem sich darin spiegelnden Taj Mahal trägt entscheidend zu dem Eindruck schwereloser Leichtigkeit bei.

brannten Ziegeln. Dieser Rohbau wurde mit zuvor zurechtgeschnittenen, mit Eisenstiften verzahnten Marmorplatten verkleidet. Während der Bau des eigentlichen Mausoleums bereits nach fünf Jahren vollendet war, dauerte es noch weitere 15 Jahre, bis die beiden seitlich an den Hauptbau angrenzenden Moscheen, die große Gartenanlage und der weiträumige Eingangsbereich vor dem Haupttor fertiggestellt waren.

Nach dem Tod *Aurangzebs* und dem Niedergang der Mogul-Dynastie verkam die Anlage zunehmend. Die Gartenanlage verwahrloste und diente britischen Soldaten als willkommener Ort für Saufgelage. Die eigentliche Gefahr drohte dem Taj in den dreißiger Jahren des 19. Jahrhunderts. *Lord William Bentinck*, der damalige Generalgouverneur der britischen Krone in Indien, hatte einen vermeintlich genialen Gedanken, wie man das Taj finanziell ausnutzen könnte. Die „grandiose" Idee lief darauf hinaus, das Taj, in Einzelteile zerlegt, nach England zu verschiffen und dort zum Verkauf anzubieten. Dass dieses Vorhaben durchaus ernst gemeint war, beweisen die Kräne, die *Bentinck* zur Verwirklichung seines Vorhabens am Taj aufbauen ließ. Wenn nun das vollständige Taj weiterhin in Agra und nicht in Form kleiner Marmorsteine in Hunderten von Vitrinen viktorianischer Wohnzimmer in England zu besichtigen ist, so liegt dies an einem fehlgeschlagenen Pilotprojekt. Die vom zwei Kilometer entfernten Roten Fort demontierten Marmorblöcke fanden in England keine Abnehmer, sodass sich Bentinck gezwungen sah, seine kurz vor der Verwirklichung stehende Idee vom Abriss des Taj fallen zu lassen.

Ob sich darüber auch unser verehrter Alt-Bundespräsident *Heinrich Lübke* gefreut hat, als er in den fünfziger Jahren – wie jeder hohe Staatsgast in Indien – das Taj Mahal besuchte, muss bezweifelt werden. Nachdem er das Eingangstor durchschritten hatte, benötigte er einige Zeit, um seine Eindrücke in Worte zu fassen. Lange mussten die umstehenden Politiker und Journalisten auf seine ersten, sicherlich von Ehrfurcht und Begeisterung geprägten Worte angesichts des großartigen Anblicks warten. Schließlich wandte er sich zu seiner neben ihm stehenden Frau und sagte: „Wilhelmine, Sauerland bleibt Sauerland."

Gleichzeitig liegt auch diesem Gestaltungsprinzip wieder eine symbolische Bedeutung zugrunde. Während die viergeteilte Gartenanlage (Charbagh) die im Islam „Vollkommenheit" versinnbildlichende Zahl Vier zum Gestaltungsprinzip hat, nimmt die Wasserspiegelung die muslimische Vorstellung auf, das Paradies sei als Spiegelbild der realen Welt anzusehen.

Die in der Mitte des Wassergrabens platzierte **Marmorplattform** dient als begehrter Aussichts- und Fotografierstandort. Hier wurden schon Staatsgäste wie *Heinrich Lübke, Lady Di, Prinz Charles* und *Hillary Clinton* abgelichtet. Heute lassen sich Punjabis, Sikhs, Ladakhis, Rajasthanis, Kashmiris und Tamilen vor der traumhaften Kulisse fotografieren. Das berühmteste Bauwerk Indiens vereint die oft zerstrittenen Völker des Landes zumindest für einen kurzen Moment friedlich miteinander.

Moscheen

Die beiden identischen, das Taj flankierenden Moscheen rahmen mit ihren roten Sandsteinfassaden und den marmornen Kuppeldächern nicht nur das Mausoleum wirkungsvoll ein, sondern korrespondieren wiederum harmonisch mit dem Eingangstor. Nur die westliche der beiden Moscheen kann als solche genutzt werden, da die andere (Jawab) in die falsche Richtung ausgerichtet ist, d.h. nicht nach Mekka. Hier zeigt sich erneut, wie bestimmend das Prinzip symmetrischer Ausrichtung aller Einzelelemente der Gesamtanlage auf das Taj beim Bau der Anlage war, wurde doch die östliche Moschee aus rein ästhetischen Gründen erbaut.

Hauptbau

Das Taj selbst steht auf einer 100 x 100 m hohen Marmorplattform, die an den vier Ecken von 41 m hohen **Minaretten** begrenzt wird. Diese wiederum stehen durch ihre in gleicher Höhe wie beim Hauptbau verlaufenden Simse mit dem Taj optisch in Einklang. Die mit jeweils 58 m identische Größe der beiden entscheidenden Bauelemente des Mausoleums, der Hauptfassade und der deutlich persische Elemente aufweisenden **Kuppel** unterstreichen ebenso den harmonischen Gesamteindruck wie die entlang der Fassadenverkleidung verlaufenden **Kalligraphien,** ein Stilelement, das bereits

---

Preispolitik à la Agra oder wie man Touristen fernhält

In Indien ist man nie vor Überraschungen sicher und das trägt bekanntlich zum Charme des Landes bei. Doch was die Behörden den Taj-Besuchern seit dem Jahr 2000 zumuten, ist nicht wirklich charmant. Quasi über Nacht wurde der **Eintritt für das Taj Mahal** von 15 Rs auf **mehr als das 30-fache** angehoben: 505 Rs (ca. 10 €). Bei allem Verständnis dafür, dass umgerechnet 25 Euro-Cent fast geschenkt waren für eines der beeindruckendsten Monumente der Erde, ging diese Preiserhöhung weit über das vertretbare Ziel hinaus. Dementsprechend heftig fielen die Reaktionen aus. Besonders die ortsansässige Tourismusindustrie befürchtete große Verluste und bombardierte die zuständigen Behörden mit Protestbriefen. Die Reaktion: Der Eintritt wurde noch einmal **um 50 % auf heute horrende 750 Rs** (ca. 15 €) erhöht! Ob damit das Ende der Fahnenstange erreicht ist, weiß zurzeit niemand. Wie die seit der Preiserhöhung deutlich zurückgegangen Besucherzahlen beweisen, ist der Schuss nach hinten losgegangen und es ist nicht auszuschließen, dass die Preise wieder nach unten korrigiert werden müssen – oder vielleicht auch genau das Gegenteil – in Indien ist man vor Überraschungen nie gefeit ...

beim Haupttor Verwendung fand. Auch hier liegen dem architektonischen Gestaltungsprinzip mehrere symbolische Gedanken zugrunde. So versinnbildlicht der Übergang von der quadratischen Plattform über den oktagonalen Körper des Taj zur runden Kuppel den Übergang von der irdischen Welt (Quadrat) zum Himmel (Rund). Die Zahl Acht steht zudem für die acht Stufen des Paradieses. Darüber hinaus erinnert die schneeweiße Kuppel an eine Perle, welche wiederum als Sinnbild für Weisheit und Willen Allahs gilt.

Die architektonischen Ähnlichkeiten zum 100 Jahre zuvor erbauten Grab *Humayuns* in Delhi sind unübersehbar. Den Architekten des Taj Mahals ging es offensichtlich nicht darum, etwas gänzlich Neues zu schaffen, sondern die über Jahrhunderte vorgezeichneten Bahnen der indo-islamischen Bautradition zur harmonischen Vollendung zu bringen.

Die zwei Sarkopharge von Shah Jahan und Mumtaz Mahal befinden sich in einer **Gruft** unterhalb des zentralen Hauptraumes. Die beiden zum Verwechseln ähnlichen Grabmäler im Hauptraum selbst sind hingegen Kopien, die dort platziert wurden, um zum einen den Bürgern die Verehrung zu ermöglichen, andererseits aber die Distanz zwischen Bürgern und Herrscher zu wahren. Der Kenotaph von Mumtaz liegt übrigens genau im Zentrum, während der ihres Gatten vom Eingang aus gesehen links daneben steht. Das durch die filigran gearbeitete Marmorfenster einfallende diffuse Tageslicht vermittelt dem Besucher zusammen mit dem Echo der Menschenstimmen auch im Inneren jene magische Stimmung, die das Taj auch von außen ausstrahlt.

Auch wenn der Weg durch das Haupteingangstor mit dem berühmten Blick auf das scheinbar schwebende Taj Mahal zu den berühmtesten Motiven der Erde gehört, so gibt es dennoch einen anderen, kaum minder beeindruckenden Standort, um dieses einzigartige Bauwerk auf sich wirken zu lassen. Hierzu muss man sich auf die östliche Seite des durch Agra fließenden Yamuna gegenüber vom Taj begeben, wo der neue **Mehtab Bagh**, ein gelungener Park im Mughal-Stil, angelegt worden ist (Eintritt 100 Rs). Um dorthin zu gelangen, begibt man sich zunächst zu Fuß, mit dem Fahrrad oder per Riksha über die Eisenbahnbrücke nördlich des Roten Forts und auf der anderen Flussseite Richtung Taj. Hat man sich über Feldwege und Äcker zum Ufer des Flusses auf der **gegenüberliegenden Seite des Taj** vorgearbeitet, wird man für die Anstrengung mit einem **herrlichen Ausblick** in friedvoller Lage belohnt, den man nicht mit Tausenden anderer Besucher teilen muss. Die beste Zeit für einen Ausflug ist wohl der späte Vormittag, da sich dann der häufig auftretende Dunst meist vorzogen hat.

Öffnungszeiten und Eintritt

● Das Taj ist **täglich außer freitags** von Sonnenaufgang bis 19.30 Uhr geöffnet. Der Eintritt beträgt **750 Rs.** Vor dem Betreten der Anlage müssen Essen und Kaugummi sowie Zigaretten abgegeben werden. Videofans dürfen nur im Bereich unmittelbar um den Eingang filmen (25 Rs) und müssen danach bis zum Verlassen der Anlage ihre **Kamera** bei der Aufsicht deponieren.

Abends ins Taj

Seit 2004 ist der abendliche Zugang zum Taj Mahal wieder möglich (nachdem er 1986 wegen Sicherheitsbedenken eingestellt wurde). Dies gilt jedoch nur für fünf Tage im Monat, nämlich zur **Vollmondnacht** und jeweils zwei Nächte vorher und nachher. Zudem ist der Zugang nur 400 Personen pro Nacht gestattet, die jeweils in Gruppen von 50 Personen zwischen 20.30 und 0.30 Uhr eingelassen werden. Leider kann das Taj dabei nur aus der Ferne besichtigt werden, man darf also nicht frei auf dem Gelände herumspazieren. Erwachsene zahlen die üblichen 750 Rs, Kinder 500 Rs. Falls Wolken den Mond verdecken, wird der Eintrittspreis natürlich nicht erstattet. Die Karten müssen mindestens 24 Std. vor Einlass an einem der Tickethäuschen gekauft werden. Ob sich das Ganze lohnt, muss jeder selbst entscheiden, hat man doch auch von einigen Dachrestaurants und von der gegenüberliegenden Flussseite (Mehtab Bagh) einen schönen Abendblick aufs Taj.

Highlight: Agra Fort (Rotes Fort)

Während das Taj Mahal den Höhepunkt muslimischer Baukunst in Indien darstellt, repräsentiert das nur 2 km südlich in einer Biegung des Yamuna gelegene Fort wie kaum ein zweites Bauwerk die uneingeschränkte Machtfülle der Mogulherrscher im 16. und 17. Jahrhundert.

Gewaltige Ausmaße besitzen allein schon die über zwanzig Meter hohen, zwölf Meter dicken, von einem Wassergraben umgebenen Doppelmauern, die auf einer Länge von 2,5 km die Festungsanlage umschließen. Der Eindruck einer gigantischen **Trutzburg** spiegelt die Situation Mitte des 16. Jh. wieder. Zu jener Zeit, als **Akhbar**, der bedeutendste aller Mogulherrscher, mit dem Bau des Forts begann, stand die später uneingeschränkte Macht der Moguln noch auf äußerst wackeligen Beinen. So lag das Hauptaugenmerk der islamischen Eroberer beim Bau ihrer neuen Residenz ganz zwangsläufig auf der Absicherung gegenüber der hinduistischen Bevölkerungsmehrheit.

Baugeschichte

Während das Taj Mahal auf den ersten Blick alle Besucher verzaubert, wirkt die Festungsanlage zunächst eher verwirrend. Im Gegensatz zum Taj, welches innerhalb kurzer Zeit von einem einzigen Herrscher quasi wie aus einem Guss erbaut wurde, ist das Rote Fort während eines Zeitraums von mehr als einem Jahrhundert von mehreren Machthabern errichtet worden. Der Architekturstil der Bauwerke (ursprünglich über 560 auf einem künstlichen Hügel an der Südseite des Yamuna-Flusses) ist so unterschiedlich wie der Charakter der einzelnen Großmogulen. Während die von dem in religiösen Fragen äußerst toleranten Akhbar errichteten Bauten christliche, hinduistische, islamische und jainistische Stilelemente vereinen, spiegelt sich in der Architektur seiner Nachfolger der Einfluss der unter ihnen wieder deutlich die Oberhand gewinnenden islamischen Dogmatiker wieder.

Aus heutiger Sicht noch erstaunlicher als die **gewaltigen Ausmaße** der Paläste, Versammlungshallen, Pavillons und Moscheen ist die Tatsache, dass die architektonischen Kolosse in **Fertigbauweise** hergestellt wurden. Der relativ weiche rote Sandstein wurde bereits im Steinbruch maßgerecht bearbeitet. Danach transportierte man die einzelnen Teile auf Ochsenkarren nach Agra, wo sie in einer Art Baukastensystem zusammengesetzt wurden.

Nachdem Akbar während seiner 50jährigen Regentschaft sowohl mit militärischer Härte als auch mit diplomatischem Geschick die Grenzen des Reiches um ein Vielfaches erweitert hatte und die Staatseinnahmen in die Höhe geschnellt waren, zeugen die Bauten seiner Nachfolger von zuvor nie gekanntem **Luxus.** Shah Jahan ließ die meisten von seinem Großvater Akbar errichteten Gebäude abreißen und durch Marmorpaläste ersetzen, weil sie ihm, wie seine Chronisten vermerkten, „zu bescheiden erschienen". Das war jedoch nur die Grundausstattung zu einer Kulisse, die jeden noch so prächtig ausgestatteten Hollywood-Film zu einem Provinztheater degradiert hätte. So wurden die an sich schon sündhaft teuren Marmorplatten mit Goldmalerei und Einlegearbeiten aus Halbedelsteinen verschönert, offene Plätze und Innenhöfe mit Sonnensegeln aus weißgoldener Seide überspannt, die Böden mit Seidenteppichen ausgelegt, und aus den silbernen Springbrunnen sprühte Rosenwasser.

Das Fort war früher eine eigene, in sich abgeschlossene königliche Stadt mit Tausenden von Bediensteten. Der größte Teil der Gebäude ist heute zerstört und zudem lassen sich die Spuren des **Verfalls,** ähnlich wie beim Roten Fort in Delhi, nicht übersehen: Die meisten Räume stehen leer, der Putz bröckelt von den Wänden, Kellergewölbe entpuppen sich als stinkende Abfall- oder Toilettenräume. Die wichtigsten Gebäudeteile des Forts sind jedoch erhalten geblieben und geben einen guten Eindruck imperialer Architektur während der Mogulherrschaft.

Rundgang

Folgt man dem vom südlichen **Eingangstor** (Amar Singh) steil ansteigenden Hauptweg, gelangt man nach dem Durchqueren einer Gartenanlage zu einem hinter einem Torgebäude gelegenen **Arkadenhof.** An dessen Ostseite befindet sich die öffentliche **Audienzhalle** (Diwan-e-Am), in der die Könige offizielle Empfänge abhielten sowie Petitionen entgegennahmen. Durch die kleine **Juwelenmoschee** (Nagima Masjid) im Norden und den **Basar** (Machi Bhawan), in dem früher die Händler ihre Waren für die Haremsdamen feilboten, führt der Weg zu einer großen **Terrasse,** die einen sehr schönen Blick über den Yamuna und das im Hintergrund gelegene Taj Mahal gewährt. Der kleine, schwarze **Thronsitz Shah Jahans** befindet sich am Ostende.

Südlich hieran schließt sich die aus zwei Räumen bestehende private **Audienzhalle** (Diwan-e-Khas) an, die Shah Jahan 1637 errichten ließ. Hier soll sich auch jener berühmte **Pfauenthron** befunden haben, der schon zur damaligen Zeit zum Inbegriff von märchenhaftem Reichtum, Macht und Verschwendungssucht wurde.

Das Kissen des zwei mal eineinhalb Meter großen, vollständig mit Diamanten bedeckten Throns aus purem

SEHENSWERTES

Gold war mit 18.000 Perlen und Rubinen bestickt. Zur feierlichen Einsitzung des Möbelstückes in der privaten Audienzhalle trug der Kaiser ein so reich mit Juwelen und Diamanten besetztes Gewand, dass ihn zwei Diener stützen mussten.

Hochmut kommt bekanntlich vor dem Fall, und so wurde Shah Jahan von seinem Sohn *Aurangzeb* wegen seiner Verschwendungssucht abgesetzt und im angrenzenden Saman Burj unter Hausarrest gestellt. Oft muss ihm dabei die trotz der Nähe unüberbrückbare Distanz zu dem kaum einen Kilometer entfernten Taj Mahal unerträglich gewesen sein. „So nah und doch so fern", mögen heute auch viele der Tausende von Touristen denken, die sich täglich in dem kleinen, achteckigen Turm drängeln, in dem Shah Jahan die meiste Zeit seiner achtjährigen Gefangenschaft bis zu seinem Tode verbrachte.

Durch den über und über mit kleinen Spiegeln verzierten **Shish Mahal** und den sehr schönen **Privatpalast Shah Jahans** (Khas Mahal) mit seinen vergoldeten Bengaldächern, der noch einmal eine sehr hübsche Aussicht auf das Taj Mahal bietet, betritt man schließlich mit dem **Jehangir Mahal** den größten privaten Gebäudeteil innerhalb des Komplexes.

Als eines der schönsten Gebäude des Forts gilt die nördlich des Diwan-e-Am gelegene **Perl-Moschee** (Moti Mahal). Leider ist die zwischen 1646 und 1653 erbaute Marmormoschee wegen Restaurationsarbeiten nicht für die Öffentlichkeit zugänglich.

● **Öffnungszeiten:** tgl. Sonnenauf- bis Sonnenuntergang, Eintritt 300 Rs, Foto- und Videogebühr 25 Rs.

Der besondere Tipp: Itimat-ud-Daula

Viele Indien-Touristen mit begrenzter Zeit sehen von Agra nur das Taj Mahal und das Rote Fort, bevor sie nach Jaipur oder Delhi weiterhetzen. Dabei entgeht ihnen mit dem Itimat-ud-Daula ein **Juwel islamischer Architektur** in Indien. Mit seinen filigranen Mar-

Kurz vor dem Taj Mahal erbaut, ist das Mausoleum Itimat-ud-Daula mit den gleichen aufwendigen Intarsien versehen

morintarsien übertrifft dieses außerhalb Indiens gänzlich unbekannte Bauwerk die Qualität des weltberühmten Taj bei weitem und ist ein Muss für jeden Agra-Besucher.

3 km nordöstlich des Forts auf der anderen Seite des Yamuna befindet sich dieses kleine quadratische **Mausoleum,** welches trotz seines ganz unverwechselbaren Äußeren deutliche Parallelen zum Taj Mahal erkennen lässt. Erbauen ließ es die Frau *Jehangirs, Nur Jahan* („Licht der Welt"), für ihren Vater *Mirza Ghiyas Beg,* der unter seinem Schwiegervater eine steile politische Karriere durchlief, die ihn sogar zum Premierminister aufsteigen ließ. Als Anerkennung seiner Verdienste trug er den Titel *Itimat-ud-Daula* („Säule des Staates"). Das in einem 165 m² großen, noch von Ghiyas Beg zu seinen Lebzeiten angelegten Garten errichtete Grabmal spiegelt seine staatstragende Bedeutung gebührend wieder.

Dieses erste gänzlich aus **Marmor** errichtete Mogul-Gebäude besticht vor allem durch seine **filigranen Einlegearbeiten** in derselben Pietra-dura-Technik, die zehn Jahre später beim Taj Mahal verwendet wurde. Jeder Zentimeter ist mit stilisierten Blumen, Weinkrügen und geometrischen Mustern verziert, sodass man den Eindruck gewinnt, der Marmor diene nur als Einfassung für die Halbedelsteine. Die 1628 nach sechsjähriger Bauzeit fertig gestellte Grabanlage vermittelt den

Eindruck, als habe man zunächst die Grundstruktur des Taj Mahal in kleinem Rahmen erproben wollen, bevor man schließlich nach gelungener Generalprobe das Meisterwerk anging. Abgesehen von den wesentlich kleineren Ausmaßen liegt der Hauptunterschied in dem statt der Zwiebelkuppel als Aufsatz verwendeten quadratischen Pavillon, der von einem Bengaldach abgeschlossen wird. Dort befindet sich auch der Kenotaph des Verstorbenen und seiner Frau. Die eigentlichen Sarkophage aus orange-gelblichem Marmor finden sich in der zentralen Kammer im Erdgeschoss. Neben den schön verzierten Marmorböden gibt das von außen durch die kunstvoll durchbrochenen Marmorfenster einfallende Licht dem Raum seine sakrale Atmosphäre.

Hat man das eigentliche Grabmal besichtigt, lohnt noch der Gang zum Yamuna-Ufer, von wo sich ein hübscher Blick auf das im Dunst liegende Rote Fort bietet.

● **Öffnungszeiten:** täglich 6-17 Uhr, Eintritt 120 Rs, Video 30 Rs.

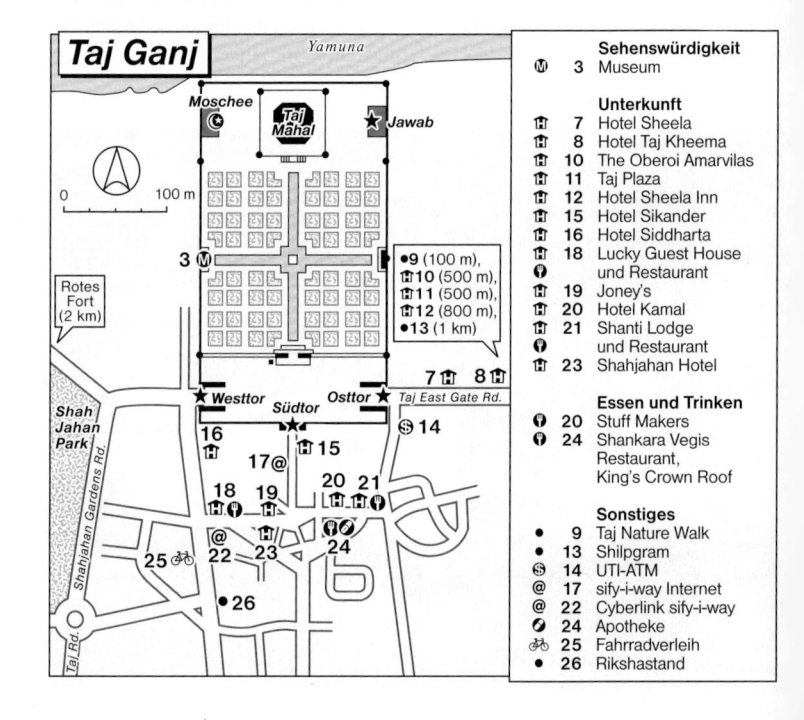

Taj Ganj

Sehenswürdigkeit
- Ⓜ 3 Museum

Unterkunft
- 7 Hotel Sheela
- 8 Hotel Taj Kheema
- 10 The Oberoi Amarvilas
- 11 Taj Plaza
- 12 Hotel Sheela Inn
- 15 Hotel Sikander
- 16 Hotel Siddharta
- 18 Lucky Guest House und Restaurant
- 19 Joney's
- 20 Hotel Kamal
- 21 Shanti Lodge und Restaurant
- 23 Shahjahan Hotel

Essen und Trinken
- 20 Stuff Makers
- 24 Shankara Vegis Restaurant, King's Crown Roof

Sonstiges
- 9 Taj Nature Walk
- 13 Shilpgram
- 14 UTI-ATM
- 17 sify-i-way Internet
- 22 Cyberlink sify-i-way
- 24 Apotheke
- 25 Fahrradverleih
- 26 Rikshastand

Weitere Sehenswürdigkeiten

Chini-ka-Rauza

Einen Kilometer nördlich des Itimat-ud-Daula-Mausoleums steht das von einer großen Kuppel überdachte **Grabmal** für *Afzal Khan,* Premierminister unter Shah Jahan. Der Name Chini-ka-Rauza (Chinesisches Grab) rührt von den hübschen, die Wände verzierenden Blumenornamenten aus Fayencen her. Das Mausoleum wird zurzeit renoviert.

Jami Masjid

Die in der Nähe des Roten Forts im Gewimmel der Altstadt gelegene Jami Masjid wurde 1648 nach fünfjähriger Bauzeit eingeweiht. Nicht zuletzt die Verwendung von weißem Marmor weist den Bau als architektonische Hinterlassenschaft der Regierungszeit Shah Jahans aus. Ebenso wie bei der Freitagsmoschee in Delhi lobpreist die am Hauptbogen der Moschee zu sehende Inschrift die Regentschaft des Herrschers.

Praktische Tipps

Information

- Das **IndiaTourism Office** (191, The Mall, Tel.: 2226378, Fax: 2226368, goitoagr@sancharnet.in, www.incredibleindia.org) befindet sich gegenüber der Post und ist Mo-Fr von 9 bis 17.30 und Sa von 9 bis 14 Uhr geöffnet. Über dieses Büro können auch offiziell zugelassene Stadtführer geordert werden (halbtags 280 Rs, ein ganzer Tag schlägt mit 400 Rs zu Buche).
- Das **Uttar Pradesh Tourism Office** (64, Taj Rd., Tel.: 2226431, www.up-tourism.com, tgl. 10-17 Uhr, jeden 2. Sa sowie So geschlossen) liegt ganz in der Nähe des Hotels *Clarks Shiraz*. Im Bahnhof Agra Canttonment (Tel.: 2421204) befindet sich eine rund um die Uhr erreichbare Filiale. Hier kann auch Kontakt mit der Tourist Police aufgenommen werden.

Stadtverkehr

In keiner anderen Stadt Indiens ist das **Schlepperwesen** derart ausgeprägt wie in Agra. Sobald man den Zug verlässt, wird man von Rikshafahrern umstellt, die einen in das für sie lukrativste Hotel fahren möchten, sprich dorthin, wo sie die höchste Kommission kassieren. Am liebsten legen sie unterwegs noch mehrere Stopps bei Marmor- und Juweliergeschäften ein. Es gibt nicht wenige Touristen, denen durch die ständige Anmache der gesamte Aufenthalt verleidet worden ist.

- Unglücklicherweise ist man jedoch zumindest bei der Ankunft auf die **Rikshafahrer** angewiesen, da Agra viel zu weitläufig ist, als dass man die Entfernungen zu Fuß zurücklegen könnte. Dennoch gibt es einige Tricks, um sich die aufdringlichsten unter ihnen vom Halse zu halten. Auf keinen Fall sollte man mit den die Touristen schon auf dem Bahnsteig in Empfang nehmenden Rikshafahrern zum Hotel fahren. Diese sind derart auf Westler spezialisiert, dass sie oft das Vier- bis Fünffache des normalen Fahrpreises verlangen. An der Canttonment-Train-Station sollte man in jedem Fall einen der vor dem Bahnhof befindlichen Prepaid-Schalter für Taxis bzw. Rikshas nutzen. Auch vom Agra-Fort-Bahnhof zu den Billighotels im Stadtteil Taj Ganj, nur wenige Meter südlich vom Taj Mahal, sollte man mit der Fahrradriksha nicht mehr als 15 Rs zahlen, per Autoriksha maximal 30 Rs. Am besten gibt man Joney's Place mitten im Zentrum von Taj Ganj als Fahrtziel an. Von dort sind es nur wenige Meter zu den Hotels.

● Die beste Art der Fortbewegung im weitläufigen Agra bieten **Fahrräder**, die im Taj Ganj noch bei einigen Hotels und Fahrradläden, etwa Raja Cycle Store, für ca. 30-40 Rs pro Tag auszuleihen sind. Außerdem entledigt man sich auf diese Weise am elegantesten der ständigen Fragerei der Rikshafahrer: „You want to see a nice carpet shop, Sir?"

● Zum 7 km außerhalb gelegenen **Flughafen** zahlt man mit dem Taxi 140 Rs, mit der Autoriksha ca. 70 Rs. Der Flughafenbus verkehrte zur Recherchezeit nicht mehr.

● Zwischen 6 und 19 Uhr verkehren zwischen Taj Mahal und Agra Fort oder auch östlich zum Shilpgram-Gelände **Elektrobusse**, die von westlichen Touristen umsonst benutzt werden können.

Unterkunft

Die beiden für Touristen interessanten Hotelgegenden sind **Taj Ganj**, sozusagen das Altstadtviertel Agras unmittelbar südlich vom Taj mit einer Ansammlung vieler Billigunterkünfte, und der gesamte sich südwestlich hiervon bis zum Agra-Canttonment-Bahnhof erstreckende Stadtteil, in dem sich vor allem Hotels der mittleren und oberen Kategorie befinden.

Low Budget

Viele der Billigunterkünfte in Taj Ganj sind nur mit Fahrradrikshas zu erreichen, da motorisierte Fahrzeuge wegen der um das Taj gezogenen Bannmeile in diesem Bereich nicht zugelassen sind.

● Vor allem wegen des hervorragenden Service und der Hilfsbereitschaft des das Haus leitenden Bruderpaars und des Personals wird das **Tourists Rest House** €-€€ (Tel.: 2363961, Fax: 2250246, dontworrychicken curry@hotmail.com) an der Kutcheri Rd. zwischen Bahnhof und Taj Ganj Area hier zuerst genannt. Auch die sauberen, um einen als Restaurant fungierenden, begrünten Innenhof angelegten AC- (mit TV und teils Kühlschrank) und Non-AC-Zimmer sind preisgerecht, obwohl sie recht dunkel sind. Zudem werden erstaunlich preisgünstige Taxis und Sightseeing-Touren in die Umgebung Agras wie auch durch Rajasthan vermittelt. Flug- und Bahntickets werden ohne Extragebühr besorgt. Da das Haus keine Kommission zahlt, wird es von Rikshafahrern nicht gern angefahren, man muss also darauf bestehen. Vorsicht: Es gibt einige namensähnliche Unterkünfte.

● In Taj-Mahal-Nähe und bei Rucksackreisenden seit vielen Jahren beliebt ist die **Shanti Lodge** €-€€ (Tel.: 2231973). Dabei ist es jedoch weit mehr der wahrlich grandiose Ausblick von der Dachterrasse auf das nahegelegene Mausoleum als die Qualität der z.T. dunklen und muffigen Zimmer, speziell im Untergeschoss des Altbaus, was die Attraktivität des Hauses ausmacht. Die mit Taj-Ausblick sind ihr Geld mehr als wert, wie auch die neuen, nach hinten gelegenen Zimmer.

● Das **Hotel Kamal** €-€€ (Tel.: 2330126, hotel kamal@hotmail.com) nebenan bietet teils recht schöne und geräumige Zimmer mit TV und ebenfalls ein Dachrestaurant mit klasse Ausblick.

● Mit eigenem, sehr schönem Garten ruhig nur wenige Meter vom Osttor des Taj Mahal gelegen und erstaunlich preiswert ist das **Hotel Sheela** €-€€ (Tel.: 2333074, hotelsheela agraindia@yahoo.com, www.hotelsheela agra.com), das vielleicht beste Angebot nahe dem Taj. Alle moskitosicheren Zimmer verfügen über eine kleine Terrasse – ein gutes Hotel.

● Als Ausweichquartier ist das nahe gelegene, moderne **Taj Plaza** €€-€€€ (Tel.: 2232515), wenig weiter östlich, akzeptabel. Zweckmäßige Zimmer mit TV, einige mit Taj-Blick, sind ihr Geld wert.

● Neu ist das saubere **Sheela Inn** €-€€€ (Tel.: 3093437), noch etwas weiter östlich, und eine weitere gute Alternative. Die Zimmer sind eher klein, ein Dachrestaurant ist vorhanden.

Stadtplan S. 252, Ausschnitt Taj Ganj S. 264 **PRAKTISCHE TIPPS**

> Agra zieht nicht nur Touristen, sondern auch **Betrüger** in Scharen an – wobei das eine das andere bedingt. Vor allem in der billigen Wohngegend beim Taj Ganj treiben sich zwielichtige Gesalten herum, denen es immer wieder gelingt, Individualtouristen zu betrügen. So smart die Männer auf der Straße oder in den Unterkünften auch wirken – man sollte sich auf keinerlei Angebote einlassen. Dies gilt insbesondere bei vermeintlich günstigen Juwelen- oder Marmorkäufen. Mehrere Leser haben auf diese Weise einige Tausend Euro verloren.

- Sehr beliebt ist das beim Westtor gelegene **Hotel Siddharta** € (Tel.: 2330901). Die um einen schönen Garten gruppierten Zimmer sind geräumig, allerdings von unterschiedlicher Qualität, die oberen sind vorzuziehen. Auch ein Dachrestaurant ist vorhanden.
- Weitere empfehlenswerte Unterkünfte im Viertel Taj Ganj sind das **Shahjahan** € (Tel.: 2233071, 23102176) mit sehr unterschiedlichen Zimmern (also umschauen) und tollem Dachausblick und das **Hotel Sikander** € (Tel.: 2330279) in einer kleinen Gasse, die zum Südtor des Taj führt.
- Etwas entfernt von Taj Ganj liegt das gute, aber seltsamerweise wenig belegte **Hotel Safari** €€ (Tel.: 2333029) an der Shamsad Road, sind doch die einzelnen Zimmer geräumig und verfügen über den Luxus eines Badezimmers mit eigener Wanne. Zudem bietet sich vom Dach ein schöner Blick auf das Taj. Auch hier wird keine Kommission gezahlt.
- Nicht weit vom Canttonment-Bahnhof entfernt stehen zwei Unterkünfte an der Station Rd. zur Verfügung: das **Hotel Ranjit** €-€€ (Tel.: 2364446, Fax: 2227510) und das **Prem Sagar** € (Tel.: 2267408) ganz in der Nähe. Beide haben Zimmer mit TV und ein Restaurant, allerdings ist das erste die eindeutig bessere, nur geringfügig teurere Wahl.

Budget

- Von Lesern gelobt wird das freundliche **Maya Hotel** €€-€€€ (Fatehabad Rd. nahe dem Purana Mandi Circle, Tel.: 2332109, (0)9719107691, magicinmaya@hotmail.com, www.helpfightpoverty.org/docs/maya/mayahotel.html). Das Haus wird von einem Inder und einer Finnin geleitet, die sich für soziale Belange in Indien einsetzt, neben Englisch auch Deutsch und Hindi spricht und fachkundige Tipps nicht nur zu Agra geben kann. Die teils klimatisierten und mit Balkon versehenen Zimmer sind zwar nicht die leisesten, aber gemütlich und sicher mit die saubersten in Agra. Ein gutes AC-Restaurant und Internetzugang sind vorhanden. Auch der mit Kachelmosaik und Blumen geschmückte Dachgarten lädt zum Verweilen und Essen ein. Zudem werden Taxi- und Sightseeingtouren vermittelt.
- Empfehlenswert ist das alteingesessene **Lauries Hotel** €€-€€€ (Tel.: 2364536, laurieshotel@hotmail.com) an der Mahatma Gandhi Road. Das von einem sehr sympathischen Ehepaar geführte Haus mit außergewöhnlich großen Zimmern zwischen großen Rasenflächen und einem ebenfalls großen Swimmingpool (den auch Nicht-Gäste für nur 100 Rs benutzen, wenn er denn mit Wasser gefüllt ist) hat seinen Charme.
- Es ist schade, dass das **Agra Hotel** €-€€€ (Tel.: 2363331, agrahotel@yahoo.co.in), reichlich heruntergekommen ist, strahlt das von einem knorrigen, sympathischen Herrn geleitete alte Kolonialgebäude mit großen Zimmern, das seit 1926 als Hotel fungiert, doch immer noch eine recht schöne Atmosphäre aus.

Tourist Class

Die meisten Hotels dieser Preiskategorie sind etwas übertuert und finden sich an der Fatehabad Rd. etwa 1,5 km südlich vom Taj Mahal.
- Eine Ausnahme bzgl. Preiswertigkeit bildet das neue **Ashish Palace** €€€ (Fatehabad Rd., Tel.: 2230032), mit gelungen eingerichteten Zimmern mit großem Fernseher und Kühlschrank. Als einziges der hier genannten im unteren Bereich dieser Kategorie angesiedelt, ist es sein Geld allemal wert.
- Der **Mayur Tourist Complex** €€€-€€€€ (Tel.: 2332302, mayur268@rediffmail.com) steht in einer schönen Gartenanlage mit Swimming-

pool schräg hinter dem *Taj View Hotel*. Die inzwischen etwas verwohnten AC- und Non-AC-Bungalows bieten etwas zweifelhaften 70er-Jahre-Charme in einer hübschen Gartenanlage, zu der auch ein hervorragendes Restaurant gehört. Insgesamt eine noch empfehlenswerte Unterkunft, auch wenn der Service leider oft zu wünschen übrig lässt.

- Architektonisch originell wirkt das staatliche **Hotel Taj Kheema** €€€-€€€€ (Tel.: 2130140) mit seinen in eine begrünte Hügellandschaft hineingebauten Zimmern und Cottages (die teureren mit Kühlschrank und AC). Leider machen diese oft einen recht ungepflegten Eindruck, doch die ruhige Lage in der Nähe des Osttors sowie die sehr schöne Aussicht auf das Taj Mahal machen das Taj Kheema zu einer akzeptablen Adresse. Den tollen seitlichen Blick von der Rasenfläche lässt sich das Hotel von Nicht-Gästen teuer bezahlen: Sa-Do 100 Rs und Fr gar 200 Rs.
- Eine mindestens ebenso gute Adresse für weniger Geld ist das **Hotel Amar Yatri Niwas** €€€ (Tel.: 2233030-4, amaragra@sancharnet.in) mit sauberen, modern eingerichteten AC-Zimmern.
- Sympathisch, allerdings etwas überteuert ist das von Rasenflächen umgebene **Grand Hotel** €€€-€€€€ (Tel.: 2227513, 2227516) mit Restaurant an der Station Road zwischen Canttonment-Bahnhof und Taj Ganj.
- Das **Hotel Atithi** €€€-€€€€ (Tel.: 2230040, Fax: 2330878, hotelatithi@hotmail.com, www.hotelathiti.com) an der Fatehabad Road bietet klimatisierte, allerdings leicht verwohnte Zimmer mit TV, einige mit Kühlschrank. Ein Swimmingpool ist ebenfalls vorhanden.
- Wer im Atithi keinen Platz findet, kann es im nebenan gelegenen, preislich und qualitativ fast identischen **Hotel Amar** €€€-€€€€ (Tel.: 2331885-9, amaragra@sancharnet.in, www.amarhotel.com) mit Pool versuchen.

First Class und Luxus

- Über Swimmingpool, Fitnessraum und mehrere Restaurants verfügt das große, zentral klimatisierte **Agra Ashok Hotel** €€€€-€€€€€ an The Mall (Tel.: 2361223, moonagra@yahoo.com).
- Ausgesprochen angenehm wohnt man in dem um einen großen Innenhof mit Swimmingpool angelegten **Hotel The Trident** €€€€€ (Fatehabad Rd., Tel.: 2331810/8, agra@trident-hilton.com) – ein gutes Preis-Leistungs-Verhältnis.
- Teuer, dafür aber auch gut ist das mondäne **Mughal Sheraton** €€€€€ (Fatehabad Rd, Tel.: 2331701-26, mughal.sheraton@welcomgroup.com). Im Gegensatz zu vielen anderen Hotels dieser Preiskategorie wirkt es ganz und gar nicht steril, sondern elegant und freundlich.
- Auch der **Mansingh Palace** €€€€€ (Fatehabad Rd., Tel.: 2331771, mansingh.agra@mailcity.com, www.mansinghhotels.com) bietet schön eingerichtete Zimmer sowie einen Swimmingpool zu angemessenem Preis.
- Sehr geschmackvoll eingerichtete, klimatisierte Zimmer sowie einen Pool in einem großen Garten bietet das empfehlenswerte **Taj View** €€€€€ (Tel.: 2232400-18, tajview.agra@tajhotels.com).
- Mit Abstand die luxuriöseste Unterkunft ist das fabelhafte **The Oberoi Amarvilas** €€€€€ (Tel.: 2231515, reservations@oberoi-amarvilas.com) nahe des Osttors des Taj Mahal, das leicht 6 oder 7 Sterne verdient hat. In eine tolle Architekturlandschaft mit Wandelgängen und Wasserspielen eingebettet, muss für diese absolute Luxusherberge allerdings auch ein kleines Vermögen pro Nacht hingeblättert werden.

Essen und Trinken

- Selbst wer keinen Hunger verspürt, sollte sich nicht die großartige Aussicht vom Dachrestaurant der **Shanti Lodge** entgehen lassen. Ein idealerer Ort, um bei einem kleinen Imbiss oder einem Getränk ein paar Postkarten zu beschreiben und das Taj auf sich wirken zu lassen, lässt sich kaum denken. Gelegentlich sind Händler, die dort eingelassen werden, leider etwas aufdringlich.
- Auch die **Gulshan Lodge** lockt mit ihrem Dachrestaurant. Wer ein wenig vom bunten Leben des Taj Ganj an sich vorbeiziehen lassen möchte, sollte das im Erdgeschoss ansässige Lokal vorziehen.

- Ein alter Favorit speziell fürs morgendliche Frühstück ist **Joney's Place** schräg gegenüber. Geht man nach der Anzahl der dort ansässigen Fliegen, ist es jedoch sicherlich kein Hort der Hygiene.
- Das beste vegetarische Essen in Taj Ganj bekommt man im schön eingerichteten **Shankara Vegis Restaurant**. Wenn die Bob-Marley-Kassettenauswahl etwas variiert würde, wär's ein richtig gutes Lokal.
- Großer Beliebtheit erfreut sich auch das im selben Gebäude gelegene **King's Crown Roof Top Restaurant**.
- **Stuff Makers** im *Hotel Kamal* ist wohl hauptsächlich wegen seiner Taj-Ausblicke vom Dach sowie der gemütlichen Strohdächer zu ebener Erde ein weiterer beliebter Treffpunkt der Traveller-Gemeinde. Das Essen ist typisches Travellerfood und eher durchschnittlich, aber preiswert.
- Angenehm sitzen kann man im **Park Restaurant**. Im Angebot sind neben südindischen Gerichten auch chinesische Speisen. Gegenüber bietet das etwas teurere **Prakash** nord- und südindische sowie bengalische und Punjabi-Küche (freitags geschlossen).
- Ausgezeichnete südindische Gerichte serviert das **Restaurant Dosaprakash** beim Meher Cinema, eine stadtbekannte Adresse.
- Das **The Only Restaurant** an The Mall wird von Indern sehr geschätzt, allerdings ist das Essen durchschnittlich (um 250 Rs pro Hauptgericht), abends ab 19 Uhr oft Live-Musik.
- Ein modernes Café der **Café Coffee Day**-Kette gegenüber dem *Pawan Hotel* bietet cleane Atmosphäre und schnelle Gerichte (Pizza, Burger) und Kuchen inkl. eines Schwarzwälder-Kirsch-Versuchs, Kaffee aus Kolumbien und Chikmaglur sowie Eiscreme – immer gut für einen Snack.
- Im **Pizza Hut** neben dem *Athiti Hotel* gibt's außer dem Restaurant einen Zustellservice (Tel.: 2333051-3) ohne Aufpreis – kein Wunder, sind doch die Pizzas sowieso recht teuer.
- Keinen Blick, dafür aber exzellente Gerichte zu sehr günstigen Preisen bietet das freundliche **Yash Café** direkt neben der Shanti Lodge.
- Noch zu empfehlen ist das ehemals erstklassige, immer noch gute **Zorba the Buddha** im Sadar Bazaar. Das von der *Osho Commune* gemanagte vegetarische Restaurant serviert gesunde Kost und diverse Kräutertees in blumiger Umgebung, ein angenehmer Ort zum Entspannen im eher hektischen Agra.
- Im Agra-Canttonment-Bahnhof sorgt das gute **Comesum Multicuisine Food Plaza** mit *dosas, thalis* und Burgern preiswert Tag und Nacht fürs leibliche Wohl.

Bank

- Neben der **State Bank of India** an der M.G. Rd. (Mo-Fr 10-16 Uhr, Sa 10-13 Uhr) tauschen auch die **Central Bank of India** und die **Andhra Bank** beim *Pawan Hotel* sowohl Bargeld als auch Travellerschecks. Außerdem besteht bei den letzten beiden die Möglichkeit, für Visa- und Mastercard Geld zu erhalten.
- **ATMs:** nahe dem Taj Mahal von der UTI-Bank (ein weiterer UTI-ATM 100 m rechts vom *Pawan Hotel*) sowie von der ICICI-Bank gegenüber dem *Hotel Howard Park Plaza*, außerdem einer von der HDFC-Bank gegenüber dem *Hotel Athiti* (der außer Visa-, Master-, Maestro- und Cirrus-Karten wie die anderen auch Amex-Karten akzeptiert).
- Außerdem sind mehrere **private Geldwechselstuben**, z.B. von LKP Forex (bis 20 Uhr, Fr geschl.), zu finden.

Post, Telefon und Internet

- Die **Hauptpost** (Mo-Sa 10-17 Uhr) liegt zentral an The Mall gegenüber von IndiaTourism, Filialen sind im *Clarks Shiraz Hotel* und an der Taj Rd. zu finden.
- Eine Telefon-Minute nach Europa kostet in Agra im **Cyber Point** neben dem *Tourists Rest House* mit 14 Rs am wenigsten, andere wollen auch schon mal mehr oder nennen vor dem Telefonat einen geringeren Preis, als dann tatsächlich zu zahlen ist. Also jedenfalls vorher nach dem Endpreis pro Minute fragen und an der digitalen Anzeige während des Gesprächs kontrollieren.

Akhbar der Große – der geniale Analphabet

Aller Anfang ist schwer – eine Weisheit, die auch für die Großen der Geschichte zutrifft. Als „erhabenes Gicksen" beschrieb der Chronist *Badauni* die Thronrede Akhbars am 14. Februar 1556. Mildernde Umstände wird man allerdings leicht für diesen wenig gelungenen Anfang einbringen können, befand sich doch der damals gerade einmal Dreizehnjährige nach dem unerwarteten Tod seines Vaters *Humayun* im Stimmbruch. Es dauerte nicht lange, bis das „erhabene Gicksen" zur machtvollsten Stimme der gesamten östlichen Welt werden sollte.

Akhbar war von allen islamischen Herrschern Indiens die interessanteste, exzentrischste und widersprüchlichste Persönlichkeit. So vermerkte der hochgelehrte Pater *Monserrate*, dass Akhbar „nicht nur auf erstaunliche Weise über alle Angelegenheiten des Reiches informiert war, sondern darüber hinaus über eine Bildung und über ein Wissen auf allen Gebieten der Philosophie und der Künste verfügte" – wahrlich erstaunliche Fähigkeiten für einen Mann, der Zeit seines Lebens Analphabet war. Abgesehen davon, dass er wie alle Analphabeten ein ausgezeichnetes Gedächtnis besaß, war er ein Büchernarr, der sich täglich aus den 24.000 Bänden seiner Bibliothek vorlesen ließ. Sein besonderes Interesse galt dabei den Schriften anderer Religionen wie dem Hinduismus, Jainismus, Christentum und Judentum. Er lud Gelehrte unterschiedlicher Glaubensrichtungen an seinen Hof, um mit ihnen zu disputieren. Allmählich gelangte er dabei zu der Überzeugung, dass jede Religion ihre Vorteile hat und dementsprechend nicht eine Einzige für sich das Recht beanspruchen kann, die alleinige Wahrheit zu besitzen. Schließlich entwickelte Akhbar sogar seine eigene, „Din-il-Illahi" (Religion Gottes) genannte Lehre, in der er Elemente verschiedener Religionen vereinte. Wie weit er seiner Zeit voraus war, zeigt die Tatsache, dass in seinem Reich absolute Religionsfreiheit herrschte, während im christlichen Abendland blutige Glaubenskriege den europäischen Kontinent um Jahrhunderte zurückwarfen und religiöse Toleranz generell ein Fremdwort war.

Wenn es jedoch darum ging, die eigene Herrschaft zu erweitern, schlug diese vermeintliche Toleranz in unerbittliche Grausamkeit um. So ließ Akhbar 1568, nachdem er die Truppen Chittorgarhs besiegt hatte, ohne jede Not 30.000 Bauern und Söldner massakrieren, weil diese auf Seiten der besiegten Sissodias von Mewar gestanden hatten. Grundsätzlich jedoch zog er weitsichtige Diplomatie aufwendigen Schlachten vor, zumal er wusste, dass sich die muslimische Minderheit auf Dauer nur im Einklang mit der hinduistischen Mehrheit und deren Anführern behaupten konnte. Diese für Akhbar so charakteristische machtpolitische Kalkül war sicherlich auch ein Hauptgrund für seine religiöse Toleranz. Nach dem Motto „Eine Heirat erspart zehn Kriege" ehelichte Akhbar insgesamt 17 Töchter von hochrangigen Rajputenfürsten, die als Belohnung höchste militärische Posten und dementsprechend lukrative Einnahmen erhielten. So standen an der Spitze der Mogularmeen, die Hindu-Aufstände niederschlugen und weite Landstriche für Akhbar und seine Nachfolger eroberten, selbst Hindus, welche dafür fürstlich entlohnt wurden. Hauptnutznießer dieser Strategie war der bis dahin recht unbedeutende Maharaja von Amber, *Man Singh*, aus dem Geschlecht der Khachhawas von Amber, der spätere Herrscher von Jaipur. Er verheiratete seine Tochter als erster Rajputenfürst mit Akhbar und stieg damit zum mächtigsten und reichsten Herrscher Rajasthans auf. Die 5.000 Frauen seines Harems, unter ihnen russische Amazonen und über 100 Mädchen aus Abessinien, verbrauchten täglich 500 kg Quark für Gesichtsmasken.

Dank der akribischen Hofschreiber wissen wir, dass Akhbar täglich nur eine Hauptmahlzeit zu sich nahm, die, bevor sie ihm mit dem Siegel des Küchenmeisters im Harem serviert wurde, aus Angst vor Gift dreimal vorgekostet worden war. Im Übrigen trank er ausschließlich Gangeswasser und aß leidenschaftlich gern Obst und Eis, das eigens aus Kashmir angeliefert wurde.

Während seiner monatelangen Reisen musste der Großmogul nicht auf häusliche Annehmlichkeiten verzichten. Die kaiserliche Karawane bestand aus 8.000 Personen, unter ihnen der gesamte Hofstaat und Hunderte Haremsdamen. Damit die hoheitliche Reisegruppe unterwegs auf keinerlei Luxus verzichten musste, wurden Zelte, Moscheen und Bäder transportiert, und „zweitausend Steinmetze, Bergleute und Steinklopfer sowie zweitausend Erdarbeiter sorgten dafür, das Auf und Ab der Straßen vor seiner Majestät zu ebnen." Allein für den Getreidenachschub waren ständig 98.000 Lastochsen unterwegs, für den Transport der kaiserlichen Siebensachen 100 Elefanten, 500 Kamele, 400 Ochsenkarren und 1.000 Träger.

Finanziert wurde dieser märchenhafte Lebensstil zum einen aus den Steuereinnahmen des in Kronländer und so genannte Dschagirs eingeteilten Reiches. Eine weitere bedeutende Einnahmequelle war der Außenhandel mit Europa. Seide und Edelsteine waren kaiserliches Monopol, bei Gewürzen verdiente Akhbar dreißig Prozent. Um welch enorme Einkünfte es sich dabei handelte, zeigt ein Blick in die Exportstatistik des Jahres 1585, in dem 25.000 Tonnen Pfeffer, 17.000 Tonnen Gewürznelken, Edelsteine für fast zwei Millionen Golddukaten und 27.000 Ballen Seide von Indien nach Europa verfrachtet wurden.

Akhbars langfristig bedeutendste Tat bestand darin, das Mogulreich von einem Militärstaat zu einem zentralistischen Gemeinwesen auf Beamtenbasis umzuwandeln. Als er am 15.10.1605 in Agra starb, hinterließ er nicht nur eines der modernsten und wohlhabendsten Staatswesen der Erde, sondern hatte auch während seiner 50-jährigen Regentschaft eine geistige und religiöse Offenheit praktiziert, wie sie viele Jahrhunderte nicht wieder erreicht werden sollte.

Praktische Tipps

- Internet kostet durchschnittlich 25-40 Rs/Std. Schnell sind die diversen Internet-Cafés der **sify-i-way-Kette** nahe dem Südtor des Taj Mahal, in Sadar Bazaar und an der Mall beim Hotel *Ashish Palace*, die zwischen 22.30 und 23 Uhr ihre Pforten schließen. Auch der *Cyber Point* beim *Tourists Rest House* ist zu empfehlen. Billigere (ab 15 Rs) und langsamere Verbindungen gibt es z.B. an 2, Taj Rd.

Medizinische Versorgung

- Da auch einige der privaten Krankenhäuser Kommission an die Riksha-Fahrer zahlen, sollte man im Falle eines Falles besser ein staatliches Krankenhaus aufsuchen. Hier bieten sich das **S.N. Hospital** (Tel.: 2264428, 2361616) an der Hospital Rd. und das **District Hospital** (Tel.: 2363139, 2361099) an der Kutchery Rd. an.

Feste

- Jedes Jahr vom 18. bis 27.12. findet auf dem so genannten Shilpgram ca. 200 m östlich des Osttors des Taj Mahal das bedeutende **Taj Mahotsala Festival** mit Musik und Tanz (internationale Künstler) statt.

Aktivitäten

- In vielen (nicht nur teuren) Hotels kann man im **Pool** plantschen, man sollte aber telefonisch anfragen, ob er auch gefüllt ist. Die billigste Möglichkeit bietet *Lauries Hotel* mit großem Pool für 100 Rs, die teuerste *Clarks Shiraz* für 450 Rs.
- Östlich des Taj Mahal wurde ein kleiner Naturpark angelegt, in dem sich viele Vogelarten und Schmetterlinge mit dem Taj als Hintergrundkulisse beobachten lassen, der **Taj Nature Walk** ist von 6 bis 18 Uhr geöffnet. Ein kleines Gartenrestaurant gegenüber sorgt fürs Kulinarische.

An- und Weiterreise

Flug

- **Indian Airlines** (Hotel Clarks Shiraz, 54 Taj Road, Tel.: 2226821, Mo-Sa 10-17 Uhr, Pause 13.15-14 Uhr) fliegt Mo, Mi und Fr von Agra nach **Delhi** (65 US-$), **Khajuraho** (90 US-$) und **Varanasi** (115 US-$). Da die beliebteste Touristenflugroute ganz Indiens während der **Hauptsaison** oft durch große Reiseveranstalter belegt ist, sollte man möglichst lange im Voraus buchen.
- Ebenfalls auf dem Gelände des *Hotel Clarks Shiraz* befinden sich die Büros von **Jet Airways** (Mo-Sa 9-17.30 Uhr, Tel.: 2226527/9, Fax: 2226119) und **Lufthansa** (Mo-Fr 10-18 Uhr, Sa 10-16 Uhr, Tel.: 2226136/9).

Bahn

- Es gibt mit dem **Agra Canttonment** (Tel.: 2364516) und dem **Agra Fort** (Tel.: 2364163, 2364131) zwei Bahnhöfe in Agra, von denen der erste der bedeutendere ist. Hier findet sich auch das **Reservierungsbüro** (Tel.: 2421204), Mo-Sa 8-20 Uhr, Sa 8-14 Uhr.
- Verbindungen sind im Anhang aufgelistet.

Bus

- Nach **Fatehpur Sikri** und **Bharatpur** fahren viele Busse vom Igdah-Busbahnhof (Tel.: 2363588) an der Ajmer Road. Will man zum Keoladeo-Vogelreservat, sollte man schon einige Kilometer vor Bharatpur an der Kreuzung Saras Circle beim *Tourist Bungalow* aussteigen, in dessen Nähe sich der Parkeingang und die meisten Unterkünfte befinden, und nicht bis zum 4 km entfernten Busbahnhof Bharatpurs weiterfahren.

Nach **Delhi** (5 Std. zum Busbahnhof Sarai Kale Khan) mit Stopp in **Mathura**. Nach **Jaipur** (5,5 Std.) und **Gwalior** (2,5 Std.) bestehen stündliche Verbindungen, doch bequemer kommt man mit dem Zug voran. Außerdem Busse nach **Khajuraho** (5 und 17 Uhr, 10 Std., 180 Rs).

- Die bequemste Möglichkeit zu Orten in **Rajasthan** (z.B. Jaipur in 6 Std., 165 Rs, AC 250 Rs) zu kommen, bieten die AC-Busse der Golden und Silver Line. Tickets sind am Bus-

bahnhof und im nahe gelegenen *Hotel Sakura* (allerdings mit Aufpreis), von wo die Busse starten, zu erwerben. Ein vorheriger Kauf ist angeraten, da diese Busse begehrt sind. Allerdings ist darauf zu achten, dass sie nicht überall halten und teilweise den vollen Fahrpreis bis zur Endstation verlangen, auch wenn man vorher aussteigen will.
- Vom Powerhouse Busstand am Agra Fort fahren Busse nach **Mathura** (2 Std.) über **Sikandra.**

> Wer mit dem Auto oder Taxi von Agra Richtung Fathepur Sikri fährt, begegnet des öfteren **Tanzbären** am Straßenrand, die speziell für Touristen dort stehen. Man sollte diese Art des Broterwerbs nicht unterstützen, indem man anhält, da die Bären ein recht miserables Leben führen.

Umgebung von Agra

Sikandra ⟋ D2

Das 10 km nördlich von Agra nahe der Straße nach Mathura gelegene Sikandra geht auf den Lodi-Herrscher *Sikandra Lodi* (1489-1527) zurück, der hier eine neue Hauptstadt errichten wollte. Von seinem ambitionierten Vorhaben ist heute außer einigen Mauerresten so gut wie nichts erhalten geblieben. Dennoch fahren jährlich Tausende von Touristen nach Sikandra, um das prächtige **Grabmal Kaiser Akhbars,** welches in der Mitte einer gepflegten und ummauerten Gartenanlage liegt, zu besuchen.

Man betritt die weiträumige Anlage durch das Südtor. Dieser sehr schöne Bau aus rotem Sandstein mit filigranen Marmoreinlegearbeiten übertrifft das eigentliche Grabmal in seiner künstlerischen Ausgestaltung. Die kunstvollen Kufi-Bänder stammen von *Amanat Khan,* dem gleichen Künstler, der auch für die Kalligraphien des Taj Mahal verantwortlich zeichnete. Ähnlich wie beim Taj wird in den persische Gedichte rezitierenden Spruchbändern auf den Zusammenhang zwischen Garten und Paradies verwiesen. Auffällig sind die vier das Tor an den Eckpunkten flankierenden **Minarette.**

Über eine breite, gepflasterte Allee gelangt man zum vierstöckigen **Mausoleum,** welches mit seiner unorthodoxen Mischung aus unterschiedlichen Stilelementen zunächst etwas verwirrend wirkt. Besoners augenfällig ist der Kontrast zwischen klassisch-islamischen Bögen und den die oberen Stockwerke betonenden offenen Pfeilerhallen, einem typisch hinduistischen Stilelement. Im leider nicht zugänglichen Obergeschoss befindet sich der mit den 99 Namen Allahs verzierte Kenotaph Akhbars. Die sehr eigenwillige Konstruktion des Mausoleums zeigt die für Akhbar so charakteristische Toleranz gegenüber anderen Religionen. Allerdings wurden viele das Gesamtbild prägende Gebäudeteile, wie die Minarette am Eingangstor, nicht von Akhbar selbst, der noch vor der Vollendung seines Grabmals starb, sondern von seinen Nachfolgern errichtet, deren Architekturvorstellungen sich deutlich vom bedeutendsten aller Moguln unterschieden. Ähnlich einer ägyptischen Pyramide führt ein schmaler Gang zur Gruft mit dem **Sarkopharg** Akhbars. Leider wurden die früher die Wände zierenden Malereien übertüncht, sodass die Grabkammer recht steril wirkt.

● **Geöffnet** ist das Mausoleum tgl. 6 bis 18 Uhr, Eintritt: 110 Rs, Videokamera 25 Rs.

An- und Weiterreise

● Die meisten Touristen besuchen Sikandra im Rahmen der vom Tourist Office in Agra angebotenen **Tagestour.**
● Mit dem **Scooter** sollte man inkl. Wartezeit mit 150 Rs für Hin- und Rückfahrt von Agra rechnen, per **Taxi** sind es ca. 300 Rs.
● Es besteht auch die Möglichkeit, mit einem **Bus** Richtung Mathura vom Agra-Fort-Busbahnhof für 8 Rs nach Sikandra zu gelangen.

Highlight: Fatehpur Sikri ⇗ D2

Sehr treffend hat man die auf einem Felsrücken knapp 40 km südwestlich von Agra gelegene Geisterstadt einmal als imposantes Monument der Macht und gleichzeitig der Ohnmacht des Mogul-Reiches bezeichnet.

Glaubt man der Legende, kam Akbar nach Sikri, um bei dem oberhalb der Ortschaft auf einem Felsen lebenden Heiligen *Shaikh Salim Chisti* um den Segen für die Geburt eines männlichen Nachfolgers zu bitten. Nachdem sein Wunsch in Erfüllung gegangen war, erkor er die Einsiedelei des Sufis zum Standort einer neuen Hauptstadt des Mogul-Reiches.

Die Bauarbeiten begannen 1571 zunächst mit der Errichtung der 10 km langen Stadtmauer. Die Moschee wurde auf dem höchsten Punkt des Felsens errichtet. Nach einem erfolgreichen Feldzug in Gujarat benannte Akhbar die neue Hauptstadt in Fatehpur („Stadt des Sieges") um.

Doch ebenso abrupt wie die Geschichte Fatehpur Sikris 1571 begonnen hatte, endete sie kaum 15 Jahre später auch wieder. Als Akhbar für mehrere Jahre als oberster Feldherr unterwegs war und die von Anfang an problematische Wasserversorgung endgültig zusammenbrach, verließ der Hofstaat das ehrgeizige Projekt und verlegte sich nach Lahore im heutigen Pakistan. 1619 kehrte *Akhbars* Sohn *Jehangir* noch einmal für wenige Monate nach Fatehpur zurück, um einer in Agra grassierenden Pest zu entfliehen, und dessen Sohn besuchte mehrfach das Grabmal des Heiligen.

Mit dem Niedergang des Mogul-Reiches geriet Fatehpur Sikri endgültig in Vergessenheit. Nur die Bewohner der unterhalb der Anlage liegenden Ortschaft zogen noch Nutzen aus der Geisterstadt, indem sie die Gebäude als willkommenen Steinbruch für ihre eigenen Häuser zweckentfremdeten.

Rundgang

Mit der **Moschee** im Süden und der etwa 100 m weiter nordöstlich sich anschließenden **Palastanlage** wird Fatehpur Sikri in zwei deutlich zu unterscheidende Teile geteilt. In den Innenhof der flächenmäßig größten Moschee Indiens führen zwei Tore, das **Königstor** (Badshahi Dawarza) und das gewaltige, 54 m hohe **Siegestor** (Buland Dawarza), welches Akhbar als eine Art Triumphbogen im Anschluss

Umgebung von Agra

Fatehpur Sikri

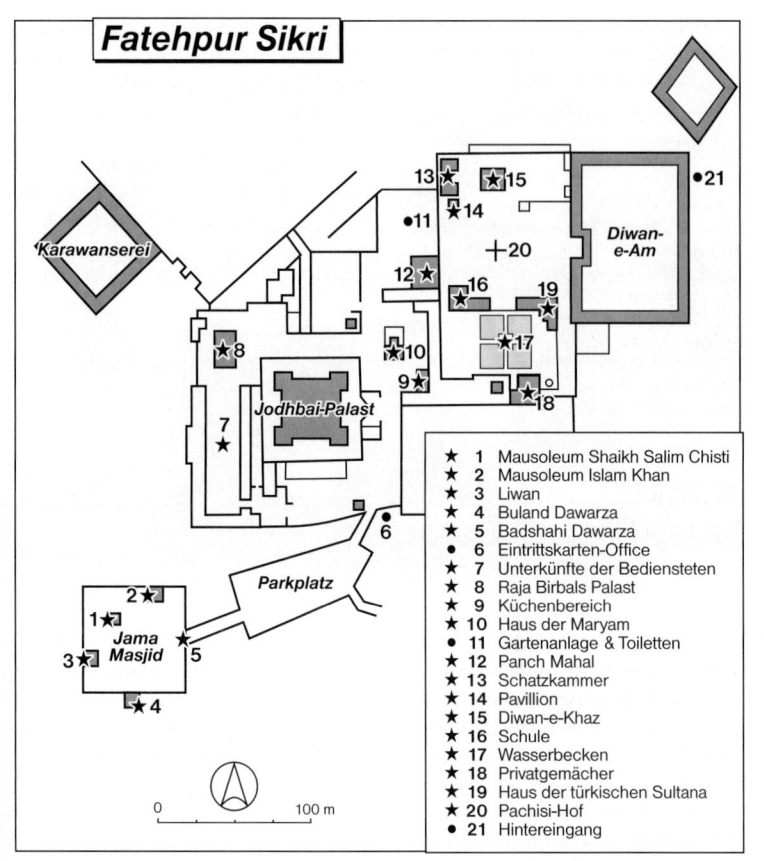

★ 1 Mausoleum Shaikh Salim Chisti
★ 2 Mausoleum Islam Khan
★ 3 Liwan
★ 4 Buland Dawarza
★ 5 Badshahi Dawarza
● 6 Eintrittskarten-Office
★ 7 Unterkünfte der Bediensteten
★ 8 Raja Birbals Palast
★ 9 Küchenbereich
★ 10 Haus der Maryam
● 11 Gartenanlage & Toiletten
★ 12 Panch Mahal
★ 13 Schatzkammer
★ 14 Pavillion
★ 15 Diwan-e-Khaz
★ 16 Schule
★ 17 Wasserbecken
★ 18 Privatgemächer
★ 19 Haus der türkischen Sultana
★ 20 Pachisi-Hof
● 21 Hintereingang

an den Sieg über die Truppen Ahmedabads in Gujarat im Jahr 1573 errichten ließ.

Hat man das über eine breite Freitreppe zu erreichende Siegestor durchquert, fällt der Blick auf das **Marmormausoleum,** welches Akhbar etwa zehn Jahre nach dessen Tod für den Heiligen *Shaikh Salim Chisti* errichten ließ. Das von einem Baldachin aus Ebenholz überwölbte Kenotaph in der zentralen Kammer des Mausoleums wird von eifrig um möglichst hohe Spendengaben bemühte Grabwächter umstanden. Die die Zentralkammer umlaufenden, filigran durchbrochenen Marmorwände und die mit Voluten und Blattwerk verzierten Pfeiler des Portikus zählen zu den schönsten Arbeiten ihrer Art in ganz Indien. Auffallend viele der heute zum Grabmal des Heiligen pilgernden Gläubige sind Frauen, die, dem Beispiel Akhbars folgend, um die Geburt eines Sohnes bitten. Dazu binden sie kleine, bunte Baumwollfäden um die Sprossen der Marmorfenster. Für die Ehefrauen in Indien ist dies auch heute noch die zentrale Aufgabe, da sie sonst in den Augen ihrer Männer und deren Familien ihrer wichtigsten Verpflichtung im Leben nicht nachgekommen sind.

Die nach Westen gerichtete Front des Hofes wird von der Freitagsmoschee eingenommen, die mit einer Länge von 90 m und einer Breite von 20 m Mitte des 16. Jh. als die größte Moschee des Mogulreiches galt.

Nachdem man die nordöstlich der Moschee gelegene eigentliche Palastanlage betreten hat, befindet man sich zunächst im **Haremsbereich.** Auf der linken Seite steht der nach der Mutter *Jehangirs* benannte **Jodhbai-Palast,** von dem man annimmt, dass er das erste in Fatehpur errichtete Gebäude gewesen ist. Mit seinen hohen Mauern und dem Wächterhäuschen am Eingang erinnert der fensterlose Bau an eine stark gesicherte Festung.

Der Zugang zum Hof liegt axial, damit man von außen nicht den Haremsbereich einsehen konnte. In dem hinduistische und muslimische Elemente vereinigenden Bau, der früher über einen Gang mit dem Privatgemächern des Herrschers verbunden war, lebte ein Großteil der über 300 Konkubinen des Kaisers.

Begibt man sich nach Verlassen des um einen großen Innenhof angelegten Baus nach links, so fällt einem das **Haus der Maryam** ins Auge, welches früher wegen seiner prächtigen Wandbemalung „Goldenes Haus" (Sunhara Makan) genannt wurde. Von den meisten einheimischen Führern als Haus der portugiesischen Gemahlin Akhbars beschrieben, die es allerdings nachweislich nicht gegeben hat, diente es aller Wahrscheinlichkeit nach als Residenz der Mutter Akhbars. Im Inneren des von einem Pavillon gekrönten Gebäudes lohnen die hinduistische Motive zeigenden Wand- und Deckenmalereien einen Besuch.

Geht man von hier nach links, entlang der Außenmauer des Jodhbai-Palastes, so gelangt man nach etwa 100 m zu dem zweigeschossigen **Haus von Birbal,** welches der französische Autor *Victor Hugo* einmal mit einer überdimensionalen Schmucktruhe verglich. Obwohl der Bau ausschließlich aus Stein errichtet wurde, erweckt die detailgenaue Verzierung der Außenwände durch die hinduistischen Steinmetze den Eindruck, als handele es sich um einen Holzbau. Auch hier finden sich wieder viele Hindu-Elemente wie das Lotosmotiv, die an einer Kette herabhängende Tempelglocke oder ein Wasserkrug. Die Kuppeln über dem Obergeschoss und die Satteldächer über den Eingangsbauten des Untergeschosses sind zweischalig ausgeführt, um eine übermäßige Aufheizung der Räume im Sommer zu vermeiden – eine „raumklimatechnische" Methode, die unter anderem auch im Roten Fort Anwendung fand.

Der Name *Birbal* bezieht sich auf einen Hindu, der am Hofe *Akhbars* großen Einfluss hatte, wiederum ein Beleg für die oft gepriesene Toleranz *Akhbars*. Man nimmt jedoch an, dass nicht er, sondern Haremsdamen das Haus bewohnten.

Anschließend an den Birbal Bhawan findet sich ein u-förmiger Hof, der lange Zeit als Stallung für 200 Pferde und Kamele angesehen wurde. Der damit einhergehende Lärm und Gestank sowie die Anwesenheit von Männern in unmittelbarar Nähe zum Haremsbereich erscheint jedoch mehr als ungewöhnlich, und so geht man heute davon aus, dass es sich um die Unterkünfte der weiblichen Bediensten des angrenzenden Harems gehandelt haben muss.

Zurück zum Haus der Maryam sind es nur wenige Meter zum **Panch Mahal,** dem beherrschenden Bauwerk des **königlichen Palastbereiches.** Die insgesamt 176 Säulen des fünfgeschossigen, sich nach oben verjüngenden Gebäudes weisen in ihrer Ornamentierung erneut viele hinduistische und jainistische Stilelemente auf. Vom dritten Stock (die oberen beiden Stockwerke sind gesperrt) dieses ursprünglich zur Entspannung in luftiger und damit kühlender Höhe für die Haremsdamen erbauten Bauwerkes aus bietet sich ein herrlicher Blick über die gesamte Anlage. Von hier aus eröffnet sich dem Betrachter der für die damalige Zeit ungewöhnliche, fast schon revolutionäre Architekturentwurf Akbars. Die scheinbar alle Begrenzungen sprengende leichte Anordnung der einzelnen Gebäude bricht mit islamischen wie auch hinduistischen Traditionen und spiegelt so den unabhängigen Geist und selbstbewussten Charakter Akhbars wieder.

Der **Pachisi-Hof,** der wie eine überdimensionale Kopie des gleichnamigen Brettspiels, das der Kaiser hier gespielt haben soll, aussieht, bildet mit dem Wasserbecken an der Südseite den eigentlichen Mittelpunkt der Palastanlage. Der Überlieferung nach spielte man nicht mit herkömmlichen Holzfiguren, sondern mit Sklavinnen in verschiedenfarbiger Kleidung. Der Hofhistoriker *Abul Fasl* gibt Einblick in die damaligen Spielgewohnheiten: „Zeitweise nahmen mehr als zweihundert Spieler teil, und niemandem war es erlaubt, nach Hause zu gehen, bevor er sechzehn Runden gespielt hatte. Das konnte unter Umständen drei Monate dauern. Wenn einer unter ihnen die Geduld verlor und unruhig wurde, musste er einen Becher Wein trinken."

Die **Privatgemächer** des Kaisers schließen die 175 m lange Hofanlage nach Süden ab. Es bedarf schon einiger Fantasie, um sich den ehemaligen Glanz des dreistöckigen, aus mehreren Gebäudeteilen bestehenden Privatpalastes vorstellen zu können. Wesentlich leichter fällt einem die Vorstellung bei dem vorgelagerten **Wasserbecken Anup Talao.** Auf der durch vier Stege mit dem Ufer verbundenen zentralen Plattform sollen in Vollmondnächten musikalische Darbietungen stattgefunden haben.

Wegen seiner reichen, an das Haus *Raja Birbals* erinnernden Verzierung an Außen- wie Innenwänden verdient auch das am nordöstlichen Ende des Wasserbeckens stehende Haus der türkischen Sultana *Ruqaya Begum* Beachtung.

In der nordwestlichen Ecke der Hofanlage findet sich die königliche **Schatzkammer** (Ankh Micholi), von der die um blumige Geschichten nie verlegenen Chronisten des Mogul-Hofes erzählten, dass hier der Kaiser mit seinen Konkubinen Blinde Kuh gespielt haben soll. Ein großartiges Beispiel der einzigartigen Steinmetzkunst und der religiösen Toleranz Akhbars bietet ein direkt vor dem Bau platzierter Pavillon. Die Blumen-, Girlanden- und Tiermotive des sich vom Dach zu den Säulen windenden *Toranas* sind in bester Jain-Tradition ausgeführt und brauchen den Vergleich mit Dilwara und Ranakpur nicht zu scheuen.

Von außen recht schmucklos und zudem unglücklich proportioniert wirkt der angrenzende **Diwan-e-Khaz.** Um so beeindruckender zeigt sich dafür das Innere des Gebäudes. In der Mitte des zweigeschossigen Raumes erhebt sich eine reich ornamentierte Säule, deren weit ausladender Konsolenring die runde Plattform für den Thron des Kaisers trägt. Schmale Brücken gehen zu den vier Ecken der umlaufenden Galerie. Das Gebäude diente wohl in erster Linie als kaiserliches Studierzimmer, in dem sich der

Herrscher zuweilen mit berühmten Philosophen des Reiches austauschte. Die **öffentliche Audienzhalle** mit einem großen Innenhof bildet das nordöstliche Ende der Palastanlage.

Sehr eindrucksvoll ist ein Abstecher auf die Nordseite des Palastes, wo man die Größe der Anlage fast touristenfrei auf sich wirken lassen kann.

- Der **Eintritt** in die Jama Masjid ist frei, für die Palastanlage sind 250 Rs zu zahlen, Video 25 Rs. Eine einstündige Führung sollte nicht mehr als 85 Rs kosten.

Unterkunft

(Vorwahl: 05613)
- Eine der besten Unterkünfte in Fatehpur Sikri ist das **Hotel Goverdhan Tourist Complex** €-€€ (Tel.: 282643, goverdhan@hotmail.com) mit Garten und sauberen Zimmern mit Heißwasser, die teureren mit TV. Gäste haben 10 Min. Internet tgl. frei. Die Dachterrasse wird zum Restaurant ausgebaut. Ein weiteres Restaurant liegt direkt daneben.
- Ebenfalls in Ordnung ist der staatliche **Gulisham Tourist Complex** €-€€ (Tel.: 282490). Der architektonisch sehr ansprechende Bau, etwa 500 m vom Ort an der Hauptstraße Richtung Agra gelegen, bietet geräumige und gepflegte Zimmer, die teuren mit AC. Das hauseigene Restaurant wirkt recht unpersönlich.
- Wer im Dorf wohnen will, trifft mit dem **Ajay Palace** € (Agra Rd., Tel.: 282950) eine gute Wahl. Die Zimmer sind einfach, teils mit Gemeinschaftsbad, das Dachrestaurant bietet gute Aussichten und gutes Essen. Ganz billig wohnt man im **Ashoka Guest House** € (Tel.: 284904) ganz in der Nähe.
- Das **Maurya Rest House** € (Tel.: 282348) direkt unterhalb des Buland Dawarza bietet kleine Zimmer, teilweise mit Balkon, die billigen mit Gemeinschaftsbad.

An- und Weiterreise

- **Bahn:** Die tgl. vier Züge zwischen **Agra** und Fatehpur Sikri sind nicht zu empfehlen, da oft hoffnungslos überfüllt und verspätet.
- **Bus:** Tgl. sechs Busse vom Igdah-Busbahnhof in **Agra** (1,5 Std.) nach Fatehpur Sikri. Man sollte darauf achten, einen der kleineren Busse nach Fatehpur Sikri Town zu erwischen, da nur diese nah am Mausoleum halten. Die häufigen Busse zum nur 22 km entfernt gelegenen **Keoladeo-Nationalpark** in **Bharatpur,** Rajasthan (45 Min.), fahren etwa 1 km vom Mausoluem entfernt vorbei. Ein Tipp für Busfahrten zum Keoladeo Nationalpark: Alle Busse von Fatehpur Sikri nach Bharatpur passieren den 500 m vom Eingang zum Vogelpark entfernten *Tourist Bungalow* am Saras Circle, um den sich die meisten Unterkünfte gruppieren. Es empfiehlt sich, bereits dort auszusteigen, da der Busbahnhof von Bharatpur weitere 4 km entfernt ist.

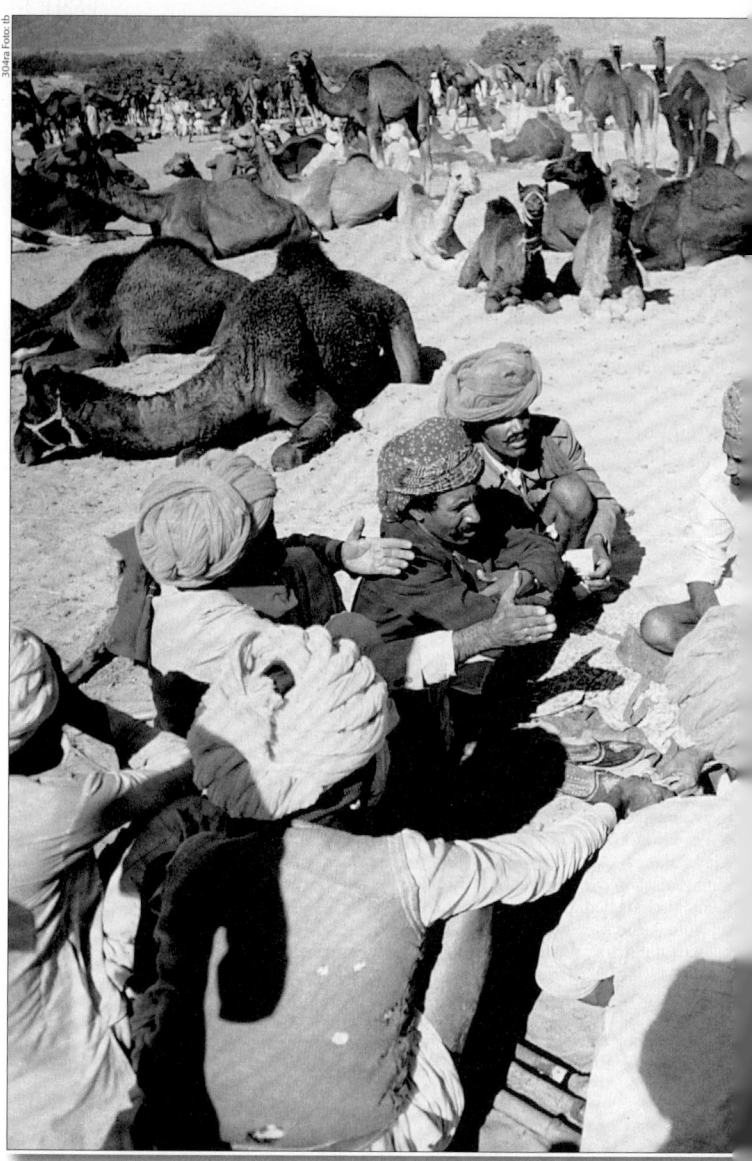

OST-RAJASTHAN

Ost-Rajasthan

Die Pushkar Mela macht die kleine Wüstenoase Pushkar jedes Jahr im November zum größten Wallfahrtsort Indiens. Das Pilgerfest ist zugleich Heiratsmarkt und Volksfest

Detailansicht des Hawa Mahal in Jaipur

Dörfliches Leben bei Ajmer

Highlight:
Jaipur ♫ C2
(ca. 2,3 Mio. Einwohner, Vorwahl: 0141)

Shilpa Shastra und *Prinz Albert* sind dafür verantwortlich, dass Jaipur heute **eine der beeindruckendsten Städte Indiens** ist. Shilpa Shastra ist nicht etwa ein rajputischer Herrscher, sondern ein altes indisches Lehrbuch der Baukunde und Prinz Albert nicht irgendein britischer Adliger, sondern der spätere König *Edward VII.*

Als sich *Sawai Singh II.* nach dem Tod *Aurangzebs* (1707) und dem dadurch eingeleiteten Niedergang der Mogulherrschaft dazu entschloss, das alte, 700 Jahre als Hauptstadt dienende Amber zu verlassen und seine neue Metropole elf Kilometer weiter südöstlich zu errichten, wollte er seine neugewonnene Unabhängigkeit auch dadurch dokumentieren, dass er sie entsprechend den Regeln des Shilpa Shastra errichten ließ. Von der Lage der Stadt über die Breite der Haupt- und Nebenstraßen bis zur Zuordnung der verschiedenen Kasten auf die einzelnen Stadtteile ist dort jedes Detail genauestens festgelegt. So entstand eine für indische Verhältnisse im Grunde ganz untypische **Reißbrettstadt** mit sehr breiten, rechtwinklig aufeinander zulaufenden Straßen, die in neun Blöcke unterteilt ist und von einer sechs Kilometer langen, zinnengekrönten Stadtmauer umschlossen ist.

Als Prinz Albert anlässlich eines Staatsbesuches 1876 nach Jaipur kam, wurden ihm zu Ehren alle Häuser der Altstadt mit der **Begrüßungsfarbe Rosa** gestrichen. *Pink City*, wie die heutige Hauptstadt Rajasthans seither genannt wird, ist (zumindest in der Altstadt) seit den Tagen Prinz Alberts nahezu unverändert geblieben – und wird es auch bleiben, da die Altstadt unter Denkmalschutz steht. Das einheitliche zarte Rosa der vom verspielten Design der Mogularchitektur geprägten Häuserfassaden, zusammen mit den weitläufigen, boulevardähnlichen Straßen voller orientalisch anmutender Lebensfülle, faszinierte die Reisenden seit jeher. „Fast könnte man glauben, diese Stadt sei der üppigen Fantasie eines Dichters entsprungen", notierte der Italiener *Luciano Magrini*, der die Stadt in den zwanziger Jahren dieses Jahrhunderts besuchte.

Heute ist Jaipur Synonym für das malerische Indien und aufgrund der geographischen Nähe zu Delhi und der hervorragenden touristischen Infrastruktur die nach Agra meistbesuchte Stadt Indiens. Jedoch ist sie auch eine der am schnellsten wachsenden Metropolen. Daher sollte man sich im Klaren sein, dass in den Außenbezirken Jaipurs all die negativen Aspekte einer indischen Großstadt wie Luftverschmutzung, Lärm und hässliche Zweckbauten das Bild bestimmen. Der Charme der Stadt entfaltet sich ausschließlich in der **ummauerten Altstadt.**

Hawa Mahal, der Palast der Winde – Jaipurs Wahrzeichen

Geschichte

Flagge zeigen, das bedeutet bei den Maharajas von Jaipur mehr als bei allen anderen Herrschergeschlechtern Rajasthans auch heute noch, ihre Besonderheit zu dokumentieren. Als Zeichen der Anwesenheit des Herrschers flattert über dem Stadtpalast von Jaipur zusätzlich zur üblichen mit dem Herrschaftssymbol versehenen Flagge ein weiterer kleiner Wimpel, genau ein Viertel so groß: *Sawai* – ein und ein Viertel, ein Ehrentitel, der *Jai Singh II.*, dem Gründer Jaipurs, bei seinem Antrittsbesuch vom Großmogul *Aurangzeb* in Delhi auf Grund seiner besonderen Leistungen verliehen wurde und der den Führungsanspruch gegenüber den anderen Rajputenstaaten begründen sollte.

Doch schon lange vorher waren die **Kachwahas von Amber,** deren Herrschergeschlecht Sawai Udai Singh II. entstammte, durch besonders enge Beziehungen zu den Moguln zu Ehre und Wohlstand gelangt. Während andere Rajputenstaaten durch fortwährende Unabhängigkeitskämpfe gegen die Herrscher von Delhi geschwächt wurden (Chittorgarh, Udaipur), war es *Raja Biharimal* aus dem Hause Amber, der 1556 als erster Rajputenfürst seine Tochter Kaiser *Akhbar* zur Frau gab, wofür er und all seine Nachfolger mit lukrativen Posten als Generäle bzw. Gouverneure belohnt wurden. So entwickelten sich die Kachwahas schnell zu einem der mächtigsten Rajputengeschlechter, und die Palastanlage in Amber vermittelt auch heute noch einen lebendigen Eindruck ihres scheinbar unermesslichen Wohlstandes.

Daran sollte sich auch nach dem Niedergang der Moguln nichts ändern und so konnte Sawai Jai Singh II. an dem von Astrologen festgelegten Datum vom 27.11.1727 den Grundstein für seine neue Hauptstadt Jaipur legen. Auch weiterhin verstanden es die Kachwahas durch geschickte Diplomatie, ihre führende Stellung unter den Rajputenfamilien zu wahren. So standen sie Mitte des 18. Jh. bei der Niederschlagung der indischen Unabhängigkeitsbewegung ebenso auf seiten der Briten wie während des Zweiten Weltkrieges, als der Maharaja von Jaipur als Major in Italien kämpfte. Erst zwei Jahre nach der Unabhängigkeitserklärung wurde Jaipur Mitglied der Indischen Union.

Stadtrundfahrt

- Vom Bahnhof starten täglich um 8, 11.30 und 13.30 Uhr jeweils **fünfstündige Rundfahrten** von RTDC (Rajasthan Tourism Development Corporation, Tel.: 2375466, 2371648), die zum Preis von 100 Rs alle bedeutenden Sehenswürdigkeiten Jaipurs wie etwa Hawa Mahal, Stadtpalast, Jantar Mantar und das 11 km außerhalb gelegene Amber Fort beinhalten.
- Die **Ganztagestour** von 9 bis 18 Uhr (150 Rs) schließt außerdem noch die Besichtigung der königlichen Gräber in Gaitor, des sehenswerten Jaigarh Fort, des Birla-Planetariums sowie des Nahargarh Fort ein, wo auch eine Mittagspause eingelegt wird. Sicherlich eine gute und zudem relativ preiswerte Möglichkeit, um die vielfältigen Sehenswürdigkeiten der Stadt in kurzer Zeit zu besuchen. Allerdings wirkt alles etwas gehetzt und natürlich wird auch der übliche Stopp in einem Laden eingelegt. Die genannten Preise beinhalten nicht die Eintrittspreise und Kamera-/Videogebühren.

Die Busse beider Stadtrundfahrten nehmen jeweils ca. 5 Min. nach dem Start am *RTDC Hotel Gangaur*, am *RTDC Hotel Teej* und ca. 20 Min. später am *RTDC Tourist Hotel* noch weitere Interessierte auf. Auch hier können noch Tickets erstanden werden.

- Zudem wird eine vierstündige **Abendtour** (18.30-20.30 Uhr) angeboten, die die meist angestrahlten wichtigsten Sehenswürdigkeiten inkl. Amber Fort passiert. Sie beinhaltet auch ein Abendessen im Nahargarh Fort, das im Gesamtpreis von 200 Rs enthalten ist.

Altstadt

Im Grunde ist die in ihrer Architektur seit der Gründung vor fast 300 Jahren unveränderte Innenstadt von Jaipur ein einziges Gesamtkunstwerk. Dementsprechend gehört das Schlendern durch die von pulsierendem Leben erfüllten Gassen zu einem der schönsten Erlebnisse in der Stadt. Besonders beeindruckend wirkt die Altstadt am Spätnachmittag, wenn die Häuserfassaden mit ihren winzigen Fenstern, bogenförmigen Eingängen, geschwungenen Balkonen und Kuppeldächern im Licht der tiefstehenden Sonne in einem satten Rosa erstrahlen.

Unübersehbar ist jedoch auch die in letzter Zeit rasant voranschreitende Verwestlichung und Modernisierung im täglichen Leben der Inder. So gehört das bis vor wenigen Jahren selbstverständliche Bild der vorbeiziehenden Kamelkarren mit ihren stolzen, turbangeschmückten Antreibern inzwischen fast der Vergangenheit an. Dafür bestimmen neben den nach wie vor die Straßen verstopfenden Fahrradrikshas immer mehr PKW und Busse die Szene. Dazu passt es, dass neben traditionellen Produkten wie Gewürzen, Schmuck, Textilien, Gemüse und Obst zunehmend Farbfernseher, Klimaanlagen und Autoersatzteile angeboten werden. Dieses Nebeneinander von alt und neu verdeutlicht den für ganz Indien charakteristischen Wandlungsprozess von einer agrarischen Dorfgesellschaft zu einer mobilen, zukunftsorientierten Industrie- und Dienstleistungsgesellschaft.

Rundgang

Im Labyrinth der Altstadtgassen verliert man schnell die Orientierung. Wer sich zunächst einen Überblick verschaffen möchte, bevor er sich treiben lässt, dem sei der folgende Rundgang empfohlen. Beginnen wir beim **Singh Pol**, einem jener sieben Eingangstore der Altstadt, welches noch bis zum Anfang dieses Jahrhunderts abends verschlossen wurde. Das sieben Meter hohe und drei Meter dicke Tor hinterlässt mit seinen Türmchen, Balkonen und Schießscharten einen burgähnlichen Eindruck. Mit der rosafarbenen Bemalung und dem bunten Treiben drumherum bildet es ein hübsches Fotomotiv.

Entlang des sich südlich anschließenden **Khajane Walon Ka Rasta** finden sich zahlreiche Marmorgeschäfte. Die ursprüngliche Einteilung der Altstadt in so genannte *mohallas*, in denen, ähnlich den mittelalterlichen Zünften in Europa, bestimmten Handwerks- und Händlerschichten spezielle Viertel zugeteilt waren, ist hier noch gut zu erkennen.

Begibt man sich an der Kreuzung zum **Chandpol Bazaar** nach rechts, so gelangt man nach wenigen Hundert Metern zum **Chhoti Chaupar**. Dies ist eine von drei großen Kreuzungen, an denen die über 30 Meter breiten Hauptstraßen der Altstadt aufeinander treffen. Die an den Straßenständen von der Dorfbevölkerung der Umgebung feilgebotenen Früchte und die Blumenhändler bieten ein farbenprächtiges Bild.

> Ein idealer Ort, um das einzigartig bunte, chaotische Treiben aus erhöhter Perspektive zu beobachten, ist ein kleiner, als solcher kaum erkennbarer Tempel an der nordwestlichen Ecke des Platzes Chhoti Chaupar. Über zwei Treppenaufgänge gelangt man zu einer Plattform (10 Rs Eintritt), von wo aus sich eine faszinierende Aussicht bietet.

Neben der oberhalb der Stadt gelegenen Festung **Nahargarh Fort** fällt der Blick auf das **Iswari Minar Swarga Sal**, das links vom Tripola Bazaar gelegene, höchste Gebäude innerhalb der Altstadt. Erbauer dieses „Minarettes, das den Himmel durchstößt" war *Maharaja Iswari Singh*. Ganz im Gegensatz zu seinem Vater *Jai Singh*, dem Gründer Jaipurs, ging er als schwächlicher Herrscher in die Stadtchronik ein, der seinem Leben durch Selbstmord ein Ende setzte. Bei seiner Einäscherung 1853 ließen sich 21 Ehefrauen auf dem Scheiterhaufen mitverbrennen.

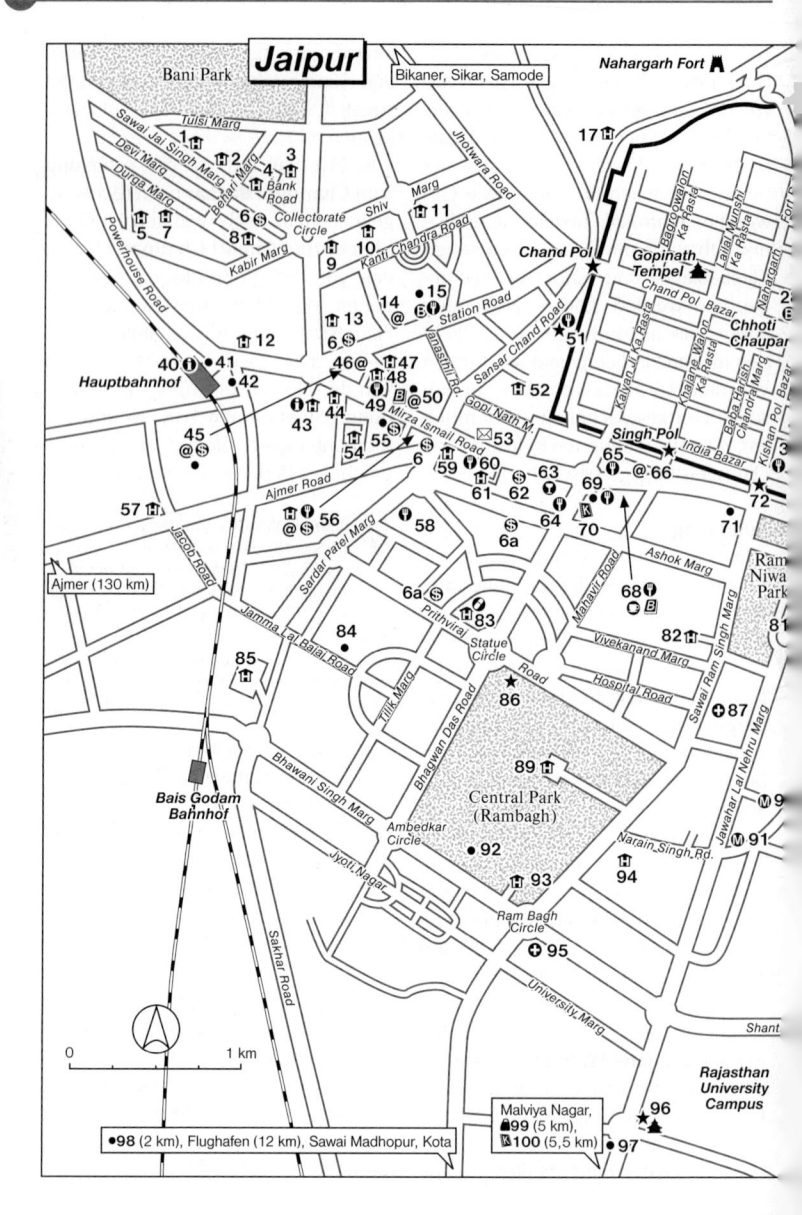

JAIPUR

Fortsetzung Legende S. 289 **JAIPUR** 287

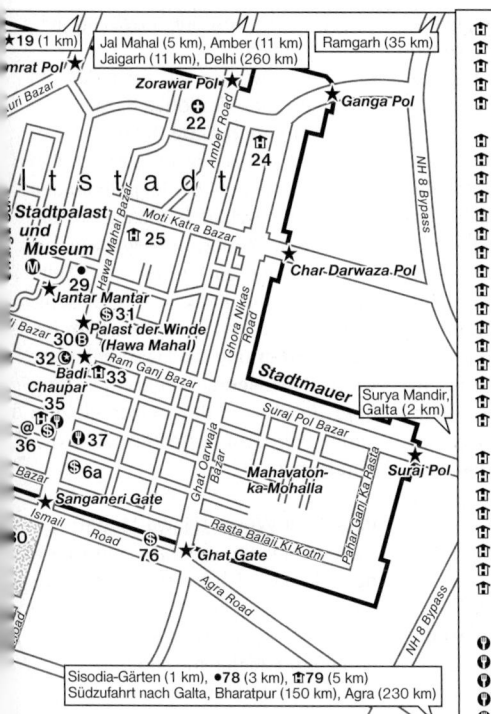

🏨	8	Anurag Palace
🏨	9	Hotel Jaipur Ashok
🏨	10	Tara Niwas
🏨	11	Jaipur Inn
🏨	12	RTDC Hotel Swagatam, RTDC Reservation Office
🏨	13	RTDC Hotel Teej
🏨	17	Hotel Bissau Palace
🏨	24	Samode Haveli
🏨	25	Shimla Hotel
🏨	33	Hotel Kailash
🏨	35	LMB Hotel
🏨	43	Hotel Khasa Koti
🏨	44	RTDC Hotel Gangaur
🏨	47	Hotel Karni Niwas
🏨	48	Hotels Atithi und Rajdhani
🏨	51	Mandawa Haveli
🏨	52	Hotel Arya Niwas
🏨	54	Hotel Pearl Palace
🏨	56	Best Western Om Hotel
🏨	57	Jai Mahal Palace Hotel
🏨	59	RTDC Reception Centre, RTDC Tourist Hotel
🏨	61	Evergreen Guest House
🏨	79	Hotel Raj Vilas
🏨	82	Hotel Diggi Palace
🏨	83	Hotel Park Plaza
🏨	85	Raj Mahal Palace Hotel
🏨	89	Lakshmi Vilas Hotel
🏨	93	Rambagh Palace Hotel
🏨	94	Narain Niwas Palace Hotel

Essen und Trinken

🍴	15	Traffic Jam
🍴	35	Surya Mahal Restaurant
🍴	37	Royal Fast Food
🍴	38	Mohan Restaurant
🍴	49	Chic Chocolate
🍴	51	Restaurant Chatanya
🍴	56	Revolving Tower Restaurant
🍴	58	Four Seasons
🍴	60	Handi Restaurant, Copper Chimney
🍴	63	Dasaprakash Restaurant
🍴	64	Barista Espressobar
🍴	65	Lassiwala
🍴	68	Restaurants Niro's und Natraj,
○		Jal Mahal Café & Icecream Parlour
🍴	69	McDonald's
🍴	99	Malviya Nagar (Indian Spice Restaurant)

Sonstiges

💲	6	ATM (Visa-, Visa Electron-, Master-, Cirrus- und Maestro-(EC-)Card)
💲	6a	ATM (wie 6, sowie für Amex-Karten)

Sehenswürdigkeit

★	19	Royal Gaitor
ⓒ	32	Jama Masjid
Ⓜ	34	Shree Sanjay Sharma Museum
★	72	Ajmeri Gate
★	73	New Gate
★	75	Sanganeri Gate
Ⓜ★	80	Modern Art Gallery, Zoo
Ⓜ	81	Central Museum (Albert Hall)
★	86	Birla Planetarium
Ⓜ	90	Museum of Indology
Ⓜ	91	Puppenmuseum
★▲	96	Lakshmi Narayan/Birla Tem.

Unterkunft

🏨	1	Hotel Meghniwas
🏨	2	Umaid Mahal
🏨	3	Hotel Umaid Bhawan
🏨	4	Hotel Madhuban
🏨	5	Om Niwas
🏨	7	Shapura House

Kurz hinter dem Minarett gelangt man durch das **Tripola Gate** nach wenigen Hundert Metern zum **Observatorium (Jantar Mantar)**. Zurück zum Tripola Bazaar, entlang zahlreicher Geschäfte, deren Angebots-palette von Küchenutensilien über Eisenwaren bis zu kleinen Götterfiguren reicht, gelangt man zum **Badi Chaupar**. In der Mitte dieser großen Kreuzung befindet sich ein bereits von Jai Singh angelegter Springbrunnen, der von einem unterirdischen Leitungssystem gespeist wurde. Geht man nach links, also in nördlicher Richtung vom Badi Chaupar, so steht man nach wenigen Metern vor der Fassade des **Palastes der Winde (Hawa Mahal)**. Lange wird man hier jedoch wegen der aufdringlichen Bettler und Händler kaum verweilen.

Die Gassen entlang des südlich vom Badi Chaupar verlaufenden **Johari Bazaar** sind die traditionelle Heimat der berühmten Gold- und Silberschmiede. Über 50.000 Menschen sollen auch heute noch in der Edelsteinverarbeitung Jaipurs, die weltweiten Ruhm genießt, arbeiten. Allerdings befinden sich unter den hier ansässigen Juwelieren auch zahlreiche schwarze Schafe, die sich besonders auf ahnungslose westliche Touristen spezialisiert haben. Also Vorsicht! Wer sich zwischendurch ein wenig stärken will, der sollte sich am Stand vor dem LMB-Restaurant mit einem leckeren *samosa* oder *pakora* verköstigen. Der Johari Bazaar wird flankiert von unzähligen Stoffgeschäften, die mit ihren großen, bunten, zur Straße hängenden Decken und Tüchern besonders farbenprächtig erscheinen.

Äußerst fotogen ist auch das am südlichen Ende des Johari Bazaar gelegene **Sanganeri Gate**. Biegt man vor dem Stadttor nach rechts, gelangt man zu den besonders bei Rajputenfrauen beliebten Geschäften entlang des **Bapu Bazaar**. Vorbei am **New Gate**, bei welchem sich auf der anderen Seite der M.I. Road zwei weitere Sehenswürdigkeiten befinden – der **Ram Niwas Garden** und das darin gelegene **Central Museum** – führt der Weg über den Nehru Bazaar zurück zum Singh Pol, dem Ausgangspunkt des Rundgangs.

Palast der Winde (Hawa Mahal)

Obwohl kaum mehr als eine **Fassade**, hinter der sich nur ein **Treppenaufgang** verbirgt, gilt der Palast der Winde heute als das Wahrzeichen Jaipurs und gehört zu den meistfotografierten Gebäuden Indiens. Wie ein überdimensionaler, steinerner Fächer wirkt der Hawa Mahal, und tatsächlich hat er neben dem Aussehen auch einige Funktionen des Fächers wie die des Verbergens übernommen. Das 1799 von *Maharaja Pratap Singh II.* errichtete, fünfstöckige, mit 953 Nischen und Fenstern versehene Bauwerk diente einzig und allein dazu, den Haremsdamen den Ausblick auf die pompösen Festumzüge zu ermöglichen, ohne selbst gesehen zu werden. Damit ist der Palast der Winde wohl das beste Symbol für den verschwenderischen Lebensstil der Rajputenfürsten. Ein Luftschloss im wahrsten Sinne des

Wortes mit seinen winddurchzogenen Erkern und Balkonen (daher der Name, der eine weitere Anlehnung an die Idee des Fächers erkennen lässt), das auch durch den Ausblick auf die sich darunter ausbreitende Altstadt bzw. auf die weitläufige, ein Siebtel der gesamten Altstadtfläche einnehmende Palastanlage beeindruckt.

Auf der dem Hawa Mahal gegenüberliegenden Straßenseite versuchen einige clevere Geschäftsleute, die günstige Lage ihrer Läden zu versilbern, indem sie Touristen das Dach ihres Geschäftes als ideale Aussichts- und Kameraplattform angeblich kostenlos zur Verfügung stellen – selbstverständlich nicht, ohne später um so nachdrücklicher auf einen Besuch ihres „very, very cheap and nice" Geschäftes zu drängen.

Der Eingang zum Palast der Winde liegt etwas versteckt auf dessen Rückseite und ist nicht leicht zu finden. Man erreicht ihn, indem man zunächst zur links des Palastes gelegenen Hauptkreuzung geht, sich dort nach rechts wendet und nach wenigen Metern wieder nach rechts in eine kleine, von einem Torbogen überspannte Gasse einbiegt. Nach etwa 30 Metern liegt auf der rechten Seite der Eingang.

●**Öffnungszeiten:** tgl. außer Fr 9-16.30 Uhr. Eintritt: 5 Rs, Kamera 40 Rs, Video 70 Rs, Tel.: 2618862. Wer die Fassade gänzlich im Sonnenlicht erleben möchte, sollte im Winter vor 10 Uhr morgens kommen.

Freiluftobservatorium (Jantar Mantar)

Die vielen beim Bau Jaipurs zu verzeichnenden Abweichungen gegen-

---

Fortsetzung Legende Jaipur

@	14	Mewar Cyber Café
⊖	15	Central Bus Station,
●		Riksha Prepaid Stand
✚	22	Ayurvedic Hospital
⊖	28	Busse nach Galta
●	29	Sawai Man Singh Town Hall, Foreigner's Registration Office
⊖	30	Busse nach Amber
⑤	31	LKP Forex
⑤	35	HDFC ATM
@	36	Shree Ram Communications
❶	40	Rajasthan Tourist Information Bureau
●	41	Prepaid Counter
●	42	Railway Reservation Office
❶	43	IndiaTourism Office
●	45	Jaipur Tower (viele Fluggesellschaften, TravelCare, Internetcafés), UAExchange, British Airways, Thomas Cook
@		
⑤		
@	46	sify-i-way Internetcafé
●	50	Ganpati Plaza (Air India, Pizza Hut, Sway Celebrations, Internetcafés, Sentosa Colour Lab, Fitness Plaza, Ganpati Books)
@		
📖		
✉	53	Hauptpost
●	55	Jet Airways, LKP Forex, Bank of Punjab (inkl. ATM)
⑤		
@	56	sat-i-yam i-way Internet,
⑤		Citibank (inkl. ATM)
⑤	62	Bank of Rajasthan (inkl. ATM), DHL
@	66	Modern Internet
📖	68	Book's Corner
●	69	Thomas Cook
🎬	70	Raj Mandir Kino
●	71	Rajasthan Government Emporium
●	74	Lufthansa
⑤	76	State Bank of India
●	78	Dhamma Vipassana Meditation
⊘	83	24-Std.-Apotheke
●	84	Kerala Ayurveda Kendra
✚	87	Sawai Mansingh Hospital
●	92	Rambagh Polo & Golf Club
✚	95	Santokba Durlabhi Hospital
●	97	Yogic Treatment Research Centre
●	98	Indian Airlines
🏨	99	Gaurav Tower
🎬	100	Entertainment Paradise

über den Vorschriften des Shilpa Shastra rühren in erster Linie daher, dass die Stadt beim Tode Jai Singhs noch nicht fertig gestellt war und seine Nachfolger sich wenig um dessen Konstruktionspläne kümmerten – angeblich sollen sie später als Packpapier zweckentfremdet worden sein.

Für eine zentrale Veränderung war der Stadtgründer allerdings selbst verantwortlich, ließ der begeisterte Astrologe doch in der Mitte der Stadt nicht, wie im Shilpa Shastra vorgegeben, einen Tempel, sondern eine Sternwarte errichten. Von den insgesamt fünf von *Udai Singh* errichteten Observatorien ist dieses zwischen 1728 und 1734 erbaute, im Jahr 1901 restaurierte das beeindruckendste. Es gilt zudem als das größte steinerne Observatorium der Erde.

Einen seltsam faszinierenden Eindruck vermitteln die einzelnen, verstreut liegenden kubischen Konstruktionen, erscheinen sie doch futuristisch und archaisch zugleich. Überhaupt ist der von der Anlage ausgehende ästhetische Reiz weitaus höher einzuschätzen als der wissenschaftliche Wert der meisten **aus Marmor und Sandstein gefertigten Messinstrumente.** So fußte ein grundsätzlicher Konstruktionsfehler in der fälschlichen Annahme, dass mit der Größe der Geräte auch deren Messgenauigkeit zunehmen würde. Das genaue Gegenteil ist jedoch der Fall, wie sich vor allem beim größten Instrument der Anlage, der über 30 Meter hohen **Sonnenuhr,** zeigte, da deren Schatten zu weit und dementsprechend ungenau gestreut wird. Sehr genaue Informationen vermittelte dafür das ausgeklügelte, futuristisch anmutende Jai Prakash Yantra.

Da die Funktionsweise der einzelnen Instrumente auf den installierten Informationstafeln erklärt wird, ist es nicht nötig, die Dienste eines der sich am Eingang zur Verfügung stellenden Führer in Anspruch zu nehmen. Im Übrigen kann man sich im Bedarfsfall immer noch einer der vielen Gruppenführungen anschließen. Schließlich werden vor dem Observatorium für die besonders Interessierten diverse Bücher angeboten, die detailliert jedes einzelne Instrument erklären.

● **Öffnungszeiten:** tgl. von 9 bis 16.30 Uhr, Tel.: 2610494, Eintritt 10 Rs, Kamera 50 Rs, Video 100 Rs.

Stadtpalast

Kaum anschaulicher könnte das gewandelte machtpolitische Selbstbewusstsein der Rajputen nach dem durch Aurangzebs Tod eingeleiteten Niedergang der Mogulherrschaft zutage treten als beim Vergleich zwischen dem alten Palast der Kachwahas in Amber und dem neuen, von Udai Singh errichteten in Jaipur. Nun hatte man es nicht mehr nötig, seine Palastanlagen auf einem Bergrücken zu erbauen, sondern konnte sich in der Ebene ansiedeln. Nicht mehr der fes-

---

Teil der Sternwarte Jantar Mantar – der ästhetische Reiz dieses steinernen Observatoriums aus dem 18. Jh. ist weit größer als sein wissenschaftlicher Wert

tungsartige, wehrhafte Unterbau, sondern das ebenerdige Nebeneinander der einzelnen Gebäudeteile kennzeichnete von nun an alle neuerbauten Rajputenpaläste.

Dabei zeigt sich, wie geschmacksbildend der **Mogulstil** nach über fünfhundertjähriger Fremdherrschaft auf die Maharajas gewirkt hatte. Darüber hinaus vermittelt der Rundgang durch die verschiedenen Räume, Hallen, Säle und Innenhöfe des Stadtpalastes von Jaipur einen lebhaften Eindruck vom legendären Reichtum der Herrscherfamilien Rajasthans.

Zunächst betritt man mit dem **Mubarak Mahal** einen großen, quadratischen Innenhof, in dessen Mitte ein sehr schönes zweistöckiges Marmorgebäude steht, welches früher als königliches **Gästehaus** diente. Heute werden hier vornehmlich Kleider und Schmuck der königlichen Familie ausgestellt. Die über und über mit Gold und Edelsteinen besetzten Gewänder zeigen anschaulich den märchenhaften Reichtum der Herrscher von Jaipur. Schwer zu tragen hatte im wahrsten Sinne des Wortes der Maharaja *Madhu Singh I.*, der mit seinen 250 kg Lebendgewicht eine Gürtelweite von 1,80 Metern benötigte. Was zu viel ist, ist zu viel, und so starb der dicke Herrscher bereits im Alter von 32 Jahren.

Die frühere **Residenz der Maharani,** im Südwesten des Hofes gelegen, beherbergt heute das bestausgestattete **Waffenmuseum** ganz Indiens. Wer die unbeschreibliche Vielfalt der unter

Verwendung edelster Materialien bis ins letzte Detail filigran gearbeiteten Waffen gesehen hat, kann sich im Grunde alle weiteren Waffenschauen in den anderen Palastanlagen Rajasthans schenken.

Ein von zwei Marmor-Elefanten flankiertes **Bronzetor** führt vom Mubarak Mahal in einen zweiten Hof mit einer öffentlichen **Audienzhalle** in der Mitte (Diwan-e-Khaz). Geschmückt wird sie von den zwei größten Silbergefäßen der Welt, je 345 kg schwer, die der Maharaja *Madhu Singh II.* in mehrjähriger Arbeit unter enormem Kostenaufwand einzig und allein zu dem Zweck fertigen ließ, 9.000 Liter Gangeswasser zur Krönung *Edwards II.* nach England zu transportieren. Wie sich die Zeiten ändern: Heute begnügt sich der Herrscher von Jaipur mit Leitungswasser, das freilich aus goldenen Wasserhähnen fließt.

Links von der Audienzhalle führt ein Tor zum so genannten **Pfauenhof**, einem kleinen Innenhof mit reich verzierten, die vier Jahreszeiten symbolisierenden Toren. Darüber erhebt sich der siebengeschossige, mit seinen vorspringenden Erkern und Pavillons deutlich von Mogul-Architektur geprägte **Chandra Mahal**, in dem sich heute die Privatgemächer der Maharaja-Familie befinden (für die Öffentlichkeit nicht zugänglich).

Wieder zurück zum Diwan-e-Khaz, findet sich auf der rechten Seite der Eingang zu einem riesigen **Saal** mit monumentalen Kronleuchtern, Wandbehängen und Elefantensänften (*haudas*) in der Mitte.

● **Öffnungszeiten:** tgl. von 9.30 bis 16.45 Uhr, Tel.: 2608055, Eintritt 150 Rs, Kamera 50 Rs, Video 200 Rs.

Sehenswertes außerhalb der Altstadt

Ram-Niwas-Park und Central Museum

Verlässt man die Altstadt durch das Saganer Gate und überquert die Mirza Ismail Road, gelangt man zu dem ausgedehnten Ram-Niwas-Park. Zwar ist das Areal nicht gerade sonderlich einfallsreich gestaltet, doch dafür bietet es genug Platz, Ruhe und frische Luft zum Ausruhen. Für indische Verhältnisse relativ tierfreundlich ist der auf dem Parkgelände beheimatete **Zoo** gestaltet.

Im Süden des Ram-Niwas-Parks steht die **Albert Hall,** ein beeindruckendes Gebäude im indo-sarazenischen Stil, das wie so viele andere Prunkbauten Jaipurs aus Anlass des Besuches des *Prince of Wales* erbaut wurde. Heute beherbergt es das **Central Museum,** in dem neben archäologischen Funden und hübschen kunsthandwerklichen Arbeiten aus Rajasthan (Tonarbeiten, Schmuck, Kostüme) auch persische Teppiche aus dem 17. Jh. ausgestellt sind.

● **Öffnungszeiten** des Museums: tgl. außer Fr 10 bis 16.30 Uhr, Tel.: 2570099, Eintritt 30 Rs, Mo frei.

Lakshmi-Narayan-Tempel

Beim Anblick des in strahlend weißem Marmor vom Industriellen *Birla* errichteten Tempels im Süden der

Stadt fühlt man sich unwillkürlich an das Taj Mahal erinnert. Der Tempel ist zwar in recht konventionellem Stil errichtet, beachtenswert sind jedoch die in den Nischen platzierten Skulpturen von Religionsstiftern wie Jesus, Buddha, Zarathustra und Konfuzius, die die Toleranz der Jains gegenüber anderen Religionsgemeinschaften zum Ausdruck bringen sollen.

Nahargarh Fort

1734 ließ Jai Singh das spektakulär auf einem Felsrücken platzierte **„Tigerfort"** als eine Art überdimensionalen Wachturm errichten. Von hier konnten eventuell anrückende Feinde frühzeitig gesichtet und bekämpft werden. Wenn auch von den einzelnen Bauten der 1868 restaurierten und erweiterten Festungsanlage kaum Sehenswertes erhalten geblieben ist, so lohnt der Ausflug allein wegen des sehr schönen Panoramablickes, besonders vom Dach, auf Jaipur und Umgebung.

●**Öffnungszeiten:** 10-17.30 Uhr, Eintritt 20 Rs, Kamera 20 Rs, Video 70 Rs, Tel.: 2671848, 5148044.

Birla-Planetarium

Das Birla-Planetarium bietet täglich um 17 Uhr einstündige **astronomische Vorführungen** in Englisch an. Ein Abstecher kann mit einer Verschnaufpause im angenehm-weitläufigen Central Park nebenan verbunden werden.

●**Eintritt:** 20 Rs, Tel.: 2382267, 2381594.

Information

●Von den zahlreichen Touristenbüros Jaipurs ist das rund um die Uhr geöffnete **Government of Rajasthan Tourist Information Bureau** (Tel.: 2200778 oder 1364, 24 Std. erreichbar, www.rajasthantourism.gov.in) auf Bahnsteig 1 im Bahnhof das beste. Hier ist auch die informative *City Guide Map Jaipur* mit einem sehr übersichtlichen Stadtplan, zahlreichen Adressen und einer knappen Beschreibung der wichtigsten Sehenswürdigkeiten erhältlich. Außerdem ist man bei der Vermittlung von Unterkünften bei Familien *(Paying Guest Houses)* behilflich.
●Weniger gut ist die **Filiale am Busbahnhof** (Tel.: 5064102), die offiziell von 8 bis 20 Uhr geöffnet ist.
●Auch im **IndiaTourism-Büro** (Mo-Fr 9-18, Sa 9-14 Uhr, Tel.: 2372200, indtourjpr@raj.nic.in) beim *Hotel Khasa Kothi* erhält man meist nur recht allgemein gehaltene Informationen.
●Etwas schleppend geht es beim **RTDC Tourist Office** (Tel.: 2315714) neben dem *RTDC Tourist Hotel* zu. Man ist vor allem am Verkauf von Tickets für Stadtrundfahrten interessiert. Ein beim Rajasthan Tourist Office gemietetes Taxi kostet für 8 Stunden 720 Rs, inkl. nur 60 km (im unklimatisierten Ambassador oder Indica), jeder weitere Kilometer kostet 4,50 bis 6 (AC) Rs. Auch klimatisierte und komfortablere, teurere Autos und Kleinbusse sind zu haben.
●Staatlich geprüfte **Stadtführer** können über das *Tourist Information Bureau* am Bahnhof (Tel.: 2315714) oder über *Indiatourism* (Tel.: 2372200) gebucht werden. 8 Std. kosten für bis zu 4 Personen 400 Rs, 4 Std. 280 Rs bzw. 530/400 Rs bei bis zu 15 Personen.

Stadtverkehr

Riksha

●Vom Bahnhof zum Hawa Mahal sollte es mit der Fahrradriksha eigentlich nicht mehr als 15-20 Rs kosten, zu den Hotels *Megh Niwas* und *Evergreen* die Hälfte. Mit dem Scooter etwa 5 Rs mehr. Verlangt wird selbstverständlich meist mindestens das Doppelte.

Jaipurs Rikshafahrer gelten neben denen in Agra und Varanasi als die unangenehmsten Vertreter ihrer insgesamt nicht gerade hoch angesehenen Zunft. Auch bei ihnen meint man, die Registrierkasse in den Augen rattern zu sehen, wenn sie einen der zahlreichen Touristen erspähen. Man sollte grundsätzlich jene meiden, die sich auf westliche Besucher spezialisiert haben und sich gar nicht mehr am normalen Fahrbetrieb beteiligen. Generell gilt die Regel: Je besser sie Englisch sprechen, desto höher die Preise. Vor allem bei der Ankunft am Bahnhof wird man von ihnen bedrängt, da sie sich eine saftige Hotelkommission versprechen, meist mit dem Angebot: „10 Rs anywhere". Oft weigern sie sich standhaft, eine Unterkunft anzufahren, die nicht am florierenden Schleppergeschäft beteiligt ist. Am Bahnhof und Busbahnhof sollte man auf jeden Fall auf die Prepaid-Schalter zurückgreifen, obwohl zumindest der am Busbahnhof auch nicht immer ganz zuverlässig ist. Ganz umgehen kann man das Problem kaum und so tut man gut daran, sich vor der Ankunft auf die nervige Anmache durch Rikshafahrer einzustellen.

Taxi

● In Jaipur gibt es einige telefonisch bestellbare Taxiservices: **Jain Taxi Services** (0)9314561919, **Pink City Radio Taxi** (Tel.: 2205002) oder **Shyam Radio Cabs** (Tel.: 2372222).

● Mit dem Taxi zum 15 km entfernten **Flughafen** zahlt man maximal 250 Rs.

● Am **Busbahnhofseingang** steht ein Prepaid-Counter für Taxis.

● Will man mit dem Touristentaxi **Jaipur und Umgebung** erkunden, sollte man für 4 Std. mit einem nicht klimatisierten Ambassador 450 Rs, für 8 Std. 850 Rs rechnen. Für neuere und AC-Modelle wird es teurer. Taxis können auch über die Tourist Offices zu Festpreisen gebucht werden.

Tempos und Busse

● Zwischen den beiden Bahnhöfen und der Innenstadt verkehren Tempos und Busse.

Fahrrad

● Es besteht zwar noch die Möglichkeit, in einigen Billigunterkünften Fahrräder (ca. 30 Rs/Tag) auszuleihen, jedoch ist der Verkehr in den letzten Jahren recht gefährlich geworden, sodass diese Fortbewegungsmethode nur Wagemutigen empfohlen werden kann.

Unterkunft

Aufgrund der großen Zahl an Unterkünften und der damit verbundenen Konkurrenz bekommt man in Jaipur in jeder Preisklasse besonders viel fürs Geld. Hier nur eine Auswahl der besten.

Low Budget und Budget

● Das **RTDC Tourist Information Bureau** (Tel.: 2315714) am Bahnhof sowie das **Tourist Reception Centre** (M.I. Rd., Tel.: 5110598) hat Informationen über Unterkünfte in Familien *(Paying Guest House)*. Gelobt wurde hierbei von Lesern das **Prity Guest House** €-€€ (Tal Katora Rd., Tel.: 2633509, prity_guest_house007@hotmail.com) in zentraler Lage nahe dem Stadtpalast. Da nur 3 Zimmer mit Bad zur Verfügung stehen, sollte man reservieren.

● Schon seit Jahren die bei Travellern beliebteste Unterkunft ist das **Evergreen Guest House** €-€€ (Tel.: 2362415, evergreen34@hotmail.com) am Ende einer kleinen Seitengasse (Keshav Marg), die schräg gegenüber dem Hauptpostamt von der Mirza Ismail Road abzweigt. Der enorme Erfolg hat das früher kleine und gemütliche Hotel zu einem Riesenklotz mit 97 Zimmern anwachsen lassen. In diesem Massenbetrieb für Individualreisende hat man die große Auswahl zwischen einem Bett im Schlafsaal (60 Rs) über Zimmer mit Gemeinschaftsbad und Zimmer mit Balkon bis zu klimatisierten Räumen. Im recht guten und billigen Restaurant, welches heute den größten Teil des ehemals gemütlichen Innenhofs einnimmt, werden ständige Wiedersehen zwischen Travellern gefeiert, die sich zuletzt in Varanasi, Goa, Kathmandu, Bangkok oder Timbuktu begegnet sind. Inzwischen gibt es auch einen kleinen Pool auf dem Dach und ein Internet-Café. Wie so häufig ist jedoch auch hier der Massenandrang auf Kosten von Sauberkeit und Qualität gegangen.

● Das liebevoll geführte **Pearl Palace** €-€€€ (Sanjay Marg, Tel.: 2373700, 2373752, pearlpalaceindia@yahoo.com, www.hotelpearlpalace.com) an der Ajmer Rd. verfügt über sehr saubere AC- und Non-AC-Zimmer mit TV, einige mit Balkon, und ein gutes Dachrestaurant mit eigenwilligen, selbst entworfenen Möbeln und schönem Blick auf das Hathroi Fort. Der hilfreiche Besitzer vermittelt auch Mietwagen.

● Ruhig und nicht weit vom Bani-Park liegt das **Anurag Palace** €€-€€€ (Devi Marg, Tel.: 2201679, 2206884), ein Kolonialgebäude mit schön eingerichteten, großen Zimmern, alle mit TV, sowie einem Restaurant und Garten für erstaunlich wenig Geld – eine sehr gute Wahl.

● Empfehlenswerte Hotels befinden sich an der ruhigen Park House Scheme Road, einer Verbindungsstraße zwischen Station Road und Mirza Ismail Road. Hervorzuheben ist hier das **Atithi Guest House** €€-€€€ (Tel.: 2378679, Fax: 2379496, atithijaipur@hotmail.com), seit vielen Jahren gleichbleibend gut. Die geräumigen und angenehm eingerichteten Zimmer sind teilweise klimatisiert und verfügen über ein großes Badezimmer, z.T. mit Badewanne. Gut sind auch das hauseigene Restaurant und die Dachterrasse – speziell für ein Bier zum Sonnenuntergang. In diesem Haus wird keine Kommission gezahlt, entsprechend ungern wird es von Rikshafahrern angefahren.

● Als Ausweichquartier empfehlenswert ist das nahegelegene, billigere und einfachere **Rajdhani Hotel** €-€€ (Tel.: 2361276, rajdhanihotel@yahoo.com) mit akzeptablen Zimmern, die billigen mit Gemeinschaftsbad, und sehenswerter Telefonanlage.

● Ausgesprochen angenehm wohnt man trotz seiner inzwischen 94 Zimmer im makellos sauberen, teils klimatisierten **Hotel Arya Niwas** €€-€€€ (Tel.: 2372456, Fax: 5106010, tarun@aryaniwas.com, www.aryaniwas.com) in einer kleinen Seitengasse der Sansar Chandra Road. Das professionell und freundlich geführte Hotel bietet eine Menge Annehmlichkeiten wie die Möglichkeit zum Geldwechseln, Fahrradverleih, Internet-Café, Dachterrasse, ein Selbstbedienungsrestaurant mit sehr leckeren vegetarischen Gerichten zu niedrigen Preisen und einen hübschen kleinen Garten zum Draußensitzen (abends oft klassische indische Musik).

● Besonders durch seine Lage inmitten des schönen, ganz neu angelegten Central Parks nicht weit vom Stadtzentrum ist das **Laxmi Vilas Hotel** €€-€€€ (Tel.: 2381567/9) mit angenehmen Zimmern eine Empfehlung.

● Wer auf Service jeglicher Art verzichten kann, ist mit dem **Hotel Kailash** €-€€ (Johari Bazar, Tel.: 2577372), einem der ganz wenigen in der Altstadt, annehmbar bedient, verfügt es doch über saubere Zimmer teilweise mit TV zu günstigem Preis. Bereits der äußerst schmale Treppenaufgang zum Hotel lässt erkennen, dass es wohl nicht für westliche Größen gestaltet wurde. Seine Lage am Badi Chaupar nur wenige Meter vom Hawa Mahal könnte kaum besser sein.

● Das **Simla Hotel** €-€€€ (Tel.: 2609001-4), ebenfalls nahe am Hawa Mahal im Herzen der Altstadt gelegen, verlangt im Billigbereich noch weniger Geld, ist aber auch eine ganze Ecke einfacher, teils mit Gemeinschaftsbad. Die teuren Zimmer sind größer und verfügen über AC und TV.

● Eine sehr gute Wahl ist das **Hotel Karni Niwas** €€-€€€ (C-5, Motilal Atal Road, Tel.: 2365433, karniniwas@hotmail.com) hinter dem *Neelam Hotel*. Geräumige, hübsch dekorierte Zimmer mit Bad und je nach Preis mit und ohne AC und Balkon. Man kann hier auf einer großen Terrasse sitzen und köstliche Gerichte genießen.

● Das im Bani Park an der Shiv Marg gelegene **Jaipur Inn** €-€€€ (Tel.: 2201121, Fax: 2200140, www.jaipurinn.com) verfügt über saubere, allerdings etwas klein geratene Zimmer mit TV. Ein Schlafsaal für 60 Rs steht ebenfalls zur Verfügung. Campingfreunde können ihr Zelt im Garten für 30 Rs aufschlagen und ihr eigenes Essen in der Küche des Hauses brutzeln. Der Service des Hotels hat in letzter Zeit nachgelassen. Wegen des tollen Rundumblicks lohnt im Dachrestaurant (Abendbüfett mit Voranmeldung) ein Mahl.

Vor den Toren von Jaipurs Altstadt herrscht Gedränge

Tourist Class

Bereits in dieser Preiskategorie hat man die Auswahl zwischen mehreren alten Kolonialhotels und Rajputen-Residenzen.

- Seine herrliche Lage inmitten eines großen, sehr schön gepflegten Gartens am Ende einer kleinen Seitengasse der Sawai Ram Singh Marg machen das **Diggi Palace Hotel** €€-€€€€ (Tel.: 2373091, Fax: 2370359, reservations@hoteldiggipalace.com, www.hoteldiggipalace.com) zu einer preisgerechten Adresse. Es handelt sich um einen ehemaligen Palast, wobei nur der frühere Wohntrakt der Bediensteten in ein Hotel umgewandelt wurde. Die mit Wandmalereien geschmückten Zimmer mit Terrassen und Sitznischen zum Garten sind gemütlich. Es gibt auch einfachere, recht billige Zimmer. Eine stilvolle und vor allem friedvolle Unterkunft.

- In der Nähe des Bani-Parks findet sich das ausgezeichnete Hotel **Madhuban** €€€-€€€€ (Behari Marg, Tel.: 200033, Fax: 202344, madhuban@usa.net, www.madhuban.net) mit schönen, großen AC- und Non-AC-Zimmern und Restaurant. Zur ruhigen, familiären Atmosphäre trägt auch der große Garten des Hauses bei.

- Ganz hervorragend ist das neue **Umaid Mahal Hotel** €€€€ (Bihari Marg, Bani Park, Tel.: 2201952, info@umaidmahal.com, www.umaidmahal.com), nicht weit entfernt. Das in rajasthanischem Stil erbaute Haus besticht mit stilgerecht gestalteten Zimmern mit grünem Marmorboden, alle mit kleinem Balkon. Ein gutes Restaurant und ein Internet-Café sind zudiensten. Auch das alteingessene **Umaid Bhawan** €€€-€€€€ (am Ende der Bank Rd., Tel.: 2316184, (0)9314503423, info@umaidbhawan.com, www.umaidbhawan.com), ebenfalls in Bani Park und vom gleichen Besitzer, ist eine sehr schmuckvoll ausgemalte Unterkunft, mit entsprechendem Interieur dekoriert, dessen Zimmer ebenfalls sehr geschmackvoll möbliert sind.

• Eine ausgezeichnete Unterkunft ist das von einem ruhigen Garten mit Pool umgebene Kolonialgebäude des **Hotel Meghniwas** €€€-€€€€ (Tel.: 2202034, Fax: 2201420, info@meghniwas.com) beim Bani-Park. Geschmackvoll eingerichtete Zimmer, ein gutes Restaurant und die nette Atmosphäre runden das Bild ab.

• Das **RTDC Hotel Gangaur** €€€-€€€€ (Tel.: 2371641/2, Fax: 2371647) macht besonders bei den teureren Zimmern ein gutes Angebot. Zum Haus gehören drei Restaurants und ein rund um die Uhr geöffneter Coffee Shop, eine Bar und ein hübscher Garten. Zudem starten von hier die Stadtrundfahrten.

• Umgeben von einem großzügigen Park, atmet das stilvolle Hotel **Khasa Khoti** €€€-€€€€ (Tel.: 23751-54, Fax: 2374040) hinter dem *India Tourism Office* noch das Flair der Kolonialzeit. In der ehemaligen britischen Residenz lohnen besonders die nur etwas teureren Deluxe-Zimmer, da komfortabler und geräumiger. Ein großer Pool ist vorhanden, aber leider des öfteren wasserlos.

• Ein Relikt aus den Tagen alter Rajputengröße ist das 1919 von einem lokalen Fürsten erbaute Hotel **Bissau Palace** €€€-€€€€ (Tel.: 2304391, Fax: 2304628, bissau@sancharnet.in), das etwas versteckt an einer kleinen Straße nördlich des Chandpol Gates steht. Dieses von dem sehr freundlichen Manager George aus Kerala geführte Palasthotel mit hübschen Wandmalereien vermittelt nicht zuletzt aufgrund seiner überschaubaren Größe eine gemütliche Atmosphäre. Zum Haus gehören ein Swimmingpool, ein schöner Garten, eine hübsche Bibliothek und ein jedoch mittelmässiges Restaurant mit Bar.

• Das **LMB Hotel** €€€€ (Johari Bazar, Tel.: 2565844, Fax: 2562176, info@lmbhotel.com) reicht als recht unscheinbares Mittelklassehotel zwar atmosphärisch in keiner Weise an den Charme der zuvor genannten Hotels heran und ist eigentlich übertreuert, dafür bietet es als eines der ganz wenigen Hotels in Jaipur den Vorteil, mitten im Herzen der Altstadt nur wenige Hundert Meter vom Hawa Mahal und dem Stadtpalast zu stehen. Zudem befindet sich im Erdgeschoss eines der bekanntesten Restaurants Jaipurs.

• Wer sein eigenes Reich benötigt, hat seit Kurzem die Möglichkeit, ganze **Apartments** mit gut ausgestatteter Küche zu mieten. Für Kurzzeitanmietungen ist dies im **Tara Niwas** (Shiv Marg, Tel.: 2206823, kirti@aryaniwas.com, www.aryaniwas.com/taraniwas, nur teilweise mit Küchenzeile), für Langzeitanmietungen ab einem Monat (15.000 Rs pro Monat ohne Strom) im **Om Niwas** möglich, beide im Bezirk Bani Park gelegen. Das Management beider Häuser ist dasselbe wie das des *Hotel Arya Niwas*.

First Class

• Eines der schönsten Hotels Jaipurs ist das bezaubernde **Shahpura House** €€€€-€€€€€ (Tel.: 202293, Fax: 201494, shahpurahouse@usa.net, www.shahpurahouse.com) in der Nähe des Bani Park. Die ehemalige Residenz einer Adelsfamilie vereint alle Vorzüge eines Heritage-Hotels: typisch rajputische Architektur, in diesem Falle mit stark muslimischen Einflüssen, Individualität, Tradition, Liebe zum Detail, Sauberkeit, kleiner Pool und Dachterrasse – eine Oase im quirligen Jaipur. Auch ein Restaurant (allerdings keine alkoholischen Getränke) ist vorhanden.

• Ganz neu im Stadtzentrum an der Mirza Ismail Rd. bietet das **Best Western Om Hotel** €€€€-€€€€€ (Tel.: 2366683-85, Fax: 2371619, vijayshashi_priyanka@rediffmail.com) kühlen Luxus. Zweckmässig eingerichtete AC-Zimmer mit allen für diese Kategorie üblichen Annehmlichkeiten sowie einem sich drehenden Revolving Restaurant mit allerdings saftigen Preisen und toller Aussicht auf die Spitze des Om Tower.

• Das glatte Gegenteil ist der alte Kolonialbau des **Narain Niwas Palace Hotel** €€€€-€€€€€ (Narain Singh Rd., Tel.: 2561291, Fax: 2561045, kanota@sancharnet.in, www.hotelnarainniwas.com) mit großen, individuell und geschmackvoll eingerichteten Zimmern im wunderschönen Garten und ebensolchem Swimmingpool – ein Platz mit Atmosphäre.

• Das über 200 Jahre alte **Samode Haveli** €€€€-€€€€€ (Tel.: 2632370, Fax: 2631397,

JAIPUR

www.samode.com) gehört zu den stilvollsten Unterkünften Jaipurs. Die ehemalige Residenz eines Premierministers Jaipurs diente des öfteren als Filmkulisse.

● Eine sehr gute Wahl ist das **Hotel Jaipur Palace** €€€€-€€€€€ (Tel.: 2743161) mit hübschen Räumen, sehr freundlichem Personal und einem hervorragenden Restaurant.

● Das 1896 verwinkelt gebaute, aber dennoch helle **Mandawa Haveli** €€€€-€€€€€ (Sansar Chandra Rd., Tel.: 2364200, 5106081-3) in zentraler Lage verfügt über stilvoll eingerichtete AC-Zimmer, Dachterrasse, ein gutes Restaurant und einen kleinen Pool.

● Nicht nur wegen seiner einzigartigen Lage direkt gegenüber vom Jai Mahal an der Amber Rd., sondern auch wegen der schönen, großen Balkonzimmer mit Ausblick und dem vorbildlichen Management, ist das **Trident Jaipur** €€€€€ (Tel.: 2670101, Fax: 2670303, tghosh@tridentjp.com) eine ausgezeichnete Unterkunft.

Luxus

● Das fantastische **Raj Vilas** €€€€€ (Gooner Rd., Tel.: 2680101, Fax: 2680202, reservations@rajvilas.com) ist nicht nur das mit Abstand beste Hotels Jaipurs, sondern gehört mit all seiner Pracht zu einem der eindrucksvollsten Hotels ganz Indiens. Architektonisch eine sehr harmonische Synthese rajputischer und islamischer Elemente, bietet es mit seinen 71 Suiten einen dem königlichen Preis mehr als angemessenen Luxus. Das Resort liegt eingebettet in einer weitläufigen Parklandschaft gut 5 km außerhalb.

● Neben dem Lake Palace Hotel in Udaipur symbolisiert der **Rambagh Palace** €€€€€ (Bhawani Singh Rd., Tel.: 2381916-19, Fax: 2381098, rambagh.jaipur@tajhotels.com, www.tajhotels.com), der 1974 in ein 5-Sterne-Luxushotel umgewandelte ehemalige Palast der Maharajas von Jaipur, wie kaum ein anderes Gebäude das Klischeebild vom Märchenland Indien. Selbst die billigsten Zimmer in diesem eleganten Marmorbau, der in einem weitläufigen Parkgelände steht, sind sicher nichts für Budget-Traveller. Doch selbst wer nicht über das nötige Kleingeld verfügt, sollte sich einen Drink auf der majestätischen Terrasse mit Blick auf die im Garten stolzierenden Pfauen gönnen. Auch ein persönlicher Butler ist rund um die Uhr möglich.

● Auch das **Jai Mahal Palace Hotel** €€€€€ (Jacob Rd., Tel.: 2223636, Fax: 2220707, jaimahal.jaipur@tajhotels.com) an der Ecke Jacob Road/Ajmer Marg war einst ein Palast der Maharajas von Jaipur und verbindet den nostalgischen Charme vergangener Tage mit dem Luxus der Neuzeit wie Swimmingpool, Business Centre und Fernsehen.

● Vergleichsweise günstig, aber dennoch in kolonialem Ambiente wohnt man im **Raj Mahal Palace Hotel** €€€€€ (Tel.: 2383262, Fax: 2381887). Das vormals als Residenz des britischen Gouverneurs dienende Herrscherhaus wird ebenso wie das *Rambagh Palace* und das *Jai Mahal* von der Taj-Gruppe gemanagt.

Essen und Trinken

● Ausgezeichnete, frisch zubereitete Barbecue-Gerichte serviert das gemütliche Restaurant **Handi** (12-15.30 und 18-23 Uhr) an der M.I. Road gegenüber der Hauptpost. *Chicken tikka tandoori* und das vegetarische *stuffed kulfa* werden empfohlen.

● Von guter Qualität sind die Speisen im nur wenige Meter von der Hauptpost entfernten Restaurant **Copper Chimney**. Pro Gericht sollte man zwischen 50 und 130 Rs veranschlagen.

● Sicher eines der besten Restaurants Jaipurs ist das **Four Seasons** (Subash Marg, 12-15.30 und 18-23 Uhr) mit ähnlichem Preisniveau. Das zweigeschossige Restaurant ist angenehm eingerichtet und hat eine lange Speisekarte mit rajasthanischen und und anderen vegetarischen Gerichten.

● Ähnlich wie bei den Hotels gibt es erstaunlicherweise so gut wie keine Restaurants in der Altstadt. Eine Ausnahme bildet das **LMB** am Johari Bazar, eines der exklusivsten vegetarischen Restaurants Jaipurs. Der Grund für die Attraktivität scheint jedoch eher in der ungewöhnlichen Fünfziger-Jahre-Einrichtung zu liegen als im durchaus nicht exzellenten Essen, welches zudem in den letzten Jahren unverhältnismäßig teuer geworden ist. Auch

die allzu offensichtlich auf ein dickes Trinkgeld spekulierenden Kellner wirken nicht gerade appetitfördernd. Sehr gut ist allerdings der Imbissstand am Eingang mit köstlichen *somosas, pakoras* und diversen Eissorten.
- Im wenige Meter entfernten vegetarischen **Surya Mahal** kann man aus der umfangreichen Speisekarte zwischen indischen, chinesischen und europäischen Gerichten wählen. Hier sind die Preise sehr moderat, und man ist freundlich.
- Fastfood-Freunde können wählen zwischen **Pizza Hut** im Ganpati Plaza an der M.I. Rd. sowie **Dominos Pizza** (mit Zustellservice, Tel.: 2367943-46) und **McDonald's** beim Raj-Mandir-Kino. Gegenüber dem Kino lockt die **Barista Espresso Bar**. Im hinteren Teil des Busbahnhofs verkürzt das saubere **Traffic Jam** bis Mitternacht die Wartezeit auf den Bus, ebenfalls mit Fastfood, indischen Snacks und *thalis*.
- Unbedingt probieren sollte man die köstlichen *lassis* im **Lassiwala** nicht weit entfernt.
- Eine sehr gute Adresse für köstliche Leckereien ist das **Chic Chocolate** um die Ecke vom *Athithi Guest House*.
- Nicht ganz billig, aber gut südindisch isst man im schön eingerichteten **Dasaprakash** an der M.I. Rd. Snacks kosten um die 70 Rs, *thalis* um 130 Rs.
- Überraschend preiswerte (40 Rs) und leckere *thalis* bekommt man im Restaurant des **Hotel Gangaur**.
- Die Meinungen über das Essen im **Evergreen Guest House** variieren stark, dafür ist es zweifelsohne einer der beliebtesten Treffs der Traveller-Szene in ganz Nordindien.
- Mit dem **Swaag** und dem **Celebrations** finden sich zwei empfehlenswerte Restaurants im Ganpati Plaza an der MI Rd. Das erstgenannte ist bei westlichen Reisenden wegen der umfangreichen Auswahl an indischen, chinesischen und westlichen Gerichten sowie den moderaten Preisen das mit Abstand beliebtere der beiden. Das wesentlich mondänere Celebrations ist ein rein vegetarisches Restaurant und wird in erster Linie von der Upper Class Jaipurs frequentiert.
- Leckere und preiswerte indische Gerichte bietet das rein vegetariische **Mohan Restaurant** gegenüber dem Hotel Neelam.
- Authentisch indisches Essen servieren mehrere schlichte **Lokale an der Mirza Ismail Road** in der Nähe des Evergreen. Ausgesprochen leckere, frisch gepresste Fruchtsäfte kann man an den überall zu findenden Straßenständen trinken.
- Nach ausgiebigen Shopping-Touren in Malviya Nagar im Süden der Stadt ist das neue **Indian Spice** eine der besten Adressen für gehobene indische Küche. Das exquisit gestaltete AC-Restaurant im Gaurav Tower bietet ebensolche Gerichte zum fairen Preis.
- Wer sich an einem fürstlichen Abendessen im mondänen **Rambagh Palace Hotel** laben möchte, sollte neben genügend Kleingeld (1.500-2.000 Rs pro Person) auch das angemessene Outfit dabei haben. Besucher in ausgefransten Jeans und Gummischlappen werden nicht eingelassen. Etwas billiger ist der Lychee-Mint-Lassie mit 225 Rs – ein Gedicht.

Einkaufen

Neben (für manche sogar noch vor) Delhi ist Jaipur als touristische Shopping-Metropole beliebt. Dabei ist es sicherlich auch das historische Flair der Altstadt von Jaipur, das vor allem viele gutbetuchte Pauschalreisende zum Kauf animiert. So lassen sich viele gern vom Glanz der prunkvoll ausgestatteten Geschäfte verführen und zahlen astronomisch hohe Preise, zumal die Händler von Jaipur zu den pfiffigsten ihrer Branche zählen.
- Gerade deshalb sollte man sich vorher einen Überblick über Angebot und Preise verschaffen. Der beste Ort hierfür ist das stattliche **Rajasthan Government Emporium** (Tel.: 2367176) an der Mirza Ismail Road. Wie üblich ist das Angebot riesig und die Preise *fixed*, d.h. festgesetzt und nicht verhandelbar. Wer sich für spezielle Objekte interessiert, sollte die Preise notieren und damit in die entsprechenden Läden der Altstadt gehen.
- Berühmt ist Jaipur über die Grenzen Indiens hinaus für seine juwelenverarbeitende Industrie, in der über 30.000 Menschen beschäftigt sein sollen. Wer sich auskennt, kann sagenhaft günstig einkaufen, wer nicht, wird ebenso sagenhaft übers Ohr gehauen. Eine

JAIPUR

Vielzahl verlockender **Juweliergeschäfte** findet man in der Haldion-ka-Rasta, einer kleinen Gasse neben dem Johari Bazaar und in der Gopalji-ka-Rasta in der Nähe des Tripola Bazaar.

> Eine Touristenfalle ist der Transport von **Edelsteinen** in Jaipur. Er scheint ein einträgliches Geschäft zu sein, doch egal, mit welchen Tricks es probiert wird, auf jeden Fall ist dieser „Schmuggel" eine Falle und abzulehnen.

- Nicht ganz so tief in die Tasche zu greifen braucht, wer sich mit den hübschen, handgewebten **Rajasthan-Kleidern** begnügt. Auch in diesem Fall findet man im staatlichen **Rajasthan Handloom Emporium** gleich neben dem Government Emporium eine riesige Auswahl.
- Im Vorzeigebezirk **Malviya Nagar,** etwa 4 km südlich der Altstadt, kann man das „neue" boomende Indien bestaunen und natürlich shoppen, was das Zeug hält. Neben dem riesigen, futuristischen **World Trade Center** werden hier ununterbrochen protzige Shopping Malls und Wohnkomplexe aus dem Boden gestampft. Viele der großen internationalen Marken haben etwa im **Gaurav Tower** ihre Geschäfte. Auch das Multiplex-Kino *Entertainment Paradise* befindet sich in der Nähe. Eine Riksha aus der Innenstadt sollte nicht mehr als 70 Rs, ein Taxi höchstens 150 Rs kosten.
- Jaipur ist auch ein guter Ort, um seine Reisebibliothek ein wenig aufzufrischen, gibt es hier doch eine ganze Reihe hervorragender **Buchhandlungen.** Eine der besten mit einem großen Angebot an Reisebüchern, Bildbänden, Belletristik, Sachbüchern, aktuellen Magazinen und Zeitungen sind **Universal Books** und **Books Corner** gleich neben *Niro's Restaurant*. Auch **Ganpati Books** im gleichnamigen Plaza hat eine recht umfangreiche Auswahl.

Bank

- Abgesehen von vielen **ATMs,** die außer Visa-, Visa Electron-, Master-, Maestro-, und Cirruskarten auch Amex-Karten akzeptieren (in der Altstadt etwa der HDFC-ATM neben dem *LMB Hotel*), gibt es eine Vielzahl von Banken und Exchange-Countern (auf Kreditkarten werden zwischen 1 und 3 % Gebühr erhoben), großteils an der M.I. Rd.
- **Thomas Cook** ist gleich zweimal vertreten: im ehemaligen American-Express-Büro zentral am Tholia Circle (Mo-Sa 9-19 Uhr) sowie im Jaipur Tower am Saganer Gate (Mo-Sa 9.30-18 Uhr, Tel.: 2360940, 2360801, Visa- und Mastercard gegen 2 % Gebühr).
- Im Jaipur Tower ist auch das für gute Raten bei Travellerschecks und Bargeldtausch bekannte **UAExchange** (Tel.: 2363919, 2 % Gebühr für Kreditkartenauszahlung) zuverlässig.
- In der Altstadt ist **LKP Forex** schräg gegenüber dem Hawa Mahal günstig gelegen.
- Die **State Bank of India** am Sanganeri Gate tauscht Bargeld und Travellerschecks.

Medizinische Versorgung

- Das beste Krankenhaus der Stadt ist das private **Santokba Durlabhji Memorial Hospital** (Bhawani Singh Road, Tel.: 2566251).
- Für die Notaufnahme und bei Unfällen muss man sich ins größte, staatliche **Sawai Mansingh Hospital,** kurz SMS Hospital (Sawai Ramsingh Road, Tel.: 2560291) begeben.
- Ein **ayurvedisches Krankenhaus** (Tel.: 2672285) findet sich in der Amber Rd. beim Jarawar Singh Gate.
- Hinter dem *Hotel Park Plaza* sowie in den meisten Krankenhäusern gibt es 24 Stunden geöffnete **Apotheken.**
- **Notfall-Nummern** in Jaipur: Polizei: 100, Krankenwagen: 102.

Post und Telefon

- Das **GPO Jaipur** gilt als eine der zuverlässigsten Adressen Rajasthans, um Post in Empfang zu nehmen oder Pakete zu verschicken (Eingang hierfür auf der Rückseite des Gebäudes). Vor dem Gebäude sitzt meist ein Mann, der für das entsprechende Entgelt (je nach Paketgröße zwischen 20 und 60 Rs) das zu verschickende Paket ordnungsgemäß verpackt und versiegelt.

- **DHL** (Tel.: 2362826, G-7A der Geeta Enclave) ist in der Vinobha Marg nahe M.I. Rd. zu finden.
- **Telefongespräche,** egal ob inländische oder *long distance*, erledigt man am besten von einem der vielen privaten Büros. Man sollte sich jedoch zuvor erkundigen, ob der genannte Minutentarif ein Nettopreis ist oder ob diesem noch eine „Bearbeitungsgebühr" hinzugerechnet wird. Der Durchschnittspreis in Jaipur liegt derzeit bei 14 Rs/Min. Hier ist gelegentlich das billige Net-to-Phone möglich (s.u.).

Internet, Fotografieren

- Die durchschnittliche Internetgebühr beträgt 20 bis 30 Rs pro Stunde. Die meisten Internet-Cafés sind entlang der M.I. Rd. zu finden. Zu empfehlen sind die der sify-i-way-Kette mit DSL-Verbindung, **Satyam Online** im Jaipur Tower, **Modern Internet** eine Gasse gegenüber dem *Natraj Restaurant* hinein, das außerdem billige Net-to-Phone-Telefonverbindungen (4,50 Rs/Min.) anbietet sowie die Möglichkeit, Fotos von Digitalkameras auf CD zu brennen (ca. 100 Rs inkl. CD). Die regulären Fotogeschäfte verlangen hierfür bis zu 250 Rs. Eine Ausnahme ist **Sentosa Colour Lab** im Ganpati Plaza, die auch nur 100 Rs verlangen. Ausdrucke im Format 10x15 cm kosten dort 5 Rs. Hier gibt's natürlich auch Filme und Memory Cards.
- In der Altstadt bietet sich **Shree Ram Communications** an (15 Rs./Std.), nicht weit vom *LMB Hotel* zwischen den Toren 81 und 82 die Gasse 50 m hinein.

Kino

- Wer sich einmal einen der verschwenderisch inszenierten indischen Filme in einem adäquat opulenten Ambiente zu Gemüte führen möchte, für den ist das herrliche **Raj Mandir** eine der besten Adressen Indiens. Es ist einer jener stuckverzierten, riesigen Kinopaläste, wie es sie in Europa leider schon lange nicht mehr gibt. Trotz eines Fassungsvermögens von mehreren Tausend Personen ist es oft ausverkauft, doch gegen einen Aufpreis sind die Schwarzmarkthändler nur allzu gern bereit, ein Ticket an den reichen Westler zu verkaufen. Allerdings sollte man sich zunächst überzeugen, ob es nicht doch noch einige freie Plätze zum Normalpreis (60 Rs) an den Kassenhäuschen gibt.
- Inzwischen hat der neue Multiplex Complex des **Entertainment Paradise,** gut 5 km vom Stadtzentrum entfernt südlich Malviya Nagar, bei den Einheimischen dem Traditionshaus den Rang abgelaufen. Auch in Indien wird inzwischen mehr Wert gelegt auf genügend Parkplätze und vielfältiges Zusatzangebot, was dort gegeben ist.

Sport und Erholung

- Für eine gute, entspannende Massage ist **Kerala Ayurveda Kendra** (Tel.: 5106743) an der Baiai Marg bekannt. Einstündige, fachkundige Massagen kosten 500 Rs.
- An Meditation Interessierte sollten sich zum **Dhamma Vipassana Meditation Centre** (Tel.: 2680220), etwa 3 km von Jaipur entfernt in Galta, begeben, wo 10-Tages-Kurse auf Spendenbasis angeboten werden.
- Viele der Mittelklasse- und Luxushotels bieten die Möglichkeit, in ihren **Pools** zu schwimmen. Preiswert und schön ist der Pool des *Hotel Megh Niwas* (100 Rs/Tag) oder der neue Pool des *Evergreen Guest House* für 150 Rs/Tag.
- Wer mit Kindern unterwegs ist, kann sich im **Pink Pearl Water Park** (Main Ajmer Rd., Tel.: 51411210/1) vergnügen (Eintritt 125 Rs für Erwachsene und 75 Rs für Kinder). Für Erwachsene sind die Pools der großen Hotels besser.
- Der **Fitness Plaza** (*Add Life Centre* im Ganpati Plaza nahe der M.I. Rd.) hat modernes Equipment und kostet 100 Rs für 2 Std., hauptsächlich für die indische Mittelschicht.

Feste

- Das berühmte **Elefantenfestival** findet alljährlich im Rahmen des Holi-Festes im März statt. Zwar sind die prunkvollen Umzüge mit

JAIPUR

den bunt geschmückten Elefanten ein riesiges Touristenspektakel, doch trotzdem äußerst sehenswert.

- Ebenfalls ein prächtiger Umzug durch die Straßen Jaipurs steht im Mittelpunkt des zu Ehren von Shivas Gemahlin Parvati veranstalteten **Gangaur-Festivals** im März/April. Tänzer, Trommler, Kamele und Elefanten sorgen für eine ebenso farbenfrohe wie laute Mischung.
- Das **Teej-Fest** wird jedes Jahr im Juli/August zu Beginn des Monsuns gefeiert und ist der Hochzeit von Shiva und Parvati gewidmet. Vor allem die Rajputen-Frauen feiern das Fest mit farbenprächtigen Umzügen, Gesang und Tanz.
- Das **Jaipur Heritage International Festival** (Tel.: 2222728, der nächste Termin ist 14.-23.1.2007, www.jaipurfestival.org) wie auch der **Rajasthan Day** (jedes Jahr 21.-30.3.) setzen sich zum Ziel, die Traditionen Rajasthans mit einer Vielzahl von Veranstaltungen (klassischer Tanz und Musik, Lesungen und Ausstellungen) im gesamten Stadtgebiet und im Amber Fort wachzuhalten.

An- und Weiterreise

Flug

- *Indian Airlines* (Nehru Place, Tonk Road, Tel.: 2743500, am Flughafen: 2620758) verbindet Jaipur mit **Delhi** (3.510 Rs, tgl.), **Jodhpur** (4.125 Rs, tgl.), **Mumbai** (8.110 Rs, tgl.) und **Udaipur** (4.195 Rs, tgl.).
- *Jet Airways* (Umaid Nagar House, M.I. Rd., Tel.: 2360763, 2360450) fliegt tgl. nach **Delhi, Mumbai** und **Udaipur.**
- *Air Deccan* (www.airdeccan.net, Tel.: 39008888, keine Vorwahl) fliegt nach **Delhi.**
- *Flugtickets:* Travel Care (Tel.: 2620020, travelscare@sify.com) im Erdgeschoss des Jaipur Tower, tgl. außer So 10-19 Uhr, oder *Rajasthan Travel Agency* (Tel.: 2365408) im Ganpati Plaza sind verlässliche Reisebüros.
- Größtenteils im Jaipur Tower finden sich die Büros vieler Fluggesellschaften: **Air France** (Tel.: 2377041), **Air India** (Tel.: 2368569), **Air Sahara** (Tel.: 2546693), **Austrian Airlines** (Tel.: 2377695), **British Airways** (Tel.: 2370374, neben Jaipur Tower), **Gulf Air** (Tel.: 2367409), **Jet Airways** (Tel.: 5112222, 2546230), **Kuwait Airways** (Tel.: 2367772), **Lufthansa** (Saraogi Mansion, nahe dem Sanganeri Gate, Tel.: 2562822, 2561360).

Bahn

- Im **Reservierungsgebäude** links vor dem Bahnhof (Inquiry Tel.: 131) ist Schalter 749 u.a. für Touristen vorgesehen. Das Gebäude ist Mo-Sa 8-20 Uhr (15 Min. Pause um 14 Uhr) und So 8-14 Uhr geöffnet.
- Wichtige **Verbindungen** siehe Anhang.

Bus

- Besonders komfortabel sind die **Deluxe-Busse** der Golden und Silver Line (die mit nur wenigen Stopps das jeweilige Ziel anfahren), die von Bussteig Nr. 3 in der rechten hinteren Ecke des Busbahnhofs abfahren. Hier befindet sich auch ein Reservierungsbüro (7-21 Uhr tgl.). Eine frühzeitige Buchung ist empfehlenswert, da die Nachfrage während der Hauptsaison sehr groß ist.
- Nach **Delhi** (5 Std., 250 Rs, AC 436 Rs) fahren tgl. 31 Deluxe- und AC-Volvo-Busse zwischen 5.30 und 1 Uhr von Plattform 3, teils zum Bikaner House, teils zum ISBT in Delhi. Zahlreiche Verbindungen bestehen u.a. nach **Jodhpur** (jede Stunde, 7,5 Std., Exp./Del./AC 141/190/265 Rs, AC (6.30 Uhr) und Deluxe-Verbindungen um 13.30 und 23.30 Uhr von Plattform 3), **Agra** (5 Std., Express-Busse (120 Rs) alle über Bharatpur (85 Rs, 4 Std.), rund um die Uhr, viele Deluxe-Verbindungen zwischen 6.30 und 0 Uhr (Plattform 3), 157 Rs, AC 220 Rs, **Ajmer** (7 Busse, 2,5 Std., 66 Rs, AC 83 Rs), **Alwar** (halbstündig zwischen 4.30 und 22 Uhr), **Chittorgarh** (7 Std., 116 Rs, viele Verbindungen, um 12 Uhr Deluxe, 171 Rs), **Udaipur** (8 Busse, 9 Std., 200 Rs, Volvo AC 400 Rs, Deluxe um 10, 11.15, 13.30 sowie 22 und 0 Uhr), **Bundi und Kota** (5 bzw. 5,5 Std., um 6.45, 8.45 und 15.15 Uhr Deluxe-Busse (145 Rs) von Plattform 3, Express-Busse (120 Rs) von Plattform 2), **Mathura** (6 Busse, 15.45 Uhr auch über Vrindavan, 131 Rs, um 13.30 und 22.30 Deluxe-Verbindungen), **Nawalgarh** und **Jhunjhunu** (4/5 Std., halbstün-

dig Express-Busse und ein Deluxe-Bus um 16.30 Uhr, 91 Rs, alle via Sikar) und **Bikaner** (8 Std.) über Sikar. Nach **Sawai Madhopur** (Ranthambore, Plattform 2, 6 Std., Plattform 4) fahren 5 Direktbusse frühmorgens und um 14.30 und 17.15 Uhr, ansonsten über Tonk (halbstündige Verbindungen).

- Zwei Direktbusse nach **Pushkar,** von denen aber nur der Deluxe-Bus um 13 Uhr (Plattform 3) zu empfehlen ist.
- Für weitere **Auskünfte** folgende Telefonnummern, für Deluxe-Busse: 5116031, für Exp.-Busse: 5116043/4, außerdem das hilfsbereite *Tourist Information Bureau* im Bahnhofsgebäude und die Filiale am Busbahnhof.

Umgebung von Jaipur

Amber ⚐ C2

Es gibt kaum einen Besucher Jaipurs, der nicht die nur 11 km nördlich gelegene **Palastanlage** von Amber besucht. Amber war für über sechs Jahrhunderte die Hauptstadt der Kachwahas, bevor sich *Jai Singh II.* 1727 entschloss, seine neue Residenz in Jaipur zu errichten.

Wohl niemand wird diesen Ausflug bisher bereut haben, ja vielen gilt das Fort als die schönste Festung ganz Indiens. Spektakulär ist allein schon der erste Anblick nach der Ankunft, wenn sich die auf einem steilen Berghang gelegene Trutzburg in den Wassern des ihr zu Füßen gelegenen kleinen Sees spiegelt.

Durch den **Mogul-Garten Dil-e-Aram** führt ein steiler, gewundener Kopfsteinpflasterweg zum **Suraj Pol,** dem Haupttor der sehr weiträumigen Anlage.

Hat man das Suraj Pol passiert, befindet man sich in einem weiträumigen, von Souvenirläden, Erfrischungs- und Essensständen gesäumten **Innenhof,** in dem früher die Besucher des Regenten ihre Pferde und Elefanten zurückließen. Von hier führt eine breite Treppe zu einem zweiten Hof mit dem **Audienzsaal** (Diwan-e-Am), in dem der Maharaja die offiziellen Empfänge abhielt. Um dieses Schmuckstück aus Marmor vor dem Zugriff des neidischen Mogul-Kaisers *Jehangir* zu bewahren, soll es *Jai Singh I.* einst mit einer Gipsschicht überzogen haben.

Durch das wunderschön ornamentierte **Ganesha-Tor** (Ganesha Pol) führt der Weg zu den erneut auf einer höheren Ebene angesiedelten **Privatgemächern** der Herrscherfamilie.

Besondere Aufmerksamkeit bei den täglich Tausenden von Besuchern erregt u.a. der kleine, gänzlich mit kleinen Spiegeln ausgeschmückte **Jai Mandir** und der daneben gelegene **Shak Mandir.** Mit seinen filigranen Marmorgitterfenstern gewährt der Shak Mandir einen weiten Blick in das von den Aravalli-Bergketten eingeschlossene Amber-Tal. Den dem Jai Mandir gegenüber gelegenen **Saal der Freuden** *(Sukh Niwas)* durchfloss einst ein Bach. Inmitten der Paläste, Pavillons, Terrassen und Galerien findet sich ein blühender kleiner **Garten.** Auch hier manifestiert sich der Versuch der durch räuberische und grausame Feldzüge zu Macht und Reichtum gelangten Herrscher, ihr Privatleben in einer Ruhe ausstrahlenden Umgebung zu verbringen.

Für die meisten Touristen galt über viele Jahre der **Ritt auf dem Rücken**

eines Elefanten hinauf zur Burg als eine der Hauptattraktionen Ambers. Vergessen wurde dabei, dass dies bei der sengenden Hitze für die mit bis zu vier schweren Personen beladenen Elefanten und bis zu fünf Ritten pro Tag nichts anderes als Tierquälerei war. Im November 2005 entlud sich der jahrelang ertragene Schmerz eines Elefanten, indem er einen zufällig vor ihm stehenden einheimischen Reiseleiter gegen eine Mauer schleuderte. Der Tod des Reiseleiters machte landesweit Schlagzeilen und warf ein Schlaglicht auf das Leid der Elefanten. Seither dürfen die Vierbeiner nur noch dreimal pro Tag zur Burg hinaufschnaufen und das auch nur noch mit zwei statt vier Passagieren. Daher hat nur noch jener eine Chance auf einen Elefantenritt, der bis spätestens 8 Uhr erscheint. Preis pro Person 250 Rs.

● **Geöffnet** ist der Palast tgl. 9-16.30 Uhr, Eintritt 75 Rs, Fotogebühr 25 Rs, Videogebühr 150 Rs. Am Eingang können **Guides** gebucht werden, 90 Min. kosten 150 Rs/4 Pers.
● **Anfahrt:** Es fahren ständig Busse für 8 Rs vom Badi Chaupar, ein paar Meter vom Hawa Mahal entfernt, nach Amber. Eine Riksha sollte für die Hin- und Rückfahrt mit Wartezeit nicht mehr als 250 Rs kosten.

Der besondere Tipp: Jaigarh Fort

Wer nach der Besichtigung des Palastes noch genügend Ausdauer besitzt, sollte sich das oberhalb von Amber gelegene Jaigarh Fort nicht entgehen lassen. Die meisten Gebäude in der 1726 von *Jai Singh* errichteten Festungsanlage sind verfallen, doch auch die Ruinen vermitteln noch einen interessanten Eindruck der ehemaligen Pracht. Zurzeit lässt der Schwiegersohn des Maharajas einige Gebäude restaurieren. Im Übrigen wird man für den ca. 15-minütigen Anstieg mit **herrlichen Ausblicken** in die Umgebung belohnt. Man entgeht hier oben dem Touristenrummel der Palastanlage. Eine kleine Cafeteria bietet sich für Snacks und Getränke an.

Im Mittelpunkt des nationalen Interesses stand das Fort Mitte der siebziger Jahre, als es die damalige Ministerpräsidentin *Indira Gandhi* weiträumig absperren ließ. Hunderte von Polizisten durchsuchten die Katakomben, um das dort angeblich gelagerte, auf mehrere Zigmillionen Rupies, Juwelen und Gold geschätzte Vermögen der Kachhawas von Amber zu konfiszieren. Gefunden wurde nichts.

●**Geöffnet** ist der Palast tgl. 9-16.30 Uhr, Eintritt 20 Rs, Kamera 20 Rs, Videokamera 100 Rs.

Royal Gaitor und Jal Mahal

Auf der Fahrt von Jaipur nach Amber liegt nach ca. 6 km auf der rechten Straßenseite das **„Wasserschloss"** Jal Mahal. Heute ist es als solches jedoch kaum mehr zu identifizieren, da der das Jal Mahal umgebende See die meiste Zeit im Jahr ausgetrocknet ist. Doch auch so vermittelt das Bauwerk immer noch viel von seiner ursprünglich romantischen Atmosphäre.

Wie kleine Marmorkunstwerke in schöner Gartenlandschaft wirken die sich nördlich anschließenden **Grabstätten** (Chattris, tgl. 9-16.30 Uhr, Eintritt frei, Kamera/Video 10/20 Rs) der Herrscher von Jaipur in Gaitor. Am beeindruckendsten ist das Grabmal des Stadtgründers *Jai Singh II*. 50 m rechts vom Eingang die steile Treppe hinauf bietet sich ein eindrucksvoller Blick auf die Anlage, außerdem führt der Weg zu einem Ganesh-Tempel mit großem Swastika-Symbol.

Sisodia-Rani-Palast

Vorbei am hübschen **Vidhyadhar's Garden,** der zu Ehren des Architekten Jaipurs errichtet wurde, führt die Straße Richtung Agra nach 8 km zum zierlichen, mit Wandmalereien geschmückten **Sisodia-Rani-Palast.** Auch diese verspielte Palastanlage inmitten gepflegter, terrassenförmig angelegter Gärten stammt aus der Regierungszeit Jai Singhs. Der offensichtlich nicht gerade knauserige Herrscher ließ das Schloss für seine zweite Frau erbauen. Heute ist es eines der beliebtesten Ausflugsziele in der Umgebung von Jaipur und an Wochenenden von Einheimischen überlaufen.

Galta

Drei Kilometer östlich von Jaipur findet sich mit der **Schlucht** von Galta, die stufenförmig mit vielen kleinen

Die Festung von Amber – gut mit dem Bus zu erreichen und ein lohnender Ausflug von Jaipur

Tempeln und Teichen ausgefüllt ist, ein Ort ganz besonderer sakraler Atmosphäre. Die unzähligen Tempelaffen werden von den Pilgern eifrig gefüttert, da man sich von ihnen Glück verspricht. Der hoch oberhalb der Schlucht gelegene **Tempel** zu Ehren des Sonnengottes Surya aus dem frühen 18. Jh. ist von Norden aus über einen 2 km langen steilen Anstieg zu erreichen. Die schöne, längere Südzufahrt per Auto führt, vorbei an Sisodia Gardens und durch eine naturbelassene Landschaft mit vielen Tieren, ebenfalls nach Galta. Gelegentlich wird am Eingang eine Foto-/Videogebühr von 50 Rs erhoben.

Saganer ♂ C2

Dieses kleine, 16 km südlich von Jaipur gelegene Städtchen mit einem verfallenen Palast und einigen schönen Jain-Tempeln ist überregional für die hier ansässigen **Papier- und Textildruckereien** bekannt. Eine besondere Spezialität der Familienbetriebe Saganers ist der Blockdruck, wobei die verschiedenen Muster in Holz geschnitzt und von Hand auf der ganzen Länge der Stoffbahn gedruckt werden. Ein beliebtes Souvenir sind die dazu verwandten Druckblöcke, die meist nicht viel größer als ein normaler Stempel sind.

Der besondere Tipp:
Samode ♂ C2

Folgt man der alten Karawanenstraße von Jaipur über das Shekhawati nach Bikaner, so gelangt man ca. 30 km nördlich von Jaipur in die kleine Provinzstadt **Chomu**. Wie die von hohen Mauern umstellte Festung vermuten lässt, hat der heute unbedeutende Ort eine abwechslungsreiche Geschichte hinter sich. Biegt man hier rechts ab, so gelangt man entlang einer verlassenen Serpentinenstrecke, die sich durch eine faszinierende Berglandschaft schlängelt, nach 15 km zu einer der bezauberndsten **Palastanlagen** ganz Rajasthans. Hier, sozusagen am Ende der Welt und zu Füßen einer Bergfestung, ließ sich der Finanzminister des Maharajas von Jaipur Mitte des 19. Jh. sein Märchenschloss errichten.

Hat man den imposanten Treppenaufgang hinter sich gelassen, gelangt man in herrlich ausgestattete Räumlichkeiten. Schmuckstück des heute als exquisites **Heritage Hotel** dienenden Prachtbaus ist der **Diwan-e-Khas** mit seinen über und über mit Wandmalereien und kleinen Spiegelchen verzierten Wänden. Als eines von vielen entzückenden Details fallen die verstellbaren Jalousien ins Auge, hinter denen die Damen des Hauses die Geschehnisse der Männerwelt verfolgten. Alles wirkt ein wenig wie eine Filmkulisse und tatsächlich wurden hier schon bedeutende Filmszenen gedreht (zum Beispiel für den Film „Palast der Winde" nach dem Roman von *Paul Scott*).

Unterkunft

• Das herrliche **Samode Palace Hotel** €€€€€ (Tel./Fax: 0141/2632370, 01423-240014, reservations@samode.com, www.samode.com) gilt als eines der besten Palasthotels des Landes. Ausstattung und Lage der liebevoll eingerichteten 35 Zimmer sind gleichermaßen bezaubernd. Auch die zeltdachüberspannten Bungalows sowie der schöne Garten mit Restaurant und Swimmingpool sind hervorragend. Von Besuchern, die nicht im Hotel wohnen, wird ein Eintrittsgeld von 250 Rs verlangt, der aber mit einem Mahl im Restaurant verrechnet wird.

An- und Weiterreise

• Mehrere **Direktbusse** von Jaipur (Plattform 4) fahren nach Samode, ansonsten über Chomu. Zu **Taxipreisen** von Jaipur aus siehe Jaipur/Information.
• Auch der **9733/4 Shekhawati Exp.** verbindet tgl. mit Jaipur, Dundhloh, Nawalgarh und Sikar, Busse sind aber wegen eventueller Verspätung des Zuges vorzuziehen.

Bharatpur

D2

(ca. 205.000 Einwohner, Vorwahl: 05644)

Wegen des 6 km südlich vom Stadtzentrum gelegenen **Keoladeo-Vogelschutzparks** gilt Bharatpur heute als Mekka für Ornithologen aus aller Welt. Im 17. und 18. Jh. war es die Hauptstadt eines einflussreichen Regionalreiches, dessen Herrschaftsbereich zeitweise bis an die Grenzen Delhis und Agras reichte.

Noch heute beherrscht das mächtige, von einem Wassergraben umschlossene **Fort** die ansonsten uninteressante Stadt. Seinen Namen Lohagarh (Eiserne Festung) hat es sich verdient, da es erfolgreich verschiedenen Angriffen der Mogul-Heere und später der Briten trotzte. Die beiden großen Festungstürme Jawahar Burj und Fateh Burj sowie zwei von einem erfolgreichen Beutezug aus Delhi mitgebrachte Eingangstore sind die beeindruckendsten Bauelemente des ansonsten deutliche Spuren des Verfalls aufweisenden Forts. Eines der insgesamt drei Palastgebäude innerhalb der Festungsmauern beherbergt allerdings ein interessantes **Museum.**

• **Öffnungszeiten:** tgl. außer Fr 10-16 Uhr.

Information

• Den Besuch im **Tourist Reception Centre** (Mo-Sa 10-17 Uhr, jeder 2. Sa geschlossen, Tel.: 222542) am Saras Circle ist bis auf die Aushändigung eines Stadtplans und für Informationen über Bus- und Bahnzeiten nur hilfreich, wenn man etwas insistiert. Wesentlich umfangreichere Informationen zum Vogelpark bekommt man am Eingang desselben, wo auch eine informative Broschüre zum Keoladeo-Nationalpark erhältlich ist.

Stadtverkehr

Bharatpur ist eine sehr weitläufige Stadt. So liegt der Bahnhof 2 km nördlich des Stadtzentrums und 7 km vom Nationalpark entfernt, der Busbahnhof immerhin noch unangenehme 5 km.
• Zwischen Bahnhof und Innenstadt verkehren **Tongas.**
• Mit der **Autoriksha** kostet die Fahrt vom Bahnhof zum Nationalpark für Einheimische maximal 40 Rs, vom Busbahnhof 30 Rs, verlangt wird von Touristen jedoch meist das Doppelte.
• Ähnliches gilt für die **Fahrradrikshas,** die für die gleiche Strecke eigentlich nicht mehr als 30 bzw 25 Rs verlangen dürften. Meist hat man nur dann eine Chance auf den lokalen Fahrpreis, wenn man ein vom Rikshafah-

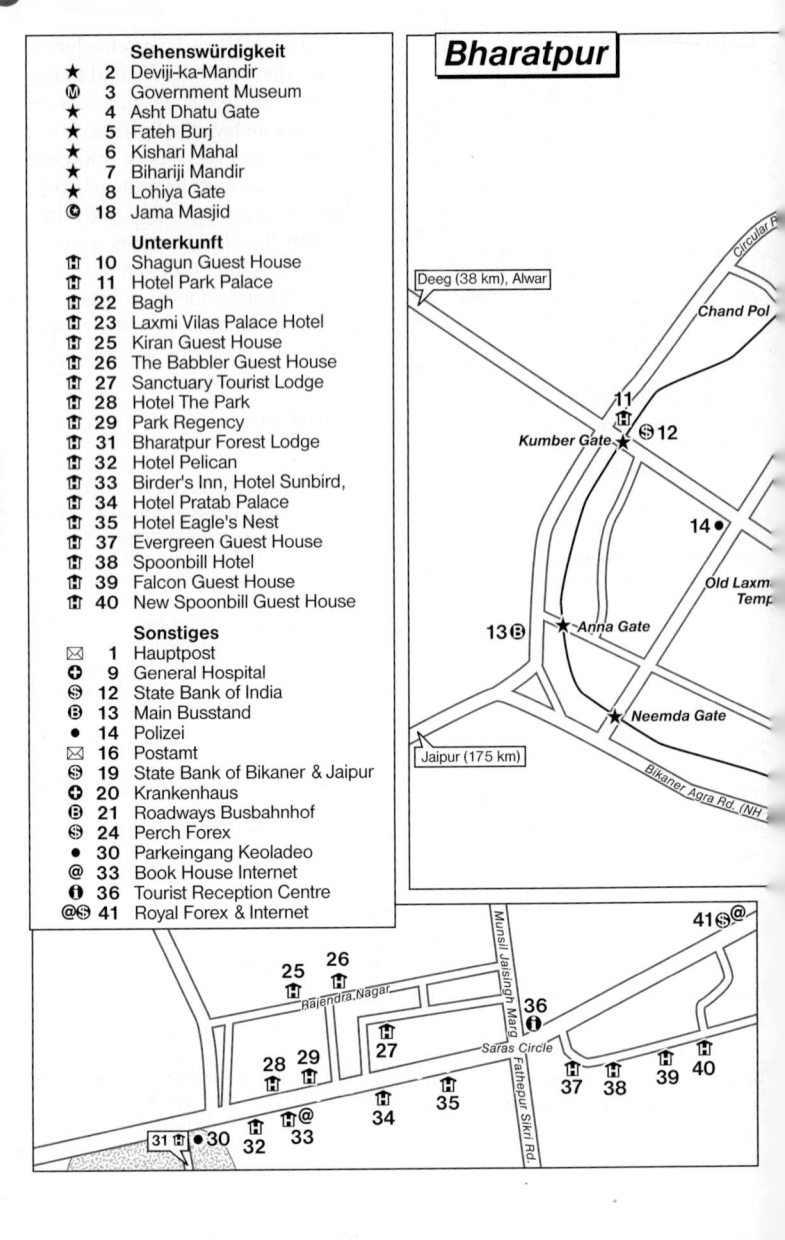

Bharatpur

Sehenswürdigkeit
- ★ 2 Deviji-ka-Mandir
- Ⓜ 3 Government Museum
- ★ 4 Asht Dhatu Gate
- ★ 5 Fateh Burj
- ★ 6 Kishari Mahal
- ★ 7 Bihariji Mandir
- ★ 8 Lohiya Gate
- ☾ 18 Jama Masjid

Unterkunft
- 🏨 10 Shagun Guest House
- 🏨 11 Hotel Park Palace
- 🏨 22 Bagh
- 🏨 23 Laxmi Vilas Palace Hotel
- 🏨 25 Kiran Guest House
- 🏨 26 The Babbler Guest House
- 🏨 27 Sanctuary Tourist Lodge
- 🏨 28 Hotel The Park
- 🏨 29 Park Regency
- 🏨 31 Bharatpur Forest Lodge
- 🏨 32 Hotel Pelican
- 🏨 33 Birder's Inn, Hotel Sunbird,
- 🏨 34 Hotel Pratab Palace
- 🏨 35 Hotel Eagle's Nest
- 🏨 37 Evergreen Guest House
- 🏨 38 Spoonbill Hotel
- 🏨 39 Falcon Guest House
- 🏨 40 New Spoonbill Guest House

Sonstiges
- ✉ 1 Hauptpost
- ⊕ 9 General Hospital
- Ⓢ 12 State Bank of India
- Ⓑ 13 Main Busstand
- • 14 Polizei
- ✉ 16 Postamt
- Ⓢ 19 State Bank of Bikaner & Jaipur
- ⊕ 20 Krankenhaus
- Ⓑ 21 Roadways Busbahnhof
- Ⓢ 24 Perch Forex
- • 30 Parkeingang Keoladeo
- @ 33 Book House Internet
- ℹ 36 Tourist Reception Centre
- @Ⓢ 41 Royal Forex & Internet

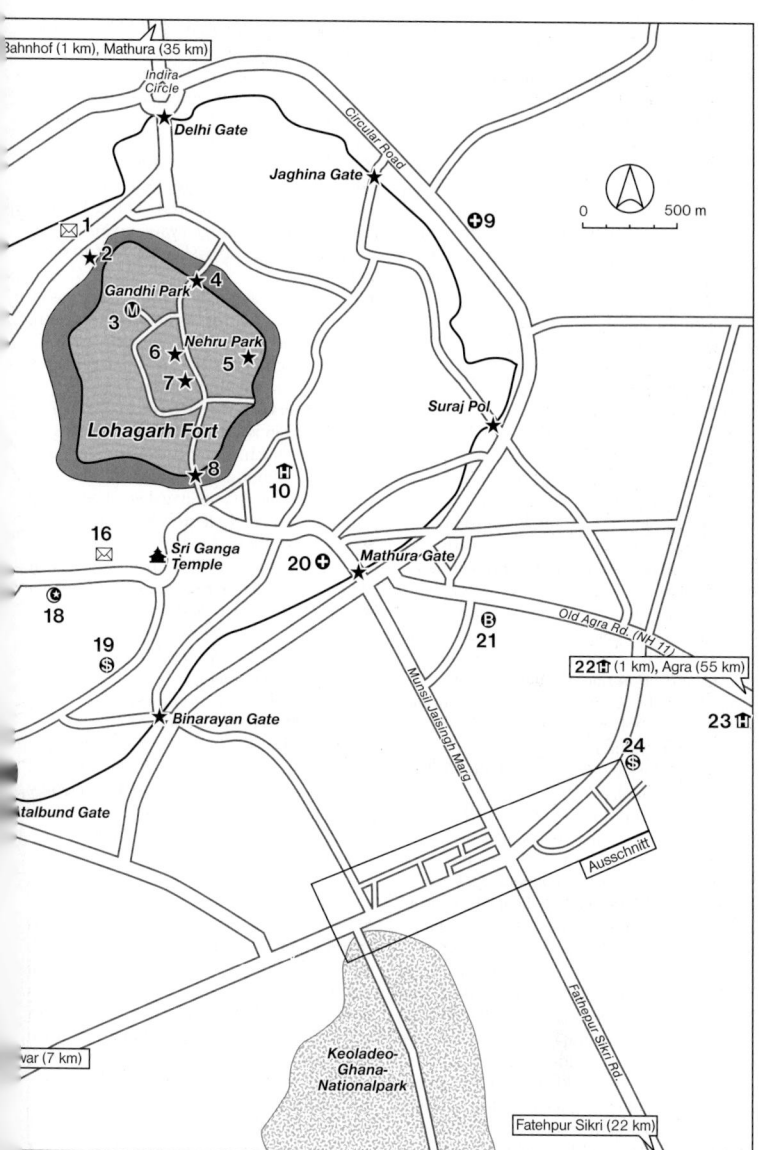

BHARATPUR

Bahnhof (1 km), Mathura (35 km)
Indira Circle
Delhi Gate
Circular Road
Jaghina Gate
⊠ 1
2
Gandhi Park
Ⓜ 3
4
Nehru Park
6 ★ ★ 5
7 ★
Lohagarh Fort
8 ★
10
16 ⊠
Sri Ganga Temple
© 18
20 ✚
Mathura Gate
19 Ⓢ
Ⓑ 21
Old Agra Rd. (NH 11)
22 (1 km), Agra (55 km)
23
Binarayan Gate
24 Ⓢ
Munsi Jaisingh Marg
Atalbund Gate
Ausschnitt
Fatehpur Sikri Rd.
...var (7 km)
Keoladeo-Ghana-Nationalpark
Fatehpur Sikri (22 km)

Ost-Rajasthan

0   500 m

rer empfohlenes Hotel wählt, da dieser dann die Kommission zusätzlich kassiert.
● Am geeignetsten zur Erkundung des Vogelparks sind die von vielen Hotels verliehenen **Fahrräder** (Preis ca. 30 Rs.).

Unterkunft

● Es gibt zwar einige Hotels in der Stadt selbst, wie etwa das **Shagun Tourist Home** € (Tel.: 232455) und das **Park Palace Hotel** €-€€ (Tel.: 223783), doch die allermeisten Touristen bevorzugen die sich um die Verkehrskreuzung Saras Circle knapp 400 m östlich vom Parkeingang gruppierenden Unterkünfte. Deshalb sollte man aus Richtung Agra und Fatehpur Sikri kommend auf jeden Fall schon an der Kreuzung zum Keoladeo-Nationalpark (Saras Circle) aussteigen, da man sich dann den weiten Rückweg vom Busbahnhof zum Nationalpark sparen kann, für den zudem immer weit überhöhte Rikshagebühren verlangt werden. Von der Kreuzung aus sind die meisten der aufgeführten Unterkünfte zu Fuß erreichbar.
● Eine sehr kommunikative Atmosphäre herrscht im nahegelegenen **Evergreen Guest House** € (Tel.: 225917) mit Garten. Der gewiefte und humorige Manager bietet einfache, aber völlig ausreichende Zimmer an, alle mit Bad, für wenig Geld – eine gute Wahl. Ein gutes Dachrestaurant ist angeschlossen.
● Das hübsche kleine **Spoonbill Hotel & Restaurant** €-€€ (Tel.: 223571, Fax: 229359, hotelspoonbill@rediffmail.com) ist nicht mehr das neueste, hat aber recht ansprechende, teils klimatisierte Zimmer im Angebot. Das Open-Air-Lokal wird von einem pensionierten General betrieben, der köstliches Essen zu günstigen Preisen serviert. Besonders empfehlenswert sind *Navratan Korma* und der hausgemachte Joghurt aus Büffelmilch. Nicht weit entfernt hat sein Sohn das gute **New Spoonbill** €-€€ (Tel.: 223571, (0)94140232 46, harishsingh@rediffmail.com) mit komfortableren Zimmern eröffnet.
● Mehr fürs gleiche Geld gibt's im hübschen und relativ ruhigen, weil ein wenig von der Hauptstraße zurückversetzten **Falcon Guest House** €-€€ (Tel.: 223815) mit Gartenrestaurant. Alle Zimmer, teils mit AC, TV und Badewanne, haben einen Balkon.
● Von den ruhig an der Rajendra Nagar gelegenen Unterkünften bieten das **Kiran Guest House** € (Tel.: 223845) und das **Babbler Guest House** € (Tel.: 226164) große helle Zimmer für wenig Geld, allerdings dauert die Essenszubereitung lange. Auch die neue, kleine **Sanctuary Tourist Lodge** € (Tel.: 233488, tourist_lodge@yaoo.co.in) in der Nähe, in der man selbst kochen darf, ist empfehlenswert.
● Die unmittelbare Nähe zum Parkeingang, das höchste Dachrestaurant und teils recht hübsche und preiswerte Zimmer mit Balkon und TV machen das billige **Hotel Pelican** € (Tel.: 224221) empfehlenswert.
● Das **Birders Inn** €€€-€€€€ (Tel.: 227346, Fax: 225265, brdinn@yahoo.com) hat schöne und ruhige, da nach hinten gelegene AC- und Non-AC-Zimmer, einen hübschen baumbestandenen Garten mit Sitzgelegenheiten und ein gutes (und recht teures) Restaurant.
● Schön möblierte Zimmer mit Terrasse davor, die teureren mit TV, hat das **Eagle's Nest** €€-€€€ (Tel.: 225144, Fax: 222310) zu bieten.
● In der Nähe des Parkeingangs liegen zwei neuere Hotels, die die luxuriösesten in Parknähe sind. Beide haben schöne, große AC- und Non-AC-Zimmer mit TV und AC-Restaurant. Das weiträumig von Rasenflächen umgebene **Hotel The Park** €€€-€€€€ (Tel.: 233192, Fax: 233193) mit Swimmingpool (die Zimmer haben einen Kühlschrank) wirkt aber etwas kühl, während das **Park Regency** €-€€€ (Tel.: 224232, Fax: 234325, hotelparkregency@yahoo.co.uk) fast nebenan mit zusätzlichem Gartenrestaurant und einer Menge Rosen eine angenehmere Atmosphäre ausstrahlt.
● Den Vogel außerhalb des Parks schießt das **Laxmi Vilas Palace Hotel** €€€€ (Tel.: 223523, reservations@laxmivilas.com, www.laxmivilas.com) ab. Dieser alte Palast mit sehr schön antik möblierten, teils klimatisierten Zimmern mit viel Atmosphäre inmitten einer friedvollen Gartenlandschaft bietet viel fürs Geld, auch ein Swimmingpool ist vorhanden. Einziger Nachteil: Es liegt etwas ab vom Schuss.
● Noch etwas weiter Richtung Agra liegt das neu errichtete, sehr gute **Bagh** €€€€ (Agra

Achmera Rd., Tel.: 225415, www.thebagh.com) inmitten eines großen, vogelreichen Gartens – ein idealer Ort zum Entspannen.

● Die mit Abstand teuerste Unterkunft ist das **Bharatpur Ashok** €€€€€ (Tel.: 222760, Fax: 222864) mitten im Park. Umgeben von Vogelstimmen, kann man sich in den renovierten Zimmern oder auf der wunderschönen Terrasse des sehr guten, aber auch teuren Restaurants der friedvollen Atmosphäre des Parks hingeben. Die Tiere sind derart an den Hotelbetrieb gewöhnt, dass sie sich ohne Scheu in unmittelbarer Nähe aufhalten. Während der Hochsaison zwischen November und März ist eine Voranmeldung unbedingt erforderlich.

Das Bharatpur Ashok vermietet auch Boote, mit denen man frühmorgens den beeindruckenden Sonnenaufgang erleben kann, umgeben von unzähligen Vogelstimmen. Diese sehr empfehlenswerte Möglichkeit besteht nur von der Lodge aus, da der Park nachts geschlossen ist.

Bank, Telefon und Internet

● Die **State Bank of Bikaner and Jaipur** (Mo-Fr 10-14 Uhr, Sa 10-12 Uhr) beim Binarayan Gate wechselt Bargeld und Travellerschecks. Etwas östlich von der Kreuzung Saras Circle beim Vogelpark bieten sich **Royal Forex** (Tel.: 230283, 10-22 Uhr) der bekannten LKP-Forex-Kette und **Porch Forex** an. Bargeld, Travellerschecks und Kreditkarten (3 % Gebühr) werden zu recht hohen Raten bearbeitet. Das erstgenannte fungiert ebenso als schnelles **Internet-Café** mit guter Ausrüstung und STD-Laden.

● Ein weiteres gutes Internet-Café ist das **Book House** nahe dem Birders Inn, wo 50 Rs/Std. verlangt werden. Hier können auch Fotos der Digitalkamera auf CD gebrannt werden.

An- und Weiterreise

Bahn:
Bharatpur liegt verkehrsgünstig an der Strecke von Delhi nach Mumbai sowie an der Strecke Delhi – Agra – Jaipur – Jodhpur – Ahmedabad und bietet dementsprechend eine vielfältige Auswahl an Zugverbindungen. Wichtige Verbindungen finden sich im Anhang.

Bus:
Bharatpur liegt an der Hauptstraße zwischen Agra und Jaipur.

● Alle Busse von und nach **Fatehpur Sikri** (1 Std.) bzw. Agra passieren die Hotelgegend um den Saras Tourist Bungalow. Es empfiehlt sich, hier auszusteigen, da man ansonsten später den 5 km langen Weg vom Busbahnhof wieder zurückfahren muss – wenig sinnvoll. Auch Deluxe-Busse der Silver Line passieren hier.

● Stündliche Verbindungen bestehen nach: **Agra** (2 Std., über Fathepur Sikri), **Jaipur** (4,5 Std.), **Deeg** und **Mathura** (1,5 Std.) sowie **Delhi** (5 Std.). Außerdem gibt's drei Busse nach **Gwalior**, **Jodhpur** und **Udaipur** sowie weitere nach **Alwar**, **Deeg**, **Vrindavan** und **Lucknow**. Die genauen Abfahrtszeiten können im *Tourist Reception Centre* in Erfahrung gebracht werden.

Keoladeo-Ghana-Nationalpark ⇗ D2

Das Gebiet des 29 km² großen Nationalparks liegt in einer natürlichen Senke, die sich während der Monsunzeit im Sommer mit Wasser füllt. So sammelten sich hier seit jeher **Wasservögel**, die für die Maharajas von Bharatpur willkommene Beuteobjekte waren. An manchen Tagen sollen bis zu 4.000 Vögel ihrer Schießwut zum Opfer gefallen sein. Um ihrem Hobby ganzjährig frönen zu können und nicht, wie zuvor, nach der Regenzeit, wenn mit dem zurückgehenden Wasserspiegel auch die Vögel abzogen, mit leeren Händen dazustehen, ließen die Herrscher von Bharatpur künstliche Bewässerungskanäle und Dämme er-

KEOLADEO-GHANA-NATIONALPARK

richten. Das so von Menschen gestaltete Feuchtgebiet entwickelte sich rasch zu einem Magnet für die Vogelwelt.

Heute zählt es zu den bedeutendsten **Vogelschutzgebieten** der Erde. Etwa 370 Vogelarten wurden bisher in Bharatpur beobachtet, davon allein über 100 Zugvogelarten aus nordasiatischen Gebieten wie Japan und Sibirien. Speziell in den Wintermonaten November bis Mai und während der Brutzeit in den Monsunmonaten von Juli bis Mitte September sind die beiden großen seichten **Seen** mit den kleinen Bauminseln in der Mitte des Parks Heimatstätte von Zehntausenden von Kormoranen, Reihern, Fasanen, Löfflern, Gänsen, Adlern, Enten und Störchen sowie unzähligen anderen Vogelarten. Wenn man weiß, dass allein die über 2.000 Störche täglich etwa fünf Tonnen Futter benötigen, erstaunt es immer wieder, welch enorme Fischmenge die seichten Gewässer in sich bergen.

Die meisten Gäste besuchen den ganzjährig geöffneten Park in den Wintermonaten November bis Februar. Besonders reizvoll ist jedoch auch die Brutzeit in den Monsunmonaten, zumal im August und September die Seerosen blühen.

●**Öffnungszeiten:** im Sommer 6-18 Uhr, im Winter 6.30-17 Uhr, Eintritt 200 Rs pro Person plus 3 Rs für ein Fahrrad. Fotokameras sind gebührenfrei, für eine Videokamera müssen happige 200 Rs berappt werden. Guides kosten 70 Rs/Std. bis 5 Personen, ab 6 Personen 120 Rs. Im Park gibt es beim Keoladeo-Tempel einen Kiosk mit Tee/Kaffee und Snacks. Viele Hotels verleihen für bis zu 50 Rs Ferngläser.

Radtour durch den Park

Das von einer mitten durch die beiden Seen führenden Dammstraße durchzogene Gebiet ist ideal, um mit dem Fahrrad erkundet zu werden. Um speziell an Feiertagen und Wochenenden den Besuchermassen zu entgehen, sollte man vornehmlich auf den Nebenstraßen und im südlichen Teil des Parks auf Erkundungstour gehen, da man dort oft stundenlang kaum Menschen begegnet. Zur Abenddämmerung ist besonders die Gegend um den Keoladeo-Tempel interessant, da die großen Wasservögel dort ihre Schlafplätze haben. Fahrräder werden sowohl am Parkeingang als auch in den meisten Unterkünften meist für 30 Rs/Tag vermietet. Statt bei den Händlern vor dem Eingang sollte man sein Fahrrad besser direkt an der Kasse des Nationalpark buchen, da sie hier billiger sind. Da die Nachfrage speziell während der Hauptreisezeit sehr groß ist, empfiehlt es sich, schon einen Tag vorher seinen Drahtesel zu reservieren.

Mit der Fahrradriksha

Als andere Möglichkeit zur Parkerkundung bieten sich die zahlreichen am Parkeingang und um den Tourist Bungalow auf Gäste wartenden Fahrradrikshas an. Allerdings besitzen nur die mit einem gelben Schild an der Vorderseite ausgestatteten Rikshas die Lizenz für den Nationalpark. Viele Rikshafahrer sind äußerst freundliche Zeitgenossen und verfügen über erstaunliche Fachkenntnisse. Der große Nachteil der Rikshas, die hinter dem

Fahrer zwei Personen Platz bieten, besteht jedoch darin, dass sie auf dem asphaltierten Hauptweg bleiben müssen, während man mit dem eigenen Fahrrad jeden schmalen Seitenweg benutzen kann. Für eine Rikshafahrt (die Fahrer kommen umsonst in den Park) sollte man zuzüglich Eintrittspreis pro Stunde etwa mit 50 Rs rechnen.

Bootstour

Alternativ kann man am Eingang für 150 Rs pro Stunde für 2-Sitzer, 75 Rs für 4-Sitzer sowie 25 Rs für größere Boote eine Bootstour auf einem der Seen buchen. Dabei kommt man besonders nah an die Tiere heran, weshalb man sich sehr zurückhaltend verhalten sollte.

Alwar ⤷ D2

(ca. 270.000 Einwohner, Vorwahl: 0144)

Diese Stadt, die Ende des 18. Jh. von einem ehemaligen Vasallen Jaipurs, der sich unabhängig gemacht hatte, erbaut wurde, wirkt trotz ihrer Größe recht beschaulich, liegt verkehrsgünstig zwischen Delhi und Jaipur und besitzt einen der schönsten Rajputenpaläste Rajasthans. So ist es eigentlich unverständlich, dass das am Rande des **Aravalli-Gebirges** gelegene Alwar von nur wenigen Touristen besucht wird. Wer von hier, wie die meisten der wenigen Besucher, zum nur 35 km südwestlich gelegenen **Sariska-Nationalpark** aufbricht, sollte zumindest die Gelegenheit nutzen, um den 3 km außerhalb des Stadtzentrums gelegenen Palast zu besichtigen.

Stadtpalast

Eine Kulisse besonderer Art bietet sich dem Besucher bereits auf dem Palastvorplatz. Unter riesigen Baumkronen haben Schreiber kleine Holztischchen aufgestellt und bearbeiten mit ihren altertümlichen Schreibmaschinen unzählige Stapel von Antragsformularen. Die ungeduldig wartenden Bürger eilen schließlich mit den fertiggestellten Formularen in den Stadtpalast, der heute zum großen Teil von Behörden genutzt wird.

Eher in einem italienischen Rokokoschloss denn in einem Rajputenpalast wähnt man sich, sobald man über die Mitteltreppe in den **Innenhof** des Palastes gelangt ist. In einer höchst gelungenen Synthese aus strenger Symmetrie und verspielter Formgebung finden sich elegant verzierte und ornamentierte Pavillons, geschwungene Bengaldächer, offene Säulenhallen, freilaufende Treppenaufgänge, durchbrochene Marmorfenster, winzige Erker und Balkone. Eine passendere Filmkulisse für die ausufernden, von Herz, Schmerz und wehenden Kostümen geprägten Hindi-Filme lässt sich kaum denken. Ganz deutlich stehen die Bauten unter dem Einfluss des späten Rajputenstils, der stark vom manierierten Mogul-Geschmack beeinflusst wurde.

Prunkstücke des im oberen Stockwerk beheimateten **Museums** sind eine innerhalb von 15 Jahren angefertigte Ausgabe des „Kalisthan", eine

Sammlung moralischer Erzählungen des 1292 verstorbenen Dichters *Shadi,* sowie eine 24 Meter lange Rolle mit einer Abschrift der „Bhagavad Gita". Daneben verdient auch die Sammlung hervorragender Miniaturmalereien Beachtung. Insgesamt gehört das Museum zu einem der interessantesten Rajasthans, wenn es auch wegen der Unterschiedlichkeit seiner Ausstellungsobjekte zunächst etwas verwirrend erscheint.

Geht man vom Museum entlang einer kleinen Balustrade um das Gebäude herum, bietet sich eine beeindruckende Aussicht auf den dahinter gelegenen, künstlich angelegten **Palastteich** mit seinen Pavillons und Badetreppen. Wer sich vor der reichlich schmalen und wenig Vertrauen erweckenden Umrundung scheut, kann auch von der hinteren linken Ecke des Vorhofs über eine Treppe zum See gelangen. An dessen Südseite steht der marmorne **Chattri** von *Raja Bakhtawar Singh,* dem Herrscher Alwars von 1781 bis 1815. Die Gedenkstätte bildet mit dem umlaufenden Balkon und dem halbkreisförmigen Bengaldach noch einmal ein Beispiel des als indischer Rokoko bezeichneten Baustils Alwars.

Nordwestlich des Sees führt ein schmaler, steiler Weg auf den sich dahinter befindenden **Hügel,** der von den Überresten einer mittelalterlichen Festung gekrönt wird. Da hier ein Radiosender installiert wurde, ist die Besteigung jedoch nur mit einer speziellen Genehmigung erlaubt. Außer einer allerdings sehr beeindruckenden **Aussicht** auf die Stadt gibt es hier kaum etwas zu bewundern.

● **Öffnungszeiten:** tgl. außer Fr 10-16.30 Uhr.

Fort Bala Quila

Das riesige, 5 x 1,6 km große Fort Bala Quila, 300 m über der Stadt, wurde als eines der wenigen in Rajasthan schon vor der Zeit der Moguln in der Regierungszeit von *Nikumbh Rajputen* im 9. Jh. v. Chr. erbaut. 15 große und 51 kleinere Türme sowie 6 Zugangstore zeigen die Ausmaße der heute verfallenen Anlage. Nach mehreren Eroberungen fiel sie 1775 in die Hände von *Pratab Singh,* dem Begründer des Staates Alwar. Leider kann das Fort, das heute durch einen Radiosendemast verunstaltet ist, nur mit spezieller Genehmigung vom *Superintentent of Police* (Tel.: 2337453) besichtigt werden. Man genießt jedoch eine Rundum-Aussicht nach einem Aufstieg, der beim Collectorate Office beginnt.

Information

● Das **Touristenbüro** (Tel.: 2347348) in der Stadtmitte gegenüber dem Company Park ist tgl. außer So von 10 bis 17 Uhr geöffnet. Neben Informationen zur Stadt selbst werden auch bereitwillig Auskünfte zum nur 35 km südlich gelegenen Sariska-Nationalpark erteilt. Außerdem können **Hotelreservierungen** für Sariska vorgenommen werden.

Stadtverkehr

● Der Stadtpalast, die Hauptsehenswürdigkeit Alwars, liegt etwa 3 km vom Bahnhof entfernt. Die Fahrt mit der **Autoriksha** sollte nicht mehr als 15 Rs, mit der **Fahrradriksha** 10 Rs kosten.

● Nahe dem Bahnhof können **Fahrräder** für 20 Rs/Tag ausgeliehen werden.

Bank

- Geld und Reiseschecks werden in der **State Bank of Bikaner & Jaipur** nahe dem Busbahnhof gewechselt.

Unterkunft, Essen und Trinken

- Nur wenige Meter vom Bahnhof entfernt liegt das **Aravali Hotel** €-€€ (Tel.: 2373684) mit einer großen Auswahl qualitativ sehr unterschiedlicher Zimmer. Die Räume nach hinten sind wegen der ruhigeren Lage vorzuziehen. Im Erdgeschoss befindet sich eine düstere Bar, deren arktische Temperaturen vermuten lassen, dass der für die AC zuständige Angestellte von grönländischen Urahnen abstammt. Das Restaurant ist hingegen gut und insgesamt macht das von einem sympathischen Manager geführte Hotel einen gepflegten Eindruck.
- Empfehlenswert ist das weiter südlich gegenüber dem Stadion gelegene **Phool Bagh Palace Hotel** €€-€€€ (Tel.: 2347253). Die Preise sind angemessen.
- Eine empfehlenswerte Adresse für Reisende mit kleinem Geldbeutel ist das nur wenige Meter vom Busbahnhof in einer kleinen Gasse rechts neben der State Bank of Bikaner and Jaipur gelegene **Deluxe Guest House** € (Tel.: 221705). Die Zimmer sind zwar recht spartanisch, doch für den Preis (mit TV und Cooler) durchaus akzeptabel. Überdies wird das kleine Gästehaus von einem freundlichen Besitzer geleitet.
- Ein passables Mittelklasse-Hotel ist das staatliche **Hotel Meenal** €€ (Tel.: 2347352). Ebenso passabel ist das angeschlossene Restaurant (*veg* und *non-veg*).
- Günstig wohnt man im **Alwar Hotel** €€-€€€ (Tel.: 2700012, Fax: 2332250) mit Garten, großen Zimmern, gutem Restaurant und hilfsbereitem Personal.
- Eine gute Wahl ist auch das **New Tourist Hotel** €-€€€ am Manu Marg (Tel.: 2322047). Die Zimmer sind sauber und relativ groß, ein preiswertes Restaurant ist angeschlossen.

Preise zwischen 300 und 700 Rs für das Zimmer.
- Das bei Siliserh, ca. 20 km südwestlich von Alwar, gelegene **Hotel Lake Palace** €€-€€€ (Tel.: 2886322, Fax: 2348757) bietet eine gute Möglichkeit, um für relativ wenig Geld in einem zum Hotel umgewandelten Maharaja-Palast zu wohnen. Das Haus liegt an einem kleinen See wenige Kilometer abseits der Straße, die zum Sariska-Park führt.
- **Narula's** mit vielseitiger Küche (von indisch über chinesisch bis westlich) und schönem Ambiente an der Road No. 2 ist empfehlenswert.
- Zu Recht sehr beliebt ist das **Prem Pavitra Bhojnalaya** beim Busbahnhof. Serviert werden schackhafte vegetarische Gerichte zu Preisen zwischen 30 und 70 Rs.

An- und Weiterreise

Bahn:
Die wichtigsten Verbindungen sind im Anhang aufgeführt.

Bus:
- Direktverbindungen u.a. alle 30 Min. zum **Sariska-Nationalpark** (ca. 1 Std.), nach **Bharatpur** (ca. 3,5 Std./Exp.), nach **Deeg** (ca. 2,5 Std./Exp.), **Jaipur** und **Mathura** (ca. 3 Std./Exp.) und **Delhi** (4 Std./Exp.).

Deeg ♪ D2

(ca. 40.000 Einwohner)

Für den Durchreisenden stellt sich dieser 34 km nördlich von Bharatpur gelegene Ort nur als verstaubtes Provinznest mit einem etwas zu groß geratenen Busbahnhof dar. Doch der hier Mitte des 18. Jh. vom Herrscher von Bharatpur errichtete **Sommerpalast** gehört zu den bezauberndsten und besterhaltenen Rajputenpalästen überhaupt. Ebenso wie der Stadtpalast von Alwar repräsentiert er einen Baustil, der in seiner stark manieristischen Prägung der Spätzeit der Palastarchitektur zuzuordnen ist. Das beeindruckende Äußere des Palastes diente als Hintergrund bei der Verfilmung von *Hermann Hesses* Roman „Siddharta". Bis in die siebziger Jahre wurde der Palast von dem Maharaja bewohnt.

Gopal Bhawan

Hat man den Palastbezirk von Norden her durch das Singh Pol betreten, befindet man sich in einem sehr schönen, durch vier Wasserläufe gegliederten **Mogul-Garten**. Die Beschwingtheit, die das hierin eingebettete Hauptgebäude der Anlage, der Gopal Bhawan, mit seiner verspielten Architektur ausstrahlt, wird durch dessen von vier Pavillons am Ende der Kanäle flankierten Garten aufgenommen und zusätzlich verstärkt. Insgesamt 500 Fontänen wurden zu speziellen Festen in Betrieb gesetzt und erzeugten mit ihren gefärbten Wassern, künstlich erzeugten Geräuschen und geheimnisvoller Beleuchtung während der Nacht ein einzigartiges Schauspiel. Vor dem Gopal Bhawan steht, herausgehoben auf einer separaten Marmorplatte, eine **Marmorschaukel.** *Suraj Mall,* der Erbauer des Palastes, soll sie 1763 von einem Beutezug aus dem Roten Fort in Delhi mitgebracht haben. Besonders eindrucksvolle Bilder bieten sich, wenn die Rajputen-Frauen in ihren bunten Kleidern zum Wasserholen kommen.

Von den Decken des sich zur Gartenseite öffnenden Gopal Bhawan hängen so genannte **Pahannas,** lange, schön gestaltete Stoffbahnen. Sie dienten nicht nur als dekorativer Blickfang, sondern hatten durchaus praktischen Nutzen. Über Schnüre konnten sie von Dienern bewegt werden und wurden so als manuelle, überdimensionierte Windfächer für die unter der Sommmerhitze leidenden Herrschaften eingesetzt.

Die diversen Räume des **Hauptgebäudes** beeindrucken vor allem durch ihre exquisite Möblierung. Allerdings wirkt vieles etwas heruntergekommen und renovierungsbedürftig.

Besonders beeindruckend wirkt der Palast durch den an seiner Südseite angrenzenden **Gopal Sagar,** einen kleinen, künstlich angelegten See. Speziell mit den beiden flankierenden Pavillons wirkt er wie ein kleiner Wasserpalast. Sehr schön, wenn auch weniger verspielt wirkt der südlich des Teichs von Suraj Mahalls Stiefvater errichtete **Purana Mahal** mit schönen Rajputen- und Mogul-Wandmalereien im Inneren.

- **Eintritt:** 200 Rs

Unterkunft

- Mit dem staatlichen **RTDC Midway Deeg** €€ (Tel.: 0564-2321203) gibt es eine akzeptable Unterkunft. Allerdings stehen nur drei Räume zur Verfügung. Auch Camping ist mit eigenem Zelt für 100 Rs/p.P. möglich.

An- und Weiterreise

- Fast stündliche **Busverbindungen** nach Alwar (3 Std.), Bharatpur (1,5 Std., alle 30 Min.), Mathura (1 Std.) und 1 Direktbus nach Agra über Mathura (3,5 Std.).

Sariska-Nationalpark ⮕ D2

Wer auf der Suche nach einem **Tiger** den Sariska-Nationalpark aufsuchen möchte, sollte umdenken – es gibt nämlich keine mehr (s. Exkurs „Project Tiger"). Nichtsdestotrotz ist der 1979 mit einer Kernzone von 498 km² dem Project Tiger zugeordnete Park wegen seiner zahlreichen anderen Wildtiere und seiner landschaftlichen Schönheit einen Besuch wert. Wer allerdings in seiner Zeit begrenzt ist, sollte den Ranthambore-Nationalpark vorziehen. Es bieten sich gute Chancen, einen der rund 50 im Park lebenden **Leoparden** zu sichten, denen das felsige Gelände ideale Lebensbedingungen bietet. Besonders faszinierend ist der Anblick der Tiere, wenn sie durch die Ruinen des malerisch auf einem Berg gelegenen Kanwari Forts streifen. Hierfür ist allerdings das Mitführen eines Fernglases empfehlenswert, da die gefleckten Großkatzen in den Felsen eine nahezu perfekte Tarnfarbe besitzen und nur schwer aus der Ferne auszumachen sind.

Weitere den Park bevölkernde Tiere sind **Sambarhirsche, Antilopen,** die bevorzugten Beutetiere für den Tiger, sowie **Schakale, Füchse** und **Wildschweine.** Die am Rande des Schutzgebietes gelegenen Seen bei Tekla sind im Winter ein Sammelplatz für viele Arten von **Wasservögeln.** Überdies ist Sariska eines der besten Gebiete, um Indiens Nationalvogel, den **Pfau,** zu beobachten. Die Balzzeit beginnt wenige Wochen vor Eintritt der Regenzeit im Mai/Juni und setzt sich bis Juli/August fort. Daher wird dem wunderschönen Tanz der Pfauenhähne die Kraft zugeschrieben, den Regen herbeizurufen.

Besichtigung

Alle hier gemachten Angaben sind mit Vorsicht zu genießen, da es sehr wahrscheinlich ist, dass der **Skandal um die gefälschten Tigerbestände** weitreichende Auswirkungen auf die Verwaltung des Parks haben wird. Selbst von einer längerfristigen **Schließung** des Parks war zwischenzeitlich die Rede. Schon jetzt ist ein deutlicher Rückgang der Besucherzahlen zu registrieren.

Wie für die anderen Nationalparks Indiens, stellen auch für Sariska die Monate Oktober bis März die **Hauptreisezeit** dar. Zwischen Dezember und Januar sowie an Wochenenden ist eine Vorbestellung für die Parkunterkünfte unbedingt vonnöten. Da die Hauptstraßen im Park asphaltiert sind und somit auch während der **Regenzeit** befahren werden können, ist Sariska ganzjährig geöffnet.

Jeeps für die jeweils morgens von 7 bis 9.30 Uhr oder nachmittags von 15 bis 17.30 Uhr bzw. als Ganztagestour durchgeführte **Parkbesichtigung** können beim *Tourist Reception Centre* (Tel.: 2841333) an der Jaipur Rd. gegenüber vom *Sariska Palace* für 750 (2,5 Stunden) bis 1.700 Rs (ganzer Tag, max. 5 Personen) gemietet werden. Hinzugerechnet werden muss noch die **Eintrittsgebühr** pro Fahrzeug (125 Rs) und pro Person (200 Rs). Teilt man sich den Jeep mit 5 Personen, kostet die Besichtigung also ca. 400 Rs. Die Videokameragebühr beträgt weitere 200 Rs, Fotokamera ist frei.

Unterkunft

Zwei Hotels ganz unterschiedlicher Qualität und Preisklasse stehen zur Verfügung.

●Der **RTDC Tiger Den** €-€€€ (Tel.: 2841342) ist die billigste, aber auch einfachste Unterkunftsmöglichkeit. Einfache, schmucklose Zimmer in einem wenig ansprechenden Gebäude können nicht wirklich empfohlen werden.

●Von außen sehr imposant ist das Hotel **Sariska Palace** €€€€€ (Banar Rd., Tel.: 2841322/5, Fax: 2841388). Der riesige ehemalige Palast des Maharajas von Alwar liegt inmitten einer wunderschönen, baumbestandenen Landschaft. Alle 49 Zimmer des ockergelben Prachtbaus besitzen AC, wobei jene im Neubau deutlich den recht abgewohnten im Hauptgebäude vorzuziehen sind. Zweifelsohne eine vorzügliche Unterkunft, auch wenn ihre Preise gesalzen sind. Das gilt auch für das 700 Rs teure Abendbuffet, Getränke extra. Dem Hotel ist ein Ayurveda-Zentrum mit Schwimmbad angeschlossen.

An- und Weiterreise

Der Eingang zum Nationalpark liegt an der Hauptverkehrsstraße zwischen Alwar und Jaipur und dementsprechend unproblematisch sind die Verkehrsverbindungen mit dem **Bus.** Allerdings sind die vorbeifahrenden Busse oft bis zum Bersten gefüllt. Zum nur eine Stunde entfernt gelegenen **Alwar** ist das erträglich, die knapp vierstündige Fahrt zum 160 km südöstlich gelegenen **Jaipur** ist da schon problematischer. Als Alternative könnte man zunächst zum 50 km entfernten Verkehrsknotenpunkt **Shahpura** fahren und dort in einen weniger besetzten Bus umsteigen. Alle Busse nach Jaipur passieren übrigens die nur 11 km nördlich gelegene Festungsstadt **Amber.**

Highlight:
Ranthambore-Nationalpark ⌕ D2

In seltener Einmütigkeit zählen Naturliebhaber diesen 1957 gegründeten Nationalpark zu einem der schönsten ganz Indiens. Die geologische Prägung des 392 km² großen Schutzgebietes mit seinen schroffen Felswänden und steilen Hängen haben die Wildnis in Ranthambore über Jahrhunderte vor einer Umwandlung in Ackerland bewahrt. So konnte sich im von kleinen Flüssen und Seen durchzogenen Park eine wunderschöne Naturoase entwickeln, die eine einzigartige Faszination ausstrahlt.

Das inmitten des Parks gelegene **Fort,** von dem sich ein wunderschöner Ausblick über die eindrucksvolle Parklandschaft bietet, weist noch heute deutliche Spuren vergangener Kämpfe auf und dokumentiert damit, dass das Gebiet in früheren Jahrhunderten kein unberührtes Naturparadies, sondern ein hart umkämpftes Schlachtfeld war. Die bereits im 10. Jh. errichtete Trutzburg als Mittelpunkt eines lokalen Herrscherhauses wurde mehrfach erobert, so z.B. 1301 durch den Sultan von Delhi und 1569 durch die Truppen *Akhbars*. Später wurde aus dem wildreichen Gebiet das Jagdgebiet der Maharajas von Jaipur.

Ranthambore wurde als einer der ersten Nationalparks dem **Project Tiger** angeschlossen, wobei die Parkverwaltung konsequenter als irgendwo sonst den speziellen Lebensbedürfnissen dieser scheuen Wildkatzen Rechnung trug. Seit dem landesweit Aufsehen erweckenden Skandal wegen gefälschter Zahlen der Tigerpopulation (s. Exkurs „Project Tiger") schätzt man die Tigerpopulation in Ranthambore auf nur noch 20 Tiere. Dementsprechend gering sind die Chancen, einen Tiger zu Gesicht zu bekommen. Nichtsdestotrotz lohnt Ranthambore wie kaum ein anderer Nationalpark einen Besuch, ist es doch gerade die Vielfältigkeit von Natureindrücken, die den besonderen Charme von Ranthambore ausmacht. Besonders häufig sind die **Sambarhirsche** als Hauptbeutetiere des Tigers zu beobachten. Weitere in Ranthambore anzutreffende Säugetiere sind die indischen Gazellen, **Chinkaras, Schakale** und **Antilopen.** Äußerst selten werden **Streifenhyänen** und **Leoparden** gesichtet. Darüber hinaus haben über 270 Vogelarten das Gebiet zu ihrer Heimat gemacht. Neben **Geiern** und **Adlern** zählen **Zugvögel** wie der Schwarzstorch, die Streifengans und der Fischadler zu den meistgesehenen Arten.

Besichtigung

Beliebteste **Reisezeit** für Ranthambore sind wegen des milden Klimas die Wintermonate November bis Februar, allerdings sinken die Nachttemperaturen manchmal bis zum Gefrierpunkt. Recht heiß mit Tagestemperaturen von bis zu 40 °C und dementsprechend weniger populär ist die Zeit zwischen März und Juni. Allerdings sind diese Monate für Tierbeobachtungen günstig, weil sich das Leben im Park dann weitgehend an den Seen konzentriert. Während der Monsunzeit vom 1. Juli bis 1. Oktober bleibt das Reservat geschlossen, da die unbefestigten Wege aufweichen und nicht befahrbar sind.

Rettung in letzter Sekunde – Project Tiger

Das Thema Umweltschutz schafft es in die Schlagzeilen der indischen Presse ungefähr so häufig wie Cricket in Deutschland. So kam es auch einem Erdbeben gleich, als Ende 2005 alle großen Tageszeitungen nur ein Thema kannten: Die weltberühmte Tigerpopulation des Landes ist am **Aussterben.** Die Naturschutzbürokratie musste eingestehen, dass in einem der größten Nationalparks, dem **Sariska**, kein Tiger mehr lebt. Die Behörden hatten dies jahrelang vertuscht.

Unter dem Druck von Naturschützern und der Presse, die Reporter in andere Parks ausschwärmen lässt, entpuppen sich Indiens offizielle Tigerstatistiken als **Bilanzskandal** mit ungeahnten Ausmaßen. Über Jahre hatten die Behörden die Öffentlichkeit mit **geschönten Zahlen** ruhig gestellt, denen zufolge Indiens Tigerbestände stabil seien. Premierminister *Manmohan Singh* machte die Aufarbeitung des Skandals zur Chefsache, indem er den Leiter des Sariska-Nationalparks und mit ihm sieben weitere führende Angestellte feuerte, Krisensitzungen einberief und die Bundespolizei in die Parks schickte, um die Wahrheit herauszufinden.

Pessimisten befürchten, dass es für Indiens Tiger bereits zu spät ist. Sicher ist lediglich, dass die offizielle Zahl von 3.723 Großkatzen im ganzen Land aus der Luft gegriffen ist. Naturschützern zufolge sind es im besten Fall 2000, vielleicht aber viel weniger.

Indiens Nationalseele wurde von einem Skandal erschüttert, in dem sich all jene negativen Seiten des indischen Alltags spiegeln, gegen die immer mehr Inder rebellieren: **Korruption, eine abgehobene Bürokratie und verbreitete Armut,** gegen die staatlicherseits wenig unternommen wird. Für Normalbürger stehen die Schuldigen außer Zweifel: Es sind die Beamten. Die jahrelange, systematische Täuschung des Landes durch seine Bürokraten ist symptomatisch für deren größtes Manko in den Augen ihrer Untertanen: Ihnen fehlt jedes Verantwortungsgefühl als „Volksdiener". Jahrelang genügte es dem Apparat, den wachsenden Schwund an Tigern seelenruhig zu verwalten, statt Alarm zu schlagen oder einzuschreiten. Viel zu wenige, chronisch unterbezahlte und unbewaffnete Aufseher sind den **Wilderern** nicht gewachsen. Und die Anreize, sich von Wilderern bestechen zu lassen, statt sich ihnen unter Lebensgefahr entgegenzustellen, sind groß: Ein **Tigerfell** ist bis zu 50.000 Dollar wert – das Hundertfache des durchschnittlichen Jahreseinkommens eines Inders.

Die meisten toten Tiere finden den Weg nach **China.** Dort schürt schnell steigender Reichtum die Nachfrage nach Tigerorganen, die in der traditionellen Medizin als **potenzsteigernde Substanzen** gelten. Die Kombination aus Chinas Aberglauben und Kaufkraft mit indischer Laxheit und Korruption konfrontiert das ambitionierte **„Project Tiger"** mit der realen Gefahr des Scheiterns.

PROJECT TIGER

Ins Leben gerufen wurde das Projekt 1973 von Premier *Rajiv Gandhi* – schon damals geboren aus der Furcht, dass der König des Urwalds vom Aussterben bedroht sei. Dabei handelt es sich um eine der weltweit größten **Rettungsaktionen,** die je zum Erhalt einer Tierart durchgeführt wurden. Ziel war es jedoch nicht, nur den Tiger, sondern auch seine gesamte Biosphäre zu schützen, zu der neben Elefanten und Nashörnern auch seine Beutetiere wie Gazellen und Sambarhirsche gehören.

Die zunächst neun ausgesuchten Tierschutzgebiete sind bis heute auf 23 mit einer Gesamtfläche von über 20.000 km^2 erweitert worden, wobei die meisten und bekanntesten von ihnen wie etwa Corbett, Sariska, Ranthambhore und Kanha in Nordindien liegen. Jedes dieser Schutzgebiete besteht aus einer gänzlich geschützten Kernzone und einer Pufferzone, in der den Bewohnern der Umgebung eine eingeschränkte Nutzung wie das Weiden ihres Viehs und das Sammeln von Feuerholz erlaubt ist.

Doch selbst für den Fall, dass man dieser Gefahrenmomente Herr werden sollte, hängt der zukünftige Erfolg des Project Tiger von der Eindämmung des nach wie vor größten Problems des Landes ab – dem rasanten **Bevölkerungswachstum.** Seit dem Start der Rettungsaktion vor fast 30 Jahren ist die indische Bevölkerung um weitere 350 Millionen auf heute ca. eine Milliarde angewachsen. Die meisten Einwohner sind auf Brennholz, Gras für ihr Vieh und Wasser angewiesen. Je mehr die Pufferzonen der Schutzgebiete von Kühen, Büffeln, Schafen, Ziegen und Kamelen abgegrast werden, desto häufiger treiben die Leute ihr Vieh in die noch weitgehend unberührten Kernzonen. Offiziell ist dies verboten, doch die Dorfbewohner berufen sich verständlicherweise auf ihr jahrtausendealtes Gewohnheitsrecht. Zwar verehren sie den Tiger als Inbegriff des Majestätischen, Erhabenen und Machtvollen, doch im täglichen Überlebenskampf sehen sie in ihm in erster Linie ein gefährliches Raubtier, welches ihr höchstes Gut, das Vieh, tötet. In den letzten Jahren kam es immer wieder zu Übergriffen, da die Tiger ihrerseits wegen der zunehmenden Nahrungsverknappung in die angrenzenden Dörfer einfielen.

In der Erkenntnis, dass nur eine Verbesserung der Lebensbedingungen der Parkanwohner den Schutz der Tiger-Refugien gewährleisten kann, wurde daraufhin von Regierungsseite ein Bündel von Maßnahmen beschlossen. Hierzu zählen Projekte zur Verbesserung der Weidequalität, die Anlage leistungsfähiger Bewässerungssysteme und die Zucht ertragreicher Kühe, damit diese heiligen Tiere mehr Milch geben. So bestätigt auch der neueste Skandal die Einsicht, dass es nicht reicht, Mensch und Tier durch hohe Mauern voneinander zu trennen, sondern dass das Überleben des Tigers letztlich vom Wohlergehen des größten „Raubtieres" der Erde abhängt – des Menschen.

Bei der Jagd auf die seltenen Wildkatzen waren weder die Briten noch die Maharajas besonders zimperlich

RANTHAMBORE-NATIONALPARK

Es gibt zwei Möglichkeiten, eine Safari zu unternehmen: auf einem **offenen Bus** (10-20 Personen) oder per **Jeep** für maximal 5 Personen. Natürlich ist der Bus mit 130 Rs pro Person billiger als Jeeptouren. Doch wenn man bedenkt, dass zu den 130 Rs noch 200 Rs Eintrittsgebühr kommen und Jeeptouren zum Teil bereits für 900 Rs bis auf den obligatorischen Guide (150 Rs extra) alles inklusive zu ergattern sind, könnte es bei mehreren Personen durchaus Sinn machen, sich mit dem Jeep auf Pirsch zu begeben. Die Bustour wie auch die Jeeps müssen beim **Forest & Project Tiger Office** (Tel.: 07462-223402), etwa 500 m vom Bahnhof der Stadt Sawai Madhopur entfernt, bestellt werden. Gegen einen Aufpreis lässt sich das manchmal auch etwas in den Hotels regeln. Während der Hauptsaison sind die Jeeptouren jedoch oft über Monate im Voraus ausgebucht. Abfahrt: Okt.-Feb. 7 Uhr und 14.30 Uhr, März-Juni 6.30 Uhr und 15.30 Uhr.
● **Eintritt zum Park:** 200 Rs, Video 200 Rs, fotografieren frei.

Information

● Das **Tourist Reception Centre** (Tel.: 07462-220808, Mo-Sa 10-17 Uhr, 30 Min. Pause um 13 Uhr) befindet sich in **Sawai Madhopur** im *RTDC Vinayak Tourist Complex*, es gibt noch einen Ableger im Bahnhof. Im Project-Tiger-Gebäude (Tel.: 223402) an der Ranthambore Rd. ca. 500 m vom Bahnhof entfernt können Reservierungen für einzelne Unterkünfte ebenso vorgenommen werden wie für den vom RTDC eingesetzten Safaribus. Auch Informationsmaterial zum Project Tiger ist hier erhältlich.

Stadtverkehr

● Der **Bahnhof von Sawai Madhopur** liegt 12 km vom Eingang zum Nationalpark entfernt. Sobald man den Zug verlassen hat, wird man von Riksha-, Tempo- und Tongafahrern umringt, die einen „for two Rupies only" zu einem Hotel ihrer Wahl fahren wollen – um dann die saftige Kommission zu kassieren. Die Hotels in der Stadt sind alle zu Fuß erreichbar. Vom Bahnhof zum Park sollte es, egal mit welchem Transportmittel, auf keinen Fall mehr als 50 Rs kosten, eher etwas weniger. Fahrräder zum Preis von 30-40 Rs pro Tag verleihen einige Läden vor dem Bahnhof.

Unterkunft

(Vorwahl: 07462)
Einfache Unterkunftsmöglichkeiten finden sich in **Sawai Madhopur**, während die besseren an der Straße zum Nationalpark liegen.
● Sehr schlicht, dafür billig ist das etwa einen halben Kilometer vom Bahnhof entfernte **Hotel Swagat** € (Tel.: 220601). Ähnlich in Preis und Qualität ist das in der gleichen Straße gelegene **Hotel Vishal** € (Tel.: 220504).
● Besser ist das bei der Bahnüberführung gelegene **Hotel Pink Palace** €-€€ (Tel.: 220722).
● Sehr empfehlenswert für Leute mit kleinerem Geldbeutel sind die beiden nach 1,5 bzw. 1 km folgenden Hotels **Ankur** €€ (Tel.: 220792) und **Anurag Resort** €€ (Tel.: 220451). Beide überzeugen durch saubere, gepflegte Zimmer und eine angenehme Atmosphäre. Das Ankur verfügt zudem über ein gutes, preiswertes Restaurant.
● Nicht schlecht ist auch der nach etwa 1 km folgende **RTDC Vinayak Tourist Complex** €€-€€€ (Tel.: 221333). Abgesehen von der etwas sterilen Atmosphäre eine gute Unterkunft mit großen Zimmern. Auch hier gibt es ein Restaurant.
● Eine Topadresse ist das etwa 4 km vom Bahnhof Sawai Madhopur entfernte **Tiger Safari Resort** €€-€€€ (Ranthambore Rd., Tel.: 221137). Mit hübsch eingerichteten und sauberen Zimmern (besonders Nr. 114 ist zu empfehlen), einem guten Dachrestaurant mit Ausblick sowie hervorragendem Service bietet es ein ausgezeichnetes Preis-Leistungsverhältnis.
● Wunderschön in den Bergen, 2 km von der Hauptstraße entfernt, liegt das Hotel **Jhoomar Baori Castle** €€€ (Tel.: 220495, Fax: 221212). Das ehemalige Jagdschloss des Maharajas von Jaipur verfügt über einen sehr stilvollen Aufenthaltsraum sowie eine Dachterrasse mit fantastischem Ausblick. Leider wirken die Zimmer reichlich vernachlässigt und auch das Personal macht einen uninteressierten Eindruck.

- Über einen romantischen Touch verfügt die knapp 500 m weiter Richtung Park gelegene **Sawai Madhopur Lodge** €€€€€ (Tel.: 220541, Fax: 220718). Das von einem schönen Garten umgebene Anwesen war früher im Besitz des Maharajas von Jaipur und dementsprechend luxuriös sind auch die Räume ausgestattet. Versteht sich, dass auch die Preise fürstliches Niveau besitzen. Darin enthalten sind jedoch alle Mahlzeiten.
- Die mit Abstand luxuriöseste (und teuerste) Unterkunft ist das von der noblen Oberoi-Gruppe geführte **Vanyavilas** €€€€€ (Tel.: 223999, Fax: 223990). Wer in den mit allem Luxus ausgestatteten Zelten übernachtet, wird sich in alte Kolonialzeiten zurückversetzt fühlen, wird er doch ständig von einer Schar von Bediensteten verwöhnt.

Bank und Internet

- Geld und Reiseschecks werden in der **State Bank of Bikaner and Jaipur** (Mo-Fr 10-14 Uhr, Sa 10-12 Uhr) in Sawai Madhopur zu Rupien gemacht.
- Da Internet-Cafés selten sind, ist der Preis mit 50 Rs/Std. auch recht hoch. Möglich ist Surfen etwa bei **Tiger Track** an der Ranthambore Rd.

An- und Weiterreise

Bahn:

Sawai Madhopur liegt an der Breitspurstrecke von Delhi nach Mumbai und der Meterspur nach Jaipur und Bikaner, daher viele Auswahlmöglichkeiten, oft jedoch ungünstige Abfahrtszeiten. Das Reservierungsbüro im Bahnhofsgebäude ist Mo-Sa 8-20 und So 8-14 Uhr geöffnet.

- Eine schnelle Verbindung nach **New Delhi** über **Bharatpur** bietet der 2903 Golden Temple Mail: Abf. 12.50 Uhr, Bharatpur an 15.25 Uhr, Mathura 16.30 Uhr, New Delhi an 19 Uhr.
- Täglich mehrere Züge von und nach **Jaipur** in 3 Std., z.B. der 2956 Jaipur Mumbai Exp.: Abf. **Sawai Madhopur** 16 Uhr. Der Zug fährt um 16.10 Uhr weiter nach **Mumbai** (Ankunft 8 Uhr). Andere Richtung, Zugnummer 2955: Abf. in Sawai Madhopur 10.20 Uhr, Ank. in Jaipur 12.35 Uhr.
- Von **Jodhpur** der 2466 Ranthambore Exp.: Abf. Jodhpur 5.45, über **Jaipur** (ab 10.45 Uhr), Ank. **Sawai Madhopur** 13.25 Uhr. Andere Richtung: Abfahrt Sawai Madhopur 15 Uhr, über Jaipur (an 17.25), Ankunft Jodhpur 23 Uhr.
- Nach **Udaipur** empfiehlt sich der 2965 Jaipur Udaipur City Exp: Abf 23.50 Uhr, Ank. 7 Uhr.
- **Mumbai** wird über Nacht mit dem 2956 Jaipur Mumbai Central erreicht: Abf. 16.10 Uhr, Ank. 8 Uhr.

Bus:

Generell sind die Zugverbindungen vorzuziehen, da schneller und bequemer.

- Tgl. mehrere Busse nach **Jaipur** (4,5 Std.), **Kota** (4 Std.) und **Gwalior** (6 Std.). **Agra** und **Delhi** besser mit Umsteigen in Jaipur.

Ajmer ♪ C2

(ca. 500.000 Einwohner, Vorwahl: 0145)

Dieser bedeutendste **Wallfahrtsort der Muslime** in Indien liegt umschlossen von kargen Bergen in einem Hochtal auf 486 m Höhe am Rande eines künstlichen Sees. Seit Jahrhunderten strömen die Pilger aus allen Teilen des Landes zum Grab eines muslimischen Heiligen, der hier im 13. Jh. gewirkt haben soll und seine letzte Ruhestätte fand. Schon die letzten Mogulherrscher *Akhbar, Jehangir* und *Shah Jahan* nahmen die beschwerliche Reise zum „Mekka Indiens" auf sich, um am Grab des Sufi für die Erfüllung ihrer Wünsche zu beten. In den engen, verwinkelten, stets von Pilgermassen gesäumten Gassen mit ihren von muslimischen Kaufleuten geführten Geschäften fühlt man sich unversehens in eine arabische Basarstadt in Tunesien oder Marokko versetzt. Trotz seiner pittoresken Altstadt, einer sehr schönen Moschee und dem landschaftlich reizvoll gelegenen See Ana Sagar ist die Stadt für den westlichen Reisenden kaum mehr als ein Tagesausflug vom nur 11 km entfernten Pushkar.

Sehenswertes

Dargarh

Egal, zu welcher Jahreszeit man nach Ajmer kommt, die Altstadtgassen scheinen 365 Tage im Jahr erfüllt von Pilgerströmen, die alle nur ein Ziel zu kennen scheinen: Dargarh, den **Grabbezirk Khwaja-ud-din-Chistis.** Geboren 1145 n. Chr. in Persien, soll er mit den Truppen *Muhammed-e-Ghurs* 1191 n. Chr. nach Indien gekommen sein und fortan bis zu seinem Tode 1236 n. Chr. vornehmlich als Missionar des muslimischen Glaubens tätig gewesen sein. Die tiefe Verehrung, die dieser *Sufi* auch heute noch erfährt, findet ihren Ausdruck in einer Stimmung reger Geschäftigkeit und tiefer Frömmigkeit, die den Bereich um das gewaltige, die umgebenden Häuser weit überragende silberne Eingangstor prägen. Nachdem man Schuhe ausgezogen und seinen Kopf mit einem der überall erhältlichen Muslimkäppchen bedeckt hat (Taschentuch reicht auch), reiht man sich ein in den Strom der Richtung Zentrum ziehenden Pilger.

Zwei große Kessel mit Feuerstellen begrenzen den zu passierenden **Vorhof.** Hier werden die von den reichen Pilgern gespendeten Reisgerichte zubereitet, die danach kostenlos verteilt werden. Daneben fällt eine von *Akhbar* während einer seiner vielen Pilgerfahrten gestiftete **Sandsteinmoschee** ins Auge.

Die religiöse Inbrunst der Pilger erreicht ihren Höhepunkt beim Betreten des inmitten des Haupttores gelegenen weißen **Marmorschreins,** in dem der Sarkophag des Heiligen steht. Viel Zeit zum Schauen bleibt im mit silbernen Platten ausgeschlagenen Heiligtum nicht, denn, eingezwängt zwischen den ekstatisch Betenden, wird man schnell zum Ausgang gedrängt.

Mindestens so beeindruckend wie der Schrein ist die von Shah Jahan aus reinem Marmor errichtete **Moschee** mit sehr schönen persischen Inschriften entlang der Vorderseite.

Gezeichnet von den Strapazen der oft tagelangen Anfahrt, sitzen die Pilger unter den schattenspendenden Bäumen im **Innenhof** und lauschen den Gesängen der verschiedenen die Taten der Heiligen verherrlichenden Sänger. Gelegentlich wird dem westlichen Touristen die friedvolle Stimmung durch aggressive Spendeneintreiber verleidet, die einem vom Eingang bis zum Sarkophag nachstellen.

Adai-Din-ka-Jhopra-Moschee (Zweieinhalb-Tage-Hütte)

Wendet man sich nach Verlassen des Dargarh nach links, erreicht man nach etwa 300 m Anstieg auf der

Hauptbasarstraße eine Moschee, die Ende des 12. Jh. aus den Überresten eines Jain-Tempels errichtet wurde. Der recht merkwürdige Name des Bauwerks, Zweieinhalb-Tage-Hütte, soll sich der Legende nach auf dessen kurze Bauzeit beziehen. Von den Minaretten sind nur noch die Stümpfe erhalten, doch der eigentliche Reiz der Moschee liegt in der siebenbögigen, mit Schrift- und Ornamentverzierungen versehenen Bogenfassade, die vor die von jeweils unterschiedlich verzierten insgesamt 124 Pfeilern gestützte Haupthalle gesetzt wurde.

Obwohl architektonisch von großer Bedeutung (die Moschee gilt als eines der bedeutendsten Beispiele des frühen indo-arischen Baustils), kann der Ort in keiner Weise an die von tiefer Religiosität geprägte Atmosphäre des Dargarh heranreichen. Dafür wird man jedoch auch nicht ständig von Spendeneintreibern belästigt.

Von hier führt ein sehr steiler, drei Kilometer langer Anstieg zum im 12. Jh. erbauten **Taragarh Fort,** von wo sich eine beeindruckende Aussicht auf Ajmers exponierte Lage in den Aravalli-Bergen genießen lässt.

Akhbars Fort

Etwas versteckt am Ostrand der Altstadt liegt der von *Akhbar* anlässlich einer seiner vielen Pilgerfahrten 1772 erbaute Palast, in dem er dem britischen Gesandten *Sir Thomas Rowe* seine erste Audienz als britischem Gesandten erteilte, ein Vorgang heute etwa vergleichbar mit der Akkreditierung von ausländischen Diplomaten. Der Palast beherbergt neben einigen Verwaltungseinrichtungen das städtische **Museum,** in dem neben der üblichen Waffensammlung u.a. Skulpturen und Gemälde ausgestellt sind. Obwohl das älteste Museum Rajasthans, gehört es sicherlich nicht zu den besuchenswertesten. Alles wirkt reichlich dunkel und lieblos.

●**Öffnungszeiten:** tgl. außer Fr 10-17 Uhr.

Nasijan-Tempel

Weithin sichtbar ist der große, aus rotem Sandstein gefertigte, jainistische Nasijan-Tempel. Nur ein kleiner Teil des 1865 erbauten zweigeschossigen Gebäudes ist zugänglich, wobei das in der zweiten Etage ausgestellte vergoldete Modell einer jainistischen Idealwelt die meiste Aufmerksamkeit bei den Besuchern hervorruft. Der freundliche Sohn des Hausmeisters erklärt auf Wunsch die einzelnen Figuren.

●**Geöffnet:** tgl. von 8.30-16.30 Uhr.

Ana Sagar

Im Nordwesten der Stadt an der Straße nach Pushkar liegt dieser im 12. Jh. durch die Aufstauung des Luni-Flusses entstandene **kleine See.** Seine ursprüngliche Funktion als Wasserreservoir für Ajmer konnte er nur bedingt erfüllen, da er während der Sommermonate zeitweilig vollständig austrocknete. Dafür erfreute sich der See vornehmlich bei Mogul-Kaiser Shah Jahan aufgrund seiner idyllischen Lage großer Beliebtheit, und so ließ dieser an den Ufern des Sees sehr schön ins Landschaftsbild eingepasste Marmorpavillons errichten.

Heute gehört der hierum errichtete **Daulat Bagh** mit seinen teilweise recht kitschigen Freizeiteinrichtungen zu einem der beliebtesten Ausflugsziele der Stadt. Vom angrenzenden Hügel lassen sich speziell bei Sonnenuntergang herrliche Ausblicke in die Umgebung genießen. Auch Tretboote können ausgeliehen werden.

Information

- Außergewöhnlich auskunftsfreudig und freundlich ist der Leiter des im *Khadim Tourist Bungalow* beheimateten **Touristenbüros** (Tel.: 2627426), Öffnungszeiten: Mo-Sa 8-18 Uhr, So geschlossen. Stadtpläne und Hotellisten für Ajmer und Pushkar werden kostenlos ausgegeben und Fragen bereitwillig beantwortet.

- Auch das **Tourist Reception Centre** im Bahnhof (Mo-Sa 10-17 Uhr, um 14 Uhr 30 Min. Pause) ist hilfsbereit.

Stadtverkehr

- Ajmer lässt sich im Innenstadtbereich problemlos **zu Fuß** besichtigen.
- Entlang den Hauptstraßen, wie etwa zwischen dem Hauptbahnhof und dem 2 km entfernt gelegenen Busbahnhof, verkehren **Tempos,** mit der Autoriksha kostet es ca. 20 Rs.
- Die Strecke zwischen Bahnhof und Tourist Bungalow sollte mit der **Autoriksha** etwa 20 Rs, mit der **Fahrradriksha** 15 Rs kosten.

Die „Zweieinhalb-Tage-Hütte" wurde Ende des 12. Jh. im frühen indoarischen Baustil errichtet – ob in zweieinhalb Tagen, darf wohl bezweifelt werden

Unterkunft

Ajmer verfügt über ein breites Spektrum an Unterkunftsmöglichkeiten, doch viele dienen vornehmlich als Übernachtungsstätte für muslimische Pilger. Generell sind die Hotels im nur 10 km entfernten Pushkar vorzuziehen. Beachten sollte man auch die bei den meisten Hotels Ajmers geltende 24-Std.-Check-Out-Regel. Wichtig könnte Ajmer als Herbergsort während der Pushkar Mela sein.

Low Budget und Budget

●Die beste Wahl der Stadt, mindestens im Budget-Bereich, findet sich mit dem neuen **Hotel Ajmeru** €€ (Tel.: 2431103), eine kleine Straße links hinter dem *Hotel Payal*, die durch die Stadtmauer von der Hektik der Hauptstraße abgeschottet wird. Viele Zimmer verfügen über AC und TV.

●Alternativ kommt gleich nebenan das saubere und helle **Poonam** €-€€ (Tel.: 2621711) in Frage.

●Für Zugreisende noch empfehlenswert ist das direkt gegenüber dem Bahnhof gelegene **Hotel Paramount** €-€€ (Tel.: 2431347). Von außen sieht der Betonklotz wenig einladend aus, doch die 26 Zimmer sind sauber und, sofern nicht zur Straße gelegen, recht ruhig, allerdings renovierungsbedürftig (AC, Farbfernseher, Cooler). Im Hotel befindet sich ein Restaurant.

●Eine bessere Unterkunft in Bahnhofsnähe ist das etwas billigere **Nagpal Tourist Hotel** €-€€ (Tel.: 2429503) in einer kleinen Gasse links hinter dem *Paramount*. Es bietet eine Reihe von frisch renovierten und dementsprechend sauberen Zimmern unterschiedlicher Ausstattung, meist mit TV.

●Ebenfalls preiswert ist das **Surbhi Hotel** €-€€ (Tel.: 2620822), etwas zurück an der Prithviraj Marg, mit recht billigen und geräumigen AC-Zimmern.

●Im **RTDC Khadim Tourist Bungalow** €-€€€ (Tel.: 2627490, Fax: 2425858) in der Nähe des Busbahnhofs hat man die Wahl zwischen einer Vielzahl qualitativ unterschiedlicher Zimmer, teils mit AC, sowie einem Schlafsaal für 60 Rs. Wie meistens bei vom Tourist Office geleiteten Hotels leidet auch dieses unter mangelnder Instandhaltung und unfreundlichem Service. Wegen der recht hübschen Lage, der Nähe zum Busbahnhof und einem im Hotel untergebrachten Restaurant kann es dennoch empfohlen werden.

●Um einen kleinen, grünen Innenhof angelegt, sind die Zimmer des familiären **Haveli Heritage Inn** €€-€€€ (Tel.: 2621607, ajmer@haveli.biz, www.haveli.biz) eine gute Wahl. Wie der Name schon andeutet, handelt es sich um ein über 100 Jahre altes Kaufmannshaus mit gutem Restaurant. Vorsicht vor dem Schäferhund!

●Ein sehr gutes Preis-Leistungs-Verhältnis bietet das **Kohinoor Inn** €€-€€€ (Kutcheri Rd., Tel.: 2632464) im Ajmer Tower mit großen und sauberen Zimmern mit Marmorboden und TV.

Tourist Class

●Im ganz neuen Bhansa Complex findet sich das gute Mittelklassehotel **Kanak Sagar** €€€-€€€€ (Tel.: 5100427, 2621427). Die meist geräumigen Zimmer, alle klimatisiert mit TV und Balkon, sind ihr Geld wert (besonders die nach hinten).

First Class und Luxus

●Wie ein kleiner Palastklotz mit einer großen Satellitenschüssel auf dem Dach kommt die einzige höherklassige Unterkunft **Mansingh Palace** €€€€ (Tel.: 2425956, Fax: 425858) daher. Das an der Umgehungsstraße um den Ana Sagar Richtung Pushkar gelegene, von außen recht ansehnliche Hotel verfügt zwar über alle Annehmlichkeiten eines 3-Sterne-Hotels wie AC, Kabel-TV, Restaurant und Pool, ist jedoch überteuert.

●Etwa 90 km von Ajmer entfernt auf dem Weg nach Jodhpur thronen auf einem alten Staudamm, umgeben von den Feldern der örtlichen Bauern, die 11 **Luxuszelte des Chhatra Sagar** €€€€€ (nahe dem Dorf Nimaj im Distrikt Pali, Tel.: 02939-230118, harsh@chhatrasagar.com, www.chhatrasagar.com). Die geschmackvoll im Wüstenstil eingerichteten Zelte bieten allen notwendigen Luxus. Die traditionelle Rajasthani-Küche wird auf dem Staudamm mit der entsprechenden prachtvollen Aussicht serviert. Geleitete Aus-

Ajmer

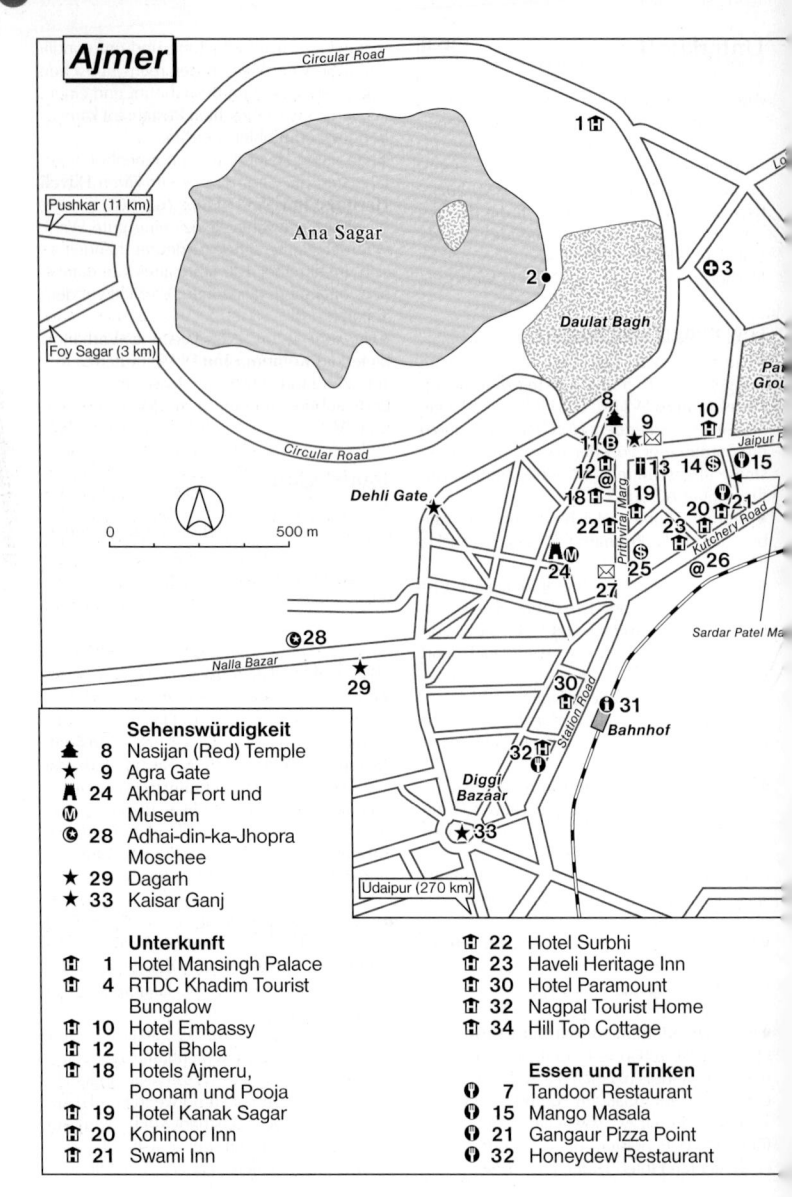

Ana Sagar
Circular Road
Pushkar (11 km)
Foy Sagar (3 km)
Daulat Bagh
Circular Road
Dehli Gate
0 500 m
Jaipur
Prithvial Marg
Kutchery Road
Sardar Patel Marg
Nalla Bazar
Station Road
Bahnhof
Diggi Bazaar
Udaipur (270 km)

Sehenswürdigkeit
- ▲ 8 Nasijan (Red) Temple
- ★ 9 Agra Gate
- ♠ 24 Akhbar Fort und
- Ⓜ Museum
- ⓒ 28 Adhai-din-ka-Jhopra Moschee
- ★ 29 Dagarh
- ★ 33 Kaisar Ganj

Unterkunft
- 🏨 1 Hotel Mansingh Palace
- 🏨 4 RTDC Khadim Tourist Bungalow
- 🏨 10 Hotel Embassy
- 🏨 12 Hotel Bhola
- 🏨 18 Hotels Ajmeru, Poonam und Pooja
- 🏨 19 Hotel Kanak Sagar
- 🏨 20 Kohinoor Inn
- 🏨 21 Swami Inn
- 🏨 22 Hotel Surbhi
- 🏨 23 Haveli Heritage Inn
- 🏨 30 Hotel Paramount
- 🏨 32 Nagpal Tourist Home
- 🏨 34 Hill Top Cottage

Essen und Trinken
- 🍴 7 Tandoor Restaurant
- 🍴 15 Mango Masala
- 🍴 21 Gangaur Pizza Point
- 🍴 32 Honeydew Restaurant

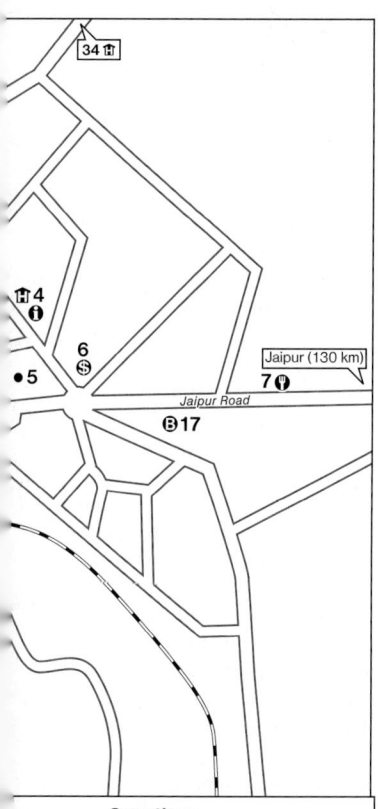

flüge in die vogelreiche Umgebung und zu den vom Tourismus unbeeinflussten Menschen der Region sind per pedes und Jeep möglich. Alles in allem ein ganz besonderes Angebot.

Essen und Trinken

Gegenüber dem Bahnhof findet sich eine Reihe von einfachen Restaurants, die vor allem die schwere Mughlai-Küche servieren.
- Besonders empfehlenswert ist das bahnhofsnahe Restaurant **Honey Dew** neben dem *Nagpal Hotel*. Hier kann auch Poolbillard gespielt werden.
- Ganz hervorragend ist auch das vegetarische Restaurant im 1. Stock des **Bhola-Hotels.** Für 40 Rs gibt es ein hervorragendes *thal*, und auch die übrigen Gerichte kosten selten mehr als 35 Rs. Für die Qualität der Küche spricht, dass hier viele Inder speisen.
- Eine große Auswahl an einheimischen wie internationalen Gerichten zu günstigen Preisen bietet das **Mango Masala** am Sadar Patel Marg. Gewöhnungsbedürftig ist das etwas ausgefallene Ambiente.
- Für Eilige ist der **Gangaur Pizza Point** nahe der Kutcheri Rd., der außer Pizza auch anderes Fast Food sowie Eiskrem offeriert, der richtige Platz.
- Da noch östlich des Busbahnhofs gelegen, liegt das **Tandoor Restaurant** nicht gerade „auf dem Weg", es ist aber wegen der in einem ruhigen Garten in kleinen Strohhütten platzierten Tische und des guten Essens (Hauptgericht ca. 100-150 Rs) auf jeden Fall einem Abstecher Wert.

Bank und Internet

- Neben der **Bank of Baroda** (Mo-Fr 10-15 Uhr, Sa 10-12.30 Uhr) und der **State Bank of India**, die Bargeld und Travellerschecks zu recht guten Raten eintauschen, gibt es zwei **ATMs** im Innenstadtbereich, einmal von der ICICI-Bank an der Kutcheri Rd., der Visa-, Master-, Maestro- und Cirruskarten annimmt, sowie einen der HDFC-Bank (in der Nähe des *Embassy Hotel*), der auch mit Amex-Karten seinen Dienst versieht.

Sonstiges
- • 2 Bootsverleih
- ✚ 3 JLN Hospital
- ❶ 4 Tourist Office
- • 5 Collectorate
- Ⓢ 6 State Bank of India
- ✉ 9 Postamt
- Ⓑ 11 Bushalt für Pushkar
- @ 12 JMD Computers
- Ⓢ 14 HDFC-ATM
- Ⓢ 16 ICICI-ATM
- Ⓑ 17 Busbahnhof
- Ⓢ 25 Bank of Baroda
- @ 26 Satguru Internet
- ✉ 27 Hauptpost
- ❶ 31 Tourist Reception Center

PUSHKAR

- Außerdem gibt es mehrere Internet-Cafés, z.B. das **J.M.D.** (25 Rs/Std.) im *Bhola Hotel* und das **Satguru Internet** (30 Rs/Std.).

An- und Weiterreise

Bahn

Ajmer liegt an der Hauptstrecke Delhi – Jaipur – Ahmedabad, und so bieten sich viele günstige Verbindungen in beide Richtungen. Die wichtigsten Verbindungen sind im Anhang aufgelistet.

Bus

- Häufige Verbindungen nach **Jaipur** (3 Std., 55 bzw 115 Rs für Exp./Del.), **Bharatpur** (10 Std., 135 Rs), **Bikaner** (9 Std., 120 Rs), **Bundi** (5 Std., 70 Rs.), **Chittorgarh** (5,5 Std, 77 Rs), **Delhi** (8 Std., 175/275 Rs für Exp./Del.), **Jodhpur** (87/100 Rs), **Kota** (91 Rs), **Udaipur** (8 Std., 115/155 Rs sowie 2 AC-Busse) sowie **Agra** (10 Std., 160 Rs), **Alwar, Abu Road.** Weitere Informationen unter Tel.: 2429398.
- Darüber hinaus Verbindungen nach **Jaisalmer** (10 Std., 210 Rs), **Ranakpur** und **Sawai Madhopur.**
- Außerdem noch viele weitere Abfahrten mit **privaten Luxusbussen.** Die privaten Busunternehmer sitzen fast alle an der Kutcheri Road.
- Die Busse nach **Pushkar** fahren häufig vom Busbahnhof (Fahrkarten am Extraschalter), sowie fast alle 20 Min. von einem kleinen Extrastand an der Kreuzung beim Nasiyan-Tempel.

Highlight:
Pushkar ♫ C2

(ca. 15.000 Einwohner, Vorwahl: 0145)

Kennzeichnet die Altstadt Ajmers eine Atmosphäre hingebungsvoller, ja zum Teil ekstatischer Religiosität, so beeindruckt der nur 11 km entfernte, über den steil ansteigenden Schlangenpass zu erreichende uralte **hinduistische Wallfahrtsort** Pushkar mit seiner geruhsamen, fast schon weltentrückten Gelassenheit. Bereits in den hinduistischen Epen wird der kleine Ort um den **heiligen See** als Wallfahrtsort erwähnt, und Anfang des 5. Jh. berichtete der chinesische Reisende *Fa Hsien* von den Pilgerscharen, die hierher aus ganz Indien anreisten. Selbst die großen Mogulherrscher *Akhbar* und *Shah Jahan* sollen ihrer Pilgerreise nach Ajmer einen Besuch in Pushkar angeschlossen haben. Erst der fanatische *Aurangzeb* ließ fast alle der bis dahin über 100 den See säumenden Tempel zerstören.

Im erzähl- und fantasiefreudigen Indien werden Name und Ursprung eines solch religionsträchtigen Ortes selbstverständlich mit einer **Legende** ausgeschmückt. Danach soll dem Schöpfer des Universums Brahma auf der Suche nach einem geeigneten Opferplatz eine Lotusblüte *(pushkar)* aus der Hand geglitten sein. An der Stelle, wo die Blüte den Boden berührte, öffnete sich eine Quelle und ließ einen See entstehen. Diesen Ort nannte er Pushkar.

Tatsächlich regt dieser wie eine Oase inmitten der Wüste gelegene winzige Ort mit unzähligen Tempeln, Ghats und seinen stufenförmig ansteigenden, weiß gekalkten Häuserfronten die Fantasien indischer Pilger genauso an wie die der westlichen Besucher. So ist es kein Wunder, dass viele **Rucksacktouristen** und selbsternannte Aussteiger auf der Suche nach dem ewigen Indien Pushkar neben Rishikesh, Puri und Goa zu ihrem Lieblingsort erkoren haben. Leider verwechseln viele dabei die heiter gelassene Atmosphäre der Stadt mit uneingeschränkter Freizügigkeit und verletzen damit die strikten Moralvorstellungen der Inder. Vor allem unter der einheimischen Bevölkerung führt dies zunehmend zu Verärgerung.

Sehenswertes

Ghats

Pushkars Charme beruht auf der einzigartig meditativ-spirituellen Atmosphäre, die das Leben in der Kleinstadt kennzeichnet. Seit alters her scheint sich hier nichts geändert zu haben. So bieten sich einem immer wieder beeindruckende Bilder zeitloser Schönheit, etwa wenn die Frauen in ihren leuchtenden Saris im Angesicht der aufgehenden Sonne ins Wasser eintauchen oder alte, hagere Männer mit goldglänzenden Messingbehältern ihre Kulthandlungen vollziehen. Die meisten Ghats wurden von den verschiedenen Regionalfürsten angelegt und befinden sich in einem guten Zustand.

Allerdings sollte man beim Besuch der Ghats ein äußerst **zurückhaltendes Verhalten** an den Tag legen. So sollte man Arme und Beine bedeckende Kleidung tragen, die Schuhe ausziehen, nicht rauchen und das strikte Fotografierverbot beachten.

Brahma-Tempel

Wer sich vom geheiligten Ort Pushkar uralte Tempelanlagen verspricht, wird allerdings eher enttäuscht sein. Trotz der in vielen Epen und historischen Reiseberichten belegten, über Jahrtausende zurückreichenden spirituellen Bedeutung des Ortes ist wegen der Zerstörungswut *Aurangzebs* kaum ein Tempel älter als 300 Jahre. Als bedeutendster Sakralbau Pushkars gilt der Brahma-Tempel, der in seiner heutigen Form 1809 von einem Minister des Maharajas von Gwalior errichtet wurde. Zwar ist er nicht, wie immer wieder behauptet wird, der einzige Tempel zu Ehren dieser höchsten hinduistischen Gottheit in ganz Indien, doch die silberne, in den Boden eingelegte Schildkröte am Tempeleingang sowie die viergesichtige Brahmastatue mit den golden leuchtenden Augen im Allerheiligsten lohnen durchaus einen Besuch. Im Übrigen bieten sich von den umlaufenden Mauern der Tempelanlage schöne Aussichten in die Umgebung.

Saraswati-Tempel

Frühmorgens bzw. nachmittags sind die besten Zeiten, um den etwa einstündigen steilen Aufstieg zum südwestlich auf der Spitze des Ratna Gir (Juwelenhügel) gelegenen Saraswati-Tempel in Angriff zu nehmen. Dieser

Die weltentrückte Atmosphäre des Wallfahrtsortes lockt viele Rucksacktouristen an

zu Ehren von Brahmas Gattin (und gleichzeitig Tochter) erbaute Tempel ist Ziel ungewöhnlich vieler Männer, da ein hier erbrachtes Opfer garantieren soll, dass die Ehemänner nicht vor ihren Frauen sterben. In Anbetracht des kärglichen Daseins indischer Witwen dürfte dieser Wunsch auch im

Pilgerfest Pushkar Mela

Jedes Jahr im November windet sich eine unüberschaubare Menschenmasse von Pilgern, Touristen und internationalen Kamerateams von Ajmer aus über den Schlangenpass ins sonst so verschlafene Pushkar, um **eines der faszinierendsten Feste Asiens** zu erleben. Pushkar Mela (Pushkar-Fest) heißt das Zauberwort, welches die kleine Wüstenoase während der letzten Tage bis zur November-Vollmondnacht (*Kartik Purnima*) zum größten Wallfahrtsort ganz Indiens werden lässt. Den Höhepunkt des Festes stellt für die indischen Pilger ein Sünden erlassendes **Bad im heiligen Pushkar-See** in der Vollmondnacht dar.

> Während die ersten vier Tage des Festes hauptsächlich dem Viehmarkt vorbehalten sind (wobei die ersten Tage wegen der größeren Zahl der Händler am interessantesten sind), ist der zweite Teil der Pushkar Mela vorwiegend den religiösen Zeremonien gewidmet. Man sollte, wenn möglich, schon einige Tage vor Beginn anreisen, da man dann die einzigartige Atmosphäre besser auf sich wirken lassen kann.
>
> Die **nächsten Termine** der immer von Halbmond bis Vollmond stattfindenden Pushkar Mela: 29. Oktober bis 5. November 2006, 17.-24. November 2007, 5.-13. November 2008.

Sinne der meisten Frauen liegen. Egal, ob dieser Wunsch nun in Erfüllung geht oder nicht, einmal sollte man, ganz diesseitig orientiert, den großartigen Blick auf den Pushkar-See genießen, der wie ein schwarzer Diamant inmitten der von Bergketten umsäumten Wüstenlandschaft liegt.

200.000 Rajputen in ihren verschwenderisch bunten Kleidern und bis zu 20.000 Kamele lassen vor der Wüstenkulisse das so oft bemühte Klischee vom Märchenland Indien ganz real er-

PUSHKAR

scheinen. Wie auf einem Laufsteg präsentieren sich die jungen, noch unverheirateten Frauen in ihrer ganzen Schönheit, ist doch die Pushkar Mela nicht nur Pilgerfest, sondern auch Heiratsmarkt und Volksfest, bei dem die strengen Konventionen des wenig abwechslungsreichen Dorflebens für einige Tage abgeschüttelt werden. Unter die Pilger mischen sich Zauberer, Sadhus, Wahrsager, Akrobaten, Musikanten, Sänger, Gurus, Gaukler und Gauner. Von dieser einzigartigen Lebensfülle werden die das Fest besuchenden westlichen Touristen, und das sind jedes Jahr immerhin mehrere Tausend, fast gänzlich absorbiert.

Information

● Das **Tourist Information Bureau** (Mo-Fr 10-17 Uhr sowie jeden 1. und 3. Sa), ein Häuschen am Zugang zum *RTDC Sarovar Hotel*, ist hilfsbereit.

Unterkunft

Pushkars jahrzehntelange Beliebtheit gerade bei Rucksacktouristen hat dazu geführt, dass besonders viele Billigunterkünfte zur Verfügung stehen. Die folgende Auflistung beinhaltet nur eine kleine Auswahl. Die Entfernungen innerhalb des kleinen Ortes sind derart gering, dass man sich problemlos mehrere Unterkünfte anschauen kann, bevor man sich für eine entscheidet. Zu beachten ist, dass die Tarife während des achttägigen Pushkar-Festes im November um das Fünf- bis Zehnfache erhöht werden.

Low Budget

● Das direkt an der Zufahrt zum *Sarovar Tourist Bungalow* gelegene **Hotel Om** € (Tel.: 2772672, hotel_om@rediffmail.com) ist ein alter Favorit in der Travellerszene. Es verfügt über einen schönen Innenhof und einen hübschen, kleinen Garten sowie über einen kleinen Swimmingpool. Von ganz billigen und einfachen Schlafstätten bis zu schönen, recht großen Balkonzimmern ist alles zu haben.

● Eine gute Wahl ist das direkt neben dem beliebten *Sunset Café* gelegene **Hotel Sunset** €-€€ (Tel.: 2772382, 5105382, hotelsunset@hotmail.com). Die sauberen, an einem tropischen Garten gelegenen Zimmer verfügen über Bäder mit Warmwasser, teilweise auch AC. Besonders die großen, ruhigen Zimmer auf der linken Seite mit Rasenfläche zum angenehmen Sitzen sind ein Schnäppchen. Ganz ähnlich in Preis und Leistung ist das gleich nebenan gelegene **Puskar Inn's Hotel** €-€€ (Tel.: 2772010, hotelpuskarinns@yahoo.com).

● Ruhige Atmosphäre, einen Garten zum Sitzen und gute, billige Zimmer mit Terrasse, teils mit Gemeinschaftsbad, bietet das **Shyam Krishna Guest House** € (Tel.: 2772461) neben dem *Venus Restaurant*.

● Ein Tipp für den untersten Preisbereich ist das etwas abseits der Hauptstraße in der verwinkelten Altstadt gelegene **Hotel Shanti Palace** € (Tel.: 2772422). Das von zwei sympathischen Brüdern geführte Haus vermittelt mit seinen überhängenden Erkern die Atmosphäre eines romantischen und friedlichen kleinen Palastes. Ein weiteres Plus ist das gemütliche Dachterrassen-Restaurant. Die Zimmer sind allerdings sehr einfach. Noch günstiger ist das nur 30 m weiter gelegene **Hotel Sunrise** €.

● Seinem Namen alle Ehre macht das sympathische **Lake View Guest House** € (Tel.: 2772106, Fax: 2772207), liegt es doch direkt am See und bietet von der großen Dachterrasse schöne Ausblicke auf die Bade-Ghats. Obwohl es zu den ältesten Hotels Pushkars zählt, ist es immer noch einer der Favoriten der Traveller-Szene. Allerdings sind viele Zimmer sehr klein und ohne Fenster, zudem verfügt keines über ein eigenes Bad.

● In einem mit einem uralten Baum und vielen weiteren Bäumen und Beeten versehenen, riesigen Garten liegt das **Raghav Resort** € (Tel.: 2772207, raghupareek@yahoo.com) desselben Besitzers. Auch die Zimmer

und der Dachgarten sind ihr Geld wert, ideal für Kinder.
- In der Nähe hiervon und vom Marwar-Bushalteplatz befindet sich das populäre **White House** €-€€ (Tel.: 2772147, Fax: 2773370, hotelwhitehouse@hotmail.com). Das Hotel verfügt über geräumige und gepflegte Zimmer und ein empfehlenswertes Dachrestaurant. Auch Massage ist möglich (s.u.). Ebenso empfehlenswert ist das nur einen Steinwurf entfernte **Maharaja** €-€€ (Tel.: 2773527).
- Von außen ein wenig steril wirkt das in der Nähe des Brahma-Tempels gelegene **Hotel Navratan Palace** €-€€ (Tel.: 2772981, 2772145, Fax: 2772225), die teureren Zimmer mit AC und TV. Dennoch ist es mit seiner Lage unmittelbar am See, dem freundlichen Personal, der großen Gartenanlage und einem eigenen Pool eines der guten Hotels der Stadt.

Budget

- Auch direkt am See liegt der **Bharatpur Palace** €-€€€ (Tel.: 2772320, Fax: 2772244). Besonders die oberen, allerdings recht einfachen Räume bieten speziell morgens herrliche Aussichten auf das sich direkt darunter ausbreitende bunte Treiben am Ghat, was allerdings auch verhältnismäßig teuer bezahlt werden muss.
- Nordwestlich des Sees, durch die ansteigenden Gassen Pushkars führt der Weg zum etwas versteckt gelegenen **Hotel Paramount** €-€€€ (Tel.: 2772428, Fax: 2772244, palacehotelparamount@hotmail.com). Von badlosen Einzelzimmern bis Balkonzimmern mit schöner Aussicht reicht die Bandbreite des guten Angebots, und dies in etwas abgelegener, ruhiger und friedvoller Lage. Auch ein Dachrestaurant ist vorhanden.
- Pushkars beste Unterkunft im Budget-Bereich ist das sehr gelungen renovierte Haveli **Inn Seventh Heaven** €-€€€ (Tel.: 5105455, anoop_loves_you@yahoo.co.in, www.inn-seventh-heaven.com). Alle liebevoll und unterschiedlich gestalteten Zimmer, einige mit schöner Aussicht, sind jeden Penny wert. Außerdem trägt der schönste Dachgarten des Dorfes mit gutem Restaurant zum dem Namen entsprechenden Gesamteindruck bei.
- Im Ostteil des Dorfes an der Heloj Road findet sich mit dem **Venus Holiday Resort** €-€€ (Tel.: 2773217, venushotel@yahoo.com) eine saubere Unterkunft. Helle, recht große Zimmer mit Balkon und weitem Ausblick, einige klimatisiert, sind ihr Geld wert.
- Der über einen Zugang neben dem *Om Hotel* und vorbei am Tourist Office zu erreichende **RTDC Sarovar Tourist Bungalow** €-€€€ (Tel.: 2772040) war früher im Besitz des Maharajas von Jaipur und dementsprechend fürstlich sieht er auch aus. Die Lage könnte kaum besser sein. Während die Zimmer des 300 Jahre alten Teils eher billige Zimmer mit schönem Seeblick (Sonnenuntergang) bieten, wirkt der neuere, luxuriösere und teurere Komplex trotz seines hübschen Äußeren merkwürdig steril und das Personal macht wie üblich bei staatlichen Unterkünften einen gelangweilten Eindruck. Ein kleiner Pool (50 Rs für Nicht-Gäste) ist vorhanden.

Tourist Class

Immer mehr Hotels werden südöstlich des Sees in großteils recht unberührter bzw. von Rosenfeldern bedeckter Landschaft gebaut, was zwar nicht unbedingt der Landschaft, aber den Gästen durch eine sehr ruhige Atmosphäre zugute kommt. Die meisten liegen preislich im Tourist-Class-Bereich.

- Zu erwähnen sind hier an erster Stelle das neue **Sajjan Bagh Resort** €-€€€ (Vamdev Rd., Tel.: 2773821, sajjanbagh@yahoo.co.in), etwa 200 m von der Hauptstraße entfernt. Einzeln stehende, zweigeschossige Bungalows, deren schön eingerichtete Zimmer teils klimatisiert sind, sowie saubere Doppelzimmer bieten viel fürs Geld. Ein Pool war zur Recherchezeit in Planung.
- Besonders empfehlenswert ist die Anlage des **New Park** €€€ (Panch Kund Rd., Tel.: 277464, Fax: 2772199, manager@newparkpushkar.com) mit großer Dachterrasse, einem Restaurant und Swimmingpool. Hübsche Zimmer mit AC, Kühlschrank und TV sowie Balkonausblick runden die Sache ab.
- Während die ebenfalls schöne Unterkunft des **Peacock Holiday Resort** €-€€€ (Tel.: 2772414, Fax: 2772516, peacockhr@hotmail.com) unter den Jahren gelitten hat und einer

Pushkar

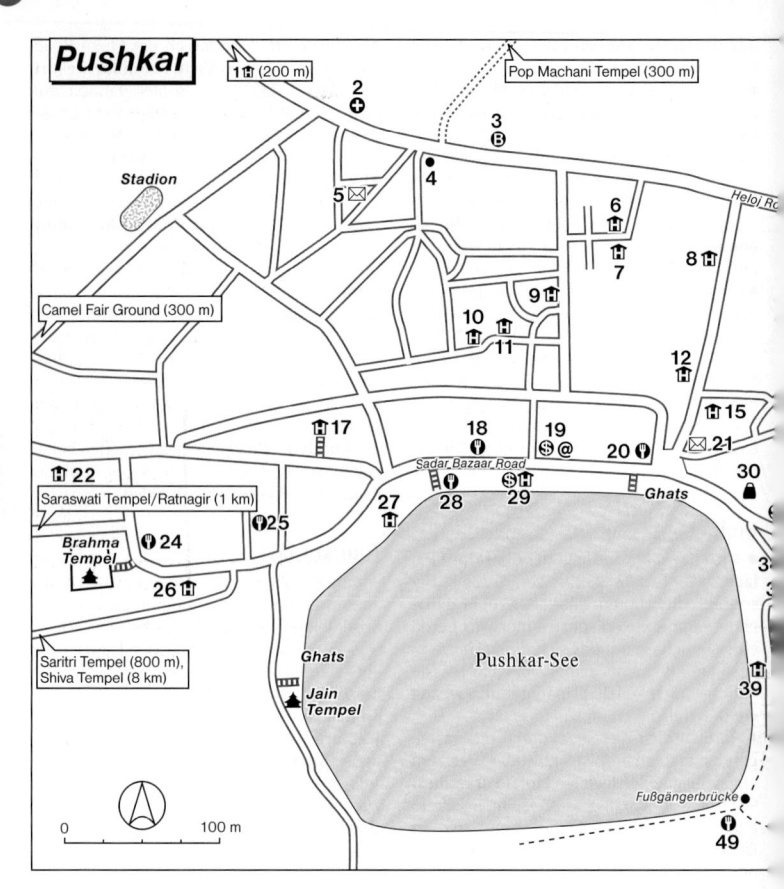

Pushkar

- 1 🏨 (200 m)
- 2 ✚
- 3 Ⓑ
- 4 •
- 5 ✉
- 6 ✚
- 7 🏨
- 8 🏨
- 9 🏨
- 10 🏨
- 11 🏨
- 12 🏨
- 15 🏨
- 17 🏨
- 18 ❶
- 19 💲 @
- 20 ❶
- 21 ✉
- 22 🏨
- 24 ❶
- 25 ❶
- 26 🏨
- 27 🏨
- 28 ❶
- 29 💲 🏨
- 30 🔒
- 39 🏨
- 49 ❶

Stadion

Camel Fair Ground (300 m)

Pop Machani Tempel (300 m)

Heloj Road

Sadar Bazaar Road

Ghats

Saraswati Tempel/Ratnagir (1 km)

Brahma Tempel

Saritri Tempel (800 m), Shiva Tempel (8 km)

Ghats

Jain Tempel

Pushkar-See

Fußgängerbrücke

0 — 100 m

PUSHKAR

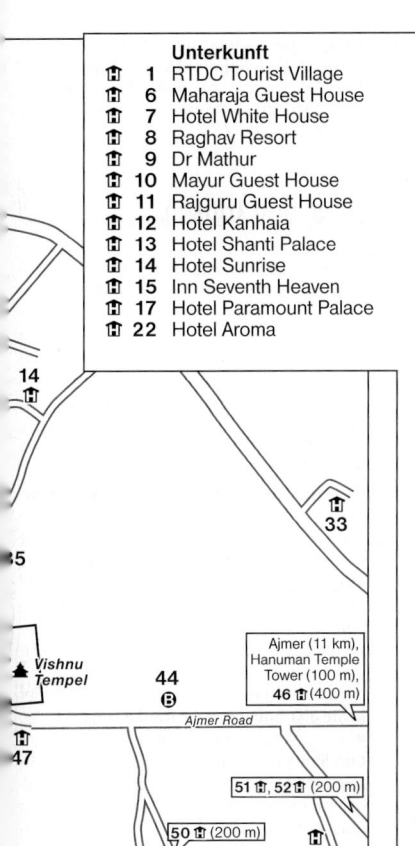

Unterkunft

- 🏨 1 RTDC Tourist Village
- 🏨 6 Maharaja Guest House
- 🏨 7 Hotel White House
- 🏨 8 Raghav Resort
- 🏨 9 Dr Mathur
- 🏨 10 Mayur Guest House
- 🏨 11 Rajguru Guest House
- 🏨 12 Hotel Kanhaia
- 🏨 13 Hotel Shanti Palace
- 🏨 14 Hotel Sunrise
- 🏨 15 Inn Seventh Heaven
- 🏨 17 Hotel Paramount Palace
- 🏨 22 Hotel Aroma
- 🏨 26 Hotel Navratan Palace
- 🏨 27 Hotel Bharatpur Palace
- 🏨 29 Lake View Guest House
- 🏨 33 Venus Holiday Resort
- 🏨 35 Shyam Krishna Guest House
- 🏨 39 WelcomGroup Pushkar Palace
- 🏨 42 Hotel Sunset, Puskar Inn Hotel
- 🏨 46 WelcomGroup Jagat Palace
- 🏨 47 Hotel Om
- 🏨 48 RTDC Sarovar Tourist Bungalow
- 🏨 50 Sajjain Bagh Resort
- 🏨 51 Hotel New Park
- 🏨 52 Pushkar Villas Resort
- 🏨 53 Peacock Holiday Resort

Essen und Trinken

- 🍴 16 Real Sai Baba Restaurant
- 🍴 18 Honey & Spice Restaurant
- 🍴 20 The Third Eye Restaurant
- 🍴 24 R.S. Restaurant
- 🍴 25 Sun-n-Moon Restaurant
- 🍴 28 Raju Terrace Garden Restaurant
- 🍴 32 Venus Restaurant
- 🍴 37 Om Shiva Restaurant
- ☕ 38 Moon Dance Café
- ☕ 42 Sunset Café,
- 🍴 Bro-Sis Restaurant
- 🍴 49 Lake Restaurant

Sonstiges

- ➕ 2 Krankenhaus
- 🅱 3 Callede Marvar Busstand
- ● 4 Polizei
- ✉ 5 Hauptpost
- 💲 19 LKP Forex,
- @ Internet Café
- ✉ 21 Postamt
- 💲 29 King's Good Music Zone
- 📕 30 Vijay Bookshop
- 💲 31 State Bank of Bikaner & Jaipur
- 📕 34 Kaka Book Centre,
- @ Internetcafé
- @ 36 Vacation Network
- ℹ 43 Tourist Information Bureau
- 🅱 44 Ajmer Busbahnhof
- ➕ 47 Raj Hospital

Pushkar

Rundumrenovierung bedürfte, ist das neue **Pushkar Villas Resort** €€€ (Panch Kund Rd., Tel.: 2772688/9, Fax: 2772516, arajoria@hotmail.com) desselben Besitzers in der Nähe das mehr an Geld sicher wert. Alle Zimmer mit AC und TV, kleiner Rundpool.

• Erwähnt werden soll noch, dass der Manager des Tourist Office in Jaipur (Tel.: 0141-2200778) **Privatzimmer** in Pushkar vermitteln kann, auch während der Engpass-Zeit der Pushkar Mela.

First Class und Luxus

• Seit Jahren beliebt ist das schöne, 250 Jahre alte **Hotel Pushkar Palace** €€€€-€€€€€ (Tel.: 2772001, Fax: 2772226, hotel_pushkar_palace@hotmail.com) der Heritage WelcomGroup. Die mit antiken Möbeln ausgestatteten, großen Zimmer und Suiten sowie der kleine, palmenbestandene Garten laden ebenso zum Entspannen ein wie die Terrasse mit wunderschönem Blick auf See und Stadt. Das abendliche Büfett kostet 150 Rs.

• Nicht teurer, schön und die mit Abstand luxuriöseste Unterkunft der Stadt ist der **Jagat Palace** €€€€€ (Tel.: 2772953/4, hppalace@datainfosys.net), etwas vor den Toren des Dorfes, ebenfalls unter Leitung der Heritage WelcomGroup. Hinter einer hohen Mauer lockt ein bis ins kleinste Detail mit Steingravierungen einem alten Palast sehr gelungen nachempfundenes Hotel. Die luxuriösen Zimmer sind individuell mit geschnitzten Möbeln eingerichtet, alle haben einen Balkon. Auch ein sehr schöner Swimmingpool (300 Rs für Nicht-Gäste) steht zur Verfügung – und das alles vergleichsweise billig.

Zeltdörfer

Während der Pushkar Mela bieten viele Privatunternehmer Zelte zur Übernachtung an, die vor den Toren des Dorfes zu kleinen Zeltstädten anwachsen. Hier besteht eine Vielzahl preislich und qualitativ sehr unterschiedlicher Angebote von ca. 1000 Rs bis 300 US-$. Für weitere Informationen wende man sich an das Tourist Office. Einige Anbieter:

• Einfach und verhältnismäßig billig ist **Bhadrawati Royal Camps** €€€ (Mobil-Tel.: (0)9414220301).

• Teuer bis richtig teuer und mit mehr Komfort sind **Sajjain Desert Camps** €€€€ (Tel.: 2773821), **Raj Resorts** (Mobil-Tel.: (0)9829052814), **Royal Tent,** 200-300 US-$ (Tel.: 2300603).

Essen und Trinken

Die Auswahl ist riesig und reicht von Müsli über Spaghetti, Apfelstrudel und braunem Brot bis zu guter indischer Küche. Wer in Pushkar nicht auf den Geschmack kommt, ist selber schuld. Es gibt unzählige Garten- und Dachterrassenrestaurants, wobei der große Renner in den letzten Jahren die von vielen Restaurants angebotenen Büfetts sind. Für 40 Rs kann man soviel essen, wie man will, tatsächlich ein verlockendes Angebot.

Allerdings sollte man bei **Joghurt am Morgen** vorsichtig sein, mehrere Traveller berichteten über Magenprobleme. Bei den gerade in Pushkar so beliebten **Bhang Lassis,** einer Mischung aus Joghurtgetränk, Eiswasser und Marihuana-Extrakten, ist vor allem bei heißem Wetter Vorsicht geboten – vielen bekommt die Mixtur nicht, was Übelkeit und Erbrechen zur Folge haben kann.

Da Pushkar ein heiliger Ort ist, werden hier **keine alkoholischen Getränke** verkauft.

• Wer sich gern den Wanst vollschlägt, ist im **Om Shiva Restaurant** nahe dem *Pushkar Palace Hotel* richtig, wo man in der Hauptsaison morgens, mittags und abends anstehen muss, um einen Platz zu ergattern. Doch meistens flaut die Schlacht um die oft auch nur lauwarmen Büfetts (jedes Mahl 50 Rs) nach den ersten Tagen erheblich ab, weil alles recht ähnlich schmeckt.

• Gleiches gilt auch für die mit ihrer schönen Aussicht lockenden zahlreichen **Dachrestaurants.** Nur allzu oft muss man die Lage mit recht flauem Essen und schlechtem Service bezahlen. Ein Beispiel hierfür ist das **Venus Restaurant,** von dem sich ein interessanter Blick auf das Treiben der Straße bietet.

• Das **Honey and Spice** an der Hauptstraße überzeugt durch seine gute einheimische wie internationale Küche in gemütlicher Atmosphäre zu günstigen Preisen.

- Fast schon idyllisch unter Bäumen sitzt man in dem sehr schönen Garten des **Sun-n-Moon** am Ende einer kleinen Gasse, die von der Straße zum Brahma-Tempel führt. Neben der sehr friedvollen Atmosphäre kann man sich am köstlichen Essen und an den Bang-Lassis laben – und das alles zu moderaten Preisen.
- Gegenüber dem Vishnu-Tempel lockt das **Moon Dance Café** mit gleichbleibend guter italienischer, mexikanischer und indischer Kost, die auf Matratzen liegend oder auf bequemem Mobiliar im Garten eingenommen werden kann.
- Sehr empfehlenswert ist auch das in einem romantischen Hinterhof platzierte **Raju Terrace Garden Restaurant**. Von der sehr umfangreichen Speisekarte sollte man einmal das köstliche *navrathan korma* versuchen.
- Beliebtester Treffpunkt zu Sonnenuntergang ist das direkt neben dem Pushkar Palace Hotel gelegene **Sunset Cafe**. Bei Apfelstrudel, Käsekuchen, Croissants und Zimtbrötchen, Kaffee oder Tee bietet es tatsächlich eine perfekte Kulisse, um den Tag zu beenden. Allerdings versuchen hier inzwischen auch eine Menge Händler, Schlangenbeschwörer und Musikanten von der Beliebtheit des Platzes zu profitieren.
- Wesentlich ruhiger, wenn auch ohne Sicht auf den See sitzt man im wenige Meter entfernten Garten des **Bro-Sis Restaurant**.
- Nicht nur wegen der schönen Atmosphäre auf dem Dach, sondern auch wegen des guten Essens ist das **Inn Seventh Heaven** ein Mahl wert.
- Zu Recht sehr beliebt ist auch das etwas versteckte **Baba Restaurant**.

Einkaufen

Praktisch jedes Haus entlang der Hauptstraße beherbergt im Erdgeschoss ein Geschäft, welches um die Gunst der Touristen buhlt. Besonders im Angebot sind die hübschen **Rajasthani-Kleider** und knallig bunten Hosen und Hemden im Flower-Power-Look – Goa lässt grüßen. Bevor man sich zum Großeinkauf entschließt, sollte man sich jedoch fragen, ob man das, was in Indien in und modern aussieht, auch zu Hause tragen würde. Die große Auswahl an Geschäften auf engstem Raum bietet den Vorteil, dass man problemlos Angebot und Preise vergleichen kann. Dies ist um so ratsamer, weil Pushkar oftmals bei weitem nicht so billig ist, wie es auf den ersten Blick erscheinen mag. Viele Verkäufer machen sich die lockere Atmosphäre zunutze, indem sie den meist jungen Individualtouristen sehr schnell und elegant einen Tee, „big friendship" und „very special price" anbieten. Nach einigen Tagen stellt der gutgläubige Käufer fest, dass er für das gleiche Souvenir einige Shops weiter nur die Hälfte hätte zahlen müssen.

Wer sich Zeit nimmt und vergleicht, wird sicherlich einige gute und billige Sachen finden. Besonders groß ist die Auswahl an **Silberschmuck** und großen, oft mit kleinen Spiegelchen verzierten **Stoffdecken**, die sich gut als Bettüberwurf und Wandteppich eignen. Mehrere **Musikläden** bieten eine große Auswahl an anspruchsvoller klassischer indi-

> Leider wird einem die friedvolle Atmosphäre an den Ghats durch dort auf westliche Touristen lauernde **Brahmanen** allzu oft verdorben. Ständig wird man von ihnen zu so genannten *pujas* eingeladen, bei denen unter anderem *mantras* nachgesprochen werden. Am Ende wird einem ein gelb-rotes Bändchen ums Handgelenk gebunden (weithin als „Puskar Passport" bekannt), was selbstverständlich mit der Bitte um eine Spende einhergeht. Die Höhe wird zunächst mit „as you like" benannt, doch 10 oder 20 Rs sind dem Priester dann doch zu wenig. 100 Rs sollten es schon mindestens sein. Das ganze hat mit Religiosität nichts zu tun und ist reine **Geschäftemacherei**. Dementsprechend sollte man keine moralischen Skrupel haben, sich auf eine solche Prozedur gar nicht erst einzulassen. Auch die Mädchen und Frauen, die die Haut der Touristen mit **Henna-Verzierungen** bemalen wollen, können unangehm werden, wenn sie ihr Ziel nicht erreichen.

scher und meditativer Musik. Weniger zu empfehlen sind jedoch die Raubkopien bekannter westlicher Rock- und Popgruppen, da sie oft von miserabler Qualität sind. Wer seine ausgelesenen Bücher gegen neue eintauschen möchte, kann dies bei einem der zahlreichen sehr gut bestückten **Second-Hand-Bookshops** tun, z.B. *Vijay Bookhouse* nahe der Post.

Bank

Wer Geld wechseln möchte, sollte dies bei einem der privaten Geldwechsler tun, da es dort recht gute Raten gibt und zügig geht, allerdings werden auf Kreditkarten meist recht heftige 3-5 % Gebühr erhoben.

- Eine gute Adresse ist **King's Good Music Zone** (Varath Ghat, Tel.: 2772465, hier gibt's natürlich auch CDs), wo auch für Visa- und Mastercard Geld ausgezahlt wird.
- Verlässlich ist auch die **LKP-Forex-Filiale** an der Hauptstraße, allerdings werden bei dieser Kette immer etwas schlechtere Raten als im indischen Durchschnitt ausgezahlt.
- Die **State Bank of Bikaner and Jaipur** (Mo-Fr 10-17 Uhr, Sa 10-12 Uhr) wechselt Travellerschecks. Hier gibt's auch einen **ATM**. Ein weiterer ist nahe dem Brahma-Tempel nicht weit vom *Hotel Navratan Palace* zu finden.

Medizinische Versorgung

- Im Hotel Om findet sich das **Pushkar Raj Hospital** (Tel.: 2772928, 2772672), das tgl. zwischen 8 und 20 Uhr geöffnet ist.

Internet, Fotografieren

Internet-Cafés sind meist recht langsam, dafür aber zahlreich. Der Durchschnittspreis liegt bei 30 Rs/Std.

- Eine Möglichkeit, Digitalfotos auf CD zu brennen, bietet **Chanderkant** (Tel.: 2772353) nahe dem Markt, Ramghat, alle Memory-Chips können gelesen werden. Preis: 2 Rs pro MB, 50 Rs für die CD, Minimum 150 Rs.

Aktivitäten

Schwimmen und Massage

- Wer im heißen Pushkar ein wenig Abkühlung sucht, darf für 50 Rs im Pool des *Sarovar Tourist Bungalow* plantschen. Im *Jagat Palace* ist dies in wesentlich schönerer Umgebung für wesentlich teurere 300 Rs/Tag möglich.
- Eine gute Massage gibt's von **Deepak** (Tel.: 2772147) im bzw. auf dem Dach des *White House*, der auch im *Seventh Heaven* arbeitet.

Kamel- und Pferdesafaris

Inzwischen gibt es in Pushkar eine Vielzahl an Reisebüros, die Kamel- und Pferdesafaris, von einigen Stunden bis hin zu mehreren Tagen, anbieten. Die Preise belaufen sich bei einer viertägigen Kamelsafari auf 500 Rs am Tag, was drei Mahlzeiten und ein Kamel pro Teilnehmer beinhaltet. Wasser muss selbst mitgebracht werden. Im Gegensatz zu Jaisalmer ist es hier noch möglich, tagelang unterwegs zu sein, ohne einem „Weißgesicht" zu begegnen. Wer also eine kleine Gruppe zusammenbekommt, sollte die entsprechenden Angebote vergleichen.

An- und Weiterreise

Bahn

- Gegen eine Durchschnittsgebühr von 50 Rs kann man in einigen Reisebüros Fahrscheine für Züge ab **Ajmer** kaufen. Verbindungen von dort siehe Anhang.

Bus

- Die beste An- und Abreise ist die über das nahegelegene **Ajmer,** da es von dort mehr Bus- und auch Bahnverbindungen gibt. Busse nach Ajmer (Fahrtzeit 20 Min.) fahren zumindest alle halbe Stunde vom Pushkar-Busbahnhof. Per Autoriksha kostet die Fahrt etwa 50 Rs, mit dem Taxi etwa 60 Rs.
- Das kleine Pushkar hat zwei Busbahnhöfe. Während vom südlichen **Ajmer Busstand** nahe dem *Hotel Om* die Busse hauptsächlich

Ajmer zum Ziel haben (1x stdl. sowie um 14.20 Uhr ein Express-Bus nach Jaipur und 2 Busse nach Chittorgarh um 8.20 und 12.30 Uhr sowie einige Privatanbieter in der Saison nach Udaipur), fahren die meisten Busse vom nördlichen **Callede Marvar Busstand** hauptsächlich in Richtung Norden und Westen, aber auch nach Ajmer und Jaipur (6 Busse, der 16.45-Uhr-Bus ist ein Deluxe-Bus). Weitere Ziele: Bharatpur (8,5 Std.), Bikaner (7 Std., 12 Busse), Delhi (9 Std.), Jodhpur (4,5 Std.), Kota (über Bundi) und Udaipur. Genaue Abfahrtszeiten sind auch im Tourist Office zu erfragen.

● In Pushkar verkaufen einige Reisebüros Tickets von **privaten Busgesellschaften.** Man sollte versuchen, einen Direktbus von Pushkar zu bekommen, ansonsten muss man in Ajmer umsteigen. Der Zubringerbus von Pushkar zur Abfahrtsstelle in Ajmer ist zwar im Fahrpreis enthalten, doch kostet die ganze Prozedur viel Zeit. Bei einigen Anbietern ist dies auch in (meist recht vollgepackter) Jeep. Da viele private Gesellschaften Busse mit Video-Dauerberieselung einsetzen, sollte man seine Augenklappen und Ohrstöpsel griffbereit halten.

Kuchaman ♪ C2

Abseits der Hauptverkehrswege, versteckt zwischen den Touristenzentren Jaipur, Jodhpur und Bikaner, befindet sich mit dem Städtchen Kuchaman ein Ort, welcher noch viel von seiner **Ursprünglichkeit** bewahrt hat. Entsprechend herzlich und liebenswert ist die Bevölkerung. Mit etwas Glück kann man die farbenfrohen, musikalisch untermalten **Straßenumzüge** von heiratenden Einheimischen verfolgen.

Mit seinen hohen und massiven Mauern, 32 Bastionen, zehn Toren und vielen Wehranlagen thront das Fort Kuchaman wie ein Adlerhorst auf einem Berg in der Wüstenlandschaft. Die Stadt kontrollierte mehr als 1250 Jahre lang den Salzhandel und die **Salzabbaugebiete,** die von Kuchaman bis zum 40 km entfernten Salzsee von Sambarh reichen und noch heute besichtigt werden können. Zu diesem Zweck baute die *Gurjar-Pratihara*-Dynastie erste Teile einer Burg um 760 n. Chr. Als weitere Herrscherhäuser folgten die *Chauhans,* die *Gaurs* und die *Rathores,* die das Gebiet von 1724 bis zur Unabhängigkeit Indiens und zum Zusammenschluss der früheren Fürstentümer beherrschten.

Fort Kuchaman

Das gesamte Innere des Forts besticht wie viele Rajputenpaläste durch **prunkvolle Farben und Designs** in reizvollem Kontrast zu den nüchternen Befestigungsanlagen. Für die Wasserversorgung und -bevorratung der Burg wur-

KUCHAMAN

den verschiedene unter- und oberirdische Tanks angelegt, die noch heute existieren. Die unterirdischen Verstecke, geheimen Fluchtwege, Kerker und die altertümliche Getreidemühle sind einmalig und können ebenso besichtigt werden wie verschiedene **Paläste und Tempel.** Das Fort Kuchaman wurde dank großer Anstrengungen der Nachkommen der Rathores wieder zu altem Glanz gebracht. Dabei kamen dieselben Materialien und Techniken zum Einsatz, die seit Jahrhunderten verwendet wurden. Man sollte die einzelnen Hallen und Räume in Ruhe besichtigen.

Sabha Prakash

Die unterhalb der Burg gelegene, 1832 erbaute prachtvolle **Audienzhalle** dient heute als Foyer des in ein Hotel umgewandelten Forts. Sie ist mit schönen Miniaturmalereien, vergoldetem Stuck, kostbaren Edelsteinen und Deckengemälden der Vorfahren der Herrscher ausgestattet. Von dort kann man sich nebst Gepäck in geländegängigen Jeeps zur Burg hinauffahren lassen.

Meena Bazaar

Dort, wo früher die Kaufleute und Handwerker verschiedenster Zünfte wie Schuster, Silberschmiede, Waffenschmiede, Schreiner, Eisenschmiede, Töpfer oder Juweliere ihre Waren den königlichen Herrschern anboten, versuchen heute **Händler** den Touristen Souvenirs zu verkaufen, natürlich stets „very good price for you".

China Gate

Das China Gate hat im Inneren außergewöhnlich strukturierte, im chinesischen Stil gehaltene **Malereien,** die die Erlebnisse während der Indienreise eines **chinesischen Reisenden** im 18. Jh. darstellen.

Meera Mahal

Das Meera Mahal stellt das Leben der **Heiligen Meera Bai** in Miniaturbildern dar. Meera war eine große Verehrerin des Gottes Krishna und vielleicht die erste Feministin der Welt. Als Rajputen-Prinzessin verließ sie den Palast, um dem heiligen Pfad des „Bhakti" zu folgen. Sie tauschte das komfortable königliche gegen ein einfaches spirituelles Leben und wählte einen Flickschuster (aus der Kaste der Unberührbaren!) zu ihrem Guru – wahrlich couragiert im spätmittelalterlichen Indien. Meeras Neffe *Raja Ranjit Singh Ji* ließ diesen Palast 1832 im Andenken an seine heilige Tante bauen.

Lok-Devatas-Tempel

Derselbe Herrscher ließ innerhalb des Meera Mahal diesen Tempel bauen, aus Dankbarkeit gegenüber seinem Volk, das in Massen (freiwillig?) dem Rathore-Heer beitrat und half, feindliche Invasoren zu vertreiben und so letztlich das Fortbestehen seiner Dynastie ermöglichte.

Jal Mahal (Swimming Pool)

Das für die Königinnen und Prinzessinnen vor 250 Jahren gebaute **unterirdische Bad** mit seinen hohe Bögen und Galerien kann heute noch benutzt werden. Während des Schwimmens kann man die Decken- und Wandmalereien betrachten, die u.a. Gott Krishna mit den Gopies spielend zeigen.

Dewan-E-Khas

Die **Privatgemächer,** die außer den Herrschern früher nur engste Vertraute wie Minister oder Generäle betreten durften, dienen heute als **Speisesaal und Bar.**

Sheesh Mahal

Der **Glaspalast** besteht rundherum aus erlesenen, in Gold eingelassenen Spiegeln mit wunderschönen Mustern und strahlt den Glanz und die Pracht vergangener Zeiten aus. Im schönen, in Schachbrettform gestalteten Hof davor pflegte der Hofstaat **Schach** zu spielen – mit Menschen, die anstelle der Figuren benutzt wurden.

Sunehari Burj

Der **Goldene Palast** erhielt seinen Namen aufgrund der verschwenderischen, hervorragend erhaltenen Goldmalereien, die verschiedene Vögel und andere Tiere bei der Paarung zeigen. Die mit Fresken verzierten Wände sowie herrliche Wandgemälde im Hof sind eine Mischung aus persischem und typischem Kuchaman-Stil.

Kaali-Tempel

Die **Statue von Maa Kaali** ist etwa 1200 Jahre alt und wurde von den Rathores nach einer siegreichen Schlacht vom südindischen Karnataka nach Kuchaman gebracht.

Tempel Nazvar Lal Ji

Die **Krishna-Statue** ist etwa 2000 Jahre alt und wurde 1741 nach einer siegreichen Schlacht von *Raja Shivnath Singh* von Ahmedabad nach Kuchaman gebracht. Der Tempel selbst wurde 1814 erbaut.

Shiva-Tempel

In dem Shiva geweihten Tempel stehen **elf Shiva-Figuren.**

Unterkunft

●Das große Plus von **Fort Kuchaman** €€€€€ (Tel.: 01586/20882, Kuchaman 341508, Dist. Nagaur Rajasthan) ist seine spektakuläre Lage auf der Spitze des weit aufragenden Felsrückens. Wer sich hier einmietet, sollte jedoch zunächst einige der 51 angebotenen Zimmer checken, da sie in Größe, Lage, Ausstattung und Einrichtung extrem variieren. So romantisch die Räume in der alten Festungsanlage auch sind, qualitativ sind sie nicht einmal unterer Durchschnitt. Am besten ist man noch im Neubau aufgehoben. Insgesamt scheinen die Zimmer 101-120 am empfehlenswertesten. Beim (allerdings eher durchschnittlichen) Essen auf der Terrasse des Forts wird man mit einem tollen Ausblick über Kuchaman und seine reizvolle Umgebung verwöhnt. Insgesamt scheint der offizielle Preis angesicht der genannten Mängel deutlich zu hoch. Bei geringer Auslastung lassen die Verwalter über zum Teil erhebliche Nachlässe mit sich reden.

An- und Weiterreise

Einige **Fernzüge** wie der 2467 Bikaner Jaipur Intercity Exp., der 4853/4863 Marudhar Exp. und der 2308A Bikaner Howrah Superfast verbinden Kuchaman City mit Bikaner, Jaipur, Jodhpur und Agra. Ansonsten per **Bus** von Jaipur oder Ajmer oder per **Taxi.**

Süd-Rajasthan

Süd-Rajasthan

Der Stadtpalast von Udaipur thront majestätisch über dem Pichola-See. Ein Teil ist noch immer Residenz des Maharajas, ein anderer kann besichtigt werden

Die gewaltige Festung von Kumbhalgarh

Relief im Jaintempel von Ranakpur

Kota

♪ C3

(ca. 700.000 Einwohner, Vorwahl: 0744)

Obwohl Bundi und Kota nur 37 Kilometer voneinander entfernt liegen, scheinen Welten zwischen den beiden Orten zu liegen. Während im verschlafenen Bundi die Zeit seit dem Mittelalter stehen geblieben zu sein scheint, ist im benachbarten Kota in den letzten Jahrzehnten das Atomzeitalter ausgebrochen.

Das gilt nicht nur im übertragenen, sondern im wörtlichen Sinn, ist die Stadt doch Standort eines Kernkraftwerkes, das zusammen mit den Wasserkraftwerken des Chambal-Flusses, an dessen Ufern Kota liegt, die **Industriebetriebe** der Distrikthauptstadt mit Energie versorgt. Asiens größte Dün-

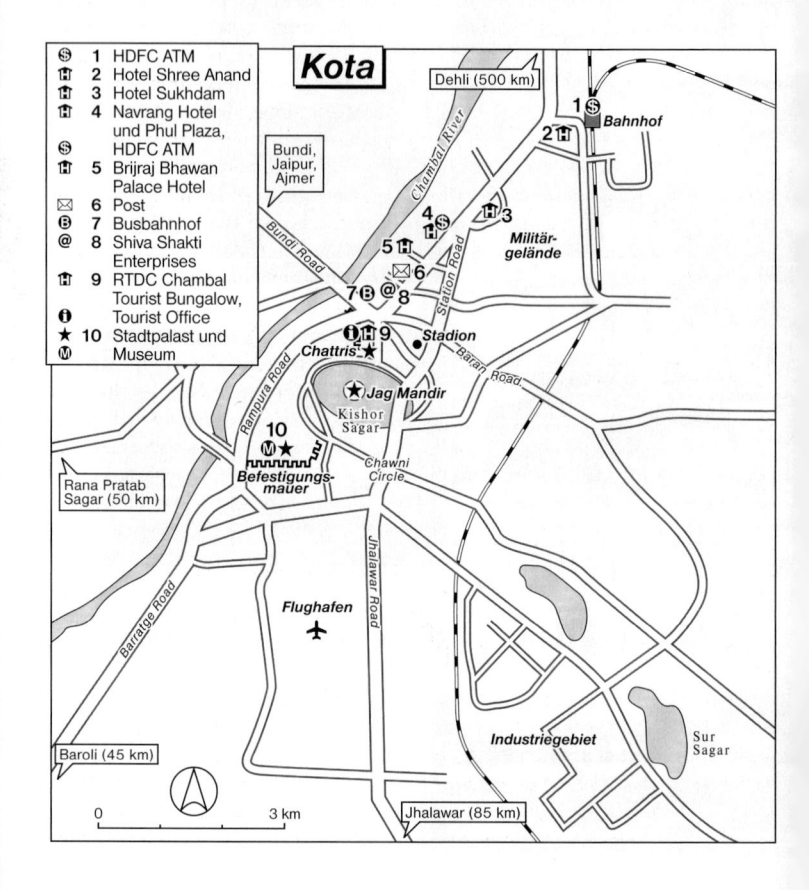

- Ⓢ 1 HDFC ATM
- 🏨 2 Hotel Shree Anand
- 🏨 3 Hotel Sukhdam
- 🏨 4 Navrang Hotel und Phul Plaza, HDFC ATM
- Ⓢ
- 🏨 5 Brijraj Bhawan Palace Hotel
- ⊠ 6 Post
- Ⓑ 7 Busbahnhof
- @ 8 Shiva Shakti Enterprises
- 🏨 9 RTDC Chambal Tourist Bungalow, Tourist Office
- ★ 10 Stadtpalast und Museum

gemittelfabrik mit ihren weithin sichtbaren Schornsteinen ist nur ein Symbol für die wirtschaftliche Prosperität dieses Industriezentrums Rajasthans.

Da sich die Industriebetriebe vornehmlich in den Außenbezirken angesiedelt haben, erscheint die **Innenstadt** mit ihren vielen Parks und Gärten sowie einem großen künstlichen See trotzdem angenehm. Insgesamt hat die sehr weitläufige Stadt touristisch weit weniger zu bieten als Bundi, unter dessen Oberherrschaft sie bis zum Jahr 1625 stand, als sie durch Verfügung des Mogul-Herrschers *Jehangir* den Status eines selbständigen Fürstentums erhielt. Auf jeden Fall besuchenswert ist Kota während des **Hadoti-Festivals** im Februar, wenn anlässlich eines dreitägigen Volksfestes Musikanten, Tänzer und Akrobaten durch die Stadt ziehen.

Sehenswertes

Stadtpalast

Nach der Unabhängigkeit von Bundi begann *Rao Madho Singh* mit dem Bau dieses an den Ufern des Chambal-Flusses gelegenen Palastes. Zwar kann er bei weitem nicht mit der spektakulären Ansicht des Palastes von Bundi konkurrieren, bietet dafür jedoch den großen Vorteil, dass ein Teil in ein öffentliches **Museum** umgewandelt wurde und somit zu besichtigen ist.

Ebenso wie in Bundi flankieren zwei steinerne Elefanten das Haupteingangstor (Hathi Pol). Insgesamt zeichnet sich das Palastmuseum durch hervorragende englische Erläuterungen aus und bietet neben den üblichen Waffen-, Jagdtrophäen- und Münzabteilungen einen vorzüglichen Einblick in die Bundi-Malschule. Bereits die große Eingangshalle (Chitrashala) schmücken **Wandmalereien** des 17. Jh., wobei auch hier, wie in Bundi, vornehmlich Szenen aus dem Leben Krishnas dargestellt sind. Die schönsten Wandmalereien finden sich jedoch in den nicht zum Museum gehörenden Räumen des Palastes. Für einen Extraobulus von 20 Rs werden diese in einer speziellen Führung gezeigt. Die Erklärungen des vor sich hinschlurfenden Wärters sind zwar wenig hilfreich („Here you see another room"), doch die wunderschönen Wandmalereien, vor allem im Arjun Mahal und Bada Mahal, sind allemal das Geld wert.

Im Übrigen bieten die verschiedenen Balkone und Terrassen interessante **Aussichten** auf die nähere Umgebung. Nördlich vom Palast erstrecken sich die Überreste der urwüchsigen, dicht bewaldeten Flusslandschaft, auf der anderen Uferseite erheben sich die hohen Fabrikschornsteine des Industrieviertels.

●**Öffnungszeiten:** tgl. außer Fr und an Feiertagen von 11 bis 17 Uhr, Eintritt 50 Rs, Fotografieren 50 Rs, Video 100 Rs.

Kishor Sagar

Zwischen dem Palast und dem Tourist Bungalow befindet ein großer, im 16. Jh. künstlich angelegter See mit einem fotogenen Pavillon in der Mitte, der aber leider für die Öffentlichkeit geschlossen ist. Gut besucht sind

KOTA

dafür die ganz in der Nähe in einem schönen Park gelegenen, kürzlich restaurierten Chattris der Fürsten von Kota.

Festival

Das mehrtägige **Dussehra-Festival** zu Ehren des Sieges Ramas über Ravana wird in Kota besonders prunkvoll gefeiert. Die nächsten Termine: 19.-21. Oktober 2007, 7.-9. Oktober 2008.

Information

- Die Angestellten des **Tourist Office** (Tel.: 2327695, Mo-Sa 10-17 Uhr, 2. und 4. Sa des Monats geschlossen) im *Chambal Tourist Bungalow* sind sehr hilfsbereit und freundlich.

Stadtverkehr

Kota ist sehr weitläufig, zudem verteilen sich die für die Touristen wichtigen Bereiche wie Bahnhof, Busbahnhof und der Stadtpalast auch noch von Norden bis Süden. Man ist also auf öffentliche Verkehrsmittel angewiesen. Da Englisch kaum verbreitet ist, sollte man sich vor Fahrtbeginn vergewissern, dass der Rikshafahrer das gewünschte Ziel auch tatsächlich verstanden hat, andernfalls landet man eventuell am anderen Ende der Stadt.

- **Minibusse und Tempos** verkehren u.a. zwischen Busbahnhof und Bahnhof.
- **Autorikshas** sieht man erstaunlich wenig. Falls man eine erhascht, sollte die Fahrt vom Busbahnhof zum Bahnhof etwa 30 Rs, zum Tourist Bungalow und zum Stadtpalast jeweils 15 Rs kosten.
- **Fahrradrikshas** sind aufgrund der großen Entfernungen wenig geeignet.

Unterkunft

- Wer nur ein schmales Reisebudget zur Verfügung hat, ist im **Hotel Shree Anand** € (Tel.: 2462473) gegenüber dem Bahnhof mit hinreichend sauberen und kleinen Zimmern akzeptabel bedient.
- Recht passabel ist das Hotel **Phul Plaza** €-€€ (Tel.: 2329350) mit einem hauseigenen vegetarischen Restaurant.
- Empfehlenswert ist das an der Straße zum Bahnhof gelegene **Navrang Hotel** €€-€€€ (Tel.: 2451253, Fax: 2450044). Das Personal ist sehr bemüht, die Zimmer, wenn auch etwas abgewohnt, sind sauber und geräumig. Dem Haus angeschlossen ist ein gutes und preiswertes vegetarisches Restaurant.
- Reizend ist das in der Nähe des Stadtpalastes gelegene **Palkiya Haveli** €€€ (Tel.: 2327375). Dieses von einer sehr bemühten Familie geführte Haveli besticht neben seiner warmen Atmosphäre und den individuell gestalteten Räumen (alle mit AC) auch durch das sehr gute Restaurant.
- Das beste Preis-Leistungs-Verhältnis bietet das exzellente **Hotel Sukhdam** €€€ (Tel.: 2320081, Fax: 2441961). Die exquisiten Räume in dem sehr schönen, inmitten eines Gartens gelegenen Haus sind äußerst günstig. Sehr zu empfehlen ist auch das angeschlossene Restaurant.
- Das **Brijraj Bhawan Palace** €€€-€€€€ (Tel.: 2450529, Fax: 2450057) ist, wie es der Name schon andeutet, ein ehemaliger Palast der Maharajas von Kota. Wunderschön liegt es inmitten einer Gartenanlage etwas erhöht an den Ufern des Chambal-Flusses. Von den fürstlich eingerichteten, riesigen Zimmern über die die Wände zierenden Jagdtrophäen bis zu den einem jeden Wunsch von den Lippen ablesenden Bediensteten macht alles den Eindruck, als sei die Zeit der Maharajas noch höchst lebendig. Schade nur, dass ausschließlich Hotelgäste im Restaurant bedient werden.
- Das **Umed Bhawan Palace** €€€-€€€€ (Tel.: 2325262, Fax: 2451110) im Norden der Stadt ist ein gelungener Neubau inmitten einer weitläufigen Gartenanlage.

Bank und Internet

- Die **State Bank of India** am Chawni Chowk und die **State Bank of Jaipur and Bikaner** wechseln Bargeld und Travellerschecks. Darüber hinaus bieten sich diverse **ATMs** zum Bargeldabheben an, wobei die der HDFC-

Bank nahe dem *Navrang Hotel* und im Bahnhofsgebäude neben Master-, Maestro, Visa- und Cirrus-Card- auch Amex-Karteninhaber zufriedenstellen.
- Internetsurfen kostet 20 Rs/Std., das **Shiv Shakti** nicht weit vom Busbahnhof ist recht schnell.

An- und Weiterreise

Bahn

Kota liegt an der Breitspurlinie Mumbai – Delhi, dementsprechend viele Züge fahren tgl. nach Jaipur und Delhi.
- Nach **Delhi** (Hazrat Nizzamuddin) benötigt der 2953 Rajdhani Exp. 5,5 Std.: Abf. Kota 5.35 Uhr, über **Sawai Madhopur** (Ranthambore-Nationalpark, an 6.36 Uhr), **Mathura** (an 9 Uhr), Delhi an 10.55 Uhr, oder der 1903 Golden Temple Mail: Abf. 11.35, Ank. in New Delhi um 19 Uhr. Andere Richtung der 2904 Golden Temple Mail: Abf. New Delhi 7.55 Uhr, über Mathura (ab 10.25 Uhr), Ank. in Kota um 14.35 Uhr. Der Zug fährt weiter bis **Mumbai** (Ank. 6.05 Uhr). Eine weitere gute Verbindung nach Mumbai ist der 2956 Jaipur Mumbai Central Exp.: Abf. 17.35, Ank. 8 Uhr
- Nach Sawai Madhopur (Ranthambore-Nationalpark) und Delhi z.B. der 9019A NMH Kota Exp.: Kota (Abf. 18 Uhr), **Sawai Madhopur** (an 21.40 Uhr), **Bharatpur** (an 0.45 Uhr), **New Delhi** (an 6.05 Uhr), **Delhi** (6.30 Uhr).
- Nach **Jaipur** (Ank. 12.45 Uhr) fährt z.B. der 2955 Mumbai Central Jaipur Exp.: 8.50 Uhr über **Sawai Madhopur** (an 10.05 Uhr), viele weitere Verbindungen.
- Mit dem 281B Halighati Exp. in 11 Std. bis Agra: 19.10 Uhr ab Kota über **Ranthambore-Nationalpark** (Ank. 23.05 Uhr), **Fatehpur Sikri** (4.49 Uhr), nach **Agra** (6.05 Uhr).
- Außerdem tgl. zwei Verbindungen nach **Bundi** und **Chittorgarh,** z.B.: Abf. 9.50 Uhr, Bundi an 10.25 Uhr, Chittorgarh an 12 Uhr mit dem 9020A Dehra Dun Exp.

Bus

- Alle 15 Min. fahren Busse nach **Bundi** (45 Min. Fahrtzeit), halbstündige Verbindungen nach **Ajmer** (6 Std.) und **Jaipur** (6 Std.).

Außerdem Busse nach **Chittorgarh** (6 Std.), **Udaipur** (6 Std.), **Jodhpur** (11 Std.) und **Bikaner** (12 Std.).

Umgebung von Kota

Badoli ♢ C3

55 km südwestlich von Kota an der Straße zum Rama-Pratap-Stausee finden sich mehrere **Shiva-Tempel,** die zu den ältesten noch erhaltenen Tempelanlagen Rajasthans zählen. Obwohl sie zum Teil aus dem 8. und 9. Jh. stammen, weisen sie noch besonders detailliert und gut erhaltene Skulpturen auf. Die Bildhauer versahen die Nischen an den Tempelmauern mit außergewöhnlich schönen Einzelfiguren, die Shiva u.a. als kosmischen Tänzer Nataraja zeigen. Das Haupteiligtum, der über 20 m hohe Ghateshwara-Tempel, ist mit schönen Affenskulpturen geschmückt.

- **Anreise:** Etwa stündliche Busverbindungen zwischen Kota und Baroli, 1,5 Std. Fahrtzeit. Man sollte den Fahrer bitten und erinnern, am Ausstiegspunkt Bescheid zu sagen. Per Taxi inkl. Rückfahrt sollten 400 Rs genügen.

BUNDI

Der besondere Tipp:
Bundi
♪ C3

(ca. 90.000 Einwohner, Vorwahl: 0747)

In der Südosten Rajasthans zwischen den Hügeln des Aravalli-Gebirges gelegen, scheint sich dieses kleine Städtchen hinter der Flanke des sie begrenzenden Bergrückens vor den Veränderungen der Neuzeit verstecken zu wollen. Der *Wind of Change,* der in den letzten Jahren auch das Bild vieler indischer Städte merklich verändert hat, scheint an der ehemaligen Hauptstadt eines kleinen Fürstentums vorbeigezogen zu sein. Beim Durchstreifen der verwinkelten Altstadtgassen fühlt man sich ins **indische Mittelalter** versetzt.

Überragt wird die Stadt von der sich am Berghang hochziehenden, riesigen **Palastanlage** und dem auf dem Gipfel erbauten **Fort.** Leider ist nur ein sehr kleiner Bereich des Palastes zu besichtigen und auch die anderen Sehenswürdigkeiten der Stadt sind nur von außen zu bewundern.

Die meisten der insgesamt nur sehr wenigen Touristen besuchen Bundi im Rahmen einer Tagestour vom nur 37 km entfernten Kota aus. Das ist schade, denn für jeden, der ein Stück unverfälschtes Indien kennen lernen möchte, ist diese scheinbar so weltentrückte Stadt der ideale Ort für einen mehrtägigen Aufenthalt.

Sehenswürdigkeit
- ★ 1 Sar Bagh, Sikar Burj
- ★ 2 Sukh Mahal
- ★ 3 Dudha Mahal
- ★ 10 Bhim Burj
- ★ 11 Moti Mahal
- ♣ 12 Laxminath Tempel
- ★ 15 Chogan Gate
- ★ 20 Raniji-ki-Baori
- ★ 23 Meera Gate
- ☾ 24 Meera Sahib Masjid

Unterkunft
- 🏠 4 Haveli Uma Megh Guest House, Lake View Paying Guest House
- 🏠 5 Royal Retreat
- 🏠 7 Haveli Braj Bhushanjee, Badi Haveli
- 🏠 8 Haveli Katkoun Guest House
- 🏠 11 Kishan Niwas Guest House
- 🏠 17 Hotel Diamond
- 🏠 19 Bundi Tourist Palace
- 🏠 22 Kasera Paying Guest House
- 🏠 31 Ishwari Niwas

Sonstiges
- @ 6 Cyber Dream
- ✚ 9 Ayurvedisches Krankenhaus
- ✉ 13 Postamt
- $ 14 Bank of Rajasthan
- ■ 16 Gemüsemarkt und kl. Stufenbrunnen
- $ 18 State Bank of Bikaner & Jaipur
- ❶ 21 Tourist Office
- ✚ 25 Krankenhaus
- Ⓑ 26 Busbahnhof
- • 28 Collectorate
- ✉ 29 Hauptpost
- • 30 Circuit House

Geschichte

1241 gründete *Rao Deva,* Anführer der **Hara-Chauhana-Rajputen,** die zuvor aus Delhi und danach aus Rantham- bore vor den muslimischen Invasoren flüchten mussten, an der strategisch günstigen Stelle am Rande des Aravalli-Gebirges seine neue Hauptstadt. Zunächst gelang es ihm und seinem Sohn und Nachfolger *Rao Samar* durch Erfolge über benachbarte Fürs-

BUNDI

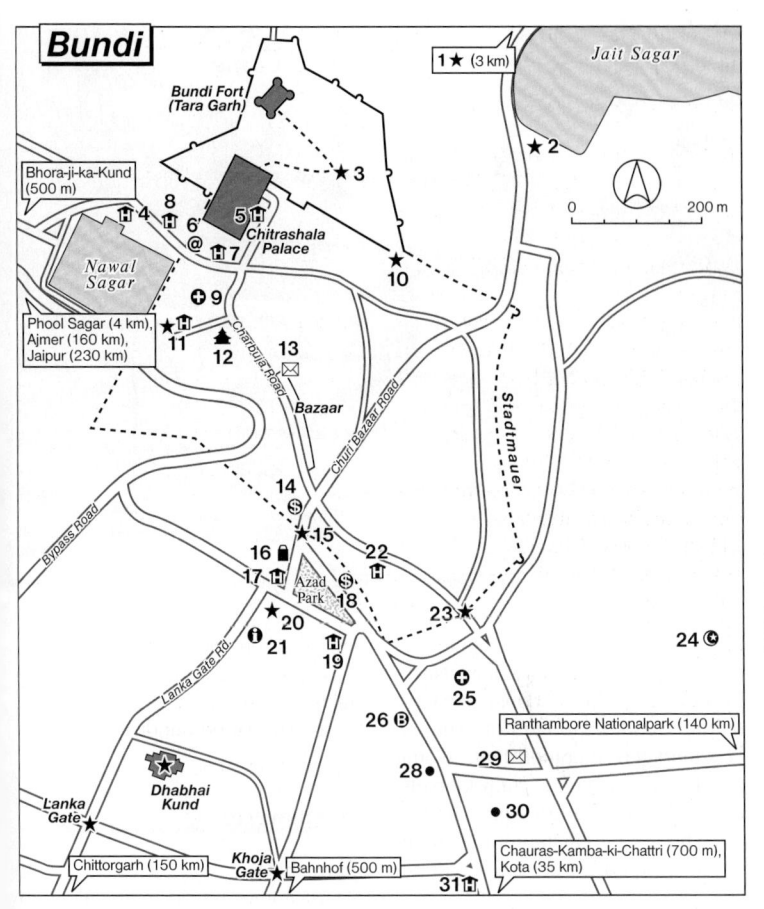

Bundi

- Bundi Fort (Tara Garh)
- 1 ★ (3 km)
- Jait Sagar
- Bhora-ji-ka-Kund (500 m)
- ★ 2
- ★ 3
- 4, 8
- 6, 5 Chitrashala Palace
- 7, @
- ★ 10
- Nawal Sagar
- 9
- Phool Sagar (4 km), Ajmer (160 km), Jaipur (230 km)
- 11, 12
- 13
- Charbuja Road
- Bazaar
- Chuti Bazaar Road
- Stadtmauer
- 14
- ★ 15
- 16, 17
- Azad Park
- 18
- 22
- 23 ★
- Bypass Road
- ★ 20
- 21, 19
- 24
- 25
- 26
- Ranthambore Nationalpark (140 km)
- 28
- 29
- Dhabhai Kund
- Lanka Gate
- Lanka Gate Rd.
- 30
- Chittorgarh (150 km)
- Khoja Gate
- Bahnhof (500 m)
- Chauras-Kamba-ki-Chattri (700 m), Kota (35 km)
- 31

0 200 m

Süd-Rajasthan

tentümer (u.a. Kota), das Herrschaftsgebiet erheblich zu erweitern. Doch schon bald wurden sie erneut von den weiter nach Süden vorrückenden Truppen des Sultans von Delhi besiegt, dem gegenüber sie nun tributspflichtig wurden. Mitte des 15. Jh. mussten sie sich den Mewaris unterwerfen, die während der Regierungszeit *Rana Kumbhas* vom benachbarten Chittorgarh aus weite Teile Rajasthans eroberten.

Nachdem *Akhbar* die riesige Festung Chittorgarhs 1568 erobert hatte, fanden sich die *Hara Chauhana* unversehens erneut von den Moguln beherrscht. 1625 erklärte Akhbars Nachfolger *Jehangir* das bis dahin zum Fürstentum Bundi gehörige Kota zum eigenständigen Rajputenstaat, womit Bundi einen schmerzlichen Gebiets- und Bedeutungsverlust erlitten hatte.

Nachdem das Fürstentum 1818 unter die Oberhoheit der Engländer geriet, kämpften seine Truppen während des 2. Weltkrieges auf Seiten der Kolonialmacht im Burmafeldzug. Am 25. März 1948 wurde Bundi Teil der Indischen Union.

Sehenswertes

Chitrashala

Es ist immer wieder erstaunlich zu sehen, wie es sich selbst die Herrscher kleiner und unbedeutender Fürstentümer wie etwa Bundi leisten konnten, solch riesige und aufwendige **Palastanlagen** zu erstellen. Das kleine Städtchen scheint fast erdrückt zu werden vom gewaltigen an den Berghang gebauten Palast und dem darüberliegenden Fort. So dokumentierte der Herr-

---

Der Chitrashala besteht aus ineinander verschachtelten Gebäudeteilen unterschiedlicher Baustile, die über etwa 500 Jahre hinweg nach und nach hinzugefügt wurden

scher auch architektonisch seine uneingeschränkte und allumfassende Macht über seine Untertanen.

Schon *Rudyard Kipling* zeigte sich beim Anblick des Palastes vor über 100 Jahren überwältigt: „Der Palast in Bundi ist, selbst in vollem Tageslicht, ein Palast, wie Menschen ihn sich in ihren Träumen bauen – eher das Werk von Elfen als von Menschen. Er ist in und an den Berg gebaut, gigantisch, Terrasse über Terrasse, und dominiert die ganze Stadt wie eine Lawine aus Mauerwerk, die jeden Augenblick hinabgleiten und die Schlucht blockieren kann."

Es überrascht, wieviel eigenständig **rajputische Stilelemente** der Palastbau trotz der jahrhundertelangen Mogul-Herrschaft aufweist. Hierin, wie in vielen anderen Aspekten zeigen sich auffällige Parallelen zum Palastbau der Mewaris von Udaipur. Auf einem festungsartigen, fensterlosen und wenig attraktiven Unterbau erhebt sich ein Neben- und Übereinander ineinander verschachtelter Wohn- und Repräsentationsbauten. Sie wurden von den verschiedenen Herrschergenerationen über einen Zeitraum von fast fünf Jahrhunderten dem ersten, 1342 von Rao Deva errichteten Gebäudekomplex hinzugefügt. Trotz seiner enormen Ausmaße und unterschiedlicher Baustile wirkt der Palast durch die vielen vorspringenden Erker, Balkone, Kuppeldächer und Pavillons nicht im geringsten schwerfällig.

Trotz der zunächt scheinbar undurchsichtigen Anordnung der verschiedenen Bauten lassen sich bei näherem Hinsehen **fünf verschiedene Gebäudekomplexe** unterscheiden. Von links nach rechts sind dies der *Queens Palace* (eine der größten zusammenhängenden Einheiten, der Palast der Fürstin), daneben der *Phul Mahal* (Blumenpalast), dann der *Badal Mahal* (Wolkenpalast) mit den drei übereinanderhängenden Balkonen, daran anschließend der an seinem großen, von zwei Pavillons gekrönten Balkon erkenntliche *Ratan Mahal* (Edelsteinpalast) und schließlich auf der äußersten rechten Seite der nach seinem Erbauer benannte *Chitrashala*, der einzig zugängliche Teil der gesamten Anlage.

Bei der außergewöhnlichen Schönheit, die der Palast als ganzes ausstrahlt, stimmt es um so trauriger, bei näherer Betrachtung die schon weit fortgeschrittenen **Verfallserscheinungen** der einzelnen Gebäude zu sehen. Mögen die aus Mauern, Treppen und Dächern herauswachsenden Sträucher und Bäumchen noch einen gewissen Reiz vermitteln, so bedauerlich ist es doch zu sehen, wie die wunderschönen, in ganz Indien einmaligen Wandmalereien des Chitra Mahal verkommen.

Die Motive der vollständig mit **Miniaturmalereien** bedeckten Wände und Decken vermitteln einen guten Einblick in das höfische Leben von vor 300 Jahren. Wie in einem Film ziehen Bilder des Maharajas bei der Jagd, bei gefährlichen Schlachten, feierlichen Umzügen und Vergnügungen mit seinen Konkubinen am Betrachter vorbei. Der eigentliche Liebling der unbekannten Maler war jedoch offensichtlich der Gott Krishna, der in allen Aspekten seines verspielten Lebens dargestellt wird. Natürlich fehlt dabei auch nicht jene für das Krishna-Bild so prägende Szene, in der er den im Yamuna badenden Jungfrauen die Kleider stiehlt. Frei zugänglich ist eigentlich nur die offene, von einem Pavillon überdachte Terrasse des Chitra Mahal. Der in unmittelbarer Nähe wohnende Verwalter wartet nur darauf, den spärlich auftauchenden Touristen gegen ein kleines Trinkgeld die sich anschließenden, vollständig mit Miniaturmalereien überzogenen Zimmer zu öffnen.

● **Eintritt:** 50 Rs, Kamera 50 Rs.

Taragarh Fort

Das oberhalb des Palastes liegende, über einen steilen Aufstieg entlang des Berges zu erreichende Taragarh Fort (Sternenfestung), mit dessen Bau Rao Deva, der Gründer Bundis, 1354 begann, erlaubt einen sehr schönen Panoramablick vom Palast über den quadratischen, in der Mitte mit einem Tempel für den Wassergott Varuna versehenen *Naval Sagar* hin zur Stadt und in die nähere Umgebung. Außer einigen auf die Stadt gerichteten Kanonen, frechen Affen und verfallenen Bauten hat das Fort selbst keine Sehenswürdigkeiten zu bieten.

Raniji-ki-Baori

Bekannt ist Bundi auch für seine einstmals über fünfzig **Tiefbrunnen** *(baori),* von denen der schönste nach seiner Erbauerin, der Frau des Maharajas, *Raniji-ki-Baori* genannt wird. Ein schöner mit Pavillons bestandener Park umgibt den Eingang zu diesem 1699 erbauten *Baori.* Mit seinen reich verzierten Torbögen und schönen Wandreliefs sieht der 46 Meter in die Tiefe führende Treppenschacht eher wie der Eingang zu einer unterirdischen Palastanlage aus. Man kann sich unschwer vorstellen, welch lebhaftes Treiben sich früher, als der *Baori* neben seiner Funktion als Wasserquelle auch noch beliebter Treffpunkt war, entlang der 70 Treppenstufen abspielte. Leider ist der Brunnen heute mit einem massiven Gitterngerüst abgedeckt, sodass man sich mit einem Blick in die Tiefe begnügen muss.

Phool Sagar

Außen vor bleibt man auch beim etwa vier Kilometer außerhalb der Stadt gelegenen Phool Sagar, dem Anfang der vierziger Jahre erbauten neuen Palast. Während des zweiten Weltkrieges fungierte der Maharaja von Bundi als persönlicher Sekretär *Lord Mountbattens* im Burmafeldzug, und die gefangengenommenen italienischen Soldaten wurden in der Nähe Bundis untergebracht. Quasi als Freizeitbeschäftigung ließ sie der Maharaja in seinem neuen Palast einige Wandmalereien ausführen, womit der Phool Sagar wohl der einzige Palast ganz Indiens sein dürfte, den italienische Landschaftsgemälde zieren. Gegen die Pläne der Oberoi-Gruppe, die den Herrschersitz vor einigen Jahren für 20 Millionen Rs erstand, um ihn in ein Luxushotel umzuwandeln, wehrt sich ein Angehöriger des Bundi-Klans seit Jahren auf höchster gerichtlicher Ebene, sodass der Palast immer noch vor sich hin rottet.

Weitere Sehenswürdigkeiten

Nördlich der Stadt in der Nähe des Jait Sagar liegt in landschaftlich reizvoller Umgebung mit dem **Shikar Burj,** die heute gern als Ausflugsziel indischer Familien dient, die palastähnliche königliche „Jagdhütte". Wenige hundert Meter weiter befindet sich eine weitere Parkanlage (Shar Bagh) mit den Kenotaphen der Herrscher von Bundi. Besonders gelungen sind die Elefantenfriese entlang der Basis des Hauptkenotaphs. Der in der Regierungszeit von *Rao Raja Vishnu Singh* erbaute **Sukh Mahal** diente den Herrschern von Bundi als Sommerpalast. Der pittoresk an einem See gelegene Bau diente auch Rudyard Kipling während seines Aufenthaltes in Bundi Ende des 19. Jh. als Unterkunft. Angeblich soll ein unterirdischer Tunnel den Sukh Mahal mit dem Taragarh Fort verbinden.

Einen Besuch lohnt auch der **Chauras Khambon ki Chattri,** eine Ende des 17. Jh. von *Rao Raja Anirudh Singh* für den Sohn seiner Amme errichtete Totengedenkstätte. Der aus 84 zum Teil hübsch verzierten Säulen gefertigte Bau dient auch als Tempel, wie der Shiva Lingam verdeutlicht.

Information

- Das **Tourist Office** (Mo-Sa 10-17 Uhr, um 13.30 Uhr 30 Min. Pause, Tel.: 2442697) befindet sich nahe dem Raniji-ki-Baori.

Stadtverkehr

- Bundi ist klein, und zudem liegt ein Reiz der Stadt gerade darin, die verwinkelten **Altstadtgassen** zu Fuß zu erkunden. Wer dennoch die gut 1 km lange Strecke vom Busbahnhof zum Palast mit der Riksha zurücklegen will, sollte dafür nicht mehr als 15-20 Rs zahlen.
- Der **Bahnhof** liegt 5 km außerhalb. Per Riksha zum Busbahnhof sind es max. 40 Rs.

> In Bundi gibt es mit *Billu* einen selbsternannten lokalen Reiseführer, der **Führungen** durch den Palast, zum Stufenbrunnen und (am besten mit dem Fahrrad) in die hübsche Umgebung macht: Billu Guide, gegenüber dem Wasserturm, Indra Market/Azad Park.

Unterkunft, Essen und Trinken

- Die beste Billigunterkunft im Stadtzentrum ist das **Kasera Heritage View** €-€€ (Tel.: 2444679). Das in einem alten Haveli untergebrachte Hotel wird von einer freundlichen Familie geleitet. Man sollte sich in eines der Zimmer mit Palastblick einmieten. Empfehlenswert ist auch das hauseigene Dachrestaurant.
- Eine gute Wahl ist auch das **Haveli Uma Megh** €-€€ (Tel.: 2442191). Das von zwei sehr netten Brüdern geführte, nur drei Zimmer vermietende Haus liegt direkt am Naval Sagar Lake und verfügt über einen schönen großen Garten, in dem man gut essen kann. Die Besitzer können auch Fahrräder besorgen und geben gute Tipps für Ausflüge in die Umgebung.
- Alternativ bietet sich das gegenüber gelegene **Haveli Katkoun Guest House** €-€€ (Tel.: 2444311) an. Auch hier sind es das gute Preis-Leistungs-Verhältnis, die ruhige Lage und die nette Atmosphäre, die den Reiz des Hauses ausmachen. Besonders die Zimmer im Obergeschoss sind ihren Preis wert. Gegessen wird im schönen Innenhof.
- Der Nachteil des ansonsten sehr empfehlenswerten **Ishwari Niwas** €-€€ (Tel.: 2442414, in_heritage@timesofindia.com) ist seine ungünstige Lage beim Busbahnhof. Nette Atmosphäre und schöne Wandmalereien in dem alten Haveli.
- Das **Royal Retreat** €€ (Tel.: 2444426) macht seinem Namen alle Ehre, liegt es doch tatsächlich königlich oder zumindest fürstlich am Chitra Mahal und strahlt eine angenehme Ruhe aus. Allerdings macht es zu wenig aus seiner Lage, da die fünf um einen Innenhof angelegten Zimmer zwar ordentlich sind, aber insgesamt wenig Atmosphäre ausstrahlen und auch der Service zu wünschen übrig lässt.
- Außergewöhnlich schön und sympathisch ist das direkt unterhalb des Palastes gelegene **Haveli Braj Bhushanjee** €€-€€€€ (Tel.: 2442322, Fax: 2442142, res@kiplingsbundi.com, www.kiplingsbundi.com). Das über 150 Jahre alte viergeschossige Haus ist im Besitz einer freundlichen Familie, die die insgesamt 15 Räume geschmackvoll im typischen Rajasthani-Stil renoviert hat. Der Blick von der Dachterrasse über den sich direkt über dem Haveli erhebenden Palast ist besonders gegen Abend beeindruckend. Die Übernachtung ist allerdings recht teuer. Das gleiche gilt für das Essen, welches in dem sehr stilvollen Restaurant im Erdgeschoss serviert wird. Dort befindet sich auch ein kleiner Laden, in dem man hübsche Souvenirs erwerben kann. Insgesamt die beste Adresse in Bundi. Auch das Restaurant ist hervorragend.

Der Erfolg hat die Besitzer dazu veranlasst, mit dem ganz in der Nähe gelegenen **Badi Haveli** €€€ (Tel.: 2442322, www.kiplingsbundi.com) eine zweite Unterkunft zu eröffnen. Auch hierbei handelt es sich um ein geschichtsträchtiges Haveli. Der freundliche Service, die individuell gestalteten Zimmer und das schöne Dachgartenrestaurant machen den Charme des Hauses aus.

Stadtplan S. 351 **JHALAWAR**

- Ganz ähnlich in Preis und Leistung ist das in der Nähe gelegene **Kasera Paradise** €€€ (Tel.: 244679).

Bank und Internet

- Geldwechsel ist nur bei einer privaten **Wechselstube** (Charbhuja Rd.) südlich des *Haveli Braj Bushanjee* möglich, das aber nur Dollars in bar und Reiseschecks annimmt. Ein **Geldautomat** findet sich beim Chokan Gate.
- Internetsurfen für 50 Rs/Std. bieten zahlreiche Internetcafés wie das **Cyber Dream** neben dem *Haveli Braj Bushanjee*.

An- und Weiterreise

Bahn

Das Reservierungsbüro ist Mo-Fr 8-20 Uhr und So 8-14 Uhr geöffnet.
- Tgl. zwei Verbindungen nach **Chittorgarh** (z.B.: 9020A Dehra Dun Exp., Abf. 8.35 Uhr, Ank. 12 Uhr) sowie nach Sawai Madhopur (Ranthambore N.P.) und Delhi, z.B. 9019A NMH Kota Exp.: Bundi ab 16.58 Uhr, über **Kota** (an 18 Uhr), **Sawai Madhopur** (an 21.40 Uhr), **Bharatpur** (an 0.45 Uhr) nach **New Delhi** (an 6.05 Uhr), Delhi (6.30 Uhr).
- Mit dem 281B Halighati Exp. in 13 Std. bis Agra: 17.15 Uhr ab **Bundi**, über **Kota** (an 19 Uhr), **Ranthambore-Nationalpark** (Ank. 23.05 Uhr), **Fatehpur Sikri** (4.49 Uhr), **Agra** (an 6.05 Uhr).
- Von **Kota** aus gibt's viele weitere Bahnverbindungen.

Bus

Aus Richtung Ajmer kommend, kann man auch schon am Nawal Sagar den Bus verlassen, falls man in diesem Bereich seine Unterkunft wählen möchte. Man erspart sich so den Rückweg vom Busbahnhof.
- Jede Viertelstunde fahren Busse nach **Kota** (45 Min., 16 Rs), alle halbe Stunde nach **Ajmer** (5 Std., 80 Rs, morgens um 8.30 Uhr auch ein Direktbus nach **Pushkar**) und **Jaipur** (90 Rs, 5 Std.). Außerdem Busse nach **Sawai Madhopur** (Ranthambore-Nationalpark, 50 Rs, 4,5 Std.), **Jodhpur** (160 Rs, 10 Std.), **Udaipur** (140 Rs, 8 Std.) und **Bikaner** (200 Rs, 10 Std.).

Jhalawar ♫ C3

Das auf den ersten Blick recht unscheinbare Jhalawar, 87 Kilometer südlich von Kota gelegen, ist eine von jenen Städten, die vielleicht gerade weil sie nicht über außergewöhnliche Sehenswürdigkeiten verfügen einen Zwischenstopp wert sind. Beim Bummel durch die verstaubten und wahrlich nicht immer sauberen Gassen von Jhalawar, das im 19. Jh. als Hauptstadt der Jhala-Rajputen diente, stößt man überall auf Szenen unverfälschten Alltagslebens und staunende Gesichter, sind westliche Besucher hier doch noch die absolute Ausnahme.

Einen Besuch lohnen die Überreste des **alten Forts,** in dessen Mauern sich auch ein recht interessantes **Museum** befindet. Kunsthistorisch äußerst bedeutend ist der sieben Kilometer nördlich gelegene **Sat Sahelion ka Mandir,** ein Surya-Tempel aus dem 19. Jh. mit einer der schönsten Sonnengott-Darstellungen ganz Indiens.

Unbedingt einen Besuch lohnt auch das imposante zehn Kilometer südlich von Jahalawar äußerst pittoresk in einer Flussschleife gelegene **Gagron Fort.** Ähnlich wie in Chittogarh, meint man beim Durchstreifen des weitläufigen, von vielen zerfallenen Gebäuden gesäumten Areals die ebenso ruhmreichen wie tragischen Schlachten der Rajputenheere unmittelbar spüren zu können. Viele Muslim-Pilger finden sich beim in unmittelbarer Nähe zum Forts gelegenen **Schrein eines Sufi-Heiligen** ein, der hier 1353 gestorben sein soll. Die hübsche Grabanlage kann auch von Nichtgläubigen besucht werden, man erwartet jedoch eine Spende.

Unterkunft

- Die beste Unterkunftsmöglichkeit bietet das **RTDC Hotel Chandrawati** € (Tel.: 07432-230081), das in einem hellen und freundlichen Gebäude untergebracht ist. Dem Hotel angeschlossen ist ein akzeptables Restaurant.
- Eine Alternative bietet das **Dwarika Hotel** €. Die recht großen Zimmer sind vergleichsweise günstig. Allerdings wird hier nur wenig Englisch gesprochen.

An- und Weiterreise

- Von **Kota** fahren zumindest stündlich Busse Richtung Jhalawar. Die gut zweistündige Fahrt wird meist in hoffnungslos überfüllten Bussen zurückgelegt.

> Immer noch ein echter „Geheimtipp" ist Jhalawar während des **Chandrabhaga-Viehmarktes** im Oktober/November. Fast vollkommen unbemerkt vom Tourismus finden sich zu jener Zeit Tausende von Pilgern und Händlern ein und bieten ein ebenso buntes wie faszinierendes Bild der ethnischen Vielfalt dieser Region. Genau das richtige für jene, die eine Alternative zur weit bekannteren Pushkar Mela suchen.

Chittorgarh ⇗C3

(ca. 100.000 Einwohner, Vorwahl: 01472)

Wie kein anderer Ort repräsentiert die sich 150 Meter aus der Ebene erhebende **Festungsanlage** von Chittorgarh die von Heldentum und Kampfesmut geprägte Geschichte Rajasthans. Nirgends sonst scheint die Vergangenheit so nah wie in ihren Palästen, Tempeln und Siegestürmen. Dass dabei gerade dieser Ort nicht etwa durch ruhmreiche Siege, sondern durch vernichtende Niederlagen in die Geschichtsbücher eingegangen ist, wirft ein bezeichnendes Licht sowohl auf die von achthundertjähriger Fremdherrschaft geprägte Geschichte Nordindiens als auch auf das Selbstverständnis der Rajputen, für die die Erhaltung ihrer Ehre letztlich immer mehr bedeutete als der Tod.

Geschichte

Bei der für die indische Geschichtsschreibung so bezeichnenden Vermischung von historischer Realität und Legenden verwundert es nicht, dass die Anfänge der legendenumwobenen Felsenfestung in die **indische Mythologie** zurückversetzt werden. Danach soll die Gründung auf den König *Bhima* aus dem Mahabharata zurückgehen. Tatsächlich wird der für Verteidigungszwecke geradezu ideale Tafelberg schon früh besiedelt und befestigt worden sein. Historisch nachweisbar ist erst *Bappa Rawal,* Ahnherr der **Sisodias von Mewar,** der das Fort An-

CHITTORGARH

fang des 8. Jh. unter seine Kontrolle brachte.

Für weitere sechs Jahrhunderte verliert sich dann wieder die historische Spur, bis die vom Norden vorstoßenden **islamischen Invasoren** Chittorgarh erreichten. Nach der indischen Geschichtsschreibung belagerte *Ala-ud-din-Khalji,* der Sultan von Delhi, die Festung, weil er *Padmini,* die schöne Gemahlin des Herrschers, begehrte. Das klingt allemal romantischer als kriegerische Machtpolitik zur Erweiterung des eigenen Territoriums, die der eigentliche Grund für die Belagerung gewesen sein dürfte.

Ihre aussichtslose Lage vor Augen, kleideten sich die Männer in ihre safrangelben Hochzeitsroben, öffneten die Stadttore und stürmten dem zahlenmäßig weit überlegenen Feind und dem sicheren Tod entgegen, während die Frauen den Freitod auf dem Scheiterhaufen suchten. Noch zwei weitere Male sollte sich dieser grausame, **Jauhar** genannte Ritus wiederholen, der den Mythos von den selbst im Tode unbeugsamen Rajputen begründete.

Doch zunächst eroberten die Sisodias von Mewar Chittorgarh zurück und entwickelten sich zum **führenden Herrscherhaus Rajasthans.** Vor allem während der Regierungszeit *Maharana Kumbhas* (1433-1468) entstanden viele der heute nur noch in Ruinen vorhandenen Bauwerke.

Doch schon wenige Jahre später (1535) nahm der rasche Aufstieg ein ebenso abruptes wie grausames Ende, als der Sultan von Gujarat, *Bahadur Shah,* die Festung stürmte und beim *Jauhar* über 32.000 Krieger abgeschlachtet wurden und 13.000 Frauen auf dem Scheiterhaufen starben. Dieses **ungeheure Blutopfer** erscheint um so sinnloser, wenn man weiß, dass die Eroberer die gerade unter schwersten Opfern eroberte Festung schon zwei Wochen später wegen der aus Norden anrückenden Truppen *Humayuns,* des Sultans von Delhi, fluchtartig wieder verließen. Der noch min-

Der 138 Meter hohe Siegesturm, Teil der Festungsanlage von Chittorgarh, kann über eine äußerst schmale Treppe bestiegen werden. Ihr oberster Teil wurde bei einem Blitzeinschlag zerstört und fordert Lebensmüde zu waghalsigen Kletterübungen heraus

derjährige Thronfolger *Udai Singh* konnte nur deshalb gerettet werden, weil seine Amme ihn für ihren eigenen Sohn ausgab und diesen töten ließ.

Dreiunddreißig Jahre später wurde Chittorgarh erneut, diesmal von den **Truppen Akhbars,** belagert. Udai Singh verließ die Stadt und legte ihre Verteidigung in die Hände seiner beiden Feldherren *Jaimal* und *Patta*. Nach über viermonatiger Belagerung wurde 1568 die Festung eingenommen; ein letztes Mal bestiegen die Frauen die Scheiterhaufen. Nachdem die Festung gefallen war, ließ Akhbar, der in der Geschichtsschreibung wegen seiner vermeintlich toleranten Führung gern als der neben *Ashoka* größte Kaiser Indiens dargestellt wird, 30.000 wehrlose Bauern wegen ihrer Unterstützung für die Rajputen hinrichten. Damit war die Widerstandskraft Chittorgarhs endgültig gebrochen, denn von nun an sollte die Festungsanlage nie wieder besiedelt werden.

Udai Singh jedoch, der wegen seiner frühzeitigen Flucht von den die romantischen Ehrbegriffe ungefragt übernehmenden Historikern als Feigling gebrandmarkt wurde, gründete noch im gleichen Jahr seine neue Hauptstadt Udaipur und führte von dort aus den Widerstand der stolzen Sisodias von Mewar gegen die islamischen Invasoren fort.

Sehenswertes

Beim Durchstreifen der winddurchzogenen Tempel- und Palastruinen des Forts erscheint einem die von Blut und

Sehenswürdigkeit
- ★ 1 Lokhota Pol
- ★ 2 Rattan Singh Palast
- ★ 6 Ram Pol
- ▲ 7 Singa-Chowri-Tempel
- Ⓜ 8 Fateh-Prakash-Palast
- ★ 9 Kirthi Stambha und
- ▲ Mahavira-Tempel
- ★ 10 Rana-Kumbha-Palast
- ★ 11 Suraj Pol
- ▲ 12 Kumbha-Shyam-Tempel, Mira Bai
- ★ 13 Siegesturm
- ▲ 14 Neelkanth-Mahadur-Tempel
- ★ 15 Padan Pol
- ★ 16 Chattris Jaimal und Kalla
- ▲ 17 Samideshwara-Mahadevo-Tempel
- ▲ 25 Kalika-Mata-Tempel
- ★ 26 Padminis Palast

Unterkunft
- 🛏 3 Hotel Padmini
- 🛏 19 Natraj Tourist Hotel
- 🛏 23 Hotel Pratab Palace
- 🛏 24 RTDC Panna Tourist Bungalow
- 🛏 27 RTDC Janta Awas Grah
- 🛏 29 Shalimar Hotel
- 🛏 30 Hotel Chetak
- 🛏 32 Hotel Meera

Essen und Trinken
- ❶ 4 Vinayek Restaurant

Sonstiges
- @ 4 Mahavir Cyber Café
- 💲 5 State Bank of India ATM,
- ✖ Taxistand
- 💲 18 State Bank of Bikaner & Jaipur
- Ⓑ 20 Busbahnhof
- 💲 21 Bank of Baroda
- ✉ 22 Post
- ❶ 28 Tourist Office
- @ 31 Sanwariya Computers

Chittorgarh

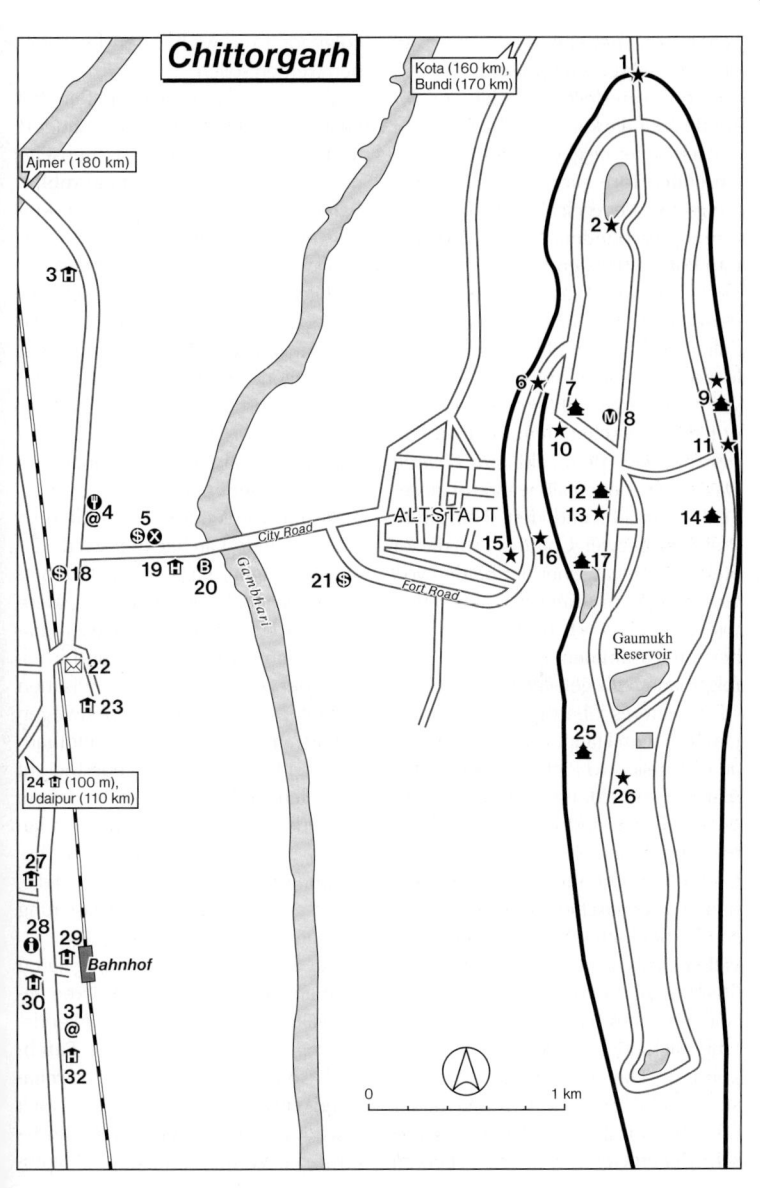

Kota (160 km), Bundi (170 km)

Ajmer (180 km)

ALTSTADT

City Road

Fort Road

Gambhari

Gaumukh Reservoir

Udaipur (110 km)

Bahnhof

0   1 km

Süd-Rajasthan

Feuer geschriebene Geschichte auf einmal erschreckend präsent.

Schon beim steilen Aufstieg aus der Ebene über die kurvenreiche Straße ist fast jedes der insgesamt **acht zu passierenden Tore** mit den dramatischen Ereignissen der verschiedenen Schlachten eng verbunden. Neben dem **Padan Pol,** dem ersten Tor, wurde in Gedenken an *Rawal Bagh Singh,* der 1543 bei der zweiten Schlacht gegen den Sultan von Gujarat die Festung anstelle des noch unmündigen Herrscher verteidigte und fiel, ein Gedenkstein errichtet. Zwischen dem **Bhairon Pol,** benannt nach dem Feldherrn *Bhairon Das,* der hier ebenfalls während dieser Schlacht starb, und dem **Hanuman Pol** stehen zwei Chattris. An dieser Stelle soll *Jaimal,* einer der beiden von Udai Singh vor seiner Flucht zur Verteidigung des Forts bestimmten Feldherren, zusammen mit seinem Gefolgsmann *Kalla* gefallen sein.

Ein weiteres Chattri findet sich gegenüber dem Haupttor, dem Ram Pol, an der Stelle, wo Patta, der neben Jaimal zweite Feldherr, in der Schlacht gegen Akhbar gestorben sein soll. Ein mit sehr schönen Inschriften verzierter Gedenkstein erinnert an diesen Helden der rajputischen Geschichte, dessen heldenhafter Mut noch heute in vielen Volksliedern überliefert ist. Steigt man beim Ram Pol auf die Außenmauern bietet sich ein schöner Überblick über Chittorgarh und Umgebung. Die ringförmige Asphaltstraße entlang der Festungsmauer führt zu den insgesamt über 50 verschiedenen Gebäuden, von denen im Folgenden die wichtigsten beschrieben werden sollen.

Wendet man sich nach dem Ram Pol nach rechts, liegt nach etwa hundert Metern auf der rechten Straßenseite der im 13. Jh. erbaute **Rana-Kumbha-Palast,** der, obwohl nur noch in Ruinen erhalten, einen lebendigen Eindruck von der Schönheit rajputischer Architektur vermittelt. Ebenso wie der Stadtpalast von Udaipur besitzt er ein Tripola- und ein Badi-Pol, und nicht nur wegen dieser Namensgleichheit meinen Kunsthistoriker deutliche Ähnlichkeiten zwischen beiden Palästen erkannt zu haben. Die Sisiodas von Mewar haben den Verlust Chittorgarhs nie verwunden und wollten so wohl zumindest architektonisch die Erinnerung an ihre alte Hauptstadt aufrechterhalten. Udai Singh, der spätere Gründer Udaipurs, soll in diesem Palast geboren worden sein, und in einem der zahlreichen unterirdischen Gewölbe soll Padmini, derentwegen *Ala-ud-din-Khalji* angeblich Chittorgarh belagert haben soll, den Feuertod auf dem Scheiterhaufen gesucht haben. Legenden regen bekanntlich die Fantasie an, und so deutet jeder Führer bedeutungsvoll auf eine andere Stelle, wenn es um die genaue Lokalisierung des Tatortes geht.

Die Straße weitergehend, gelangt man an eine Kreuzung, auf deren linker Seite der relativ modern wirkende, Anfang des 20. Jh. errichtete **Fateh-Prakash-Palast** steht, der in ein **archäologisches Museum** umgewandelt wurde. Zu sehen gibt es unter anderem eine Waffensammlung, Skulpturen und Stupas (täglich außer Fr 10-17 Uhr).

Biegt man, vom Rana-Kumbha-Palast kommend, an der Kreuzung rechts ab, erreicht man nach wenigen Metern einen auf der linken Straßenseite liegenden Tempelkomplex. Zunächst betritt man den von einer hohen Tempelmauer umschlossenen **Kumbha-Shyam-Tempel,** der 1449 auf den Grundmauern eines schon im 9. Jh. erbauten, später jedoch von den Mogeln zerstörten Tempels errichtet wurde. Im Sanktotum des Tempels findet sich eine Statue, in der Vishnu in seiner Verkörperung als Eber dargestellt wird. Im gleichen Komplex schließt sich südlich der **Tempel der Mirabai** an, benannt nach einer Rajputenprinzessin aus Nagaur, die Anfang des 16. Jahrhunderts an den Hof der Könige von Mewari verheiratet wurde. Nach dem Tod ihres Ehemannes gab sie sich ganz ihrer Liebe zum Gott Krishna hin, dem sie viele Gedichte und Balladen widmete, von denen heute noch einige in Rajasthan gesungen werden. Der Tempel selbst stammt wohl aus dem 15. Jh. und muss ihr so nachträglich gewidmet worden sein. Im Tempelinneren findet sich eine Darstellung *Mirabais* an der Seite Krishnas. Gegenüber steht ein kleines Chattri mit den Fußabdrücken ihres Gurus, der angeblich ein *Harijan* gewesen sein soll.

In unmittelbarer Nähe hierzu steht der 38 Meter hohe **Siegesturm** (Vijay Stambha), das wohl schönste Bauwerk der gesamten Festungsanlage. Der neungeschossige Turm wurde anlässlich des Sieges über die Sultane von Gujarat und Malwa errichtet und 1468 nach siebenjähriger Bauzeit für einen Kostenaufwand von 9 Mio. Rs fertig gestellt. Über eine sehr schmale Treppe mit 157 Stufen ist der von außen fast gänzlich mit detaillierten Szenen aus den beiden großen Hindu-Epen Ramayana und Mahabharata verzierte Sandsteinturm zu ersteigen. Bei der nach einem Blitzeinschlag notwendig gewordenen Renovierung der Turmspitze blieb die Treppe unberücksichtigt, sodass der Aufgang im achten Stock endet. Einige offensichtlich lebensmüde Besucher versuchen dennoch immer wieder, mit halsbrecherischen Kletterübungen auch noch das letzte Stockwerk zu erklimmen, wobei es schon zu einigen schweren Unfällen gekommen ist.

Auf dem Weg zum nur wenige Meter entfernten Samideshwara-Mahadeo-Tempel passiert man einen kleinen, mauerumgrenzten Platz. Bei Ausgrabungsarbeiten wurde hier eine dicke Ascheschicht entdeckt, die von der zweiten **Jauhar** stammen soll, bei der sich 1554 über 13.000 Frauen verbrannten.

Im **Samideshwara-Mahadeo-Tempel,** der zunächst im 11. Jh. vom Maharaja von Malwa errichtet und 1428 vom *Rana Makhal* in einen Shiva-Tempel umgebaut worden sein soll (darum auch unter dem Namen Makhalji-Tempel geführt), findet sich eine sehr schöne Trimurti-Darstellung.

Hinter dem Tempel führt eine steile Treppenflucht hinunter zu einem malerisch, direkt am Felsrand gelegenen **Teich.** Er wird aus einer unterirdischen

Quelle gespeist, deren Wasser aus einer als Kuhkopf gestalteten Felsspalte fließt, weshalb er *Gaumukh Kund* (Kuhkopfbrunnen) genannt wird.

Nach etwa anderthalb Kilometern entlang der Hauptstraße in Richtung Süden gelangt man an den romantischsten Ort der Festungsanlage. Umgeben von einer sehr gepflegten Gartenanlage stehen die Überreste von **Padminis Palast,** und inmitten des angrenzenden Sees liegt malerisch ein nur per Boot zu erreichendes Wasserschloss. Der Legende zufolge soll hier *Sultan-Ala-ud-din-Khalji,* auf den Treppenstufen des Palastes schmachtend, das Spiegelbild der sich im Schloss aufhaltenden Padmini gesehen haben. Das klingt nicht nur zu schön, um wahr zu sein, sondern ist es auch ganz sicher nicht, denn „Padminis Palast" wurde nachweislich erst Jahrhunderte nach ihrem Tod erbaut. Heutzutage müsste sich der Sultan mit dem Spiegelbild eines Affen zufriedengeben, denn selbige haben hier inzwischen die Palastanlage komplett besetzt.

Von hier geht es wieder zurück nach Norden, diesmal jedoch entlang der östlichen Festungsmauer. Vom Suraj Pol bietet sich ein beeindruckender Blick auf die flache, dünn besiedelte Landschaft. Etwa auf Höhe des Kumbha-Palastes findet sich mit dem **Kirti Stambha** (Ruhmesturm) das zweite Wahrzeichen Chittorgarhs. Ein reicher jainistischer Kaufmann ließ den 22 Meter hohen Turm Anfang des 14. Jh. zu Ehren des ersten Tirthankaras, *Adinath,* errichten. Auch dieser Turm ist von der Basis bis zum obersten, siebten Stockwerk mit unzähligen Figuren verziert. Ebenso wie der direkt daneben liegende **Mahavira-Tempel** wurde der Ruhmesturm vor wenigen Jahren aufwendig renoviert, was seinen hervorragenden Zustand erklärt.

Auf der Straße weiter nach Norden befinden sich keine weiteren Sehenswürdigkeiten, sodass man die nach Westen abzweigende Straße benutzen sollte, um wieder zum Ausgangsort der Tour zurückzukehren.

●**Eintritt:** 100 Rs, geöffnet von Sonnenaufbis Sonnenuntergang. Eine von Lesern als sachkundig und engagiert empfohlene Führerin für das Fort ist Frau *Sukhwal* (Tel.: 01472/243245, (0)919414110090).

Information

●Das von freundlichen und hilfsbereiten Mitarbeitern geführte **Touristenbüro** (Tel.: 241089) befindet sich direkt gegenüber dem Bahnhof und ist Mo-Sa von 10 bis 17 Uhr geöffnet. Zwischen 13 und 14 Uhr gönnen sich die gestressten Beamten eine Mittagspause.

Stadtverkehr

●Vom Bahnhof bis zum Fuß des Forts sind es 6 km. Selbst vom Busbahnhof ist es noch ein langer Weg, zumal der lange Aufstieg und der 7 km lange Rundweg im Fort mitgerechnet werden müssen. **Zu Fuß** dauert die Besichtigung aller Sehenswürdigkeiten der Anlage mindestens 4 Stunden, Hin- und Rückweg nicht mitgerechnet.

●**Autorikshas** berechnen, egal ob vom Bahnhof oder Busbahnhof, einen Festpreis von 150 Rs für die dreistündige Besichtigung aller Sehenswürdigkeiten. Man sollte sich auf eine zweistündige Fahrt nicht einlassen, da dann viel zu wenig Zeit bleibt, selbst drei Stunden sind noch knapp bemessen.

- Zwischen Busbahnhof und Stadt verkehren **Tongas**.

Unterkunft, Essen und Trinken

Allein schon wegen des insgesamt enttäuschenden Hotelangebots empfiehlt es sich, Chittorgarh möglichst als Stopover zu besichtigen.

- Für eine Nacht annehmbar ist das in der Nähe des Bahnhofs gelegene **Shalimar Hotel** € (Tel.: 240842). Erträglich sind allerdings nur die nach hinten gelegenen Räume, da zur Straße und zum Bahnhof das Symphoniekonzert von hupenden Bussen und ratternden Loks leicht disharmonisch klingt.
- Gleiches gilt für das schräg gegenüber gelegene **Hotel Chetak** €-€€ (Tel.: 241679). Die Zimmer sind zwar teurer als im *Shalimar*, den Aufpreis wegen der sauberen, gekachelten Badezimmer mit Warmwasser und teilweise AC jedoch wert. Das klimatisierte Restaurant im Erdgeschoss ist preisgünstig und gut.
- Empfehlenswert ist auch das nur knapp 300 m links entlang der Hauptstraße vom Bahnhof gelegene **Hotel Meera** €€-€€€ (Tel.: 240266). Das Gebäude macht einen gepflegten und sauberen Eindruck und verfügt über eine breite Palette von zum Teil mit AC und TV versehenen Zimmern. Schmackhafte, aber teure Gerichte serviert das Restaurant des Hotels.
- Günstiger wohnt man im **Panna Tourist Bungalow** €-€€€ (Tel.: 241238), etwa 1,5 km vom Bahnhof Richtung Fort. Auch hier gibt es ein gutes Restaurant.
- Eine der besten Unterkünfte der Stadt ist das Hotel **Pratap Palace** €€-€€€ (Tel.: 243563, Fax: 241042, hpratap@hotmail.com) mit sauberen und angenehmen, teils klimatisierten Zimmern, allerdings sind die „Superdeluxe"-Zimmer übertuert. Ein weiterer Pluspunkt ist das gute Restaurant zum Garten.
- Das **Hotel Padmini** €€-€€€ (Tel.: 241718, Fax: 247115) liegt etwas außerhalb am Bearch-Fluss. Die ruhige Atmosphäre, die freundlichen Bediensteten und das hauseigene vegetarische Restaurant stehen auf der Plusseite, der zuweilen zu wünschen übrig lassende Service nicht.
- Wer sich etwas Gutes tun will und nicht auf den Geldbeutel achten muss, sollte sich das herrliche Heritage-Hotel **Bassi Fort Palace** €€€€-€€€€€ (P.O.Bassi, Chittorgarh, 312022 Rajasthan, Tel.: 01472-25321, 25248, Fax: 40811, www.bassifortpalace.com, bassifortpalace@yahoo.com), 20 km nordöstlich von Chittorgarh, gönnen. Dieses Heritage-Hotel ist ein Juwel mit 4-Zimmer-Suiten und die Besitzer sind auf das Rührendste ums Wohl der Gäste bemüht, lesen einem jeden Wunsch von den Augen ab. Die Mutter kocht selbst und es werden leckere Speisen im Garten bzw. Speisesaal serviert. Außerdem werden Jeeptouren in den nahegelegenen Nationalpark und vielerlei Aktivitäten arrangiert.

Bank und Internet

- Die **State Bank of Bikaner and Jaipur** wechselt nur Bargeld. Am ATM der **State Bank of India** werden alle wichtigen internationalen Kreditkarten bis auf Amex klaglos akzeptiert.
- Mit 50 Rs noch recht teuer ist Internetsurfen in der Stadt. Halbwegs fix geht's bei **Sanwariya Computers** neben dem *Hotel Meera* und im **Mahavir Cyber Café**.

An- und Weiterreise

Bahn

- Eine gute Nachtverbindung nach **Delhi**: 2964 Mewar Exp.: Abf. Chittorgarh 20.55 Uhr, über **Kota** (an 23.40 Uhr), **Sawai Madhopur** (an 1 Uhr), Bharatpur (3 Uhr), an Delhi (Nizamuddin) 6.25 Uhr. Umgekehrt der 2963 Mewar Exp.: Delhi (Nizamuddin) ab 19 Uhr, über **Bharatpur** ab 21.42 Uhr, **Sawai Madhopur** ab 23.42 Uhr, Chittorgarh an 4.40 Uhr. Dieser Zug fährt um 5 Uhr weiter nach **Udaipur** (Ank. 7 Uhr).
- Nach **Udaipur** der 2965 JP UDZ Sup Exp.: Abf. 5.40 Uhr, Ank. 7.45 Uhr.
- Nach **Jaipur** bietet der 9770 Puma Jaipur Exp. (Abf. 6.10 Uhr, Ank. 14.15 Uhr) über **Aj-

mer/**Pushkar** (Ank. 10.45 Uhr) eine gute Verbindung. Nachts der 2966 UDZ JP SUP Exp., Abf. 23.50 Uhr, über **Sawai Madhopur** (an 4.50 Uhr), Ank. Jaipur 7.10 Uhr. Andere Richtung 9769 Puma Jaipur Exp.: Abf. Jaipur 12 Uhr, über Ajmer/Pushkar 15.15 Uhr, Ankunft Chittorgarh 19.32 Uhr.
- Nach Agra der 281B Halighati Exp.: Abf. 14.15 Uhr, über **Bundi** (an 17.13 Uhr), **Kota** (an 19 Uhr), **Ranthambore-Nationalpark** (an 23.05), **Fatehpur Sikri** (an 4.49 Uhr), **Agra** (an 6.05 Uhr).

Bus

- Verbindungen nach **Bundi** (4 Std., 75 Rs), **Ajmer** (4 Std., 80 Rs), **Jaipur** (8 Std., 140 Rs), **Jodhpur, Udaipur** (3 Std., 50 Rs) und **Delhi** (14 Std.).

Highlight: Udaipur   ♪ B3

(ca. 400.000 Einwohner, Vorwahl: 0294)

„Ich stand entzückt und schaute auf das majestätische Panorama, das sich zu meinen Füßen ausbreitete. Ich hatte niemals gehofft, etwas so Schönes zu sehen. Es glich einer der Märchenstädte aus Tausendundeiner Nacht."

Ein gutes Jahrhundert ist vergangen seit dieser Liebeserklärung eines französischen Reisenden an Udaipur, doch geblieben sind die fast einhellig euphorischen Beschreibungen für diese seither im Altstadtkern fast unverändert gebliebene Stadt am Pichola-See. **„Venedig des Ostens"** wird sie genannt und gilt als der romantischste Ort ganz Indiens.

Vor allem dem harmonischen Zusammenspiel von Altstadt, Palast, See und Bergkulisse verdankt die Stadt ihre elegante Schönheit. Die Stadt wechselt ihr Gesicht wie keine andere mit dem sich verändernden Lichteinfall, und zu jeder Tages- und Nachtzeit ist der Blick von den Dächern der Altstadt atemberaubend schön. Morgens erstrahlt die Stadt im leuchtenden Weiß ihrer Häuser, der Sonnenuntergang hinter den sanften Hügeln des Aravalli-Gebirges taucht den See und die Stadt in ein majestätisches Violett und nachts scheint das Lake Palace Hotel inmitten des im Mondlicht schimmernden **Pichola-Sees** zu schweben.

So ist Udaipur inzwischen neben Jaipur und Jaisalmer die am meisten besuchte Stadt Rajasthans, wobei aufgrund der entspannten Atmosphäre, der sehr interessanten Ausflugsziele in der Umgebung und der in jeder Kategorie qualitativ außergewöhnlich guten Unterkunftsmöglichkeiten die meisten Touristen weit länger bleiben als ursprünglich geplant. Nachteil dieser Beliebtheit ist natürlich, wie in anderen Städten mit ähnlich starkem touristischen Zulauf, dass typisch indisches Alltagsleben, zumindest aus dem Altstadtbereich, nahezu vollständig verdrängt ist.

Geschichte

Gleichzeitig mit der dritten und letzten Eroberung der Mewar-Hauptstadt Chittorgarh durch *Akhbar* 1568, der noch einmal über 30.000 Menschen zum Opfer fielen, begann die Geschichte Udaipurs. *Udai Singh,* Herrscher der Mewaris, hatte sich schon vor der Erstürmung der Festung abgesetzt und begann noch im gleichen Jahr mit dem Bau seiner neuen, nach ihm benannten Hauptstadt, die strategisch günstig zwischen Hügeln und einem See angesiedelt war.

Udai Singh war der Anführer des ältesten rajputischen Geschlechts, der **Sisodias von Mewar,** die ihre Abstammung auf die Sonne zurückführten. Der sich daraus ableitende besondere Stolz und Unabhängigkeitswille der Mewaris hatte sich schon in ihrer selbst in der Niederlage unbeugsamen Haltung in Chittorgarh bewiesen und war auch mit dem Verlust ihrer ehemaligen Hauptstadt nicht erloschen.

Nichts war den Mewaris wichtiger als die **Reinhaltung ihres Stammbaums,** die Töchter durften nur innerhalb des eigenen Clans verheiratet werden. So musste es zwangsläufig zum Konflikt kommen, als sich *Pratap,* der Sohn und Nachfolger Udai Singhs, entschieden weigerte, eine seiner Töchter mit der Familie Akhbars zu verheiraten. Akhbars Wunsch, durch diese „politischen Heiraten" die feindlichen Rajputenstaaten an sich zu binden, waren zuvor alle wichtigen Rajputenfamilien in

Udaipur am Pichola-See gilt als eine der schönsten Städte Indiens

Anbetracht der Machtverhältnisse widerwillig nachgekommen.

Doch Stolz war, wie sich in Chittorgarh wiederholt gezeigt hatte, letztlich für die Sisodias von Mewar von größerer Bedeutung als der mögliche Untergang, und so wurde auch dieser Konflikt nicht diplomatisch, sondern auf dem **Schlachtfeld** entschieden. Am 21. Juni 1576 standen sich die Truppen Akhbars und Prataps bei Halighat, 48 km nördlich von Udaipur, gegenüber. Wieder siegte Akhbar, wieder gab es ungeheure Verluste und wieder gingen die Mewaris wegen ihrer tapferen Gegenwehr in die Geschichtsbücher ein. Pratap, der die Schlacht überlebte und bis zu seinem Tode 1597 große Teile Mewars zurückeroberte, ist in einem Park Udaipurs ein Denkmal gewidmet. 1614 musste jedoch Prataps Sohn und Nachfolger *Amar Singh I.* endgültig die Vorherrschaft der Mogul anerkennen.

Die Unabhängigkeit war zwar verloren, doch dafür setzte in den nun folgenden, vergleichsweise **friedlichen Jahren** eine rege Bautätigkeit ein. Der Palast wurde erheblich erweitert, der Jagdish-Tempel erbaut und eine erste Blütezeit von Kunst und Kultur setzte ein.

Ein jähes Ende fand diese Periode, als der fanatische Moslem *Aurangzeb* mit seinem Heer durchs Land zog und alles an hinduistischer Kultur und Architektur zerstörte, was ihm in die Hände fiel. Mit seinem Tod begann jedoch auch der endgültige **Niedergang der Mogul-Herrschaft.** Die wiedergewonnene Unabhängigkeit von den Mogul spiegelte sich auch deutlich in der Architektur, die nun wieder vom Rajputenstil geprägt wurde.

1818 schließlich mussten sich die Mewari der **britischen Oberherrschaft** unterwerfen, seit 1948 ist Mewar mit der Capitale Udaipur Teil der Indischen Union.

Sehenswertes

Stadtrundfahrt

- Täglich eine **Stadtrundfahrt** veranstaltet das Touristenbüro von 8 bis 13 Uhr vom Kajiri Tourist Bungalow (Tel.: 2410501) aus. Die Exkursion kostet 76 Rs (zuzüglich Eintrittsgelder) und umfasst – neben dem üblichen Abstecher in ein Emporium – Moti Magri, Sahelion-ki-Bari, Lok Kala Mandal, Fatheh Sagar, Jagdish-Tempel und den Stadtpalast. In der Hauptsaison ist eine Voranmeldung unbedingt erforderlich.
- Eine weitere vom Touristenbüro organisierte **Exkursion** führt jeden Nachmittag von 14 bis 19 Uhr (108 Rs) nach **Eklingji, Nathdwara** und **Haldi Ghati.** Da insgesamt drei Fahrtstunden im Bus verbracht werden müssen, sollte man sich eine Teilnahme gründlich überlegen.
- Als **Stadtführer** kann der geprüfte und gut Englisch sprechende *Narayan Singh Karwar* (Mob.-Tel.: (0)9828144055, narayansingh78 @yahoo.co.in) empfohlen werden.

Stadtpalast

Die wahren Ausmaße dieses **größten Palastes Rajasthans** lassen sich nur von der Seeseite erkennen. Über einen Zeitraum von vier Jahrhunderten verwirklichten hier die verschiedenen Herrschergenerationen ihre von oftmals recht unterschiedlichen Stilepochen beeinflussten Wohn- und Repräsentationsbauten. So entstand am östlichen Ufer des Pichola-Sees ein langgestreckter **Palastkomplex,** der eigentlich aus vier Hauptpalästen und vielen kleinen Zusatzgebäuden besteht. Nur für sich genommen wirkt der Palast im Grunde wenig attraktiv, doch durch seine pittoreske Hanglage über dem Pichola-See und das zarte Weiß seiner Wände, die sich harmonisch in die umgebende Altstadt einfügen, entsteht ein äußerst harmonischer Gesamteindruck.

Auch heute noch dient ein Teil des Palastes als Residenz des Maharajas; der Südflügel wurde in ein Luxushotel umgewandelt, sodass nur das **City Palace Museum** für Besucher zugänglich ist.

Man betritt den Palast durch das **Badi Pol,** welche zum großen **Innenhof** führt, auf dessen linker Seite sich acht Torbögen finden, unter denen sich früher die Maharajas in Gold aufwiegen ließen, um es danach unter der Bevölkerung zu verteilen. Zu verschenken haben die Maharajas heute nichts mehr, und so findet sich im Innenhof nun ein Restaurant mit überhöhten Preisen. Zur Rechten zeigt sich sozusagen die Schokoladenseite des Palastes. Mit seinen unzähligen Erkern, Balkonen, Gesimsen und Pavillons diente sie oft als Filmkulisse und unterscheidet sich so auffällig von der strengen, festungsartigen Seefassade. Die so wechselhafte, immer auf Eigenständigkeit bedachte Geschichte der Sisodias von Mewar spiegelt sich auch in ihrer Palastarchitektur, die sich in ihrer eher eckigen und kantigen, kräftige Konturen betonenden Linienführung deutlich unterscheidet von der verspielten, runde und gewölbte Formen bevorzugenden Mogularchitektur, die etwa die Palastanlagen von Jaipur und Alwar auszeichnen.

Marmorbetten, Glas- und Porzellansammlungen, Jagdtrophäen und mit Goldfarbe ausgeführte Wandmalereien zieren die unter Verwendung edelster Materialien eingerichteten Zimmer. So beeindruckend diese Pracht der Maharajas dem Besucher auch erscheinen mag, so sollte man dabei nicht ganz vergessen, dass es die hungernden Bauern waren, die zu hohen Abgaben an Steuern und Naturalien gezwungen wurden und mit ihren krummen Rücken das dekadente Leben einer verschwindend kleinen Oberschicht finanzieren mussten.

●**Öffnungszeiten:** tgl. 9.30-16.30 Uhr, Eintritt 50 Rs, Kinder 30 Rs, Kamera- und Videogebühr 200 Rs.

Pichola-See

Die Verärgerung eines reichen Kaufmanns über die seine Handelswege blockierenden Überschwemmungen in der Monsunzeit ließ ihn Mitte des 15. Jh. einen Damm errichten. Durch das aufgestaute Wasser entstand der Pichola-See, an dessen östlichem Ufer 200 Jahre später der aus Chittorgarh vertriebene *Udai Singh* seine neue Hauptstadt Udaipur gründete. Zu jener Zeit war die umgebende Landschaft noch mit dichtem Wald bewachsen, doch durch die seither betriebene intensive Abholzung ist davon heute kaum noch etwas übrig geblieben.

Ähnlich wie der Palast wurde auch der See über die Jahrhunderte von

Udaipur

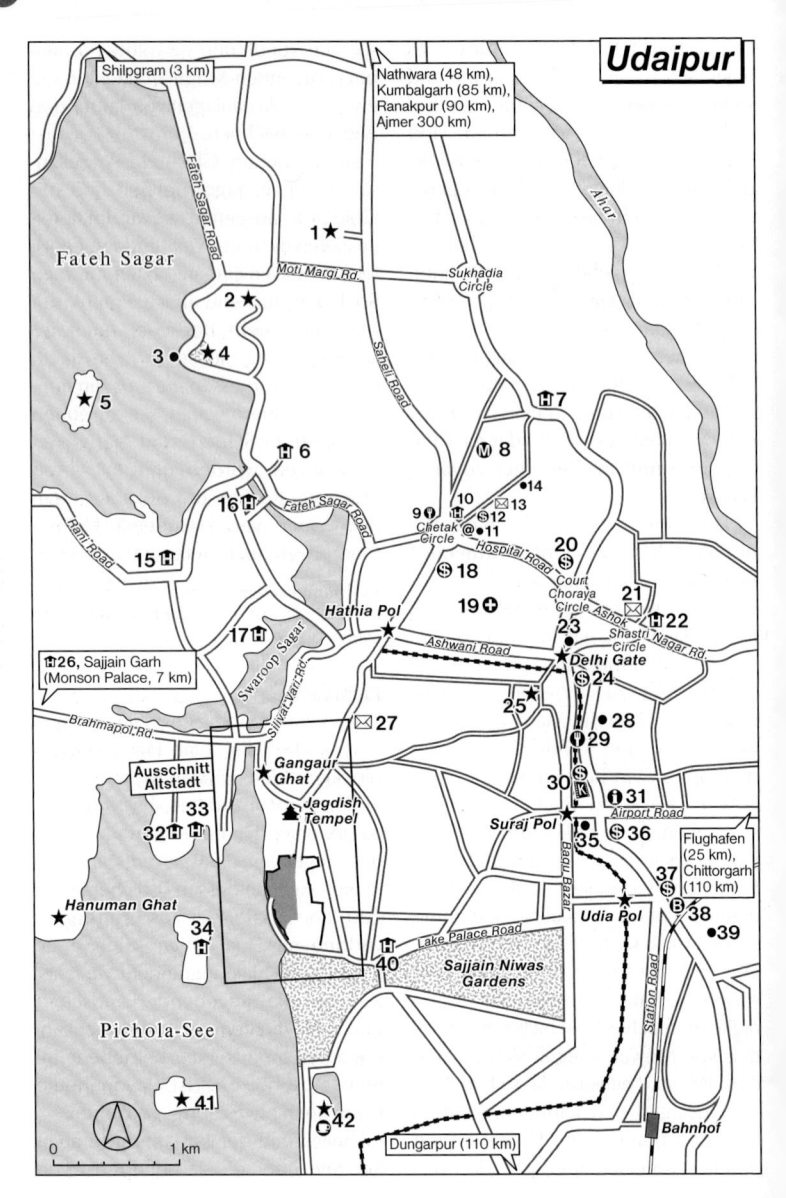

		Sehenswürdigkeit
★	1	Sahelion-ki-Bari
★	2	Moti Magri
★	4	Rock Garden
★	5	Nehru Park
Ⓜ	8	Bhartiya Lok Kala Museum
★	25	Clocktower
★	41	Jag Mandir
★	42	Sunset Point

		Unterkunft
🏨	6	Laxmi Vilas Palace Hotel
🏨	7	Mewar Inn
🏨	10	Rajasthali
🏨	15	Rani Palace Hotel
🏨	16	Hotel Hilltop Palace
🏨	17	Hotel Natural
🏨	22	RTDC Kajiri Tourist Bungalow
🏨	26	Trident Hotel
🏨	32	Hotel Udaivilas
🏨	33	Jal Dera Camps
🏨	34	Hotel Lake Palace
🏨	40	Hotel Rang Niwas Palace

		Essen und Trinken
🍴	9	Berry´s Restaurant
🍴	29	Park View Restaurant, Restaurant Natraj Lodge
☕	42	Café Hill Park

		Sonstiges
●	3	Bootsverleih
●	11	Chetak Cinema, Sourabh Enterprise
@		
💲	12	HDFC Bank und ATM
✉	13	Hauptpost
●	14	Jet Airways
💲	18	ICICI-Bank-ATM
✚	19	General Hospital
💲	20	State Bank of India, ICICI-Bank-ATM
✉	21	Poste Restante
●	23	Indian Airlines
💲	24	Bank of Baroda, State Bank of India
✉	27	Postamt
●	28	Town Hall
💲	30	UTI-Bank-ATM, Askoka Cinema
ℹ	31	Tourist Reception Centre
●	35	Fahrradverleih
💲	36	idbi-Bank-ATM
💲	37	HDFC-Bank-ATM
🚌	38	Busbahnhof
●	39	Gefängnis

den verschiedenen Herrschern mehrfach erweitert und ist heute etwa 4 km lang und 3 km breit. Genau lässt sich das nicht festlegen, da der See äußerst flach ist und während der Trockenzeit bis auf die Hälfte schrumpft.

Malerisch inmitten des Sees liegen zwei jeweils **mit einem Palast bebaute Inseln.** Mit dem Bau des heute nur noch in Ruinen erhaltenen Palastes auf der größeren der beiden, dem **Jag Mandir,** wurde unter der Regentschaft *Karan Singhs* Anfang des 17. Jh. begonnen. Der Palast diente dem späteren Kaiser *Shah Jahan* 1623 als Zufluchtsort, als er nach einer Revolte gegen seinen Vater fliehen musste. Beim Bau des sieben Jahre später unter seiner Regentschaft begonnenen Taj Mahal sollen Ideen des symmetrischen Kuppelpalastes des Jagdish Mandir mit eingeflossen sein. Über 200 Jahre später diente die Insel erneut als Zufluchtsort, als hier 1857 während des Sepoy-Aufstandes europäische Frauen und Kinder Schutz vor den meuternden indischen Soldaten suchten.

Die seit Jahren kursierenden Gerüchte über den Umbau in ein Hotel wurden bisher nicht verwirklicht. So bietet nachts die Silhouette des angestrahlten Ruinenpalastes einen reizvollen Kontrast zu der in glänzendem Weiß erstrahlenden Marmorfassade des die benachbarte Jag-Niwas-Insel gänzlich bedeckenden **Lake Palace Hotel.** Der 1746 fertig gestellte ehemalige Sommerpalast der Maharajas von Udaipur gilt heute als eines der besten Hotels der Welt und diente vor allem wegen seiner einmaligen Lage in vielen Filmen als Kulisse. Der traumhafte Blick von hier auf den Palast und die ihn umgebende Altstadt vermittelt einen Eindruck vom märchenhaften Lebensstil der Maharajas. Ein englischer Kolonialbeamter, der ihn aus nächster Nähe miterlebte, schreibt: „Hier lauschten sie den Erzählungen des Sängers und verschliefen ihren mittäglichen Opiumrausch. Die kühle Brise des Sees wehte den zarten Duft von Myriaden von Lotusblüten heran, die das Wasser bedeckten. Und wenn sich die Wirkung des Gifttrankes gelegt hatte, öffneten sie ihre Augen auf eine Landschaft, zu der nicht einmal ihre Opiumträume etwas Gleichwertiges erfinden konnten. Diese Szenerie bildete den Rahmen für die Zerstreuungen, denen sich zwei Generationen von Sisodia-Prinzen und Herrschern hingaben, indem sie das Geklirr der Waffen gegen die Trägheit eines wollüstigen Lebens eintauschten."

●Eine einstündige **Bootsfahrt** (200 Rs) vom City Palace Jetty (Bhansi Ghat) jeweils zur vollen Stunde kostet 200 Rs (Kinder 100 Rs), die halbstündige (100/50 Rs) hält nicht auf Jagmandir Island.

Jagdish-Tempel

Mit seinen 32 steil ansteigenden, oben von zwei Elefanten flankierten Treppenstufen und den ihn umgebenden meterhohen Mauern wirkt der nur 150 Meter unterhalb des Palasteinganges gelegene **Vishnu-Tempel** von außen eher wie eine Festungsanlage. Vielleicht war dies mit ein Grund dafür, dass dieser 1651 von *Jagad Singh I.* erbaute Tempel als einer der wenigen der Zerstörungswut *Aurangzebs* entging. In einer Zeit, als fast alle Tempel Nordindiens vom Mogul-Stil geprägt waren, setzten die so auf ihre Unabhängigkeit bedachten Sisodias ein Zeichen, indem sie den Jagdish-Tempel mit dem für damalige Verhältnisse enormen Kostenaufwand von 1,5 Mio. Rs in rein indo-arischem, d.h. vorislamischem Stil errichten liessen. Vor der Säulenhalle befindet sich ein Schrein mit der Abbildung eines *Garudas,* dem Reittier Vishnus. Im Tempelinneren wird Vishnu in Gestalt des *Jagannath,* des Herrn der Welt, dargestellt. Beachtenswert sind auch die Steinmetzarbeiten an den Außenwänden. Wer genau hinschaut, erkennt auch einige erotische Darstellungen. Der Tempel ist von 12 bis 14 Uhr geschlossen.

Fateh Sagar

The City of Lakes wird Udaipur auch genannt. Und tatsächlich ist es der gerade im sonst so kargen Rajasthan auffällige Wasserreichtum in Verbindung mit der fast schon tropisch anmutenden Vegetation, der mit zum besonderen Flair der Stadt beiträgt. So findet sich nördlich des Pichola-Sees und mit ihm durch zwei kleinere Seen verbunden der an seinem östlichen Ufer von schönen Parkanlagen flankierte **See** Fateh Sagar. Ursprünglich 1678 von *Maharaja Jai Singh* angelegt, wurde er während der Regierungszeit *Maharajas Fateh Singh* auf seine heutige Größe erweitert.

Auf der in der Mitte des Sees liegenden Insel wurde anlässlich des Geburtstags des ersten indischen Präsidenten am 14. November 1967 der **Nehru-Park** eröffnet, der mit seinen verschiedenen kirmesähnlichen Freizeiteinrichtungen und einem in Form eines Bootes gebauten Restaurant zu einem beliebten Ausflugsziel indischer Familien gehört.

Bharatiya-Lok-Kala-Museum

Dieses inmitten der Neustadt beim Gangaur Ghat gelegene **ethnologische Museum** vermittelt einen interessanten und umfangreichen Einblick in die vielfältige Kultur Rajasthans. Gezeigt und auf englischen Begleittexten gut erklärt werden Kleider, Gebrauchsgegenstände und Musikinstrumente. Landesweit bekannt ist das Museum für seine **Puppensammlung,** die Puppen aller Kontinente beinhaltet. Wer das Museum im Rahmen der morgendlichen Stadtrundfahrt besucht, kommt in den Genuss einer – wenn auch nur sehr kurzen – Vorführung. Wer dabei Geschmack auf mehr bekommt, sollte die täglichen Vorführungen um 12 oder 18 Uhr (50 Rs) besuchen.

●**Öffnungszeiten:** tgl. 9 bis 17.30 Uhr, Eintritt 25 Rs, Kamera 10 Rs, Video 50 Rs.

Bagore-ki-Haveli/ West Zone Cultural Centre

Nach dem Stadtpalast ist das **Haveli-Museum** im Bagore-ki-Haveli das interessanteste Museum Udaipurs. Neben einer Ausstellung durchaus sehenswerter zeitgenössischer Bilder und Skulpturen sind es vor allem die Gebrauchsgegenstände, die einen lebendigen Einblick in die Lebensbedingungen vor 100 Jahren bieten. In einer nachgebauten Küche werden beispielsweise Geschirr und Besteck präsentiert, Musikinstrumente sowie ein Diwan mit Schachbrett und Figuren sind im so genannten Konferenzzimmer ausgestellt. In Räumen für die Frauen und das Personal sind weitere Dinge des früheren Alltagslebens zu sehen.

Angenehm sind die überall vorhandenen und leicht verständlichen englischen Erläuterungen. Das mehrere Jahrhunderte alte Kaufmannshaus besitzt zudem ein ansprechendes Ambiente. Nicht entgehen lassen sollte man sich den sehr schönen Blick vom Obergeschoss auf die Waschfrauen beim Ghat.

In einem anderen Trakt des Bagore-ki-Haveli ist das **West Zone Cultural Centre** (Tel.: 2422567, wzcccom_jp1 @sancharnet.in) untergebracht, das sich um die Förderung der darstellenden Künste, besonders im Verschwinden begriffener, traditioneller Kunstformen im westlichen Indien, kümmert. Dies soll z.B. durch die Organisation von Festivals wie Shilpgram Utsav (s.u.) erreicht werden.

Jeden Abend um 19 Uhr findet *Dharohar,* eine **Musik- und Tanzvorführung,** statt (s. Unterhaltung).

Moti Magri

Ein landschaftlich sehr schöner Weg durch eine elegante Parkanlage mit einem vom Finanzminister Udai Singhs angelegten japanischen Felsengarten führt vom Ufer des Fateh Sagar auf den „Perlenhügel", von wo sich ein sehr schöner Ausblick auf Udaipur und die umliegende Landschaft bietet. Als Hauptattraktion gilt hier jedoch ein bronzenes **Reiterstandbild** Pratap Samaks, der durch seinen heldenhaften Mut in der Schlacht von Haldighat gegen die Truppen Akhbars in die Geschichtsbücher einging.

Sajjan Garh (Monsun-Palast)

Der spektakulär auf einer Bergspitze westlich vom Pichola-See gelegene Palast ist zwar über die Jahrhunderte ziemlich verfallen, doch allein die grandiose Aussicht lohnt einen Ausflug.

● Mit dem **Scooter** kostet die Fahrt ca. 100 Rs hin und zurück, eine Strecke sollte man jedoch wandern. Unten am Berg werden 80 Rs p.P. sowie 10 Rs fürs Motorrad, 20 Rs für eine Autoriksha und 100 Rs für den Minibus als Zutrittsgebühr zum Sajjan-Garh-Schutzgebiet verlangt. Videokamera 200 Rs.

Saheliyon-ki-Bari

Nördlich des Moti Magri befindet sich das „Haus der Freundinnen". Dieser im 18. Jh. zwischen Rosenbeeten angelegte Park mit seinen Wasserspielen, Pavillons, Lotusteichen und lebensgroßen Steinelefanten war ein **Lustgarten,** in dem die Maharajas sich mit ihren Konkubinen trafen. Je nach Jahreszeit konnte sich hier der Potentat im Monsun-, Sommer-, Holi- und Regenwald vergnügen. Wenn per Handklatschen scheinbar wie von Geisterhand die Wasserfontänen sprudeln, so hat – ganz profan für 5 Rs – ein Parkbediensteter am Wasserhahn gedreht. Leider machen die Anlagen in letzter Zeit einen recht vernachlässigten Eindruck. Eintritt: 20 Rs.

Ahar

Allein schon wegen des sehr harmonischen optischen Eindrucks lohnt ein Ausflug zu den 2 km östlich der Stadt gelegenen **Totengedenkstätten** der Sissodias von Mewar. Die über 250 schneeweißen Kenotaphe erinnern mit ihren ebenso weißen Kuppeldächern an die Erinnerungsstätten der Herrscher von Amber in Jaipur.

Shilpgram

Das drei Kilometer westlich des Fateh-Sagar-Sees gelegene **Freilichtmuseum,** das vom West Zone Cultural Centre gemanagt wird, beherbergt auf einer Fläche von 80 ha insgesamt 27 originalgetreu aufgebaute Häuser aus den Staaten Rajasthan, Gujarat, Maharashtra und Goa. Neben der interessanten Architektur und der kunstvollen Verzierung der in traditioneller Lehmbauweise errichteten Häuser beeindrucken die hier lebenden Bewohner mit ihrer farbenfrohen Kleidung sowie Musik- und Tanzdarbietungen. Ein Besuch in dem von Rajiv Gandhi 1989 eröffneten Park lohnt besonders im Dezember, wenn ein zehntägiges Festival stattfindet. Genauere Informationen über das Programm und den Termin erfährt man über das Tourist Office in Udaipur. Sehr empfehlenswert ist auch das angeschlossene Shilpgram Restaurant.

Vom 21. bis 30. Dezember findet alljährlich das **Shilpgram Utsav** statt, ein

Stadtplan S. 370, Ausschnitt S. 376

UDAIPUR

mit Musik-, Tanz- und Theateraufführungen sowie vielerlei Verkaufsständen mit Kunsthandwerk aufwartendes **Festival**.

- **Öffnungszeiten:** tgl. 11-19 Uhr, Eintritt 10 Rs, Rikshafahrt ca. 40 Rs, Tel.: 2431304.

Sajjan Niwas Gardens

Der große, hübsch angelegte Sajjan Niwas Gardens bietet eine gute Möglichkeit zum Verschnaufen oder mit Einheimischen ins Gespräch zu kommen. Allerdings sind die dahindösenden Tiere des kleinen Zoos bemitleidenswert.

Information

- Das **Touristenbüro** findet sich im Fateh Memorial Building in der Nähe des Suraj Pol (Tel.: 2411535, 2521971) und ist täglich außer sonntags von 10 bis 17 Uhr geöffnet. Die Bediensteten sind recht freundlich und, wenn man insistiert, auch auskunftsfreudig.
- Zwei weitere Informationsschalter befinden sich am **Bahnhof** (gleiche Öffnungszeiten) und am **Flughafen** (Tel.: 2655433, Öffnungszeiten nur während der Flugstunden).

Stadtverkehr

- Ein Taxi vom 25 km nordöstlich des Zentrums gelegenen **Dabok-Flughafen** kostet ca. 300 Rs. Billiger ist es mit einem der öffentlichen Busse, die etwa 500 m vor dem Flughafengelände entlang der Hauptstraße fahren.
- Die **Rikshafahrer** Udaipurs sind kräftig im Kommissionsgeschäft tätig, sodass man nach der Ankunft am besten nur Jagdish-Tempel als Fahrtziel angibt, da sich die allermeisten Unterkünfte in unmittelbarer Nähe befinden. Vom Busbahnhof zum Jagdish-Tempel sollte es eigentlich nicht mehr als 20 bis 25 Rs kosten, vom Bahnhof ca. 30 Rs. Verlangt wird jedoch meist das Doppelte.

- Mehrere kleine Geschäfte in der Altstadt, wie zum Beispiel Heera Bicycle Store vermieten **Fahrräder** für ca. 30 Rs, bzw. Motorräder ab 120 Rs pro Tag. Zwar ist die Altstadt etwas hügelig, doch die herrliche Umgebung Udaipurs bietet sich geradezu an, um mit dem Fahrrad erkundet zu werden.

Unterkunft

Kaum eine Stadt Nordindiens hat eine derart große Auswahl hervorragender Hotels zu bieten wie Udaipur. In jeder der fünf aufgeführten Kategorien finden sich Unterkünfte, die für den jeweiligen Preis einen erstklassigen Gegenwert offerieren. Die meisten der genannten Hotels sind umgebaute Altstadthäuser, Villen oder Paläste und fügen sich so nahtlos in das traditionelle Stadtbild ein. Fast alle verfügen über eine Dachterrasse, von wo aus man speziell am Morgen beziehungsweise zum Sonnenuntergang den einzigartigen Blick über die Altstadtdächer auf den Pichola und die liebliche Umgebung in aller Ruhe genießen kann. In der folgenden Auflistung werden deshalb auch, bis auf einige Ausnahmen, nur die in der Altstadt und um die beiden Seen gelegenen Hotels berücksichtigt, da die zahlreichen Unterkünfte in der hektischen Neustadt nichts von der einzigartigen Atmosphäre zu vermitteln vermögen.

Low Budget

- Eine der beliebtesten Traveller-Unterkünfte in der Jagdish-Gegend ist das **Gangaur Palace** €-€€ (Tel.: 2422303, Fax: 2561121). Die Zimmer sind angenehm und recht günstig, die teureren groß. Vor allem das Dachterrassen-Restaurant mit herrlichem Blick über die Altstadt und den Pichola-See sowie die zentrale Lage tragen zur Popularität des Hauses bei.
- Ganz ruhig ist der vom Gegenwert für die tadellosen Zimmer hervorragende, etwas versteckt gelegene **Mughal Palace** €-€€ (Tel.: 2417954, shanu_20@hotmail.com). Nachteil: wenig Aussicht und kein Dachgarten.
- Einen hervorragenden Gegenwert bietet das beliebte **Lal Ghat Guest House** € (Tel.:

Süd-Rajasthan

Udaipur

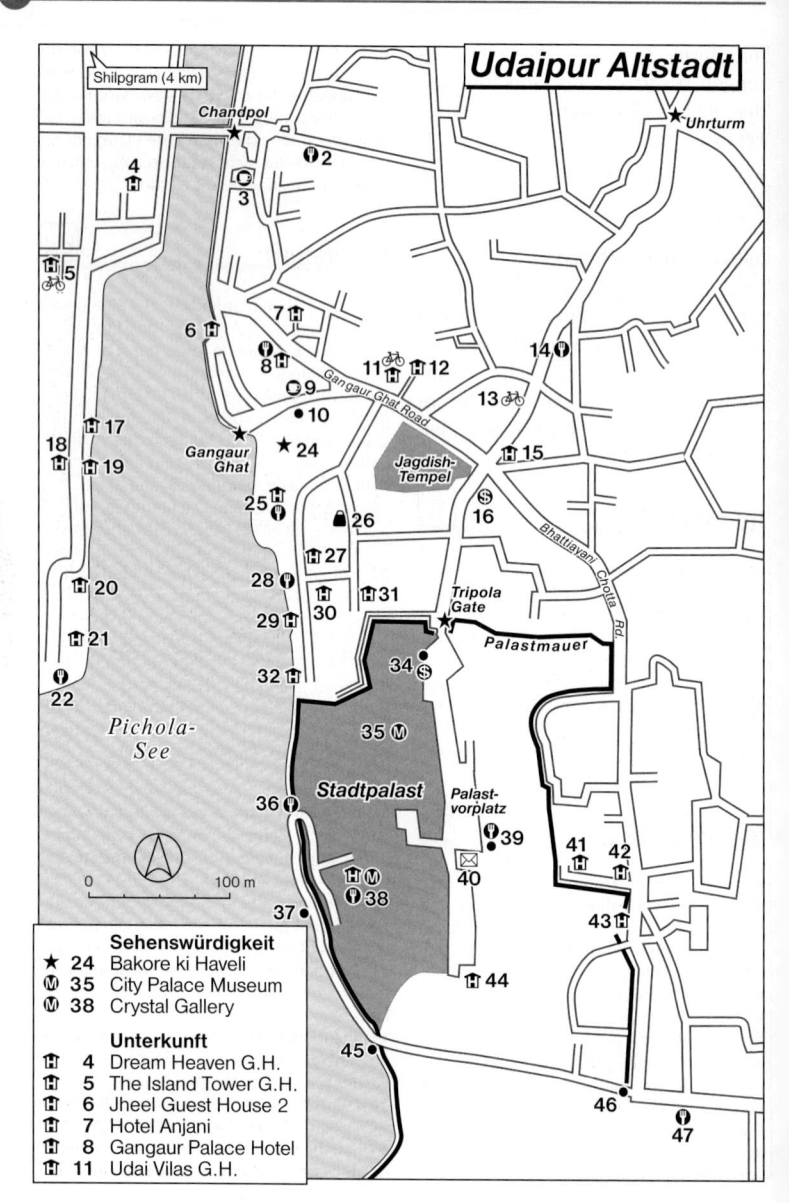

Udaipur Altstadt

Sehenswürdigkeit
- ★ 24 Bakore ki Haveli
- Ⓜ 35 City Palace Museum
- Ⓜ 38 Crystal Gallery

Unterkunft
- 🛏 4 Dream Heaven G.H.
- 🛏 5 The Island Tower G.H.
- 🛏 6 Jheel Guest House 2
- 🛏 7 Hotel Anjani
- 🛏 8 Gangaur Palace Hotel
- 🛏 11 Udai Vilas G.H.

🏠	12	Badi Haveli G.H.
🏠	15	Baba Palace Hotel
🏠	17	Hotel Sarovar
🏠	18	Hotel Udai Kothi
🏠	19	Hotel Lake Pichola
🏠	20	Hotel Wonderview Palace
🏠	21	Amet Haveli
🏠	25	Lal Ghat Guest House
🏠	27	Jaiwana Haveli
🏠	29	Hotel Sai Niwas
🏠	30	Jagat Niwas Palace Hotel, Kankarwa Haveli Hotel
🏠	31	Hotel Mughal Palace
🏠	32	Lake Corner Paying G.H.
🏠	38	Hotel Fateh Prakash Palace, Shiva Nivas Hotel
🏠	41	Hotel Kumbha Palace
🏠	42	Hotel Mona Lisa
🏠	43	Hotel Raj Palace
🏠	44	Hotel Shiv Niwas Palace

Essen und Trinken

🍴	2	Savage Garden
☕	3	Café Edelweiss I
🍴	8	La Vie en Rose German Bakery
☕	9	Café Edelweiss II
🍴	14	Anna Restaurant
🍴	22	Ambrai Restaurant
🍴	25	Restaurant Natural View
🍴	28	Rainbow Restaurant
🍴	36	Sunset View Terrace
🍴	38	Gallery Restaurant
🍴	39	Gokul Restaurant
🍴	47	Samor Bagh Restaurant

Sonstiges

🚲	5	Fahrradverleih
•	10	Gangaur Tours & Travels
🚲	11	Fahrradverleih
🚲	13	Fahrradverleih
💲	16	UTI-Bank-ATM
•	24	West Zone Cultural Centre
🔒	26	Landmark Shoppers Paradise (Internet, Bücher, Süßigkeiten)
•	34	Eintrittskartenschalter,
💲		Vijana Bank ATM
•	37	Bootsableger für Hotel Lake Palace
•	39	Thomas Cook
✉	40	Postamt
•	45	Bootsableger
•	46	südl. Einfahrt Stadtpalast

2525301, Fax: 2418508) mit sehr schönem Blick auf den angrenzenden Pichola-See. Trotz eines Erweiterungsbaus herrscht immer noch eine gemütliche Atmosphäre, auch das Restaurant ist zu empfehlen. Wer ganz billig wohnen möchte, hat im besten Schlafsaal Indiens (mit abschließbarem Stauraum) einen Trumpf erwischt.

•Etwas versteckt in einem Hinterhof, an der vom Jagdish-Tempel zum See herunterführenden Straße, liegt das hübsche **Hotel Badi Haveli** € (Tel.: 2412588, Fax: 2520008). In dem verwinkelten, über 100 Jahre alten Haus in typisch rajasthanischem Stil finden sich auf mehreren Ebenen insgesamt elf unterschiedlich gestaltete Räume, leider alle mit Gemeinschaftsbad. Von den drei Aussichtsterrassen bietet sich ein schöner Blick über die Dächer Udaipurs und den Pichola-See. Der Bruder des Besitzers vermietet im sich anschließenden **Pooja Palace** drei sehr geschmackvoll eingerichtete, möblierte Zimmer mit Küche. Mindestaufenthalt 15 Tage.

•Wer weniger Wert auf Atmosphäre, aber mehr auf Komfort legt, ist im vorgelagerten, neuen **Udai Niwas** €-€€ (Tel.: 5120789, hotel udainiwas@yahoo.com) gut aufgehoben. Schöne, erstaunlich preiswerte Zimmer, manche mit Balkon, und ein hohes Dachrestaurant sind eine gute Wahl, allerdings auch eine Bausünde.

•Etwas weiter unterhalb und von der Straße zurückversetzt, steht das **Anjani Hotel** € (Tel.: 2421770). Es bietet auf drei Etagen eine große Auswahl an Zimmern von recht unterschiedlicher Qualität. Die billigeren sind oft etwas dunkel in die Ecken gezwängt, während die teureren schöne Aussichten bieten.

•Ebenfalls spottbillig, allerdings auch dementsprechend einfach kann man im an der Ecke von Palastmauer und See gelegenen, familiengeführten **Lake Corner Paying Guest House** € (Tel.: 2525712) am Navghat wohnen. Für die sechs sehr einfachen Zimmer wird man mit wunderbar entspannter Atmosphäre und schöner Aussicht vom Dach entschädigt.

•Die einzig empfehlenswerte Billigunterkunft auf der kleinen, West- und Ostufer verbindenden Brahm-Puri-Insel ist das **Dream Heaven Guest House** € (Tel.: 2431038, deep rj@yahoo.co.uk). Die Zimmer, die teureren mit Seeblick, sind durchschnittlich, aber die Atmosphäre und das schöne Dachrestaurant sind zu empfehlen.

Budget

- Durch seine sehr attraktive Lage direkt am See bei den Ganghaur-Ghats überzeugt das **Jheel Guest House 2** €€ (Tel.: 2421352). Die meisten Zimmer haben einen kleinen, die Ghats und den See überblickenden Balkon, und selbst eine Badewanne fehlt nicht. Auf der Dachterrasse soll ein Restaurant eröffnet werden.
- Direkt am Jagdish-Tempel kann das ganz neue **Baba Palace** €€-€€€ (Tel.: 2427126, babapalace@hotmail.com) mit sauberen, teils klimatisierten und mit TV und Badewanne bestückten Zimmern sowie einem guten Dachrestaurant mit Rundblick über die Stadt aufwarten.
- Das von außen tatsächlich wie ein etwas zu bunt geratener Palast aussehende **Hotel Raj Palace** €-€€€ (Tel.: 2410364, Fax: 2410395, rajpalaceudr@yahoo.com) besticht durch einen schönen Palmengarten mit Restaurant und zum Teil sehr hübsche, traditionell eingerichtete Zimmer. Leider zeigt einem das Personal nur recht widerwillig die preiswerteren Räume, obwohl oder gerade weil diese oft sehr viel bieten fürs Geld. Insgesamt hat es mit geräumigen, sauberen und teils klimatisierten Zimmern, von denen die meisten über eine große Badewanne verfügen, eines der besten Preis-Leistungs-Verhältnisse der Stadt.

Tourist Class

- Zu Recht sehr populär ist das **Rang Niwas Palace Hotel** €€-€€€€ (Tel.: 2523890/1, Fax: 2527884, rangniwas75@hotmail.com) an der Lake Palace Road, wie der Name vermuten lässt, ein ehemaliger kleiner Palast, geführt vom sympathischen Bruder des Maharajas. Dieses um einen schönen Innenhof mit Pool angelegte, zweigeschossige Hotel besteht aus dem alten Flügel und einem nach hinten versetzten modernen Gebäudekomplex sowie einem kleinen, in einem Extragebäude untergebrachten Restaurant, das allerdings eher mäßig ist. Die Zimmer im Obergeschoss sind größer und besser ausgestattet als die im Untergeschoss, die im hinteren Bereich ruhiger als die der Straße zugewandten.

● Klein, aber fein ist das direkt am See gelegene **Hotel Sai Niwas** €€-€€€ (Tel.: 2421586, sainiwas@datainfosys.net, www.hotelsainiwas.com). Mit viel Liebe fürs Detail wurden die sieben Räume individuell vom freundlichen Besitzerehepaar gestaltet. Kein Zimmer gleicht dem anderen, und der wohl schönste Raum Nummer 5 ist im typisch rajasthanischen Stil eingerichtet. Fast alle Zimmer besitzen einen kleinen Balkon mit Seeblick.

● Sehr empfehlenswert ist das mitten in der Altstadt gelegene **Hotel Jaiwana Haveli** €€-€€€ (Tel./Fax: 2521252). Einige Zimmer haben viele Fenster mit Seeblick, die teuren AC. Auch hier gibt's ein Dachrestaurant.

● Ganz nah am See, am südlichen Ende des Brahm-Puri-Insel, hat das **Ametki Haveli** €€€-€€€€ (Tel.: 2431085, regiudr@datainfosys.com) nur fünf Zimmer parat. Alle sind sehr hübsch möbliert und bieten einen schönen Blick auf Stadtpalast und See. Außerdem liegt das gemütliche *Ambrai Restaurant* um die Ecke.

● Wesentlich nüchterner, aber wegen des exzellenten Service immer noch zu empfehlen ist das **Hotel Sarovar** €€€-€€€€ (Tel.: 2432801, Fax: 2431732, infi@hotlesarovar.com, www.hotelsarovar.com), auch auf Brahm Puri. Dabei sind besonders die direkt am See gelegenen, teureren Zimmer hervorzuheben.

● Äußerst pittoresk unmittelbar am Ufer des Pichola-Sees liegt das stilvolle **Jagat Niwas Palace Hotel** €€€€ (Tel.: 2422860, Fax: 2418512, mail@jagatniwaspalace.com). Der herrliche, begrünte Innenhof in diesem alten Herrschaftshaus lädt ebenso zum Verweilen ein wie die Liegen in den Nischen und das gute Dachrestaurant.

● Billiger ist das 1996 eröffnete, 180 Jahre alte **Kankarwa Haveli** €€€ (Tel.: 2411457, Fax: 2521403, khaveli@yahoo.com) nebenan, ganz ähnlich im Aufbau. Hier gibt's viel Atmosphäre, einfache, aber geschmackvoll eingerichtete Zimmer, häufig mit schönem Ausblick, den besonders das tolle Dachrestaurant bietet.

● Ein sehr gutes Preis-Leistungs-Verhältnis bieten wegen der schönen Ausblicke die Eckzimmer des **Wonder View Palace** €€€ (Tel.: 2432494) auf der Brahm-Puri-Halbinsel neben dem *Lake Pichola Hotel*. Besonders die Zimmer Nr. 104 und 203 sind zu empfehlen.

First Class

● Den rundesten Eindruck im First-Class-Bereich hinterlässt das eine sehr angenehme Atmosphäre ausstrahlende **Udai Kothi** €€€€-€€€€€ (Tel.: 2432810-2, Fax: 2430412, udaikothi@yahoo.com, www.udaikothi.com) auf der Westseite des Pichola-Sees. Die makellosen Zimmer, das gute Dachrestaurant und der architektonisch schöne Swimmingpool auf dem Dach dieses gelungenen Hauses sind jede Rupie wert.

● Leicht verwohnt ist das etwa 100 Jahre alte **Lake Pichola Hotel** €€€€ (Tel.: 2431197, Fax: 2430575, reservations@lakepicholahotel.com, www.lakepicholahotel.com) auf der Brahm-Puri-Halbinsel direkt am See. Die mit schönen alten Holzmöbeln, AC, Fernseher und Balkon ausgestatteten Zimmer haben Palastsicht und tragen zur sehr angenehmen Atmosphäre des Hotels bei. Die Dachterrasse ist ideal zum Erholen.

● Im Besitz des Maharajas von Udaipur befindet sich das **Shikar Bari Hotel** €€€€-€€€€€ (Tel.: 2583200/1, Fax: 2584841). Das ehemalige Jagdschloss liegt 5 km südlich der Stadt

---

Im „schwimmenden" Lake Palace Hotel kann man den märchenhaften Lebensstil der Maharajas nachempfinden –
das spektakulärste Hotel Indiens ist jedoch nicht gerade preiswert

inmitten einer weitläufigen Gartenanlage. Hier werden auch Pferde-Safaris zu allerdings sehr fürstlichen Preisen angeboten.
• Etwas ganz Besonderes sind die bisher acht geräumigen Luxuszelte des neuen **Jal Dera Camp** €€€€-€€€€€ (Tel.: 3090228, jal_dera@yahoo.co.in, www.jaldera.com), ruhig westlich des Pichola-Sees direkt am Ufer gelegen mit entsprechendem Ausblick. Ein herrlich gelegenes Restaurant unter Bäumen ist angeschlossen – eine gelungene Anlage.

Luxus

• Auf den Hügeln zwischen dem Pichola-See und dem Fateh Sagar liegen drei von Parkanlagen umgebene Hotelanlagen. Am schönsten ist das vom Vater des gegenwärtigen Maharajas erbaute **Laxmi Vilas Palace Hotel** €€€€-€€€€€ (Fateh Sagar Road, Tel.: 2529711, Fax: 2526273, gmlvp@ip1.dot.net.in). Das ehemalige fürstliche Gästehaus hat sich mit seinen 34 Zimmern eine angenehm ruhige Atmosphäre bewahrt und verfügt über einen Swimmingpool und ein Restaurant. Die Lage des Hotels mit seiner schönen Aussicht auf die Umgebung lohnt selbst dann einen Besuch, wenn man hier nicht wohnen will.
• Eine ausgezeichnete Adresse ist das **Trident Hotel** €€€€€ (Tel.: 2432200, Fax: 2432211, reservations@tridentudp.com) auf der Brahm-Puri-Halbinsel. Abgesehen von den hübschen Zimmern und dem guten Restaurant überzeugt das Haus durch freundliches Personal und eine hervorragende Lage. Sehr gutes Preis-Leistungs-Verhältnis.
• Traumhaft wie ein schwimmendes Schiff inmitten des Pichola-Sees gelegen, ist das **Lake Palace Hotel** €€€€€ (Tel.: 2528800, Fax: 2528700, lakepalace.udaipur@tajhotels.com). Das spektakulärste Hotel Indiens repräsentiert den märchenhaften Lebensstil der Maharajas wie kein anderes Gebäude. Inmitten verschwenderisch verzierter Kuppeln, Säulen und Spiegel fühlt man sich wie in eine andere Zeit versetzt. Wegen der sehr hohen Nachfrage sollte man Monate im Voraus buchen.
• Noch luxuriöser, wenn auch weniger spektakulär wohnt man im **Shiv Niwas Palace Hotel** €€€€€ (Tel.: 2528016, Fax: 2528006, crs@udaipur.hrhindia.com), das den südlichen Teil des Stadtpalastes einnimmt. Luxus findet immer seine Käufer, auch in Indien, sodass auch dieses Hotel oftmals über Monate im Voraus ausgebucht ist. Im selben Komplex befindet sich das kleine, aber feine **Fateh Prakash Palace** €€€€€ (Tel.: 2528008, Fax: 2528006, sales@udaipur.hrhindia.com) mit nur neun exquisit ausgestatteten Zimmern.
• Ähnlich wie das *Amarvilas* in Agra gibt's auch in Udaipur vor den Toren der Stadt ein von der Außenwelt durch Mauern und Leerflächen abgeschirmtes Superluxusresort. Im **Udaivilas** €€€€€ (Tel.: 2433300, Fax: 2433200, reservations@oberoi-udaivilas.com, www.oberoihotels.com) haben alle Zimmer neben jeglichen sonst denkbaren Bequemlichkeiten einen eigenen Swimmingpool, die teureren auch Ausblick auf die Stadt in der Ferne.

Essen und Trinken

Herrschte noch bis vor wenigen Jahren ein echter Mangel an Restaurants, so hat sich die Situation inzwischen deutlich gebessert. Dachgartenrestaurants sind der Renner, kaum ein Hotelbesitzer, der nicht diese zusätzliche Einnahmequelle genutzt hätte und seinem Hotel oder Guest House ein Freiluftrestaurant aufs Dach gesetzt hätte. Leider hinkt die Qualität des Essens dabei nur allzu oft weit hinter der Aussicht her. Im von Anfang an zum Scheitern verurteilten Wunsch, es allen Nationalitäten recht machen zu wollen, kommt am Ende ein Einheitsbrei heraus, bei dem man kaum noch zwischen *Alu Gobhi* und Lasagne unterscheiden kann.
• Viele Restaurant Udaipurs werben zu Recht mit ihrer schönen Aussicht. Doch nirgendwo sitzt man derart „weltvergessen" direkt am See unter Bäumen mit herrlichem Blick auf den Stadtpalast bzw. das *Lake Palace Hotel* wie im **Ambrai Restaurant** (Tel.: 2431085) am südlichen Ende der Brahm-Puri-Insel. Ein idealer Ort zum „die Seele baumeln Lassen". Überraschend schmackhaft und mit Preisen zwischen 50 und 150 Rs günstig sind die Gerichte. Dementsprechend beliebt ist das *Ambrai* speziell am Abend – Voranmeldung unbedingt erforderlich!

- Das **Natural City View Restaurant** oberhalb des Gangaur Palace zählt zu Recht zu den beliebtesten Adressen unter den unzähligen Dachterrassen-Restaurants. Die ausladende Terrasse bietet insbesondere bei Sonnenuntergang herrliche Ausblicke und auch das Essen kann sich sehen lassen. Nachteilig ist der fehlende Bierausschank, auch ist das Restaurant wegen seiner Popularität relativ laut und jeden Abend wird per Video, wie auch in vielen anderen Lokalitäten, derselbe James-Bond-Film gezeigt: „Octopussy".
- Eine vergleichbar schöne Aussicht in ruhigerem Ambiente bietet das nur wenige Meter entfernte Restaurant **La Vie En Rose** auf dem Hotel Gangaur Ghat.
- Hübsch sitzt man im Garten des neben dem südlichen Eingang zum Palastgelände gelegenen **Samor Bagh Restaurant**.
- Speziell Morgens eine der beliebtesten Adressen bei Travellern ist das kleine **Café Edelweiss**. Guter Kaffee, Sandwiches und Backwaren sind der Renner. Ein beliebtes Frühstücksrestaurant ist auch das nahe gelegene **Sunrise**. Man sollte auch einmal die sehr schmackhaften einheimischen Gerichte versuchen. Vom Dach des frisch renovierten Hauses gibt es mit die schönsten Ausblicke auf den See.
- Recht edel und dementsprechend teuer (Sandwiches 200 Rs) ist das **Palhi Khana Restaurant** auf dem Palastvorplatz.
- Neben dem oben erwähnten *Ambrai Restaurant* ist das **Gallery Restaurant** im 3. Stock des *Shivniwas Palace Hotel* der beste Ort, um bei prächtiger Aussicht seinen Nachmittagstee zu genießen. Zwar ist die offizielle Teatime (Tee 300 Rs) von 15 bis 17 Uhr, doch wird auch bedient, wer bereits ab 14 Uhr erscheint, was den zusätzlichen Vorteil hat, dass man dann noch die freie Sitzplatzauswahl hat. Zum Sonnenuntergang sollte man sich dann nach unten auf die Sunset-View-Terrasse begeben, wo man den Tag stilvoll bei einem Drink und Livemusik ausklingen lassen kann.
- Populär wegen seiner ausgefallenen Speisekarte mit interessanten einheimischen wie internationalen Gerichten (100-200 Rs) ist das **Savage Garden**, etwas zurückversetzt vom Chandpole.
- Wegen seiner „uncoolen" Lage und Einrichtung nur von wenigen Westlern besucht ist **Berry's** am Chetak Circle. Wer mehr Wert auf hervorragende Küche ohne Schnickschnack legt, ist hier gut aufgehoben. Es gibt auch einen Zustellservice: Tel. 2429027.
- Ebenfalls vornehmlich von Einheimischen besucht ist die Rajasthan-weit für schmackhafte *thalis* (50 Rs) bekannte **Natraj Lodge** beim New Bapu Bazaar nahe dem Uday Pole, hinter dem Ashoka-Kino.
- Hübsch oberhalb des Sees sitzt man im **Café Hill Park** südlich der Sajjain-Niwas-Gärten.

Einkaufen

Die stetig zunehmende Touristenzahl hat dazu geführt, dass gerade im Altstadtbereich um den Jagdish-Tempel fast jedes verfügbare Häuschen in einen Souvenirladen umgebaut wurde. Mehr Quantität geht auch hier auf Kosten der Qualität, und generell lässt sich sagen, dass man in Jaipur und Pushkar besser und billiger einkaufen kann.

Mit am beliebtesten unter Travellern sind die in unzähligen kleinen Läden oder *Art Galleries*, wie sie sich unter Suggerierung künstlerischer Exklusivität nennen, angebotenen **Miniaturmalereien**. So unterschiedlich wie Qualität und dargestellte Motive sind die Preise. Weit entscheidender als die Größe des Bildes ist deren Detailgenauigkeit und das Material auf dem sie aufgetragen wurden. Bei *Janak Arts* (12, Lal Ghat, Tel.: 2415373) können dreistündige Einführungskurse (200 Rs) in die Miniaturmalerei besucht werden. Es ist erstaunlich, was so alles auf einen Fingernagel passt.

Bei Touristen sehr beliebt sind die vor allem an der Straße vom Jagdish-Tempel zum Palasteingang angebotenen **Puppen**. Nicht zuletzt wegen des in Udaipur ansässigen Museums Bharatiya Lok Kala mit seiner landesweit berühmten Puppenabteilung und Vorführungen gibt es eine große Auswahl zum Teil sehr schöner Puppen. Bevor man sich zum Kauf entschließt, sollte man sich aber Gedanken zum Transport machen, denn die vielgliedrigen Puppen sind äußerst zerbrechlich und kaum zum Verschicken geeignet.

Gut bestückt ist der **Kiosk** am Gleis Nummer 1 auf dem Bahnhof. Aktuelle internationale Bestseller finden sich hier ebenso wie angesehene Sachliteratur zu Indien und europäische Zeitungen.

Ein umfangreiches Sortiment an **Romanen und Zeitschriften** hat auch *Landmark Shoppers Paradise*.

Bank

- Die meisten Banken, die neben den privaten Geldwechslern um den Jagdish-Tempel Bargeld, Travellerschecks und für Kreditkarten wechseln, finden sich passenderweise an der Bank Rd. zwischen Delhi Gate und Udia Pole. So wechselt z.B. die **State Bank of India** (Mo-Fr 10-14 und 14-15 Uhr, Sa 10-13 Uhr, Tel.: 2523108) etwas nördlicher beim Court Circle in der Hospital Road schnell und – für indische Verhältnisse – unbürokratisch Bargeld und Travellerschecks oder die **Vijaya Bank** (Bank Rd., Mo-Fr 10-15.50 Uhr, um 14 Uhr 30 Min. Pause, Sa 10-12.30 Uhr) und die **Bank of Baroda** (Mo-Fr 10-14.30 Uhr, Sa 10-12 Uhr), die außerdem Visa- und Mastercard (1 % Gebühr) annehmen.
- **Thomas Cook** auf dem Palastvorplatz ist Mo-Sa 9-17 Uhr geöffnet.
- Der dem Jagdish-Tempel nächstgelegene **ATM** ist von der UTI-Bank und findet sich zwischen diesem und dem Palastzugang. Er nimmt die wichtigen Kreditkarten außer Amex an. Die meisten ATMs finden sich an der Bank Rd. Amex-Karten werden vom idbi- und UTI-ATM (beide nahe Tourist Office) sowie vom HDFC-ATM beim Chetak Circle angenommen.

Post und Internet

- Die **Hauptpost** befindet sich am Chetak Circle hinter dem Kino. Näher am Jagdish-Tempel liegen, auf halber Strecke zwischen Hathi Pol und Stadtpalast, ein kleines Postamt und eine Filiale gleich neben dem Ticketbüro des Palastes (Mo-Sa 10.30-17 Uhr). Die Post kommt an, auch wenn es nicht sehr vertrauenerweckend aussieht. Zum Abholen **postlagernder Sendungen** muss man sich zur kleinen City Post Office an der Kreuzung Hospital Rd./Mandi Rd. begeben.
- Von den vielen Internet-Cafés im Altstadtbereich ist das **Landmark Shoppers Paradise** (30 Rs/Std.), das auch Bücher, Zeitschriften und Süßigkeiten verkauft, eines der schnellsten. Hier können auch Digitalfotos auf CD gebrannt werden (100 Rs inkl. CD). Am Chetak Circle ist **Sourabh Enterprises** (30 Rs/ Std.) recht zuverlässig.

Notrufnummern

- **Ambulanz:** 102
- **Polizei:** 100
- **Tourist Police:** 2412693

Unterhaltung, Aktivitäten

- Im Museum Bharatiya Lok Kala wird tgl. zwischen 18 und 19 Uhr eine allerdings eher durchschnittliche **Puppenshow** aufgeführt (Eintritt 40 Rs).
- Ein sehenswertes **Folkloreprogramm** mit traditionellen Tanz-, Musik- und Akrobatikaufführungen gibt es tgl. von 19-20 Uhr im Meera Kala Mandir in der Nähe des Pars Theatre zu sehen. Zum Preis von 60 Rs muss man auch noch die Rikshafahrt von 25 Rs hinzurechnen.
- Ebenfalls empfehlenswert sind die allabendlichen, **Dharohar** genannten, traditionellen Rajasthani-Musik- und Tanzvorführungen im Bagore-ki-Haveli (s. „Sehenswertes", Beginn 19 Uhr, Eintritt 60 Rs, Kinder 30 Rs, Kamera 10 Rs, Video 50 Rs, Tel.: 2423610 nach 17 Uhr.
- Wenn man dran glaubt oder einfach nur zum Vergnügen, kann man sich im Innenhof des Gangaur Palace von *Akhand Pratap Singh* (onlywayisom@indiatimes.com) **aus der Hand lesen lassen,** Kostenpunkt 200 Rs.
- Besonders die teureren Hotels verfügen über **Swimmingpools.** Um drin zu plantschen, muss man zwischen 100 und 200 Rs. zahlen, wobei der tolle Pool auf dem Dach des *Udai Kothi* (130 Rs) besonders lohnt.

Medizinische Versorgung

- Das **Krankenhaus** von Udaipur (Hospital Rd., Tel.: 2528811) liegt in der Altstadt nahe dem Chetak Circle zwischen dem Shaheli Marg und der Ashwani Road.
- Eine private Klinik ist z.B. das **Soni Hospital**, 4 Sahelion-ki-Haveli, Tel.: 2528811-9). Ein Bereitschaftsarzt ist *Dr. Shailender Singh* (Tel.: 2410212, mobil: (0)9829040312.
- Wer sich einmal für wenig Geld massieren lassen oder ein Heilkräuterbad nehmen will, sollte die **Ayurvedische Klinik** an der Ambamata Rani Rd. aufsuchen.

An- und Weiterreise

Flug

- Indian Airlines (LIC Building, Delhi Gate, Tel.: 2410999, Flughafenbüro: 2655453) fliegt tgl. von und nach **Delhi** (130 US-$), **Mumbai** (155 US-$), **Jaipur** (97 US-$) und **Jodhpur** (83 US-$).
- Das Jet-Airways-Büro (Tel.: 2561105, am Flughafen: 2656288) findet sich im *Blue Circle Business Centre* ca. 300 m vom Chetak Circle entfernt. Verbindungen s. Anhang.

Bahn

Die Bahnverbindungen sind teilweise eingeschränkt wegen Spurverbreiterungen auf einigen Strecken.
- Die beste Verbindung nach **Delhi** bietet der tgl. fahrende 2964 Mewar Exp. (ab Udaipur 18.45 Uhr, Chittorgarh an 20.35 Uhr, Kota an 23.40 Uhr, Sawai Madhopur an 1 Uhr, Bharatpur an 3.08 Uhr, Delhi (Nizamuddin) an 6.45 Uhr). In der anderen Richtung geht es von Delhi (Nizamuddin) um 19 Uhr über Mathura (ab 21.15 Uhr), Bharatpur (ab 21.42 Uhr), Kota (ab 1.40 Uhr) und Chittorgarh (ab 5 Uhr) nach Udaipur (an 7 Uhr).
- **Jaipur** wird am besten mit der Nachtverbindung 2966 Udaipur City Jaipur Exp. erreicht: Abf. 21.40 Uhr, Chittorgarh (an 23.35 Uhr), Sawai Madhopur (an 4.40 Uhr), Ank. Jaipur 7.10 Uhr. Umgekehrt der 2965 Jaipur Udaipur City Exp.: Abf. Jaipur um 22.15 Uhr, über Kota (ab 2.15 Uhr), Chittorgarh (ab 5.40 Uhr), Ank. Udaipur um 7.45 Uhr.
- Nach **Mt. Abu** geht es schneller per Bus.

Bus

- Die aktuellen **Abfahrtszeiten** von Udaipur erfragt man besser beim Tourist Office als am chaotischen Busbahnhof (Tel.: 2484191). Die meisten Guest Houses um den Jagdish-Tempel verkaufen Tickets für **Luxusbusse,** die etwa doppelt so teuer sind wie staatliche Busse (Diese fahren die gleichen Ziele sowie Bundi/Kota, Jaisalmer, Junagardh und Rajkot an.) Gerade auf längeren Strecken dürfte sich diese Mehrausgabe lohnen, doch sollte man zunächst fragen, ob die Busse auch in der Nähe der Guest Houses oder vom Busbahnhof starten.
- Fahrtziele staatlicher Busse und Zeiten (in Std.): **Agra** (16 Std., 1 Bus, Star Line 14.45 Uhr), **Ajmer** (Pushkar, 7 Std., ca. 25 Busse zwischen 5 und 23.30 Uhr, Exp. 110 Rs, Del. 145 Rs, AC-Del. (10.15 Uhr) 185 Rs), **Bikaner** (15 Std., 1 Bus, Star Line 16.30 Uhr), **Chittorgarh** (2,5 Std., ca. 20 Busse zwischen 6 und 22 Uhr, Exp. 45 Rs, Del. 54 Rs, AC-Del. 10.15 Uhr, 70 Rs), **Delhi** (14 Std., 11, 15.45 Uhr, Del. 18 Uhr, Exp. 270 Rs, Del. 420 Rs, *Delhi Transport Corporation (DTC)* fährt jeden Abend um 18 Uhr mit einem klimatisierten Luxusbus für 700 Rs nach Delhi), **Indore** (10 Std., 7 Exp.-Busse zwischen 7 und 19.30 Uhr, 160 Rs), **Jaipur** (9 Std., ca. 20 Busse zwischen 5 und 23.30 Uhr, Exp. 161 Rs, Del. 201 Rs, AC-Del. 10.15 Uhr, Exp. 251 Rs), **Jodhpur** (7 Std., acht Busse zwischen 5.30 und 22.30 Uhr, Exp. 113 Rs, Del. 125 Rs), **Mt. Abu** (6 Std., 9 Busse zwischen 5 und 20.15 Uhr, Exp. 76 Rs., Del. 20.15 Uhr, 141 Rs), **Ranakpur** (3 Std., 9 Busse zwischen 5.30 und 22.30 Uhr, Exp. 35 Rs, Del. 55 Rs).
- Wer nach **Mt. Abu** reisen will, sollte sich zunächst erkundigen, ob der jeweilige Bus auch bis auf das Hochplateau oder nur bis Abu Road fährt, von wo aus es noch einmal 27 km steilen Anstiegs sind.

Umgebung von Udaipur

Falls sich mehr als vier Personen zusammenfinden, bieten viele Reisebüros in Udaipur **Ganztagestouren** in die Umgebung an – eine gute Gelegenheit, um stressfrei die zahlreichen sehenswerten Orte zu besuchen. Bewährt hat sich hier *Gangaur Tours & Travels* (Tel.: 2411476, gangaur@hotmail.com) in der Gangaur Ghat Road. Der Preis beträgt ca. 400 Rs p. Person.

Nagada und Eklingji

Bei einem Halbtagesausflug zu den 22 km nordöstlich von Udaipur gelegenen Tempelanlagen von Nagada und Eklingji ist allein schon die Fahrt über den 784 m hohen Chirwa-Ghata-Pass mit schönen Ausblicken auf das Aravalli-Gebirge ein Erlebnis für sich. Kurz vor Eklingji biegt an einem kleinen Stausee eine Nebenstraße nach links ab und führt zu den Tempeln von **Nagada.** Neben dem ältesten, nur noch in Ruinen erhaltenen jainistischen Adbhutji-Tempel steht ein Hindu-Tempelkomplex aus dem 11. Jh. mit dem geheimnisvollen Namen *Sas Bahu* (Schwiegermutter – Schwiegertochter), der vor allem wegen seiner schönen Steinreliefs an den Außenwänden gefällt.

Im nur einen Kilometer entfernten **Eklingji** findet sich inmitten des Tempelkomplexes ein ursprünglich 754 erbauter Tempel, mit einem schönen, viergesichtigen Shiva-Bildnis aus schwarzem Marmor im Allerheiligsten. In seiner heutigen Form entstand der von hohen Mauern umschlossene weiße Marmortempel im 16. Jahrhundert. Eklingjis besonderer Reiz liegt in der pulsierenden religiösen Atmosphäre, die diesen Ort auszeichnet. Sobald sich die Pforten zum Tempel geöffnet haben (4.45-7.30 Uhr, 10.30-13.30 und 17.30-19.30 Uhr, Eintritt frei), setzt eine marktschreierische Betriebsamkeit ein, und die Blumen-, Schriften- und Süßigkeitenverkäufer versuchen, ihre Produkte unters Volk zu bringen. Man sollte diesen Ausflug nachmittags unternehmen, um sowohl an einer Tempelzeremonie teilnehmen zu können als auch gegen Sonnenuntergang in das dann golden leuchtende Udaipur zurückzukehren.

- **Anreise:** Wer nicht im Rahmen der vom Touristenbüro angebotenen Exkursion nach Eklingji fahren möchte: Stündlich fährt ein – allerdings fast immer brechend voller – **Bus** vom Busbahnhof.
- **Unterkunft:** Eine schöne, wenn auch nicht billige Unterkunft ist das auf einem kleinen Berg oberhalb von Nagada gelegene **Heritage Resorts** €€€-€€€€ (Tel.: 0294-2440382).

Haldighat und Nathdwara

Das 48 km nördlich von Udaipur gelegene **Schlachtfeld von Haldighat,** auf dem die Truppen *Pratap Singhs* am 21. Juni 1576 erst nach erbittertem Widerstand den Moguln unterlagen, ist historisch zwar von großer Bedeutung, zu sehen gibt es allerdings außer einer Gedenkstätte für Pratap Singhs berühmtes Pferd *Chetak* so gut wie gar nichts.

Der 8 km entfernte **Vishnu-Tempel** von Nathdwara stammt aus dem 18. Jh. Im Tempelinneren (für Nicht-Hindus geschlossen) steht ein Abbild

Kumbhalgarh

Vishnus, das 1669 von Mathuras hierher gebracht wurde, um es vor der Zerstörungswut *Aurangzebs* zu bewahren.

- **Anreise:** Wer die beiden Sehenswürdigkeiten nicht im Rahmen des vom Tourist Office angebotenen Ausfluges besichtigt, kann einen der zu jeder vollen Stunde vom Busbahnhof in Udaipur fahrenden Busse nehmen.
- **Unterkunft:** Im staatlichen **Gokul Tourist Bungalow** €€ (Tel.: 02953-22685) in Nathdwara kann man in sauberen EZ/DZ nächtigen. Ein Restaurant steht ebenfalls zur Verfügung. Besser wohnt man allerdings im **Hotel Utsav** €€-€€€ (Tel.: 02935-22278, Fax: 230977) mit schönen Zimmern.

Kumbhalgarh ⇗ B3

Äußerst pittoresk krönt die gewaltige Burg, einem Vogelhorst ähnlich, einen sich steil über die Ebene erhebenden Felsen. Die von einem mächtigen Mauerring von insgesamt 12 km Länge umgebene Anlage war die nach Chittorgarh **zweitgrößte Festung Rajasthans**. Im Gegensatz zur Heldenstadt der Rajputen, die insgesant dreimal von den vereinten Mogul-Heeren erobert wurde, konnte das 1458 von *Rana Kumbha* angelegte Fort nur ein Mal, Ende des 16. Jh., von den islamischen Eroberern erstürmt werden.

Obwohl Teile der Anlage Anfang des letzten Jahrhunderts renoviert wurden, ist in den einzelnen Räumen, abgesehen von einigen Wand- und Fliesenmalereien, nichts zu sehen. Die eigentliche Faszination Kumbhalgarhs ist der grandiose Gesamteindruck.

Die Räumlichkeiten sind fast völlig leer und die Farbe bröckelt von den Wänden. Wer sich zum Aufstieg entscheidet, sollte Trinkwasser und einen kleinen Snack mitnehmen.

Der steile Aufstieg zur Burg durch die z.T. mit dicken Eisendornen gegen Elefantenangriffe versehenen Tore lohnt aber auch aus einem anderen Grund: Von dem auf 1.100 m Höhe gelegenen Palast bietet sich eine sehr schöne **Aussicht** auf die wild zerklüftete Landschaft des **Kumbhalgarh-Reservats (Eintritt 80 Rs, Jeep 65 Rs, Guide 200 Rs).** Dieses 578 km² große Tierschutzgebiet ist ein Rückzugsgebiet des vom Aussterben bedrohten indischen Wolfes.

- **Eintritt:** 100 Rs oder 2 US-$, 8-18 Uhr.

Anreise

- Da Kumbhalgarh individuell nur unter sehr großem Zeitaufwand erreicht werden kann, besucht man das Fort am besten im Rahmen eines der von vielen Reisebüros in Udaipur angebotenen **Tagesausflüge** in Kombination mit den Jain-Tempeln in Ranakpur oder aber im Rahmen einer Tagestour mit dem **Taxi**, wofür man ungefähr 1.200 bis 1.400 Rs veranschlagen sollte (200 Rs mehr, wenn man zudem noch Nagada besichtigen möchte).
- Wer es dennoch **auf eigene Faust** versuchen will, muss zunächst am frühen Morgen mit einem Bus um 7.30 Uhr nach **Kumbhalgarh** fahren. Dieser fährt jedoch nicht bis zur Burg selbst, sondern setzt einen etwa 8 km entfernt ab. Von dort muss man den Rest des Weges entweder per Anhalter oder zu Fuß zurücklegen.

Unterkunft

- Am günstigsten, dafür aber auch einfach und relativ weit vom Fort wohnt man im 8 km entfernten Dorf Kelwara im **Hotel Ratandeep** €€ (Tel.: 02954-242217).

- Verglichen mit dem beeindruckenden Äußeren wirken die recht spartanischen Zimmer des neu eröffneten **The Kumbhal Castle** €€€ (Fort Rd., Tel.: 02594-242171, hotel kumbhalcastle@yahoo.co.in, www.kumbhal castle.com) recht nüchtern. Angesichts der schönen Aussichten, des bemühten Personals und des verhältnismäßig günstigen Preises ist es dennoch eine empfehlenswerte Unterkunft. Zudem gibt's einen billigen Schlafsaal €.
- Mit dem **Hotel The Aodhi** €€€€ (Tel.: 02954-242341, crs@udaipur.hrh.india.com) findet sich 2 km von der Burg entfernt eine ausgezeichnete Unterkunft. Die in einen Hang gebaute Anlage allein lohnt schon einen Ausflug in diese Gegend. Vom freundlichen Management werden u.a. auch Ausflüge zu Pferd angeboten. Die Zimmer verfügen alle über eine eigene Terrasse mit Ausblick über den hauseigenen Swimmingpool hinweg ins weite Tal. Ein weiterer Vorteil ist die Nähe zum Kumbalgarh Fort. Für den schönen Spaziergang sollte man mit Fotostopps etwa 30 Minuten veranschlagen.
- Eine erst kürzlich neu eröffnete, preisgünstigere Alternative zum Aodhi ist das gelungene, auf einem Hügel gelegene Hotel **Kumbalgarh Fort** €€€-€€€€ (Tel.: 02954-242057). Die 21 AC-Räume sind groß und angenehm, fast alle verfügen über kleine Balkone mit Aussichten ins Tal. Die gesamte Anlage ist in einem gepflegten Zustand und das Personal sehr bemüht. Auch hier gibt's einen Pool.

Highlight:
Ranakpur ♐ B3

Zusammen mit dem Dilwara-Tempel in Mount Abu gehören die **Tempel** von Ranakpur zum schönsten, was die **Jain-Kunst** je hervorgebracht hat und damit zu den beeindruckendsten Sakralbauten Nordindiens. Bereits der erste Eindruck der Marmorbauten vor der Bergkulisse, zusammen mit den großen schattenspendenden Bäumen, den lilafarbenen Bougainvilleas, den frechen Affen und den umherstolzierenden Pfauen, nimmt einen sofort für den Ort ein.

Verglichen mit den 200 Jahre früher entstandenen Tempeln von Dilwara bei Mount Abu wirkt der im 15. Jh. nach 60-jähriger Bauzeit fertig gestellte Haupttempel wesentlich größer. Hierin spiegelt sich die veränderte machtpolitische Situation unter dem Mitte des 15. Jh. regierenden *Rana Kumbha* wieder. Nachdem der muslimische Bildersturm, dem so viele hinduistische und jainistische Heiligtümer zum Opfer gefallen waren, Ende des 14. Jh. abflaute und das Reich Rana Kumbhas mit der Hauptstadt Chittorgarh auf dem Höhepunkt seiner Macht stand, besann man sich auf die alte Stärke. Dieses neue Selbstbewusstsein äußert sich in der Monumentalität der Tempel von Ranakpur, die nicht zuletzt auch die Größe und Macht Rana Kumbhas symbolisieren sollen.

Der bedeutendste Tempel des von einer Mauer umschlossenen Komplexes ist der dem Ersten Furtbereiter der Jains, *Adinath*, gewidmete **Chaumukh-Tempel.** Da er an einem westlichen Hügelhang liegt, wurde der Sockel unter dem westlichen Haupteingang deutlich erhöht. Den Türschwellen mit ihren böse Geister abwehrenden Dämonenmasken *(kirthimukhas)* sind ebenso wie in Dilwara halbrunde „Teppiche" zur Reinigung der Seele von negativen Eigenschaften vorgelagert. Daneben sind die bei allen Jain-Heiligtümern im Eingangsbereich zu findenden Muschelhörner zu sehen, deren Klang als heilig gilt und der Silbe „Om" besonders nahe kommen soll.

Die Ausmaße (62x60 m) und Höhe des Heiligtums erinnern den Besucher im Innern zunächst an eine gotische Kathedrale. Der für den Bau verwendete Marmor aus den Steinbrüchen von Sonana und Sewadi reicht nicht an die Wärme und Leuchtkraft des Marmors von Dilwara heran. Die Kultfigur im Innern ist mit vier Gesichtern *(chaumukh)* dargestellt, die Himmelsrichtungen und damit den Kosmos beherrschend. Ursprünglich wurde er, wie die meisten anderen Bauten Ranakpurs, im 15. Jh. errichtet. Da jedoch auch hier die religiöse Intoleranz *Aurangzebs* wütete, sind viele der heu-

---

Gegen Angriffe mit Elefanten wurden die Tore mit Eisendornen gesichert – die Festung von Kumbalgharh ist nur ein einziges Mal, im ausgehenden 16. Jh., erstürmt worden

te so makellos erscheinenden Bauten das Resultat kunstvoller Restaurationsarbeiten. Die quadratisch um das Sanktotum verlaufenden 86 Schreine beinhalten Statuen untergeordneter Gottheiten. Durch die vier den Hof begrenzenden Eckschreine erhält der Bau zugleich die Form eines *pancharatha* (fünfschreiniger Tempel), eine bei den Hindus besonders häufig anzutreffende Tempelgrundform.

Ebenso wie bei der Anlage von Dilwara fasziniert die überwältigende Vielfalt an ungemein **detailgenau gemeißelten Skulpturen.** Jeder Zentimeter scheint mit grazilen Tänzerinnen, Göttern, Tieren und Blumenmotiven verziert zu sein. Diese vitale Lebensfreude bildet einen spannungsreichen Kontrast zu den scheinbar weltentrückt in den jeweiligen Nischen sitzenden Jain-Figuren mit ihren gespenstisch silbrigen Augen. Von den insgesamt 1.444 vom Sockel bis zur Spitze ornamentierten Marmorsäulen, auf denen die 29 Dächer der Tempelhallen ruhen, gleicht keine der anderen. Beim näheren Betrachten ist leicht zu erkennen, dass die einzelnen Figuren nicht immer höchstes Ansehen genießen. Sie sollten nicht den Eigenwert betonen, sondern dienten ausschließlich dekorativen Zwecken. Einen besonderen Blickfang bildet die Kuppeldecke der Haupthalle, die in verschwenderischer Ausstattung die sechzehn Göttinnen der Weisheit (Vidyadevi) zeigt.

● **Geöffnet** ist der Tempel für Nicht-Jains offiziell tgl. von 12 bis 17 Uhr. So genau scheint es jedoch niemand zu nehmen, sodass man meist auch schon früher eingelassen wird. Eintritt frei, Kameragebühr 50 Rs, Videogebühr 150 Rs.

Unterkunft

(Vorwahl: 02934)

● Ein gutes Preis-Leistungs-Verhältnis bietet der etwa 200 m vom Tempel entfernte **Shilpi Tourist Bungalow** €-€€ (Tel.: 285074) mit picobello sauberen Zimmern. Auch der Schlafsaal zu 50 Rs macht einen gepflegten Eindruck. Weniger empfehlenswert sind hingegen die überteuerten und zudem wenig schmackhaften Gerichte im hauseigenen Restaurant.

● **The Castle** €€-€€€ (Tel.: 223733) liegt tatsächlich umgeben von einem hübschen Garten wie ein Schloss auf einem kleinen Hügel. Die Zimmer sind recht geräumig. Nicht nur wegen der deutlich geringeren Preise, sondern auch wegen des freundlichen Personals ist das Haus eine Alternative zum teuren Maharani Bagh.

● Das ursprünglich ausschließlich als Restaurant dienende **Roopam Hotel & Restaurant** €€ (Tel.: 223921) an der Ranakpur Rd. vermietet sechs recht hübsche Bungalows. Im Restaurant kann man zwischen à la carte und Büffet wählen.

● 3 km vom Tempel entfernt steht das stilvolle **Maharani Bagh Orchard Retreat** €€€€ (Tel.: 285105, balsamand-1@sify.com). Die inmitten eines hübschen Gartens angelegten Bungalows strahlen viel Ruhe und Erholung aus und lohnen durchaus einen längeren Aufenthalt, sie sind jedoch überteuert. Das gilt besonders für das das angeschlossene Freiluftrestaurant (Lunch-Büffet für 400 Rs!).

● Einen guten Gegenwert bietet das ganz in der Nähe gelegene, großzügig angelegte

---

Die imposanten Tempel von Ranakpur, ein Meisterwerk der Jain-Kunst, beeindrucken durch ihren reichen Skulpturenschmuck

Ranakpur Hill Resort €€€-€€€€ (Tel.: 02934-286411, Fax: 2521252, ranakpurhillresorts@yahoo.com, www.ranakpurhillresorts.com), ein im Rajasthani-Stil errichtetes Hotel mit liebevoll eingerichteten Zimmern, alle mit AC und Swimmingpool.

● Der unweit von Ranakpur gelegene, im 17. Jh. erbaute **Palast von Ghanerao** €€€ (Tel.: 02934-28105) besticht durch seinen mittelalterlichen Charme und die verspielte Architektur mit Kuppeldächern und offenen Balkonen. Die 20 Zimmer befinden sich weitgehend noch in ihrem ursprünglichen Zustand.

● Kaum 10 km entfernt von Ghanerao gibt es in dem verschlafenen kleinen Ort Narlai ein weiteres Heritage Hotel, das **Rawla Narlai** €€€-€€€€ (Tel.: 0291-237410). Die insgesamt 12 Zimmer dieses im 17. Jh. gebauten Palastes sind im traditionellen Stil eingerichtet.

Essen und Trinken

● Nicht entgehen lassen sollte man sich die köstlichen Thalis, die jeden Mittag in der Essenshalle des **Dharamsala** gleich links am Haupteingang ausgegeben werden.

An- und Weiterreise

● Die häufigsten Verbindungen bieten sich vom 98 km südöstlich gelegenen **Udaipur,** wo tgl. fünf **Express-Busse** in 2,5 Std. nach Ranakpur fahren.

● Einige, aber nicht alle **Deluxe-Busse Udaipur – Jodhpur** legen einen Zwischenstopp in Ranakpur ein.

● Schließlich bieten viele Reisebüros bei entsprechender Nachfrage in Udaipur einen **Tagesausflug per Minibus** an, der u.a. Kumbhalgarh und Ranakpur beinhaltet.

Dungarpur ⚁ B3

Der Weg lohnt sich, könnte man in Anspielung auf eine bekannte Zigarettenreklame sagen, wenn man an den im äußersten Südwesten Rajasthans an der Grenze zu Gujarat und Madhya Pradesh gelegenen Ort Dungarpur denkt. Neben dem verschlafenen Charme dieses nur selten von Touristen besuchten Städtchens lockt vor allem das sehr schöne Heritage Hotel.

Unterkunft

- Ganz spartanisch kann man im **Pratibha Palace** € (Shastri Colony, Tel.: 230775) unterkommen.
- **Udai Bilas Palace** €€€€ (Tel.: 02964-230808, Fax: 231008, www.udaibilaspalace.com), dieses im Besitz des örtlichen Prinzen befindliche Anwesen liegt sehr pittoresk an einem kleinen See und gilt als eines der schönsten Heritage Hotels der Region. Eigentlich ein idealer Ort, um den ländlichen Charme Rajasthans in einem sehr schönen Ambiente kennenzulernen.

Anreise

- Täglich mehrere Busse von **Udaipur**, die für die 110 km lange Strecke knapp 3 Stunden benötigen.

Mount Abu ⚁ B3

(ca. 22.000 Einwohner, Vorwahl: 02974)

Auf einem der für das Dekhan so charakteristischen Inselberge liegt in über 1.200 m Höhe *Rajasthan's only hillstation*. Und tatsächlich durchweht Mount Abu ein Hauch von europäischer Nostalgie, gemischt mit der Vitalität der indischen Mittel- und Oberschicht, für die der Ort ein bevorzugtes **Ferienziel** während der heißen Sommermonate ist. Der Poloplatz in der Mitte des Ortes fehlt ebensowenig wie die christliche Kirche und die Villen im Kolonialstil, die äußerst malerisch in die Berge rund um den kleinen idyllisch gelegenen Nakki-See stehen.

Der besondere Tipp: Heritage Hotel in Deogarh

Vor die undankbare Aufgabe gestellt, unter der Vielzahl sehr schöner Heritage-Hotels Rajasthans das schönste auswählen zu müssen, würden wir uns letztlich für das entzückende **Deogarh Mahal** (Tel.: 02904-252777, 253333, deogarh@datainfosy.net, www.deogarhmahal.com) entscheiden. Das in ein Hotel umgewandelte Schloss hat all das zu bieten, was das Wohnen in diesen traditionsreichen Häusern zu einem unvergesslichen Erlebnis macht. Da ist zunächst einmal der in der Mitte der touristischen Hochburgen Jodhpur, Ajmer, Chittorgarh und Udaipur gelegene Ort selbst. Durch seine Lage auf 700 Metern Höhe herrscht ein **angenehmes Klima,** welches dazu einlädt, die auffallend sauberen, mittelalterlich anmutenden Marktstraßen zu durchstreifen und die liebliche, von Hügeln und Seen geprägte Landschaft zu erwandern. Darüber hinaus ist das 1670 vom lokalen Herrscher *Rawat Dwarka Dasji* erbaute **Schloss** in geradezu vorbildlicher Weise restauriert worden. Jeder der insgesamt 34 Räume ist anders geschnitten und mit viel Liebe zum Detail restauriert worden, von den Teppichen über die Nachttischlampen bis zu den herrlichen Miniatur-

Früher hatten hier die Maharajas von Rajasthan ihre Wohnsitze. Eine der spektakulärsten **Villen,** mit einzigartigem Ausblick über die mit ihren Palmenhainen, Orchideen und ihrer bunten Blumenpracht fast schon mediterran wirkende Landschaft, diente dem britischen Gouverneur von Rajasthan in den Sommermonaten als Amtssitz.

Mit dem Abzug der Kolonialherren 1947 rückten die sich kaum weniger snobistisch benehmenden, auf englischen Eliteschulen ausgebildeten indischen Verwaltungsbeamten nach. Die rege Bautätigkeit in den lieblichen Tälern um Mount Abu zeugt von der immer selbstbewusster auftretenden **indischen Oberschicht.** Die in ihrer architektonischen Gestaltung oftmals an der europäischen Bauhaustradition orientierten Villen verdeutlichen die Entfremdung der indischen Elite von ihren traditionellen Werten.

---

malereien an den Wänden und Decken, für die Deogarh in ganz Rajasthan bekannt ist. Die hervorragende Küche, das freundliche, wenn auch zuweilen ungeschulte Personal, der architektonisch sehr gelungene Swimmingpool und die Dachterrassen runden das Bild dieses von den sympathischen Söhnen des *Rawat* geführten Kleinodes ab. Der Preis liegt bei 60/80 US-$.

●**Anreise:** Jeder der ständig zwischen Udaipur und Jaipur entlang der N8 verkehrenden Busse hält in dem kleinen Ort. Von dort aus sind es gerade noch einmal 10 km per Bus oder Taxi (ca. 30 Rs) bis Deogarh.

Sehr beliebt ist der Ort aufgrund seiner romantischen Atmosphäre vor allem bei jungvermählten Paaren, die sich hier zum ersten Mal näherkommen, in der Hoffnung, dass ihre Eltern die richtige Wahl getroffen haben.

Mount Abu hat jedoch weitaus mehr zu bieten als ein angenehmes Klima und liebliche Landschaft. Schon lange vor der Ankunft der britischen Kolonialherren besaß der Ort eine besondere Bedeutung als **Pilger- und Wallfahrtsort,** und auch heute noch sind die vielen Felsenhöhlen vor allem südlich des Nakki-Sees von Eremiten und Sadhus bewohnt. Schon im großen Heldenepos *Mahabharata* wird die Entstehungsgeschichte Mount Abus mit Shiva in Verbindung gebracht.

Für die Rajputen liegt hier der Legende nach der Geburtsort ihres Clans, und für die Jains ist der Mount Abu einer ihrer insgesamt vier heiligen Berge. Mit der Dilwara-Tempelanlage errichteten sie eines der schönsten Bauwerke ganz Indiens. Von der spirituellen Atmosphäre dieses Ortes inspiriert, siedelte sich hier schließlich die weltweit vertretene hinduistische Gruppierung der *Brahma-Kumaris* an.

Obwohl von nur wenigen westlichen Touristen besucht, ist Mount Abu aufgrund seines angenehmen Klimas, seiner wunderschönen Landschaft, die zu vielen Spaziergängen einlädt, seiner entspannten Atmosphäre und den einzigartigen Tempeln von Dilwara für jeden, der etwas Abstand und Ruhe sucht, ein geradezu idealer Ort.

Dies gilt allerdings nicht für die Zeit der großen hinduistischen Feiertage wie Diwali im November, zu Weihnachten/Neujahr und während der heißen Sommermonate Mai bis Juli. Dann stürmen Tausende von indischen Touristen den Ort – von Ruhe und frischer Luft kann keine Rede mehr sein.

Sehenswertes

Stadtrundfahrt

● Das **Tourist Office** bietet jeweils morgens von 8.30 bis 13 Uhr und nachmittags von 13.30 bis 17 Uhr eine Stadtrundfahrt (60 Rs) an, die auch die relativ weit außerhalb gelegenen Sehenswürdigkeiten wie Achalgarh und Guru Shikha einschließt. Eine sehr gute Gelegenheit, um die landschaftlich sehr schöne Umgebeung Mt. Abus zu erleben. Die Nachmittagstour ist allerdings vorzuziehen, da dann mehr Zeit für den erst ab 12 Uhr für Nicht-Jains geöffneten Dilwara-Tempel zur Verfügung steht und zudem der Sonnenuntergang vom Sunset Point gegen 18 Uhr vielversprechender erscheint als am Vormittag ... In den Monaten März bis Juni ist die Nachfrage besonders groß, sodass man möglichst schon einen Tag vorher buchen sollte. Neben dem Tourist Office bieten noch mehrere private Veranstalter Rundfahrten an.

Nakki-See

Während des Tages bildet der kleine, malerisch von Bergkegeln umgebene Nakki-See den Mittelpunkt des touristischen Treibens. Seinen Namen bezieht der See von einer Sage, wonach er von den Göttern nur mit ihren Fingernägeln *(nakki)* ausgegraben worden sein soll. Der See ist entlang der ihn umgebenden, kaum befahrenen Straße gemütlich in einer halben Stunde zu umwandern, wobei sich schöne Ausblicke auf Mount Abu und die tropisch wuchernde Natur bieten.

Die in der Mitte des Sees aufragenden bizarren Felsformationen haben die Fantasie der Inder offensichtlich nachhaltig angeregt, denn die ihnen zugedachten Namen sind doch nur recht schwer mit ihrem Aussehen in Verbindung zu bringen. Einzige Ausnahme bildet der *Toad Rock,* denn er erinnert tatsächlich auffallend an eine Kröte auf dem Sprung ins Wasser. Am kleinen, in den See hineingebauten Steg können Tret- und Ruderboote gemietet werden.

Sunset Point

Jeden Nachmittag gegen 17 Uhr setzt sich die halbe Stadt, einem Pilgerzug gleich, in Bewegung, um zum zwei Kilometer entfernten Sunset Point zu gelangen. Ausgangspunkt ist das obere Ende der zum See hinunterführenden Straße. Eine ganze Kolonie kitschig bunt geschmückter Pferde und Kamele (nicht zu vergessen die Bollerwagen) wird dort von ihren Besitzern bereitgestellt, um die weniger Gehfreudigen gegen Bezahlung zum Aussichtspunkt zu transportieren. Die weltabgeschiedene Ruhe während des Tages verwandelt sich dann in einen jahrmarktsähnlichen Trubel. Die Aussicht in die flache Ebene ist sicherlich sehr beeindruckend, doch der Son-

Sunset Point – faszinierend ist auch die Schar der Betrachter

MOUNT ABU

Stadtplan S. 395

Süd-Rajasthan

nenuntergang verschwimmt allzu häufig im diesigen Horizont.

Interessant und wirklich beeindruckend ist so auch weniger das Objekt der Verehrung selbst, sondern sind die Betrachter. Den Blick nicht nach Westen, sondern nach Osten wendend, offenbart sich einem ein beeindruckendes Bild: Das vielfältige und bunte Spektrum der indischen Bevölkerung scheint hier wie in einem Mikrokosmos vereint in der Verehrung der göttlichen Sonne. Wie auf einem Vogelhorst sitzen die in ihre bunten Saris und Anzüge gekleideten indischen Urlauber auf den steilen Treppenstufen und Terrassen und so bieten sich immer wieder interessante Fotomotive.

> Wer sich der Massenbewegung nicht anschließen möchte, dem bietet sich als Alternative ein wunderschöner, etwa anderthalbstündiger **Spaziergang** durch weitgehend unberührte Natur an. Der nach einem britischen Offizier, der im 19. Jahrhundert auf diesem Weg spurlos verschwand, *Baylages Walk* benannte Weg beginnt am nordöstlichen Ende des Nakki-Sees. Nach den ersten recht steilen 5 Fußminuten verläuft der Trampelpfad kontinuierlich und ohne große Höhenunterschiede um den Berg. Man sollte früh genug aufbrechen, um die unterwegs sich immer wieder bietenden grandiosen Aussichten in die steil abfallende Ebene in aller Ruhe genießen zu können.

> Viele Reisende haben sich in den letzten Jahren begeistert über diese Route geäußert. Allerdings hat es zwei Fälle gegeben, bei denen **Wanderer beraubt** wurden. Man sollte sich vor Ort nach der Sicherheitslage erkundigen und diese sehr schöne Wanderung ohne Wertsachen und nie allein unternehmen.

Achaleshwar-Mahadev-Tempel

Über 200 Treppenstufen muss man erklimmen, bis man zu dem an einem Berghang gelegenen kleinen Shiva-Tempel gelangt, von wo sich ein herrlicher Ausblick auf das wildzerklüftete Hochplateau des Mount Abu bietet. Um den Ursprung des sich am Fuße des Berges befindenden Tempels rankt sich eine hübsche **Legende:** Als der Mount Abu kurz nach seiner Errichtung noch recht wackelig am Abgrund gestanden hat, soll ihn Shiva durch einen energischen Fußtritt in die heutige, stabile Lage gebracht haben. Dabei verlor Shiva jedoch seinen großen Zeh, und selbiger wird nun in Form eines Felsens am Tempel verehrt. Das sich unter dem Felsen-Zeh abzeichnende Loch, so wird einem versichert, soll bis zum Mittelpunkt der Erde führen. Achtung beim Betreten des sehr niedrigen Tempels – „please watch your head"! Im Tempelhof ist ein sehr schöner *Nandi* (Shivas Reittier, ein Bulle) aus dem 15. Jh. zu sehen.

Der besondere Tipp: Dilwara-Tempel

„Ein Traum in Marmor" sind die Jain-Tempel im fünf Kilometer nordöstlich von Mount Abu gelegenen Dilwara einmal euphorisch und treffend zugleich genannt worden. Doch wer nach einer hübschen Wanderung schließlich am Tempelgelände anlangt, mag zunächst ein wenig enttäuscht sein, weist doch von außen wenig auf die angebliche Pracht des Ortes hin. Eher versteckt zwischen Felsenhügeln und Mangohainen liegen die insge-

MOUNT ABU

Mount Abu

Honeymoon Point (1,7 km), Ganesh Tempel (2,5 km)
Nakki Sagar
Ragunath Tempel
Alter Sommerpalast des Maharajas von Jaipur
Palace Hotel (Bikaner House, 1,5 km), Dilwara Tempel und Palast (2,5 km), Mount Abu Wildlife Sancturay (5 km), Achalgarh (11 km), Guru Sikhar (15 km)
Sunset Point (1 km)
Raj Bhawan Road
Marktbereich
Polo Ground
Rajendra Road
Abu Road (25 km)

Sehenswürdigkeit
- Ⓜ 11 Government Museum
- ⓘ 13 St. Saviour Church

Unterkunft
- 🏨 5 Jaipur House
- 🏨 6 Sri Ganesh Hotel
- 🏨 7 Hotel Pan Ghat
- 🏨 8 Hotel Lake View
- 🏨 9 Hotel Lake Palace
- 🏨 14 Mount Hotel
- 🏨 15 Hotel Savera Palace und Restaurant
- 🏨 23 Tourist Resort
- 🏨 24 Hotel Sarawati
- 🏨 27 Hotel Samrat
- 🏨 30 Hotel Sudhir
- 🏨 31 Connaught House
- 🏨 36 Hotel Hilltone
- 🏨 37 Hotel Sunrise Palace
- 🏨 38 Hotel Hillock
- 🏨 39 Hotel Maharani

Essen und Trinken
- 🍴 10 Kings Food
- 🍴 20 Sher-e-Punjab Hotel
- 🍴 22 Madras Café, Hasty Tasty
- 🍴 25 Essensstände
- 🍴 32 Kanak Dining Hall

Sonstiges
- • 1 Universal Peace Hall
- • 3 Bootsverleih
- 💲✉ 12 State Bank of India und Post
- 🐎 16 Pony-Vermietung
- 🚌 17 Privater Busbahnhof
- @ 18 Shree Krishna Cyber Café
- 💲 19 State Bank of Bikaner & Jaipur
- ✖ 21 Taxistand (nach Dilwara)
- 💲 25 State Bank of Bikaner & ATM
- @✖ 26 Internet-Café, Taxistand
- 💲 28 Bank of Baroda
- 🔒 29 Rajasthan Emporium
- • 33 Polizei
- 🚌 34 Busbahnhof
- ℹ 35 Tourist Reception Centre, Railway Booking Office

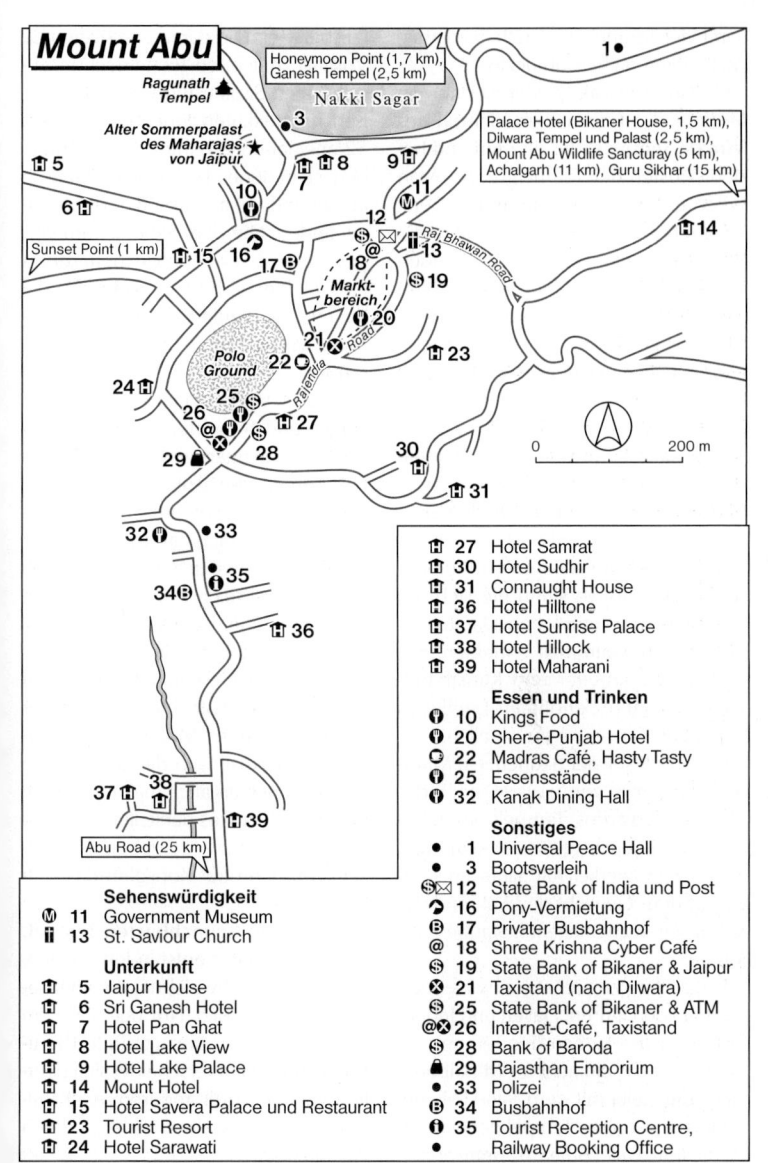

Süd-Rajasthan

samt vier Tempel, und auch ihre Fassaden wirken recht schmucklos.

Um so überwältigender ist dann allerdings der Eindruck im Inneren des **Vimala-Tempels,** des ältesten und bedeutendsten der Tempelgruppe. Man weiß gar nicht, wohin man zuerst schauen soll, so überreich sind die Wände, Säulen, Dächer und Arkaden mit kunstvoll aus dem weiß schimmernden, scheinbar durchsichtigen Marmor gehauenen Figuren besetzt. Derart fein sind die Musikanten, vollbusigen Tänzerinnen und Göttergestalten in ihren eleganten Körperhaltungen aus dem Marmor gemeißelt, dass man meint, sie würden schweben. Wenn man dann noch die beinahe jeden Ast und jedes Blatt in all seinen Feinheiten erfassenden Blumen- und Blütenmotive sieht, die sich um die einzelnen figürlichen Darstellungen ranken, kann man ermessen, warum 2.700 Arbeiter und Kunsthandwerker 14 Jahre benötigten, um dieses einmalige Kunstwerk zu erstellen.

Angeblich soll der Bauherr, ein Minister des Königs von Gujarat, nach der Fertigstellung des Tempels im Jahre 1031 so beglückt gewesen sein, dass er die Handwerker mit Silber entsprechend dem Gewicht des während der Bauarbeiten angefallenen Staubes entlohnte.

Trotz der zunächst verwirrenden Vielfalt von Figuren, Hallen und Innenhöfen ist der Aufbau des Tempels im Grunde recht einfach. Im Mittelpunkt steht die Cella mit dem Jain-Heiligen, dem der jeweilige Tempel geweiht ist, in diesem Falle *Adinath*, dem ersten Furtbereiter. Die daran anschließende Vorhalle mit ihren wunderschön geschnitzten Säulen führt in einen großen rechteckigen Innenhof, der von 52 aneinandergereihten Zellen umgeben ist, in denen sich jeweils identisch aussehende Skulpturen der *Tirthankaras* finden. Die dem Sanktuarium vorgelagerte Zwischenhalle beherbergt eine kleine silberne Pagode, die die himmlische Predigthalle des Tirthankara nach seiner Erleuchtung symbolisieren soll.

Bei aller Vielfalt innerhalb des 33 m langen und 14 m breiten Tempels ragt doch der einzigartige **Tanzpavillon** als Höhepunkt der Anlage heraus. Die acht Säulen des von drei Seiten frei zugänglichen *ranga-mandapa* sind mit floralen, geometrischen und figuralen Motiven überreich verziert und durch geschwungene, bis ins kleinste Detail verzierte Bögen miteinander verbunden. In der Mitte hängt ein Pendentif in Form einer Lotosblüte, ein immer wiederkehrendes Motiv, welches sowohl mikrokosmisch die Erleuchtung des Einzelnen als auch makrokosmisch das All als Ganzes darstellen soll. Wie ein Strahlenkranz umgeben 16 Wissensgöttinnen auf Konsolen das Mittelmotiv.

Die beiden **benachbarten Tempel,** 200 Jahre später entstanden, folgten, von kleinen Abweichungen abgesehen, ihrem Vorbild. Nur der vierte, im 16. Jh. als letzter hinzugefügte **Chaumukh-Tempel** unterscheidet sich deutlich von den drei anderen, reicht jedoch auch bei weitem nicht an deren Niveau heran.

- **Öffnungszeiten:** Der Tempelkomplex ist für Nicht-Jains täglich von 12 bis 18 Uhr geöffnet. Leider gilt für diesen wunderschönen Tempel ein **striktes Fotografierverbot!** Händler auf dem Weg zum Tempel verkaufen Fotos davon – handeln ist angebracht! Die Anfahrt mit Taxi kostet 50 Rs.

Information

- Das **Tourist Office** (Tel.: 243151) liegt günstig direkt gegenüber dem Busbahnhof. Zu Individualreisenden ist man jedoch leider weit weniger freundlich als zu gutsituierten Touristen.
- Häufig gelobt als hervorragender **Guide** wird *Charles*, der im Lake Palace Hotel ein Büro hat, hervorragend Englisch spricht und westliche Touristen durch Mt. Abu und die hügelige Landschaft sowie zu Dörfern und Tempeln der Umgebung führt, und das für ein verhältnismäßig kleines Entgelt. Außerdem vermietet er auch zwei einfache, sehr preiswerte Zimmer. Sein *Lake Cottage* liegt zwischen den Hotels *Lake View* und *Lake Palace*. Guide Charles, Lake Cottage, gegenüber Vivekand Garden, Mount Abu 307501, Tel.: (0)9414154854, mahendradan@rediff mail.com.

Stadtverkehr

- Mt. Abu ist eine Stadt, die erwandert werden kann, zumal die Entfernungen gering sind. Autorikshas stehen dementsprechend auch nicht zur Verfügung, dafür jedoch eine Fortbewegungsart, die mir nirgendwo sonst in Indien begegnet ist: **Bollerwagen.** Vornehmlich beim Busbahnhof stehen meist ältere Herren mit diesen kleinen Blechkisten, um entweder das Gepäck oder einen selbst zum Hotel zu schieben. Wem's gefällt ...
- **Taxis** können zum Einheitspreis von 50 Rs gemietet werden.

Unterkunft

Die Auswahl ist mit über 100 Hotels und Guest Houses riesig. Dennoch kann es in der Hauptsaison zwischen Mai und Juli sowie zum Diwali-Fest im November und um Weihnachten zu Engpässen kommen. Speziell zum fünftägigen Diwali explodieren die Preise förmlich. Für ein Zimmer, welches normalerweise 100 Rs kostet, muss man dann 400 bis 500 Rs zahlen.

Außerhalb der Saison stehen dagegen viele Hotels leer. Viel hängt vom persönlichen Verhandlungsgeschick ab, und so können die folgenden Preisangaben der Nebensaison auch nur eine Orientierungshilfe sein. Bei den meisten Unterkünften ist die Check-Out-Zeit 9 Uhr!

Low Budget und Budget

- Das mit Dachgarten, Internet, Gästeküche sowie gutem Restaurant versehene **Shri Ganesh Hotel** € (Tel.: 235591, lalitganesh@yahoo.co.in) ist beliebt. Vom Besitzer werden auch Trekkings in die Berge unternommen.
- Gut ist das Hotel **Sudhir** € (Tel.: 243120) in einer ruhigen Seitenstraße eine hervorragende Alternative. Die gute Lage und die recht guten Zimmer mit Heißwasserversorgung rund um die Uhr sind in der Nebensaison recht preiswert.
- Was die See-Nähe betrifft, ist das direkt oberhalb des Nakki-Sees gelegene Hotel **Lake View** €-€€ (Tel.: 238659) unschlagbar. Um diese Lage würden sich sicherlich viele First-Class-Hotels reißen, denn die Aussicht auf den hübschen See und die ihn umgebenden Berge ist wirklich nur traumhaft zu nennen. Die hervorragende Aussicht kompensiert die relativ schmucklose Ausstattung der Zimmer und den renovierungsbedürftigen Allgemeinzustand allerdings nur bedingt.
- Sehr freundlich ist der Manager des Hotels **Pan Ghat** € (Tel.: 238386) direkt nebenan. Auch diese Unterkunft besticht durch ihre vorzügliche Lage mit einem sehr schönen Blick von der Dachterrasse. Ähnlich wie beim Lake View sind die Zimmer eher bescheiden eingerichtet.
- Wen die Lage etwas außerhalb der Stadt an der Straße zu den Dilwara-Tempeln nicht stört, der findet in der unteren Preiskategorie kaum eine schönere Unterkunft als das **Mount Hotel** € (Tel.: 235150). Friedvolle At-

mosphäre, hübsche Zimmer und freundliches Personal, das alles zu einem äußerst günstigen Preis.

- Empfehlenswert und in der Nebensaison ausgesprochen preiswert ist das Hotel **Lake Palace** €€-€€€ (Tel.: 237154, Fax: 238817, savshanti@hotmail.com), die ehemalige Sommerresidenz eines Maharajas. Die Lage unmittelbar am See, der hübsche Garten und das freundliche Personal – alles zusammen in Verbindung mit dem niedrigen Preis machen es zu einer empfehlenswerten Adresse.
- Unter gleichem Management läuft das an der Straße zum Sunset Point gelegene **Savera Palace** €€-€€€ (Tel./Fax: 238354). Zwar verfügt es nicht über den stilvollen Charme des Lake Palace, bietet dafür jedoch andere Annehmlichkeiten wie z.B. einen Swimmingpool und ein hervorragendes Restaurant. Eine besonders von Familien mit Kindern bevorzugte Unterkunft.

Tourist Class

- Eines der besten Hotels der Stadt ist zweifelsohne das äußerst gepflegte und freundliche **Hotel Hillock** €€€€ (Tel.: 238463, Fax: 238467) in der Nähe des Tourist Bungalow. Die Zimmer sind hell und geräumig, das Personal sehr freundlich und bemüht, und zudem verfügt das Hotel über ein sehr gutes Restaurant.
- Etwas preiswerter ist das ebenfalls sehr empfehlenswerte, gegenüber dem Hillock gelegene Hotel **Maharani** €€€ (Tel.: 238510).
- Wer es eher etwas romantischer mag, dem sei der oberhalb des Hillock gelegene **Sunrise Palace** €€€ (Tel.: 238775) empfohlen. Der ehemalige Sommerpalast des Maharajas von Bharatpur ist zwar etwas in die Jahre gekommen und könnte eine Generalüberholung ganz gut gebrauchen, doch das Flair vergangener Schönheit gibt dem ganzen einen speziellen Reiz.
- Das nostalgisch schöne **Palace Hotel (Bikaner House)** €€€ (Tel.: 238673, Fax: 238674) war einst die Sommerresidenz des Maharajas von Bikaner und gehört heute zu den schönsten Hotels von Mount Abu. Die 24 elegant gestalteten Zimmer tragen hierzu ebenso bei wie die schöne Lage in der Nähe des Dilwara-Tempels. Das Haus ist umgeben von einer sehr gepflegten Gartenanlage und verfügt über zwei Tennisplätze. Geleitet wird das Hotel vom sehr sympathischen Schwiegersohn des Maharajas. Es ist vergleichsweise preiswert und dementsprechend oft ausgebucht.
- Ganz ähnlich im Preis und im Ambiente, dafür aber nur wenige Minuten zu Fuß vom Stadtzentrum entfernt, ist das **Connaught House** €€€-€€€€ (Tel.: 238560), die ehemalige Sommerresidenz des Maharajas von Jodhpur. Während die Zimmer im Hauptgebäude wegen ihres kolonialen Ambientes zu gefallen wissen, verfügen jene im Neubau über eine schöne Terrasse mit Ausblick.
- Ausgesprochen schön ist die inmitten einer ruhigen Gartenlandschaft gelegene Anlage des **Cama Rajputana Club Resort** €€€€ (Tel.: 238204-6, Fax: 238412) mit Zimmern in einem restaurierten, 125 Jahre alten Clubhaus.

First Class

- Aus Maharaja-Zeiten stammt das tolle **Jaipur House** €€€€-€€€€€ (Tel.: 235176, www.royalfamilyjaipur.com) mit riesigen Suiten und tollem, auch Nicht-Gästen zugänglichem Dachrestaurant.

Essen und Trinken

Ebenso groß wie bei den Unterkünften ist auch die Auswahl beim Essen. Weniger erfreulich ist das Preisniveau, welches erheblich über dem Landesdurchschnitt liegt, unabhängig von Haupt- und Nebensaison.

- Nicht nur wegen seiner günstigen Lage etwas oberhalb des Busbahnhofs, sondern vor allem aufgrund seiner guten und für Mt.-Abu-Verhältnisse preiswerten südindischen Küche erfreut sich die **Kanak Dining Hall** großer Beliebtheit.
- Exzellent ist auch das **Sher-e-Punjab-Hotel** beim Gemüsemarkt. Besonders lecker ist z.B. das *chicken special*.
- Im **Madras Café** kann sowohl an der Straße wie auch innen oder auf dem Dach gespeist werden.
- Ganz ausgezeichnet ist das **Mayur Restaurant** im 1. Stock des Hotel Hillock. Ausge-

zeichnete *thalis* sowie chinesische Gerichte machen es zum besten Hotel-Restaurant der Stadt.
- Gute, aber überteuerte Fruchtsäfte, Eis und Kaffee gibt's im **Hasty Tasty** vor dem Madras Café.
- **Kings' Food** bietet kulinarisch nichts außergewöhnliches, dafür ist es jedoch ein guter Ort, um bei einem nachmittäglichen Kaffee das bunte Treiben an sich vorbeiziehen zu lassen.
- Günstig und lecker und das auch noch in angenehmer Umgebung isst man im **Arbuda Restaurant.** Das Open-Air-Restaurant bietet Gerichte von 30 bis 90 Rs.
- Gar nicht zu verachten sind die vielen kleinen **Essensstände** entlang der Hauptstraße mit diversen Snacks, z.B. frisch zubereiteten Omelettsandwiches.
- Aussicht und Essen sind gleichermaßen vorzüglich auf der Terrasse des **Jaipur House.** Selbst wer nicht 150-250 Rs für ein Gericht ausgeben will, sollte zumindest einmal auf einen Drink vorbeischauen (Lassi 75 Rs).

Bank, Internet

- Die **State Bank of Bikaner & Jaipur** wechselt Bares (hier gibt's auch einen ATM für die wichtigen Kreditkarten bis auf Amex), die **Bank of Baroda** nimmt auch Reiseschecks und die meisten Kreditkarten.
- Internetsurfen ist in Mt. Abu mit 50 Rs/Std. noch recht teuer. Zentral rund um den Markt möglich, etwa bei **Shree Krishna Cyber Net.**

An- und Weiterreise

Mt. Abu selbst kann **nur per Bus bzw. Taxi** angefahren werden. Der **nächstgelegene Bahnhof** ist Abu Road am Fuße des Tafelberges, 27 km entfernt. Von dort fahren ständig Busse, die den steilen Anstieg in etwa einer Stunde bewältigen. Da sie jedoch oftmals hoffnungslos überfüllt sind, bieten sich Taxen als Alternative an. Preis ca. 200 Rs, maximal 5 Personen. Egal wie man ankommt, jeder muss beim Passieren der Einlassschranke eine **Gebühr** von 10 Rs zahlen. Generell sind Busverbindungen vorzuziehen, da dann das umständliche und zeitaufwendige Umsteigen in Abu Road entfällt.

Bahn

Das **Railway Reservation Centre** in Mt. Abu findet sich über dem Tourist Office (Tel.: 221205, 8-20 Uhr geöffnet). Hier können Reservierungen für Züge ab Abu Rd. vorgenommen werden. Wichtige Verbindungen sind im Anhang aufgelistet.

Bus

- Eine Vielzahl von privaten Busgesellschaften bieten Fahrten zu fast allen größeren Städten Rajasthans und Gujarats an. Die Abfahrtszeiten liegen meist um 8.30 Uhr früh für längere Entfernungen. Sechs Busse tgl. nach **Udaipur** (5,5 Std.). Nach **Jaipur** (12 Std.) und **Ajmer** (10 Std.) zwei Busse tgl. Nach **Jodhpur** (7 Std.), **Jaisalmer** (11 Std.) und **Delhi** (18 Std.) jeweils ein Bus.

306ra Foto: tb

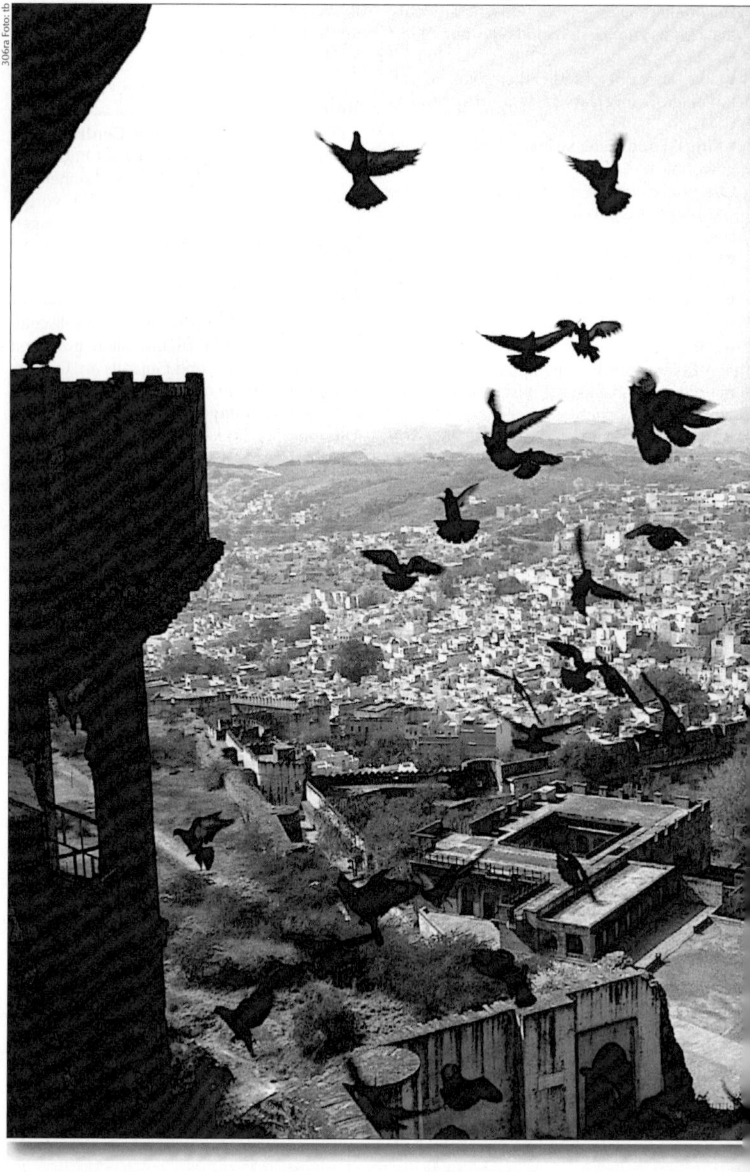

West-Rajasthan

Blick vom Meherangarh-Fort auf Jodhpur, die zweitgrößte Stadt Rajasthans

Fassade eines Haveli in Jaisalmer

Bunt bemalte Tonfiguren indischer Gottheiten auf einem Markt in Khimsar

Jodhpur ⚐ B2

(ca. 850.000 Einwohner, Vorwahl: 0291)

„Stadt des Lichts" wird die zweitgrößte Stadt Rajasthans auch genannt. Und tatsächlich bekommt man hier einen ersten Eindruck vom einzigartigen Licht- und Farbenspiel der **Wüste Thar,** an deren Rand die ehemalige Hauptstadt des Marwar-Reiches liegt.

Mit dem fantastischen Meherangarh Fort, Umaid Bhawan, einem gewaltigen, erst Mitte des letzten Jahrhunderts fertig gestellten Palast, und der schönen Altstadt gehört Jodhpur zu den besuchenswertesten Städten Rajasthans und rechtfertigt einen Aufenthalt, bevor man sich von hier auf den langen Weg in die alte Karawanenstadt Jaisalmer an der Grenze zu Pakistan begibt.

Geschichte

1459 sah sich *Rao Jodha* (1451-1492), Anführer der **Rathor,** eines der bedeutendsten Fürstengeschlechter Rajasthans, angesichts der von Delhi anrückenden islamischen Invasoren gezwungen, seine Hauptstadt vom wenig befestigten Mandore, das seit 1395 als Hauptstadt gedient hatte, ins nur acht Kilometer südlich gelegene Jodhpur zu verlegen. Hier wurde umgehend mit dem Bau des Meherangarh-Forts begonnen. Schnell konnten die Rathors aus dem Hause Marwar ihre Machtbasis erweitern, woran vornehmlich *Rao Bi Katshi*, einer der Söhne *Rao Singhs*, mit der Gründung der großen Festungsstadt Bikaner im Norden 1488 großen Anteil hatte. *Jodhas* Enkel *Ganga* musste jedoch nach mehreren Niederlagen (an der Seite Chittorgarhs) gegen den ersten Großmogul Babur die **Oberherrschaft der Moguln** anerkennen.

Er trat, wie so viele andere Rajputenfürsten auch, in die Dienste der Herrscher von Delhi. So eroberte *Raja Singh* (1594-1619) im Auftrage *Akhbars* große Teile Gujarats und des Dekhan. Sein Enkel *Jaswant Singh* (1635-1678) führte die Truppen *Shah Jahans* gegen dessen aufsässigen Sohn *Aurangzeb*, dem es schließlich 1679 gelang, Jodhpur zu annektieren. Im nun folgenden dreißigjährigen **Befreiungskampf** verbündeten sich die Rathors von Marwar mit den Sissodias von Udaipur, und ein Jahr nach dem Tod *Aurangzebs* im Jahre 1707 bestieg mit *Ajid Singh* wieder ein Rathor den Thron Jodhpurs.

1818 schließlich erkannten die Marwaris unter *Man Singh* die **britische Oberherrschaft** offiziell an, konnten jedoch, zumindest nominell, ihre Unabhängigkeit bewahren. Dies erwies sich schon 1857 als nützlich, als sich die indischen Truppen in der britischen Armee erhoben und auch in der Legion von Jodhpur Meuterei ausbrach. Die Maharajas, den Briten für die gesicherte Position zu Dank verpflichtet, standen ihrem Vertragspartner zur Seite, und so konnte der Aufstand schließlich niedergeschlagen werden. Auch in den beiden Weltkriegen unterstützte Jodhpur die Kolonialherren, so zum Beispiel im Palästinafeldzug 1917. So verwundert es nicht, dass Jodhpur nur widerstrebend am 30. März 1949 der Indischen Union beitrat.

Sehenswertes

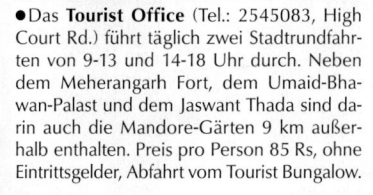

Stadtrundfahrt

● Das **Tourist Office** (Tel.: 2545083, High Court Rd.) führt täglich zwei Stadtrundfahrten von 9-13 und 14-18 Uhr durch. Neben dem Meherangarh Fort, dem Umaid-Bhawan-Palast und dem Jaswant Thada sind darin auch die Mandore-Gärten 9 km außerhalb enthalten. Preis pro Person 85 Rs, ohne Eintrittsgelder, Abfahrt vom Tourist Bungalow.

Meherangarh Fort

„Von Titanen erbaut" erschien das gewaltige, inmitten der Altstadt von Jodhpur gelegene Meherangarh-Fort schon *Rudyard Kipling*. Tatsächlich dokumentiert der Anblick dieser im wahrsten Sinne des Wortes alles überragenden **Palastanlage** auch architektonisch die uneingeschränkte und allumfassende Herrschaft der Rajputenfürsten. Wer mochte es angesichts dieser geradezu erdrückenden Macht schon wagen, gegen die Potentaten zu rebellieren?

Vor die schwierige Aufgabe gestellt, unter all den faszinierenden Festungsanlagen Rajasthans die beeindruckendste auszuwählen, würde das Meherangarh-Fort in Jodhpur sicherlich am häufigsten genannt. Geradezu märchenhaft, wie diese riesige, aus einem 120 Meter hohen Felsen scheinbar herauswachsende Palastanlage im Abendlicht rosarot über der Stadt erstrahlt. Genauso beeindruckend ist der morgendliche Blick von den bis zu 32 Meter hohen Festungsmauern auf die Altstadt mit ihren tiefblau bemalten Brahmanenhäusern.

Jedes der insgesamt **sieben Festungstore,** die während des steilen, serpentinenartigen, von hohen Mauern begrenzten Aufstiegs zum Palast zu durchqueren sind, trägt Spuren der ereignisreichen Geschichte des Hauses Mewar. Die farblich markierten Einschläge beim Lakkan-Tor stammen aus den Kanonenkugeln der Truppen Jaipurs, die Anfang des 19. Jh. vergeblich versuchten, das Fort zu erobern. Das heute als Eingangstor zum Fort dienende Jaya Pol (Siegestor) ließ *Maharaja Man Singh* anlässlich dieses Sieges 1809 errichten.

Ein im wahrsten Sinne des Wortes markantes (und makabres) Beispiel des **Sati-Kultes** findet sich mit den 32 Handabdrücken zu beiden Seiten des mit Eisenstacheln übersäten Loha Pol. Hier hinterließen die Prinzessinnen der verschiedenen Maharajas eine letzte Erinnerung, bevor sie sich auf dem Scheiterhaufen ihres verstorbenen Mannes mitverbrennen ließen. Obwohl von den Briten schon Anfang des 19. Jh. verboten, soll sich noch 1953 die letzte Sati aus dem Königshaus von Jodhpur selbst verbrannt haben.

Ähnlich verwinkelt wie der Aufstieg zum **Palast** sind die Treppen und Gänge innerhalb des vor allem durch seine sehr schönen Ornamentierungen beeindruckenden Sandsteinpalastes. Die filigranen Steinmetzarbeiten an den überhängenden Erkern und Balkonen gehören zu den schönsten ganz Rajasthans, ebenso wie die Ausstattung der einzelnen Räume des Palastes mit antiken Möbeln, vergoldeten Sänften, Kostümen, Musikinstrumenten, Kinderwiegen, Waffen und Schmuckvitrinen. Besonders beeindruckend sind dabei die Miniaturmalereien in Umaid Vilas.

Nach Beendigung des Rundganges sollte man auf jeden Fall den einzigartigen **Ausblick** von den mit Kanonen bestückten südlichen Festungsmauern auf die sich weit ausbreitende Altstadt Jodhpurs genießen.

● **Geöffnet** ist der Palast tgl. von 9-13 und 14-17.30 Uhr. Der Eintritt beträgt 250 Rs inkl. Kameragebühr (egal, ob man eine dabei hat oder nicht). Eine Videokamera kostet weitere 200 Rs, was das Ganze für Cam-Besitzer auf 450 Rs hochtreibt. Ein meist fachkundiger Guide, ebenfalls am Tickethäuschen zu buchen, kostet 100 Rs.

> Ganz ausgezeichnet und unübertroffen in Indien ist die im Preis inbegriffene **Audioführung** (auch auf Deutsch). Anhand von über 30 ausgewählten Objekten wird der Besucher mit fundierten Informationen durch den Palastkomplex geführt. Außerdem erhält man hochinteressante Hintergrundinformationen zu Themen wie dem Gebrauch von Opium oder dem Sati-Kult. Darüber hinaus erzählt der derzeit regierende Maharaja von Jodhpur von seinen Erfahrungen während der Krönungszeremonie und berichtet über weitere Erlebnisse seiner fünfzigjährigen Herrschaft.

JODHPUR

Jaswant Thada

Wer der vom Fort in die Stadt führenden Straße folgt, erreicht nach wenigen Hundert Metern eine Abzweigung nach links, die zum **Grabmal** des 1895 verstorbenen *Maharajas Jaswant Singh II.* und aller weiteren nach ihm verstorbenen Herrscher von Jodhpur führt. Die leuchtend weißen Marmorpavillons wecken eher Assoziationen an einen Palast denn an eine Grabstätte und bieten zudem ein hervorragendes Fotomotiv mit dem Meherangarh Fort im Hintergrund.

● **Öffnungszeiten:** tgl. 10 bis 17 Uhr. Eintritt 20 Rs, Kamera 25 Rs.

Altstadtbummel

Obwohl sie selten von Touristen besucht wird, gehört ein Bummel durch die Altstadt um den sehr lebhaften Gewürz- und Obstmarkt **Sardar Market,** in dessen Mitte der imposante, von den Briten erbaute **Uhrturm** aufragt, zu einem Jodhpur-Aufenthalt unbedingt dazu. Wer das Meherangarh Fort nicht über den Hauptausgang, sondern durch das selten benutzte Südwesttor verlässt, gerät mitten in die

Die Palastanlage des Meherangar Fort scheint aus dem Felsen herauszuwachsen

Jaswant Thada, das Grabmal der letzten Maharajas von Jodhpur

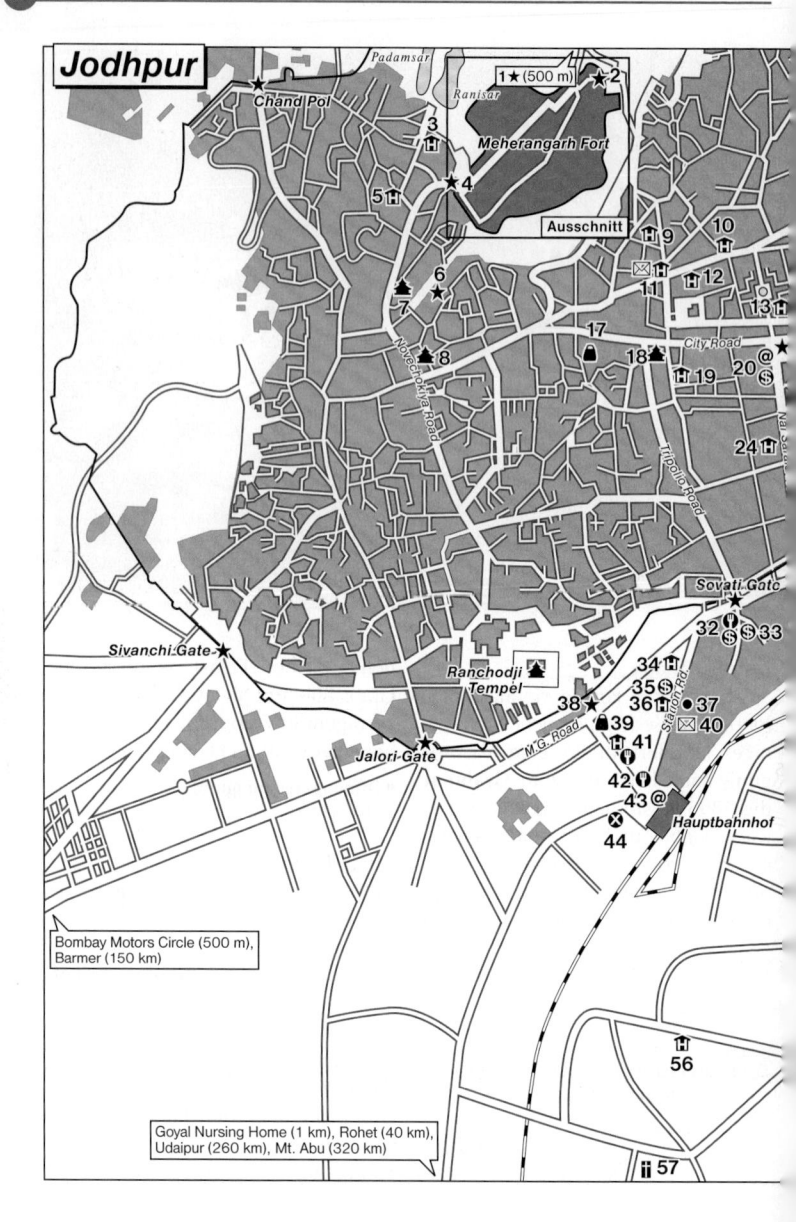

Jodhpur

Padamsar
Ranisar
1 ★ (500 m) ★ 2
Chand Pol
3
Meherangarh Fort
4
5
Ausschnitt
9 10
6 11 12
7 13
8 17 19 20
18 24
City Road
Navchokiya Road
Tripolia Road
Nai Sarak
Sovati Gate
Sivanchi-Gate ★
32 33
Ranchodji Tempel
34
35
36 • 37
38 ★
39 40
Jalori-Gate ★
M.G. Road
41
Station Rd.
42
43 @
Hauptbahnhof
44

Bombay Motors Circle (500 m),
Barmer (150 km)

56

Goyal Nursing Home (1 km), Rohet (40 km),
Udaipur (260 km), Mt. Abu (320 km)

57

Legende S. 409 **JODHPUR** 407

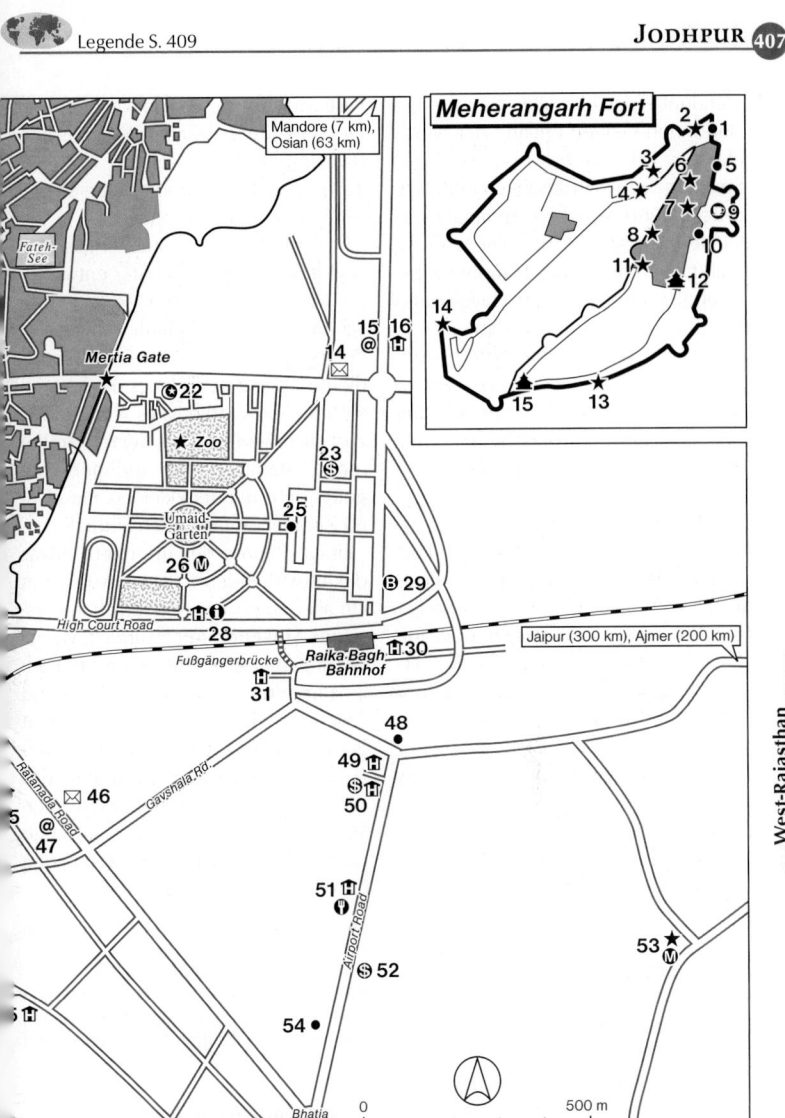

Meherangarh Fort

Mandore (7 km), Osian (63 km)

Fateh-See

Mertia Gate

Zoo

Umaid-Garten

High Court Road

Fußgängerbrücke — Raika-Bagh Bahnhof

Jaipur (300 km), Ajmer (200 km)

Gaushala Rd

Ratanada Road

Airport road

Bhatia Circle

0   500 m

Ratanada Circle

Newton's Manor (800 m) — Flughafen (3 km)

West-Rajasthan

von dunkelblau bemalten Häusern bestandenen Gassen entlang der Novechokiya Rd. Ein etwa 30-minütiger Spaziergang voller faszinierender Eindrücke führt von hier entlang einer kleinen Gasse, die bei einem Obstmarkt nach links vom Hauptweg abzweigt, vorbei an alten Havelis und Tempelanlagen zum Uhrturm.

Wer sich für **Gewürze** interessiert, sollte beim *Shop 209-B* des sehr kenntnisreichen *Mahonlal Verhonal* nahe dem Uhrturm vorbeischauen (Tel.: 2615846, www.mvspices.com).

Umaid-Bhawan-Palast

Beim Blick vom Meherangarh-Fort über die Stadt fällt sofort ein in südöstlicher Richtung auf einer Anhöhe liegendes, riesiges **Palastgebäude** auf. Ausmaß, Baustil, Baujahr – alles erscheint an diesem fünf Kilometer vom Stadtzentrum entfernten Gebäude äußerst ungewöhnlich. Als Anfang der zwanziger Jahre dieses Jahrhunderts nach mehrjährigen Missernten die Bauern ohne Brot und Beschäftigung waren, gab Maharaja *Umaid Singh* als eine Art riesige Arbeitsbeschaffungsmaßnahme den Auftrag zum Bau eines neuen Palastes.

Sicherlich ebenso ausschlaggebend war wohl auch hier, wie bei den meisten anderen Rajputenfürsten Anfang des zwanzigsten Jahrhunderts, der Wunsch, die meist mehrere Jahrhunderte alten Residenzen zu verlassen, um sie gegen neue, den Ansprüchen der Neuzeit genügende Paläste einzutauschen. Über 3.000 Arbeiter und Handwerker benötigten 15 Jahre zur Fertigstellung dieses von einer riesigen Doppelkuppel gekrönten Sandsteinpalastes, der mit seinen 195 mal 103 m und 348 Zimmern wahrlich majestätische Ausmaße aufweist.

Das vom prominenten englischen Architekten *H.W. Lancaster* entworfene Monstrum erinnert an eine Mischung aus Buckingham Palace und Petersdom. Ein Teil des Gebäudes diente lange Zeit als eines des luxuriösesten Hotels Indiens, es wird jedoch zurzeit renoviert. Der derzeit amtierende Maharaja von Jodhpur „begnügt sich" mit dem kleinen, nur etwa 80 Zimmer umfassenden Südtrakt.

Einige Räume des im Innern etwas düster wirkenden Palastes wurden in ein allerdings nicht sonderlich interessantes **Museum** umgewandelt, wobei die umfangreiche **Uhren- und Porzellansammlung** ins Auge fällt. Während Toilettengänge im übrigen Indien nicht gerade zu den touristischen Höhepunkten zu zählen sind, vermittelt das stille Örtchen im Umaid Bhawan einen lebendigen Ausdruck majestätischen Lebensstils der Maharajas selbst in den profanen Dingen des Lebens.

● **Geöffnet** ist das Museum tgl. außer Fr von 10 bis 16 Uhr, Eintritt 50 Rs.
● Für Nicht-Gäste wird für das Hotel ein horrender **Eintrittspreis** von 350 Rs pro Person verlangt, der mit den im Hotel gegessenen Speisen bzw. gekauften Waren verrechnet wird.

Umaid Gardens und
Sardar Government Museum

Ganz hübsch zum Verschnaufen sind die baumbestandenen **Parkanlagen** des Umaid Gardens im Zentrum.

Legende Jodhpur

Sehenswürdigkeit
- ★ 1 Jaswant Thada
- ★ 2 Jaya Pol
- ★ 4 Fateh Pol
- ★ 6 Haveli aus dem 17. Jh.
- ▲ 7 Moolnayak-Jika-Tempel
- ▲ 8 Krishna Tempel
- ▲ 18 Kunj-Bihariji-ka-Mandir (Krishna Tempel)
- ★ 21 Clocktower
- ☾ 22 Jama Masjid
- ★ 38 Raj Ranchodji's Mandir
- ★ 53 Umaid Bhawan Palace &
- Ⓜ Museum

Unterkunft
- 🏠 3 Singhvi Haveli
- 🏠 5 Cosy Guest House
- 🏠 9 Yogi Guest House
- 🏠 10 Pal Haveli
- 🏠 11 Hare Rama Guest House
- 🏠 12 Achal Niwas Paying Guest House, Haveli Guest House
- 🏠 13 Havellee Inn Pal
- 🏠 16 Hotel Abhay Days
- 🏠 19 The Blue House
- 🏠 24 Hotel City Palace
- 🏠 28 RTDC Hotel Ghoomar
- 🏠 30 Hotel Akshey
- 🏠 31 Durag Niwas Guest House
- 🏠 34 Utsav Hotel
- 🏠 36 Govind Hotel
- 🏠 41 Adarsh Niwas Hotel
- 🏠 45 Raman Guest House
- 🏠 49 Hotel Sandhu Palace
- 🏠 50 LKP Forex
- 🏠 51 Hotel Ajit Bhawan
- 🏠 55 Ratan Vilas
- 🏠 56 Taj Hari Mahal Palace
- 🏠 58 Hotel Karni Bhawan

Essen und Trinken
- 🍴 27 Restaurants Priya und Poonam
- 🍴 32 Agra Sweets
- 🍴 41 Kalinga Restaurant
- 🍴 42 Midtown Restaurant
- 🍴 51 On the Rocks

Sonstiges
- ✉ 11 Postamt
- ✉ 14 Postamt
- @ 15 Internet Café
- 🔒 17 Getreidemarkt
- @ 20 Om Forex (Internet Café, Geldwechsel)
- $
- 🔒 21 Sadar Market
- $ 23 State Bank of India
- • 25 High Court
- ℹ 28 Tourist Office,
- $ ATM
- Ⓑ 29 Busbahnhof
- $ 32 UTI-Bank-ATM,
- $ 33 Bank of Baroda
- $ 35 ICICI-Bank-ATM
- • 37 Railway Reservation Office
- 🔒 39 Saryodava Bookshop
- ✉ 40 Hauptpost
- @ 43 Internet Café
- ✖ 44 Taxistand
- ✉ 46 Post
- @ 47 satyam-i-way Internet
- • 48 Circuit House
- $ 50 ATM
- $ 52 ICICI-Bank-ATM
- • 54 Indian Airlines
- ⛪ 57 Kirche

Legende Meherangarh Fort

- • 1 Jaya Pol (Haupteingang)
- ★ 2 Chhatri Kiratsingh Sodha
- ★ 3 Ded Kandra Pol
- ★ 4 Imritia Pol
- • 5 Fahrstuhl
- ★ 6 Loha Pol
- ★ 7 Daulat Khana Chowk
- ★ 8 Singhar Chowk
- ☕ 9 Café Mehran
- • 10 Eingang zum Museum
- ★ 11 Zenana
- ▲ 12 Nagnechia Tempel
- ★ 13 Aussichtsmauer zur Altstadt
- ★ 14 Fateh Pol
- ▲ 15 Chamunda Devi Tempel

JODHPUR

Auch ein kleiner **Zoo** ist vorhanden. Das im Park befindliche Sardar Government Museum (Sa-Do 10-16.30 Uhr) mit antiken Waffen, Skulpturen, alten Manuskripten, Miniaturmalereien und leicht angestaubten ausgestopften Tieren ist nicht sonderlich besuchenswert.

Marwar Festival

Alljährlich findet das Marwar Festival statt, mit **rajasthanischem Tanz, Musik und Kamelumzügen.** Das Festival wird auch in Osian, 65 km nördlich von Jodhpur, abgehalten. Während dieser Zeit gibt es zusätzliche, vom Tourist Office organisierte Busse von Jodhpur dorthin. Nächste vollmondabhängige Termine: 25./26. Okt. 2007, 13./14. Okt. 2008.

Information

●Das **Touristenbüro** (Tel.: 2545083) befindet sich links neben dem RTDC Hotel Ghoomar und ist tgl. außer So 8-20 Uhr geöffnet.

> ⚠️ Besonders im Bereich um den Uhrturm werden westliche Reisende oft von gut gekleideten jungen Männern angesprochen, häufig sogar in gutem Deutsch. Was folgt, ist eine **Einladung in eines der blauen Häuser,** damit man einen Einblick in die traditionelle Wohnweise gewinnen kann, wie es heißt. Klingt gut, sollte aber auf keinen Fall angenommen werden. Viele, die es taten, beklagten hinterher, dass sie in agressiver Weise zur Zahlung eines hohen Eintritts- und Verpflegungsgeldes aufgefordert wurden.

Stadtverkehr

●Der **Flughafen** liegt nur 5 km vom Stadtzentrum entfernt. Mit dem Taxi sollte es nicht mehr als 150 Rs kosten, mit der Autoriksha max. 50 Rs.
●Die Preise für die von Touristen am häufigsten befahrenen Strecken vom Bahnhof zum Hotel Ghoomar und Clocktower, zum Meherangarh Fort und zum Umaid Bhawan Palace sollten per **Autoriksha** nicht mehr als 25 Rs, 40 Rs und 50 Rs kosten. Verlangt wird vom reichen Sahib natürlich wesentlich mehr.
●**Tempos** verkehren zwischen Bahnhof, Busbahnhof und dem Stadtzentrum.

Unterkunft

In Jodhpur treibt das Kommissionsunwesen der **Rikshafahrer** besondere Blüte. Mit irreführenden Hinweisen (Hotels ausgebucht, schlechtes Essen) werden grundsätzlich nur jene Hotels angefahren, von denen die Fahrer eine saftige Kommissionen (bis zu 50%) kassieren.

Low Budget und Budget

●Eine der schönsten der vielen in den letzten Jahren eröffneten Unterkünfte in der pittoresken Altstadt ist das **Singhvi's Haveli** €-€€ (Tel.: 2624293). Das in einem restaurierten Haveli angesiedelte Haus bietet der Preisspanne entsprechend in Größe und Ausstattung unterschiedliche Räume. Alle sind sauber und geschmackvoll eingerichtet. Das gemütliche Dachrestaurant bietet köstliche und preiswerte Gerichte.
●Ganz in der Nähe findet sich mit dem **Cosy Guest House** €-€€ (Novechokiya Rd., Tel.: 2612066, Mobiltel.: (0)9829023390, cosy guesthouse@yahoo.com) eine weitere sehr empfehlenswerte Billigunterkunft. Nahe dem rückwärtigen Eingang zum Fort gelegen, bietet es saubere, hübsch eingerichtete und preiswerte Zimmer mit TV und schöner Atmosphäre.
●Viel für wenig Geld bietet auch das **Haveli Guest House** €-€€€ (Tel.: 2614615, haveli

ghj@sify.com). Vor allem von den nach vorn gelegenen Zimmern und dem sehr beliebten Dachrestaurant bieten sich schöne Ausblicke auf das Fort und die blau strahlende Stadt. Auch ein Internet-Café ist vorhanden.

● Das 350 Jahre alte Gebäude des **Hare Rama Guest House** €-€€ in der Altstadt offeriert drei sehr große, mit Polstermöbeln und TV eingerichteten Zimmer, teils mit eigener Terrasse und schönem Ausblick vom Dach für wenig Geld.

● **The Blue House** €-€€€ (Tel.: 2621396, Fax: 2619133, bluehouse36@hotmail.com) mitten in der Altstadt, mit Restaurant, bietet sehr unterschiedliche Zimmer, von fensterlosen EZ mit Gemeinschaftsbad bis zu großen, klimatisierten Räumen mit TV.

● Schöne Zimmer mit Bad und die familiäre Atmosphäre machen das **Achal Niwas Paying Guest House** €-€€ (Tel.: 2618004, achal niwas_gh@yahoo.com) in der gleichen Ecke zu einer Empfehlung.

● Wer Wert auf Atmosphäre legt, sollte sich in **Yogi's Guest House** €-€€€ (Tel.: 2643436, Fax: 2619808, yogiguesthouse@hotmail.com) einmieten. Obwohl etwas versteckt in einer kleinen Gasse gelegen, ist es recht leicht zu finden, da mehrere Schilder den Weg weisen. Das über 400 Jahre alte Haus verfügt über Zimmer mit Gemeinschaftsbad, AC-Räume mit Balkon und TV sowie ein gutes Dachrestaurant. Einziger Nachteil des ansonsten sehr zu empfehlenden Hauses ist der oftmals bemängelte Service.

● Das **Govind Hotel** €-€€ (Tel.: 2622758, govindhotel2000@yahoo.com, www.govindhotel.com) an der Station Road im 2. Stock über einer Bankfiliale hat saubere Zimmer, manche mit TV, manche allerdings ohne Fenster. Dafür bietet sich vom guten Dachrestaurant ein toller Blick auf das Meherangarh Fort. Ein billiger Ticket-Service für Bus und Bahn, Internet im Haus, Kamelsafaris im Angebot sowie der sehr hilfsbereite Manager machen es zur besten Wahl dieser Preiskategorie außerhalb der Altstadt. Da dieses Haus nicht von Rikshafahrern angefahren wird (es wird keine Kommission gezahlt), sollte man den nahegelegenen Bahnhof als Fahrtziel angeben. Auch privates Wohnen im neuen Haus des Besitzers ist möglich.

● Die geräumigen, sauberen Zimmer in dem von einem pensionierten Oberst geführten **Megh Niwas Guest House** € (Tel.: 2512298) in der Umed Club Road sind sehr preiswert.

● Als Ausweichmöglichkeit bietet das von einer netten Familie geführte **Durag Niwas Guest House** €-€€ (Tel.: 2515385, mobil: (0)9828089293, mail@durag-niwas.com, www.durag-niwas.com) eine angenehme Atmosphäre und recht passable Zimmer, die AC-Zimmer sind allerdings zu teuer.

● Gut ist das **Raman Guest House** €-€€€ (Shiv Rd., Tel.: 2513980), eine Seitenstraße der Ratanada Rd. hinein, noch in Gehdistanz zum Zentrum. Saubere Zimmer, die teuren mit AC, TV und teils Balkon, freundlicher Service, ruhige Lage, gute Küche und Dachterrasse mit weitem Ausblick sind ein gutes Angebot.

Tourist Class und First Class

● Eine der schönsten Unterkünfte in der Altstadt ist das entzückende **Pal Haveli** €€€ (Tel.: 2439615, www.palhaveli.com). Das Mitte des 19. Jh. vom Baron von Pali errichtete Herrscherhaus besticht neben seiner stilvollen Atmosphäre durch seine gemütlichen, im typischen Rajputenstil eingerichteten Zimmer und ein ausgezeichnetes Restaurant. Besonders zu empfehlen am Abend bei Kerzenlicht und herrlicher Aussicht über die Stadt.

● Sehr weitläufig und friedlich wohnt es sich im südlich der Altstadt gelegenen **Ratan Vilas** €€€ (Tel.: 2614418 ratanvilas_jod@rediffmail.com). Auch hierbei handelt es sich um eine stilvolle Villa mit hervorragendem Service und ausgezeichnetem Restaurant.

● Nahe dem Uhrturm liegt das schöne, 180 Jahre alte **Havellee Inn Pal** €€€ (Tel.: 2612519, Fax: 2649886, www.haveliinn@rediffmail.com) mit altem Mobiliar und stilvoller Atmosphäre.

● Ein gutes Preis-Leistungs-Verhältnis bietet das in der Nähe des Ajit Bhawan gelegene **Hotel Sandhu Palace** €€-€€€ (Tel.: 2510154, Fax: 2619950, sandhupalace@yahoo.com). Die ruhige Lage, das freundliche Personal und das gute Restaurant auf der Dachterrasse passen zum Gesamtbild.

JODHPUR

- Ein ausgezeichnetes Mittelklassehotel ist das **Newtons Manor** €€€ (86, Jawahar Colony Opp. Green Gate No. 8, Central School Road, Ratanada, Tel.: 2430686, Fax: 262299, info@newtonsmanor.com, newtonsmanor.com). Alle acht Zimmer verfügen über eigenes Bad, TV und Klimaanlage. Auch ein sehr gutes Restaurant ist vorhanden. Im Zimmerpreis ist die uneingeschränkte Nutzung von Internet und E-mail enthalten. Einziger Nachteil ist die dezentrale Lage an einer Parallelstraße zum Flughafen.
- Ein großer Klotz östlich der Altstadt und funktionelles Mittelklassehotel ist das zweckmäßige **Abhay Days Hotel** €€€ (Tel.: 2542980, 2542981, 2542988, abhayday@sancharnet.in) beim Paotia Circle mit Swimmingpool (100 Rs für Nicht-Gäste). Klasse Zimmer, alle mit Badewanne und AC, die oberen Etagen mit weiten Ausblicken, wobei die „Club Rooms" das beste Preis-Leistungs-Verhältnis bieten.
- Ausnehmend schön ist die Anlage des Hotels **Ajit Bhawan** €€€€€ (Tel.: 2511410, Fax: 2510674, abhawan@del3.vsnl.net.in, www.ajitbhawan.com) an der Straße zum Flughafen. Die 20 stilvoll eingerichteten Bungalows liegen in einem äußerst gepflegten Garten mit Swimmingpool (50 Rs für Nicht-Gäste) und sehenswerter Oldtimer-Sammlung. Jeden Abend findet eine Musik- und Tanzvorführung im typisch rajasthanischen Stil statt.
- Solange der *Umaid Bhawan* wegen aufwendiger Umbauarbeiten geschlossen bleibt, ist das strahlend weiße **Taj Hari Mahal Palace** €€€€€ (Tel.: 2439700, Fax: 2624451) das mit Abstand beste Hotel Jodhpurs. Als eines der Flaggschiffe der Taj-Gruppe bietet das inmitten einer weitläufigen Gartenanlage gelegene Spitzenhotel riesige Zimmer mit luxuriösen Bädern und einen sehr schönen Pool. Einzig das Essen entspricht nicht ganz den Erwartungen.

In der Umgebung

- **Balsamand:** Das ehemalige Lustschlösschen **Balsamand Lake Palace** €€€€ (Tel.: 0291-2545991, Fax: 2542240) des Maharajas von Jodhpur ist 8 km von Jodhpur entfernt. Es liegt inmitten einer großzügigen Parklandschaft idyllisch an einem künstlichen See und wurde vor kurzem in eine luxuriöse Unterkunft umgewandelt.
- **Luni:** Eines der stilvollsten Heritage Hotels in Rajasthan liegt in dem kleinen Dorf **Luni**, etwa 30 km südlich von Jodhpur. Das dortige **Fort Chanwa** €€€€ (Tel./Fax: 0291-2532400) gilt als Paradebeispiel für eine geglückte Umwandlung von historischen Gebäuden in ein stilvolles Hotel unter Beibehaltung der typisch rajputischen Atmosphäre. Alle 19 geschmackvoll eingerichteten Zimmer sind verschieden gestaltet. Das Hotel verfügt über einen Pool und organisiert Jeep- oder Kamelsafaris zu den umliegenden Bishnoi-Dörfern.
- **Sadar Samand:** Eine weitere Möglichkeit, in einem Heritage Hotel ein paar Tage der Erholung einzulegen, bietet das an den Ufern des gleichnamigen Sees gelegene **Sadar Samand Palace Hotel** €€€€ (Tel.: 0291-2545591, Fax: 2542240), ein 1933 als Jagdschloss des Maharajas von Jodhpur im Bauhaus-Stil errichteter Palast.
- **Manvar:** Ein schöne Möglichkeit für einen Zwischenstopp auf halber Strecke zwischen Jodhpur und Jaisalmer bietet die sehr hübsche Anlage des **Manvar Desert Camp** €€€ (Tel.: 0291-2546188). Obwohl die meisten Besucher nur einen kleinen Snack bzw. ein Getränk zu sich nehmen, um dann ihre Fahrt fortzusetzen, lohnt sich auch eine Übernachtung in den hübschen, geschmackvoll eingerichteten Lehm-Bungalows. Die gesamte Anlage wurde im typisch rajputischen Stil errichtet und überzeugt durch ihre Ruhe und das freundliche Personal.

Essen und Trinken

Eine besondere Spezialität Jodhpurs ist der so genannte *makhani lassi* (Butter-Lassi), ein wunderbar cremiges und gleichzeitig erfrischendes Getränk. Erhältlich in vielen Restaurants und an Getränkeständen.
- Erstaunlich gut und preiswert ist das Restaurant im **1. Stock des Bahnhofs.** Entsprechend voll ist es jeden Abend mit Reisenden, die auf den Nachtzug nach Jaisalmer warten.
- Sehr gut isst man auch im **Kalinga Restaurant** (AC) direkt neben dem Hotel *Adarsh Ni-*

vas. Mit Gerichten zwischen 70 und 180 Rs ist es jedoch relativ teuer.
- Eine preiswerte Alternative (30-80 Rs) mit guten *thalis* für 50 Rs ist das **Midtown Restaurant** in der nahegelegenen Shanti Bhawan Lodge, es ist jedoch nicht gerade als sauber zu bezeichnen.
- Mit Gerichten um die 100-200 Rs recht teuer, dafür aber auch ausgezeichnet ist das stilvolle **Garden Restaurant** in der Nähe des *Ajit Bhawan Hotel*.
- Umfangreich und zudem in schöner Open-Air-Atmosphäre bei der Volksmusik aus Rajasthan (Beginn 20 Uhr) kann man für 250 Rs im **Ajit Bhawan Palace Hotel** dinieren.
- Für indische Verhältnisse richtiggehend angenehm sitzt es sich im direkt an das *Ajit Bhawan* angrenzende und unter gleichem Management befindliche Restaurant **On the Rocks**. In diesem Gartenrestraurant, zu dem auch eine allerdings recht dunkle Bar gehört, sitzt es sich nicht nur angenehm, sondern die indische Küche ist zudem sehr schmackhaft. Hauptgerichte allerdings erst ab 19.30 Uhr.
- Majestätisch hoch oberhalb der Stadt mit entsprechend großartigen Ausblicken nicht nur auf Jodhpur, sondern auch auf das angestrahlte Meherangarh Fort bietet **Mehran Terrace** (Tel.: 2549790). In dem an den Außenmauern des Forts gelegenen Freiluftrestaurant kann man sich an mit 350 Rs sehr teuren *thalis* oder A-La-Carte-Gerichten (um 100-200 Rs) laben. Ein teures, aber auch einzigartiges Erlebnis. Voranmeldung!

Bank, Post und Internet

- Die **State Bank of India** (Tel.: 2543649, Mo-Fr 10-14 und 15-16 Uhr, Sa 10-13 Uhr) im Gerichtsviertel und die **Bank of Baroda** (Mo-Fr 10-15 Uhr, Sa 10-12.30 Uhr) nahe dem Sojati Pol wechseln Bares und Reiseschecks. Letztere gibt auch auf Visa- und Mastercard für nur 1 % Gebühr Geld. Gegenüber steht ein UTI-Bank-ATM für alle gängigen Karten außer Amex. Weitere **ATMs** gibt es 50 m rechts vom *Govind Hotel* in der Station Rd. (ICICI-Bank) und neben dem *Ghoomar Tourist Bungalow* sowie einige an der Airport Rd. (an deren Anfang beim Circuit House auch ein LKP-Forex-Büro zu finden ist), wobei der dortige ATM der idbi-Bank auch Amex-Karten annimmt.
- Die **Hauptpost** nahe dem Bahnhof hat kleinere Ableger in der Altstadt beim *Hare Rama Guest House* sowie nördlich des High Court an der Mertia Gate Rd. (Mo-Fr 9-15 Uhr, Sa 9-12 Uhr).
- Im Hotelbereich der Altstadt finden sich viele **Internet-Cafés** wie *Raj Cyberpoint*, alle durchschnittlich fix zum Stundenpreis von 20-30 Rs. Auch am Clocktower bei Om Forex und vor dem Bahnhof gibt's Internet-Cafés.

Medizinische Versorgung

- Das staatliche **M.G. Hospital** (Tel.: 2639851, 2636437, 2636438) wie auch besonders das private **Goyal Hospital** (Residency Rd. gegenüber Rotary Hall, Tel.: 2432144, goyalhospital@sify.com) werden empfohlen.

An- und Weiterreise

Flug

- Indian Airlines (2, West Patel Nagar, Circuit House Rd., Tel.: 2510758, Flughafen: 2512617) fliegt täglich von und nach **Mumbai** (6.060 Rs), **Delhi** (130 US-$), **Jaipur** (95 US-$) und **Udaipur** (90 US-$).
- Jet Airways (Tel.: 2625004) fliegt tgl. nach **Delhi** und **Mumbai** (160 US-$).

Bahn

Das **Reservierungsgebäude** liegt etwa 200 m nördlich des Hauptbahnhofs neben der Hauptpost und ist Mo bis Sa von 8 bis 20 Uhr geöffnet, So von 8 bis 14 Uhr. Schalter 786 ist Touristen vorbehalten.
- Es kommt des öfteren vor, dass der aus Delhi kommende 4759 Delhi Jaisalmer Exp. nach **Jaisalmer** (Abf. Jodhpur 6 Uhr) mehrere Stunden Verspätung hat bzw. ganz abgesagt wird. Deshalb sollte man die im Anhang aufgeführten Verbindungen nach Jaisalmer vorziehen.

Umgebung von Jodhpur

- **Mt. Abu** ist, schon weil die Züge nur bis Abu Rd. fahren, wesentlich schneller mit dem Bus zu erreichen.
- Wichtige Verbindungen im Anhang.

Bus

Der leicht chaotische staatliche Busbahnhof findet sich östlich der Innenstadt, während die Busbahnhöfe der Privatanbieter (ehemals am Bahnhof) ca. 2 km weiter nach Südwesten verlegt worden sind. Dennoch befinden sich die meisten ihrer Büros weiterhin in Bahnhofsnähe. Im Folgenden werden staatliche Busverbindungen erwähnt.

- Viele Verbindungen tgl. nach **Jaipur** (7 Std., alle halbe Std., 150 Rs), **Ajmer** (4 Std., stdl., 100 Rs) und **Bikaner** (5 Std., 110 Rs).
- Wer nach **Udaipur** fährt (7 Std., 125 Rs), sollte den Deluxe-Bus nehmen, da dieser über **Ranakpur** fährt, wo die wunderschönen Jain-Tempel zumindest einen Zwischenstopp lohnen. Der letzte Bus vom staatlichen Busbahnhof nach Ranakpur (6-7 Std.) fährt um 15 Uhr.
- Von den 15 Bussen, die täglich nach **Jaisalmer** fahren, ist der morgens um 6 Uhr vom privaten Busbahnhof abfahrende Deluxe-Bus einer der bequemsten und schnellsten. Er braucht nur 6 Stunden.
- Weitere Verbindungen gibt es nach **Mt. Abu** (3-mal vormittags), **Barmer**, **Kota** (über Bundi) und **Chittorgarh.**

Umgebung von Jodhpur

Jeeptouren

Fast alle Hotels, Guest Houses und das Tourist Office bieten so genannte **Village Safaris** in die Umgebung von Jodhpur an (einige, wie das *Govind*, zusätzlich Kamelsafaris). Sie sind besonders für jene interessant, die ansonsten keine Möglichkeit haben, das ländliche Rajasthan zu besuchen. Besichtigt werden verschiedene Dörfer, wobei die Bishnoi besonders sehenswert sind. Die meisten Angebote kosten um die 500 Rs pro Person. Enthalten sind die Jeeptour sowie Mittagessen und Tee. Allerdings sollte man vor Fahrtbeginn sicherstellen, dass auch tatsächlich genügend Zeit für die Besichtigung der Dörfer zur Verfügung steht. Nicht selten kommt es vor, dass ein Großteil der Zeit mit dem Bewältigen der Entfernungen im Jeep verbracht wird.

- **Marwar Eco Cutural Tours & Travels** (Tel.: 5123095, 9414418596, marwar.ngo@gmail.com, www.nativeplanet.org/tours/india), die sich zum Ziel setzen, rajasthanische Kultur zu bewahren, bieten eine Vielzahl von Ausflügen zu den Volksstämmen der Umgebung wie auch in andere Teile Rajasthans und natürlich Kamelsafaris an. Genaueres auf der detaillierten Website.

Mandore ⌂ B2

Vorbei am Maha Mandir, einer Siedlung mit einem großen Shiva-Tempel, führt die Straße ins 8 km nördlich gelegene Mandore. Der Ort war für ein halbes Jahrhundert **Hauptstadt der Marwaris,** bevor diese ihre Residenz nach Jodhpur verlegten. Heute ist Mandore mit seinen Rosenbeeten, Wasserläufen, frei umherlaufenden Pfauen und alten Bäumen, in denen sich die Affen austoben, ein beliebtes Ausflugsziel, obwohl es inzwischen etwas verwahrlost wirkt. Zur Recherchezeit begannen allerdings Restaurierungsmaßnahmen. Inmitten der Gärten am Fuße des alten Forts stehen die äußerst fotogenen Gedenkstätten der ehemaligen Herrscher von Marwar. Die schönsten Chattris wurden *Maharaja Jaswant Singh* und *Maharaja Ajit*

Singh gewidmet. In der so genannten Heldenhalle stehen 16 überlebensgroße, aus dem Fels gemeißelte, bunt bemalte Skulpturen, die historische Figuren und lokale Gottheiten darstellen sollen.

- **Anreise:** Busse fahren den ganzen Tag, der letzte zurück nach Jodhpur fährt etwa um 21.30 Uhr.
- **Unterkunft:** Billige Unterkünfte sind das **Deviratan Guest House** € (Tel.: 0291-2571479) und das **Mandore Guest House** €-€€ (Tel.: 0291-2545620) mit schönem Garten.

Rohet

Dieser kleine Ort 40 km südlich von Jodhpur ist eine auf den ersten Blick unscheinbare Ortschaft, die jedoch jenen zeitlosen Charme vermittelt, der die eigentliche Faszination des ländlichen Rajasthans ausmacht.

- Ein idealer Ort, um hier einige Tage zu verbringen ist das schöne Heritage Hotel **Rohet Garh** €€€€ (Tel.: 02932-266231), ein über 350 Jahre altes Herrschaftshaus, in dem schon der berühmte Reiseschriftsteller *Bruce Chatwin* wohnte.
- **Anreise:** Täglich mehrere Busse innerhalb von 1,5 Stunden von Jodhpur oder für ca. 300 Rs per Taxi.

Salawas

Nicht nur für Freunde handgewebter Baumwollteppiche lohnt ein Besuch des knapp 30 Kilometer südlich von Jodhpur gelegenen Dörfchens Salawas. Seit Jahrhunderten gilt das kaum je von Touristen besuchte Städtchen als eine der bekanntesten Adressen Indiens, wenn es um die Herstellung schöner **Baumwollteppiche** geht. Beim Gang durch die Altstadtgassen kann man überall die an ihren antiquierten Webstühlen sitzenden Dhurrai-Weber im Einsatz erleben. Die Menschen sind äußerst aufgeschlossen und so wird man nicht selten zu einer Tasse indischen Tees eingeladen. Dass dabei auch einige Teppiche zum Verkauf angeboten werden, versteht sich von selbst.

- **Anreise:** Jeden Tag verbinden Salawas mindestens sieben Direktbusse mit Jodhpur, Fahrtzeit etwa eine Stunde.

Osian ♫ B2

Der heute in der Hitze der Wüste Thar vor sich hin dösende Ort war vom 8. bis 12. Jh. eine lebhafte Handelsstadt am Kreuzungspunkt wichtiger Karawanenstraßen. Aus jener Zeit haben sich insgesamt 16 sehr schöne **Hindu-** und **Jain-Tempel** erhalten. Die ältesten Sakralbauten stehen auf einer erhöhten Terrasse am Ortsrand und sind in der Tradition des Gupta-Baustils konstruiert. Am beeindruckendsten ist ein sehr fein ornamentierter **Sonnentempel** aus dem 8. Jh. Der in der Nähe befindliche **Stufenbrunnen** war ursprünglich Teil eines Sommerpalastes, von dem jedoch nur noch bescheidene Ruinen erhalten geblieben sind.

Zum **Tempel Sachiya Mata** (Tempel der Wahrhaftigen Mutter), der aus dem 12. Jh. stammt, pilgern vor allem junge Ehepaare und kinderlose Frauen, um bei dieser Fruchtbarkeitsgottheit um die Erfüllung ihres Kinderwunsches zu beten. Besonders gelungen

KHIMSAR

ist der von schön verzierten Torbögen (Toranas) überspannte Treppenaufgang zu dem auf einem Hügel errichteten Tempel. Oben angelangt verdienen die gut erhaltenen Götterfiguren an den Außenwänden der diversen Shikaras Beachtung. Dies gilt insbesondere für die nur selten zu findende Darstellung Shiva und Vishnus in der gemeinsamen Figur der Hari-Hara.

Auch in Osian beeindruckt der große, dem Stifter der Jain-Religion *Mahavira* gewidmete **Jain-Tempel** (7-20.30 Uhr, Kamera/Video 30/100 Rs) mit einer Fülle an Skulpturenschmuck. Die Götterfiguren, Tempeltänzerinnen, Blumen und Elefantenfriese erinnern an die großartigen Tempelanlagen von Dilwara und Ranakpur. Hauptunterschied der vom Grundriss traditionell gestalteten Anlage ist das ausschließlich als Baumaterial verwandte rote Sandstein.

Jeweils Ende Oktober findet hier wie auch in Jodhpur das **Marwar Festival** statt, siehe Jodhpur.

Unterkunft

- Der Tempelpriester der Jain-Tempel vermietet 20 Zimmer in seinem **Guest House** € (Tel.: 02922-273296), ebenso wie das einfache **Saji Sawari** € (City Police Rd., Tel.: 0291-2440305). Auch das Tourist Office in Jodhpur hilft weiter.

Anreise

- Von Jodhpur fahren halbstündig Busse in 1,5 Std. ins 65 km entfernte Osian.

Der besondere Tipp:
Khimsar ♫ B2

Ein geradezu idealer Ort, um abseits der ausgetretenen Touristenpfade einige Tage der Ruhe und Entspannung im ländlichen Rajasthan zu verbringen, ist der kleine Ort Khimsar, 60 km nördlich von Jodhpur. Khimsar selbst ist ein unscheinbares Dorf, wäre da nicht jenes zum Hotel umgebaute **Fort,** welches zu einem der schönsten **Heritage-Hotels** ganz Indiens zählt. Von dem im 17. Jh. erbauten Burghotel Royal Castle lassen sich interessante Ausflüge in die wüstenartige Umgebung unternehmen. Besonders beliebt sind nachmittägliche **Safaris** zu den in der Gegend vorkommenden Antilopen-Herden und den hier besonders zahlreichen Bishnoi-Dörfern. Kehrt man nach dem von der Spitze einer Sanddüne genossenen Sonnenuntergang nach Khimsar zurück, wird einem die zeitlose Schönheit des Ortes bewusst.

Unterkunft

- Das Heritage Hotel **Royal Castle** €€€€ (Tel.: 01585-262345, Fax: 262228) ist um einen sehr schönen Swimmingpool herum angelegt. Zum Ausklang des Tages sollte man sich das allabendlich auf den Festungsmauern mit folkloristischer Untermalung angebotene rajasthanische Abendessen nicht entgehen lassen.

Anreise

- Alle Busse von **Jodhpur** nach Nagaur passieren auch Khimsar. Sie fahren stündlich zwischen 8 und 20 Uhr.

Highlight:
Jaisalmer ♦ A2

(ca. 60.000 Einwohner, Vorwahl: 02992)

Goldene Stadt, Traum aus Tausendundeiner Nacht, – solche und ähnliche Vergleiche werden immer wieder bemüht, um den unvergleichlichen Charme dieser inmitten der **Wüste Thar** weitab der nächsten größeren Ansiedlung gelegenen Stadt zu beschreiben. Tatsächlich fällt es schwer, beim Anblick dieser uralten **Karawanenstadt** nicht ins Schwärmen zu geraten. Wie eine Fata Morgana erhebt sich das auf einem achtzig Meter hohen Felsen gelegene und von einer mit 99 Wehrtürmen versehenen Mauer umgebene Fort aus der hitzeflimmernden Wüste.

Dieser Eindruck wird noch verstärkt, betritt man die unterhalb des Forts von einer Stadtmauer eingegrenzte Altstadt. Der allgegenwärtige Wüstenstaub scheint sich hier wie ein Konservierungsmittel über die gänzlich aus gelbbraunen Sandsteinen kunstvoll gefertigten Häuser gelegt zu haben. In den engen Gassen, zwischen den farbenfroh gekleideten Nomaden der umgebenden Wüste, glaubt man sich tatsächlich in eine orientalische Märchenstadt versetzt.

Wenig scheint sich hier seit dem Mittelalter verändert zu haben, als die Kamelkarawanen nach tagelangen, anstrengenden Märschen durch die unbarmherzige Wüste einen langersehnten Zwischenstopp einlegten, bevor sie sich wieder auf den Weg Richtung Vorderer Orient machten, um dort ihre wertvollen Stoffe, Gewürze, Elfenbein und Opium zu verkaufen. Fast nichts, sollte man besser sagen, denn unter das bunte Gemisch der Wüstenvölker hat sich eine typische Erscheinung des 20. Jahrhunderts gemischt – der ob all dieser Pracht staunende und allzeit kamerabereite westliche Tourist.

Jaisalmer ist der Aufsteiger des indischen Tourismus. Galt die Stadt noch vor wenigen Jahren als Geheimtipp der Rucksackreisenden, so ist sie heute selbstverständlicher Bestandteil der meisten Pauschal-Rundreisen. Noch scheint der ursprüngliche Charakter der Stadt einigermaßen intakt, doch sollte die Entwicklung im derzeitigen Tempo fortfahren, dauert es gewiss nicht mehr lange, bis sie zum „Rotenburg ob der Tauber" Indiens verkommen ist und sich hinter den pittoresken Häuserfassaden anstatt kleiner Geschäfte nur noch Reisebüros, Hotels und Souvenirläden finden.

Geschichte

Ähnlich wie die *Rathors* von Jodhpur sah sich 1156 auch der Rajputenfürst *Jaisal* vom Geschlecht der *Bhati* wegen der zunehmenden muslimischen Bedrohung gezwungen, seine mangelhaft befestigte Hauptstadt Lodruwa zu verlassen, um 18 km östlich davon auf einem steil aus der Wüste aufragenden Felsen seine neue Hauptstadt zu errichten. Langsam entwickelte sich Jaisalmer zu einem bedeutenden Stützpunkt an der Karawanen-Route zwischen Indien und dem Vorderen Orient.

Strategisch wie wirtschaftlich wurde die Stadt zu einem begehrten Objekt der muslimischen Eroberer. Nach mehrjähriger Belagerung eroberten 1315 die Truppen *Ala-ud-Din-Khalis* die Stadt. Zuvor hatten sich die Bewohner der Stadt, im Angesicht der Hoffnungslosigkeit ihrer Lage, zu dem selbstmörderischen Ritual des *Jauhar* entschlossen. Nach nur zwei Jahren gaben die Eroberer jedoch die Festung wieder auf, und die Bhatis konnten in ihre alte Festung zurückkehren. Weiterhin jedoch blieb Jaisalmer umkämpft, und noch zwei weitere Male zogen ihre Bewohner das grausame Jauhar-Ritual der Unterwerfung vor. Zwischenzeitlich versank die Stadt in Anarchie, wurde zeitweise sogar ganz aufgegeben und verkam zur Geisterstadt.

Erst als sich die Bhatis Mitte des 16. Jh. dem Großmogul unterwarfen und *Maharawal Bhim* den 1562 geschlossenen Vertrag der Verheiratung einer seiner Töchter an den Mogul-Hof besiegelte, trat eine längere Phase des Friedens und **Wohlstands** ein, von dem auch heute noch einige der einzigartigen **Havelis,** der Kaufmannshäuser, zeugen.

1819 schloss auch Jaisalmer unter seinem Herrscher *Rawal Akshey Singh* einen Vertrag mit der East India Company. Doch mit dem Aufkommen Bombays als Umschlagplatz des Seehandels begann Mitte des 19. Jh. der **Niedergang** Jaisalmers. Die alten Handelsrouten verloren mehr und mehr an Bedeutung, zumal das von den Engländern rasch ausgebaute Schienennetz, an das Jaisalmer nicht angeschlossen wurde, die vorher von den Kamelkarawanen durchgeführten Transporte schneller und sicherer abwickelte. Ganz ähnlich wie im Shekhawati, verließen daraufhin die reichen Kaufleute die Stadt und siedelten sich im aufstrebenden Bombay an. Von den 1850 noch über 30.000 Einwohnern in Jaisalmer, bewohnten 100 Jahre später nur noch wenige Tausend Menschen die scheinbar vergessene Stadt. Durch die Abtrennung Pakistans 1947 und den damit einhergehenden Verlust des Hinterlandes schien das

Blick vom Fort auf die Wüstenstadt Jaisalmer

310ra Foto: tb

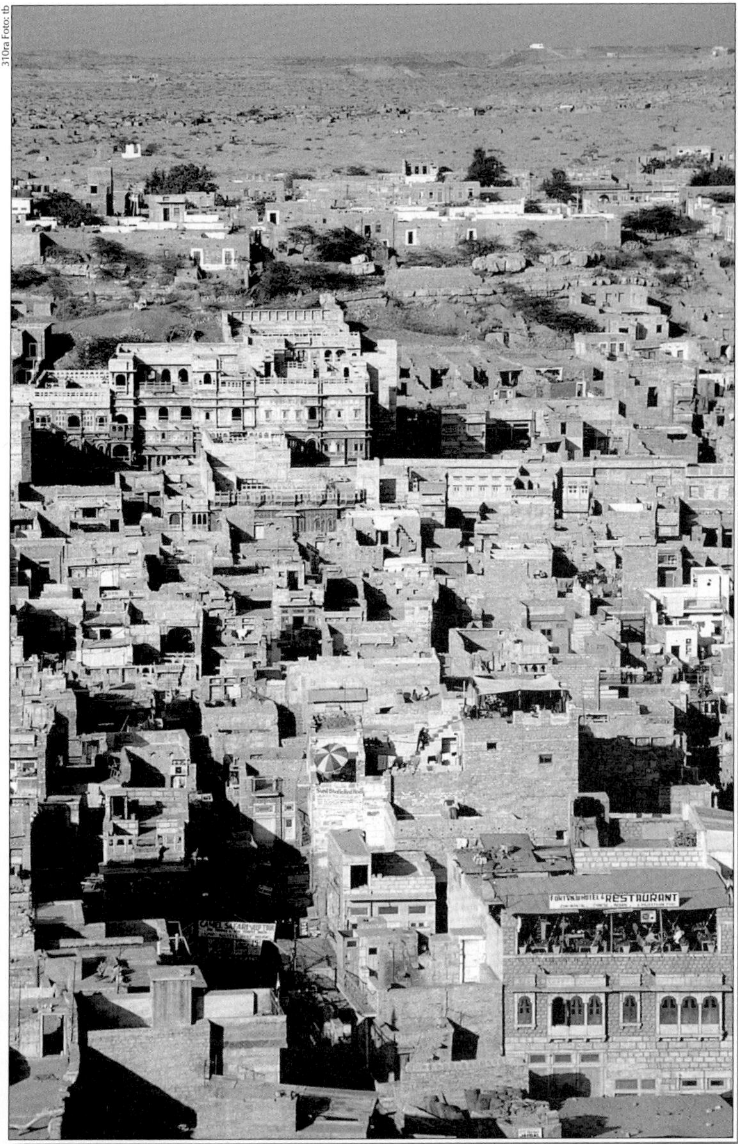

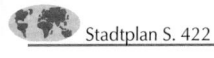

JAISALMER

Schicksal Jaisalmers endgültig besiegelt.

Doch noch einmal sollte sich das Schicksal der so launischen indischen Geschichte zugunsten Jaisalmers wenden. Die beiden **indisch-pakistanischen Bruderkriege** ließen die besondere strategische Bedeutung der Stadt als Vorposten zum Erzfeind Pakistan wieder in den Vordergrund treten. 1968 wurde Jaisalmer ans Schienennetz angebunden, die Straßenverbindungen ausgebaut und eine Militärbasis in der Nähe der Stadt stationiert. Mit dieser **verkehrstechnischen Anbindung** an den Rest Rajasthans kamen auch die ersten Touristen, und heute ist der Tourismus die Haupteinnahmequelle der Stadt – Tendenz: rapide steigend.

Das Fort

Im Gegensatz zu allen anderen Festungsanlagen Rajasthans beherbergte das auf dem 120 m langen und 500 m breiten **Trikuta-Felsen** gelegene Fort zunächst nicht nur den Herrscherpalast, sondern auch alle weiteren Wohn- und Geschäftshäuser der Stadt. Erst Anfang des 17. Jh., als der Platz innerhalb des Forts erschöpft war, mussten sich neuansiedelnde Bürger ihre Häuser unterhalb des Forts errichten. Der damals in Jaisalmer herrschende Wohlstand zog schnell viele Handelsleute in die entlegene Wüstenstadt, sodass diese Neustadt bald größer war als der ursprüngliche Ort.

Auch in Jaisalmer wurde der Aufstieg zum Fort aus verteidigungstechnischen Gründen im Zickzackkurs angelegt. Entlang einer windungsreichen, von einigen Souvenirläden flankierten Zufahrt gelangt man schließlich durch das mit reich verzierten Balkonen versehene Hawa Pol auf den großen **Palastvorplatz.** Von dem auf einer Empore neben dem Palasteingang platzierten Marmorthron aus hielt der Rawal von Jaisalmer die Paraden, Feste und Militärzeremonien ab.

Alle Wege innerhalb der Festungsanlage führen zu den das Fort umlaufenden **drei Mauerringen,** von wo sich insbesondere bei Sonnenuntergang ein herrlicher Ausblick genießen lässt.

Raj Mahal (Stadtpalast)

Der siebenstöckige, reich verzierte Stadtpalast Raj Mahal besteht aus fünf Gebäudeteilen, die über einen Zeitraum von fünf Jahrhunderten entstanden. Die Wände der Innenräume sind zum Teil mit schönen Malereien versehen, jedoch hat der Palast im Inneren, gerade verglichen mit vielen anderen Rajputenresidenzen, wenig zu bieten. Dafür bietet sich von oben ein sehr schöner Blick über die Altstadtdächer auf die sich anschließende Wüste.

●Öffnungszeiten: 9-18 Uhr, Eintritt 70 Rs, Kamera 50 Rs, Video 150 Rs.

Gassen des Forts

Wenn man vom Palast über den Vorplatz schaut, sieht man hinten rechts eine kleine Straße, die in die extrem engen, kaum Sonnenlicht gestattenden Gassen des Forts führt. Hier scheint sich seit Jahrhunderten nichts verändert zu haben. Offene stinkende

Kanäle, Ratten, Hunde und Kühe bestimmen das mittelalterlich anmutende Bild. Viele der oft verfallenen Häuser stehen leer, da die Bewohner in den letzten Jahren aufgrund der dort herrschenden besseren hygienischen Verhältnisse in die unterhalb des Forts gelegene Neustadt gezogen sind.

Jain-Tempel

Besonders deutlich wird der Platzmangel bei den fünf Jain-Tempeln, die von den in Jaisalmer stark vertretenen Jains zwischen dem 14. und 16. Jh. erbaut wurden. Die Tempel sind derart ineinander verschachtelt, dass sie wie ein einziges Bauwerk wirken. Wie so oft bei Jain-Heiligtümern zeichnen sich auch diese durch ihre ungemein **reiche Ornamentierung** aus. Blumenornamente, Tänzerinnen, Liebespaare und Tiere bedecken Säulen, Wände und Decken. In den Nischen des Korridors, der das Tempelinnere umgibt, sitzen unzählige, immer gleich aussehende *Tirthankaras*.

• **Öffnungszeiten:** tgl. 8-12.30 Uhr, Eintritt 10 Rs, Foto- und Videogebühr 50/100 Rs.

Gyan-Bhandar-Bibliothek

Unterhalb des **Sambhavanath-Tempels,** in dem das mit vollbusigen Tempeltänzerinnen verzierte Tempeldach auffällt, findet sich in einem engen unterirdischen Raum die Gyan-Bhandar-Bibliothek mit wertvollen, z.T. auf Palmblättern geschriebenen **Jaina-Manuskripten.** Von hier soll ein 16 km langer Tunnel zur alten Hauptstadt Lodhruva führen.

• **Öffnungszeiten:** 8 bis 17 Uhr.

Havelis

Jaisalmer ist ein einziges Freilichtmuseum voller Lebensfülle und exotischer Eindrücke. An jeder Straßenecke bieten sich dem Besucher neue unverwechselbare Motive, und er weiß gar nicht, wo er zuerst hinschauen soll. Dennoch stellen die von reichen Geschäftsleuten erbauten **Wohn- und Geschäftshäuser** *(haveli)* die eigentliche Kostbarkeit Jaisalmers dar. Es gibt diese Havelis zwar auch in anderen Orten Rajasthans, vor allem in der Shekhawati-Region, doch nirgendwo sonst sind sie so betörend schön wie in Jaisalmer. Im weichen und damit leicht zu bearbeitenden Sandstein Jaisalmers haben die muslimischen Handwerker wahre Wunderwerke filigraner Baukunst hervorgebracht, und man muss schon zweimal hinschauen, um zu erkennen, dass es sich tatsächlich um **Steinmetzarbeiten** und nicht um Holzschnitzkunst handelt.

Salim Singh Haveli

Eines der auffälligsten Kaufmannshäuser ist das um 1815 erbaute Salim Singh Haveli. Der recht schmale Unterbau wird von einem weit auskragenden Obergeschoss mit unzähligen pavillonartigen Kuppeldächern überragt. *Salim Singh Mota* war von 1784 bis 1824 Premierminister, übte jedoch de facto die Macht im Fürstentum aus. Zur Herrschaftssicherung schreckte der Tyrann auch vor der Ermordung zweier seiner Konkurrenten nicht zurück. Um seine herausragende Stellung auch architektonisch zu doku-

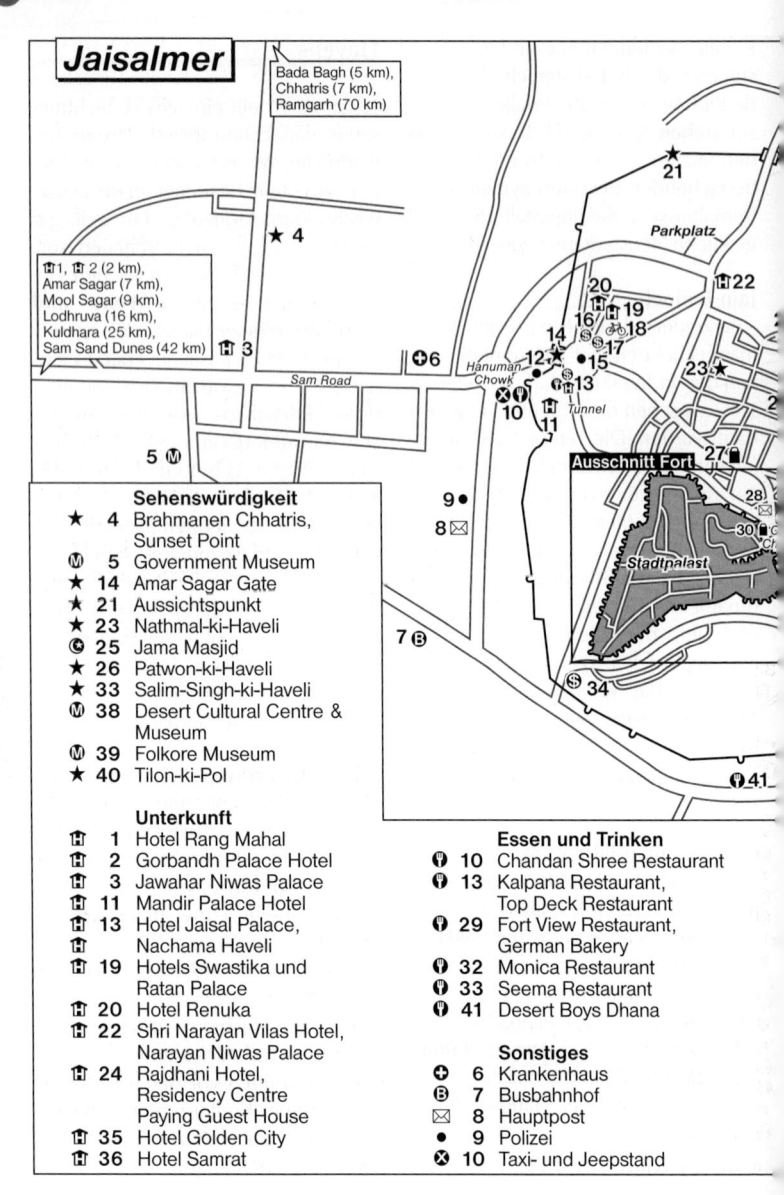

JAISALMER

Jaisalmer

Bada Bagh (5 km), Chhatris (7 km), Ramgarh (70 km)

🏛1, 🏛2 (2 km), Amar Sagar (7 km), Mool Sagar (9 km), Lodhruva (16 km), Kuldhara (25 km), Sam Sand Dunes (42 km)

Sam Road
Hanuman Chowk
Tunnel
Parkplatz
Ausschnitt Fort
Stadtpalast

Sehenswürdigkeit
- ★ 4 Brahmanen Chhatris, Sunset Point
- Ⓜ 5 Government Museum
- ★ 14 Amar Sagar Gate
- ★ 21 Aussichtspunkt
- ★ 23 Nathmal-ki-Haveli
- ☪ 25 Jama Masjid
- ★ 26 Patwon-ki-Haveli
- ★ 33 Salim-Singh-ki-Haveli
- Ⓜ 38 Desert Cultural Centre & Museum
- Ⓜ 39 Folkore Museum
- ★ 40 Tilon-ki-Pol

Unterkunft
- 🏛 1 Hotel Rang Mahal
- 🏛 2 Gorbandh Palace Hotel
- 🏛 3 Jawahar Niwas Palace
- 🏛 11 Mandir Palace Hotel
- 🏛 13 Hotel Jaisal Palace, Nachama Haveli
- 🏛 19 Hotels Swastika und Ratan Palace
- 🏛 20 Hotel Renuka
- 🏛 22 Shri Narayan Vilas Hotel, Narayan Niwas Palace
- 🏛 24 Rajdhani Hotel, Residency Centre Paying Guest House
- 🏛 35 Hotel Golden City
- 🏛 36 Hotel Samrat

Essen und Trinken
- 🍴 10 Chandan Shree Restaurant
- 🍴 13 Kalpana Restaurant, Top Deck Restaurant
- 🍴 29 Fort View Restaurant, German Bakery
- 🍴 32 Monica Restaurant
- 🍴 33 Seema Restaurant
- 🍴 41 Desert Boys Dhana

Sonstiges
- ✚ 6 Krankenhaus
- Ⓑ 7 Busbahnhof
- ✉ 8 Hauptpost
- ● 9 Polizei
- ✖ 10 Taxi- und Jeepstand

mentieren, plante er, eine Brücke von seinem Haveli zum Palast zu bauen. Schließlich wurde er jedoch von dem bis dahin von ihm abhängigen Maharaja ermordet.

● Das Haveli ist für einen Obulus von 15 Rs (Video 15 Rs) zwischen 8 und 18 Uhr zugänglich. Ein schöner Blick bietet sich auch vom Dach des gegenüber gelegenen Souvenirshops. Dass der Ladeninhaber für diesen Service nachher eine Besichtigung in seinem Geschäft erwartet, ist selbstverständlich – just for looking natürlich.

Natmal ki Haveli

Auch das 1885 erbaute Natmal ki Haveli gehörte einem ehemaligen Premierminister und noch heute wohnen hier dessen Nachkommen. Zwei Brüder waren für die Steinmetzarbeiten verantwortlich. Jeder übernahm einen Flügel des Hauses, und obwohl kein Motiv dieses ungemein detailreich verzierten Gebäudes zweimal vorkommt, wirkt der Bau insgesamt äußerst harmonisch.

Patwon ki Haveli

Das mit Abstand beeindruckendste Haveli ist jedoch das von einem Gold- und Silberhändler errichtete Patwon ki Haveli. Eigentlich sind es fünf Havelis, die der Kaufmann zwischen 1800 und 1860 für seine fünf Söhne errichten ließ. Kaum zu zählen sind die ungleichlich reich verzierten Erker, Pavillons und Balkone der einen ganzen Straßenzug einnehmenden Häuserfassade. Das Patwon ki Haveli wurde in den letzten Jahren zu einem kleinen **Basar** umgebaut. Den Innenhof schmücken riesige Wandbehänge. Qualität

- ● 12 Rajasthan Emporium
- Ⓢ 13 Bank of Baroda
- ● 15 Gandhi Chowk
- Ⓢ 16 Chinnu Forex, P.S. Securities
- Ⓢ 17 LKP Forex
- 🚲 18 Fahrradverleih
- 🔒 27 Bhatia Market
- ✉ 28 Postamt
- @ 29 Joshi Cybercafé
- 🔒 30 Bhang Shop, Gemüsemarkt
- ● 31 Adventure Travels Agency
- Ⓢ 34 State Bank of Bikaner & Jaipur
- ❶ 37 Tourist Office
- ● 40 Bootsverleih
- ❶ 41 Desert Boys Dhana

und Preise sind hier gleichermaßen hoch. Besonders gegen Sonnenuntergang ist der Anblick vom Dach über die Altstadt auf das Fort unvergesslich.

- **Öffnungszeiten:** 9-19 Uhr, Eintritt/Kamera-/Videogebühr jeweils 10 Rs.

Palast

Etwas südlich des Haupteingangstors zur Stadt, dem Amar-Sagar-Tor, findet sich der Ende des letzten Jahrhunderts erbaute Palast (Bada Vilas) der Herrscher Jaisalmers mit dem schönen, pagodenartigen **Tarsia-Turm** in der Mitte. Der Palast ist noch heute Sitz der Maharajas von Jaisalmer und nicht für die Öffentlichkeit zugänglich.

Gadi Sagar

Etwa einen Kilometer südöstlich der Stadt liegt dieser 1367 zur Wasserversorgung angelegte **See.** In seiner Mitte steht ein hübscher kleiner Pavillon, und speziell frühmorgens, wenn die farbenfroh gekleideten Frauen mit ihren Messingkrügen zum Wasserholen kommen, bietet dieser von vielen Tempeln umstandene See ein idyllisches Bild.

Das mächtige, sehr hübsche **Eingangstor,** welches die kleine Straße zum See überspannt, soll ursprünglich von einer in Jaisalmer geborenen Konkubine während einer ihrer alljährlichen Pilgerreisen erbaut worden sein. Da jedoch auch Angehörige des Hofes den See regelmäßig zu ihren Opferhandlungen aufsuchten und das Passieren des Tores als Schande empfanden, sollte es abgerissen werden. Daraufhin ließ die Konkubine ein Götterbild am Tor anbringen und funktionierte es so zu einem Heiligtum um, das natürlich nicht abgerissen werden konnte. Forthin mussten sich die Hoheiten gezwungenermaßen einen anderen Zugang zum See suchen.

- Zwischen 8 und 21 Uhr können **Ruderboote, Tretboote** und **Shikaras** (Zweisitzer-Gondeln) ausgeliehen werden. Wer auf den See hinausfährt, wird mit sehr schönen Aussichten belohnt. Alle Boote 50 Rs p.P. für 30 Min., in der Nachsaison billiger.

Folklore-Museum und Desert Cultural Centre

Einen kurzen Besuch lohnt das 1984 von dem pensionieren Lehrer *N.K. Sharma* gegründete Folklore-Museum. Das an der Zufahrt zum Gadi Sagar gelegene Haus bietet in seinen sechs Räumen eine über die Jahre liebevoll zusammengestellte Sammlung **rajputischen Kunsthandwerks.** Besondere Beachtung findet dabei die Region um Jaisalmer. Gezeigt werden u.a. traditionelle Kleidungsstücke, Stickereien, Miniaturmalereien, Opiumbehälter, alte Münzen, Briefmarken, Musikinstru-

Die Havelis in Jaisalmer zeichnen sich durch besonders filigrane Steinmetzarbeiten an den Sandsteinfassaden aus

mente und Porträts der Herrscherfamilie von Jaisalmer. Mit dem Besuch erhält man nicht nur einen interessanten Einblick in die Kultur West-Rajasthans, sondern unterstützt auch das Lebenswerk des liebenswerten Herrn Sharma. Übrigens gibt es hier auch einen tollen Fotoblick aufs Fort, speziell bei Sonnenauf- und Sonnenuntergang.

Seit kurzem ist ein zweites Museum von Herrn Sharma fertiggestellt, das **Desert Cultural Centre,** in dem Exponate rajasthanischer Kultur zu besichtigen sind. Jeden Abend finden Puppenvorführungen statt (in Englisch 18.30-19.10, Eintritt 30-50 Rs, Kamera 20 Rs, Video 50 Rs). Danach sind jeweils 20 Minuten für den Museumsbesuch vorgesehen.

- **Öffnungszeiten Folklore-Museum:** 9-13 und 15-18 Uhr, Eintritt 10 Rs.
- **Öffnungszeiten Desert Cultural Centre:** 10-14 und 16-17 Uhr, Eintritt 10 Rs, Eintritt: 30-50 Rs, Kamera 20 Rs, Video 50 Rs.

Information

- Das **Tourist Office** (Gadi Sagar Rd., Tel.: 252406) befindet sich recht ungünstig etwa 1 km südöstlich der Altstadt Jaisalmers nahe Gadi Sagar. Geöffnet ist es tgl. außer So von 8 bis 17 Uhr. Die Zweigstelle am Bahnhof sollte zu den jeweiligen Ankunfts- und Abfahrtszeiten der Züge geöffnet sein, ist dies aber nicht immer.
- Das Tourist Office führt tgl. von 9 bis 12 Uhr sowie von 15 bis 19 Uhr (Sunset Tour) **Wüstenausfahrten** per Jeep (150 Rs p.P., Minimum 5 Pers.) durch. Außerdem werden **Halb- und Ganztages-Kamelsafaris** angeboten.

JAISALMER

Stadtverkehr

Jaisalmer ist so klein, dass man alle Sehenswürdigkeiten zu Fuß erreichen kann. Auch vom Bahnhof in die Altstadt sind es kaum mehr als 15 Minuten.
- **Fahrräder** (3 Rs/Std., 20 Rs/Tag) können an vielen Stellen ausgeliehen werden, sind allerdings im hügeligen Innenstadtbereich nur bedingt von Nutzen.
- Eine **Rikshafahrt** vom Bahnhof zum Forteingang sollte nicht mehr als 20 Rs kosten, zum Gandhi Chowk höchstens 30 Rs.

Unterkunft

In kaum einer anderen Stadt Nordindiens herrscht ein derart verbissener Wettbewerb um die zahlungskräftigen westlichen Touristen wie in Jaisalmer. Das erfährt der Besucher meist schon kurz vor der Ankunft, wenn er im Bus oder im Zug von unzähligen **Schleppern** umringt wird. Am Bahnhof angekommen, wartet dann auch noch eine ganze Armada von Jeeps mit unübersehbaren Transparenten des jeweiligen Hotels auf die noch unentschlossene Kundschaft. Hat man sich erst einmal zu einer Jeepfahrt in die Stadt überreden lassen, wird man von einer Unterkunft zur nächsten gekarrt, bis man sich schließlich genervt irgendwo einquartiert hat, wo man eigentlich gar nicht hinwollte. Zudem darf man selbstverständlich noch eine saftige Kommission für die Schlepper zahlen. Im Grunde ist es völlig unnötig, sich auf die ganzen Lockangebote von „free transport" bis „best and cheapest hotel in Jaisalmer" einzulassen, da die Wüstenstadt klein genug ist, um sich in Ruhe nach einem genehmen Hotel umzuschauen.

Der enorme **Konkurrenzkampf** hat für den Kunden auf der anderen Seite natürlich den positiven Effekt, dass das Preisniveau relativ niedrig ist. Andererseits sind viele Hotelbesitzer, die übrigens oft gar nicht aus Jaisalmer stammen, sondern nur während der Hauptsaison von Oktober bis März die Häuser von Einheimischen gemietet haben, unter einem derartigen Kostendruck, dass sie ihre Gäste unbedingt auf die von ihnen angebotenen Kamelsafaris verpflichten wollen. Es hat sogar schon Fälle gegeben, in denen Touristen, die sich darauf nicht einlassen wollten, zum Verlassen des Hotels aufgefordert wurden.

Es ist sicherlich nicht leicht, die schwarzen Schafe immer gleich zu erkennen, doch sollte man mit den hier gegebenen Vorüberlegungen in Ruhe aussuchen. Im Folgenden kann nur eine kleine Auswahl der insgesamt über 100 Hotels und Guest Houses gegeben werden. Die Preise sind gerade in Zeiten geringer Auslastung des jeweiligen Hotels verhandelbar.

Low Budget

Viele Billigunterkünfte finden sich in zwei kleinen Gassen, die gegenüber der State Bank of India am Amar Sagar Gate/Gandhi Chowk abzweigen. Zunächst Unterkünfte außerhalb des Forts:
- Sehr populär ist trotz seines vergleichsweise hohen Preises das **Hotel Renuka** € (Chain Pura St., Tel.: 252757, hotelrenuka@rediffmail.com). Das Haus ist im Besitz eines sehr bemühten Ehepaares und bietet vom Dach eine schöne Aussicht. Auch die angebotenen Kamelsafaris werden allgemein gelobt.
- Der Erfolg des Renuka hat die Familie dazu veranlasst, im Jahr 2000 in der gleichen Straße mit dem **Ratan Palace** € (Tel.: 253615) eine zweite Unterkunft zu eröffnen. Die geräumigen, sauberen Zimmer mit modern gestalteten Badezimmern inklusive heißer Dusche bieten ein ausgezeichnetes Preis-Leistungsverhältnis.
- Viele positive Bewertungen erhält auch stets das **Hotel Swastika** € (Tel.: 252483) am oberen Ende der Chain Pura Street. Man kann wählen zwischen sauberen Zimmern mit Bad und Schlafsaal.
- Etwas weit weg vom Schuss, aber dafür um so angenehmer wohnt man im **Hotel Rajdhani** € (Tel.: 252760) in der Nähe des Patwon ki Haveli. Die Zimmer sind nicht gerade billig, haben dafür jedoch eine heiße Dusche, und man kann sich in aller Ruhe auf die Atmosphäre Jaisalmers abseits des großen Touristenstromes einlassen. Zudem bietet sich speziell am Nachmittag vom Dach des Hauses ein schöner Blick auf das Fort.

- Gute Kritiken erhält das Hotel **Golden City** €-€€ (Tel.: 251664, hotelgoldencity@hotmail.com) mit neuem Swimmingpool, einige Zimmer mit Klimaanlage, TV und kleinem Balkon. Die Lage im südlichen Teil der Stadt hat den Vorteil, dass man etwas abseits der Touristenmeile wohnt.
- Ganz in der Nähe erhält man erstaunlich viel für sehr wenig Geld im einfacheren **Hotel Samrat** €-€€ (Tel.: 251498, sorabkhan@yahoo.com) inkl. Fortblick vom Dachrestaurant. Im angeschlossenen Neubau wohnt man komfortabler.

Mehr Atmosphäre bieten natürlich die innerhalb des Forts gelegenen Unterkünfte, auch wenn dann naturgemäß der Blick aufs Fort wegfällt. Der Blick in die Ferne ist aber oft umso imposanter.
- Ein gutes Preis-Leistungsverhältnis bieten die insgesamt 7 Zimmer (4 mit angeschlossenem Bad) des **Hotel Temple View** €-€€ (Tel.: 252832, jaisalmertempleview@hotmail.com). Alle sind liebevoll eingerichtet, besonders zu empfehlen sind die teureren mit schönem Blick auf den Jain-Tempel.
- Ganz in der Nähe haben schon die billigen der teilweise sehr schön eingerichteten Zimmer des 450 Jahre alten **Desert Haveli** €-€€ (Tel.: 251555, hoteldeepak@rediff.com) mit gemütlichem Dachrestaurant tolle Ausblicke zu bieten – sicher eine der besten Billigadressen Jaisalmers.
- Die billigste Unterkunft im Fort selbst bietet das reichlich versteckt direkt an der Fort-Mauer gelegene **Deepak Rest House** € (Tel.: 252665). Die verschachtelten und verwinkelten Räume vermitteln einen gemütlichen Eindruck. Von den insgesamt 14 Zimmern, die meisten mit Gemeinschaftsbad, ist die Nr. 9 das schönste, weil es über einen eigenen kleinen Balkon verfügt. Im Schlafsaal kann man ebenfalls nächtigen und unter freiem Himmel auf dem Dach bekommt man den tollen Sternenhimmel fast geschenkt.
- Ebenfalls sehr preiswert sind die Zimmer, teils Gemeinschaftsbad, des **Hotel Desert** € (Tel.: 250602, ajitdeserthotel@yahoo.com), dennoch mit weiten Ausblicken in die Wüste.
- In dieselbe Preisklasse gehört auch das etwas preiswertere und damit spottbillige **Millenium Guest House** € (Tel.: 251674, millenium_jaisalmer@yahoo.com).
- Das am südwestlichen Ende des Palastvorplatzes gelegene **Paradise Hotel** €-€€€ (Tel.: 252674, hotelparadise_jsm2001@yahoo.co.in) ist eine der alteingesessenen und erfolgreichsten Unterkünfte im Fort. Die Qualität, Größe, Ausstattung und Aussicht der 24 um einen großen Innenhof angelegten Zimmer variiert recht stark, wobei die teureren auch die empfehlenswerteren sind. Insgesamt macht die Anlage einen weitläufigen und großzügigen Eindruck.

Budget

- Eine der schönsten Unterkünfte dieser Preisklasse im Fort ist das **Desert Boys Guest House** €-€€€ (Tel.: 253091, desert_p@yahoo.com). Die individuell und sehr gemütlich gestalteten Zimmer mit Bad, Balkon und weitem Blick in die Ferne sowie ein gutes Dachrestaurant sind die Pluspunkte.
- Mit weiten Ausblicken aus den Fenstern in der Fortmauer, schönen und sauberen Zimmern sowie einem luftigen Dachrestaurant kann das 700 Jahre alte Haveli des **Suraya Paying Guest House** €-€€€ (Tel.: 252558, adventurecamel@yahoo.co.in) aufwarten – viel für wenig Geld.
- Das vielfach gelobte, von vier Brüdern geführte **Shahi Palace** €-€€€ (Shiv Rd., Tel.: 255920, shahipalace@yahoo.co.in, www.shahipalacehotel.com) bietet geschmackvoll eingerichtete Zimmer, eine ruhige Lage an der westlichen Außenmauer des Forts und tolle Aussichten vom Rooftop. Gute Kritiken erhalten auch die vom Haus angebotenen Kameltouren.
- Eine der schönsten Adressen innerhalb dieser Preiskategorie ist das im Nordwesten des Forts gelegene **Hotel Victoria** €€ (Tel.: 252150, hotelvictoria@rediffmail.com). Es überzeugt mit hübsch eingerichteten Zimmern, tadellosen Badezimmern und einer angenehmen Atmosphäre.

Tourist Class

- Äußerst familiär und romantisch geht es in den beim Jain-Tempel im Fort gelegenen Hotels **Suraj** €-€€ (Tel.: 251623) und **Shreenath**

Palace €€ (Tel.: 252907, shreenath52907@hotmail.com) zu. Beide sind um 400 Jahre alte Rajasthan-Häuser, deren große Zimmer mit Holzdecken, Wandgemälden und kleinen Erkern sehr stilvoll eingerichtet sind. Der günstige Zimmerpreis im Shreenath erklärt sich durch die Tatsache, dass keines der Zimmer (alle mit Balkon) über ein eigenes Bad verfügt, was allerdings kaum störend wirkt, da die Gemeinschaftsbäder sehr sauber sind und beide Hotels meist nur wenige Gäste beherbergen.

● Die ruhige und gleichzeitig zentrale Lage etwas zurückversetzt vom Gandhi Chowk, das atmosphärereiche, fast 300 Jahre alte Haveli und die traditionelle Einrichtung der 14 um einen Innenhof angelegten Zimmer machen das Hotel **Nachana Haveli** €€€-€€€€ (Tel.: 252110, Fax: 251910, nachana_haveli@yahoo.com) zu einer der besten Adressen in dieser Preiskategorie.

● Mit sehr liebevoll eingerichteten Räumen und teilweise tollen Ausblicken kann das **Killa Bhawan** €€€-€€€€ (Tel.: 251204, kbhawan@yahoo.com), ebenfalls im Fort, aufwarten.

First Class und Luxus

● Einige der besten hochklassigen Unterkünfte befinden sich westlich von Jaisalmer. Etwa 1 km westlich der Stadt bietet der alte, sehr schön restaurierte **Jawahar Niwas Palace** €€€€ (Tel.: 252288, Fax: 250175, jawaharniwaspalace@hotmail.com) mit prunkvoll ausgestatteten Zimmern Luxus vom Feinsten mit Pool (200 Rs für Nicht-Gäste) – sehr hübsch.

● Von den Resorts macht das **Rang Mahal** €€€€ (Tel.: 250907-9, Fax: 251305, info@hotelrangmahal.com, www.hotelrangmahal.com) ca. 2 km westlich von Jaisalmer den überzeugendsten Eindruck. Die großzügige Anlage, natürlich mit Coffee Shop, Traveldesk, Internet-Café, Billard, großem Pool und hervorragenden Büffets, ist trotz seiner Größe oft ausgebucht, also reservieren.

● Das um einen schönen Swimmingpool (200 Rs für Nicht-Gäste) angelegte **Gorbandh Palace Hotel** €€€€ (Tel.: 251511, Fax: 252749) nebenan bietet ähnliche Ausstattung zu fast gleichem Preis. Die 64 Zimmer des Sandsteinbaus haben traditionelle rajasthanische Architekturmerkmale und sind über verschiedene Gebäudetrakte verteilt.

● Ähnlich in Preis und Ausstattung ist das ca. 3 km südlich Jaisalmers gelegene **Fort Rajwada** €€€€€ (Tel.: 253233, Fax: 253733).

Essen und Trinken

Dem Ansturm westlicher Touristen folgte der Siegeszug westlicher Essgewohnheiten. Das hat zu dem kuriosen Ergebnis geführt, dass es heutzutage in einer Stadt, die bis vor fünfzehn Jahren kaum ein Westler zu Gesicht bekommen hat, wesentlich einfacher ist, Müsli, Spaghetti, Pizzas und Kuchen zu bestellen als authentisches indisches Essen. Andererseits hat man die Auswahl zwischen einer Reihe sehr schön gestalteter Lokale, wobei sich besonders die Dachgartenrestaurants bei den Touristen großer Beliebtheit erfreuen. Die größte Ansammlung empfehlenswerter Restaurants findet sich am Gandhi Chowk beim Amar Sagar Gate.

● Am auffälligsten sind dabei das **The Trio** und das **Saffron**, welches auf dem Dach der in einem sehr schönen, alten Haveli untergebrachten State Bank of India platziert ist. In beiden preislich etwas höher anzusiedelnden Restaurants mit Blick aufs Fort werden bei abendlicher Live-Musik köstliche Gerichte serviert.

● Keine Live-Musik und keine großartigen Ausblicke bietet das **Kalpana Restaurant,** ebenfalls am Gandhi Chowk gelegen. Dafür gibt es sehr leckeres und preiswertes Essen, sodass sich das Lokal in den letzten Jahren zu einem der Favoriten in der Traveller-Szene entwickelt hat.

● Dasselbe gilt für das **Little Tibet** im Fort, bietet es doch auf seiner umfangreichen Speisekarte eine Vielzahl sehr schmackhafter Gerichte. Zusätzlicher Vorteil: der Blick vom Dach.

● Eine gute Restaurantadresse ist das etwas versteckt im 1. Stock gelegene **Seema Restaurant** gegenüber dem Salim Singh Ki Haveli (Blick auf eben dieses und aufs Fort). Besonders zu empfehlen sind das superleckere, frisch gebackene Brot aus dem eigenen Lehmofen und das *palak paneer*.

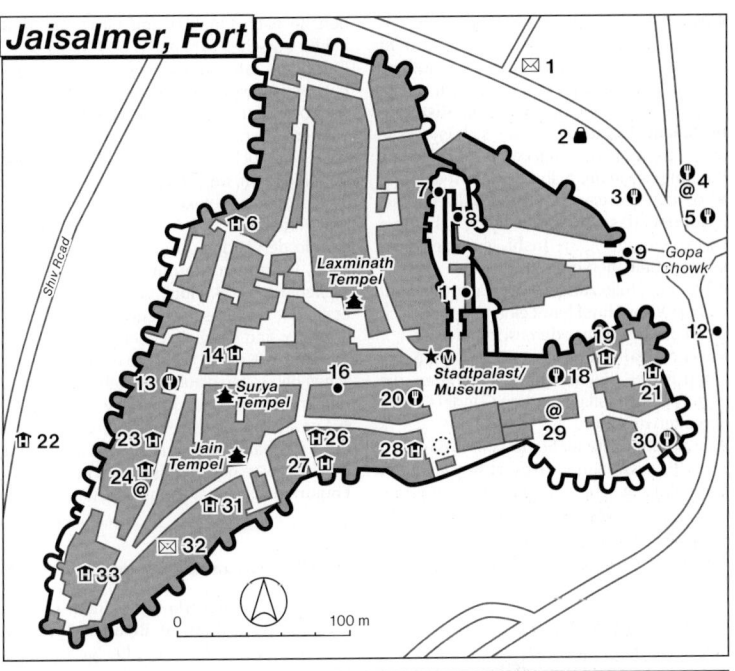

Jaisalmer, Fort

Unterkunft
- 🏠 6 Hotel Desert
- 🏠 14 Hotel Chandra Niwas
- 🏠 19 Hotel Killa Bhawan
- 🏠 21 Suraya Paying Guest House
- 🏠 22 Shahi Palace
- 🏠 23 Desert Boys Guest House
- 🏠 24 Deepak Rest House
- 🏠 26 Hotel Shreenath Palace
- 🏠 27 The Desert Haveli
- 🏠 28 Hotel Paradise
- 🏠 31 Hotels Suraj, Temple View
- 🏠 33 Hotel Jaisal Castle

Essen und Trinken
- 🍴 3 Bhang Shop
- 🍴 4 German Bakery
- 🍴 13 Ristorante Italiano La Purezza
- 🍴 18 Little Tibet Restaurant
- 🍴 20 8th of July Restaurant
- 🍴 30 Restaurant Surya

Sonstiges
- ✉ 1 Postamt
- 🔒 2 Gemüsemarkt
- @ 4 Joshi Cybercafé
- 🍴 5 Fort View Restaurant
- • 7 Ganesh Pol
- • 8 Surya Pol
- • 9 Akhey Pol (Haupteingangstor)
- • 11 KK Travels
- • 12 Adventure Travel Agency
- • 16 Ganesh Travels
- @ 24 Desert Boys Cybercafé
- @ 29 Desert Cyber Inn
- ✉ 32 Postamt

JAISALMER

- Wer hat nach Wochen indischen Essens nicht Lust auf Pizza, Pasta, Espresso oder Cappuccino? Das ganze auch noch authentisch, in angenehmer Atmosphäre, mit schönen Ausblicken und preiswert. Das **Ristorante Italiano La Purezza** findet sich im westlichen Teil des Forts. Ähnlich gut ist **Krishna's Boulangerie** in der Nähe des Jain-Tempel.
- Von den diversen „**German Bakeries**" sei besonders das am Gopa Chowk nahe dem Forteingang gelegene **Joshi**, gleichzeitig ein Internet-Café, hervorgehoben.
- Allein die tolle Aussicht im Dachrestaurant im **Fort View Hotel** lohnt einen Besuch, auch wenn das Essen eher durchschnittlich ist.
- Das **Natraj** schräg gegenüber vom Salim Singh Haveli bietet sich für all jene an, die dem Touristenauflauf um den Gandhi Chowk entgehen möchten.
- Zwar außerhalb der Stadtmauern, dafür am stilvollsten isst man im **Desert Boy's Dhani**. Das stilistisch sehr gelungene Gartenrestaurant bietet köstliche vegetarische Gerichte zu günstigen Preisen.
- Sehr schön sitzt man im **8th of July Restaurant** direkt oberhalb des Schlossplatzes im Fort. Ein idealer Ort, um bei einem Tee mit Kuchen das gemächliche Leben an sich vorbeiziehen zu lassen.
- Das **Surya Restaurant** in der südöstlichen Ecke des Forts ist vor allem wegen der gemütlichen Atmosphäre zu empfehlen. Am schönsten sitzt (liegt) es sich auf dem kleinen Balkon mit herrlichem Blick über die Stadt. Das Essen ist eher durchschnittlich.
- Zu erwähnen ist noch der staatlich zugelassene (!) **Bhang-Shop** am Gopa Chowk. Lassis mit „Schuss" kosten zwischen 30 und 40 Rs. Auch Kekse und anderes Süßes sind geladen, also Vorsicht.

Einkaufen

Der Tourismusboom der letzten Jahre zog neben Hotels und Restaurants auch unzählige Souvenirshops im Schlepptau nach Jaisalmer. An Shopping-Versuchungen besteht also kein Mangel, wobei sich die bis zu 3x5 m großen, mit **Spiegelchen verzierten Decken** als besondere Verkaufsschlager erwiesen haben. Je nach Qualität und Größe werden hierfür zwischen 500 und 5.000 Rs verlangt. Besonders astronomisch sind die Preise im Patwon-ki-Haveli, wo sie sehr eindrucksvoll vom obersten Stockwerk des Innenhofes bis zum Erdgeschoss herunterhängen. Gern gekauft wird auch der schwere **Silberschmuck** der Nomaden, der sich allerdings wohl eher als Dekorationsobjekt denn zum Tragen eignet. Verhältnismäßig billig, zumindest wenn man in den Läden abseits der Hauptstraße kauft, kann man **Kleidungsstücke aus Kamelleder** wie z.B. Hüte, Gürtel und Schuhe erstehen. Ein hübsches, zudem preiswertes Souvenir sind die vielfach leuchtend bunten **Turbane**. Auf jeden Fall sollte man kräftig feilschen und selten glauben, welche Qualitäten den Produkten zugeschrieben werden.

- Wer sich zunächst einen Überblick über das Kunsthandwerk Rajasthans verschaffen möchte, sollte sich im **Jaisalmer Handicrafts Emporium** am Amar Sagar Gate umschauen.

Bank

- Die **Bank of Baroda** am Gandhi Chowk und die **State Bank of Bikaner & Jaipur** (Mo-Fr 10-14 und 15-16 Uhr, Sa 10-12.30 Uhr) tauschen Travellerschecks und Cash.
- Private Geldwechsler wie **P.S. Securities** (tgl. 10-20.30 Uhr), **Chinnu Forex** und **LKP Forex** (Tel.: 253679, 9.30-19.30 Uhr), alle drei am Gandhi Chowk, wechseln Bares und Reiseschecks, außerdem erhält man gegen 2 % Gebühr auf Visa- und Mastercard Geld. Auch bei den guten Hotels gibt's natürlich Foreign Exchange für die Gäste.

Post

Briefe und Karten gibt man am besten beim kleinen Postamt am Gopa Chowk direkt im Zentrum ab. Eine weitere Filiale (Mo-Sa 10-15 Uhr) gibt's innerhalb des Forts nahe dem *Desert Boys Guest House*.

Zwei Touristen beklagten sich darüber, dass ihre in Jaisalmer aufgegebenen Pakete auch nach 5 Monaten noch nicht in der Heimat eingetroffen waren. Vielleicht liegt's an der Abgeschiedenheit der Wüstenstadt. Man wartet also besser bis Jaipur oder Delhi mit dem Verschicken von Souvenirs.

Internet

- Als typischer Travellerort ist Jaisalmer natürlich gut mit Internet-Cafés (20-30 Rs/Std.) versorgt. Ein gutes ist das **Joshi Cybercafé** am Gopa Chowk, das praktischerweise auch eine German Bakery betreibt. U.a. ist hier auch das Auslesen des Memorysticks der Digitalkamera und Brennen auf CD möglich.
- Das kann auch **Desert Cyber Inn** (100 Rs inkl. CD) im Fort, das zudem gutes Equipment zum Surfen für 40 Rs/Std. bereitstellt.

Fest

- Ebenso wie das Elefantenfest von Jaipur ist auch das jedes Jahr im Januar/Februar stattfindende **Desert Festival** in Jaisalmer eine Erfindung cleverer Tourismusmanager und beruht nicht auf einem traditionellen Hintergrund. Turban-Wettbinden und Tauziehen sind denn auch nur alberne Entgleisungen, doch ansonsten sind die Kamelrennen und vor allem die herrlich geschmückten Wüstenbewohner schon einen Besuch wert. Nächste Termine: 31. Jan.-2. Feb. 2007 und 19.-21. Feb. 2008.

An- und Weiterreise

Bahn

- Das Reservierungsbüro am Bahnhof (Tel.: 252354, 251301) ist von 8-20 Uhr geöffnet.
- Folgende Verbindungen sind von touristischer Bedeutung: Mit dem 4060 JSM DEE Exp. ab Jaisalmer um 15.30 Uhr, **Osian** (an 20.05 Uhr), **Jodhpur** (an 21.50 Uhr), **Jaipur** (an 4.55 Uhr) bis **Delhi Sarai Rohilla** (an 11.30 Uhr).
- Nachts verbindet der 4809 JSM JU Exp. Jaisalmer (Abf. 23.15 Uhr) mit **Jodhpur** (Ank. 5.15 Uhr). Von Jodhpur der 4810 JUJSM Exp.: Jodhpur ab 23.15 Uhr, Jaisalmer an 5.15 Uhr.
- Der aus **Delhi** kommende, in Jodhpur um 6 Uhr haltende 4059 DEE JSM Exp. sollte, wenn möglich, nicht benutzt werden, da er oft viele Stunden Verspätung hat bzw. ganz ausfällt.

Bus

- Obwohl der **Busbahnhof** in der Nähe des Bahnhofs liegt, starten alle Busse auch vom City Bus Stand an der Kreuzung vor dem Amar Sagar Gate.
- Nach **Jodhpur** (6 Std., 100/125 Rs semi-/deluxe) fahren tgl. 8 Express-Busse zwischen 5.30 und 22.30 Uhr.
- Nach **Udaipur** und **Chittorgarh** gibt's keine staalichen Direktbusse. In Jodhpur muss umgestiegen werden.
- Mit einem der tgl. 3 Express-Busse (6.30, 14 und 20.30 Uhr) benötigt man zwischen 6 und 7 Std. nach **Bikaner** (145 Rs für Deluxe-Busse).
- Nach **Jaipur** (260 Rs) über **Jodhpur** und **Ajmer** (9 Std., 200 Rs) sind es mit dem Deluxe-Bus 12-13 Std.
- Nach **Mt. Abu** (11 Std.) fahren tgl. zwei Direktbusse um 5.30 Uhr und 12.30 Uhr.
- Nach **Bikaner** fahren tgl. 3 Busse um 6.30, 14 und 20.30 Uhr in 7 Stunden.
- Privatanbieter bieten dieselben Strecken an, allerdings ist häufig ein Umsteigen in Jodhpur nötig, wo man dann evtl. ein Problem mit der Anerkennung des weiter geltenden Tickets haben kann.

Umgebung von Jaisalmer

Eine gute Möglichkeit, die zahlreichen Sehenswürdigkeiten in der näheren und weiteren Umgebung von Jaisalmer im Rahmen einer Halbtagestour zu erleben, bieten die von diversen Reisebüros angebotenen **Jeeptouren** (Kostenpunkt: 800 bis 1.000 Rs).

Amar Sagar

Die hübsche Gartenanlage im Nordwesten Jaisalmers mit einem kleinen Palast, Tempeln und Chattris stammt

Umgebung von Jaisalmer

aus dem 17. Jh. Der dazugehörige **See** ist nur wenige Monate im Jahr mit Wasser gefüllt. Bis zum nächsten Monsun, wenn sich die Senke wieder auffüllt, werden Seerosen und Gemüse gezogen. Am besten erhalten sind die nach einem aufwendigen Restaurationsvorhaben im alten Glanz erstrahlenden **Jain-Tempel** mit ihrem immer wieder beeindruckenden Skulpturenreichtum (Eintritt 10 Rs, Kamera 50 Rs, Video 100 Rs).

Bada Bagh A2

Die 5 km nördlich, inmitten einer kleinen Oase gelegenen Kenotaphe der Herrscher von Jaisalmer lohnen vor allem am späteren Nachmittag einen Besuch, wenn die Abendsonne die aus gelbem Sandstein gefertigten Pavillons in ein sanftes Licht hüllt. Im Übrigen bietet sich ein schöner Blick auf die am Horizont auftauchende Altstadt von Jaisalmer. Die **Grabsteine** der verstorbenen Adligen zeigen neben einem stolz reitenden Rajputenkrieger auch die – selbstverständlich wesentlich kleiner dargestellten – Umrisse der mit ihm auf dem Scheiterhau-

Totengedenkstätte der Herrscher von Jaisalmer in Bada Bagh

fen verbrannten Frauen (Eintritt 10 Rs, Kamera 10 Rs, Video 20 Rs).

Lodhruva ♂ A2

Von Lodhruvas ehemaliger Größe als der Hauptstadt der Bhati-Herrscher, bevor sie nach Jaisalmer umzogen, zeugt nur noch ein sehr schön restaurierter **Jain-Tempel**. In seinem Inneren verbirgt sich mit einem Wunschbaum, dem so genannten *Kalpavriksha*, eine seltene Kostbarkeit. Zu diesem aus Kupfer gefertigten Baum mit Blättern, Früchten und Vögeln pilgern viele Jains, um für die Erfüllung ihrer Wünsche zu beten. Ansonsten scheinen die aus alten Reiseberichten überlieferten Paläste, Tempel und zwölf Stadttore des 16 km nordwestlich von Jaisalmer gelegenen Lodhruva über die Jahrhunderte im Wüstenstaub versunken zu sein.

Sam Sand Dunes

Sanddünen bis zum Horizont, in goldenes Licht gehüllt vom Schein der untergehenden Sonne – wer diesem **Wüsten-Klischee** frönen will, der muss sich zu den 42 km südwestlich von Jaisalmer gelegenen Sam Sand Dunes aufmachen. Allerdings sollte man sich vorher darüber im Klaren sein, dass Hunderte anderer Touristen den gleichen Wunsch haben. Dementsprechend marktschreierisch geht es dort zu: Aufdringliche Kameltreiber sind zugegen, die einen unbedingt zum Ritt in den Sonnenuntergang überreden wollen, Musiker, die um die Wette fiedeln und singen, sowie Verkäufer, die alles – von traditioneller Kleidung über Musikinstrumente bis zur Miniaturmalerei – verkaufen wollen. Da muss man schon weit laufen, um sich dem jahrmarktähnlichen Trubel zu entziehen.

Khuri ♂ A2

Das 40 km südwestlich von Jaisalmer gelegene Khuri war lange Zeit eine friedvolle Wüstenoase abseits ausgetrampelter Touristenpfade. Tatsächlich bietet das von **halbnomadischen Bewohnern** aus der Rajputenfamilie der Sodhas bewohnte Dorf einen interessanten Einblick in die Bau- und Wohnweise eines **traditionellen Wüstendorfes** im Westen Rajasthans. Von einer Lehmmauer umgeben, stehen die meisten Häuser inmitten eines kleinen Hofes, der mit einer zementartigen Masse ausgelegt ist, dessen Hauptbestandteil Kuhdung ist. Sehr hübsche geometrische Ornamente verzieren die Eingänge der weiß gekalkten, runden **Lehmbauten**.

Leider hat sich Khuri in den letzten Jahren zu einem zweiten Sam Sand Dunes entwickelt. Auch wenn die Touristenzahlen bei weitem noch nicht so hoch sind, ist die ursprüngliche Atmosphäre einem ungehemmten Profitdenken gewichen. Niemand wird den Einwohnern übelnehmen, dass sie am Touristeninteresse profitieren wollen, doch wer nach Khuri kommt, um unverfälschtes Dorfleben zu sehen, ist hier falsch. Wer das weiß und darauf eingestellt ist, kann noch immer Ge-

Kamelsafaris in die Wüste Thar

Mehrtägige Kamelsafaris in die Wüste Thar mit Ausgangs- und Endpunkt **Jaisalmer** gehören für die allermeisten Individualtouristen zu den Höhepunkten, ja fast schon zum Muss einer Nordindienreise. So findet sich denn auch unter den westlichen Besuchern Jaisalmers kaum jemand, der nicht auf dem Rücken eines dieser klassischen Wüstentiere losreiten wollte. Wer dabei aber vom klassischen Lawrence-von-Arabien-Klischee der menschenleeren, sich endlos bis zum Horizont erstreckenden Sanddünen ausgeht, wird am Ende in dieser Beziehung enttäuscht sein. Damit die Reise tatsächlich ein unvergessliches Erlebnis wird, gilt es vor der Buchung einige wichtige Dinge zu beachten.

Zunächst muss man sich im klaren sein, dass Kamelsafaris in Jaisalmer *Big Business* sind. Der Wettbewerb ist dementsprechend verbissen, und unter den zahlreichen Anbietern befinden sich einige schwarze Schafe. Am besten, man erkundigt sich unter bereits von einer Safari zurückgekehrten Reisenden nach ihren Erfahrungen. Derartige aktuelle Informationen aus erster Hand sind unbezahlbar. Fragen sollte man z.B. nach Menge und Qualität des Essens (immer nur *dhal* und Reis oder eine abwechslungsreiche Küche), nach der täglich zurückgelegten Strecke (es gibt Fälle, in denen man gerade drei Stunden pro Tag reitet und den Rest des Tages nichts zu tun hat) oder der Übernachtungsart (unter freiem Himmel – welche Qualität hat der Schlafsack – oder im Zelt). Generell gilt: Je mehr man zahlt, desto mehr Gegenwert erhält man auch. Man kann z.B. nicht erwarten, für einen Preis von 150 Rs pro Tag, von dem das Hotel oder Guest House auch noch eine Vermittlungsgebühr von 30 % einbehält, täglich drei Festmahle serviert zu bekommen. 400 bis 600 Rs pro Tag muss man mindestens für eine anständige Safari zahlen, mit Zeltübernachtung bis ca. 800 Rs. Bei Allem, was darunter liegt, muss man mit schlechtem, einfallslosem Essen und missgelaunten, weil unterbezahlten Kameltreibern rechnen. Die Kameltreiber bekommen allerdings immer am wenigsten ab. Ein Trinkgeld am Ende der Tour ist also sicherlich angebracht.

Unbedingt vor Antritt der Safari sollte man sicherstellen, dass man auch wirklich allein auf dem Kamel sitzt. Das sollte eigentlich eine Selbstverständlichkeit sein, doch bei einigen Billiganbietern mussten sich auch schon zwei Touristen ein Kamel teilen.

Da inzwischen die seit vielen Jahren immer wieder begangenen Routen sehr stark frequentiert werden und man kaum noch die Atmosphäre eines einsamen Wüstenausritts genießen kann, sind viele Anbieter dazu übergegangen (und werben auch damit), zusätzlich zum Üblichen auch „unberührte" Wüstenabschnitte aufzusuchen. Allerdings muss diese Unberührtheit gelegentlich mit Eintönigkeit der Landschaft und weniger Sehenswürdigkeiten bezahlt werden, sodass einige Teilnehmer dieser Touren schon nach zwei Tagen leicht gelangweilt waren. So muss also immer ein Kompromiss zwischen Vielfalt der Landschaft mit Sehenswürdigkeiten in ausgetretenen Pfaden und Unberührtheit in eintönigerer Umgebung gefunden werden. Auch hier hört man sich am besten bei schon zurückgekehrten Teilnehmern um.

Eine der am häufigsten durchgeführten Safaris dauert zweieinhalb Tage und beginnt am Mittag des ersten Tages mit einer Jeepfahrt zu den **Sam-San-Dünen,** wo man meist mit Hunderten von anderen Touristen einen Sonnenuntergang in einer Bilderbuchkulisse erlebt. Während der folgenden zwei Tage, in denen man verlassene Wüstenstädte und Tempelanlagen wie **Amar Sagar, Lodruwa** und **Mul Sagar** passiert, wird das Bild jedoch eher von kars-

KAMELSAFARIS IN DIE WÜSTE THAR

tigen, weit weniger spektakulären Landschaften bestimmt. Speziell in der Hauptreisesaison (von November bis März) ist es eher die Regel als die Ausnahme, gelegentlich anderen Karawanen zu begegnen.

Wer beabsichtigt, eine längere Safari zu unternehmen, sollte auf jeden Fall vorher einmal probereiten. **Kamelreiten** sieht romantisch aus, ist jedoch sehr **anstrengend,** besonders für den Rücken und dessen Verlängerung. Es gibt nicht wenige, die deswegen nach euphorischem Beginn bereits am zweiten Tag aufgeben. Gerade deshalb ist es besonders wichtig, eine weiche Sattelauflage wie etwa einen Wollpullover mitzunehmen. Selbiger ist auch für die oft sehr kühlen Nächte unter freiem Himmel nützlich. Außerdem sollte man eine Wasserflasche, Wasserentkeimungstabletten, eine Kopfbedeckung (Turban ist ideal), Taschenlampe und Sonnencreme auf die Tour mitnehmen. Das wichtigste jedoch ist gutes Sitzfleisch.

Einen seit Jahren guten Ruf in der Traveller-Szene hat der so genannte, allerdings auch etwas teurere „Mr. Desert" (Adventure Travel Agency, Tel.: 252558, www.adventurecamel.com, adventurecamel@yahoo.co.in), der meist in der Nähe des Eingangstores zum Jaisalmer-Fort auf Kunden wartet. Auch die vom *Hotel Renuka* veranstalteten Safaris (s. Unterkunft) werden von Travellern gelobt. Die verlässlichsten und aktuellsten Infos über Seriosität und Leistungen der Anbieter erhält man bei gerade von einer Safari zurückgekehrten Reisenden.

winn aus dem Besuch ziehen. Besonders der Ritt auf einem Kamel durch die Sandwüste zu den in der Umgebung aufragenden **Sanddünen,** von wo sich ein herrlicher Blick auf die untergehende Sonne bietet, ist für viele ein unvergessliches Erlebnis.

Unterkunft

(Vorwahl: 03014)
- Als eine typische Übernachtungsmöglichkeit steht das vom freundlichen Herrn *Singh* geführte **Badal House** €€ (Tel.: 03014-274042) zur Verfügung. Wie bei allen anderen Unterkünften handelt es sich um Lehmhütten, die um einen Innenhof angelegt wurden. Der Übernachtungspreis schließt drei Mahlzeiten ein. Der Besitzer organisiert auch Kamelsafaris zum Preis von 300 Rs pro Tag.
- Alternativen, ebenfalls inkl. Mahlzeiten, sind die spartanischen **Khuri Guest House** € (Tel.: 274044), **Sodha Guest House** € (Tel.: 274003) oder **Rajputana Desert Resorts** €, die alle über einfach ausgestattete Rundhütten verfügen, sowie **Mama's Guest House** € (Tel.: 274023) im Dorfkern.

An- und Weiterreise

- Vier hoffnungslos überfüllte **Busse** am Tag legen die Strecke (20 Rs) in 2 Std. zurück.

Bikaner

⇗ B1

(ca. 550.000 Einwohner, Vorwahl: 0151)

Bis vor wenigen Jahren lag die 1488 nach ihrem Begründer *Rao Pikaji*, einem Sohn des Herrschers von Jodhpur, benannte Stadt noch im touristischen Abseits, doch inzwischen profitiert sie quasi als Trittbrettfahrer von der enormen Popularität der 300 km westlich gelegenen Wüstenstadt Jaisalmer. Viele Reisende legen hier, von Delhi oder Shekhawati kommend, einen Zwischenstopp ein und so sind die Touristenzahlen in den letzten Jahren kontinuierlich gestiegen.

Tatsächlich hat sie mit einem der am besten ausgestatteten **Forts** Rajasthans und der in ganz Indien einmaligen, etwa 10 km außerhalb liegenden **Kamelzuchtfarm** auch zwei Sehenswürdigkeiten zu bieten. Insgesamt jedoch wirkt die sehr weitläufige Stadt recht spröde. Allerdings findet auch hier ein sehenswertes **Camel Festival** statt (Termine: 2./3. Jan. 2007, 21./22. Jan. 2008, www.camelfestival.com).

Die gut erhaltenen Innenräume des Palastes von Bikaner sind zu besichtigen

Sehenswertes

Junagarh Fort

Mag Bikaner auch nicht zu den schönsten Städten Rajasthans gehören – der Stadtpalast ist zweifelsohne einer der schönsten überhaupt. Zwei besondere Merkmale unterscheidet das Fort von den meisten anderen Palästen Rajasthans: Es liegt weder erhöht auf einem Bergrücken oder Felsplateau, noch war die Anlage Ausgangspunkt für die sich daran ansiedelnde Stadt, denn sie wurde erst über 100 Jahre nach der Stadtgründung erbaut.

Man betritt die von einem Wassergraben und einer 986 m langen, 20 m hohen und bis zu 9 m breiten Mauer umgebene **Palastanlage** durch das von zwei riesigen Elefanten flankierte Suraj Pol. An den nächsten beiden Toren (Daulat Pol und Karan Pol) finden sich ähnlich wie im Meherangarh Fort in Jodhpur die Handabdrücke der Frauen, die ihren fürstlichen Ehemännern nach deren Ableben auf dem Scheiterhaufen mehr oder weniger freiwillig folgten und so zu **Satis** wurden.

Durch eine kleine Unterführung betritt man den Eingangshof zum Palast. Im nun folgenden Gewirr der unzähligen Empfangsräume, Höfe, Hallen, Schlafräume, Dachterrassen und Tempel wäre der Besucher hoffnungslos verloren, und so wird man von gut ausgebildeten Führern durch die Palastanlage geleitet.

Begonnen wurde mit dem Bau der Palastanlage Ende des 16. Jh. unter *Ra-*

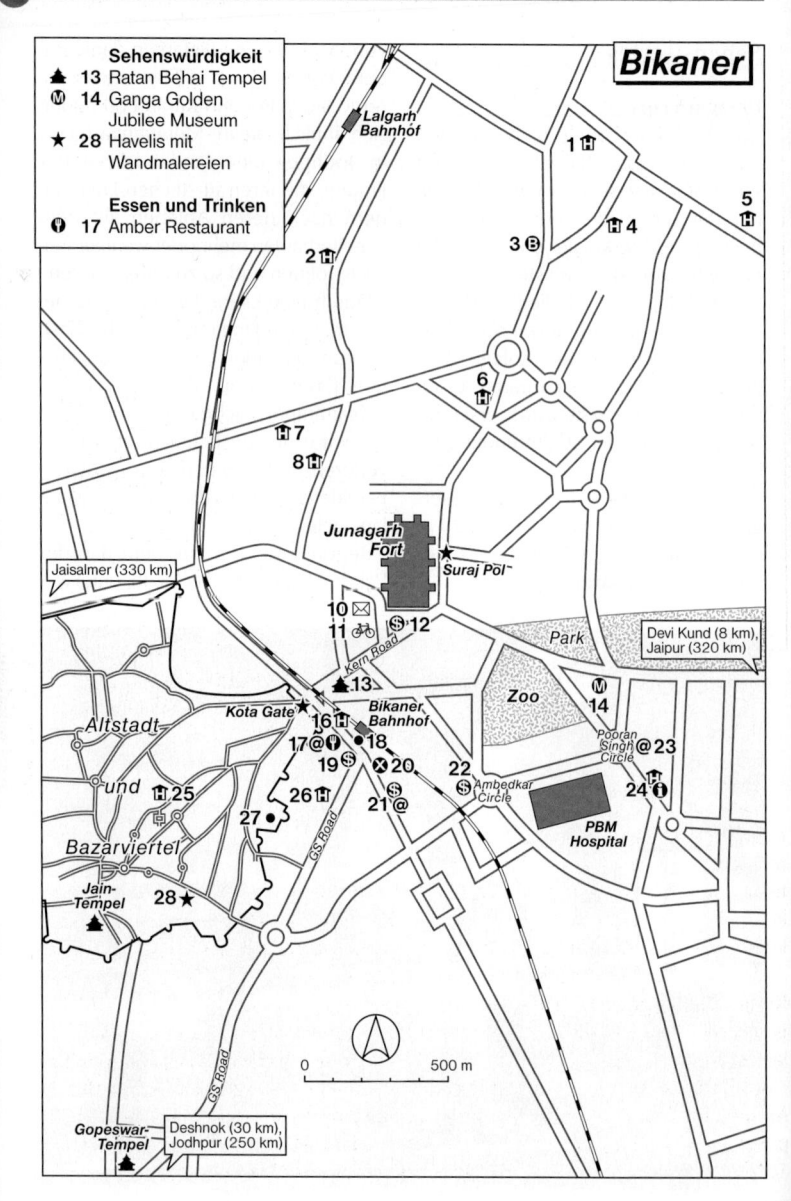

BIKANER

Sehenswürdigkeit
- ▲ 13 Ratan Behai Tempel
- Ⓜ 14 Ganga Golden Jubilee Museum
- ★ 28 Havelis mit Wandmalereien

Essen und Trinken
- 🍴 17 Amber Restaurant

Lalgarh Bahnhof

Jaisalmer (330 km)

Junagarh Fort
Suraj Pol

Kern Road
Kota Gate
Bikaner Bahnhof

Altstadt und Bazarviertel

Jain-Tempel

Park
Zoo
Devi Kund (8 km), Jaipur (320 km)
Pooran Singh Circle
Ambedkar Circle
PBM Hospital

GS Road

0   500 m

Gopeswar-Tempel
Deshnok (30 km), Jodhpur (250 km)

Unterkunft

- 🛏 1 Hotel Basant Vihar Palace
- 🛏 2 Bhairon Vilas
- 🛏 4 Hotel Lalgarh Palace
- 🛏 5 Karni Bhawan Palace
- 🛏 6 Harasar Haveli
- 🛏 7 Marudhar Hotel
- 🛏 8 Vinayak Guest House
- 🛏 16 Hotels Amit, Green, Joshi und Deluxe mit Restaurant
- 🛏 24 Hotel Dhola
- 🛏 25 Hotel Bhanwar Niwas
- 🛏 26 Hotel Marudhar Heritage

Sonstiges

- Ⓑ 3 Busbahnhof
- ✉ 10 Postamt
- 🚲 11 Fahrradverleih
- Ⓢ 12 Corporation Bank ATM
- @ 17 New Horizon
- ● 18 Polizei
- Ⓢ 19 Bank of Baroda
- ✖ 20 Uhrturm, Taxistand
- Ⓢ@ 21 ICICI ATM, Reliance Webworld
- Ⓢ 22 State Bank of Bikaner & Jaipur
- @ 23 Cyber City
- ❶ 24 Tourist Reception Centre
- ● 27 Gefängnis

ja Singh (1571-1611), der zu einem der mächtigsten Heerführer *Akbars* zählte. Er und seine Nachfolger, die als letzte treue Vasallen auf Seiten des letzten, verhassten Mogul-Herrschers *Aurangzeb* standen, steckten ihr in Kriegszügen angesammeltes Vermögen in den weiteren Ausbau dieses Palastes.

Besonders sehenswert sind der **Phul Mahal und Chandra Mahal** (Blumenpalast und Mondpalast) aus dem 18. Jh. mit ihren sehr schönen Spiegelintarsien und Wandmalereien. Interessant ist auch der **Hari Mandir,** der Haupttempel des Palastes, in dem die fürstlichen Hochzeiten und Geburten zelebriert wurden.

●**Öffnungszeiten:** 10 bis 16.30 Uhr, Eintritt 100 Rs (inkl. Museum), Kamera 30 Rs, Video 100 Rs.

Ganga Golden Jubilee Museum

Dieses etwa 2 km östlich des Forts beim Gandhi-Park gelegene Museum befindet sich in einem Rundbau, der zur Hälfte von Verwaltungsbüros belegt ist. Im Innern finden sich ein buntes Sammelsurium von **archäologischen Funden** aus der Harappa- und Gupta-Periode. Als Einzelstücke fallen ein Seidenumhang des Mogul-Herrschers *Jehangir* sowie eine Miniatureisenbahn mit reich ausgeschmückten Wohn-, Arbeits- und Schlafwaggons ins Auge. Englischsprachige Erläuterungen finden sich leider nirgends, der recht lange Anfahrtsweg lohnt nur für wirklich kulturhistorisch interessierte Besucher.

●**Öffnungszeiten:** tgl. außer Fr 10-16.30 Uhr.

Jain-Tempel

Der Jain-Tempel stellt eine Besonderheit dar. Ungleich allen anderen bekannten Jain-Tempeln besitzt er keine plastische Ausschmückung, keine Skulpturen. Er ist im Inneren jedoch, ähnlich den Miniaturen in Bundi, mit fantastischen, ausgezeichnet erhaltenen Aufputzmalereien geschmückt. Auch kann der „Turm" bestiegen werden, was ebenfalls ungewöhnlich ist.

BIKANER

Lalgarh-Palast

Etwa 3 km nördlich der Stadt liegt dieser zwischen 1902 und 1926 von Maharaja *Ganga Singh* erbaute Palast, der wegen seiner festungsartigen Architektur und seines Baumaterials auch *Red Fort* genannt wird. Äußeres Erscheinungsbild, Bauzeit, Ambiente und heutiger Verwendungszweck des Gebäudes erinnern stark an den Umaid Bhawan in Jodhpur.

Das riesige Bauwerk beeindruckt durch seine exquisite Innenausstattung und perfekte Bearbeitung. Der Lalgarh-Palast ist heute in drei Bereiche unterteilt: die Privaträume des Maharajas, ein Luxushotel und ein **Museum**. Bekannt aus vielen anderen Rajputenpalästen sind die Waffen- und Trophäensammlung, wirklich beeindruckend ist jedoch die ausgezeichnete Fotogalerie, die einen hervorragenden Einblick sowohl in das private wie öffentliche Leben der Maharajas zur Zeit der britischen Besatzung gewährt.

- **Öffnungszeiten:** tgl. außer Mi 10-17 Uhr, Eintritt 20 Rs.

Information

- Das **Touristenbüro** (Tel.: 2544125) befindet sich im Hotel Dhola Mara und wird von einem äußerst freundlichen und hilfsbereiten Angestellten geleitet. Geöffnet ist es tgl. außer So von 9 bis 17 Uhr. Hier können auch Guides zum Preis von 300 Rs für zwei Stunden vermittelt werden.
- Sehr informativ ist die website **www.realbikaner.com**.

Stadtverkehr

- Vom 3 km nördlich des Stadtzentrums am dem Lalgarh-Palast gelegenen Busbahnhof bis zum Bahnhof sollte es mit der **Autoriksha** 20 Rs kosten, vom Bahnhof zum Junagarh Fort maximal 10 Rs und ebensoviel zum Tourist Bungalow.
- **Tempos** verkehren auf den Hauptstrecken zwischen Bahnhof und Altstadt und Busbahnhof.
- Für ca. 30 Rs pro Tag kann man sich gegenüber vom Bahnhof **Fahrräder** leihen. Eine sehr gute Alternative, sich in Bikaner fortzubewegen.

Unterkunft

- Von den zahlreichen recht spartanischen Hotels um den Bahnhof ist das **Hotel Joshi** €€ (Tel.: 2527700, Fax: 2521213, hotel joshi@rediffmail.com) mit recht guten EZ/ DZ akzeptabel. Die hinteren Räume sind allerdings wegen der vom entlangführenden, lauten Station Road vorzuziehen.
- Eine der angenehmsten Unterkünfte in der unteren Preiskategorie ist das wegen seiner freundlichen Besitzer und den einfachen, aber sauberen Zimmern mehrfach von Lesern empfohlene **Vinayak Guest House** € (Tel: 2202634, vinayak_pghause@rediff.com). Da es nicht ausgeschidert ist, sollte man anrufen.
- Mit dem **Meghsar Castle** €-€€€ (Tel.: 2527315, Fax: 2522041, www.hotelmeghsar castle.com) findet sich eine für den Preis gut geführte Unterkunft an der Gajner Rd. im Norden der Stadt. Neben großen, wenn auch etwas altmodischen Zimmern verfügt es über ein Gartenrestaurant und Internet-Anschluss.
- Ein sehr empfehlenswertes Mittelklassehotel ist das **Harasar Haveli** €€€ (Tel.: 2209891, Fax: 2525150, www.nivalink.com/harasar) in der Nähe der Karni Singh am Stadion. Da die verschiedenen Zimmer in Größe und Ausstattung stark variieren, sollte man sich zunächst mehrere anschauen. Die Dachterrasse mit Blick auf die Stadt und leckerem indischen Essen bietet sich zum Verweilen an.

BIKANER

- Ein gutes Preis-Leistungs-Verhältnis bietet das Hotel **Marudhar Heritage** €€-€€€ (Tel.: 2522524, Fax: 2201334) in der Gangashhar Rd., nicht weit vom Bahnhof. Die sauberen Zimmer in dem angenehmen Haus sind teilweise mit AC ausgestattet.
- Das **Hotel Lalgarh Palace** €€€€ (Tel.: 2523963, Fax: 2522253), der Palast des Maharajas von Bikaner, sieht zwar auf den ersten Blick recht imposant aus, doch bei näherem Hinsehen entpuppen sich viele Räume im Inneren als etwas abgewohnt und muffig. Die seltsame *Trophy Bar* ist ein Bier wert.
- Eine ausgezeichnete Wahl in der mittleren Preiskategorie ist das in einem alten Pratizierhaus untergebrachte **Bhairon Vilas** €€-€€€ (Tel./Fax: 2544751, hbhairon@rediffmail.com). Die stilvoll eingerichteten Zimmer in dem fast 200 Jahre alten Gebäude, das hervorragende hauseigene Restaurant und die Atmosphäre einer untergegangenen Epoche – das alles zu einem vergleichsweise günstigen Preis!
- Der nur 300 m vom Lalgarh Palace entfernte **Basant Vihar Palace** €€€€ (Tel.: 2528162) wurde ursprünglich als Lustschloss errichtet und bietet große, komfortable Zimmer.
- Mitten im Altstadtzentrum liegt das stilvoll renovierte Hotel **Bhanwar Niwas** €€€€-€€€€€ (Tel.: 261880, www.bhanwarniwas.com). Die 12 Zimmer sind mit erlesenem Mobiliar ausgestattet und nicht gerade billig. Das in einem schönen Marwari-Haveli untergebrachte Heritage Hotel ist sein Geld jedoch allemal wert.
- Eine gute Wahl ist das in den 1940er Jahren vom Maharaja im Art-Deco-Stil errichtete **Karni Bhawan Palace Hotel** €€€-€€€€ (Tel.: 2524701, Fax: 2522408). Das in einem weitläufigen Garten gelegene, rot-weiße Gebäude hat 20 hübsch eingerichtete Zimmer.

Essen und Trinken

- Das saubere und klimatisierte **Metro Restaurant & Beer Bar** südlich des Junagarh Fort versorgt mit indischer und chinesischer Küche sowie Pizza.
- Mit dem **Deluxe Restaurant** (südindische und chinesische Küche sowie Eis) und dem vegetarischen **Amber Restaurant** etwa gegenüber finden sich zwei akzeptable Gaststätten in der Station Rd.

Bank und Internet

- Die **State Bank of Bikaner & Jaipur** (Ambedkar Circle, Mo-Sa 12-16 Uhr) wechselt Bares und Reiseschecks, die **Bank of Baroda** (Mo-Fr 10-14, Sa 10-12.30 Uhr) nur das zweite. Die **ATMs** der Corporation Bank und der ICICI-Bank verarbeiten die wichtigen Kreditkarten bis auf Amex.
- Das Internet ist bei **New Horizon**, eine Straße an der Station Rd. hinein, und bei **Reliance Webworld** an der Station Rd. für 20 Rs/Std. zugänglich.

An- und Weiterreise

Bahn

Die wichtigsten Verbindungen finden sich im Anhang.

Bus

Der Busbahnhof befindet sich etwa 3 km nördlich der Stadt. Wer also aus dem Süden anreist, sollte sich schon vor Erreichen des Busbahnhofs absetzen lassen.

- Viele Verbindungen nach **Ajmer** (113 Rs, 7 Std., mehrere über Pushkar), **Jaipur** (7 Std., über Fatehpur und Sikar) und **Jodhpur** (6 Std., alle Jodhpur-Busse halten am Rattentempel von Deshnok).
- Nach **Jhunjhunu** 2 Direktbusse um 11 und 14.30 Uhr (5 Std., diese Busse fahren weiter bis Delhi).
- Weitere Verbindungen u.a. nach **Udaipur** (12 Std., Abf. 18.30 Uhr), **Agra** (12 Std., Abf. 5 Uhr) und **Jaisalmer** (8 Std., 2 Direktbusse um 5.30 und 12.15 Uhr).

Umgebung von Bikaner

Devi Kund   ⌔ B1

Die von einer Mauer eingegrenzten **Totengedenkstätten** für die Herrscher von Bikaner, 8 km östlich der Stadt, wirken mit ihren verspielten Kuppeldächern aus Ziegeln, Sandstein oder Marmor und den sie stützenden reich ornamentierten, freistehenden Säulen eher wie heitere Sommerpavillons. Am beeindruckendsten ist der weiße Marmorchattri von *Maharaja Sardhul Singh* (1943-1949).

● Mit der **Autoriksha** sollte die Hin- und Rückfahrt höchstens 60 Rs kosten.

Kamelzuchtfarm

Die 10 km nördlich Bikaners gelegene, staatliche Kamelfarm ist die einzige ihrer Art in ganz Asien und führt die Tradition des legendären Kamelkorps Ganga Rissala fort, mit dem Maharaja *Ganga Singh* im Ersten Weltkrieg an der Seite der Engländer gegen die Türken kämpfte. Auch heute noch werden Kamele für die Einheit der Border Security Force gezüchtet, doch vornehmlich kommen die Wüstentiere bei **Paraden und Filmaufnahmen** zum Einsatz.

● **Geöffnet** 15-17 Uhr. Für Hin- und Rückfahrt mit der **Autoriksha** inkl. einstündiger Wartezeit sollte man mit ca. 70 Rs rechnen, mit dem Taxi 120.

Karni-Mata-Tempel (Rattentempel) in Deshnok   ⌔ B1

Einer der bizarrsten Tempel Nordindiens findet sich an der Straße nach Jodhpur, 36 km südwestlich von Bikaner. Abscheu und Neugierde zugleich sind wohl – zumindest für Westler – die beherrschenden Gefühle beim Gang durch die sehr schöne, von Maharaja *Ganga Singh* gestiftete, silberbeschlagene Eingangstür. Ein ekelerregender Gestank und tausendfaches Gequieke beherrschen das Innere des einer Inkarnation der Göttin Durga geweihten Tempels. Hervorgerufen wird diese wenig einladende Atmosphäre von Tausenden von **Ratten und Mäusen**, die im Tempelkomplex verehrt und gefüttert werden. Als besonders glücksverheißend gilt der Anblick der äußerst seltenen weißen Ratten. Manche Reisende finden einen Ausflug interessant, andere weniger. Weitere Informationen zu Deshnok und zum Rattentempel gibt's unter www.karnimata.com.

● Der Tempel ist von 4 bis 22 Uhr geöffnet, Kameragebühr: 20 Rs, Videogebühr 50 Rs. Zwei **Busse** stündlich fahren vom Busbahnhof in Bikaner nach Deshnok (Fahrtzeit ca. 1 Std.). Mit dem **Taxi** sind es für Hin- und Rückfahrt inkl. Wartezeit ca. 300 Rs.

In den Gassen von Nagaur

Nagaur ⚐ B2

Wer von Bikaner Richtung Jodhpur reist, erreicht nach 110 km die vom Tourismus unberührte, alte **Rajputenstadt** Nagaur. Nur im Januar/Februar, wenn hier ein viertägiger, großer **Kamelmarkt** stattfindet, zu dem Tausende farbenfroh gekleideter Wüstenbewohner strömen, lassen sich in der malerischen Altstadt, die von einer mächtigen Schutzmauer umschlossen ist, einige Westler blicken (Termine für die kommenden Jahre: 25.-28.2.2007, 13.-16.2.2008). Zu diesem Zweck errichtet das Tourist Office eine Zeltstadt für die Unterbringung von Pauschaltouristen. Viele ziehen die **Nagaur Fair** der wesentlich bekannteren Pushkar Fair wegen ihrer ursprünglicheren Atmosphäre vor. Doch selbst wenn man das von jahrmarktähnlichen Vergnügungen begleitete Fest nicht erleben kann, lohnt die malerische Altstadt und das unter anderem aus Spenden des Ghetty-Fonds und des Maharajas von Jodhpur herrlich restaurierte **Ahichatragarh Fort** (Eintritt 50 Rs, Kamera/Video 25/100 Rs) mit einem reich bemalten Palastkomplex im Innern unbedingt einen Besuch.

Unterkunft

- **Hotel Bhaskar** € (Station Rd., Tel.: 01582-240100) hat einfache Zimmer mit Hocktoiletten.
- Etwas besser ist das **Hotel Sujan** € (Tel.: 01582-240283) in Fortnähe.
- Neben den oben erwähnten Zelten können zur Nagaur Fair auch teure Zeltunterkünfte, die so genannten **Royal Tents** €€€€ (Reservierung über Balsamand Palace in Jodhpur, Tel.: 0291-2571991), reserviert werden.

An- und Weiterreise

- Es verkehren stündlich **Busse** von und nach Jodhpur, Fahrtzeit etwa 3 Std.

317ra Foto: tb

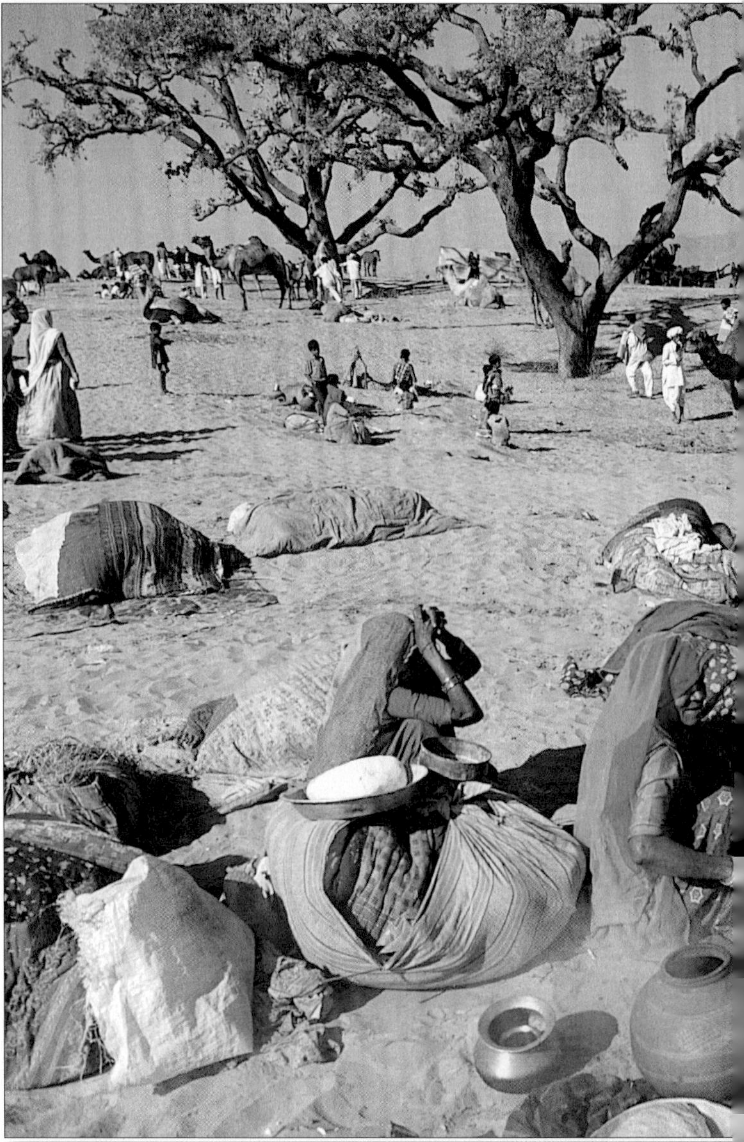

Shekhawati

Unterwegs im Shekhawati,
der Wüstenrandzone zwischen
Delhi, Bikaner und Jaipur

Eingang eines Haveli in Mandawa

In manchen Orten der Shekhawati-Region
scheint die Zeit stehen geblieben zu sein

Überblick

Der Name der Wüstenrandzone zwischen Delhi, Bikaner und Jaipur beruht auf dem Rajputenherrscher *Rao Shekhaja,* der hier 1471 ein kleines Fürstentum gründete. Die **Marwaris,** wie die Bewohner dieser Region genannt werden, häuften mit der ihnen eigenen Kombination aus Geschäftstüchtigkeit und Sparsamkeit recht schnell einen bescheidenen Wohlstand an. Hierbei schlugen sie vor allem aus der geographisch sehr günstigen Lage ihrer Provinz Nutzen, die am Knotenpunkt bedeutender Handelsrouten lag, die bis nach China, Afghanistan und Persien führten. Durch den intensiven Handel mit Gold, Juwelen, Seide und anderen wertvollen Gütern reich geworden, versuchten sich die einzelnen Kaufmannsfamilien durch den Bau prunkvoller Wohn- und Geschäftshäuser, den so genannten **Havelis,** gegenseitig zu übertrumpfen.

Alle in diesem Abschnitt aufgeführten Städte liegen relativ nahe beieinander, mit Maximalentfernungen von 60 km, und werden derart häufig von Direktbussen angefahren, dass auf deren Erwähnung im Folgenden verzichtet wird. Wen beim Herumreisen in der Region die oft überfüllten Busse stören, der kann sich für ca. 750 Rs/Tag (Verhandlungsgeschick) per Taxi fortbewegen. Allerdings sollten die Bedingungen vor Fahrtantritt genau geklärt sein, was sich bei den oft geringen bis nicht vorhandenen Englischkenntnissen der einheimischen Fahrer als schwierig erweisen kann.

Jhunjhunu ♦ C1

Die Distrikthauptstadt des Shekhawati bietet sich aus vielerlei Gründen als Ausgangspunkt für die Erkundung der Region an. Als eine der größten Städte des Shekhawati verfügt sie mit mehreren empfehlenswerten Hotels, einer Bank sowie dem einzigen und zudem hervorragenden Touristenamt der Region über eine vergleichsweise gute touristische Infrastruktur, liegt relativ zentral, sodass alle weiteren Städte innerhalb kurzer Zeit zu erreichen sind, und ist zudem nur sieben Stunden Zugfahrt von Delhi entfernt. Schließlich beherbergt die Stadt einige der beeindruckendsten Gebäude im Land der bemalten Havelis. Man nimmt an, dass die Stadt mit dem ungewöhnlichen Namen von den Jats gegründet wurde. Mitte des 15. Jh. wurde sie von *Muhammed Khan*, dem Anführer der Kamikhani-Nawabs, eingenommen, die das herrschende Geschlecht Jhunjhunus blieben, bis 1730 *Sardul Singh*, ein Rajputenfürst, der zu seiner Zeit der ranghöchste Minister am Hofe der Nawabs war, einen Putsch durchführte. Seither ist Jhunjhunu Distrikthauptstadt und einer der wohlhabendsten Orte der Region.

Sehenswertes

Den besten Überblick über die Stadt verschafft man sich von einem festungsähnlichen **muslimischen Gebäudekomplex** (Badalgarh) unterhalb des hoch aufragenden Kana-Hügels. Ursprünglich Ende des 17. Jh. vom Nawab *Fazl Khan* als Stallung für seine Pferde und Kamele gebaut, denen im Krieg die entscheidende Bedeutung beikam, umschließen die massiven Mauern heute neben mehreren Mausoleen muslimischer Heiliger, einer Moschee und einer Koranschule auch das Grab des Sohnes von *Major Henry Foster*, der Mitte des 19. Jh. nach Jhunjhunu geschickt wurde, um die immer einflussreicher werdenden lokalen Räuberbanden zu eliminieren.

Weiter unterhalb des Grabbereichs steht mit dem **Khetri Mahal** einer der architektonisch beeindruckendsten Bauten des ganzen Shekhawati. Errichtet wurde der elegante Palast 1760 von *Bhopal Singh*, einem Enkel *Sardul Singhs*. Eine Rampe führt im Zickzack durch die verschiedenen Stockwerke, sodass der Hausherr mit seinem Pferd

Havelis – die Paläste der Kaufleute

Das Wort Haveli, eine Bezeichnung für die manchmal fast wie kleine Paläste wirkenden **Häuser rajasthanischer Kaufleute,** stammt aus dem persischen Sprachraum und bedeutet so viel wie „umschlossener Platz". Damit ist auch schon das Gestaltungsprinzip dieser in Rajasthans Wüstenstädten und in der Shekhawati-Region zu findenden Bauten benannt, gruppierten sie sich doch um einen bzw. zwei **Innenhöfe.** Die größten unter ihnen weisen sogar vier dieser umschlossenen Plätze auf und sind bis zu sechs Stockwerke hoch. Die Gebäude erfüllten sowohl die kaufmännischen Erfordernisse – Lagerung und Schutz der wertvollen Ware – als auch die Abschottung des Wohnbereichs vor der Hitze und dem Staub der Wüste. Darüber hinaus dienten die Havelis der Repräsentation.

Die Wände sind außen und innen reich mit **Fresken** geschmückt. Kulturhistorisch interessant ist dabei der in der Mitte des 19. Jh. deutlich auszumachende Wandel in der Motivwahl. Waren es zunächst vornehmlich religiöse Darstellungen aus der indischen Mythologie sowie bäuerliche Szenen, so wurden diese allmählich von typisch westlichen Motiven wie Autos, Zügen und Telephonen verdrängt. Ungefähr zeitgleich mit diesem Wandel benutzten die Maler seit 1860 nicht mehr vornehmlich gelb-braune Naturfarben, sondern aus Deutschland importierte chemisch hergestellte Anilinfarben mit einem bläulichen Grundton.

Selbst bei Außentemperaturen von über 40 °C herrscht in den um den Innenhof angelegten Räumen ein angenehmes, erfrischendes Klima. Die zur Straße hin gelegenen Repräsentationsräume sind meist zweigeschossig gestaltet, während die Privaträume oft winzig klein sind.

JHUNJHUNU

bis zum Dach reiten konnte. Als eine Art natürlicher Klimaanlage wurden anstelle von Wänden meist Marmorsäulen verwendet, sodass der Wind frei zirkulieren konnte. Während die ockerfarbenen Fresken um das Eingangstor und im Innenhof des um 1735 von Sardul Singh errichteten Gopinath-Tempel aus der Frühphase stammen, wurden jene im Inneren, in der Nähe des Schrein erst Ende des 19. Jh. aufgetragen. Das sehr hübsche, um zwei Innenhöfe angelegte Haveli von *Nurudin Farooqi* ist eines der schönsten muslimischen Kaufmannshäuser der Region. Im Unterschied zu den meisten anderen Gebäuden sind hier keine Menschen, sondern nur dekorative Muster und Blumen abgebildet.

Eines der schönsten Kaufmannshäuser Jhunjhunus ist das **Kaniram Narsinghdas Tibrewala Haveli** aus den achtziger Jahren des 19. Jh. Neben Fresken, die Handwerker bei der Arbeit, Handelsleute und Züge zeigen, findet sich auch ein Europäer mit einem kleinen Hund auf seinem Schoß. Das **Modi Haveli**, einige Meter weiter entlang der Basarstraße, weist schöne Motive an den Außenwänden auf. Während diese 1896 gemalt wurden, müssen die Autoszenen im Innenhof späteren Datums sein.

Besuchenswert ist auch der sehr große **Sri-Bihariji-Tempel,** bei dem besonders die an der Südwand aufgemalten Szenen aus dem Ramayana beeindrucken. Den größten **Stufenbrunnen** der Stadt (Mertanyi Baori) ließ die Witwe Sardul Singhs, *Mertanyi,* 1750 erbauen. Insgesamt 159 Stufen führen zu dem 32 m tiefen und 17 m breiten Baori hinunter. Zweifelsohne ein imposanter Anblick, doch dass der schöne Schein durchaus trügerisch sein kann, verdeutlichen neben dem durch diverse Exkremente hervorgerufenen Gestank die Aufzeichnungen eines britischen Beamten, der 1831 über die Wasserqualität Folgendes zu berichten wusste: „Jene, die das giftige Wasser getrunken hatten, mussten sich innerhalb von zwei Stunden übergeben und starben wenig später." Also: Micropur nicht vergessen!

Information

● Das **Tourist Office** (Tel.: 015972-232909, tgl. 10-17 Uhr) befindet sich an der Straße nach Mandawa und damit leider ungünstig, weil recht weit vom Zentrum entfernt.

Stadtverkehr

● Zwischen Stadtzentrum, Busbahnhof und Bahnhof pendeln sowohl Tempos als auch viersitzige Autorikshas. Eine Autoriksha kostet ca. 10 Rs vom Stadtzentrum zum Busbahnhof und 20 Rs zum Bahnhof.

Unterkunft

(Vorwahl: 015972)

● Das **Hotel Sangam** € (Tel.: 232544) gegenüber vom Busbahnhof macht einen freundlichen, gepflegten Eindruck und bietet saubere EZ/DZ – hervorragendes Preis-Leistungs-Verhältnis! Man sollte sich nur in den hinteren Zimmern einquartieren, da vorn die lauten, stinkenden Busse den Ton angeben.

● Das **Shekhawati Heritage** €€ (Tel.: 237134, 235727, shekhawati_heritage@yahoo.com) liegt etwa 300 m vom Busbahnhof entfernt, 22 Zimmer.

● Ein gutes Mittelklassehotel ist das **Shiv Shekhawati** €€-€€€ (Tel.: 235727, 232651, www.shivshekhawati.com/shiv) im Ortszentrum

JHUNJHUNU

Jhunjhunu

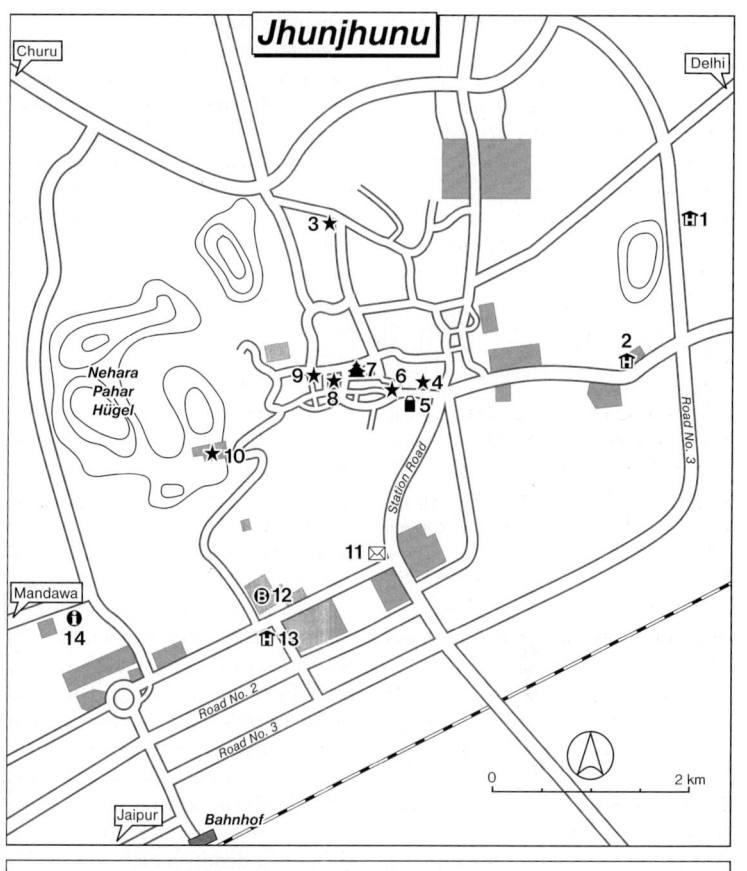

Sehenswürdigkeit
- ★ 3 Mertanyi Baori (Stufenbrunnen)
- ★ 4 Modi Haveli
- ★ 6 Kaniram Narsinghdas
- ▲ 7 Sri-Bihariji-Tempel
- ★ 8 Tibrewala Haveli
- ★ 9 Khetri Mahal
- ★ 10 Dargah

Unterkunft
- 🏠 1 Jamuna Resort
- 🏠 2 Hotel Shiv Shekavati
- 🏠 13 Hotel Sangam

Sonstiges
- 🛍 5 Nehru-Markt
- ✉ 11 Post
- Ⓑ 12 Busbahnhof
- ℹ 14 Tourist Office

Shekhawati

Mandawa

mit 20 geräumigen, um einen Innenhof angelegten EZ/DZ.
- Die mit Abstand schönste Unterkunft ist das **Jamuna Resort** €€€-€€€€ (Tel.: 232871, www.shivshekhawati.com/jamuna). Die Anlage besteht aus ca. 10 sehr schönen, im traditionellen Stil erbauten Bungalows, von denen alle mit einem Cooler ausgestattet sind. Zur angenehmen Atmosphäre trägt neben dem gepflegten Garten auch der hauseigene Swimmingpool bei. Sehr empfehlenswert, wenn auch nicht gerade billig, ist das angeschlossene Restaurant.

An- und Weiterreise

- Eine schnelle **Bahnverbindung** nach **Delhi** bietet der 9734 Shekhawati Exp.: Abf. Jhunjhunu 22.27 Uhr, Delhi Sarai Rohilla an 5.40 Uhr. Umgekehrte Richtung: Der 9733 Shekhawati Exp. verbindet Jhunjhunu (Abf. 5.06 Uhr) mit **Jaipur** (an 10.20 Uhr) über **Dundlodh** (an 5.48 Uhr), **Nawalgarh** (an 6.07 Uhr), **Sikar** (an 7.08 Uhr) und **Chomu** (für Samode, an 9.39 Uhr).
- Abgesehen von den vielen **Bussen** in die benachbarten Orte des Shekhawati bestehen fast stündliche Verbindungen von und nach **Delhi** (5 Std.), **Jaipur** (4 Std.) und **Bikaner** (5,5 Std.).

Der besondere Tipp:
Mandawa
♪ C1

Wie kaum ein anderer Ort vermittelt das 24 km westlich von Jhunjhunu gelegene verschlafene Wüstenstädtchen Mandawa den einzigartigen, romantischen Charme des Shekhawati. Beim Wandern durch die ungepflasterten Gassen wähnt man sich in einer mittelalterlichen Filmkulisse und kann die zahlreichen wundervoll dekorierten Havelis wie ein Bilderbuch an sich vorbeiziehen lassen.

Sehenswertes

Den Mittelpunkt der Stadt bildet das inzwischen in ein sehr stilvolles Hotel umgebaute **Fort**. Die Bauarbeiten begannen im Jahr der Stadtgründung 1760, doch die meisten Gebäudeteile stammen aus der Mitte des letzten Jahrhunderts. Selbst wer hier nicht wohnt, sollte sich die hübschen Räume anschauen und das **kleine Museum** im Haus besuchen. Im Übrigen bietet sich vom Dach des Hotels ein herrlicher Blick auf Mandawa.

Unter den zahlreichen beeindruckenden Handelshäusern der Stadt ragt das wunderschöne **Gulab Rai Ladia Haveli** heraus. Über und über ist es mit vielfältigen, teilweise erotischen Szenen bemalt. Das um 1870 erbaute Schmuckstück ist in den verwinkelten Altstadtgassen südwestlich des Forts nicht leicht zu finden, doch im touristisch bereits recht erfahrenen Mandawa warten viele Tourist Guides darauf, einen herumzuführen. Allerdings sind sie offensichtlich von den vornehmlich italienischen und französischen Pauschaltouristen derart verwöhnt, dass sie recht abenteuerliche Summen verlangen. Mehr als 20 Rs pro Stunde sollte man dennoch nicht zahlen, da man sonst das Gehaltsgefüge durcheinanderbringt.

Das ebenfalls reich bemalte **Lakshminarayan Ladia Haveli** gleich nebenan weist vor allem religiöse Szenen auf. Zwei weitere sehr schöne Havelis finden sich entlang der Basarstraße mit dem 1910 erbauten **Bansidhar Nerwatia Haveli** und dem älteren **Akhramka Haveli** (1880). Bei der Mo-

Haveli in Mandawa

tivsuche finden sich u.a. Flugzeuge, Fahrräder, Teleskope und ein Junge beim Telefonieren. Aber auch traditionellere Bilder wie Kamele, Pferde und Jagdszenen sind zu sehen.

Von der ursprünglichen Stadtmauer ist kaum noch etwas erhalten geblieben, und so existiert mit dem **Sonilia Gate** nur noch eines der ehemals vier Stadttore. Der Raum in der Spitze des Tores ist mit sehr schönen Wandmalereien des letzten großen Freskenmalers des Shekhawati, *Balu Ram*, geschmückt. Sehr eindrucksvoll wirken auch die unmittelbar neben dem Tor platzierten Chattris lokaler Geschäftsleute.

Vor allem frühmorgens, wenn die bunt gekleideten Frauen ihre Wasserbehälter füllen, ist der 1850 erbaute **Harlalka-Brunnen,** der ebenfalls von den gestaltungsfreudigen Künstlern bemalt wurde, einen Besuch wert.

Unterkunft, Essen und Trinken

(Vorwahl: 01597)

● Eine sehr schöne Billigunterkunft ist das **Hotel Shekhawati** €-€€ (Tel.: 223036, hotel shekawati@sify.com). Jedes Zimmer ist mit hübschen Wandmalereien verziert; auf dem Dachterrassenrestaurant werden schmackhafte Gerichte serviert.

● Das **Mandawa Haveli** €€€ (Tel.: 223088, hotelmandawahaveli@yahoo.com) ist ein sehr geschmackvoll eingerichtetes, 180 Jahre altes Kaufmannshaus und für viele die schönste Unterkunft des Ortes. Das im Jahr 2000 zum Hotel umgebaute Haus verfügt über zehn mit schönen Wandmalereien verzierte Zimmer. Der exzellente Service, die familiäre Atmosphäre und die friedliche Ruhe runden das äußerst positive Gesamtbild ab.

● Stilvoll ist das in einem alten Haveli untergebrachte **Heritage Mandawa** €€€-€€€€ (Tel.: 223742, Fax: 23243). Auch hier sind die Zimmer mit Wandmalereien verziert und können schmackhafte Mahlzeiten zu allerdings überhöhten Preisen eingenommen werden. Der hilfsbereite Manager ist bemerkenswert.

● Erste Adresse ist das **Castle Mandawa** €€€€ (Tel.: 223124, Fax: 223171, www.castlemandawa.com). Sicherlich eine sehr stilvolle Adresse, doch die Zimmer variieren stark. Besonders die EZ sind recht klein geraten. Schön ist das Abendessen unter freiem Himmel bei Live-Musik.

● Eine nahezu preisgleiche, sehr schöne Alternative für den Fall, dass das Castle durch Pauschaltouristengruppen belegt ist, bietet das unter gleichem Management stehende Hotel **The Desert Resort Mandawa** €€€-€€€€ (Tel.: 223151, Fax: 223151). Die etwas außerhalb auf einem Hügel gelegene, sehr schön gestaltete Anlage verfügt über einen Pool und strahlt eine angenehm, friedvolle Atmosphäre aus. Man sollte eine Übernachtung in den stilvollen Bungalows einem Zimmer im Haupthaus vorziehen.

● Am Main Market lockt das **Paawana** mit authentischer indischer Küche in fröhlicher Atmosphäre. Ein *thali* kostet 120 Rs. Leider ist's etwas fliegenreich.

An- und Weiterreise

● Jhunjhunu ist der nächste **Bahnhof** mit Verbindungen nach Delhi, Jaipur und Bikaner (siehe dort).
● Häufige **Busverbindungen** u.a. nach Jhunjhunu, Fatehpur und Nawalgarh und eine Direktverbindung nach Bikaner (3 Std., Abfahrt 9 Uhr).

Bissau ⌕ C1

Das im Norden und Westen von Sanddünen flankierte Bissau wurde 1746 von *Keshri Singh,* dem jüngsten Sohn *Sardul Singhs,* gegründet. Das hübsche kleine Städtchen weist eine Vielzahl sehenswerter Havelis auf und lohnt besonders im Oktober einen Besuch, wenn auf einer im örtlichen Bazar installierten Bühne während eines zehntägigen Festivals Episoden aus dem Ramayana aufgeführt werden.

Mandawa

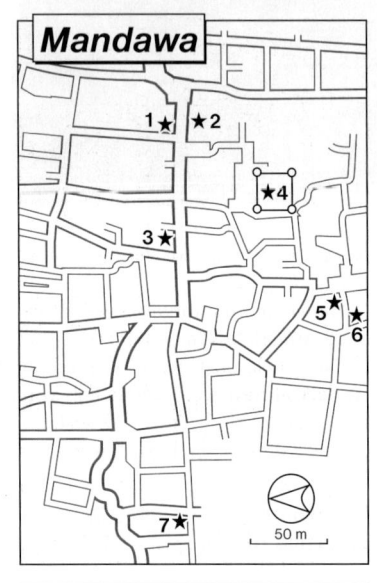

★ 1 Akhramka Haveli
★ 2 Sonthilya Gate
★ 3 Bansidhar Nerwatia Haveli
★ 4 Fort
★ 5 Gulab Rai Ladia Haveli
★ 6 Lakshminarayan Ladia Haveli
★ 7 Harlalka-Brunnen

Sehenswertes

Obwohl es keine erwähnenswerten Wandmalereien aufzuweisen hat, bietet sich das zwischen 1751 und 1755 erbaute, heute weitgehend verfallene **Fort** wegen des schönen Ausblicks vom Dach als Ausgangsort für den Stadtrundgang an. Das bei der Busstation gelegene **Chattri von Hamir Singh** soll pikanterweise 1875 von seiner Konkubine finanziert worden sein. Direkt daneben findet sich das zehn Jahre später erbaute **Tibrewala Haveli**, unter anderem mit einer schönen Szene, in der Vishnu sich beim Melken einer Kuh versucht.

Nur wenige Meter weiter südlich der Gasse steht das **Sigtia Haveli**, wobei das hier dargestellte Motiv mit Krishna, der den im Fluss badenden Hirtenmädchen die Kleider stiehlt, eine der beliebtesten Szenen der hinduistischen Mythologie ist.

Eines der schönsten Havelis der Stadt ist das **Jainarayan Tibrewala Haveli**. Die interessanten Malereien an den Außenwänden werden noch übertroffen von denen innerhalb der Räume, wobei besonders jene im zweiten Stockwerk beeindrucken. Dargestellt sind vornehmlich religiöse Motive mit Krishna und Rama im Mittelpunkt. Verstärkt wird der Eindruck noch von den hübschen Spiegelverzierungen.

Ein typisches Beispiel für den Baustil Mitte des 19. Jh. bietet das **Kedia Haveli**. Interessant auch die vornehmlich in Ocker gemalten Fresken, wobei besonders eine britische Militärparade ins Auge fällt. Die Szene bezieht sich wahrscheinlich auf das Jahr 1831, als Bissau von einer britischen Armeeinheit unter Oberst *Lockett* eingenommmen wurde.

Eine bunte Mischung religiöser und weltlicher Motive bietet auch das **Kemka Haveli** südlich des Forts. Beachtenswert sind hier auch die gelungenen Holzschnitzereien an den Verstrebungen. Südlich eines moslemischen Grabbezirkes (Samas Khan ka Dargah) befindet sich ein unscheinba-

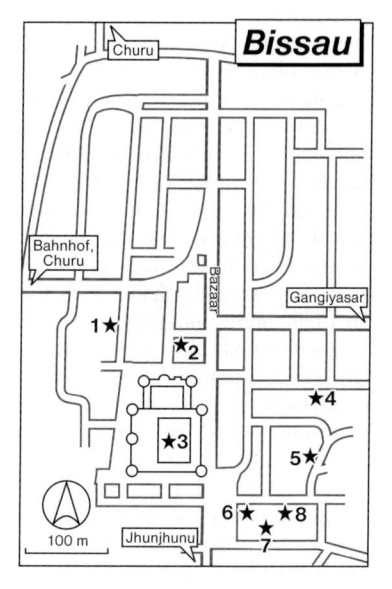

★ 1 Samas Khanka Dargarh
★ 2 Kemka Haveli
★ 3 Fort
★ 4 Kedia Haveli
★ 5 Jainarayan Tibrewala Haveli
★ 6 Tibrewali Haveli
★ 7 Hamir Singh Chattri
★ 8 Sigtia Haveli

res Grab eines französischen Soldaten. Seit Mitte des 19. Jh. wurden in Indien zunehmend europäische Söldner von den lokalen Herrschern verpflichtet.

An- und Weiterreise

- **Busverbindungen** mindestens jede Stunde nach Jhunjhunu (45 Min.), Fatehpur (30 Min.) und Churu (dort Fernverbindungen auch per Bahn).

Churu

Streng genommen liegt Churu nicht mehr in den Grenzen der Shekhawati-Region, doch seine Geschichte und Architektur ist eng mit dieser Region verbunden. Die im Süden und Westen von Sanddünen flankierte Stadt soll 1563 von den Jats gegründet worden sein. Ihr eigentlicher Aufstieg zu einer der mächtigsten und wohlhabendsten Städte der Region begann jedoch erst im 18. Jh. und ist untrennbar mit der Kaufmannsfamilie der *Poddars* verbunden. Diese waren vornehmlich durch den Handel mit Kaschmirwolle zu Reichtum gelangt, was sich nicht zuletzt in den vielen von ihnen erbauten Havelis niederschlug. Als der *Thakur* (Baron) von Churu, *Sheo Singh,* auf die wenig weitsichtige Idee kam, den Handel mit Wolle mit einer deftigen Steuer zu belegen, war es mit der Herrlichkeit vorbei. Verärgert verließen die Poddars die Stadt und schlugen ihre Zelte im wenige Kilometer südlich gelegenen Ramgarh auf.

Der endgültige Tiefpunkt der einstmals so blühenden Handelsmetropole war 1813 erreicht, als die Stadt vom Maharaja von Bikaner eingenommen wurde und *Sheo Singh* daraufhin Selbstmord beging. Als eine britische Delegation den Ort 1830 besuchte, war der Handel völlig zum Erliegen gekommen und der Basar geschlossen. Schließlich gelang es dem Maharaja von Bikaner jedoch, viele Geschäftsleute nach Churu zurückzuholen.

Heute weist die Stadt eine der größten Ansammlungen von Havelis auf. Bei der Reiseplanung sollte man bedenken, dass Churu als die Stadt mit den größten Temperaturschwankungen ganz Nordindiens gilt. Während in den Monaten Mai und Juni Temperaturen bis zu 50 °C keine Seltenheit sind, wurden im Januar schon Minusgrade gemessen.

Rundgang

Ein ebenso plastisches wie trauriges Zeugnis von der Niederlage Churus im Kampf gegen die übermächtigen Truppen des Maharajas von Bikaner geben die spärlichen Überreste des 1713 erbauten **Forts.** Glaubt man den örtlichen Geschichtsschreibern, soll hier der unglückliche Sheo Singh im Angesicht der Niederlage einen Diamanten geschluckt haben, um seinem Leben ein Ende zu setzten – der Mann hatte offensichtlich Stil.

Ein eindrückliches Zeugnis jener Epoche, als Churu wieder Anschluss an die Prosperität der Region fand, ist das im Süden der Stadt gelegene **Surana Double Haveli.** Hierbei sind es nicht in erster Linie die Fresken, sondern die schiere Größe des Gebäudes, die seine Bedeutung ausmachen. Wegen der angeblich über 1.000 Fenster wird es in Anspielung an den Palast der Winde in Jaipur auch *Hawa Mahal* genannt.

Einige amüsante Motive finden sich an der nördlichen Fassade des ca. 1925 erbauten **Suryamal Banthia Haveli.** Erwähnenswert ist hier vor allem ein Jesus-Porträt, welches seinen besonderen Reiz daraus erlangt, dass der Sohn Gottes genussvoll an einer Zigarre zieht. Ironisch könnte man anmerken, dass man es im hinduistischen Indien damit nicht so genau nimmt, doch tatsächlich dokumentiert dieses skurrile Beispiel, dass die Maler völlig ahnungslos europäische Motive aufnahmen, ohne etwas über deren Hintergründe zu wissen.

Das vielleicht schönste Fresko ganz Rajasthans findet sich an der Südwand des **Kanhaiyalal Bagla Haveli.** Dargestellt ist eine Szene des in Rajasthan äußerst beliebten Dhola-Maru-Volksmärchens, in dem ein Liebespaar auf einem Kamel flüchtet. Der Besitzer des Kanhaiyalal Haveli war gleichzeitig der Erbauer des sehr hübschen **Balayi-Tempels** beim Uhrturm. Zwei von vielen hübschen Motiven finden sich oberhalb des Torbogens; auf der rechten Seite ist die Heirat zwischen Sita und Rama und auf der linken Seite die zwischen Krishna und Rukmini dargestellt.

Das **Haveli der Mantri-Familie** entstand um das Jahr 1860. Genau zu jener Zeit wurden die ersten synthetischen blauen Farben aus Deutschland verwendet, wie einige allerdings noch recht kleine Motive verdeutlichen. Aus der gleichen Zeit stammt das schöne **Poddar Haveli,** von wo aus der Stadtrundgang zurück zum Ausgangspunkt, dem Fort führt.

Unterkunft

● Die günstigste und gleichzeitig beste Übernachtungsmöglichkeit bietet der Dharamsala des an der Hauptstraße gelegenen **Rama Mandir** € (Tel.: 01562-25024). Man wohnt in einfachen, aber großen und sauberen Zimmern mit gemeinschaftlichen Toiletten und Duschen.

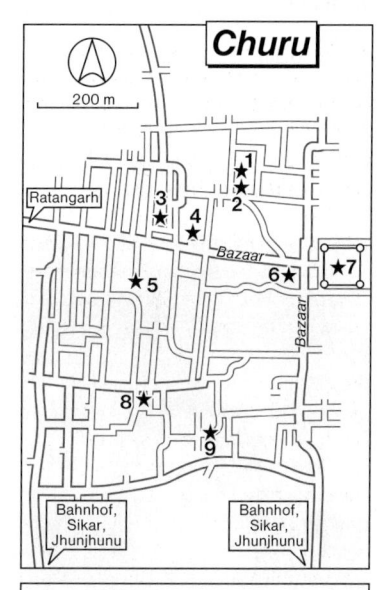

★ 1 Mantri Haveli
★ 2 Khemka Haveli
★ 3 Balayi-Tempel
★ 4 Uhrturm
★ 5 Kanhaiyalal Bagla Haveli
★ 6 Poddar Haveli
★ 7 Fort
★ 8 Suryamal Banthia Haveli
★ 9 Surama Double Haveli

RAMGARH

- Mahansar ist ein sehenswertes Dorf zwischen Churu und Ramgarh. Das dortige **Narayan Niwas Castle** €€€ (Tel.: 01592-264322 oder in Delhi 011-26886909, Halbpension) ist im Palast des ehemaligen Thakurs von Mahansar untergebracht. Das imposante Lehmgebäude ist aufgeteilt in das Hotel, zwei private Teile und einen verlassenen Bereich. Das Hotel (ca. 20-25 Betten) lebt von holländischen Reisegruppen, die ab und zu für eine Nacht unterkommen. Die Atmosphäre des Hauses und der Umgebung ist einzigartig, die Gastgeber sind liebenswürdig, Zimmer und Essen sehr gut.

An- und Weiterreise

Bahn:
- Nach **Delhi** (Sarai Rohilla) fährt um 23.50 Uhr der 4792 Bikaner Mail (dieser Zug startet in **Bikaner** um 19.55 Uhr) und erreicht Delhi um 6.30 Uhr. Tagsüber: 4790 Bikaner Delhi Sarai Rohilla Exp., Abf. Bikaner um 8.40 Uhr, Ank. Churu 12.20 Uhr, weiter nach Delhi Sarai Rohilla (an 19.15 Uhr).
- Nach **Bikaner** fährt tgl. der 4789 Bikaner Exp. (Abf. Churu 14.50 Uhr, Ank. 19.15 Uhr).
- Der 4738 Bikaner Jaipur Exp. verbindet **Bikaner** (Abf. 21.45 Uhr) mit Churu (Ank. 1.50 Uhr) und fährt weiter nach **Sikar** (Ank. 4.40 Uhr) bis **Jaipur** (Ank. 7.10 Uhr).

Bus:
- Tgl. viele Verbindungen nach **Jaipur** und **Fatehpur** sowie nach **Jodhpur** (3x), **Alwar** (2x), **Delhi** (3x) und **Bikaner** (4x).

Der besondere Tipp:
Ramgarh ♪C1

Ein britischer Offizier, der 1841 von Mandawa nach Ramgarh reiste, beschrieb seine erste Begegnung mit Ramgarh wie folgt: „Der erste Eindruck von Ramgarh, wenn man es etwa eine halbe Meile vor der Ankunft über den Sanddünen erspäht, ist einzigartig und scheint alle Träume von Tausendundeiner Nacht Wahrheit werden zu lassen. Die einzelnen mit hübschen Motiven bemalten Häuserwände zusammen mit den Torbögen und Chattris vor dem Hintergrund der Wüste ergeben eine einzigartig entrückende Kulisse." Würde der Kolonialbeamte heute noch einmal das kleine Wüstendorf besuchen, er bräuchte seine Worte nicht zu revidieren. Noch heute sind die Touristen vom unverfälschten Charme der 1791 von einer wohlhabenden Kaufmannsfamilie, den *Poddars*, gegründeten Stadt begeistert. Diese waren vom 20 km nördlich gelegenen Churu hierher übergesiedelt, nachdem der Thakur den für sie besonders lohnenden Woll-Handel

RAMGARH

mit einer Steuer belegt hatte. In ihrem Stolz gekränkt, legten sie mit dem Bau besonders prachtvoller Havelis ihren Ehrgeiz daran, Churu in den Schatten zu stellen. Dieses Vorhaben ist ihnen voll und ganz gelungen. Kein anderer Ort des Shekhawati, ja wahrscheinlich der ganzen Erde, weist eine derartige Konzentration an Wandmalereien auf wie das kleine Ramgarh, das nicht einmal über ein Hotel verfügt.

Berühmt ist das Städtchen darüber hinaus für die Vielzahl der hier hergestellten, meist kunstvoll verzierten **Holzmöbel.** Dementsprechend finden sich unzählige Geschäfte, die gerade den vermeintlich kaufkräftigen westlichen Touristen ihre Produkte verkaufen wollen. Vieles wird dabei als antik angepriesen, was es mit Sicherheit nicht ist und überdies sei an dieser Stelle noch einmal darauf hingewiesen, dass man sich beim Kauf echter Antiquitäten am Ausverkauf der Region beteiligt.

Sehenswertes

In der Nähe des Busbahnhofs stehen die **Grabstätten** der *Poddars*, die verschwenderischsten Chattris aller Kaufmannsfamilien im Shekhawati. Leider wurden sie vor einigen Jahren mit einem hässlichen Metalltor verschlossen, sodass die schönen, das Kuppeldach zierenden Fresken mit Motiven aus dem Ramayana nicht zu sehen sind. Man kann sich dafür an den Wandmalereien in den schräg gegenüber liegenden Gedenk- und Grabstätten schadlos halten.

Genaues Hinschauen lohnt auch bei den auf den ersten Blick vielleicht nicht so spektakulären Läden entlang der Main Bazaar Road, speziell in der Nähe des Bushalteplatzes. Das ganz in der Nähe gelegene kleine **Podar Haveli** besticht vor allem durch seine kräftigen Naturfarben, die zur Zeit seiner Fertigstellung 1850 besonders beliebt waren.

Auffällig leuchtend helle Farben haben sich durch den geringen Lichtein-

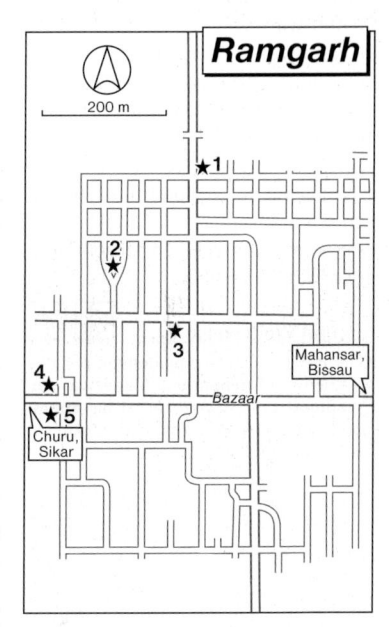

★ 1 Churu Gate
★ 2 Ram-Lakshman-Tempel
★ 3 Tarachand Ghanshyamdas Haveli
★ 4 Podar Chattris
★ 5 Podar Haveli

fall auch im Keller des etwas weiter nördlich gelegenen **Ram-Lakshman-Tempels** erhalten.

Eines der herausragendsten und größten Havelis war im Besitz der äußerst wohlhabenden Familie der *Tarachand Ghanshyamdas*. Entsprechend dem Baujahr 1853 dominieren auch hier in Ocker gehaltene Wandmalereien die Fassade.

Ein ebenso krasses wie betrübliche Beispiel für die Rücksichtslosigkeit, mit der die **Gier nach Antiquitäten** befriedigt wird, zeigt ein kleines Haveli im Nordwesten Ramgarhs in der Nähe des Churu Gate. Hier wurden die filigran verzierten Fensterrahmen und die Eingangstür einfach herausgebrochen. Bleibt nur zu hoffen, dass solch schändliche Taten durch das Ansteigen des Tourismus in der Shekhawati-Region in den nächsten Jahren nicht noch mehr zunehmen.

An- und Weiterreise

- Die meisten Direktverbindungen per Bus bestehen von **Fatehpur** und **Mandawa**. Von **Jhunjhunu** kann man zunächst bis **Bissau** fahren und von dort die restlichen 10 km mit einem weiteren Bus.

Fatehpur C1

Fatehpur, 10 km westlich von Mandawa, wurde ähnlich wie Jhunjhunu von 1451 bis 1731 von muslimischen Nawabs aus dem Hause *Kamikhani* regiert, ehe der letzte Nawab, *Sadar Khan*, von *Shiva Singh*, dem rajputischen Herrscher Sihars, besiegt wurde. Die jahrhundertealte muslimische Vergangenheit ist auch heute noch

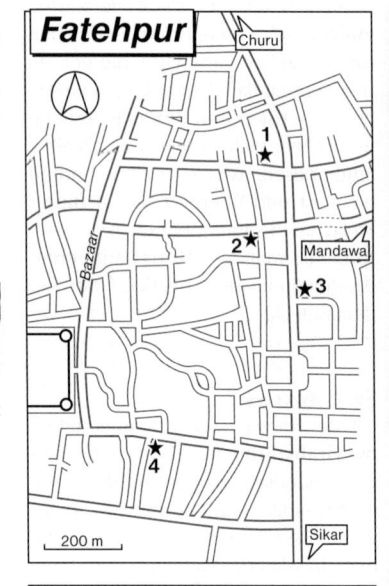

★ 1 Jagannath Singhamia Haveli
★ 2 Mahaner Prosad Goenka Haveli
★ 3 Gopiram Jalan Haveli
★ 4 Ram Gopal Ganeriwala Haveli

sehr lebendig. Die Stadt gehört sicherlich nicht zu den attraktivsten des Shekhawati, ist aber dennoch einen Zwischenstopp wert, zumal die schönsten Havelis auf engem Raum zusammenliegen.

Klein, aber fein ist das um einen einzigen Innenhof errichtete **Mahaner Prosad Goenka Haveli**. Mehr noch als die Wandbemalungen an der Fassade beeindrucken die religiöse Themen aufnehmenden Wandgemälde im Innenraum. Verstärkt wird der Eindruck noch durch die hübschen Spiegelverzierungen, mit denen die Wände geschmückt sind.

Ein besonders anschauliches Beispiel für die sich im Lauf der Zeit auffällig wandelnde Motivwahl der Künstler, weg von religiösen Themen hin zu neuzeitlichen Erfindungen wie Autos, Telefonen und Flugzeugen, ist das **Jagannath Singhamia Haveli**. Während die Malereien auf der Rückseite aus der Zeit um 1850 stammen, wurden die Bilder auf der Fassade und im Vorhof Ende des 19. Jh. aufgetragen.

Kulturhistorisch interessant ist auch ein Bild im Vorhof des **Ram Gopal Ganeriwala Haveli**. Das Motiv – Krishna in einer Tanzszene – ist identisch mit einem Aufkleber, mit dem eine mit Indien Handel treibende Baumwollfabrik aus Manchester in England Werbung betrieb.

Das **Gopiram Jalan Haveli** unterstreicht mit seinen Fresken aus dem Jahr 1912, wie sehr die Motivwahl jener Zeit von europäischen Ereignissen bestimmt war. So kann man sich u.a. über die Bilder einer europäischen Hochzeitsfeier amüsieren und die Krönungszeremonie von *George V.* miterleben.

Unterkunft

●Das **RTDC Haveli Hotel** €-€€€ (Tel.: 01571-230293) ist eine akzeptable Unterkunft am südlichen Rand der Stadt. Gut ist das hauseigene Restaurant.

An- und Weiterreise

Bahn:
●Vom östlich der Stadt gelegenen Bahnhof 4 Züge tgl. nach **Churu** (einer davon weiter nach **Bikaner**) und **Sikar** (2 weiter bis Jaipur).

Bus:
●Von den zwei nahe beieinander gelegenen Busbahnhöfen halbstündliche bis stündliche Verbindungen nach **Sikar, Churu, Nawalgarh, Ramgarh, Mandawa** und **Jhunjhunu**. Außerdem Busse nach **Jaipur, Bikaner** (3,5 Std.) und **Delhi** (6 Std.).

Dundlodh

Obwohl verkehrstechnisch günstig zwischen Mandawa nach Nawalgarh angesiedelt, legen nur sehr wenige Touristen im 1750 vom fünften Sohn *Sardul Singhs* gegründeten Dundlodh einen Zwischenstopp ein. Das ist schade, ist dies doch ein hübsches kleines Örtchen mit einem der schönsten Hotels der Region. Gerade während der Hauptreisezeit, wenn in Mandawa und Nawalgarh die Touristen das Bild bestimmen, bietet sich Dundlodh so als willkommener Standort zur Erkundung des Shekhawati an.

Die schönsten Bauwerke des Ortes wurden von den *Goenkas* finanziert.

Mukundhgarh

Eine Seitenlinie dieser berühmten Shekhawati-Familie siedelte nach einem Disput mit dem Thakur von Nawalgarh nach Dundlodh.

Sehenswertes

Die meisten Gebäudeteile des 1750 erbauten **Forts** stammen aus der Mitte des 19. Jh. Schmuckstück des sehr stilvoll restaurierten Schlosshotels ist der Diwan-khana mit einer der wertvollsten Bibliotheken zur Kunst und Kultur Rajasthans. Sehr fotogen wirkt auch die private Audienzhalle (Diwan-e-khas) mit europäischen Möbelstücken und interessanten Portraitmalereien an den Wänden.

Die zum Fort führende Straße wird von mehreren **Goenka-Havelis** flankiert, wobei das kleinste dieser Gruppe das erste Wohn- und Geschäftshaus ist, welches die Familie nach ihrem Umzug von Nawalgarh errichten ließ. Das **Jagathia Haveli** unweit des 1911 erbauten Satyanarayan-Tempels weist Darstellungen einiger hübscher Szenen auf. Auf der östlichen Außenmauer finden sich eine europäische Eisenbahn und Tänzerinnen, die für eine gute Ernte tanzen. Weniger nett erscheint der Mann, der seine Frau schlägt.

Das am südlichen Rand der Stadt im Jahre 1888 errichtetete Chattri von **Ram Dutt Goenka** zeigt unter anderem ein Selbstporträt der Steinmetze beim Errichten der Totengedenkstätte.

Unterkunft

- Das zur Welcome Group gehörende **Dera Dundlodh Kila** €€€-€€€€ (Tel.: 01594-252519 oder in Jaipur 0141-2366274) ist ein kleines Schmuckkästchen und verfügt über 25 Zimmer und einige Suiten. Mehrtägige Pferdesafaris werden angeboten.
- Das **Heritage Dundlod Fort Hotel** €€€€-€€€€€ (Tel.: 252519, 252180) ist ein ehemaliges rajputisches Fort aus dem 17. Jh., das mit Liebe zum Detail zur Luxusherberge umgewandelt wurde. Alle Zimmer sind mit Wandmalereien geschmückt und strahlen ihre eigene historische Atmosphäre aus. Für Pferdeliebhaber ein Juwel, werden doch Pferdesafaris in die Umgebung angeboten.

An- und Weiterreise

- Regelmäßige **Busverbindungen** nach Nawalgarh (15 Min.) und Jhunjhunu (1 Std.).

Mukundhgarh

Die um einen Tempelhof angelegte Stadt gehört sicherlich nicht zu den interessanteren Orten des Shekhawati, soll hier aber dennoch erwähnt werden, weil sie mit dem Fort Heritage Hotel über eines der schönsten Hotels der Region verfügt. Aufgrund der geringen Entfernungen innerhalb des Shekhawati bietet sich das von Touristen kaum besuchte Mukundhgarh als Ausgangsort zur Erkundung an.

Unterkunft

- Das **Fort Heritage Hotel** €€€€ (Reservierung in Delhi, Tel.: 011-26968937) ist aus dem ehemaligen Fort der Stadt hervorgegangen und besticht unter anderem mit dem auf dem Dach platzierten Swimmingpool. Alle Zimmer verfügen über AC und Kühlschrank. Die Küche des hauseigenen Restaurants ist zwar ausgezeichnet, das gilt jedoch auch für die Preise.

Sikar

♪ C2

Da das 1687 von *Daulat Singh* gegründete Sikar recht schnell vom 115 km entfernten Jaipur zu erreichen ist und zudem über gute Bus- und Bahnverbindungen nach Bikaner und Delhi verfügt, wird es von vielen Shekhawati-Reisenden als Verkehrsknotenpunkt genutzt. Es gehört zwar nicht gerade zu den attraktivsten Orten der Region, besitzt aber dennoch einige interessante Bauwerke.

Auffällig viele Handelshäuser sind mit **blauen Fresken** geschmückt. All diese Havelis können erst nach 1860 bemalt worden sein, da die synthetische blaue Farbe in jenen Jahren von Deutschland nach Indien gelangte. Begierig wurde sie von den statusbewussten Kaufmannsfamilien verwendet, konnte man so doch beweisen, dass man seiner Zeit ein Stück voraus war. Ein besonders schönes Beispiel hierfür bietet das **Din Dayal Biyani Haveli**. Die **Jubilee Hall** ließ *Ras Raja Madho Singh* 1897 zur Feier der fünfzigjährigen Thronbesteigung *Queen Victoria's* errichten.

Sein Vorgänger, *Pratap Singh*, ließ 1845 den **Palast** erbauen, der heute im Besitz eines Geschäftsmannes ist, dem der hervorragende Zustand des Gebäudes zu verdanken ist. Besonders gelungen ist der heute als Büroraum genutzte Chini Mahal („Zuckerpalast"), der mit außergewöhnlich schönen Porzellankacheln geschmückt ist, auf denen vornehmlich höfische Motive zu sehen sind.

Während das fast vollständig verfallene **Fort** wegen der guten Aussicht von den Mauern einen Besuch lohnt, kann Sikar den besterhaltenen **Stufenbrunnen** des ganzen Shekhawati aufweisen. Das um 1750 erbaute Prachtexemplar ist zwar nicht bemalt, wurde dafür jedoch mit einigen hübschen Steinreliefs versehen. Allerdings ist der Baori im Strassengewirr nur sehr schwer zu finden.

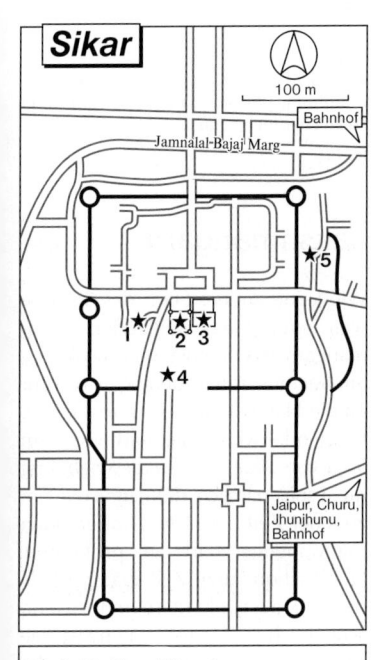

★ 1 Din Dayal Biyani
★ 2 Fort
★ 3 Palast
★ 4 Jubilee Hall
★ 5 Brunnen
— Mauer

LAKSHMANGARH

Unterkunft, Essen und Trinken

- Im **Hotel Natraj** €€ gleich beim Bahnhof kann man zwischen einer Reihe von EZ/DZ wählen.
- Außer dem Restaurant im **Natraj** gibt es in der Bahnhofsgegend eine Reihe weiterer kleiner Lokale.

An- und Weiterreise

Bahn:
- Von und nach **Delhi** fahren tgl. mehrere Züge in 8 Std., z.B. der 9733 Shekhawati Exp. (Abf. Delhi 23 Uhr), Ank. Sikar 7.10 Uhr, weiter nach **Jaipur** (Ank. 10.20 Uhr). Umgekehrt (Zugnummer 9734): Abf. in Sikar 20.45 Uhr, Ank. in Delhi Sarai Rohilla 5.40 Uhr.
- Von **Bikaner** startet der 4738 Bikaner Jaipur Exp. um 21.45 Uhr und erreicht (über Churu, Abf. 2 Uhr) Sikar um 4.40 Uhr. Dieser Zug fährt weiter nach **Jaipur** (an 7.10 Uhr). Umgekehrt fährt der 4737 Jaipur Bikaner Exp. um 22.10 Uhr in Jaipur los und erreicht Sikar um 0.20 Uhr. Von hier weiter nach **Churu** (an 3.05 Uhr) bis Bikaner (Ank. 7.15 Uhr).
- Von **Jaipur** gibt's mehere weitere Verbindungen, etwa den 9735 Jaipur Loharu Intercity Exp.: Abf. Jaipur 13.20 Uhr, Ank. Sikar 15.25 Uhr. Von Sikar nach Jaipur (Zugnummer 9736): Abf. 6.05 Uhr, Ank. in Jaipur 9.15 Uhr.

Bus:
- Ständige Verbindungen von und nach **Jhunjhunu** (2 Std.), **Jaipur** (2,5 Std.) und **Delhi** über Jhunjhunu (7 Std.).

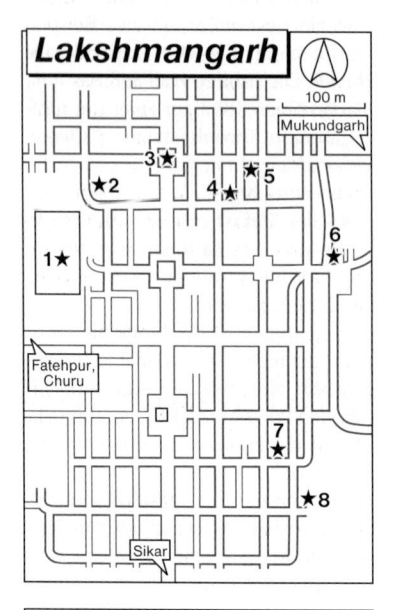

Kartenlegende

- ★ 1 Fort
- ★ 2 Char Chowk Haveli
- ★ 3 Radha-Murlimanohar-Tempel
- ★ 4 Sanwatam Haveli
- ★ 5 Chetram Sanganeeria Haveli
- ★ 6 Jawahar Mal Pansari Haveli
- ★ 7 Shyonarayan Kyal Haveli
- ★ 8 Ram Parasrampuria Naria Haveli

Lakshmangarh ⚑ C1

Wie keine andere Stadt des Shekhawati erinnert das weitläufige Lakshmangarh mit seinem rechtwinkligen Straßenmuster und dem Kreisverkehr an die Hauptstadt Rajasthans, Jaipur. Gegründet wurde die Stadt von dem Raja von Sikar, *Lakhsman Singh,* erst recht spät, nämlich 1806, um von dem zu jener Zeit besonders florierenden Karawanengeschäft zu profitieren. Doch schon kurze Zeit später wurde der Ort ausgeplündert und so entschied sich der Herrscher von Sikar, eine Stadtmauer zu errichten, von der jedoch heute nichts mehr zu sehen ist.

Auch in Lakshmangarh dominierte die Poddar-Familie, die viele der schönsten Bauten der Stadt errichten ließ. Ein großer Teil des Reichtums wurde nicht in Lakshmangarh selbst, sondern indirekt durch die in Kalkutta ansässigen Poddars erwirtschaftet, die die riesigen Gewinne zum Teil wieder in ihre Heimatstadt investierten.

Sehenswertes

Beherrscht wird die Stadt vom sich westlich auf einem Ausläufer eines Hügels gelegenen **Fort.** Die runden Bollwerke sind ein Ausdruck der immer größeren Bedeutung, die die Artillerie während der Jahrhundertwende erlangte. Die Gebäude innerhalb des Fort sind wenig beeindruckend, doch die Aussicht von der Terasse lohnt den Aufstieg allemal.

Von hier bietet sich auch ein ausgezeichneter Blick auf das **Char Chowk Haveli,** ein architektonisches Juwel besonderer Art. Wie es der Name „Vier-Innenhöfe-Haveli" schon sagt, besteht das in den vierziger Jahren des 19. Jh. erbaute Gebäude aus vier Innenhöfen und ist der größte Wohnblock des Shekhawati. Abgesehen von seiner architektonischen Bedeutung weist es einige ausgezeichnete Wandmalereien auf, wobei die meisten religiöser Natur sind. Interessant ist die Darstellung einer Giraffe an der Fassade. Man nimmt an, dass diese Zeichnung Mitte des 19. Jh. angefertigt wurde, da der Maharaja von Jaipur 1894 eine Giraffe in seinen Privatzoo aufnahm.

Architektonisch interessant ist der in der Mitte des nördlichsten der drei die Stadt von Süd nach Nord durchziehenden Plätze platzierte **Tempel Radha Murlimanohar,** der 1845 ebenfalls von den Poddars gestiftet wurde.

Rot und Blau sind die dominierenden Farben des zur Jahrhundertwende errichteten **Sanwatram Haveli.** Ein besonders schönes Fresco zeigt Ardhanareshvara, der halb männlich, halb weiblich Shiva und Parvati in einer Person darstellen soll. Eines der am reichsten bemalten Havelis ist das **Chetram Sanganeeria,** wobei der Name darauf schließen lässt, dass der Erbauer aus der für ihren Stoff- und Papierdruck bekannten Stadt Sanganer, südlich von Jaipur, stammt. Reich bemalt sind die Havelis **Jawahar Mal Pansari** und **Shyonarayan Kyal,** wobei Letzteres auch einige erotische Motive aufweist. Guter Dinge war offensichtlich der Maler eines Motivs an der Westwand des **Ram Parasrampuria Naria Haveli,** der eine Frau zu einem Europäer sagen lässt: „I can give you much pleasure." Nun denn ...

Der besondere Tipp:
Nawalgarh ⌖ C1

Nach Mandawa und Ramgarh ist das etwa auf halber Strecke zwischen Sikar und Jhunjhunu in einer weiten, spärlich bewachsenen Ebene gelegene Nawalgarh die besuchenswerteste Stadt der Region. Nawalgarh weist über 100 Havelis auf. Gegründet wurde es 1737 vom fünften Sohn *Sardul Singhs,* dem Herrscher Jhunjhunus und bedeutendsten Machthaber des Shekhawati in jenen Jahren. Viele der

Bemalung eines Haveli

in den Gründerjahren errichteten Bauten wie das Fort, der Gopinath-Tempel und die Stadtmauern haben sich bis heute in erstaunlich gutem Zustand erhalten.

Das **Bala Qila Fort** beherbergt heute eine Filiale der Bank of Baroda und sein Innenhof dient als der lokale Marktplatz. Die vier Dungaichi Havelis wurden alle um 1890 erbaut und weisen einige interessante Fresken auf, von denen viele von Binja gemalt wurden, einem der berühmtesten Maler seiner Zeit, der aus Mukundgarh stammte.

Eine außergewöhnlich große Vielfalt an Szenen weist auch das **Anandilal Paddar Haveli** (Eintritt 50 Rs) auf, welches erst recht spät, nämlich 1920, mit Tempera-Malereien verziert wurde. Die Palette der dargestellten Szenen reicht von Tempelprozessionen, prächtigen Festtagsumzügen und Badeszenen bis zu Autos, Zügen und Flugzeugen. Vor allem Fotografen sollten sich dieses außergewöhnliche, heute als Schule dienende Gebäude nicht entgehen lassen, erstrahlen doch alle Wandmalereien nach einer umfangreichen Restauration in hellen Farben. Auch wenn Traditionalisten diese „Modernisierung" der alten Fresken nicht gutheißen mögen, so ist das Haveli doch ein nachahmenswertes Beispiel,

NAWALGARH

wie das großartige Erbe der Shekhawati-Region bewahrt werden kann.

Viele reich bemalte **Kaufmannshäuser** flankieren die vom Roop Niwas Palace Guest House westlich zum Bowari Gate führende Straße. Zwei besonders auffällige Beispiele sind die beiden um 1900 bemalten Havelis **Chokhani** und **Jodharaj Patodia.**

Das hübsche **Shyamnarayan Bansidhar Bhagat Haveli** an der gleichen Straße besticht nebem seiner reich bemalten Fassade mit einigen sehr kunstvollen und detaillierten Fresken im Vorhof. Der aus dem Fenster schauende Mann im **Goenka Haveli** ist ein besonders in Nawalgarh gern verwendetes Motiv – sollte er nicht zurückgrüßen, so ist dies also kein Ausdruck von Unfreundlichkeit.

Unterkunft

● Die Zimmer im **Ramesh Jangid's Tourist Pension** €€€ (Tel.: 224060) sind recht groß und angenehm, doch genauso wie das schmackhafte vegetarische Essen übeteuert. Leider scheint man sich nur dann um die Gäste zu kümmern, wenn der häufig auf Reisen befindliche Besitzer anwesend ist.

● Viel fürs Geld gibt's im **Heritage Thikana** €€-€€€ (Tel.: 01594-222152, (0)9414082791, heritagethikana@rediffmail.com, www.heritagethikana.com) beim Bawri Gate. Wie der Name schon andeutet, handelt es sich um ein altes Haveli mit sehr geschmackvoll eingerichteten Zimmern und Wandbemalungen in gemütlicher Atmosphäre. Auch fürs leibliche Wohl ist gesorgt.

● Das stilvolle **Roop Niwas Palace Guest House** €€€-€€€€ (Tel.: 01594-224152), das ehemalige Landhaus des Fürsten von Nawalgarh, ist eines der schönsten Hotels der Region. Das von einem schönen Garten umgebene Haus bietet äußerst geschmackvoll eingerichtete Zimmer, einen Swimmingpool sowie Frühstück, Mittag- und Abendessen.

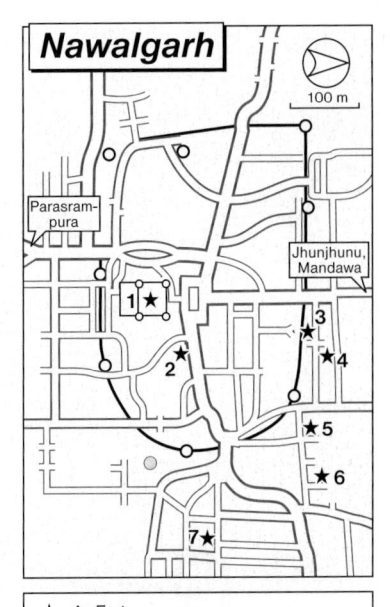

★ 1 Fort
★ 2 Dungaichi Haveli
★ 3 Jodharaj Patodia Haveli
★ 4 Goenka Haveli
★ 5 Roop Niwas Palace Guest House
★ 6 Shyamnaraya Bansidhar Bhagat Haveli
★ 7 Anandilal Paddar Haveli

● Eine gute Alternative ist das **Apani Dhani** €€-€€€ (01594-222239, www.apanidhani.com) mit sehr schön im traditionellen Stil gestalteten Räumen mit eigenem Bad.

An- und Weiterreise

● Vom 2,5 km entfernten Bahnhof vier **Züge** nach Jhunjhunu und Sikar und jeweils einer nach Jaipur und Delhi.
● Vom 2 km westlich gelegenen Busbahnhof alle 30 Min. **Busse** nach Jhunjhunu (1,5 Std., via Dundlodh), Sikar und Jaipur, 1 Bus nach Ajmer (5 Std.).

308ra Foto: tb

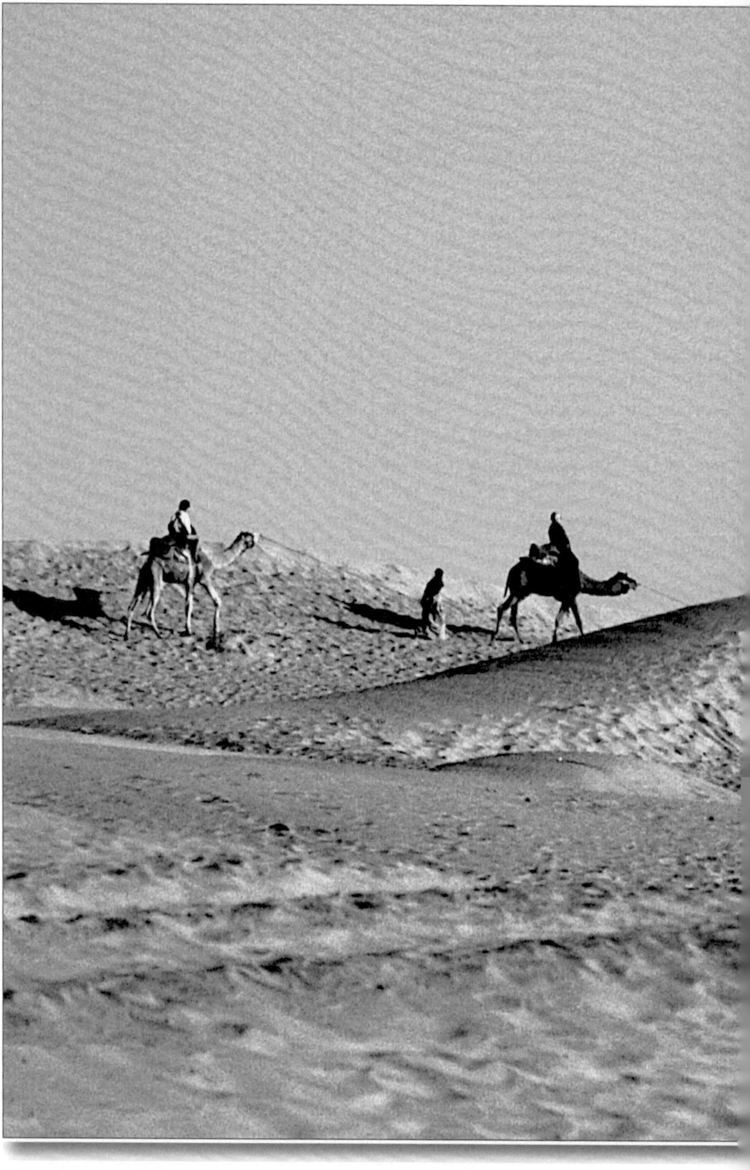

Anhang

Sanddünen bei Khuri – eine Kamelsafari in der Wüste Thar ist wie eine Reise in eine andere Welt

Rückwärtiger Eingang zum Palast der Winde in Jaipur

Der Turban schützt vor der Sommersonne ebenso wie vor der Kälte der Winternächte

Reise-Gesundheits-Information Indien

Stand: 08.08.2006
© Centrum für Reisemedizin 2006

Die nachstehenden Angaben dienen der Orientierung, was für eine geplante Reise in das Land an Gesundheitsvorsorgemaßnahmen zu berücksichtigen ist. Die Informationen wurden uns freundlicherweise vom *Centrum für Reisemedizin* zur Verfügung gestellt. Auf der Homepage: **www.travelmed.de** werden diese Informationen stetig aktualisiert. Es lohnt sich, dort noch einmal nachzuschauen.

EINREISE-IMPFVORSCHRIFTEN

Bei Direktflug aus Europa: keine Impfungen vorgeschrieben.

Bei einem vorherigen Zwischenaufenthalt (innerhalb der letzten 6 Tage vor Einreise) in einem der unten aufgeführten Länder (Gelbfieber-Endemiegebiete) wird bei Einreise eine gültige Gelbfieber-Impfbescheinigung verlangt (ausgenommen Kinder unter 6 Monaten). Gelbfieber-Impfung kann gelegentlich auch bei Einreise aus südafrikanischen Ländern (z.B. aus Simbabwe) verlangt werden.

Gelbfieber-Impfbescheinigung erforderlich bei Einreise aus:

Angola · Äquatorialguinea · Äthiopien · Benin · Bolivien · Brasilien · Burkina Faso · Burundi · Ecuador · Elfenbeinküste · Franz. Guayana · Gabun · Gambia · Ghana · Guinea · Guinea-Bissau · Guyana · Kamerun · Kenia · Kolumbien · Kongo, Rep. · Kongo, Dem. Rep. · Liberia · Mali · Mauretanien · Niger · Nigeria · Panama · Peru · Ruanda · Sao Tomé & Principe · Senegal · Sierra Leone · Somalia · Sudan · Suriname · Tanzania · Togo · Trinidad & Tobago · Tschad · Uganda · Venezuela · Zentralafr. Republik

EMPFOHLENER IMPFSCHUTZ

Generell: Tetanus, Diphtherie, Hepatitis A, Polio, Typhus

Je nach Reisestil und Aufenthaltsbedingungen im Lande außerdem zu erwägen:

Impfschutz	Reisebedingung 1	Reisebedingung 2	Reisebedingung 3
Hepatitis B [a]	x		
Tollwut [b]	x		
Jap. Enzephalitis [c]	x		

[a] vor allem bei Langzeitaufenthalten u. engerem Kontakt zur einheimischen Bevölkerung.
[b] bei vorhersehbarem Umgang mit Tieren

REISE-GESUNDHEITS-INFORMATION INDIEN

(c) bei besonderen Aufenthaltsbedingungen in bestimmten ländlichen Gebieten. Impfstoff in Deutschland nicht zugelassen. Beschaffung über Apotheken mit entsprechenden Erfahrungen.

Reisebedingung 1:
Reise durch das Landesinnere unter einfachen Bedingungen (Rucksack-/ Trecking-/Individualreise) mit einfachen Quartieren/Hotels; Camping-Reisen, Langzeitaufenthalte, praktische Tätigkeit im Gesundheits- oder Sozialwesen, enger Kontakt zur einheimische Bevölkerung wahrscheinlich.

Reisebedingung 2:
Aufenthalt in Städten oder touristischen Zentren mit (organisierten) Ausflügen ins Landesinnere (Pauschalreise, Unterkunft und Verpflegung in Hotels bzw. Restaurants mittleren bis gehobenen Standards).

Reisebedingung 3:
Aufenthalt ausschließlich in Großstädten oder Touristikzentren (Unterkunft und Verpflegung in Hotels bzw. Restaurants gehobenen bzw. europäischen Standards).

Wichtiger Hinweis

Welche Impfungen letztendlich vorzunehmen sind, ist abhängig vom aktuellen Infektionsrisiko vor Ort, von der Art und Dauer der geplanten Reise, vom Gesundheitszustand sowie dem eventuell noch vorhandenen Impfschutz des Reisenden.

Da im Einzelfall unterschiedlichste Aspekte zu berücksichtigen sind, empfiehlt es sich immer, rechtzeitig (etwa 4 bis 6 Wochen) vor der Reise eine persönliche Reise-Gesundheits-Beratung bei einem reisemedizinisch erfahrenen Arzt oder Apotheker in Anspruch zu nehmen.

Unter www.travelmed.de finden Sie Adressen von
- Apotheken mit qualifizierter Reise-Gesundheits-Beratung (nach Postleitzahlgebieten).
- Impfstellen und Ärzten mit Spezialsprechstunde Reisemedizin (nach Postleitzahlgebieten).
- Abruf eines persönlichen Gesundheitsvorsorge-Briefes für die geplante Reise.

MALARIA

Malaria-Risiko: ganzjährig mit saisonalen Schwankungen.
Übertragungsrisiko abhängig von Geographie und Klima, insbesondere vom Monsunregen, der zwischen Mai und November das Land von Südwest nach Nordost überzieht und jeweils 3-4 Monate andauert; im Süden evtl. 2. Regenzeit zwischen Okt. und Dez.

- **Hohes Risiko** (vorwiegend P. falciparum) im Tiefland der Bundesstaaten im Nordosten (östlich von Bangladesch)

- **Mittleres Risiko** (vorwiegend P. vivax; höher in der Regenzeit, geringer in der Trockenzeit) in den meisten ländlichen Regionen der zentralen Landesteile, im Norden im Regenwaldgürtel entlang der nepalesischen Grenze (Terai); in den Stadtgebieten ist mit einem geringen Risiko zu rechnen.
- **Geringes Risiko** (höher in der Regenzeit, geringer in der Trockenzeit) im Norden entlang des Ganges (Teile von Uttar Pradesh, Bihar und östliches West-Bengal), im Süden südlich der Linie Madras – Goa (gesamtes Kerala, Tamil Nadu, Goa, der Westen von Karnataka, Südosten von Andhra Pradesh) sowie die Andamanen und Nikobaren; in den Stadtgebieten ist mit einem geringen Risiko in der Regenzeit zu rechnen.
- **Malariafrei** sind die Höhenlagen oberhalb 2.000 m von Jammu und Kashmir, Himachal Pradesh, Sikkim, Arunchal Pradesh sowie die Lakkadiven.

VORBEUGUNG

Ein konsequenter **Mückenschutz** in den Abend- und Nachtstunden verringert das Malariarisiko erheblich (Expositionsprophylaxe). Ergänzend ist die Einnahme von **Anti-Malaria-Medikamenten** (Chemoprophylaxe) evtl. zu empfehlen. Zu Art und Dauer der Chemoprophylaxe fragen Sie Ihren Arzt oder Apotheker, bzw. informieren Sie sich in einer qualifizierten reisemedizinischen Beratungsstelle. Malariamittel sind verschreibungspflichtig.

AKTUELLE MELDUNGEN (nur für Nordwestindien)

DARMINFEKTIONEN: Hohes Risiko für Durchfallerkrankungen landesweit, örtlich für Cholera, so auch in hygienisch mangelhaft versorgten Stadtvierteln von Delhi; größere Ausbrüche sind derzeit nicht gemeldet. Hepatitis A, E, Typhus, Paratyphus, Milzbrand und Polio, die auf gleichem Wege übertragen werden können, kommen ebenfalls vor. Hygiene und Impfschutz beachten.

TOLLWUT: Indien gehört weltweit zu den Ländern mit den höchsten Fallzahlen bei Tieren und Menschen. Hauptüberträger ist der (streunende) Hund. Betroffen sind auch die Großstädte. Bei verdächtigen Tierkontakten sofort Arzt aufsuchen und auf Verwendung moderner Gewebekultur-Impfstoffe achten. Eine vorbeugende Impfung ist für alle Reisenden empfehlenswert. Moderne Gewebekultur-Impfstoffe und homologes Immunglobulin sind zumindest in den Großstädten erhältlich. In ländlichen Gebieten ist die Versorgung nicht gesichert. Indien hat nach Schätzungen der WHO mit 30.000 Todesfällen jährlich die höchsten Inzidenzen, das entspricht einem Anteil von 80 % an der Tollwut-Mortalität auf der gesamten Welt.

HIV-Test: Für Langzeitaufenthalte wird ein HIV-Test in englischer Sprache verlangt.

Glossar

Geographische Begriffe finden sich im Kap. „Land und Leute: Geographie", Bezeichnungen für Speisen und Getränke unter „Praktische Reisetipps A–Z: Essen und Trinken".

Adivasi: die heute ca. 60 Mio. Ureinwohner Indiens, z.T. noch in Stammesgemeinschaften lebend, trotz staatlicher Fördermaßnahmen unterprivilegiert
Apsaras: himmlische Nymphen
Ashram: religiös fundierte Lebesgemeinschaft, in der eine als heilig verehrte Persönlichkeit ihre Schüler unterrichtet
Ayurveda: wörtl. „Wissenschaft vom langen Leben"; indische Medizin, eine alte Heilkunde, die sich nur pflanzlicher und mineralischer Produkte bedient
Baba: „Väterchen", ehrende Anrede, die vor allem gegenüber Amtspersonen, Älteren und Fremden verwandt wird
Bagh: Park
Bakshish: Trinkgeld, Almosen
Beedi: dünne Zigarette, aus einem zusammengerollten Blatt eines Strauches mit einer Füllung aus kleingehacktem Tabak
Betel: Kaumixtur aus dem Blatt des Betelbaumes, dem kleingehackten Samen der Areka-Palme, einer Kalkpaste sowie Gewürzen und anderen Zutaten
Bhagavadgita: wörtl. „Das göttliche Lied", wichtigstes religiöses Lehrbuch des Hinduismus, welches in das Mahabharata-Epos eingefügt ist
Bhakti: Gottesliebe, vertrauensvolle Hingabe an die Erlösergabe eines Gottes, Erlösungsweg der Bhagavadgita
Bhawan: Haus, Palast
Bowry, Baori: Brunnen
Brahma: Schöpfergott, zusammen mit Vishnu und Shiva gehört er zu den drei bedeutendsten Göttern des Hinduismus.
Brahman: Weltenseele. Alles Leben inklusive der Götter ist aus dem Brahman hervorgegangen.
Brahmane: Priester, Angehöriger der obersten Kaste.
Burj: Turm
Cakra: wörtl. „Scheibe, Rad", in der hinduistischen Mythologie Symbol für die göttliche Weltordnung (Dharma), deren Hüter Vishnu ist; eines seiner Attribute
Chattri: Totengedenkstätte in Form eines offenen Schreins, pfeilertragender Baldachin
Chowk: Prachtstraße
Crore: zehn Millionen
Dargarh: Schrein eines Muslimheiligen
Darwaza: Tor, Torweg
Devadasi: Tempeltänzerin
Devanagari: Schrift der Hindi-Sprache und des Sanskrit
Dharamsala: Pilgerherberge
Dharma: Weltgesetz, allgemein verbindliche kosmisch-ethische Ordnung, an die sich jedes Lebewesen zu halten hat
Dhobi: Wäscher
Dhoti: traditionelles Beinkleid der Männer
Diwan-i-Am: öffentliche Audienzhalle am Moghul-Hof
Diwan-i-Khas: private Empfangshalle des Moghul-Kaisers
Drawiden: Die nicht indoarische Urbevölkerung des indischen Subkontinents
East India Company: britische Handelskompanie mit Monopol für den Indienhandel, gegr. 1600. Betrieb die Kolonialisierung Indiens, bevor das Land 1857 direkt der britischen Krone unterstellt wurde.
Ganesha: hinduistischer Gott mit Elefantenkopf, Sohn Shivas
Ganja: Marihuana (Hanf, Cannabis)
Garh: Fort, Tempel
Garuda: Sonnenvogel, Reittier Vishnus
Ghat: Treppenstufen, die zu einem Fluss, Teich oder See hinabführen und an denen gewaschen wird, Verbrennungszeremonien oder Kulthandlungen stattfinden. Außerdem Bezeichnung für ein Gebirge.
Gopi: Kuhhirtin, Gespielin Krishnas
Guru: Lehrmeister (Sanskrit), nicht nur spiritueller Lehrer, sondern Lehrmeister jedweder Art
Hanuman: Affengeneral aus dem Ramayana, Verbündeter Ramas
Harijan: „Kinder Gottes", Begriff, den Gandhi den Kastenlosen verliehen hat, um sie auch sprachlich aufzuwerten
Hauda, Howdah: Elefantensitz
Haveli: Meist reich geschmücktes und verziertes, um einen oder mehrere Innenhöfe angelegtes Handelshaus in Rajasthan
Jami Masjid: Große oder Freitags-Moschee

GLOSSAR

Jauhar: Kollektiver Selbstmordritus der von übermächtigen Feinden umgebenen Rajputen, die damit der Schmach einer Gefangennahme zuvorkommen wollten
Jaya: Sieg
Kali: furchterregende Erscheinungsform der Parvati, Ehefrau Shivas
Karma: einer der wichtigsten Glaubensgrundsätze des Hinduismus, wonach die Summe aller Taten im jetzigen Leben das Schicksal und die Kastenzugehörigkeit im nächsten Leben bestimmen
Krishna: achte Inkarnation Vishnus, meist als Kind oder flötenspielender Hirtengott dargestellt
Kuli: Tagelöhner, Gepäckträger
Kund: Tempelteich
Lakh: 100.000
Lakshmi: hinduistische Göttin für Wohlstand und Glück.
Lingam: Phallus, Symbol Shivas und der männlichen Energie
Mahabharata: größtes indische Heldenepos mit mehr als 100.000 Doppelversen, beschreibt den Kampf zweier befeindeter Stämme, mit vielen eingeschalteten Erzählungen wie der Bhagavadgita.
Mahal: Palast
Maharaja: Herrscher über ein Fürstentum
Maharani: Gemahlin des Maharaja
Mahout: Elefantenführer
Maidan: Grünfläche in einer Stadt
Mandir: Tempel
Masjid: Moschee
Mela: Fest, Messe, Jahrmarkt
Moksha: Erlösung
Nandi: Stier, Shivas Reittier
Nawab: Herrschertitel eines muslimischen Fürsten, vergleichbar mit dem des Maharaja
Niwas: Haus
Parvati: hinduistische Göttin, wohlwollende Erscheinungsform der Gattin Shivas
Puja: religiöse Zeremonie, verbunden mit Gebeten und Opfergaben
Rai: lokaler Herrscher niederen Ranges
Raj: Herrschaft
Ramayana: eines der beliebtesten und mit 24.000 Doppelversen umfangreichsten Heldenepen des Hinduismus, in dessen Mittelpunkt Rama steht, der seine Frau Sita aus den Klauen des Dämonen Ravana befreit

Rupie: indische Währungseinheit, zum ersten Mal 1542 unter der Herrschaft *Sher Khans* in Nordindien geprägt
Sadhu: wandernder Asket oder Einsiedler
Sagar: künstlich angelegter See
Sanskrit: Priester- und Gelehrtensprache, Grundlage aller heute in Nordindien gesprochenen Sprachen. Alle wichtigen Hindu-Schriften sind in Sanskrit verfasst.
Sati: Gattin Shivas. Verbrannte sich selbst, weil ihr Vater es versäumt hatte, ihren Gatten zu einem Opferfest einzuladen. Vorbild für Frauen im Hinduismus, die sich nach dem Tod ihres Ehemannes auf dem Scheiterhaufen verbrennen ließen und so zur „Sati" wurden.
Sepoy: heute nicht mehr gebräuchlicher Begriff für indische Soldaten
Shikara: Turm eines nordindischen Tempels
Shiva: hinduistischer Gott der Zerstörung und Erneuerung, erkennbar an seinem Haarknoten
Sufi: Islamischer Mystiker
Tilak, Tika: zwischen den Augen mit Farbe aufgetragenes Stirnmal, kann ein Zeichen für Kasten- und Sektenzugehörigkeit sein, ist heute jedoch meist eher ein schmückendes Mal ohne weitere Bedeutung.
Tirthankara: einer der 24 „Furtbereiter" des Jainismus
Tonga: zweirädrige Pferdedroschke zur Personenbeförderung
Torana: wörtl. „Tor", meint nicht nur das eigentliche Eingangstor, sondern den gesamten Eingangsbereich mit dem figürlichen und ornamentalen Schmuck
Trimurti: Bezeichnung der drei höchsten hinduistischen Götter Brahma, Vishnu und Shiva
Vahana: Reit- bzw. Tragtier einer hinduistischen Gottheit
Veden: wörtl. „Heiliges Wissen". Die ältesten heiligen Schriften Indiens unterteilen sich in vier Texte (als wichtigster die Rigveda), die im ersten Jahrtausend von unbekannten Autoren verfasst wurden.
Vilas: Haus, Palast
Vishnu: wichtiger hinduistischer Gott, Welterhalter. Wichtige Inkarnationen sind Rama und Krishna.
Yoni: weibliches Geschlechtsteil, Symbol Parvatis, der Frau Shivas, und der weiblichen Energie

Indien & Co.

Kaum eine andere Region der Welt bietet so viele Kontraste, Eindrücke und unterschiedliche Reiseziele wie der Indische Subkontinent. REISE KNOW-HOW bietet für (fast) jedes Ziel das passende Handbuch mit unzähligen Tipps und Informationen:

Martin und Thomas Barkemeier
Indien – der Norden
mit Mumbai und Goa
824 Seiten, 93 Karten und Stadtpläne, farbiger Kartenatlas Indien

Martin und Thomas Barkemeier
Indien – der Süden
792 Seiten, 60 Karten und Pläne, farbiger Kartenatlas Indien

Martin und Thomas Barkemeier
Kerala
mit Mumbai und Madurai
330 Seiten, 22 Karten und Pläne

Jutta Mattausch
Ladakh & Zanskar
480 Seiten, 36 Karten und Pläne

Rainer Krack
Sri Lanka
520 Seiten, 35 Karten und Pläne, farbiger Kartenatlas

REISE KNOW-HOW Verlag, Bielefeld

Literaturtipps

- *Abt, Otto:* **Von Liebe und Macht. Das Mahabharata:** das Weltepos aus Indien in einer gelungenen Neuerzählung.
- *Altmann, Andreas:* **Notbremse nicht zu früh ziehen – Von Bettlern und Businessmen, Heiligen und Huren:** herrlich subjektiv, witzig, informativ, nie voreingenommen, immer neugierig erzählt der schreibende Globetrotter seine Begegnungen mit Indern während einer Zugfahrt durch Indien.
- *Behr, Hans-Georg:* **Die Moguln;** Standardwerk zur Geschichte des aus Afghanistan stammenden Herrschergeschlechtes.
- *Clermont, Lothar:* **Jainismus.** Textlich wie fotografisch ausgezeichnetes Buch zum Jainismus und den Tempeln in Mount Abu und Ranakpur.
- *Collins, Larry/Lapiere, Dominique;* **Gandhi – Um Mitternacht die Freiheit:** Musterbeispiel eines gelungenen historischen Romans, in dem Indiens Weg in die Unabhängigkeit ebenso spannend wie kenntnisreich geschildert wird. Unter seinem Originaltitel „Freedom at Midnight" ist das Buch in den meisten Buchläden Indiens erhältlich.
- *Cooper, Illay:* **The painted towns of Shekawati.** Einer der ausführlichsten Führer über die Region der bemalten Havelis im Nordwesten Indiens.
- *Dubois, Abbé Jean Antoine:* **„Leben und Riten der Inder",** Reise Know-How Verlag, Bielefeld. Eine Landesbeschreibung von 1807. Der Klassiker wurde erstmalig ins Deutsche übersetzt.
- *Gunturu, Vanamali:* **Hinduismus.** Einführung in die komplexe Religion.
- *ders.:* **Das Kaleidoskop des Lebens:** eine Sammlung von Kurzgeschichten, die zum großen Teil in einem Mietshaus namens *Firozsha Baag* im Zentrum Mumbais spielen. Die BewohnerInnen des Gebäudes werden mit viel Empathie dargestellt und durch ihr Auftauchen in unterschiedlichen Geschichten werden diese zu einem abgerundeten Ganzen vernetzt.
- *Hörig, Rainer;* **Indien ist anders** und **Selbst die Götter haben uns beraubt:** Zwei ebenso unausgewogene wie hervorragende politische Reisebücher, welche v.a. die Vergessenen und Entrechteten der Gesellschaft wie die Ureinwohner, Unberührbare und Frauen zu Wort kommen lassen.
- *Kade-Luthra, Veena* (Hrsg.); **Sehnsucht nach Indien.** Ein Lesebuch von Goethe bis Grass: Anhand von Textausschnitten geht die Herausgeberin den Gründen für die seit Jahrhunderten besonders bei deutschen Philosophen und Literaten zu konstatierende Indiensehnsucht nach.
- *Kipling, Rudyard;* **Kim:** Der Roman des englischen Autors, der die meiste Zeit seines Lebens in Indien verbrachte, wurde lange Zeit von der Literaturkritik als Plädoyer zugunsten der englischen Kolonialherrschaft abgelehnt. Inzwischen gilt die Geschichte des irischen Waisen Kim und des tibetanischen Mönchsjungen Tashoo Lama als am besten gelungenes Werk Kiplings, welches die unterschiedlichen Lebensphilosophien der beiden Hauptdarsteller, die als Repräsentanten ihrer Kulturen agieren, zum Mittelpunkt hat.
- *Klein, Stefan:* **Heilige Kühe und Computerchips:** einzelne Reportagen, die die unterschiedlichsten Facetten des indischen Lebens beleuchten.
- *Krack, Rainer;* **Hindi – Wort für Wort,** Reise Know-How Verlag, Bielefeld, aus der Kauderwelsch-Reihe. Die handlichen Sprechführer bieten eine auf das Wesentliche reduzierte Grammatik und viele Beispielsätze für den Reisealltag. In der gleichen Reihe erschienen: **Gujarati – Wort für Wort, Marathi – Wort für Wort, Bengali – Wort für Wort** sowie **Englisch für Indien.** Begleitkassetten oder Audio-CDs als **AusspracheTrainer** sind zu allen Büchern erhältlich.
- *Krack, Rainer;* **KulturSchock Indien,** Reise Know-How Verlag, Bielefeld: Das Buch des Verfassers zahlreicher Reisehandbücher über asiatische Länder und jahrelangen Indienkenners empfiehlt sich als handliche Reiselektüre für all jene, die mehr über das indische Alltagsleben erfahren möchten. Behandelt werden u.a. Themen wie die Bedeutung der Großfamilie, Aberglaube, Sexualität, der Gegensatz von Stadt- und Landleben oder Eunuchen in Indien.
- *Krack, Rainer;* **Hinduismus erleben,** in der Praxis-Reihe des Reise Know-How Verlages, Bielefeld.

LITERATURTIPPS

- *Mistry, Rohinton:* **Vom Gleichgewicht der Welt:** ein großartiges Buch des in Kanada lebenden Autors, der für sein Epos mit zahlreichen internationalen Literaturpreisen ausgezeichnet wurde. Das Gleichgewicht der Welt lässt den indischen Subkontinent vor den Augen des Lesers entstehen – und es ist ein gewaltiges wie auch gewaltsames Bild einer Gesellschaft, die nur auf den ersten Blick fremd erscheint.
- *Naipaul, V.S.;* **Indien. Ein Land in Aufruhr:** Kein anderer Schriftsteller hat seine Hassliebe zu Indien in derart faszinierender und erhellender Weise zu Papier gebracht wie der in Trinidad geborene Sohn indischer Eltern. Auch dieses Buch Naipauls, welches eine Mischung zwischen einem politischen Reisebuch und einer unkonventionellen soziologischen Analyse ist, hat wieder die Frage nach der Identität Indiens zum Mittelpunkt. Seine Stärke liegt nicht zuletzt darin, dass Naipaul nicht der Versuchung erliegt, das chaotische Neben- und Durcheinander der politischen, kulturellen und religiösen Sub-Identitäten des Landes künstlich zu einem Ganzen zusammenzuschweißen.
- *Rothermund, Dietmar;* **Indische Geschichte in Grundzügen:** Dem bekannten Heidelberger Indologen ist es gelungen, die ereignisreiche und komplexe Geschichte auf 150 Seiten zusammenzufassen. Der Zwang zur Komprimierung geht allerdings zu Lasten der alten und der mittleren Geschichte, während die Neuzeit, speziell die Kolonialgeschichte recht ausführlich analysiert wird.
- *Roy, Arundhati:* **Das Ende der Illusion:** die weltberühmte Autorin als engagierte Kämpferin für die Unterdrückten und ausgebeuteten der indischen Atom- und Großmachtpolitik.
- *dies.:* **Der Gott der kleinen Dinge:** aufsehenerregendes Erstlingswerk der jungen, aus Südindien stammenden Autorin, in dem sie das Kastensystem und die Unterdrückung der Frau in der indischen Gesellschaft anprangert.
- *Rushdie, Salman:* **Des Mauren letzter Seufzer.** Dieser vielschichtige Roman des ebenso berühmten wie umstrittenen Autors der „Satanischen Verse" verwebt auf faszinierende Weise mehrere Generationen einer in Indien lebenden jüdisch-christlichen Gemeinde mit der indischen Geschichte.
- *Schimmel, Annemarie:* **Die schönsten Gedichte aus Pakistan und Indien:** Die international renomierte Orientalistin legt eine umfassende Auswahl von Gedichten vor, die sie selbst übersetzt und mit erklärenden Kommentaren versehen hat.
- *Suri, Manil:* **Vishnus Tod:** Der Debütroman des in den USA lebenden indischen Mathematikers wurde weltweit als literarische Sensation gefeiert. Suri erzählt die Geschichte des alten Vishnu, der auf dem Treppenabsatz eines Miethauses in Bombay lebt und langsam dem Ende seines irdischen Daseins entgegendämmert. Die Hausbewohner, denen er stets zu Diensten war, streiten, wer die Kosten für einen Krankenwagen übernehmen soll. Derweil wandert Vishnu noch einmal durch sein Leben.
- *Tharoor, Shashi:* **Der große Roman Indiens:** Der indisch-amerikanische Autor beschreibt in seinem Roman die vielschichtigen Probleme des Subkontinents. Die Bedeutung von Tradition und Religion im alltäglichen Leben werden auf unterhaltsame, manchmal parodistische Weise dargestellt.
- *Ders.:* **Indien – Zwischen Mythos und Moderne:** Sachbuch, in welchem der Autor die großen Umwälzungen der jüngeren indischen Geschichte erläutert. Gleichzeitig ein flammendes Plädoyer für den Säkularismus als entscheidender Grundlage für ein einiges, demokratisches und friedliches Indien.
- *Trojanow, Ilija:* **Der Sadhu an der Teufelswand:** Weniger subjektiv und „frech" wie Altmann (s.o.), dafür sehr informativ, zeichnet der vielfach ausgezeichnete Trojanow in seinen zahlreichen Reportagen ein spannendes Porträt vom Indien zwischen Tradition und Modernite.
- *Zimmer, Heinrich:* **Indische Mythen und Symbole:** Beschreibung der indischen Mythologie und Götterwelt. Viele Legenden beschrieben und erläutert.
- *Ders.:* **Philosophie und Religion Indiens:** das Standardwerk zu diesem Thema. Es geht nicht nur um die östliche Philosophie, sondern auch um ihre Beziehung zur abendländischen.

Kauderwelsch?
Kauderwelsch!

Die **Sprechführer der Reihe Kauderwelsch** helfen dem Reisenden, wirklich zu sprechen und die Leute zu verstehen. Wie wird das gemacht?

- Die **Grammatik** wird in einfacher Sprache so weit erklärt, dass es möglich wird, ohne viel Paukerei mit dem Sprechen zu beginnen, wenn auch nicht gerade druckreif.
- Alle Beispielsätze werden doppelt ins Deutsche übertragen: zum einen **Wort-für-Wort,** zum anderen in „ordentliches" Hochdeutsch. So wird das fremde Sprachsystem sehr gut durchschaubar. Ohne eine Wort-für-Wort-Übersetzung ist es so gut wie unmöglich, einzelne Wörter in einem Satz auszutauschen.
- Die **Autorinnen und Autoren** der Reihe sind Globetrotter, die die Sprache im Lande gelernt haben. Sie wissen daher genau, wie und was die Leute auf der Straße sprechen. Deren Ausdrucksweise ist häufig viel einfacher und direkter als z.B. die Sprache der Literatur. Außer der Sprache vermitteln die Autoren Verhaltenstipps und erklären Besonderheiten des Landes.
- **Jeder Band** hat 96 bis 160 Seiten. Zu jedem Titel ist eine begleitende **Audio-CD** („AusspracheTrainer") oder **Kassette** (60 Min.) erhältlich.
- **Kauderwelsch-Sprechführer** gibt es für über 100 Sprachen in **mehr als 200 Bänden,** z.B.:

Hindi – Wort für Wort
Band 17, 112 Seiten
Gujarati – Wort für Wort
Band 163, 160 Seiten
Marathi – Wort für Wort
Band 160, 160 Seiten
Englisch für Indien – Wort für Wort
Band 154, 160 Seiten

REISE KNOW-HOW Verlag, Bielefeld

HILFE!

Dieses Reisehandbuch ist gespickt mit unzähligen Adressen, Preisen, Tipps und Infos. Nur vor Ort kann überprüft werden, was noch stimmt, was sich verändert hat, ob Preise gestiegen oder gefallen sind, ob ein Hotel, ein Restaurant immer noch empfehlenswert ist oder nicht mehr, ob ein Ziel noch oder jetzt erreichbar ist, ob es eine lohnende Alternative gibt usw.

Unsere Autoren sind zwar stetig unterwegs und versuchen, alle zwei Jahre eine komplette Aktualisierung zu erstellen, aber auf die Mithilfe von Reisenden können sie nicht verzichten.

Darum: Schreiben Sie uns, was sich geändert hat, was besser sein könnte, was gestrichen bzw. ergänzt werden soll. Nur so bleibt dieses Buch immer aktuell und zuverlässig. Wenn sich die Infos direkt auf das Buch beziehen, würde die Seitenangabe uns die Arbeit sehr erleichtern. Gut verwertbare Informationen belohnt der Verlag mit einem Sprechführer Ihrer Wahl aus der über 200 Bände umfassenden Reihe „Kauderwelsch" (siehe unten).

Bitte schreiben Sie an:
REISE KNOW-HOW Verlag Peter Rump GmbH, Postfach 140666, D-33626 Bielefeld, oder per e-mail an: info@reise-know-how.de

Danke!

Kauderwelsch-Sprechführer –
sprechen und verstehen rund um den Globus

Afrikaans ● Albanisch ● Amerikanisch - *American Slang, More American Slang,* Amerikanisch oder Britisch? ● Amharisch ● Arabisch - Hocharabisch, für Ägypten, Algerien, Golfstaaten, Irak, Jemen, Marokko, ● Palästina & Syrien, Sudan, Tunesien ● Armenisch ● *Bairisch* ● Balinesisch ● Baskisch ● Bengali ● *Berlinerisch* ● Brasilianisch ● Bulgarisch ● Burmesisch ● Cebuano ● Chinesisch - Hochchinesisch, kulinarisch ● Dänisch ● Deutsch - *Allemand, Almanca, Duits, German, Nemjetzkii, Tedesco* ● Elsässisch ● Englisch - *British Slang, Australian Slang, Canadian Slang, Neuseeland Slang,* für Australien, für Indien ● Färöisch ● Esperanto ● Estnisch ● Finnisch ● Französisch - kulinarisch, für den Senegal, für Tunesien, *Französisch Slang, Franko-Kanadisch* ● Galicisch ● Georgisch ● Griechisch ● Guarani ● Gujarati ● Hausa ● Hebräisch ● Hieroglyphisch ● Hindi ● Indonesisch ● Irisch-Gälisch ● Isländisch ● Italienisch - *Italienisch Slang,* für Opernfans, kulinarisch ● Japanisch ● Javanisch ● Jiddisch ● Kantonesisch ● Kasachisch ● Katalanisch ● Khmer ● Kirgisisch ● Kisuaheli ● Kinyarwanda ● *Kölsch* ● Koreanisch ● Kreol für Trinidad & Tobago ● Kroatisch ● Kurdisch ● Laotisch ● Lettisch ● Lëtzebuergesch ● Lingala ● Litauisch ● Madagassisch ● Mazedonisch ● Malaiisch ● Mallorquinisch ● Maltesisch ● Mandinka ● Marathi ● Modernes Latein ● Mongolisch ● Nepali ● Niederländisch - *Niederländisch Slang,* Flämisch ● Norwegisch ● Paschto ● Patois ● Persisch ● Pidgin-English ● *Plattdüütsch* ● Polnisch ● Portugiesisch ● Punjabi ● Quechua ● *Ruhrdeutsch* ● Rumänisch ● Russisch ● *Sächsisch* ● *Schwäbisch* ● Schwedisch ● *Schwiizertüütsch* ● *Scots* ● Serbisch ● Singhalesisch ● Sizilianisch ● Slowakisch ● Slowenisch ● Spanisch - *Spanisch Slang,* für Lateinamerika, für Argentinien, Chile, Costa Rica, Cuba, Dominikanische Republik, Ecuador, Guatemala, Honduras, Mexiko, Nicaragua, Panama, Peru, Venezuela, kulinarisch ● Tadschikisch ● Tagalog ● Tamil ● Tatarisch ● Thai ● Tibetisch ● Tschechisch ● Türkisch ● Twi ● Ukrainisch ● Ungarisch ● Urdu ● Usbekisch ● Vietnamesisch ● Walisisch ● Weißrussisch ● *Wienerisch* ● Wolof ● Xhosa

Wichtige Bahnverbindungen

Erläuterung

Der **fett gedruckte Ort** ist jeweils der Abfahrtsort. Um eine Verbindung zwischen zwei Städten ausfindig zu machen, sollte man nicht nur den jeweiligen Ausgangs- und Zielbahnhof beachten, sondern auch bei den Bemerkungen nachschauen, wodurch sich weitere Zielorte zeigen oder möglicherweise eine für den jeweiligen Bedarf angenehmere und bessere Verbindung findet.

Abu Road	Abfahrt	Ankunft	Zugbezeichnung, Bemerkungen
Bikaner	4:30	16:30	4708 Ranakpur Exp., über Jodhpur (an 10:05)
Delhi	14:20	5:15	9105 Ahmedabad Delhi Mail, über Ajmer (an 20:05), Jaipur (23.00), Alwar (2:10)
Delhi	21:20	10:20	2915 Ashram Exp., über Ajmer (an 1:45), Jaipur (4:30), Alwar (6:52)
Jaipur	10:30	19:25	9007 Aravalli Exp., über Ajmer (an 16:25)
Jodhpur	15:22	20:05	9111 Ahmedabad Jammu Tawi Exp., weiter nach Bikaner (an 1:35)
Mumbai	17:20	6:08	9008 Aravali Exp., über Ahmedabad (an 22:10), Vadodara (0:25), Ank. in Bandra, weitere Verb.

Agra	Abfahrt	Ankunft	Zugbezeichnung, Bemerkungen
Bikaner	19:55	8:45	2307 Howrah Bikaner Exp., über Jaipur (an 0:15), Kuchaman (3:05)
Delhi	6:00	9:22	1103 Intercity Exp., Ank. in Delhi Nizamuddin, viele weitere Verb.
Delhi	20:23	22:30	2001/2001A Shatabdi Exp.
Jodhpur	6:15	18:35	4853/4863 Marudhar Exp., über Bharatpur (an 7:18), Jaipur (11:40), Kuchaman (14:26)
Mumbai	8:55	7:35	2618 Punjab Mail, über Gwalior (an 10:40), Jhansi (12:20), Bhopal (16:55)

Ajmer	Abfahrt	Ankunft	Zugbezeichnung, Bemerkungen
Abu Rd.	11:25	17:00	9008 Aravali Exp.
Chittorgarh	15:25	19:32	9769 Jaipur Purna Exp.
Delhi	15:50	22:20	2016 Shatabdi Exp., über Jaipur (an 17:35), Alwar (19:30)
Delhi	20:28	5:15	9105 Ahmedabad Delhi Mail, über Jaipur (an 23:00)
Jaipur	13:25	15:50	2114A Ajmer Jaipur Link
Jodhpur	14:25	19:50	2JA All Ju Fast Passenger, über Marwar (an 16:45)
Mumbai	11:25	7:05	9008 Aravali Exp., Ank. in Bandra, über Abu Rd. (an 17:00), Ahmedabad (22:10), Vadodara (0:25)

Alwar	Abfahrt	Ankunft	Zugbezeichnung, Bemerkungen
Abu Rd.	17:43	4:05	2916 Ashram Exp., über Jaipur (an 20:35), Ajmer (23:20), weiter bis Ahmedabad (an 8:00)
Ajmer	8:38	12:45	2015 Shatabdi Exp., tgl. außer Mi, über Jaipur (an 10:40)
Delhi	6:50	10:20	2915 Ashram Exp.
Delhi	18:35	21:55	2413 Jaipur Jammu Tawi Exp., viele weitere Verb.
Jaipur	7:30	10:15	2414 Jammu Jaipur Exp.
Jodhpur	23:43	8:00	2461 Mandore Exp., über Kuchaman (an 4:13)

Bharatpur	Abfahrt	Ankunft	Zugbezeichnung, Bemerkungen
Agra	9:02	10 20	9777 Jaipur Agra fort Exp.
Delhi	15:30	19:00	2903 Golden Temple Mail, über Mathura (an 16:30)
Jaipur	19:00	22:30	9778 Agra Fort Jaipur Exp.
Jodhpur	7:20	18:35	4853/4863 Marudhar Exp., über Jaipur (an 11:40)
Sawai Madhopur (Ranthambore)	10:53	13:05	1204 Golden Temple Mail, weiter über Kota (an 14:35) bis Mumbai (an 6:05)
Udaipur	23:08	8:30	2963 Nizzam. Udaipur City Exp.
Varanasi	19:33	8:20	4854/4864 Marudhar Exp., über Agra Fort (an 21:10)

WICHTIGE BAHNVERBINDUNGEN

Bikaner	Abfahrt	Ankunft	Zugbezeichnung, Bemerkungen
Agra	18:30	6:30	2308A Bikaner Howrah Superfast, über Deshnok (an 18:56), Kuchaman (23:38), Jaipur (an 1:40), Bharatpur (5:20)
Delhi	8:40	19:15	4790 Bikaner Delhi Sarai Rohilla Exp., über Churu (an 12.20)
Delhi	19:55	6:30	4792 Bikaner Delhi Sarai Rohilla Mail, über Churu (an 23:40)
Jaipur	5:00	11:55	2467 Bikaner Jaipur Intercity Exp., über Deshnok (an 5:26), Nagaur (6:40), Kuchaman (9:40)
Jaipur	21:45	7:10	4738 Bikaner Jaipur Exp., über Churu (an 1:50), Ramgarh, Bissau, Fatehpur, Sikar (4:40)
Jodhpur	9:45	14:50	4707 Ranakpur Exp., über Deshnok (an 10:13), Nagaur (11:35), weiter nach Abu Rd. (an 20:15), Ahmedabad (1:15) und Mumbai

Delhi	Abfahrt	Ankunft	Zugbezeichnung, Bemerkungen
Agra	6:00	7:55	2002/2002A Shatabdi Exp.
Agra	16:40	21:45	2616 GT Exp., über Mathura (an 20:50)
Ahmedabad	15:05	8:00	2916 Ashram Exp., über Alwar (an 17:40), Jaipur (20:35), Ajmer (23:20), Abu Rd. (4:05)
Ajmer	6:10	12:45	2015 Shatabdi Exp., über Alwar (an 8:33), Jaipur (10:40)
Bikaner	8:55	19:15	4789 Delhi Sarai Rohilla Bikaner Exp., über Churu (an 14:40), mehrere weitere Verb.
Chittorgarh	13:00	5:20	4789 ChetakExp., über Jaipur (20:20), Ajmer (0:20)
Jaisalmer	17:25	13:30	4059 Delhi Jaisalmer Exp., über Alwar (an 20:53), Jaipur (23:45), Jodhpur (6:05), gelegentlich verspätet
Jodhpur	20:50	8:00	2461 Mandore Exp., über Alwar (an 23:41), Jaipur (2:30)
Mumbai	7:55	6:05	2904 Golden Temple Mail, über Bharatpur (an 10:51), Sawai Madhopur (13:08), Kota (14:35), Nagda (18:16), Vadodara (23:20), viele weitere Verb.
Mumbai	16:55	10:15	2904 August Kranti Rajdhani Exp., über Mathura (an 18:38), Sawai Madhopur (20:38), Kota (21:45), Vadodara (23:20), v. weitere Verb.
Ramnagar (Corbett NP)	22:45	5:00	5013A Delhi Ramnagar Corbett Link Exp.
Udaipur	19:00	7:00	2963 Mewar Exp., Start Delhi Nizamuddin, über Mathura (an 21:10), Bharatpur (21:40), Sawai Madhopur (23:40), Kota (1:25), Chittorgarh (4:40)

Jaipur	Abfahrt	Ankunft	Zugbezeichnung, Bemerkungen
Agra	6:00	10:20	9777 Jaipur Agra Fort Exp., über Bharatpur (Keoladeo Bird Sanctuary, an 9:00)
Agra	15:30	21:10	4854/4864 Marudhar Exp., über Bharatpur (an 19:31), weiter bis Varanasi (an 9:30)
Ajmer	11:30	13:55	2413A Jaipur Ajmer Link Exp., viele weitere Verb.
Bikaner	22:10	7:15	4737 Jaipur Bikaner Exp., über Sikar (an 0:20), Churu (3:05)
Chittorgarh	20:40	5:20	4715 Chetak Exp., über Ajmer (an 0:20)
Delhi	0:45	6:30	2462 Mandore Exp.
Delhi	5:05	11:30	4060/4060A Jaisalmer Delhi Exp., über Alwar (an 7:54)
Jaisalmer	23:57	13:30	4759 Delhi Sara Rohilla Jaisalmer Exp., über Jodhpur (an 6:45, gelegentlich stark verspätet)
Jodhpur	17:40	23:00	2465 Intercity Exp.
Mumbai	14:05	8:00	2956 Jaipur Mumbai Exp., über Sawai Madhopur (an 16:00), Kota (17:25)
Sikar	13:20	15:25	9735 Jaipur Loharu Intercity Exp.
Udaipur	22:00	7:40	2965 Jaipur Udaipur City Exp., über Sawai Madhopur (an 0:25), Chittorgarh (5:25)

Jodhpur	Abfahrt	Ankunft	Zugbezeichnung, Bemerkungen
Agra	9:00	21:05	4854/4864 Marudhar Exp., über Jaipur (an 15:10), Bharatpur (19:30)
Abu Rd.	6:15	11:45	9112 Jammu Tawi Ahmedabad Exp., weiter bis Ahmedabad (an 16:30)

Anhang

WICHTIGE BAHNVERBINDUNGEN

Bikaner	10:15	15:50	4888 Jodhpur Kalka Exp., über Nagaur (an 12:51), Deshnok (14:25)
Delhi	19:30	6:30	2462 Mandore Exp., über Merta Rd. (an 21:11), Jaipur (0:35), Alwar (3:08)
Jaipur	5:45	8:35	2466 Ranthambore Exp., weiter bis Sawai Madhopur (an 13:25)
Jaisalmer	6:40	13:30	4759 Delhi Jaisalmer Exp., häufig verspätet
Jaisalmer	23.15	5:15	4810 Jodhpur Jaisalmer Exp.
Mumbai	15:15	10:41	4707 Ranakpur Exp., Ank. in Bandra, über Abu Rd. (20:15), Ahmedabad (1:15), Vadodara (3:50)
Mumbai	18:15	11:45	4845/4847 Suryanagari Exp., Ank. in Bandra, über Abu Rd. (23:15), Ahmedabad (3:30), Vadodara (5:45)

Zum ersten Mal auf Deutsch:

Die Landesbeschreibung des Missionars *Abbé Dubois* aus dem Jahr 1807, die in England und den angelsächsischen Ländern bis auf den heutigen Tag als unübertroffener Klassiker gilt. Sie liefert noch immer den wohl anregendsten, informativsten und kenntnisreichsten Schlüssel zu einem Kulturraum, der weit über das eigentliche Indien hinaus ganz Südostasien, ja sogar noch Teile Ostasiens umfasst.

Abbé Jean Antoine Dubois:
„Leben und Riten der Inder",
Reise Know-How Verlag, Bielefeld

Mit REISE KNOW-HOW ans Ziel

Die Landkarten des **world mapping project** bieten gute Orientierung – weltweit.

- Moderne Kartengrafik mit Höhenlinien, Höhenangaben und farbigen Höhenschichten
- GPS-Tauglichkeit durch eingezeichnete Längen- und Breitengrade und ab Maßstab 1:300.000 zusätzlich durch UTM-Markierungen
- Einheitlich klassifiziertes Straßennetz mit Entfernungsangaben
- Wichtige Sehenswürdigkeiten, herausragende Orientierungspunkte und Badestrände werden durch einprägsame Symbole dargestellt
- Der ausführliche Ortsindex ermöglicht das schnelle finden des Zieles
- Wasserabstoßende Imprägnierung
- Kein störender Pappumschlag, der den behindern würde, der die Karte unterwegs individuell falzen möchte oder sie einfach nur griffbereit in die Jackentasche stecken will

Derzeit über 100 Titel lieferbar (siehe unter www.reise-know-how.de), z.B.:

Indien	**1:2,9 Mio.**
Südindien	**1:1,2 Mio.**
Indien, Nordwest	**1:1,3 Mio.**

world mapping project
REISE KNOW-HOW Verlag, Bielefeld

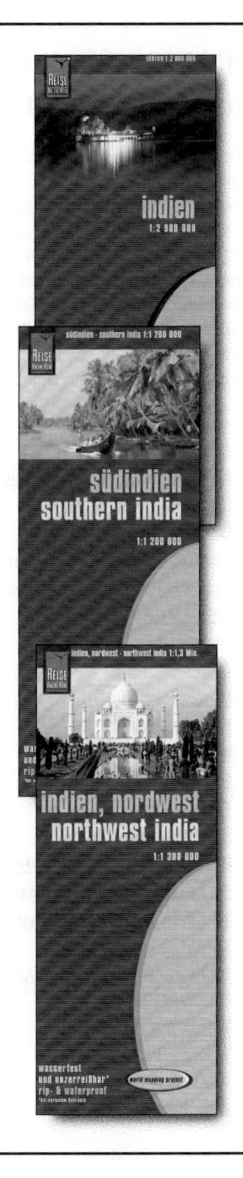

PRAXIS – für jedes Thema der richtige Ratgeber

Wer weiß schon, wie man sich Vulkanen nähert, Höhlen sicher erkundet, sich im Dschungel orientiert, ein Kanu steuert, seine Flugangst überwindet – oder einfach nur Flüge, Unterkunft und Mietwagen am cleversten bucht und mit einer Digitalkamera auf Reisen umgeht? Die erfahrenen Autoren der Reihe PRAXIS vermitteln in jedem der über 80 Bände eine Fülle nützlicher Informationen und praktischer Tipps für alle Themen rund um Urlaub und Freizeit.

Hier eine kleine Auswahl:

- Als Frau allein unterwegs
- Clever buchen – besser fliegen
- Drogen in Reiseländern
- Dschungelwandern
- Fernreisen auf eigene Faust
- Fun & Sport in Eis & Schnee
- GPS Outdoor-Navigation
- Hinduismus erleben
- Inline Skating
- Kanu-Handbuch
- Küstensegeln
- Mountain-Biking
- Reisefotografie digital
- Richtig Kartenlesen
- Safari-Handbuch Afrika
- Sicherheit im und auf dem Meer
- Sicherheit in Bärengebieten
- Tauchen in warmen Gewässern
- Trekking Handbuch
- Trekking-Routen Asien, Afrika, Neuseeland
- Vulkane besteigen
- Wildnis-Ausrüstung
- Wohnmobil-Ausrüstung
- Wracktauchen weltweit

ANZEIGE

Jeder Titel:
144-160 Seiten,
handliches
Taschenformat
10,5 x 17 cm,
reich illustriert,
robuste Faden-
heftung,
Glossar,
Register und
Griffmarken
zur schnellen
Orientierung

weitere
Titel siehe
Programm-
übersicht

**REISE KNOW-
HOW Verlag,
Bielefeld**

Anhang

Hindi lernen ohne Stress – am PC!

Kauderwelsch DIGITAL bringt das Kauderwelsch-Buch komplett Seite für Seite auf den Bildschirm, erweitert um die Möglichkeit, sich auf Mausklick jedes Hindi-Wort vorsprechen zu lassen. Die Funktionen von Buch und Begleitkassette sind hier kombiniert. Als Zugabe ist der Kauderwelsch AusspracheTrainer mit auf der CD, der sowohl am PC als auch in allen anderen Audio-CD-Geräten abgespielt werden kann.

Funktionen:

- Vorsprechen aller Hindi-Wörter auf Mausklick
- leichtes Navigieren innerhalb des Buches
- Suchfunktion
- Vergrößerte Darstellung nach Bedarf
- Druckfunktion
- Mit dem Vollprogramm Adobe Acrobat können zusätzlich Anmerkungen eingefügt, Textstellen farbig markiert und Bookmarks gesetzt werden.
- Kostenpunkt: € 14,90 [D]
- ISBN-10: 3-8317-6041-1

Das ganze Programm unter:
http://www.reise-know-how.de/buecher/digitalindex.html

REISE KNOW-HOW Verlag, Bielefeld

KulturSchock

Diese Reihe vermittelt dem Besucher einer fremden Kultur wichtiges Hintergrundwissen. **Themen** wie Alltagsleben, Tradition, richtiges Verhalten, Religion, Tabus, das Verhältnis von Frau und Mann, Stadt und Land werden nicht in Form eines völkerkundlichen Vortrages, sondern praxisnah auf die Situation des Reisenden ausgerichtet behandelt. Der **Zweck** der Bücher ist, den Kulturschock weitgehend abzumildern oder ihm gänzlich vorzubeugen. Damit die Begegnung unterschiedlicher Kulturen zu beidseitiger Bereicherung führt und nicht Vorurteile verfestigt.

Über 30 Titel sind lieferbar, darunter:

- D. Jödicke, K. Werner, **KulturSchock Ägypten**
- Carl D. Gördeler, **KulturSchock Brasilien**
- Hanne Chen, **KulturSchock China, mit Taiwan**
- Jens Sobisch, **KulturSchock Cuba**
- Gabriele Kalmbach, **KulturSchock Frankreich**
- Rainer Krack, **KulturSchock Indien**
- Kirsten Winkler, **KulturSchock Iran**
- Martin Lutterjohann, **KulturSchock Japan**
- Muriel Brunswig, **KulturSchock Marokko**
- Klaus Boll, **KulturSchock Mexiko**
- Izabella Gawin, **KulturSchock Polen**
- Barbara Löwe, **KulturSchock Russland**
- Andreas Drouve, **KulturSchock Spanien**
- Rainer Krack, **KulturSchock Thailand**
- Scheer, Evelyn, **KulturSchock Ukraine**
- Monika Heyder, **KulturSchock Vietnam**

REISE KNOW-HOW Verlag, Bielefeld

Die Reiseführer von Reise

Reisehandbücher
Urlaubshandbücher
Reisesachbücher
Rad & Bike

Afrika, Bike-Abenteuer
Afrika, Durch, 2 Bde.
Agadir, Marrakesch, Südmarokko
Ägypten
Ägypten/Niltal
Alaska & Kanada
Algerische Sahara
Äqua-Tour
Argentinien, Uruguay, Paraguay
Äthiopien
Auf nach Asien!
Australien, Osten und Zentrum
Australien – Handbuch für Auswanderer

Bahrain
Baikal, See u. Region
Bali und Lombok
Bali, die Trauminsel
Bangkok
Botswana
Brasilien
Brasilien kompakt

Cabo Verde
Chile, Osterinsel
China
Chinas Osten
Costa Rica
Cuba

Dominikanische Republik
Dubai, Emirat

Ecuador, Galapagos
El Hierro
Erste Hilfe unterwegs

Fahrrad-Weltführer
Florida
Fuerteventura

Gomera
Gran Canaria
Guatemala

Havanna
Hawaii
Honduras
Hongkong, Macau, Kanton

Indien Norden
Indien Süden
Iran

Jemen
Jordanien

Kalifornien und USA Südwesten
Kalifornien, Süden und Zentrum
Kambodscha
Kamerun
Kanada, USA
Kanadas Maritime Provinzen
Kanadas Osten, USA Nordosten
Kanadas Westen, Alaska
Kapstadt – Garden Route (Südafrika)
Kapverdische Inseln
Kenia
Kerala (Indien)
Kreuzfahrtführer
Krügerpark – Kapstadt (Südafrika)

Ladakh, Zanskar
Lanzarote
La Palma
Laos
Lateinamerika BikeBuch
Libyen

Malaysia, Singapur, Brunei
Marokko
Mauritius, La Réunion
Mexiko
Mexiko kompakt
Mongolei
Motorradreisen
Myanmar

Namibia
Neuseeland BikeBuch
New Orleans
New York City

Oman
Outdoor-Praxis

Panama
Panamericana, Rad-Abenteuer
Peru, Bolivien
Peru kompakt
Phuket (Thailand)

Qatar
Queensland (Australien)

Rajasthan (Indien)

San Francisco
Senegal, Gambia
Singapur
Sri Lanka
St. Lucia, St. Vincent, Grenada
Südafrika
Südafrika: Kapstadt – Garden Route
Südafrika: Krügerpark – Kapstadt
Sydney
Syrien

Taiwan
Tansania, Sansibar
Teneriffa
Thailand
Thailand – Tauch- und Strandführer
Thailands Süden
Tokyo, Kyoto, Yokohama
Transsib
Trinidad und Tobago
Tunesien
Tunesiens Küste
Türkei, Hotelführer

Uganda, Ruanda
USA, als Gastschüler
USA, Canada
USA Nordosten, Kanada Osten,
USA Süden
USA Südwesten, Kalifornien, Baja California
USA, Südwesten, Natur u. Wandern
USA, Westen

Vereinigte Arabische Emirate
Vietnam

Westafrika – Sahel
Westafrika – Küste
Wo es keinen Arzt gibt

Yucatán, Chiapas (Mexiko)

Know-How auf einen Blick

Edition RKH

- Abenteuer Anden
- Durchgedreht – Sieben Jahre im Sattel
- Inder, Leben und Riten
- Myanmar – Land der Pagoden
- Please wait to be seated
- Rad ab!
- Salzkarawane
- Südwärts durch Lateinamerika
- Taiga Tour
- USA – Unlimited Mileage

Praxis

- Aktiv Marokko
- All inclusive?
- Australien: Reisen/Jobben
- Australien: Outback/Bush
- Auto durch Südamerika
- Ayurveda erleben
- Buddhismus erleben
- Canyoning
- Clever buchen/fliegen
- Daoismus erleben
- Drogen in Reiseländern
- Dschungelwandern
- Expeditionsmobil
- Fernreisen, Fahrzeug
- Fliegen ohne Angst
- Frau allein unterwegs
- Früchte Asiens
- Fun u. Sport im Schnee
- Geolog. Erscheinungen
- GPS f. Auto, Motorrad
- GPS Outdoor
- Handy global
- Hinduismus erleben
- Höhlen erkunden
- Hund, Verreisen mit
- Indien und Nepal, Wohnmobil
- Internet für die Reise
- Islam erleben
- Kanu-Handbuch
- Kartenlesen
- Kommunikation unterw.
- Konfuzianismus erleben
- Kreuzfahrt-Handbuch
- Küstensegeln
- Maya-Kultur erleben
- Mountainbiking
- Mushing/Hundeschlitten
- Neuseeland: Reisen und Jobben
- Orientierung mit Kompass und GPS
- Paragliding-Handbuch
- Pferdetrekking
- Radreisen
- Reisefotografie
- Reisefotografie digital
- Reisen und Schreiben
- Reiserecht
- Respektvoll reisen
- Safari-Handbuch Afrika
- Schutz vor Gewalt und Kriminalität
- Schwanger reisen
- Selbstdiagnose unterwegs
- Shopping Guide USA
- Sicherheit Bärengeb.
- Sicherheit am Meer
- Sonne, Wind, Reisewetter
- Sprachen lernen
- Südamerika, Auto
- Survival-Handbuch Naturkatastrophen
- Tango in Buenos Aires
- Tauchen Kaltwasser
- Tauchen Warmwasser
- Transsib – Moskau-Peking
- Trekking-Handbuch
- Trekking/Amerika
- Trekking/Asien
- Afrika, Neuseeland
- Tropenreisen
- Unterkunft/Mietwagen
- USA Shopping Guide
- Volunteering
- Vulkane besteigen
- Wann wohin reisen?
- Was kriecht u. krabbelt in den Tropen?
- Wildnis-Ausrüstung
- Wildnis-Backpacking
- Wildnis-Küche
- Winterwandern
- Wohnmobil-Ausrüstung
- Wohnmobil-Reisen
- Wracktauchen
- Wüstenfahren

KulturSchock

- Ägypten
- Argentinien
- Australien
- Brasilien
- China, Taiwan
- Cuba
- Ecuador
- Familenmanagement im Ausland
- Golf-Emirate, Oman
- Indien
- Iran
- Japan
- Jemen
- Kambodscha
- Kaukasus
- Laos
- Leben in fremden Kulturen
- Marokko
- Mexiko
- Pakistan
- Peru
- Russland
- Thailand
- Türkei
- USA
- Vietnam

Wo man unsere Reiseliteratur bekommt:
Jede Buchhandlung Deutschlands, der Schweiz, Österreichs und der Benelux-Staaten kann unsere Bücher beziehen. Wer sie dort nicht findet, kann alle Bücher über unsere **Internet-Shops** bestellen.
Auf den Homepages gibt es **Informationen** zu allen Titeln:

www.reise-know-how.de oder **www.reisebuch.de**

ANZEIGE

*Individuelle Studien-, Kultur-, Erlebnisreisen
und Ayurveda-Kuren*

Idee Globus Reisen

Rohmerstrasse 28
D-60486 Frankfurt/Main

Tel.: +49-69-71910645
Fax: +49-69-71910646
E-Mail: office@ideeglobus.de

www.rajasthan.de
www.ideeglobus.de

Rajasthan - Maharajas, Paläste und vieles mehr!

Register

A
Adapter 36
Agra 249
AIDS 28
Ajmer 323
Akhbar 325
Akhbar der Große 270
Alwar 313
Amar Sagar 431
Amber 303
Anreise aus Europa 17
Anreise aus Nachbarländern 19
Antiquitäten 34
Anzeige erstatten 61
Architektur 167
Arier 114, 120
Ärzte 52
Ashoka 115
Ausfuhr 16
Ausfuhrgenehmigung 34
Auslandskrankenversicherung 28
Autorikshas 89

B
Bada Bagh 432
Badoli 349
Bahn 78
Bahnverbindungen 478
Bakschisch 23
Bangladesch 127
Baratiya Janata Party 134
Bauhütten 172
Behinderte 32
Behörden 52
Betrug 56
Bettler 74
Bevölkerung 105
Bharatiya Janata Party 130
Bharatpur 307
Bier 46
Bikaner 436
Bissau 452
Bollywood 173
Botschaften 14
Brahmanen 106, 114, 116
Briefe 53
Brillen 33
Brot 40
Buchung des Fluges 18
Buddhismus 114, 154
Bundi 350
Busse 84

C
Cella 167
Check-in 18
Chitrashala, Bundi 352
Chittorgarh 358
Churu 454
Computer-Inder 138
Computer-Industrie 137
Congress Party 133
Curry 39

D
Deeg 316
Delhi 189
Deogarh 390
Deshnok 442
Desserts 43
Devi Kund 442
Dhal 44
Diebstahl 21, 57
Diplomatische Vertretungen 14
Dokumente 15
Drawiden 114
Dundlodh 459
Dungarpur 390

E
East India Company 122
Einfuhr 16
Einkaufen 32
Einreisebestimmungen 15
Einwohner 105
Eisenbahn 78
Eklingji 384
Elektrizität 36
Englisch 111
Essen 36
Essensstände 37

F
Fahrradrikshas 91
Fatehpur 458
Fatehpur Sikri 274
Fauna 100
Feierlichkeiten 163
Feilschen 22
Feste 61, 163
Film 173
Filme 48
Fisch 43
Fladenbrot 44
Flagge 133
Fleisch 42
Flora 99
Flüge, Anreise 17
Flüge, Inland 75
Fluggesellschaften 17, 76
Flughafen 217
Flughafengebühr 75
Fotografieren 46, 75
Frauen 108
Frauen unterwegs 49
Freiluftobservatorium, Jaipur 289

G
Galta 305
Gandhi, Indira 127
Gandhi, Mahatma 125
Gandhi, Rajiv 128
Gastronomie 37
Geburtenrate 105
Geld, Verlust 59
Geldangelegenheiten 19
Geldkartenverlust 21
Geographie 94
Gepäck 18, 24
Geschichte 113
Gestik 72
Gesundheits-Information 468
Gesundheitsvorsorge 27, 468
Getränke 44
Gewürze 39
Glossar 471
Götter 146, 150
Guest Houses 65

H
Haldighat 384
Handy 63
Havelis 418, 447

Hawa Mahal, Jaipur 288
Heiraten 164
Heritage Hotel 390
Heritage Hotels 70
Hindi 111
Hinduismus 114, 145
Holi 165
Hotels 65
Hygiene 26

I
Impfungen 27, 468
India Tourism 220
Indian Airlines 76
Indira-Gandhi-Flughafen 217
Indrail Pass 83
Induskultur 113
Industrie 136
Informationsstellen 14
Inlandsflüge 75
Internet 15
Internet-Cafés 49
Islam 152

J
Jaigarh Fort 304
Jainismus 161
Jaipur 282
Jaisalmer 417
Jal Mahal 305
Jamia Masjid, Delhi 198
Jantar Mantar, Jaipur 289
Jhalawar 357
Jhunjhunu 446
Jodhpur 402
Jugendherbergen 66

K
Kaffee 45
Kamele 101
Kamelsafaris 434
Kamelzuchtfarm 442
Karawanenstadt 417
Karten 26
Kashmir 127, 131
Kasten 106, 114, 116, 146
Kategorien Hotels 65
Keoladeo-Ghana-Nationalpark 311
Khimsar 416
Khuri 433

Kinder 50
Kino 173
Kleidung 24, 35, 73
Kleidung, traditionelle 184
Klima 96
Kolonialherrschaft 122
Kongresspartei 130, 133
Körpersprache 72
Kosten 22
Kota 346
Krankenhäuser 51
Krankenversicherung 28
Krankheiten 28, 59, 468
Kreditkarten 56
Kriminalität 56
Kuchaman 341
Küche 36
Kuh, heilige 102
Kumbhalgarh 385
Kunsthandwerk 32

L
Lakshmangarh 462
Landkarten 26
Landwirtschaft 139
Lassi 45
Last-Minute-Flüge 18
Lebenserwartung 105
Lederwaren 35
Leitungswasser 45
Liebe 164
Linsen 44
Literatur 176
Literaturtipps 474
Lodhruva 433

M
Mahabharata 147, 177
Malaria 469
Malerei 34, 177
Mandawa 450
Mandore 414
Masala 39
Masala-Film 173
Mausoleen 170
Medikamente 28
Medizinische Versorgung 51
Meherangarh Fort, Jodhpur 403
Mietwagen 55, 87
Mineralwasser 45

Mitgift 108
Mitgiftmord 108
Mobiltelefon 63
Moguln 119
Monsun 96
Moscheen 171
Mount Abu 390
Mukundhgarh 460
Musik 179

N
Naan 44
Nachtleben 52
Nagada 384
Nagaur 443
Nathdwara 384
Nationalflagge 133
Nationalpark Keoladeo Ghana 311
Nationalpark Ranthambore 319
Nationalpark Sariska 317
Nawalgarh 463
Nepal 19
New Delhi 190
Notfall-Tipps 58

O
Öffnungszeiten 52
Osian 415

P
Pakete 54
Pakistan 19, 125, 130
Palace on Wheels 83
Palast der Winde, Jaipur 288
Palastbauten 172
Paläste der Kaufleute 447
Parlamentswahlen 130
Parteien 133
Pflanzenwelt 99
Pichola-See 369
Pilgerfest Pushkar Mela 333
Politik, aktuelle 130
Polizei 61
Porto 53
Post 53
Preise 22
Preise, Hotels 69
Preiskategorien, Hotels 65
Presse 135

REGISTER

Project Tiger 320
Pushkar 330
Pushkar Mela 333

Q
Qutb Minar 213

R
Railway Retiring Rooms 65
Rajputen 106, 120
Ramayana 177
Ramgarh 456
Ranakpur 387
Ranthambore-Nationalpark 319
Rattentempel 442
Regenzeit 96
Reis 40
Reiseapotheke 28
Reisegepäck 24
Reisekosten 22
Reiseschecks 19
Reisezeit 96
Religionen 145
Reptilien 104
Restaurants 37
Rezepte 44
Rikshas 91
Rohet 415
Rotes Fort, Delhi 196
Routenvorschläge 55
Royal Gaitor 305
Rückbestätigung 19
Rupie 19

S
Saganer 306
Salawas 415
Salzmarsch 125
Sam Sand Dunes 433
Samode 306
Sari 184
Sariska-Nationalpark 317
Schlangen 104
Schlepper 33, 70
Schmuck 33
Schrift 112
Schwarztausch 22
Scooter 89
Shah Jahan 251
Shekhawati 445

Shopping 32
Sicherheit 56
Sicherheitslage 62, 131
Sikandra 273
Sikar 461
Sikhismus 158
Souvenirs 32
Sprache 111
Sri Lanka 128
Staat 132
Staatssymbole 133
Strom 36
Sultanat Delhi 118
Süßspeisen 43

T
Tageszeitungen 135
Taj Mahal 251
Tanz 183
Taxis 89
Tee 45
Telefonieren 62
Tempelturm 168
Temperaturen 96
Tempos 90
Teppiche 34
Thali 41
Thar-Wüste 417, 434
Thuglags 119
Tierwelt 100
Tiger 320
Toilettenartikel 26
Tollwut 27, 470
Tongas 91
Touren 55
Tourismus 142
Travellerschecks 19
Trinken 44
Trinkgeld 23
Turban 186

U
Überfälle 60
Überweisungen 22
Udaipur 366
Unabhängigkeitsbewegung 124
Unberührbare 110, 116
Unterkunft 65
Ureinwohner 110

V
Vegetarisches Essen 41
Verhaltenstipps 71
Verkehrsmittel 75
Verlust von Dokumenten/Geld 59
Verlust von Geldkarten 21
Verlust von Handys 65
Versicherungen 28
Verwaltung 132
Visum 15
Vögel 104
Vogelschutzgebiet 312
Volkstänze 183
Vorwahlnummern 62

W
Wahlen 130
Währung 19
Wasser 44
Wechselkurse 21
Wertsachen 60
Wetter 96
Wirtschaft 136
Wüste Thar 417, 434

Z
Zeitungen 135
Zeitverschiebung 91
Zimmersuche 68
Zollbestimmungen 16
Züge 78, 478

Die Autoren

Thomas Barkemeier, Jahrgang 1958, verbringt seit 1982 jedes Jahr mehrere Monate in Asien. Nach ausgedehnten Reisen in nahezu alle asiatischen Länder führte ihn der Weg 1987 zum ersten Mal nach Indien. Seither hat er mehr als sechs Jahre in Indien verbracht und fast jeden Winkel des Landes kennen gelernt. Neben der ethnischen, kulturellen und sprachlichen Vielfalt des Landes sind es die zum mitteleuropäischen Denken oftmals gänzlich unterschiedlichen Wertvorstellungen der Inder, die ihn immer wieder aufs Neue in dieses faszinierende Reiseland ziehen.

Zwischen den Reisen führte Thomas Barkemeier sein Studium der Geschichte, Politik und Philosophie zu Ende. Neben seiner Tätigkeit als Reisebuchautor und Referent für asienspezifische Themen organisiert und leitet er in seiner eigenen Agentur Gruppenreisen für Individualisten nach Asien.

Im REISE KNOW-HOW Verlag erschienen von ihm zusammen mit Bruder Martin ebenfalls die Reiseführer „Indien – der Norden", „Indien – der Süden" und „Kerala mit Mumbai und Madurai".

Martin Barkemeier, der Zwillingsbruder von Thomas, war bei früheren Auflagen dieses Buches eine unentbehrliche Hilfe bei den intensiven Recherchereisen, inzwischen ist er Mitautor. Lange Zeit schien es so, als ob nichts und niemand ihn aus seinem geliebten Berlin locken könnte. Doch dann ist auch er wie Thomas dem Sog Indiens verfallen. Seit 1997 reist er jedes Jahr mehrere Monate durch den Subkontinent.